# 파산법연구 6

林 治 龍 著

博 英 社

# 머 리 말

2004년 처음 『파산법연구』를 낸 이후 21년만에 제6권을 발간한다. 다른 분들의 논문에서 拙文이 인용되는 기쁨에 힘입어 지금까지 오게 되었다.

이번에 발표한 12편의 글은 학술진흥재단 등재지와 영국 출판사의 도산법 전문 서적에 실린 것도 있고, 서울회생법원 초청강연문, 대한변호사회의 심포지움 발표문 등도 포함되어 글의 수준이 고르지 않다. 이번 책에는 도산 제도에 대한 새로운 인식, 로스쿨에서의 도산법 교육의 필요성, 인가 전 영업양도, 회사분할과 부인권, 특수한 파산채권, 임차인의 우선변제권과 상계금지, 도산절차에서 임금채권의 특례, 도산절차와 지식재산권, 외국도산절차의 승인 제도와 준거법 그리고 쌍방미이행 쌍무계약에 관한 영문을 모았다. 종전처럼 拙稿가 발표된 후의 채무자회생법의 개정 내용과 관련 판례, 新刊 및 논문을 반영하였다.

이제 내 인생의 그림자가 뒤로 점점 길어지고 있다. 언제까지 연구서를 더 낼 수 있을지 자신이 없다. 지금까지 淺學非才의 필자에게 연구서를 낼 수 있도록 특별한 恩寵을 주신 하느님께 감사드린다. 김앤장의 동료 변호사들과 함께 일을 하면서 많이 배우고, 고견을 이 글에 반영하였다. 그 분들께 깊이 감사드린다. 작금의 어려운 출판사정에도 불구하고 전문서적의 발간을 수락하여 주신 博英社의 안종만 회장님, 안상준 대표님, 조성호 이사님, 우석진 편집위원께도 감사드린다. 끝으로 이제 홀로 남으신 어머님께서 오래 사시기를 기원한다.

2025. 6.

저자 林 治 龍

# 차 례

## 1. 도산법 교육의 필요성과 방법



## 2. 회생계획 인가 전 영업양도의 신속화 및 활성화 방안

## 3. 회사분할과 부인권

## 4. 채권양도통지청구권과 등기 부인을 원인으로 한 소유권이전등기청구권에 관하여



## 5. 임대차보증금과 상계금지 - 평창토건 사건을 중심으로

## 6. 회생회사의 신규자금과 확대방안

## 7. 개정된 채무자 회생 및 파산에 관한 법률 제415조의2 및 제477조에 대한 管見



## 8. 도산절차와 지식재산권

## 9. 외국 도산절차의 승인 제도

## 10. 국제도산사건의 관할과 준거법

## 11. 변호사가 본 도산 제도의 개선 방향



## 12. EXECUTORY CONTRACTS IN INSOLVENCY: THE SOUTH KOREAN PERSPECTIVE

# 1. 도산법 교육의 필요성과 방법



## Ⅰ. 변호사가 본 도산법 교육의 필요성[1)]

필자는 2017년부터 지금까지 서울지방변호사회의 도산법연수원장의 직책을 맡고 있다. 원장은 강의 주제를 선정하고 그 주제에 맞는 강사를 물색하여 강의를 부탁하고, 연수회가 종료되면 수강한 변호사들로부터 강의에 대한 평가를 받고 이듬해의 연수에 반영하는 일을 한다. 원장으로서 느낀 점은 다음과 같다. 먼저 도산법 연수에 대한 변호사들, 특히 젊은 변호사들의 갈망이 크다는 점이다. 초기에는 발표 당일 수강접수가 마감되어 1년에 2회 연수회를 개최한 적도 있었다. 지금은 대한변협 산하 도산변호사회가 주최하는 연수도 있고, 회생법원 판사 출신의 변호사가 담당하는 개별연수도 있으므로 변호사들에게 선택의 여지가 전보다 넓어졌다. 그럼에도 불구하고 서울지방변호사회의 도산법연수원의 강사진이 법관, 교수, 변호사, 은행원으로 구성되어 있어 다양하고 강좌 수도 많고(18개), 개별 주제의 깊이도 있어서 많은 변호사들이 매년 참석하고 있다. 수강하는 변호사들은 대부분 소형 법무법인 소속이고 대형로펌의 변호사들은 적다. 그 이유는 전자는 교과서와 판례를 읽는 외에 실제로 사건을 통하여 도산법을 배울 기회가 적은 반면에, 후자는 사무실에서 도산사건을 처리하면서 선배들로부터 지식과 경험을 전수받을 수 있기 때문이다.

또한 필자는 한국경영자총연합회가 주관하는 기업구조조정전문가 양성프로그램에서 강의를 하고 있는데 수강생들 중에는 경향 각지의 변호사도 소수이지만 참석하고 있

1) 1910－1936년 동안 식민지 조선에서의 파산 사건 통계 자료를 보내주신 최유나 변호사님과 파산법과 관련한 일본 사법시험 과목의 변천 내역을 알려주신 일본의 아베 신니치로 변호사님, 오래된 미국 자료를 제공하여 주신 고정은 변호사님께 감사를 드립니다

다. 참석 이유를 물어보면 지방에서는 도산법의 실무를 제대로 배울 수 있는 곳이 없기 때문에 보다 전문화되고 실무를 배울 수 있는 심화과정에 참가한 것이라고 한다. 또한 경총의 강의에서는 수료시에 시험을 보고 성적과 함께 명단을 서울회생법원에 제공하고 있으므로 참석자들의 열의가 변호사회의 연수보다 높다. 현재의 상황에서 보자면 도산법에 관한 실무가들의 수요는 점점 많아지지만 도산법을 체계적으로 배울 수 있는 기회가 충분히 제공되지 못하다고 평가할 수 있다.

서울지방변호사회 도산법 연수의 장점은 다양한 강사들로부터 여러 가지의 관점에서 도산법을 배울 수 있다는 것이다. 그러나 단점으로는 첫째, 여러 사람으로부터 강의를 듣다보니 강의가 체계적이지 않고, 사건을 처리하는 실무와 요령에 치중하게 되고 도산법의 근본 원리나 정책에 내재한 철학 등에 대하여 깊이 있게 배우기 어렵다. 둘째, 반드시 강좌를 듣지 않는 것에 대한 변호사회 차원의 제재가 없으므로 수강생의 결석도 있고, 시험을 통한 도산법 지식을 측정하는 방책이 없다보니 수료를 마친 사람들에 대한 변호사회 차원의 전문성을 부여하는 유인책이 약하다. 셋째, 대학이 아니라 변호사회의 연수를 통하여 배우다보니 도산법 공부를 나이 들어 늦게 시작하게 된다. 변호사가 된 후에 사건을 수임하기 위하여 또는 수임 후 사건을 수행하기 위하여 1회적인 연수에 참가하다보니 민법 등 기초법에 비하여 도산법에 관한 변호사들의 전문지식의 수준이 높지 않다. 도산법을 배우려고 시도하는 변호사들은 도산법이 어렵다 보니 혹시 업무 수행 중 범할 수 있는 전문가 과오(legal malpractice)가 무서워 도산법 전문변호사가 되기 어렵다고 토로한다.

## Ⅱ. 자본주의의 발전과 도산법 교육의 필요성

도산법은 자본주의의 최정점에서 피는 법학의 꽃이다. 19세기 해가 지지 않는 영국의 빅토리아 여왕 시대의 영국 도산법이 범지구적인 표준 도산법이었다. 그리하여 영국 도산법은 영연방국가의 도산법의 근본이 되었으며 지금도 유럽, 홍콩, 싱가포르, 호주, 캐나다, 카리브해의 여러 국가에서 영국의 도산법이 유럽 기업뿐 아니라 다국적 기업의 구조조정을 위한 수단으로서 활용되고 있다.

제2차 세계대전 후 미국의 연방파산법이 영국 도산법의 자리를 넘겨받았다. 지금은 미국의 기업뿐 아니라 미국 기업과 거래하는 외국 상대방에게도 미국 연방파산법은 반드시 알아야 할 중요한 법률이 되었다. 또한 1978년 미국 연방파산법의 Debtor In Possession, ipso facto clause, DIP Financing, Cram−down 제도는 영국법을 포함하여 대륙법에 큰 영향을 미쳤으며 앞으로도 계속하여 영향력이 증가될 것이다.

일본도 19세기 말 서구열강의 법률을 수입하면서 개인과 기업의 파산을 다룰 필요가 있었기 때문에 구 상법에 파산편을 두었다가 1922년 파산법을 독립된 법으로 입법하였다. 그에 맞추어 고급관료를 선발하는 고등문관 시험제도부터 지금까지 파산법은 변호사 시험과목에 들어 있다(중간에 누락된 때도 있었음).[2)]

우리의 식민지 시대에도 파산사건이 있었다(별지 표 참조). 당시 파산법에는 아직 채무자의 면책과 기업의 재건이라는 개념이 도입되기 이전으로서 파산법의 목적은 오로지 채권자들을 위한 집단적인 추심절차를 통한 채권자들의 공평한 배당을 달성하는 데 있었다.

그에 비하여 대한민국은 1961년 파산법을 도입한 이후 1997년 금융위기 이전까지 파산사건의 수는 거의 전무한 상태였다.[3)] 그러다가 2006년 채무자회생법을 제정하고 면책신청 제도에 관한 조항을 채무자에게 유리하게 개정하고 실무에서 재량면책, 일부면책의 실무를 사실상 폐지한 이후 개인파산사건이 급증하였다. 사법시험에서도 파산법은 시험과목이 아니었으며 법과전문대학원 제도의 도입 이전에 대부분의 법과대학에서 파산법 강좌는 개설되지 아니하였다. 그리하여 파산법은 판사나 변호사들이 실제 사건을 다루면서 현장에서 배우는 과목이 되었다. 2017년 서울회생법원이 신설되었고, 2023년 부산과 수원에서도 회생법원이 신설되었으며 2026년 광주, 대구, 대전 등에서 회생법원의 신설 확대가 예정되어 있다. 그에 따라 도산법에 대한 숙지는 실무가들에게 선택이 아닌 필수가 되었다. 따라서 그에 대비하여 법과전문대학원에서의 파산법에 대한 교육도 내실 있게 이루어져야 할 필요성이 시급하다.

대한민국은 1960년 이후 눈부신 성장을 통하여 현재에는 무역강국을 넘어서 G7과 함께 세계 경제질서의 일익을 담당하는 국가로 성장하였다. 선진국이 되면 1960－70년대처럼 경제가 계속적으로 가파른 성장을 할 수 없고, 반드시 공황과 호황을 반복하는

---

2) 1918년 공포된 고등시험령에 따라 변호사 자격 부여시험과 판검사 임용시험을 통합한 고등시험(사법과)이 실시되었다. 당초 파산법은 시험과목에 포함되지 않았는데, 1929년 고등시험령의 개정으로 선택과목 15개 중 파산법이 포함되게 되었다. 이후 1949년 제정된 사법시험법에 근거한 사법시험(구 사법시험)에서도 파산법이 포함되었다. 2000년부터 2005년까지 파산법은 선택과목에서 제외되었다. 신사법시험은 2005년부터 시행되었으며 도산법(시험범위는 파산법, 민사재생법)이 선택과목으로 부활하였다.

3) 서울지방법원에 접수된 도산사건을 보면, 회사정리사건은 1985년 이후 1996년까지 총 146건(연평균 12건)이 접수되었으며, 화의사건은 화의법 제정 후 전무하다가 1995년 처음 7건이 접수되었으며, 파산사건의 숫자가 회사정리사건보다 적었다(金炯科, “최근 서울지방법원의 회사정리 및 화의사건 실무,” 인권과 정의 제241호(1996), 66, 75면).

경제주기를 타게 마련이다. 따라서 불황기에 대비한 경제 문제를 해결하기 위한 도구로서 도산법이 필수적이다.[4)]

중국도 2006년 기업도산법을 제정함으로써 자본주의에 진입한 후 발생하는 기업의 도산을 규율하고 있다. 1986년 과거 국영기업만의 도산을 규율하는 기업파산법이 있었으나 민간기업의 파산에 대한 수요가 점점 커지면서 국유기업외에 민간기업의 도산까지 규율할 일반법이 필요하였기 때문이다. 도입에 관한 논의가 있지만 아직 개인파산제도는 입법되지 아니한 상태이다.[5)]

대한민국도 머지않아 1인당 국민소득이 5만 불에 다다를 것이다. 국내은행이 借主의 부동산에만 의지하여 근저당권을 설정하여 대출하는 시대는 끝난 지 오래다. 다양한 주체의 외국 투자기관과 금융기관이 대한민국의 기업에 대하여 복잡한 구조를 통한 투자와 대출을 실행하고 있고 앞으로 액수도 증가할 것이다. 또한 대기업뿐 아니라 중소기업도 해외투자를 확대함에 따라 안팎으로 국제적인 도산사건을 국제적인 기준에 맞추어 처리하여야 할 필요성도 늘고 있다.

그런데 현재의 도산법 체계로는 사전적 구조조정의 한계가 있고, 다수의 채권자들과 채무자간의 집단적인 분쟁을 법원이 주도하는 직권주의적 감독체제로서는 제대로 대응하기 어렵다. 급격하게 발전하는 국제금융과 맞물린 국제도산에 관한 분쟁을 제대로 다룰 수 있는 외국어에 능통한 전문가들의 양성도 긴요하다. 도산에 관한 깊이 있는 철학과 정책을 탐구하는 도산법의 연구는 법과대학원에서 교수들에 의하여 이루어져야 한다. 그 과정에서 실무가들과의 협업이 필요하다.

사람 또는 기업이 태어나서 사망 또는 도산하기 전까지의 거래, 가족관계와 기업의 영업활동을 다루는 것이 민법, 상법, 노동법, 세법 등 여러 법률(비도산법)이라면, 사람과 기업이 경제적으로 실패할 때의 공평한 청산과 신속한 재건을 도와 국가 전체적으로 파산제도가 구성원에 대한 사회적 안전망의 역할을 완수할 수 있도록 하는 법률이 도산법이다. 따라서 도산법을 제대로 다루지 않고서는 채무자의 재건과 채권자들간의 공평한 분배를 실현하는 것이 어렵다.

---

4) 거의 100년 전 미국에서도 파산법은 로스쿨의 필수과목이 아니었다. 어느 교수는 파산법을 가르치지 않고 로스쿨 학생을 내보내는 것이 중대한 실수라고 하였다. "It is becoming continually more evident that to send the student out from our law schools without training in this law that touches so intimately our business and commercial lives at every point is a most serious mistake." Harold Remington, A treatise on the elements of bankruptcy law: for the use of law students, 3rd edition III－Ⅳ (1926).

5) 한챤화, "개인파산제도의 미비에 관한 고찰," 제8회 동아시아파산재건협회 심포지엄(2016), 259면(한글판).

## Ⅲ. 민법, 민사소송법과 도산법의 관계

대학에서의 도산법 강좌의 필요성과 외국의 사례에 관한 오늘 세미나의 발표자 최준규 교수님의 의견에 공감한다. 민법, 민사소송법, 강제집행법, 회사법 등 기초법을 정확하게 이해하려면 도산법에 대한 연구를 병행하여야 한다는 것이 필자의 경험에 기한 결론이다.

먼저 민법에 관하여 본다. 民法典에 파산선고와 관련된 조항이 총칙부터 상속편까지 산재하여 있음은 민법을 공부하는 사람들은 익히 알고 있다. 그에 반하여 채무자회생법에 민법에 관한 특칙도 산재하고 있음은 비교적 잘 알려져 있지 않다. 쌍방미이행 쌍무계약에 관한 선택(제335조), 거래소의 시세 있는 상품의 정기매매(제338조), 임차인의 파산, 사용자의 파산, 도급인의 파산시 해제권 행사의 준용(제339조), 임대인의 파산(제340조), 도급계약(제341조), 위임계약(제342조), 상호계산(제343조), 공유자의 파산(제344조), 부부재산의 약정과 파산(제345조), 한정승인과 파산선고(제346조), 파산선고와 단순승인(제386조), 파산선고와 상속포기(제386조), 파산과 포괄적 유증(제387조), 파산과 특정유증(제388조), 상속재산의 파산(제389조) 등 민법과 관련하여 많은 조문이 채무자회생법에 있다.

민사소송법에도 당사자의 파산과 소송중단(제239조), 파산절차의 해지와 소송중단(제240조)의 규정이 있고 그 외에도 채권자대위권, 채권자취소권과 소송중단, 파산채권조사확정과 계속 중인 소송의 관계 등이 다루어지고 있다. 강제집행법에서도 파산선고로 인한 강제집행의 실효, 집행법원과 부인권의 관할법원의 배분, 면책결정과 관련한 청구이의의 소, 개인회생절차개시 및 변제계획안인가결정으로 인한 강제집행의 중지 및 실효, 중재판정의 집행에 관한 어려운 문제가 있다. 도산법에 대한 이해 없이 민법을 제대로 파악하는 것은 쉽지 않다.

商法典에도 파산관재인이 제소할 수 있는 합병무효의 소(상법 제236조, 제529조), 감자무효의 소(상법 제445조), 분할무효의 소(상법 제530조의11조)에 관한 조항이 있고, 타인을 위한 보험에서 보험계약자가 파산선고를 받거나(제639조 제3항), 보험자가 파산선고를 받은 경우 보험계약의 해제(상법 제654조)에 관한 규정이 있다.

또한 영국 파산법의 역사에서 알 수 있듯이 개인에 관한 파산법의 기초이론이 법인파산에도 적용되었고 이어서 기업재건절차에도 반영되었다.[6] 따라서 기업의 재건절

---

6) 林治龍, "영국 도산법의 개정 역사," 변호사 제54집(2022), 77-120면.

차를 올바로 이해하기 위해서도 파산법의 기초이론을 숙지하여야 한다.

마지막으로 도산법 교육의 방법론을 제안한다. 도산법을 변호사 시험과목에 넣을 것인지의 여부, 학점이수제로 변경할 것인지, 민법, 상법, 민사소송법 교수 중 누가 담당할 것인지는 실무가인 제가 감히 容喙할 문제가 아니다. 다만 가정법원, 행정법원, 특허법원이 설립되어 그에 관한 법률과목이 이미 시험과목에 들어가 있는 점을 고려하고, 이미 회생법원이 설립되었고 앞으로 확대일로에 있다면 도산법도 시험과목에 편입하여 법과전문대학원 졸업생들이 법률시장에 나오기 전에 전문지식을 준비하는 것은 피할 수 없다고 생각한다. 현재 법과전문대학원에서 도산법 전담 교수가 부족하므로 만일 도산법을 변호사 시험과목으로 삼는다면 일정 시행기간 뒤로 미루었다가 그동안 도산법을 전문적으로 연구한 교수를 충원받아 대처하는 것이 바람직하다.

[2023년 대한변호사회 주최 도산법 교육 활성화에 관한 심포지엄 발표]

〈해방 전 조선의 파산사건수〉7)

| 연도 | | 신건접수건수 | 종국사건수 |
|---|---|---|---|
| 明治44年 | 1911 | 1 | 2 |
| 明治45年(大正1年) | 1912 | 3 | 1 |
| 大正2年 | 1913 | 5 | 7 |
| 大正3年 | 1914 | 14 | 9 |
| 大正4年 | 1915 | 16 | 20 |
| 大正5年 | 1916 | 7 | 8 |
| 大正6年 | 1917 | 8 | 7 |
| 大正7年 | 1918 | 6 | 7 |
| 大正8年 | 1919 | 4 | 8 |
| 大正9年 | 1920 | 23 | 10 |
| 大正10年 | 1921 | | 23 |
| 大正11年 | 1922 | | 17 |
| 大正12年 | 1923 | | 26 |
| 大正13年 | 1924 | | 27 |
| 大正14年 | 1925 | | 33 |
| 大正15年昭和元年 | 1926 | | 18 |
| 昭和2年 | 1927 | | 24 |
| 昭和3年 | 1928 | | 14 |
| 昭和4年 | 1929 | | 22 |
| 昭和5年 | 1930 | | 44 |
| 昭和6年 | 1931 | | 33 |
| 昭和7年 | 1932 | | 40 |
| 昭和8年 | 1933 | | 49 |
| 昭和9年 | 1934 | | 32 |
| 昭和10年 | 1935 | | 38 |
| 昭和11年 | 1936 | | 31 |
| 昭和12年 | 1937 | | 35 |

제국통계연감
https://d-infra.ier.hit-u.ac.jp/Japanese/govstat-database/statistical-yb/

7) 1937년 이후는 구하지 못하였다.

# 2. 회생계획 인가 전 영업양도의 신속화 및 활성화 방안*



## Ⅰ. 머리말

회생절차에서 이용되는 광의의 인수합병(M&A)에는 회생회사의 주식 전부 또는 경영권을 행사할 수 있는 정도의 주식을 인수하는 제3자배정 신주인수방식과 영업 또는 자산양수도 방식이 있다. 그 중 영업양도는 회사 영업의 전부 또는 일부에 관하여 이를 해체하지 않고 조직화된 총체 즉 인적·물적 조직을 그 동일성을 유지하면서 일체로서 제3자에게 이전하는 것이다.[1] 영업양도에서 양도의 목적이 되는 것은 건물, 토지와 이를 둘러싼 권리, 의무관계뿐 아니라 거래선, 영업비밀, 노하우 등 경영조직과 관련된 유기적 일체이고, 근로자가 근로관계의 승계에 반대하는 경우를 제외하고, 원칙으로 근로관계도 양수인에게 포괄적으로 승계된다.[2]

회생절차에서의 영업양도는 회생계획 인가 전의 영업양도와 인가 후의 영업양도로

* 이 글은 회생법학 제23호(2021)에 발표한 것을 도산법연구회의 요청에 의하여 수정·보완하여 다시 게재한 것이다.

1) 대법원 2005. 7. 22. 선고 2005다602 판결(공 2005, 1400). 회생절차에서는 회사분할을 통하여 구조조정을 할 수 있으나 파산절차에서의 회사분할은 불가능하다(株式會社法大系 III, 회사의 분할(노혁준·金秉台 집필). 507면). 일본도 같다(高井章光, "事業譲渡·會社分割," 岡 伸浩 외 4인 編, 破産管財人の財産換價, 商事法務(2015), 442면. 일본의 등기실무에 따르면, 파산을 원인으로 회사가 해산되면 회사분할을 할 수 없다(質疑應答 登記研究 642호(2001), 171면. 高井章光, 앞의 글, 443면에서 재인용).

2) 대법원 2012. 5. 10. 선고 2011다45217 판결(공 2012, 985).

구분되고, 후자에 대하여는 주주총회 특별결의를 거칠 필요가 없고 반대주주의 주식매수청구권도 인정되지 아니하므로,[3] 상법상의 영업양도보다 간이하고 신속하다.[4]

이 글에서는 법원의 회생계획인가 전의 영업양도('인가 전 영업양도')에 관하여만 설명한다. 먼저 인가 전 영업양도에 관한 채무자회생법 조문의 변천과 현황, 부진사유 등을 살펴보고(II), 이어서 일본(III), 미국(IV), 영국 및 프랑스(V)의 도산절차에서 영업양도가 활용되거나 활용되지 아니하는 차이를 분석하고, 우리나라에서 장차 인가 전 영업양도가 활성화되기 위하여 법개정을 포함하여 장애물을 제거하기 위한 방안을 제안하고(VI). 마지막으로 회생절차의 실무 개선에 관한 필자의 소견(VII)을 제시하면서 글을 마치기로 한다.

## Ⅱ. 회생절차에서 인가 전 영업양도의 연혁 및 현황

### 1. 영업양도에 관한 조문의 변천

#### (1) 회사정리법의 영업양도

회사정리법은 관리인이 법원의 허가를 얻어 회사재산의 처분을 할 수 있다는 규정(회사정리법 제54조 제1호)과 정리절차 내에서 영업양도를 하고자 할 경우에는 정리계획에 그 조항을 두어야 한다는 규정(회사정리법 제217조)만을 두었을 뿐, 별도로 정리계획 인가 전에 관리인이 영업양도를 할 수 있다는 명시적인 근거 조항은 없었다. 그리하여 인가 전의 영업양도가 가능한지에 관하여 다툼이 있었다. 긍정설이 다수였으나, 가능하다고 하더라도 영업양도의 대상 범위(전부 또는 일부 양도)에 대하여 불분명하였다.[5] 그리하여 이를 명시하자는 의견이 주장되었으며 채무자회생법은 제62조를 신설하여 인가 전 영업양도에 관한 근거를 두었다.

---

3) 채무자회생 및 파산에 관한 법률('채무자회생법', 법률 명칭은 생략하고 조문 번호만 기재) 제261조 제2항, 상법 제374조의2.

4) 영업양도는 회생절차 뿐 아니라 파산절차에서도 신속한 매각으로 인한 파산재단 가치의 극대화라는 관점에서 중요하다. 채무자회생법 제496조 제2항은 파산관재인의 환가방법의 수단으로 영업양도를 할 수 있음을 정하고 있다. 일본에서는 파산절차에서의 영업양도가 활발하지만 한국에서는 아직 익숙하지 아니한 환가방법이다(河野玄逸, "特殊な換價手法(I)－破産手續における事業譲渡," 園尾隆司 외 4인 編, 新 裁判實務大系28 新版 破産法, 青林書院(2007), 274－285면 참조).

5) 林采洪·白昌勳, 會社整理法(上), 司法行政學會(2002), 344면 [이진만 집필 부분]; 會社整理法解說, 韓國産業銀行調査部 (1982), 190면은 영업의 일부 양도는 가능하다는 입장이다. 부정설은 전병서, 도산법 제4판, 박영사(2019), 561면.

### (2) 채무자회생법의 인가 전 영업양도

제62조는 '영업 등의 양도'라는 표제하에 "채무자의 회생을 위하여 필요한 경우 법원의 허가를 받아 관리인이 회생절차개시 이후 회생계획인가 전 채무자의 영업 또는 사업의 전부 또는 중요한 일부를 양도할 수 있다."고 정하였다. 제61조 제1항 제1호의 재산의 처분과 제62조의 영업양도의 관계에 대하여 논란이 있으나 제62조에 의하여 인가 전 영업양도가 가능하게 된 것은 분명하다.[6)]

채무자회생법은 인가 전 영업양도의 절차에 관하여 제62조 제2항부터 제5항까지 자세히 규정하고 있다. 법원이 인가 전 영업양도의 허가를 하는 때에는 관리위원회, 채권자협의회, 및 채무자의 근로자의 과반수로 조직된 노동조합 또는 노동조합이 없는 때에는 근로자의 과반수를 대표하는 자의 의견을 들어야 하고(제62조 제2항), 허가를 하는 경우 양도대가의 사용방법을 정하여야 한다(제62조 제3항).

주식회사인 채무자의 부채총액이 자산총액을 초과하는 때에는 법원은 관리인의 신청에 의하여 결정으로 강행법규인 상법 제374조 제1항에 의한 주주총회의 결의[7)]에 갈음하는 허가결정(대체결정)을 할 수 있고, 이 경우 주주보호절차에 관한 상법 제374조 제2항 및 제374조의2와 자본시장과 금융투자업에 관한 법률 제165조의5의 규정은 적용되지 아니한다(제62조 제4항).

법원이 대체결정을 한 때에는 결정서를 관리인에게 송달하고, 결정의 요지를 기재한 서면을 주주에게 송달하여야 한다(제63조 제1항). 결정의 효력은 결정서가 관리인에게 송달된 때에 발생하며(제63조 제2항), 법원의 대체결정에 대하여 주주는 즉시항고를 할 수 있다(제63조 제3항). 그러나 주주가 즉시항고를 하면 대체결정의 집행이 정지되는지 여부에 대하여는 다툼이 있다(後述).

## 2. 인가 전 영업양도 제도의 도입취지

청산을 내용으로 하는 회생계획안을 가결하기 위하여 회사정리법에서 정리담보권

---

6) 양 조항의 관계에 대한 설명으로, 제61조 제1항 제1호의 '재산의 처분'에는 영업양도도 포함되므로 제62조는 제61조 제1항 제1호의 '재산의 처분' 중 '영업 또는 재산의 전부 또는 일부'에 해당하는 것만을 규율하는 특칙에 해당된다는 견해가 있다(김정만, "회생계획에 의하지 아니한 영업양도," 사법통권18호, 사법발전재단(2011), 145면).

7) 주식회사가 영업의 전부 또는 중요한 일부의 양도행위를 할 때에는 상법 제434조(정관변경의 특별결의)에 따라 출석한 주주의 의결권의 2/3 이상의 수와 발행주식총수의 1/3 이상의 수로써 결의가 있어야 한다. 이 규정은 주식회사가 주주의 이익에 중대한 영향을 미치는 계약을 체결한 때에는 주주총회의 특별결의를 얻도록 하여 그 결정에 주주의 의사를 반영하도록 함으로써 주주의 이익을 보호하려는 강행법규이다(대법원 2018. 4. 26. 선고 2017다288757 판결(공 2018, 969)).

자 전원의 동의를 얻도록 하던 것(회사정리법 제205조 제2호 나목)을 채무자회생법은 의결권 총액의 5분의 4 이상에 해당하는 의결권을 가진 자의 동의를 얻도록 요건을 완화함으로써(제237조 제2호 나목) 사업양도 후 청산하는 방식의 인수·합병이 쉽게 되었다.

한편, 회생계획에 의한 영업양도는 복잡하고 시간이 오래 걸리어 신속한 인수·합병을 활성화하는 데 미흡하다는 지적을 반영하여 인가 전 영업양도 제도가 도입되었다. 왜냐하면 회생절차개시결정이 내려지면 신규자금의 유입이 어렵고, 채무자의 신용도가 낮아져 회생절차의 진행에 어려움을 겪는 경우가 많은데, 시간이 경과할수록 기업의 가치가 급락하게 되므로 회생계획인가 전에 신속하게 영업을 양도하고 그 대금을 변제재원으로 활용할 수 있도록 하는 방안이 이해관계자들에게 유리하기 때문이다.[8)]

예컨대 건설회사가 수급인이 되어 공사를 진행하다가 회생절차가 개시되면 관리인이 공사대금 채권의 전부 또는 일부를 양도하거나 어느 지역의 사업장 전체를 제3자에게 양도하는 방법으로 구조조정을 할 필요가 크다. 그 외 공사를 진행할 수 없게 되어 발주자로부터 계약해제를 당하느니 회생회사로서 적절한 공사업자에게 계약자의 지위를 넘길 필요도 있다.

## 3. 영업양도가 부진한 사유

채무자회생법에 근거가 생겼으며, 서울회생법원도 인가 전 영업양도를 활성화하기 위하여 회생신청 전에 매수후보자가 존재하지 않더라도 인가 전 M&A를 허용하는 내용의 준칙(제11호)을 개정하였음에도 인가 전 영업양도가 이루어진 사례는 적다.[9)] 그 이유는 아래와 같다.

첫째, 사업양수인, 회생회사, 법원 등에게 인가 전 영업양도를 할 유인이 거의 없다.

1998년 아시아 금융위기 이전에 회사정리법이 '회사는 망해도 기업주는 살려주는 악법'이라는 세간의 비판 때문에 법원이 어떻게 하더라도 회사 자체를 살리되, 부실기업주에 대하여는 징벌을 하여야 한다는 인식이 강하였다. 그리고 아직도 법원과 일반인들은 회생회사가 회생절차 중에서 청산되어서는 아니되고 반드시 재건되어야 한다는 생각을 강하게 갖고 있다.

또한 기업주 입장에서는 잘되는 사업 분야는 계속 갖고 싶어 하고, 부실한 분야는

8) 노영보, 도산법 강의 제2판, 박영사(2024), 835－836면; 온라인주석 채무자회생 및 파산에 관한 법률 제62조 [박형준 집필 부분]

9) 정리회사 코오롱티앤에스 사건에서 손실이 나는 음식 사업을 인가 전에 영업양도한 사례가 있고, 회생회사 현대엘시디(2006회합7)에서 수익 사업을 양도한 사례와 수원지법 2019회합3호 (D)회사가 소개되고 있다.

잘라버리고 싶은데, 회생절차를 통한 영업양도는 수익성이 높은 사업은 매각하여 채권을 변제하고, 수익성이 낮은 사업은 회생절차 또는 파산절차를 통하여 청산하는 방안이다.[10] 게다가 회생절차개시결정 시에 혹시 제3자 관리인이 선임되거나 중도에 제3자 관리인으로 교체될지도 모른다는 두려움이 있으므로 굳이 인가 전 영업양도를 목적으로 회생신청을 할 유인이 없다. 따라서 기업주가 경영권을 보유하고 있는 동안 갈 때까지 가보자는 심산으로 여러 가지 재건시도를 하다가 자금시재가 바닥이 날 때 비로소 회생신청하는 것이 昨今의 현실이다.

둘째로, 채무자회생법 하에서는 미국 연방파산법과 같이 '담보권 등 권리의 부담이 없는 상태에서의 자산매각'(free and clear of any interest)이라는 제도를 통하여 제한물권이 없는 상태로 매도하는 방법이 없으므로, 영업양수인 입장에서는 설령 수익성이 있는 사업 분야가 있더라도 인가 전 영업양도를 하는 것이 회생절차 신청 전에 영업양도를 하는 경우보다 법적으로 유리할 것도 없다. 오히려 우발채무의 불안을 해소하려면 인가 후 영업양도를 선호하는 것이 현실이다.

셋째로, 법원의 입장에서는 인가 전 영업양도를 하려면 회사 재산의 가치를 신속하고 정확하게 파악해야 하는데, 채권자들마다 입장이 다르고, 주주, 근로자들의 의견조회(영업양도를 반대하는 노조의 실력행사)까지 거쳐야 하는데 법원이 인가 전 영업양도를 하는 데에 적지 않은 부담을 질 수밖에 없다. 그렇게 하느니 차라리 채권자, 주주, 근로자들(공익채권자)이 참가할 기회를 충분히 주는 회생계획에 의한 영업양도를 선택하게 마련이다. 다만 그러는 동안 회사의 기업가치는 심각하게 훼손되므로 상품가치가 떨어져 시장에서 살 사람이 없게 되는 상황에 놓이게 된다.

그리고 설령 법원이 인가 전 영업양도를 강행한다고 하더라도 영업양도 후 남은 사업분야의 영업력이 떨어지면 장래의 수입의 원천이 거의 없게 되므로 회사가 청산하는 수밖에 없다. 2001년 석정온천개발 사건에서 청산형 계획안을 인가하여 수행한 적이 있는데 청산형은 시간이 오래 걸리고 영업활동보다는 해산·청산이라는 법률적 문제가 더 중요한데, 회사의 청산업무는 전문경영인보다는 법률가에게 적합한 업무이다. 따라서 위 사건에서 비변호사인 관리인이 계속하여 고소를 당하고 법률비용을 관리인 개인이 부담하는 문제가 발생하여 한동안 회사정리절차에서 청산형 계획안은 거의 사용되

---

10) 이주영, "영업용 부동산의 매각을 예정한 회생계획의 실무상 문제점," 사법 56호(2021), 648면은 광주지방법원의 경우 중소기업이 영업용 부동산을 매각하는 방법으로 회생을 꾀하고 있지만 실제로 매각계획에 따른 매각이 이루어지지 못하고, 매각 후에는 영업실적이 떨어지는 문제점이 발생하고 있다고 소개하고 있다.

지 않았다. 그리하여 지금은 회생계획인가 후 회생절차를 폐지하고 직권으로 파산선고를 하여 파산관재인을 선임하는 견련파산절차를 통하여 회사를 청산하는 방법이 선호된다.

끝으로 법적으로 다음과 같은 장애요소가 있다.

① 채무자회생법에 인가 전 영업양도의 요건이 '채무자의 회생을 위하여 필요한 경우'로 정하여져 있다. 즉 문구만으로 보면, 인가 전 영업양도를 통하여 얻은 매각대금으로 변제자원과 영업자금으로 사용하여 잔존 영업을 토대로 회생회사가 재건되는 것을 전제로 하는 것이다. 그런데 현실적으로 회생절차개시신청이 매우 늦은 상태에서 이루어지다보니 회생회사의 사업 중 영업양도를 할 사업이 많지 않을 뿐 아니라, 영업양도를 통하여 매각할 가치 있는 사업을 매각하고 나면 나머지 사업으로는 회사가 재건하기 어렵게 되어 청산절차로 진행할 수밖에 없는 경우가 많다.

② 미국 연방파산법의 '권리의 부담이 없는 상태에서의 자산매각' 제도를 한국의 법제하에서는 수용하기 어렵다. 담보권이 존재하는 상태로는 매수인을 찾기 쉽지 않을 뿐만 아니라 적절한 매도가액에 매각하기도 쉽지 않다.[11] 게다가 일본과 같이 담보권소멸제도가 없으므로 결국 관리인과 회생담보권자와 교섭을 통하여 담보권의 처리방법을 정할 수밖에 없는데 성공의 가능성이 낮다.[12]

③ 미국 연방파산법 § 365(f)에 의하면, 계약 또는 비파산법의 조항에도 불구하고 파산관재인은 쌍방미이행 계약의 인수 후 제3자에게 양도가 가능하다. 그러나 민법상의 채권양도, 채무인수의 법리의 적용을 배제하는 특별규정이 채무자회생법에는 없다. 채권양도금지특약의 효력을 원칙적으로 제3자에게도 인정하는 판례[13]와 면책적 채무인수를 하려면 채권자의 승낙을 요하는 민법 제454조가 회생절차 중 인가 전 영업양도에도 적용되고 있다.[14] 회생절차가 개시되더라도 회생회사의 영업을 양도함에 있어서 이해관계인의 개별적인 동의, 승낙을 받아야 하는 점도 법적 장애요소이다. 따라서 양도대상인 자산 및 부채를 양수인에게 개별적으로 이전하는 특정승계절차를 밟아야 한다.[15]

---

11) 김정만, 앞의 글(주 6), 165면.

12) 서울回生法院 裁判實務硏究會, 제6판 回生事件實務(下), 博英社(2023), 243면(이하 '回生事件實務(上)(下)'로 표기한다)

13) 대법원 2019. 12. 23. 선고 2016다24284 전원합의체 판결. 소수의견은 특약에 위반한 채권양도도 원칙적으로 유효하고, 다만 특약을 알면서도 채권을 양수한 악의의 양수인에 대하여는 양도가 무효라는 입장을 개진하였다.

14) 천경훈, "회사의 분할합병과 권리의무의 승계," 민사판례연구 XXXV 박영사(2013), 697면은 그 이유로 영업양도는 포괄적 승계가 아니라는 점을 들고 있다.

15) 지방자치단체가 조례의 제정을 하였더라도 수분양자(채권자)의 동의 없이 하자담보책임을 지방공사

회생계획을 통하여 영업양도를 하더라도 행정청의 인가·허가·면허 그 밖의 처분으로 인한 권리의무가 영업양수인에게 당연히 승계되는 것은 아니다.[16] 회생절차에 참가하는 다수의 이해관계인들이 찬성하고 법원이 영업양도를 허가를 하더라도 민법의 채권양도금지특약에 관한 법리를 회생절차가 무시할 수 없으므로 이 점이 신속한 구조조정의 장애가 된다.

④ 인가 전 영업양도를 진행하는 과정에서 법원이 주주총회에 갈음하는 허가결정을 하더라도 주주가 즉시항고를 하면 집행정지의 효력이 발생할 수 있으므로 절차를 신속하게 진행하기 어렵다(실무는 집행정지의 효력을 부정한다). 또한 영업양도의 방식은 제3자 배정 신주인수방식에 비하여 절차가 복잡하고 시일이 소요되며 양도차익으로 인한 조세부담이 발생할 수 있다.[17]

## Ⅲ. 일본의 경우

### 1. 인가 전 사업양도[18]에 관한 회사갱생법의 규정

2002년 개정 전의 구 회사갱생법에는 인가 전 사업양도를 허용하는 명시적인 조항이 없었다. 구 회사갱생법 제54조 제1호는 재산의 처분만을 규정하였다. 이에 학설은 해석론으로 가능하다는 견해(다수설)와 근거 규정이 없으므로 불가능하다는 견해가 있었다. 그리고 전자의 경우에도 법원의 허가 외에 여전히 주주총회의 특별결의가 필요하다는 주장도 있는 등 불확실하였다.[19] 이에 2002년 회사갱생법 제61조를 신설하여 인가 전 사업양도의 근거 조항을 두었다.

사업양도절차를 이용하면, 채권자들에 대한 조기 변제가 가능하고, 사회경제적 손실을 줄일 수 있고, 거래선과 거래를 계속하여 손실을 회복할 기회를 가질 수 있고, 사업양수인은 부외부채, 우발부채의 위험에서 벗어날 수 있고, 채무면제익과세 때문에 재도산할 위험이 없다는 등의 장점이 있다.

---

에게 면책적으로 인수시킬 수 없다(대법원 2012. 5. 24. 선고 2009다88303 판결(공 2012, 1099)).

16) 回生事件實務(下), 809면; 주석 채무자회생법(III); 韓國司法行政學會(2020), 664면(나청/김유성).

17) 홍성준, “회생과 인수합병,” 제6기 도산법연수원Ⅰ, 서울지방변호사회(2020), 420면.

18) 일본 상법이 영업양도를 사업양도로 개정하여 회사갱생법에서도 사업양도라는 용어를 사용한다. 이하 회사갱생법의 개정 전·후를 포함하여 ‘사업양도’로 표기한다.

19) 다수설은 자본감소 등과 같이 오로지 갱생계획에 의하여야 한다고 법에 규정되어 있지 않고, 사업양도는 재산의 관리처분권에 포함되어 있다는 점과 실무상의 필요성을 근거로 삼고 있었다(伊藤眞, 會社更生法, 有斐閣(2020), 125면).

그러나 일본에서도 구 회사갱생법하에서 인가 전 사업양도가 부진하였다. 아래와 같은 이유를 들고 있다. ① 사업양도 계약이 부인의 대상이 된다.[20] ② 인가 전 사업양도를 하려면 법원의 허가가 필요한데 실제로 신속한 허가를 받기가 쉽지 않다. ③ 갱생회사의 자산가치가 개시결정 후 급속하게 떨어지게 되어 사업양도 당시의 회사가치를 정확하게 반영하지 못한다. ④ 채무자가 법적도산절차 신청을 주저하여 조기 사업재생은 법정외 사적정리에 의존하는 경우가 많다.[21]

### 2. 갱생계획에 의하지 아니한 사업양도[22]

#### (1) 정의

회사갱생신청 후 거래의 중단, 브랜드가치의 하락 등으로 사업가치가 떨어져서 자금조달이 어렵게 된 경우, 복수의 사업을 경영하는 갱생회사로서는 수익률이 떨어지는 비핵심 사업을 먼저 분리할 필요가 있다. 관리인은 신속한 사업양도를 위하여 개시결정 후 갱생계획안 부의결정 전에 법원의 허가를 얻어 갱생계획에 의하지 아니하고 사업양도를 할 수 있다(회사갱생법 제46조 제2항). 일본에서는 이를 계획외 사업양도라고 한다.[23] 회사갱생절차에 의한 사업양도는 민사재생절차와 달리 사업양도에 관한 회사법의 규정이 적용되지 아니한다(동조 제10항). 즉 주주총회 특별결의를 거칠 필요가 없고, 반대하는 주주의 반대매수청구권도 인정되지 아니한다.[24]

#### (2) 허가요건

사업양도가 '갱생회사의 사업의 갱생을 위하여 필요'하다고 인정되어야 한다. 계획인가를 기다리지 아니하고 즉시 사업양도를 하지 아니하면, 회사가 경영하는 다른 사업가치가 훼손될 우려가 있는 경우를 말한다.[25] 실무서에 의하면, 법원은 사업의 내용, 사업환경, 회사의 자금조달, 양수인 선정과정의 공정성 및 양도조건의 상당성을 종합하여 판단한다고 한다.[26] 그 외에 사업양도로 인하여 사업과 관련한 일부 갱생채권자들이 양

---

20) 한국에서도 영업양도가 사해행위취소의 대상이 될 수 있다(대법원 2021. 10. 28. 선고 2018다223023 판결(공 2021, 2250)).

21) 도미나가 히로아키(富永浩明), "조기 사업 재생에 대하여," 도산법연구 제5권 제2호, 도산법연구회(2014), 95－108면.

22) 이하의 내용은 全國倒産處理辯護士ネットワーク編, 會社更生實務のQ&A, 金融財政事情研究會(2013), 172－173면(中林 亘 집필 부분)을 정리한 것이다.

23) 구 회사갱생법 제54조 제1호의 '회사 재산의 처분'을 해석함에 있어 계획 외에서 하는 사업양도는 동조에 따라서 법원 허가를 얻어야 한다고 해석하였다(宮脇行彦·井關 浩·山口和男 編, 注解會社更生法, 青林書院(1986), 186면).

24) 伊藤眞, 앞의 책(주 19), 558면. 채무자회생법과 같다.

25) 深山卓也編, 一問一答新會社更生法, 商事法務(2003), 81면.

수인으로부터 변제를 받음에 따라 나머지 갱생채권자들의 변제율과 차이가 나는 점이 부인권의 대상이 되는지 또는 사업양도의 요건을 충족하고 있는지에 대하여도 논의가 있다. 이 경우 법원은 사업양도의 필요성, 양도대가의 적정성과 함께 사업양도를 함으로써 다른 갱생채권자들의 변제율이 더 높게 되는 점 등을 고려하여 허가를 하고 있다.[27] 다수설은 법원의 허가를 통하여 상당한 대가를 취득한 재산의 처분이라는 이유로 부인권의 대상이 아니라고 본다.[28]

절차적 요건으로 법원은 갱생회사가 알고 있는 갱생채권자, 갱생담보권자(갱생채권자위원회 또는 갱생담보권자위원회가 있는 경우에는 각 위원회) 및 노동조합(또는 조합이 없는 경우에는 종업원 과반수를 대표하는 자)의 의견을 청취하여야 한다. 청취의 방법은 법률에 정하여져 있지 않으나 서면조회를 이용하고 있다. 이해관계인들의 의견이 법원을 구속하는 것은 아니다. 그러나 법원의 허가를 받지 아니하고 이루어진 사업양도는 무효이다(회사갱생법 제46조 제9항 본문).

주주들에 대하여도 원칙적으로 의견을 구하여야 한다. 만일 사업양수인이 갱생회사의 특별지배회사이거나 법원이 사업양도를 허가할 때를 기준으로 갱생회사의 부채가 자산을 초과하는 경우에는 주주들의 의견을 구하지 아니한다.[29] 그 외에 관리인은 소정의 사항을 공고하거나 주주들에게 통지하여야 한다. 그러나 만일 자산초과 시 총의결권의 1/3을 초과하는 반대의견이 있으면 법원은 사업양도를 허가하여서는 아니 된다. 자산초과의 경우에는 갱생채권자 또는 회생담보권자보다 주주의 의견이 더 구속력이 있는 셈이다.[30]

(3) 갱생담보권의 처리

회사갱생절차 개시결정 후에는 갱생담보권자에 대한 변제가 법률상 금지되므로 담보물이 포함된 사업양도가 이루어지더라도 갱생담보권자가 계획인가 전에 담보물의 매각대금으로부터 변제받을 수는 없다. 이 점에서 담보권자가 별제권자로서 우선변제를 받는 민사재생절차 및 파산절차와 다르다.

담보권이 존속한 상태에서 사업양수가 이루어지면 갱생담보권자는 후일 양수인으

26) 東京地裁會社更生實務硏究會, 最新實務 會社更生, 金融財政事情硏究會(2011), 142면.
27) 伊藤眞, 앞의 책(주 19), 125면.
28) 井出ゆり·藤田將貴, "事業讓渡," 園尾隆司·多比羅 誠 編, 倒産法の判例·實務·改正提言, 弘文堂(2013), 482면.
29) 회사갱생법 제46조 제8항.
30) 갱생채권자보다 주주가 더 직접적인 이해관계를 갖고 있다는 점과 주주총회 특별결의의 성립요건인 2/3에 대응하는 것이라고 한다(伊藤眞, 앞의 책(주 19), 127면).

로부터 변제받는다. 담보권이 소멸된 상태에서 사업양도가 이루어지는 것에 대비하여 관리인이 법원의 허가를 얻어 수령한 대금을 예치하고 담보물을 예금청구권으로 변환할 수 있다(회사갱생법 제72조 제2항 제9호). 만일 담보물 변환에 대한 허가가 이루어지지 아니하면 관리인이 담보물소멸청구를 할 수밖에 없다. 갱생담보권자가 담보물 가액을 다투어 담보물가액신청을 하면 법원이 가액을 평가하여 결정한다.

(4) 사업양도의 사례

회사갱생절차에서의 사업양도에 관한 실제의 사례는 구 회사갱생법 하에서 1998년 일본리스회사가 리스사업 부문을 미국계 General Electric Capital Corporation에게 승계시킨 것 외에는 거의 발견할 수 없었다.[31] 일본의 버블붕괴는 1990년 3월에 시작되어 1998년까지 진행되어 대규모 도산 사건이 발생하였는데 일본리스의 회사갱생사건도 그 중 하나이다. 관리인으로 선임된 변호사는 제1차로 건전한 리스사업부문 전체를 인가 전의 사업양도절차를 통하여 GE캐피탈에게 양도하였고, 제2차로 재산평가, 채권조사, 부인권 행사 등을 거쳐 부동산사업부문 및 파이낸스 부분에 대하여 GMACCM의 관계회사에게 계획인가 절차에 의하여 사업을 양도하였다. 갱생채권자에게 30%를 변제하고 2005년 말에 해산하는 내용의 계획이 채권액 99% 이상의 동의를 얻어 인가되었다. 이 사건은 신속한 사업양도를 통하여 고용의 유지와 기업가치를 훼손하지 않고 배당률을 높였다는 점에서 당시로서 획기적이고 성공적인 사례로 평가받고 있다.[32]

한편 2005년까지 조사한 바에 의하면 민사재생사건 중 약 10%가 사업양도형이라고 한다. 東京地方裁判所 민사 제8부[33]가 작성한 자료에 의하면, 2010년까지 계획에 의하지 아니하고 이루어진 사업양도는 8건에 불과하다. 또한 신청부터 사업양도까지 108일 내지 278일이 소요되었다고 한다.[34] 민사재생절차에서 이루어진 15건의 사업양도를 소개한 재판관의 글에 의하면, 사업양도 후 재생채무자에 대한 재생절차는 폐지되거나 이어서 파산절차가 개시되고 있다.[35] 사업양도와 관련한 분쟁은, 민사재생법 제43조 제

31) 1997년부터 2004년까지 갱생계획이 인가, 확정된 사건 총 232건 중 18건이 사업양도를 내용으로 하는 것이고, 그 중 인가 전 사업양도는 일본리스 사건을 포함하여 5건이고, 그 중 3건은 회사가 청산되었으며 2건만이 기존 회사가 존속하는 형태였다. 일본리스 외에 三元商會, シヤロン, 新潟鐵工所, 君津리조트 등의 회사가 있다. 그에 대한 소개에 대하여는 事業再生研究機構 編, 更生計劃の實務と理論, 商事法務(2004), 92－97면.

32) 사업양도의 경위와 평가에 관하여 宗田親彦, 會社更生手續の新展開, 商事法務(2002), 57－72면.

33) 도쿄지방재판소는 2014년 기준으로 23명의 재판관을 2개부로 나누어 민사 제8부가(12명의 재판관) 회사갱생, 특별청산, 외국도산절차의 승인 사건 외에 상사에 관한 사건을, 민사 제20부(11명의 재판관)이 파산 및 민사재생 사건을 나누어 담당하고 있다.

34) 井出ゆり, “事業譲渡の迅速化,” 東京辯護士會倒産法部 編, 倒産法改正展望, 商事法務(2012), 240면.

35) 鹿子木 康, “事業譲渡を目的とする再生手續の活用,” 伊藤眞·園尾隆司·多比羅誠 編, 倒産法の實踐,

1항의 주주총회의 결의에 의한 승인에 갈음하는 허가결정과[36] 관련하여 '사업재생을 위하여 필요하다고 인정되는 경우'의 해석에 관한 것이 대부분이다. 법원은 현재 경영진이 아니더라도 제3자에 의한 영업 및 거래의 계속이 예상되고 사업 그 자체의 재건이 가능할 경우도 포함하여 해석한다.[37]

최근 민사재생절차의 실무에서는 설령 재생채권자에 대한 변제가 불가능하여 재생계획이 재생채권자에 대한 가결을 받지 못할 가능성이 있는 경우라도 급격한 사업가치의 하락을 방지하여 일반우선채권자에 대하여 변제하기 위하여 재생절차를 폐지하지 않고 스폰서가 제시하는 사업양도대금으로 계획외 사업양도를 허용하는 사건도 있다.[38]

이에 비하여 미국의 제너럴모터스나 크라이슬러의 제11장 사건은 신청일로부터 42일만에 사업양도가 이루어졌다. 이와 같은 시간적인 차이가 난 이유는 채권양도에 있어서 제3채무자의 동의, 면책적 채무인수에 관하여 채권자의 동의를 요하는 제도의 유무에 있다고 평가된다.

## 3. 채권양도에 관한 민법 개정

수탁자와 위탁자 간에 양도금지특약의 제조위탁계약을 체결한 후 수탁자가 민사재생절차를 신청하고 재생절차에서 사업양도를 한 경우에 위탁자가 특약위반을 이유로 계약의 해제를 주장하였다. 이에 대하여 일본 법원은 민사재생절차에서 이루어진 사업양도는 사업의 재생에 필요한 경우에 양도가 적정한 것이 확인된 이후에 이루어지는 것이므로 사업양도에 의하여 계약상대방이 입는 위험은 감소되고, 사업양도에 관한 계약상대방의 기대 내지 이익도 보호된다는 이유로 계약해제를 부정한 사례가 있다.[39]

채권양도와 관련하여 일본의 개정 민법(2017. 5. 26. 개정)은 양도대상인 채권을 일반 채권과 예금채권으로 구분하여 일반 채권에 대하여는 종전과 달리 민법 제466조 제2항에서 "당사자가 채권양도를 금지 또는 제한하는 뜻의 의사표시를 한 때에도 채권양도는 그 효력을 방해하지 아니한다."고 규정하였다. 즉 채권양도금지의 의사표시가 갖

---

有斐閣(2016), 53－76면.

36) 민사재생법은 이를 '代替許可'라고 한다.

37) 東京高判 平成 16·6·17金法1719号51頁. 민사재생절차에서 스폰서 선정을 둘러싼 분쟁사건이다.

38) 中吉徹郎 외 3인, "コロナ禍の状況下での事業譲渡を活用した事業再生とポスとコロナへの展望(上)," NBL No.1225 (2022. 9. 1.) 81－92면.

39) 東京地判 平成 15·12·5金判1711号43頁. 항고심 역시 위탁자의 계약해제 주장이 신의칙에 반한다는 이유로 항고를 기각하였다(東京高決 平成17·9·29). 결정 이유에 대하여 井出ゆり·藤田將貴, 앞의 글(주 28), 482－483면.

는 물권적 효력을 부정하여 양도제한이 있는 채권의 양도 역시 유효하게 되었다.

이에 반하여 예금채권에 대하여는 제466조의5 제1항에서 "당사자가 한 양도제한의 의사표시는 제466조 제2항의 규정에 불구하고, 그 양도제한의 의사표시가 있음을 알거나 또는 중대한 과실에 의하여 알지 못한 양수인 기타 제3자에 대하여 대항할 수 있다."고 규정하였다. 즉 예금채권에 한하여 양도제한 의사표시가 물권적 효력을 갖는다는 종전 판례와 통설을 답습하였다.[40] 한편 민법 개정과 맞물려 도산법에서도 채권양도의 특약을 효력을 배제하자는 도산법 실무가의 주장이 있다.[41]

## Ⅳ. 미국 연방파산법 § 363 매매

### 1. 연방파산법의 조항

만일 채무자가 제11장 계획에 자산매각 조항을 두고 자산을 매각하는 통상의 방법을 거치려면 파산신청일로부터 120일 이내에 계획을 제출하여야 한다. 그런데 계획인가 전 매각절차를 이용하면 120일의 매각시한을 단축하여, 기업가치의 하락을 방지할 수 있고, 담보채권자가 시인된 금액의 범위 내에서 매매대금과 상계하여 매수할 수 있는 credit bid를 이용할 수 있는 장점이 있다.[42] 이처럼 계획인가 전 재산의 매각 등을 가능하게 하는 조항이 연방파산법 § 363이므로 이러한 매매를 실무상 § 363 sale이라고 한다. § 363 매매는 계획에 의하지 아니하고 법원의 허가만으로 채무자의 사업을 제3자에게 신속하게 양도할 수 있는 제도이다.[43]

한국에서 § 363 매매가 널리 알려지게 된 것은 2007년 금융위기 이후 미국에서 크라이슬러, 제네럴 모터스(GM)의 파산 사건 때문이다. 위 사건에서 파산신청 직후에 § 363에 근거하여 채무자 회사의 재산 대부분을 신설회사 등에 매각하고 이를 통하여 계속기업의 가치를 유지시킴으로써 매우 빠른 속도로 기업 회생을 성공시켰다.[44]

---

40) 大村敦志·道垣內弘人, 編, 解說 民法(債權法)改正 ポイント, 有斐閣(2017), 274-288면.

41) 上床竜司·八束美樹, "債權讓渡特約付債權の讓渡," 倒産法改正 30講, 民事法硏究會(2013), 86-99면.

42) § 363(k). "At a sale under subsection (b) of this section of property that is subject to a lien that secures an allowed claims … the holder of such claims may bid at such sale, … such holders may offset such claim against the purchase price of such property." 회생절차에서는 회생절차개시 후에 채무부담 금지 조항(제145조 제1호) 때문에 회생채권자, 회생담보권자에 대하여는 credit bid가 적용되지 아니한다. 별제권자는 파산절차 외에서 권리를 행사할 수 있고 상계금지조항(제422조)도 파산채권자만을 규율하고 있으므로 별제권자는 credit bid가 가능하다.

43) 김정만, 앞의 글(주 6), 100-129면이 자세하다.

44) 참고로 크라이슬러의 경우 2009. 4. 30. 제11장 파산신청을 하고 5. 4. 매각신청을 하여 5. 10. 파산법원의 매각절차승인명령, 5. 31. 자산매각승인명령을 받았다. 이후 항소가 제기되었으나 기각되어

## 2. § 363에 의한 매각절차

### (1) § 363의 내용

채무자가 통상적인 영업활동의 범위 내에서 거래를 하는 경우에는 법원의 통지와 심문절차없이 파산재단에 속하는 재산의 사용, 매각 또는 임대 등을 할 수 있다. 채무자는 통상적인 영업활동에 속하지 아니한 거래에 한하여 통지와 심문절차를 거쳐 법원의 허가를 얻어야 한다.[45] 어떠한 거래가 통상적인 영업 범위 내에 있는지 여부를 판단하기 위하여 법원은 수평적 기준(horizontal dimension test)과 수직적 기준(vertical dimension test)을 사용한다. 수평적 기준은 유사한 상황 아래에 있는 동종 사업들에 비추어 해당 거래가 통상적으로 이루어지는 거래인지 여부를 판단하는 것이고, 수직적 기준은 채권자의 관점에서 채무자가 체결할 것으로 합리적으로 예상되는 거래인지 여부에 따라 판단하는 것이다.[46]

특히 § 363 매매에 의하면 § 363(f)에 따라 담보권이나 부채[47]의 부담이 없는 상태에서의 자산 매각이 가능하기 때문에, 매수인 찾기가 비교적 용이하고, 빠른 시일 내에 매각이 이루어질 가능성이 높다. 매각허가의 기준은 후술한다. 연방파산법 자체에는 자산매각의 구체적인 절차에 관한 규정이 없으므로 각 파산법원의 내부규정과 절차가 중요한 기준이 되며 뉴욕남부지구연방파산법원의 자산매각지침(Guidelines for Assets Sales)이 실무상 중요하다.[48] 왜냐하면 동 법원이 리만브라더스, 크라이슬러, 제너럴모터스, 델타항공, 엔론, 월드콤 등의 대규모 기업의 파산사건을 다룬 경험이 축적되어 있기 때문이다.[49]

---

2009. 6. 11. 자산매각이 완료되었다(42일 소요). GM의 경우에는 2009. 6. 1. 파산신청과 함께 § 363 매각허가신청을 하였으며 2009. 7. 5. 파산법원의 매각절차승인명령, 2009. 7. 10. 양도대금지급으로 매각이 완료되었다(36일 소요).

45) § 363(b)(1) 및 § 363(c)(1). 파산규칙 § 2002(a)(1), (c)(1), (i), (k).

46) 김정만, 앞의 글(주 6), 106－107면.

47) 채권자가 승계자 책임(예컨대 제조물책임)에 기하여 사업의 매수인에 대하여 주장하는 채권(claim)을 법원이 § 363 매매 허가에 의하여 소멸시킬 수 있는 권한을 갖는지에 대해서는 견해가 나뉜다(한민·케빈타드, "미국 연방파산법 제363조에 의한 회생계획 인가 전의 대규모 재산매각－기본 법리와 최근의 사례－," 도산법연구 제1권 제2호, 도산법연구회(2010), 103면.

48) 법원장 Stuart M. Bernstein이 2006. 9. 5 법관회의의 결의에 터 잡아 일반명령(General Order)의 형식으로 발령하였다.

49) 이 지침에 대한 해설로는 이지은, "제363조 매각절차 및 뉴욕 남부 연방파산법원의 Guidelines for Assets Sales," 도산법연구 제3권 제1호(2012), 171－184면.

(2) 매각절차의 개요

1) **매각신청**(sale motion)

§ 363에 의한 자산매각은 채무자 혹은 파산관재인(협의의 청산사건인 제7장 파산사건)의 동의를 얻어야 가능하고 채권자는 신청을 할 수 없을 뿐 아니라 채무자에게 동의를 강요할 수도 없다. 매각신청은 신청일(GM 사건) 또는 신청일 이후(크라이슬러 사건은 신청일 이후 4일째)에 할 수도 있다.

매각방법은 공개입찰과 매수희망자(stalking horse)를 정하여 입찰을 실시하는 방법 등이 있다. 공개입찰은 제7장 사건에서 주로 이용된다. 입찰자는 통상 자산을 구입할 수 있는 자금력을 증명하는 재무정보를 제공하고 경우에 따라서는 보증금을 적립해야 한다.

매수희망자 방식의 경우 채무자는 먼저 매수희망자를 선정하여 매수희망자와 매매계약을 체결한다. 계약서에는 매수희망자를 보호하기 위해 위약금(break-up fee) 조항을 두고,[50] 법원에 자산매매허가 신청을 한다. 매수희망자보다 좋은 조건을 제시한 경쟁입찰자를 선정하기 위하여 입찰 또는 경매절차를 진행한 후 최종매수인을 선정한다. 매각대상 자산에 관심이 있는 측에서 입찰마감일 전에 實査를 진행하고, 채무자가 파산신청 수개월 전부터 데이터룸을 마련하여 실사자료를 제공한다. 통상 채무자가 입찰절차 개시승인 요청을 한 후 입찰 마감일까지 잠재적 입찰자들이 實査를 진행한다. 매수희망자와의 매매계약은 본계약이므로 법원의 허가를 받아야 한다. 만일 공개입찰을 하게 되면 매수희망자는 매수인이 될 수 없다고 정하기도 한다.

2) **매각절차명령**(Sale Procedures Order)

매수희망자는 실사를 거쳐 채무자와 가격협상을 마친 후 매수가격을 제시하고, 만일 다른 응찰자가 자신이 제시한 가격보다 높은 가격으로 매수하는 경우에는 투입한 비용을 보전받을 수 있도록 사전에 위약금에 관하여 협상하고, 자신이 제시한 금액의 일정 비율(10% 이상)을 응찰자가 제시할 것을 요구하는 조항을 넣을 수도 있다. 매수희망자는 현실적으로 회사의 사정을 잘 알고 있으므로 최종매수인이 될 가능성이 높다. 위약금의 액수가 과다하면 결과적으로 다른 매수자를 모으는데 방해가 되므로 경영판단의 원칙이 아니라 파산재단의 이익에 부합하는지 여부를 기준(best interest of the estate test)으로 하자는 판례도 있다.[51]

---

50) break-up fee를 우선권이 있는 관리비용채권으로 취급하고 있기 때문에 break-up fee 약정이 유효하려면 § 503(b)에 따라 파산재단의 유지에 도움이 되어야 하고, 약정으로 인하여 입찰경쟁이 유효하게 되었다는 점을 요구한다(In re O'Brien Environmental Energy Inc., 181 F.3d 527 (3rd Cir. 1999)).

51) In re American West Airlines, Inc., 166 B.R. 908 (Bankr. D. Ariz. 1994); In re Tiara Motorcoach

3) 통지와 심문(notice and hearing)

조문상으로는 마치 매각절차에 관한 통지와 심문이 필수적인 것처럼 규정되어 있으나, § 102에 따라서 통지가 이미 적절하게 이루어졌다고 법원이 판단하면 심문이 생략될 수도 있다. 즉 통지는 생략할 수 없지만 심문은 생략될 수 있다. 통지의 상대방은 채권자, 주주 등 위원회의 법률전문가, 연방관리관, 신청 후 채권자, 신탁증서의 수탁자 등이다. 파산규칙은 최소 20일의 통지기간을 두어야 하지만 예외적으로 10일로 단축할 수 있다. GM과 크라이슬러가 신속하게 자산의 대부분을 신설법인에게 매각할 수 있었던 것은 심문을 생략하였기 때문이다.

4) 매매허가명령(Sale Approval Order)

§ 363 매매는 통상적인 영업활동에 속하지 아니하는 파산재단 소속 재산의 매각이므로 법원의 허가를 거쳐야 한다.[52] 매매허가의 기준과 관련하여, 법원은 ① 계획인가 전에 매각을 하여야 하는 사업상의 정당한 이유(good business reason)가 있고, ② 매각에 관하여 적정하고 합리적인 통지가 있고, 매각이 선의로 제안되고, ③ 매매대금이 공정하고 합리적인 때에 매각을 허가한다. 사업상의 정당한 이유에 관하여 법원은 상당한 재량을 행사하고 있고, 재산매매가 지연될 경우 사업의 계속기업가치가 중대하게 훼손될 합리적인 개연성이 있는 때에는 § 363 매매를 허가한다.[53] 허가명령의 내용은 매매계약의 승인, 자산의 이전, 계속적 계약 및 리스의 인수 및 이전 등을 포함한다.

이해관계인은 법원의 매각허가결정에 대하여 불복할 수 있으나 불복신청과 함께 매각허가절차에 대한 집행정지신청을 하지 아니하거나, 신청을 하더라도 법원으로부터 집행정지결정을 받지 못하면 항소의 실익이 없게 되어 항소가 기각된다. 크라이슬러 사건에서 채권자들이 항소하였으나 연방대법원까지 모두 기각되었다.

5) 미이행 계약의 특칙과 § 363 매매

미이행 계약에 관한 일반조항(§ 365)에 따라 채무자가 계약상의 권리의무를 이전하려면 먼저 미이행 계약의 이행(또는 인수)을 선택하여야 한다. 채무자가 이미 채무불이행에 빠진 경우라면 이미 발생한 계약위반을 치유하는 등[54] § 365(b)의 요건을 충족하

---

Corp., 212 B.R. 133 (Bankr. N.D.Ind. 1997).

52) § 363(b)(1).

53) 한민·켄빈 타드, 앞의 글(주 47), 101면. 허가 기준이 3개에 한정하는 것은 아니고 그 외 적절하게 마케팅되었고 매수가격이 최고가이고 합리적인 대가가 지급되었고, 필요한 경우 파산법 § 332의 개인정보보호에 관한 정책에 부합하는 등의 요건이 추가되기도 한다. 이지은, 앞의 글(주 48), 177면.

54) 치유(cure)라 함은 파산신청 이전에 발생한 미이행 채무의 전부를 이행하거나 이행의 보증을 제공하는 것이다.

지 아니하면 이행을 선택할 수 없고 나아가 계약상의 권리 및 채무를 양도할 수 없다. 그리고 계약상의 권리의무 전부를 이전하여야 하고 일부만 이전할 수 없다. 보통은 채무자가 매수인에게 양도하는 계약의 목록이 자산매매계약서에 기재되어 있다.

채무자가 이행을 선택하고, 계약의 승계인이 장래채무를 이행할 것에 대하여 충분한 보증(adequate assurance)을 제공하면 채무자는 미이행 계약을 제3자에게 양도할 수 있다.[55] 설령 당해 계약에 양도금지의 특약이 있더라도 파산법이 정하는 요건을 충족하면 계약상대방의 동의 없이도 계약을 제3자에게 이전시킬 수 있다.[56]

법원이 이행선택과 채권양도를 승인한 계약은 원칙으로 계약상대방의 동의가 없더라도 § 363 절차에 따라 사업의 양수인에게 이전된다. 다만 일신전속적인 계약으로서 계약이전에 상대방의 동의가 필요한 경우, 대출계약 또는 자발적 파산신청(또는 채권자가 파산신청한 경우에는 파산절차개시명령) 전에 기한이 종료한 비거주용 부동산임대차계약은 예외이다. 이 점에서 계약 이전에 관하여 종전 계약의 당사자를 포함한 3자간의 합의를 요구하는 우리나라의 민법과 다르다.

6) 매각명령의 효과

법원은 § 363(f)에 따라 아래 어느 하나의 조건이라도 갖추어지면, 원칙적으로 일체의 권리부담이 없는 상태로 채무자의 자산 매각을 승인할 수 있다.[57] 일체의 권리에는 무담보채권뿐 아니라 담보권(lien)도 포함된다.

① 파산법 이외의 법이 그러한 권리의 부담 없이 재산을 매각하는 것을 허용하는 경우
② 권리의 보유자가 동의하는 경우
③ 권리가 담보권인 경우에는, 재산의 매각대금이 담보권의 합계액보다 큰 경우
④ 권리가 선의로(in bona fide) 다투어지고 있는 경우, 또는
⑤ 권리의 보유자가 보통법상의 절차 또는 형평법상의 절차를 통하여 금전에 의한 변제를 받을 수 있는 경우

법원은 '권리'(interest)의 정의를 넓게 해석하고, 자산의 소유권으로부터 발생하는 어떠한 권리의 부담이 없는 상태의 매각으로 해석된다. 다만, 특정 사건에서 권리의 부담이 없는 자산매각인지 여부를 판단하기 위해서는 매각된 자산과 권리 부담에 대한 분석이 필요하고, 일반적으로는 매수인이 승계자 책임(successor liability)을 부담하는지가

55) § 365(f)(2).
56) § 365(f)(1).
57) § 363(f).

문제가 된다.

7) 승계자 책임의 원칙

§ 363에 의한 매수인은 명시적으로 채무를 인수하기로 동의하거나 예외가 적용되지 않는 한, 채무자(매도인)의 채무를 인수하지 않는 것이 원칙이다. 승계자 책임의 법리는 그 원칙에 대한 예외이다. 판례는 매수인이 부담을 지지 않는 청구권에는 승계책임에 관한 州法에 기한 청구권도 포함될 수 있는 것으로 해석하고 있다.[58] 결국 승계자 책임의 법리는 州法에 따라 다른 데 대체로 (i) 매수인이 명시적 또는 묵시적으로 채무를 인수한 경우, (ii) 재산매매가 사실상의 합병에 해당하는 경우, 또는 (iii) 당사자들이 매도인의 채무를 면하게 할 목적으로 사해의사로 거래를 한 경우 등에는 매수인이 승계자 책임을 진다.

매매목적물에 대한 권리를 갖는 자는 충분한 보호를 법원에 요구할 수 있다.[59] 이러한 보호조치는 매수인이 인수계약을 종결하고, 인수계약이 위험을 수반하지 않음을 보증하는 형태로 취해진다. 일반적으로 이루어지는 형태의 보호조치는 매매대금에 권리를 설정하고 파산법원의 명령에 따라 매각대금이 분배될 수 있도록 채무자가 매각대금을 보유하도록 하는 것이다.

어떠한 계약이 토지에 수반하여 이전되는 경우(covenant runs with the land 법리),[60] 자산에 대한 권리와 부담은 자산매각과 함께 매수인에게 이전된다. 석유시추와 같은 특정한 채취계약(gathering agreement)에 대하여 이러한 법리가 적용될 가능성이 있다. 법원의 매각승인결정에 대하여 불복하더라도 집행정지의 효력은 없으므로 매각절차는 속행된다. 일단 법원이 자산매각을 승인하는 명령을 발한 후 매매가 종료되면 별도로 종결명령을 발하지 아니한다.

8) 파산절차상의 병합과 § 363 매매

다수의 채무자들이 동일 법원에 파산신청을 하여 절차적 병합이 이루어진 경우, 매매목적물의 소유자(채무자)에 대한 채권자는 다른 채무자에 대한 채권자보다 당해 매매목적물의 매각대금으로부터 먼저 변제받을 수 없고 인가된 계획에 따라 변제를 받는다. 그러나 인가 전 매매의 경우에도 청산가치보장의 원칙[61]이 적용되므로 채권자는 파산절차에서 배당받을 수 있는 금액보다 높은 가액으로 매각되어야 한다고 다툴 수 있다.

---

58) In re Trans World Airlines, 145 F.3d 124 (3d Cir. 2003).

59) § 363(e).

60) Zoning Law에서 토지소유자에게 부과되는 토지의 용도와 건물의 층고를 제한하는 부담은 토지의 매수인에게도 구속력이 있다는 원칙이 대표적이다.

61) § 1129(a)(7).

절차적인 병합은 채무자가 수인임에도 불구하고 단일한 파산재단을 허용하는 실체적인 병합(substantive consolidation)과 달리 채권자들이 파산법이 정한 우선권의 순서에 따라 각각의 채무자 별로 계산한 금액을 배당받는다.

(3) § 363 매매에 대한 비판

§ 363 매매에 의하여 채무자 재산의 전부 또는 실질적으로 전부가 매각되면 계획에 의한 매매와 동일한 결과를 초래하는데도 계획인가 절차와 달리 채권자들이 매매에 관한 정보를 받거나, 매매 조건의 적정성에 관하여 검토하고 이의를 제기할 기회가 부여되어 있지 않다는 비판이 있다. 그리하여 파산법 제11장 개정위원회는 60일의 매매금지기간 외에, 매매로 인해 불이익을 입을 가능성이 있는 채권자들에게 매매계획을 통지하고 채권자들이 그에 관한 의견을 제시할 기회를 줄 것을 명시해야 한다고 제안하였다.[62]

그리고 § 363 매매허가 신청에 대하여 채권자들은 계획인가 절차 밖에서 자산매매를 완료하는 것이 비밀계획(sub rosa plan)이므로 불허되어야 한다고 다투게 마련이다. 법원은 만일 § 363 매매조건에 장래의 계획에 들어가야 할 조항을 포함하면 파산법을 잠탈하는 것으로서 sub rosa plan에 해당하여 위법하다고 판시하였다.[63] 그러나 현실적으로 § 363 매매가 법원의 허가를 얻어 이루어졌기 때문에 채권자들의 위 주장이 받아들여지는 경우는 드물다.

## Ⅴ. 영국과 프랑스의 도산절차에서의 영업양도

### 1. 영국 재건절차와 사업양도

영국의 주요 재건절차는 도산법의 관리절차(Administration)와 회사법의 회사정리계획절차(Scheme of Arrangement)이다. 도산법은 관리절차가 지향하는 목적을 세 가지로 정하고 그 순서를 정하고 있다.[64] 그리하여 첫째 목적은 사업을 계속하는 것을 전제로

---

62) Report 201면. 이연갑, “최근 미국 기업회생절차의 개정 논의,” 법조, vol 66. No. 3. 통권 723호(2017), 545면 재인용.

63) Pension Benefit Guar. Corp. v. Braniff Airways Inc. (In re Braniff Inc), 700 F.2d 935 (5th Cir. 1983). 이 판결이 처음 sub rosa plan 이라는 용어를 사용하였다. 이는 § 363 매매에서 파산법이 재건계획을 수행하기 위하여 요구하고 있는 절차나 요건을 잠탈하는 것을 일컫는다. 위 판결은 § 363 매매가 다른 조의 채권자들간의 매각대금의 분배를 조정하거나 결정하는 경우라면 sub rosa plan에 해당할 수 있다고 판시하였다. In re Lionel Corp., 722 F.2d 1063, 1069 (2d Cir. 1983)은 § 363가 파산법관에게 무제한(carte blache)의 권한 또는 제11장의 보호규정을 없애는(swallow up) 권한을 부여한 것이 아니라고 판시하였다.

계속기업가치로서의 기업의 구제이고,[65] 만일 이를 달성하지 못하면 다음으로 채권자 전체를 위하여 청산가치보다 나은 결과를 추구하여야 하고 이것마저 달성하기 어려우면, 끝으로 1인 이상의 담보채권자 또는 우선적 채권자에 대하여 회사 재산의 전부 또는 일부의 환가를 목적으로 한다. 실무상 가장 많이 달성하려는 목적은 제2와 제3의 목적이다.[66]

다만 이러한 순서에도 예외가 있다. 즉 첫 번째 목적을 달성하는 것이 비현실적이거나, 두 번째 목적을 달성하는 것이 낫거나, 두 가지 목표를 달성하는 것이 현실적으로 비합리적일 경우 순서를 달리 하여도 무방하다. 그러나 관리인이 미리 어떠한 목표를 달성한 것인지를 사전에 밝혀야 할 의무는 없다. 두 번째 목적을 달성하기 위하여 사전매각(pre-packaged sale)의 방법이 흔히 이용된다.[67]

관리절차의 특징은 한국의 회생절차처럼 관리인이 회사를 운영하는 거래형 관리절차(trading administration)보다는 사전매각형 관리절차(pre-packs administration)가 선호된다는 점이다. 그 이유는 미국과 달리 관리절차에서는 점유를 계속하는 채무자의 개념(Debtor In Possession)이 없어서 항상 제3자인 도산실무가가 관리인으로 임명되고, 미국과 같이 도산절차에서 신규자금에 대하여 담보권보다 우선하는 변제권이 인정되지 않기 때문이다. 다만 도산절차개시 후 대출금을 관리절차에 필요한 지출의 하나로 보아 우선변제를 인정하고 있다.[68]

도산법은 사전매각에 대하여 별도의 규정을 두고 있지 않다. 사전매각은 관리절차가 개시되어 관리인이 임명되기 전에 이미 매각에 관한 합의가 이루어진 상태에서 시작

64) 부록(Schedule) B1, para 3. 관리절차는 도산법 § 8부터 § 27에서 규정되었으나 2002년 개정 이후 동조가 삭제되고 부록 B1이 관리절차를 규정하고 있다.

65) 이를 구어적인 표현으로는 'light touch administration'이라고 한다. 관리인이 의무적으로 수행할 필요는 없다는 뜻의 관리절차라는 뜻이다.

66) Hugh Sims QC, Rachel Lai, Neil Levy, Stefan Ramel, Holly Doyle, James Hannant, Samuel Parsons, Insolvency Practitioners Appointment, Duties, Powers and Liability, Edward Elgar, 4 (2020).

67) 미국 연방파산법상의 pre-packaged plan이라 함은 파산신청 전에 채권자들과 채무자 간에 합의한 내용을 계획에 미리 반영하여 절차개시 후 조속한 시일 내에 계획의 표결 및 법원의 인가절차를 거치는 것을 말한다. 이에 비하여 영국 도산법상 pre-packaged sale이라 함은 관리절차 개시 전에 이미 매매조건이 합의된 상태에서 최초 채권자집회 전에 관리인이 회사 재산을 매각하는 것으로 양자의 개념이 다르다. 영국의 사전매각은 법원의 허가를 받아야 할 필요는 없으나 간혹 관리인이 법원의 허가를 신청하는 경우도 있다. 채권자집회를 거치지 아니하므로 무담보채권자들의 표결절차는 존재하지 아니한다. Ian Johnson, England & Wales in Donald S. Bernstein ed., The International Insolvency Review, Law and Business, 110 (2013). 필자의 질문에 대한 영국 도산법전문 변호사 Mrs Allison Goldthorp의 답변도 이와 같다.

68) Insolvency Act 1986 부록 B1 para. 99.

된다. 주로 서비스 제공기업, 평판이 좋은 기업, 지적소유권에 기반하여 영업을 하는 기업에 대하여 이용된다. 관리인은 관리절차 개시 전에 회사의 사적인 대리인으로서 매각을 주재하다가 법원으로부터 관리인으로 임명을 받아 관리절차가 개시된 후에는 정식으로 관리인의 지위에서 매각절차를 마무리한다.

사전매각의 장점은 재산가치가 떨어지지 않은 상태에서 신속하게 매각할 수 있고, 도산실무가의 보수가 적게 든다는 점이다. 그리고 담보권자는 매각절차 중에 회사 업무를 지배하지 아니한 채 매각대금에서 변제받을 수 있으므로 기존 경영진으로서도 이익이 된다.

그러나 이 절차의 단점은 사전매각의 매수인이 회사 이외의 제3자가 아니라 주로 회사와 관련이 있거나 현 경영진인 것이 보통이고 무담보채권자의 권리가 소홀하게 취급된다는 것이다.[69] 그리하여 이와 같이 채권자들의 관여가 없는 상태에서 자산이 매각되다보니 관리인을 상대로 법적 책임을 묻는 경우가 발생한다.

2020년 도산법 개정을 통하여 영국의 재건절차에 미국 파산법의 제11장의 요소가 많이 수입되고, 도산해제조항의 무효를 도입함으로써 관리절차가 사전매각형에서 거래형으로 변화될 것으로 예상된다.

## 2. 프랑스 재건절차와 사업양도[70]

프랑스 법정도산절차는 프랑스상법(제6권 제 L. 610－1조~제 L. 680－7조)에 구제절차(procedure de sauvegarde 또는 보호절차라고 함), 회생절차(redressement judiciaire, 또는 재생절차라고 함) 및 파산절차(liquidation judiciare, 또는 청산절차라고 함)로 구분되어 규정되어 있다. 구제절차는 회생절차와 파산절차에 들어가기 전 단계의 일종의 법정 워크아웃 제도라 할 수 있다. 이 절차는 기업의 재건(경제활동의 지속), 고용유지 및 채무조정을 통하여 기업의 구조조정을 촉진함을 목적으로 한다. 기업재건과 고용유지가 채무변제보다도 우선한다. 고용유지는 중요한 목적의 하나이지만 사업의 양수인이 반드시 전 종업원을 승계하여야 하는 것은 아니다. 회생절차 및 파산절차는 채무자회생법과 유사하다.[71]

프랑스에서는 1985년 도산법에서 재건절차에서 영업양도를 명시적으로 인정하였

---

69) Gerald McCormack, National Report for England in Commencement of Insolvency Proceedings, 250 (OUP 2012).

70) 이 부분은 井出ゆり, 앞의 글(주 34), 243－244면 및 山本和彦, "營業譲渡の倒産處理," 現代社會における民事手續法の展開 下卷, 商事法務(2002), 613－622면을 요약하였다.

71) 김은아, "프랑스법을 통해서 본 도산절차상 소유권 유보의 담보적 성질," 민사법학 제87호(2019), 76－77면. 프랑스 도산절차는 원칙적으로 상인인 자연인과 회사만을 규율 대상으로 한다.

다. 그 전에는 청산절차에서 이용되었으나 명확한 법률상의 근거는 없었다. 도산절차에서 영업양도를 하더라도 양도되는 모든 재산에 대하여 등기, 양도통지 등의 대항요건을 갖추어야 하는 점은 한국과 같다.[72)]

구제절차를 제외한 회생절차와 파산절차에서는 입찰절차를 통하여 지정한 계약을 법원의 허가를 얻어 사업의 양수인에게 이전하는 것이 가능하다. 법원은 관리인, 채권자, 또는 종업원의 대표자, 경우에 따라서는 계약상대방 등 관계자들의 의견을 청취한 후 영업양도의 허부를 결정한다. 영업양도가 허가되면 계약의 상대방은 스스로 당사자가 된 계약의 이전에 관한 부분에 대하여만 불복할 수 있다(프랑스 상법 L. 661－6). 설령 당해 계약에 양도금지가 규정되어 있는 경우라도 법원의 영업양도 허가에 의하여 계약은 자동적으로 사업의 양수인에게 승계된다는 특칙을 두고 있다(프랑스 상법 L. 642－7). 예를 들면 임차권 양도 시에 사전에 임대인의 사전동의를 요하는 조항도 효력이 부정된다.[73)]

프랑스의 도산절차에서의 영업양도의 특징은 다음과 같이 요약된다. ① 도산절차에서 영업양도를 도산절차 외에서의 영업양도에 비하여 여러 가지로 우대하고 있다. 상대방의 동의 없이 법원의 허가에 의한 주식 및 계약의 강제이전이 허용된다. ② 영업양도는 고용유지를 강조하고 있어 고용을 유지하면 매수가액이 낮게 되어 채권자들이 피해를 보는 경우가 있다. ③ 양수인이 고용유지를 약속하고 염가에 영업을 양수한 후 영업재산을 뿔뿔이 나누어 제3자에게 매각하는 도덕적 해이가 문제된다. 이를 이유로 양도계약을 사후에 해제하도록 하는 방안 등이 논의되고 있다.

## Ⅵ. 인가 전 영업양도의 활성화를 위한 제안

### 1. 담보권소멸제도의 도입 가능성

담보권소멸제도의 요체는 도산절차 중에 필요하다고 인정하는 경우 법원이 파산관재인 등의 신청에 의하여 담보목적물의 가액에 상당하는 금액을 법원에 납부하고 담보목적물에 관한 담보권을 소멸시키는 것이다. 미국과 일본은 이러한 제도를 도입하고 있다. 재건에 필요한 유치권의 목적물의 점유를 회수하거나, 영업양도절차에 담보권의 존재가 방해가 되는 경우, 경매보다는 임의매각이 이해관계인들에게 유리한 경우에 담보

72) 山本和彦, 앞의 논문(주 70), 616면.
73) 山本和彦, 앞의 논문(주 70), 616면.

권 소멸제도가 도움이 될 수 있다.

미국의 파산 실무처럼 채무자회생법에 의한 회생절차를 통한 영업양도의 경우 담보권 등 권리의 부담이 없는 깨끗한 상태에서 자산매각이 가능하려면 기존 자산에 대하여 설정된 담보권을 소멸시킬 필요가 있다. 일본의 파산법, 민사재생법 및 회사갱생법은 '담보권소멸청구제도'를 도입하였다(파산법 제186조, 민사재생법 제148조 및 회사갱생법 제104조).[74] 즉, 민사재생절차 및 회사갱생절차에서 담보재산이 채무자의 사업계속에 필요불가결한 재산의 경우, 채무자의 청구에 의하여 채무자가 담보가액의 평가에 따라 정해지는 담보가액 범위 내의 채권을 변제함으로써 담보권을 소멸시킬 수 있다.[75]

한편, 대법원 판례에 의하면, 영업양도는 기본적으로 개별 자산의 매각이 아니라 일정한 영업목적에 의하여 조직화된 총체, 즉 물적·인적 조직을 그 동일성을 유지하면서 일체로서 이전하는 것이다.[76] 그렇지만 영업재산 전체를 하나의 독립된 물건으로 삼는 개념이 없기 때문에, 결국 영업양도를 하더라도 그 재산을 이전하기 위해서는 각각의 재산에 대하여 등기이전 등의 물권행위가 마쳐져야 한다.[77] 만일 양도 대상인 자산에 설정된 담보권을 소멸시킬 수 있다면 우리나라에서도 인가 전 영업양도 제도가 활용될 수 있을 것이다. 다만 일본의 담보권소멸제도를 도입하려면 담보가액의 평가제도와 함께 과연 실제로 담보권소멸제도가 활용되고 있는지, 활용되지 않는다면 그 이유 등 제도의 실상을 먼저 면밀하게 평가할 필요가 있다.

일본 도산실무가[78]의 평가에 따르면, 회사갱생법상 담보권소멸청구제도는 거의 활용되지 않는다고 한다. 제도의 장점은 회사갱생절차 내에서 갱생관재인이 스폰서(갱생회사의 장래 인수인)에게 사업양도·회사분할을 할 때에 그에 포함되는 담보목적물에 대하여 갱생담보권자가 임의로 담보권말소에 응하지 아니하는 경우에 법원의 허가에 의

74) 한민, "사전협의절차와 연계된 신속한 회생절차 마련을 위한 입법론적 방안 연구," 2015년도 법무부 연구용역 과제보고서, 120면.

75) 일본 파산법에서 담보권소멸청구의 요건은 사업계속의 필요가 아니라 담보목적물을 임의 매각하여 담보권을 소멸시키는 것이 파산채권자 일반의 이익에 적합한 경우를 요건으로 하는 점에서 재건절차에서의 요건과 차이가 있다(파산법 제186조 제1항). 담보물의 환가대금으로부터 변제를 받을 가능성이 없는 후순위담보권자로부터 동의를 받기 위하여 도장값(判子代)을 주는 구 파산법하에서의 폐습을 없애고 신속한 임의매각을 위하여 도입된 것이다(小川秀樹, 一問一答 新しい 破産法, 商事法務(2005), 250면).

76) 대법원 1997. 6. 24. 선고 96다2644 판결(공 1997, 2263).

77) 영업양도는 채권계약이므로 양도인이 영업양도계약에 따라 재산을 이전할 때에 포괄승계가 인정되지 않고 특정승계의 방법에 의하여 재산의 종류에 따라 개별적으로 이전행위를 하여야 한다(대법원 2020. 8. 27. 선고 2019다225255 판결(미간행); 대법원 1991. 10. 8. 선고 91다22018, 22025 판결(집39(4)민1)). 학설도 같다(송옥렬, 상법강의 제4판, 홍문사(2014), 80면).

78) 長島大野常松法律事務所의 大川友宏 변호사의 답신을 정리한 것이다.

하여 담보권을 소멸시켜 사업양도 등을 실행할 수 있다는 것이다.[79)]

담보물의 가치에 대하여 갱생담보권자와 합의가 이루어지면, 갱생담보권자는 임의매각에 응하는 것이 보통이다. 매각대금 중 담보권가치 상당액에 대하여 담보권을 설정(예컨대, 매각대금을 예치한 예금구좌에 대한 질권 설정)하여 처리하고 있다. 이것을 '擔保權變換合意'라고 한다. 실무상 회사갱생절차에서는 담보권소멸보다는 담보권변환합의가 자주 이용된다.

민사재생절차와 파산절차에서도 담보권소멸제도는 그다지 이용되지 않고 있다. 다만 담보권자가 합리적인 이유 없이 반대하면 채무자가 법적으로 담보권소멸청구를 할 수 있다는 것을 담보권자에게 미리 알려 담보권소멸에 응하도록 유도하는 장점이 있다고 평가한다.

## 2. 채권자간의 공정·형평의 문제

한국의 실무는 미국 연방파산법과 달리 담보물에 따라 별도의 회생담보권조를 정하지 않고 1개의 회생담보권자조로 구성하고 있다. 회생계획에서 담보권이 설정된 담보물을 매각하도록 정한 경우에 매각대금을 어떻게 분배하여야 하는가를 둘러싸고 문제가 발생한다. 미국 연방파산법에서는 당연히 그 담보권자가 매각대금에서 우선변제를 받는다.

한편, 회생절차에서는 다른 회생담보권자는 계획에 따라 나중에 변제받게 되지만 담보물이 매각된 경우 매각대금을 담보물에 관한 담보권자에게 변제하고 있다.[80)] 마찬가지로 인가 전 영업양도가 있고 양수인이 피담보채권까지 변제하여 담보권을 소멸시키고 당해 회생담보권자가 인가 전에 변제받게 됨에 반하여, 영업양도와 무관한 담보권자는 회생계획에 의하여 나중에 변제받게 되는 불이익을 입게 된다. 서울회생법원의 실무는 인가 전 영업양도의 경우 제132조 제2항을 준용하여 당해 회생담보권자에게 우선변제하는 내용을 법원이 허가하고 있다.[81)] 그러나 제132조는 인가 전 영업양도를 염두에 둔 조항이 아니므로 현재의 실무를 뒷받침하는 별도의 근거 규정이 필요하다.

일반회생채권에 대하여도 영업양수인이 채무를 승계한다고 할 때 어느 범위까지 승계하는지가 채권자들간의 공정·형평의 문제와 관련된다. 만일 채무자가 채권의 명목

---

79) 스폰서의 역할에 대하여는 이현정, "일본의 사업재생에 있어서의 스폰서 선정과 법적과제," 回生法學 16호(2018), 127－148면.

80) 回生事件實務(上), 736－737면은 담보목적물의 매각대금을 담보물에 관한 회생담보권의 피담보채권을 변제하는 것을 전제로 기술하고 있다.

81) 回生事件實務(下), 243면.

가액까지 변제한다면 인수대상이 아닌 다른 채권자들이 불리하게 되므로 영업양수시에 채권가치를 어떻게 평가하는 것이 중요하다. 일본에서는 도산채권 전액이 승계되는 사례는 거의 없으며, 실무가들은 계획에서의 변제율에 비례하여 변제하는 방향으로 하는 것이 타당하다고 주장한다.[82] 참고로 프랑스에서는 도산절차 개시 전에 발생한 계약상의 채무는 양수인이 부담하지 않는다.[83] 일본의 골프장 민사재생 사건에서 계획 외 사업양도가 이루어지면서 일부 회원들에 대하여는 예탁금반환청구권에 대하여 신주를 발행하고, 나머지 회원들에 대하여 0.1%의 현금변제를 하는 내용의 계획이 제출되었다. 이에 현금변제를 받는 채권자들이 평등원칙에 위배된다고 인가결정에 대하여 항고하였다. 법원은 회원들에게 양자 택일의 선택권이 부여되었으며 반대자가 1인(4인 중 3인이 항고취하)에 불과하다고 하여 실질적 평등을 해하지 아니한다고 하여 항고를 기각한 사례가 있다.[84]

### 3. 매수희망자에 대한 우선매수권 부여와 상계금지 예외

미국 연방파산법 § 363 매매에서 활용되는 것이 매수희망자(stalking horse)제도이다. 매수희망자가 최종매수인이 되지 않을 때를 대비하여 매수희망자를 보호하는 조치로서 위약금액, 매수희망자 선정 후의 매각절차 실행방법 등을 포함하여 약정한다. 만일 매각절차에서 매수희망자와 정한 조건보다 더 좋은 조건의 새로운 입찰자가 나타나면 원칙으로 새로운 경쟁자와 매매계약을 체결한다.[85]

최근 서울회생법원 실무에 의하면, 매수희망자가 새로운 입찰자가 제시한 조건보다 더 좋은 조건을 제시하면 매수희망자가 최종매수인이 될 수 있는 기회를 부여하는 방식이 통용되고 있다(한일건설 사례 등). 이러한 방식에 의하면, 매수희망자가 실사를 통하여 산정한 객관적인 가격이 있음에도 불구하고 새로운 입찰자가 더 높은 가격을 제시할 것을 대비하여 고의로 평가가격보다 낮은 가격으로 매수가를 정할 주장할 유인이 있다. 그리고 새로운 입찰자와 매수희망자 사이에 조건을 협상하는 과정에서 오히려 매각이 늦추어질 수 있는 단점이 있다. 그러므로 미국 뉴욕남부지구연방파산법원의 자산매각지침과 같이 기존 매수희망자 선정과 관련하여 지출한 비용을 기존 매수희망자가 보상받을 수 있는 근거 규정과 stalking horse 방식과 절차를 투명성을 보다 높이기 위

82) 井出ゆり·藤田將貴, 앞의 글(주 28), 481면.
83) 山本和彦, 앞의 논문(주 70), 617면.
84) 東京高判 平成13·9·3 金判1131号24頁.
85) 김정만, 앞의 글(주 6), 108-109면.

한 근거 조항을 마련하는 것을 고려할 필요가 있다.[86)]

채무자회생법에 의하면, 회생담보권자인 매수희망자가 인가 전 영업양도를 통하여 양수하게 되면 회생절차개시결정 후에 채무를 부담한 때에 해당하여 상계가 금지되므로(제145조 제1호),[87)] 매매대금 전액을 일단 납부하고 회생담보권은 회생절차에서 변제받아야 한다. 그러나 앞으로 인가 전 영업양도의 목적물에 담보물이 포함되어 있다면, 회생담보권자가 사업양수 시 회생담보권의 액수에 관하여 매매대금에서 공제하여 주는 상계금지에 대한 예외를 법적으로 허용할 필요가 있다. 미국 연방파산법 § 363(k)는 상계권자를 담보권자로 취급하는 것을 전제로 하여 credit bidding을 통한 상계를 허용하고 있다.

그러나 채무자회생법의 해석론으로 회생담보권자의 credit bidding을 인정하기는 어려우므로 회생담보권자가 목적물을 매수하는 경우에 한하여 담보목적물의 가액 범위 내에서 상계를 허용하는 방향으로 개정할 필요가 있다. 판례는 파산선고 후 파산재단에 속하는 재산의 매수인의 상계를 허용하지 않고 있으므로,[88)] 앞으로 채무자회생법 개정 시 영업양도 시에 회생담보권자의 상계를 허용할 것인지, 가능하다면 자동채권의 범위와 상계금지의 예외에 대한 논의가 필요하다.

### 4. 채권양도 제한에 대한 철폐

미국 연방파산법에서 인가 전에 영업양도가 가능한 것은 법에 특칙을 두어 미이행계약을 인수 후 양도하는 경우 상대방의 동의 또는 승낙제도를 배제하였기 때문이다. 프랑스도 채권양도에 관한 특칙을 두고 있다. 그런데 대법원 판례에 의하면 면책적 채무인수의 일종인 임대목적물을 양도함에 있어 대항력을 갖춘 임차인의 동의를 요하지 않고 있지만,[89)] 이 법리를 다른 계약에까지 확대하고 있지는 않다. 일본에서도 계약관계에 있어서 개별적인 승계절차가 영업양도의 걸림돌로 지적되고 있다.[90)] 앞에서 본 東

---

86) 이 글을 작성할 무렵 서울회생법원은 stalking horse를 포함한 회생절차에서의 M&A의 준칙 제281호를 제정하였다.

87) 파산절차의 상계금지는 파산채권자에 대하여 적용되지만(제416조), 회생절차의 상계금지는 회생담보권자에 대하여도 적용된다(제144조).

88) 대법원 2017. 11. 9 선고 2015다44274 판결(미간행).

89) 주택임대차보호법상의 대항력을 갖춘 후 임대부동산의 소유권이 이전되어 그 양수인이 임대인의 지위를 승계하는 경우에는 임차인의 승낙이 없어도 임대차보증금반환채무도 부동산의 소유권과 결합하여 일체로서 이전하는 것이며 이에 따라 양도인의 보증금반환채무는 소멸한다(대법원 1996. 2. 27. 선고 95다35616 판결(공 1996, 1094); 대법원 1987. 3. 10. 선고 86다카1114 판결(집35(1)민 147 등 다수).

90) 田原睦夫, “會社更生手續 營業讓渡,” 門口正人·西岡淸一郞·大竹たかし, 新 裁判實務大系 21 會社

京高等裁判所의 결정(주 39)은 민사재생절차에서 이익교량을 통하여 채권양도금지특약 위배를 이유로 한 상대방의 계약해제의 효력을 인정하지 않고 있는바 앞으로 학설과 실무의 동향을 주목할 필요가 있다.

대법원은 채권양도금지특약과 관련한 사건에서 당사자가 양도를 반대하는 의사를 표시한 경우 채권은 양도성을 상실하므로, 양도금지특약을 위반하여 이루어진 채권양도는 원칙적으로 그 효력이 없다는 통설과 선례를 지지하였다.[91] 반대의견은 양도금지특약은 당사자만 구속할 뿐 이를 위반하는 채권양도는 양수인이 악의라도 원칙적으로 유효하다는 입장을 지지하고 있다.

이와 같이 민법에서도 채권양도금지특약의 효력이 논의되고 있는 점에서 알 수 있듯이 도산절차에서는 채무자의 재건과 파산절차의 신속성을 도모하기 위하여 채권양도금지특약의 효력을 배제할 필요가 더 강하다. 예컨대, 만일 파산관재인이 양도금지특약부의 채권을 양도함으로서 양도대금을 배당자원으로 삼아 신속하게 파산절차를 종결하려고 하여도 양도금지특약이 여전히 유효하다면, 파산관재인은 채권을 제3자에게 매각할 수 없고 시간이 걸리더라도 채무자의 재산에 대한 강제집행을 마치거나 강제집행을 시도한 후 강제집행이 주효하지 아니한 경우에 한하여 법원으로부터 채권 포기의 허가를 받아야 비로소 파산종결을 할 수 있다. 그러나 이는 파산절차의 신속한 종료에 장애가 되어 파산재단의 비용(보조인 임금 등)이 그만큼 증가하게 되어 결과적으로 파산재단에 손해가 된다.

또한 회생회사가 타이어를 제조하는 영업을 하던 중 인가 전의 영업양도의 방법으로 영업의 전부 또는 일부를 제3자에게 양도하려는 경우에도 양도금지특약부 채권이 있으면 일일이 기존의 거래처(채무자)들로부터 채권양도 및 채무인수의 승낙을 받지 아니하면 제3자가 채권양수 및 채무인수를 할 수 없게 된다. 채권양도금지특약의 문제를 넘어서 기존의 계약에 대하여도 도산절차에서 법원이 이해관계인들의 의견을 듣고, 결정을 통하여 채권양도와 계약이전을 허용하도록 입법적으로 해결하여야 인가 전 영업양도가 활성활 될 수 있다. 이러한 점에서 법원의 결정으로 계약의 강제이전을 허용하는 프랑스의 입법례가 도움이 된다.

---

更生法·民事再生法, 青林書院(2004), 111면.

91) 위 대법원 2016다24284 전원합의체 판결; 대법원 2000. 12. 22. 선고 2000다55904 판결(공 2001, 354); 대법원 1999. 12. 28. 선고 99다8834 판결(공 2000, 362). 위 대법원 2016다24284 전원합의체 판결의 사안에서도 회생회사 엘드건설이 농협과 체결한 공사계약에 기한 채권에 양도금지특약이 붙어 있었다.

### 5. 인가 전 영업양도에 관한 불복절차의 개선

인가 전 영업양도와 관련하여 법원이 제62조 제4항에 기하여 부채가 자산을 초과하는 경우에 주주총회의 결의에 갈음하는 결정(대체결정)에 대하여 주주들에게 즉시항고로 불복하는 권한을 부여하더라도(제63조 제3항), 그러한 즉시항고에 대하여는 집행정지의 효력을 부정하는 방안을 마련하여 영업양도를 신속하게 실행할 수 있는 길을 열어주어야 한다.

인가 전 영업양도의 허가결정 자체에 대하여는 불복할 수 없다고 하면서,[92] 그 이전 단계인 주주총회의 결의에 갈음하는 결정(대체허가결정)에 대한 주주의 즉시항고에 대하여 제13조 제3항에 기하여 집행정지의 효력을 허용하는 것은 균형이 맞지 아니한다.

서울회생법원의 실무도 대체허가결정에 관한 채무자회생법 조항의 내용, 인가 전 영업양도의 실효성 확보 필요성에 주목하여 법원의 대체허가결정에 대한 즉시항고에 집행정지의 효력이 없다고 해석하고 있다.[93] 다만 근거로 주주총회 결의에 갈음하는 결정의 효력 발생시기에 관하여 제63조 제2항이 그 결정서가 관리인에게 송달된 때라고 규정하고 있는 점을 들고 있다. 나아가 제246조가 회생계획인가결정이 있은 때 회생계획의 효력이 발생한다고 규정하고 있고, 동조에 기하여 회생계획인가결정에 대한 즉시항고에 집행정지의 효력이 없다고 해석하는 논리로 주주총회 결의에 갈음하는 결정의 효력발생 시기에 관하여 제62조가 별도로 규정하고 있으므로, 주주의 즉시항고에 대해서도 집행정지의 효력이 없다고 해석하고 있다. 그리하여 서울회생법원은 한진해운 사건(서울중앙지방법원 2016회합100211)에서 인가 전 영업양도를 진행하면서 후자의 견해에 따랐다.

그러나 회생계획인가결정에 대한 항고를 하더라도 집행정지의 효력이 인정되지 아니하는 근거는 제247조 제3항에 "회생계획인가의 결정에 대한 항고는 회생계획의 수행에 영향을 미치지 아니한다"는 특별한 조항을 두었기 때문이다. 따라서 제246조를 유추하여 위와 같이 해석하는 실무의 근거는 미흡하다. 입법론으로는 만일 주주의 권리를 보호할 필요성이 있는 특별한 사정이 있는 경우에 한하여 제247조 제3항 단서와 같은 집행정지 조항을 따로 두어 영업양도의 절차를 정지하거나, 처음부터 대체결정에 대하

92) 제62조 제1항의 영업 또는 사업양도에 대한 허가결정에 대하여는 불복할 수 있다는 규정이 없다.
93) 回生事件實務(上), 50면 주석 16; 주석채무자회생법(I), 한국사법행정학회(2020), 574면 [심태규 집필 부분].

여 불복할 수 없도록 채무자회생법을 개정할 필요가 있다.[94] 참고로 일본 회사갱생법도 인가 전 사업양도에 있어서 법원의 허가에 대하여 불복할 수 없다는 조항을 신설하였다.[95]

### 6. 회생절차에 대한 인식 전환

기존의 회생절차에서 재건이라는 개념은 반드시 회생회사가 회생계획인가 후에도 존속하되 출자전환을 통하여 회사의 지배구조를 바꾸고 채무를 감면, 변제기를 연장하는 것을 염두에 두고 있었다. 그리고 회생절차를 신청한 회사에 대한 청산형 회생계획을 인가하는 것을 금기시 하였다.

그러나 회생절차를 통한 회사의 재건이라는 것을 반드시 그와 같이 편협하게 인식할 시대는 지났다고 생각한다.[96] 지금도 회생절차 밖에서 회사의 분할, 주식의 포괄적 교환, 포괄적 이전 등을 통한 구조조정이 활발하게 이루어지고 있다. 회사의 중요 영업부문을 근로자와 함께 다른 회사로 영업양도하여 높은 가격으로 조기에 매각하고 남은 회사는 청산절차를 통하여 시장에서 퇴출하는 것도 회생법원이 담당할 수 있는 구조조정이라고 인식할 때가 되었다.

## Ⅶ. 결론

회사가 속한 산업의 경기가 변화무쌍하고 난데없이 강력한 경쟁상대가 등장하는 등 산업계에서는 선제적 구조조정이 중요하고, 이를 失機하면 기업이 시장에서 도태한다. 그리하여 대기업은 법정도산절차 이전의 단계에서 채산이 맞지 아니하는 계열 사업의 포기(LG의 무선전화기 사업포기), 계열분리(포스코의 포스하이알의 회생신청), 인수합병에 의한 영업양도(웅진정수기 사업의 매각), 사채권자집회에서 출자전환을 통한 재무구조조정(대우조선, 웅진에너지 등) 등 여러 가지 방안을 강구하고 있다. 이 과정에서 회사 자체를 제3자에게 넘기는 경우도 있고 사업부분만 넘기는 경우도 있다.

---

94) 同旨, 김정만, 앞의 글(주 6), 154－155면.

95) 伊藤眞, 앞의 책(주 19), 559면은 법에 특별히 정한 경우에만 즉시항고를 할 수 있다는 회생갱생법 제9조 前段을 근거로 든다. 민사재생법은 대체허가결정에 대하여 즉시항고권이 인정되지만(민사재생법 제43조 제6항), 집행정지의 효력은 없다(동조 제7항). 이에 반하여 회사갱생법은 대체허가 제도를 두지 않고 있다.

96) 김정만, 앞의 글(주 6), 148－149면도 채무자가 영업을 타에 양도하고 채무자는 해산하는 편이 보다 많은 변제재원을 확보할 수 있는 경우에도 영업양도의 요건 중 '회생을 위한 필요'를 충족한 것으로 보아야 한다고 주장한다.

회사가 영위하는 복수의 영업 중 회사를 재건하기 위하여 우량한 영업을 남겨두고, 남은 영업을 제3자에게 매각하여 재건하는 경우 뿐 아니라 반대로 영업을 계속하기보다는 양호한 영업을 제3자에게 매각하고 회사는 해산, 청산하는 쪽이 보다 많은 변제자원을 마련할 수 있는 경우에도 회생절차에서의 영업양도가 이용될 수 있다.[97] 따라서 영업양도를 하는 경우 제62조 제1항의 '채무자의 회생을 위하여'라는 문구를 반드시 회사가 존속하는 것으로 한정할 것이 아니라 보다 다액의 변제재원을 마련하고 종업원의 고용승계를 확보하여 제3자에게 영업을 양도함으로써 회생회사가 청산하는 경우도 포함하는 것으로 넓게 해석하고 실무를 그와 같은 방향으로 운영할 필요가 있다.

한국의 회생절차는 법적으로 도산에 근접한 상태의 기업이 이용하는 절차이다. 미국 파산법 제11장 절차나 영국 회사법의 회사정리계획절차처럼 아직 재정상태가 건전한 상태에 있는 기업도 쉽게 이용할 수 있는 제도가 아니다. 더구나 회생실무를 영미와 비교하면 회생회사는 수익성 있는 사업이 남아 있지 아니하고, 현금이 거의 고갈된 파산 직전의 단계에서 회생신청을 하고 있으므로 회생절차에서 영업양도를 할 만한 사건은 거의 없다.

지금까지 수 년 간 금융계, 학계, 실무계 등이 선제적 구조조정의 필요성에 공감하면서도 그 방법에 관하여는 아직 견해의 일치를 보지 못하고 있다. 인가 전 영업양도를 통하여 회생회사가 반드시 존속하여 재건한다는 도그마에서 벗어나 보다 넓은 의미의 재건절차의 일환으로서 인가 전 영업양도를 고려할 때가 되었다.

1997년 금융위기 이후 지난 20여 년 동안의 도산실무 경험에서 우리가 배운 것이 있다. 기존 경영자의 경영권을 빼앗아 제3자에게 경영권을 줄 가능성이 크다면, 기업의 구조조정을 할 수는 있으나 자발적인 선제적 구조조정은 할 수 없다는 것이다. 최근 영국, 독일, 프랑스 등의 도산법 개정의 공통점은 도산신청과 지급유예를 조기에 허용함으로써 구조조정의 시기를 앞당기려는 데에 있다.[98]

자본시장에 참가하는 여러 경제주체는 한국 기업의 구조조정이 선진국에 비하여 너무 늦은 시기에 시작되어 회생절차를 통한 선제적 구조조정은 사실상 어렵다고 평가하고 있다.[99] 기업의 경영진이 주도하여 사업양도, 회사분할 등의 구조조정을 조기에

97) 回生事件實務(下), 239면.

98) 영국은 2020년 Corporate Insolvency and Governance Act를 통하여 도산절차 개시 이전 단계에서의 모라토리엄 제도를 신설하였으며, 프랑스는 2014년 법인에 대한 신속구제절차(accélérées de la sauvegarde)를 도입하였으며, 독일은 2011년 기업구조조정을 신속하는 법률(ESUG)을 개정하여 선제적인 구조조정을 시도하고 있다.

99) 오수근, "회생절차에서 M&A의 법적 성질," 상사법연구 제3권 제2호(2013), 131면은 절차 진행이

실시하고 그 결과물을 갖고 법원에 오면 법원이 이를 인가 전의 영업양도의 형식으로 승인하여 주는 방식을 필자는 제안한다. 이러한 방식이 확립되면 워크아웃을 포함하여 전체적으로 우리나라의 구조조정의 시기를 앞당겨질 수 있을 것이다.

이제 채무자회생법 시행 후 15년이 경과하여 회생절차에서 기존 경영자 제도가 어느 정도 확립되었으므로 인가 전 영업양도 제도에 관하여 개선이 필요하면 과감하게 입법을 통하여 걸림돌을 치우고, 기존 경영자가 경영권에 대한 불안이 없는 상태에서 신속한 인가 전 영업양도를 활용하도록 법원이 실무를 운영함으로써, 법원이 선제적 구조조정에 있어서 중요한 역할을 담당하기를 기대하면서 글을 마친다.

[도산법연구 제12권 제2호(2022) 소재]

---

신속하지 못하여 가치가 훼손된다는 것이 회생절차에 대한 가장 큰 비난이라고 한다. 웅진홀딩스 회생사건을 긍정적으로 평가하면서 법원이 시간의 중요성을 인식하였고, 채권자의 신뢰와 협조가 있었으며, 채무자의 빠른 회생신청의 삼박자를 성공요인으로 보았다(141면).

# 3. 회사분할과 부인권



## Ⅰ. 문제의 소재

이 글은 일본에서는 회사분할행위가 부인권의 대상이 되는지 여부에 관하여 학계와 실무에서 활발한 논의가 있음에도 한국에서는 왜 그러한 논의가 없는지에 대한 의문과 만일 부인권의 대상이 된다면 회사분할이 사해행위인가 아니면 편파행위인가 하는 의문을 해소하기 위하여 작성하였다.

회사분할 중 단순분할은 1개의 회사가 분할에 의하여 1개 또는 수개의 새로운 회사를 설립하면서(상법 제530조의2 제1항), 그 자신은 소멸하거나, 또는 존속하는 회사법상의 조직변경절차를 말한다. 단순분할은 회사의 분할과 이를 근거로 한 회사의 신설이라는 2단계로 이루어진다. 단순분할을 통하여 분할회사는 그대로 존속하거나(존속분할) 또는 분할 후 해산하면서(소멸분할), 그 일부의 권리의무를 신설회사가 승계한다(상법 제530조의2 제1항). 단순분할과 대립되는 개념인 분할합병은 회사의 영업을 수 개로 분할하고 분할한 일부 영업을 존립 중의 다른 회사에 흡수합병시키는 것이다(동조 제2항). 단순분할과 분할합병을 병용하는 방안도 가능하다(동조 제3항).[1] 상법상 단순분할에 반대하는 주주에게는 주식매수청구권이 인정되지 않지만,[2] 분할합병에 반대하는 주주에게는 주식매수청구권이 인정된다(상법 제530조의11 제2항, 제522조의3). 회사분할은 분할회

1) 이철송, 회사법, 박영사(2020), 1070면; 정찬형, 상법강의(상) 제25판, 박영사(2022), 529면.
2) 김건식·노혁준·천경훈, 회사법 제6판, 박영사(2022), 806면; 한국상사법학회, 株式會社法大系 III, 法文社(2016), 회사의 분할(노혁준·金秉台 집필), 539면(이하 '株式會社法大系 III'이라 한다); 정찬형, 앞의 책(주 1), 540면. 단 2022. 12. 27. 자본시장법시행령이 개정되어 주권상장법인의 경우 물적분할 시 반대주주에 대한 주식매수청구권이 부여되었다(자본시장법 시행령 제176조의7 제1항 제2호).

사 및 신설회사 모두 주식회사에 대하여만 인정된다.[3] 회사분할은 채권자의 동의 없이도 가능하다. 채권자에 대한 동의절차를 거쳤는지 여부에 따라 책임재산의 분리 여부가 결정될 뿐이다.

회사분할제도는 1998. 12. 28. 일본보다 먼저 도입되었다. 2015년 상법 개정에 의하여 현재의 회사분할 제도로 정착하였다. 2015년 개정에 의하여 현재의 회사분할제도로 정착하였다. 대우자동차판매에 대한 2011년 회생사건에서 회생계획안에 회생회사를 인적분할의 방법에 의하여 3개의 회사로 분할하면서 공익채권인 종업원의 임금지급채무(共益債權)를 누가 부담하느냐를 둘러싸고 여러 건의 분쟁이 있었다.[4] 그 후 회사분할에 관하여 중요한 법리를 판시한 대법원 판례가 집적되었고, 학자들도 회사법, 노동법, 세법과 관련하여 다양한 이론을 전개하고 있다.

한편, 일본의 판례와 다수설은 남용적 회사분할행위가 사해행위취소권 및 부인권의 대상행위가 된다는 점에 대하여 견해가 일치되어 있다. 일본에서는 이를 둘러싸고 논의가 무성하다.[5] 그에 비하여 한국에서는 일본의 사례를 소개하는 외에 한국에서도 부인권 행사가 가능한지 여부에 대하여는 논의가 별로 없다.[6]

상법의 회사분할에 관한 조항에서 채권자취소권이나 부인권 행사를 배제하고 있지 아니하므로 회사분할행위라 하더라도 일반채권자들의 이익을 해하는 행위에 해당한다면 채권자취소권과 부인권의 대상이 될 수 있다. 이해의 편의상 이 글에서는 실무에서 자주 이용되는 단순분할[7] 중 존속분할의 형태를 취하는 물적분할[8]을 전제로 설명한다.[9]

---

3) 김건식 외, 앞의 책(주 2), 798면.

4) 채무자회생법 제272조 제1항은 회생채권에 한하여 적용되는 것이므로 공익채권의 변제책임을 분할하려면 상법으로 돌아가 채권자보호절차를 거쳐야 한다(대법원 2023. 6. 29. 선고 2021다285090 판결(미간행); 대법원 2016. 2. 18. 선고 2014다31806 판결(공 2016, 411); 대법원 2016. 2. 18. 선고 2015다10868, 10875 판결(미간행); 대법원 2015. 11. 27. 선고 2015다230877 판결(미공간)).

5) 牧 眞理子, 組織再編における 債權者保護－詐害的會社分割「詐害性」の考察, 法律文化院(2018); 倒産法硏究部會 編, 會社分割と倒産法, 淸文社(2012). 이토 마코토/경선희(역), "회사분할과 도산법리와의 관계－편파적 사해행위의 부인가능성－," 도산법연구(2012), 159－169면; 전자는 2014년 회사법 개정 이후의 상황을 다루고 있다. 도산법 교과서인 전병서, 도산법 제4판, 박영사(2019)와 노영보, 도산법 강의 제2판, 박영사(2024)도 이 주제를 언급하지 않고 있다.

6) 株式會社法大系 III, 509면; 일본에서의 논의에 관한 글로는 하정훈, "남용적 회사분할에 관한 일본에서의 논의," 노혁준 편, 회사분할의 제문제, 小花(2013), 465－511면; 박용석, 최복기, 김영근, "기업구조조정 실무에서의 부인 관련 문제점," BFL 제53호(2012), 37－39면.

7) 단순분할에서 분할회사는 그대로 존속하거나(존속분할) 또는 분할 후 해산하면서(소멸분할) 그 일부의 권리의무를 신설회사가 승계한다(상법 제530조의2 제1항).

8) 상법 제530조의12가 물적분할에 관한 조항으로서 회사분할에 관한 일반조항을 준용하고 있다. 인적분할과 물적분할의 개념 구분에 대하여는 後述한다.

## Ⅱ. 회사분할의 법리

### 1. 회사분할의 유형

상법전이 규정하는 회사분할은 단순분할(상법 제530조의2 제1항), 분할합병(상법 제530조의2 제2항), 신설분할합병(상법 제530조의6 제2항), 물적분할(상법 제530조의12)의 네 가지이다. 회사분할에는 어느 형태(단순분할, 분할합병 또는 양자의 병용)의 분할을 하든, 분할 시에 사업을 승계하는 회사에 의하여 발행되는 주식[10]이 분할회사 자체에게 배정되는 것이 물적분할이고, 분할회사가 아니라 분할회사의 주주에게 배정되는 것이 인적분할이다.[11] 인적분할에 의하면 종전 주주는 분할회사와 신설회사의 주주가 되지만 물적분할의 경우에는 분할회사의 종전 주주의 지위는 변경이 없고 분할회사가 신설회사의 주주가 된다.[12]

물적분할은 분리하여 사업이 가능한 독립된 사업부문을 분할하는 것으로서, 분할하는 사업부문의 자산 및 부채가 포괄적으로 신설법인에게 승계된다.[13] 물적분할이 허용되는 것은 존속분할만 가능하고 분할 전 회사가 소멸하는 소멸분할은 있을 수 없

---

9) 예를 들면, A, B 사업을 영위하는 甲 회사가 A 사업을 떼어내 새로이 乙 회사를 설립하고 자신은 계속하여 B 사업을 영위하는 형태이다. 판례는 분할 또는 분할합병으로 인하여 설립되는 회사 또는 존속하는 회사를 분할당사회사(대법원 2010. 8. 26. 선고 2009다95769 판결(공 2010, 1805))로 그리고 신설회사를 受惠會社(대법원 2017. 5. 30. 선고 2016다34687 판결(공 2017, 1363); 대법원 2011. 9. 29. 선고 2011다38516 판결(공 2011, 2220))라고 표기하고, 분할회사를 피분할회사라고 부르기도 한다(부산고등법원 2004. 3. 31. 선고 2003나11424 판결(각공 2004, 899)).
그러나 2015년 개정 상법은 분할되는 회사를 분할회사로(상법 제530조의 4), 분할에 의하여 설립되는 회사를 단순분할신설회사라는 표기하였다. 따라서 현행법에서는 수혜회사라는 용어보다는 신설회사라는 용례가 타당하다. 이 글에서는 회사분할을 거론하는 당사자가 되는 회사(위의 甲 회사)를 '분할회사'로, 분할로 인해 신설되는 회사(위의 乙 회사)를 '신설회사'로 부르기로 한다(이철송, 앞의 책(주 1), 1069면; 株式會社法大系 III, 500면).

10) 2015년 상법 개정에 의하여 주식 외에 금전(분할교부금) 또는 그 밖의 재산을 제공할 수도 있다(상법 제530조의5 제1항 제5호). 그러나 주주 없이 주식회사를 설립할 수 없으므로 단순분할에서 주식교부 없이 교부금만으로 분할할 수는 없다(이철송, 앞의 책(주 1), 1085; 정찬형, 앞의 책(주 1), 537면).

11) 손영화, "회사분할과 부정당업자 제재처분의 승계 여부," 선진상사법률 제83호(2018), 39면은 인적분할을 split−off, 물적분할을 spin−off로 표기하였다.

12) 대우자동차판매 사건은 인적분할이고 상장사의 회사분할의 대부분은 물적분할이다. 자본시장연구원에 따르면 2010−2022 동안 377개사가 물적분할을, 82개사가 인적분할을 마쳤다고 한다(머니투데이 2022. 7. 26. 기사). 2022년 LG화학의 전지사업본부를 LG엔솔로 물적분할하는 것을 계기로 LG화학의 주가가 급락하자 주식투자자들이 물적분할에 관한 개선책을 요구하였다(서울경제 2022. 1. 12. 기사). 물적분할이 이루어지면 분할회사의 주주는 신사업을 하는 신설법인의 주식을 갖지 못하는 점이 사회문제가 되었다(한국경제 2022. 2. 3. 기사).

13) 대법원 2018. 6. 28. 선고 2016두40986 판결(공 2018, 1503).

다.[14] 그 외 합병의 유무에 따라 단순분할은 분할회사가 단독으로 1개 이상의 회사를 설립하는 거래이고, 분할합병은 분할회사와 분할합병상대회사와의 사이에서 합병적인 거래가 일어나는 것이다.[15]

## 2. 회사분할의 절차

분할회사가 분할계획서에서 부담하기로 정한 채무만을 부담하려면 분할계획서를 작성하여 이에 대한 주주총회의 특별결의를 얻은 후에 상법이 정한 채권자보호절차를 거쳐야 한다(상법 제530조의9 제2항 후단, 상법 제530조의3 제1항, 제2항, 제434조). 채권자보호절차를 밟지 않은 경우의 책임제한규정은 무효이다.[16] 주주총회의 승인을 얻었다는 점에 관한 주장·증명 책임은 분할회사가 연대책임이 아니고 분할채무관계에 있음을 주장하는 측에게 있다.[17]

## 3. 채권자보호절차의 내용

채권자의 동의 없이도 회사분할이 가능한데, 인적분할의 경우에 분할회사의 재산이 신설회사에 이전되어 책임재산이 감소하지만 분할회사가 연대책임을 지므로 채권자보호절차가 필요하지 않다. 이 점에서 사실상의 인적분할(後述)의 경우 채권자보호절차를 요구하는 일본 회사법과 다르다.

그러나 단순분할의 경우에도 채권자보호절차가 필요한 경우가 있다. 첫째, 상법 제530조의9 제2항에 의하여 '분할회사의 채무 중에서 분할계획서에 승계하기로 정한 채무에 대한 책임만을 부담하는 것으로' 정하는 경우에는 신설회사의 책임이 제한되므로(즉 연대책임이 배제되면) 분할회사의 책임재산이 감소되어 잔존 채권자의 이익이 침해된다. 이러한 경우 채권자의 권리를 보호하기 위하여 채권자보호절차의 일환으로 채권자에게 이의제출권한을 보장하고 있다(상법 제530조의9 제4항, 제527조의5). 둘째, 상법전이 규정하고 있지 않으나 신설회사가 존속회사의 주주에게 주식 대신에 금전이나 그 밖의 재산을 지급하면 담보재산이 감소하므로 이 경우에도 채권자보호절차가 필요하다.[18]

채권자보호절차라 함은 합병에 관한 상법 제527조의5 제1항을 준용하여 회사가 회

14) 이철송, 앞의 책(주 1), 1098면.
15) 김건식 외, 앞의 책(주 2), 795면.
16) 이철송, 앞의 책(주 1), 920면.
17) 위 대법원 2009다95769 판결.
18) 이철송, 앞의 책(주 1), 1096면.

사분할의 결의가 있은 날부터 2주 내에 채권자에 대하여 회사분할에 이의가 있으면 이의를 제출할 것을 공고하고, 알고 있는 채권자에 대하여는 이를 최고하는 절차를 거쳐야 하는 것이다(즉, 공고+최고). 만일 채권자가 회사분할에 대하여 이의를 제기하였다면 회사는 이의채권자에 대하여 변제 또는 상당한 담보를 제공하거나, 이를 목적으로 하여 상당한 재산을 신탁회사에 신탁하여야 한다(상법 제530조의11 제2항, 제527조의5 제3항, 제232조 제3항).

채권자보호의 관점에서 '알고 있는 채권자'의 의미와 범위를 가능하면 폭넓게 해석할 필요가 있다. 판례에 의하면 회사 장부에 없더라도 대표이사가 알고 있는 채권자, 회사와 소송 중인 상대방인 채권자도 '알고 있는 채권자'에 포함된다.[19] 그러나 소액채권자, 담보권자, 장래의 구상권자(보증인)에게도 이의제출권이 보장되어야 하는지에 관하여는 학설상 논란이 있다.[20]

물적분할의 경우 분할회사의 자산이 신설회사로 이전되고 신설회사의 주식이 분할회사에게 직접 귀속되므로 분할회사의 책임재산이 출자한 자산만큼 감소되므로 인적분할과 마찬가지로 채권자보호의 문제가 발생한다.[21] 그리하여 물적분할의 경우에도 신설회사는 분할회사의 채무에 대하여 연대책임을 부담한다(상법 제530조의12, 제530조의9 제1항). 분할합병의 경우에도 연대책임을 부담하는지와 무관하게 채권자의 이의제출권이 인정된다(상법 제530조의11 제2항).[22] 그러나 단순분할을 하면서 분할계획서에 연대책임을 배제하는 것으로 규정하더라도 채권자보호절차를 통하여 회사가 알고 있는 채권자에게 개별적인 최고절차를 거치지 않은 경우에는 그 채권자에 대하여는 분할채무관계의 효력이 발생할 수 없고 원칙으로 돌아가 각각의 회사가 채권자들에 대하여 연대책임을 진다(상법 제530조의9 제4항, 상법 제527조의2).[23]

판례는 상법 제530조의9 제1항의 연대책임을 부진정연대책임으로 파악하고 있

---

19) 대법원 2011. 9. 29. 선고 2011다38516 판결(공 2011, 2220) 및 회사청산과 관련한 대법원 1964. 6. 16. 선고 64다5 판결(미간행)(법인해산결의 이전에 소송을 제기한 자는 응당 채무자인 피고가 알고 있는 채권자이다).

20) 金東民, "會社分割에 있어서 債權者의 異議提出을 위한 個別 催告의 要件과 限界," 商事判例研究 VI, 博英社(2006), 198면.

21) 이전된 재산만큼의 주식이 분할회사에 귀속되므로 경제적인 측면에서 책임재산의 감소가 있다고 보기 어렵다. 그러나 형식적으로 상법이 인적분할에 관한 조항(채권자보호절차 포함)을 물적분할에 준용하고 있고(상법 제530조의12), 실질적으로 주식의 가치가 하락함으로써 책임재산의 감소를 초래할 수 있으므로 채권자 보호의 관점에서 물적분할의 경우에도 연대책임을 부과하고 있다(金東民, 앞의 글(주 20), 192면).

22) 金東民, 앞의 글(주 20), 189면.

23) 대법원 2004. 8. 30. 선고 2003다25973 판결(공 2004, 1594).

다.[24] 이 점에서 일본 회사법이 신설분할의 경우 분할회사는 분할 시에 잔존한 재산의 가액을 한도로(일본 회사법 제764조 제2항), 신설회사는 승계한 재산의 가액을 한도로(동조 제3항) 연대책임을 지는 점과 다르다.

결국 채권자의 이의제출권은 분할합병, 연대책임의 배제특약이 있는 단순분할 및 물적분할의 경우에만 허용된다. 따라서 신설회사가 연대책임을 부담하는 단순분할의 경우에는 채권자보호조치가 필요하지 않다.[25]

분할계약서를 작성하고 주주총회의 승인을 얻어 채권자보호절차를 거치면 신설회사는 분할회사의 채무 중에서 분할계획서에 승계하기로 정한 채무에 대한 책임만을 부담하고 나머지 채무에 대하여는 책임을 지지 않는다. 그리고 분할회사는 신설회사가 부담하지 아니한 채무에 대한 책임만을 부담한다(상법 제530조의9 제2항 제2문, 제3항 제2문). 분할회사가 자신이 알고 있는 채권자에게 개별적인 최고절차를 누락하였다면 그 채권자에 대하여는 분할채무관계의 효력이 발생할 수 없고 원칙으로 돌아가 두 회사가 연대하여 변제할 책임을 진다.[26] 그리고 어느 채권자가 분할에 동의하였기 때문에 개별 최고를 생략하였다는 사정은 연대책임의 성부에 영향을 미치지 아니한다.[27]

채권자 보호절차를 지나치게 강조하면 분할회사와 신설회사가 연대책임을 지게 되므로 회사분할제도가 활용되지 않을 수 있고, 그렇다고 보호절차를 느슨하게 하면 회사분할이 악용되는 어려움이 있다. 한국 상법은 전자에, 일본 회사법은 후자에 가깝다.[28]

## 4. 회사분할의 효과 - 연대책임의 원칙

### (1) 포괄적 승계

존속분할의 경우 분할 전 회사의 법인격은 분할 후의 회사(분할회사)에서도 동일성이 유지된다. 그러나 분할로 인하여 신설되는 회사는 새로운 법인격체이므로 분할 전 회사의 법인격을 승계하지 않는다.[29] 분할계획서상 계쟁 중인 소송으로 인한 권리·의

---

24) 위 대법원 2016다34687 판결 및 위 대법원 2009다95769 판결. 후자에 대한 해설로 吳泳俊, "分割合併시 新設會社가 지는 連帶責任의 法的 性質 및 그 適用," 商事判例研究[IX] 商事法部研究會, 博英社(2023), 634면; 정찬형, 앞의 책(주 1), 543면도 같다.

25) 金東民, 앞의 글(주 20), 188면.

26) 위 대법원 2003다25973 판결.

27) 위 대법원 2003다25973 판결.

28) 학자는 '구조조정의 효율성'과 '회사채권자의 권익'의 상충되는 개념을 사용한다(金東民, "會社分割에서 債權者保護를 위한 連帶責任 規定의 限界," 商事法研究 제25권 제4호, 한국상사법학회(2007), 196면.

29) 대법원 2012. 7. 26. 선고 2010다37813 판결(공 2012, 1475)(회사분할된 두 회사는 법인격이 동일하지 아니하므로 당사자표시변경의 대상이 될 수 없다). 株式會社法大系 III, 509면.

무를 모두 신설회사에 승계하기로 하였다면 신설회사가 소송수계신청을 할 수 있다.[30] 단순분할의 경우에는 신설회사가 설립등기를 한 때에 회사분할의 효력이 발생한다(상법 제530조의11 제1항, 제234조). 따라서 분할결의 이후 분할등기까지 사이에 회사와 거래를 한 상대방에 대한 채무도 연대책임의 대상에 포함된다.[31]

회사분할에 의하여 채권자의 승낙 없이 채무가 면책적으로 신설회사에게 이전된다. 회사분할 후에도 분할회사가 존속하므로 합병, 상속과 같은 뜻의 포괄승계라는 표현은 적확하지 않다. 회사분할이 갖는 구조조정의 기능을 고려하여 포괄적 승계의 효과를 실효있게 하려면 회사분할로 인한 소유권의 이전은 민법 제187조가 규정한 법률의 규정에 의한 이전으로 보아야 한다. 따라서 부동산에 관하여는 신설회사에 대한 분할등기를 함으로써 소유권이전의 효력이 발생한다.[32] 이와 별도로 채권양도를 제3자에 대하여 대항하려면 민법 제450조의 대항요건을 구비하는 것이 여전히 필요하다.[33]

포괄승계의 대상에는 사법상 뿐 아니라 공법상의 권리의무도 대상이 된다. 그러나 모든 권리의무가 포괄승계되는 것이 아니고 성질상 이전을 허용하지 않는 것은 제외된다. 따라서 공동수급체의 구성원 사이에서 구성원 지위를 제3자에게 양도할 수 있기로 약정하지 아니한 이상, 공동수급체의 구성원 지위는 상속이 되지 않고 다른 구성원들의 동의가 없으면 이전이 허용되지 않는 귀속상의 일신전속적인 권리의무에 해당하므로 공동수급체의 구성원 지위는 원칙적으로 회사의 분할합병으로 인한 포괄승계의 대상이 되지 아니한다.[34]

회사가 분할되었다는 사정만으로는 분할 전에 발생한 주채무의 성격이 바뀌어 동일성이 변화되었다고 볼 수 없으므로 보증인의 책임은 존속한다.[35]

### (2) 연대책임의 원칙

분할회사는 분할계획서[36]에 본래 부담하기로 정한 채무 이외의 분할 전의 분할회

---

30) 대법원 2002. 11. 26. 선고 2001다44352 판결(공 2003, 190).

31) 金東民, 앞의 글(주 28), 209면.

32) 김건식 외, 앞의 책(주 2), 809면; 이철송, 앞의 책(주 1), 1100면; 株式會社法大系 III, 555면. 일본에서도 다수설은 포괄적 승계설이지만 소수의 반대설도 있다(학설의 내용은 岡 伸浩, "濫用的會社分割と破産法上の否認權," 倒産法實務の理論硏究, 慶應義塾大學出版會(2015), 194－195면). 일본 회사법 제764조 제1항은 신설분할설립 주식회사는 설립일에 신설분할계획의 정함에 따라 신설분할회사의 권리의무를 승계한다고 명시하고 있다.

33) 일본도 같다(神田秀樹, 會社法 第22版, 弘文堂(2020), 396면; 大垣尙司, 金融から學ぶ 會社法入門, 勁草書房(2017), 396면. 반대로 대항요건을 구비할 필요가 없다는 국내의 견해가 있다(株式會社法大系 III, 554면).

34) 대법원 2011. 8. 25. 선고 2010다44022 판결(공 2011, 1925).

35) 대법원 2012. 4. 26. 선고 2010다11415 판결(미간행).

36) 분할합병의 경우에는 분할합병계약서가 사용된다. 이하 분할계획서에 대하여만 설명한다.

사의 채무에 관하여 신설회사와 연대하여 변제할 책임이 있다(상법 제530조의9 제1항). '분할 전의 분할회사의 채무'란 분할 전에 분할회사에 발생한 채무를 말하므로 분할 후에 비로소 발생하는 존속회사 또는 신설회사가 부담하는 채무는 제외된다. 신설회사가 분할 전의 회사 채무를 승계하지 않기로 하는 내용의 합의는 상법 제530조의9에 위반한 것이어서 상법 제527조의5에 정한 채권자보호절차를 거쳤는지 여부를 불문하고 채권자에 대한 관계에서 아무런 효력이 없고, 따라서 신설회사는 분할 전의 회사 채무에 대하여 분할회사와 연대책임을 진다.[37)]

(3) 신설회사의 책임 제한

분할계획서에 신설회사가 분할회사의 채무 중에서 '분할계획서에 승계하기로 한 채무'만을 부담하고, 분할 이후 분할회사는 신설회사가 부담하지 아니하는 채무만을 부담하기로 정함으로써 연대책임을 배제할 수 있다(상법 제530조의9 제2항).[38)] 그리하여 채권자보호절차를 마치고 회사분할이 적법하게 이루어지면 분할회사의 채무 중 분할계획서에서 승계하기로 한 채무에 관하여는 신설회사가, 나머지 채무는 분할회사가 부담하여 결과적으로 종전의 채무관계가 분할채무로 변경된다. 신설회사가 이러한 책임제한을 주장하려면 채권자보호절차가 제대로 이루어져야 한다. 만일 회사가 알고 있는 채권자에게 개별적인 최고절차를 거치지 않은 경우에는 그 채권자에 대하여 분할채무관계의 효력이 발생할 수 없고 원칙으로 돌아가 각각의 회사가 채권자들에 대하여 연대책임을 진다.

만일 어느 채권자가 회사분할에 관여되어 있고 회사분할을 미리 알고 있는 지위에 있으면, 그 채권자에 대하여 개별적인 최고를 누락하였다고 하여 채권자에 대하여 분할회사와 신설회사가 연대책임이 되살아난다고 할 수 없다.[39)] 분할 전에 분할회사에 발생한 채무로서 변제기가 분할 후에 도래하는 채무도 회사채무에 포함된다.[40)] 회사분할 전에 대출계약 및 보증계약에 의하여 그 기초가 되는 법률관계가 성립되었다면 분할 후에 보증인이 대위변제를 한 경우에도 신설회사가 구상금 채무에 대하여 연대책임을 진다.[41)] 그러나 분할 전에 공정거래법 위반행위만 있었을 뿐 아직 과징금이 부과되지 아니하였다면 분할 전에 이루어진 위반행위를 이유로 신설회사에 대하여 과징금을 부과

37) 대법원 2006. 10. 12. 선고 2006다26380 판결(미공간).
38) 동조 제3항에 의하여 이 법리는 분할합병의 경우에도 적용된다.
39) 대법원 2020. 2. 25. 선고 2008다74963 판결(공 2010, 623)((주) 대우에 대한 회사분할사건에서 계열사인 원고 대우자동차판매가 신설회사(피고들)를 상대로 한 연대책임 주장이 배척되었다).
40) 대법원 2008. 2. 14. 선고 2007다73321 판결(공 2008, 381).
41) 대법원 2010. 12. 23. 선고 2010다71660 판결(미간행).

할 수 없다.[42)]

(4) 회사분할에 대한 채권자의 지위

이상의 내용을 요약하면, 회사분할과 관련한 채권자의 지위는 아래와 같다. ① 회사가 알고 있는 채권자로서 최고를 받았음에도 이의를 제기하지 아니한 채권자이다. 이들은 분할계획서에 정한 바에 따라 분할회사 또는 신설회사 중 어느 하나만을 상대로 채권을 주장하여야 한다. ② 회사가 알고 있는 채권자로서 최고를 받고 이의를 제기한 채권자이다. 이들은 회사로부터 변제, 담보제공 또는 신탁 등의 보호를 받는다. ③ 회사가 알고 있음에도 불구하고 최고를 누락한 채권자이다. 분할회사와 신설회사는 이러한 채권자에 대하여 부진정연대책임을 진다.[43)] 이렇게 본다면 최고를 받은 채권자는 자기의 선택에 의하여 변제를 받게 되고, 최고를 받지 못한 채권자는 양 회사를 상대로 부진정연대책임을 물을 수 있으므로 일견 회사분할로 인하여 채권자에게 손해가 발생하였다고 보기 어렵다.

그러나 문제는 회사가 모르는 채권자이기 때문에 최고절차를 받을 수 없었고 따라서 이의를 제기하지 아니한 채권자가 있을 수 있다는 데에 있다. 이러한 경우 회사분할은 적법하게 이루어졌으므로 채권자는 신설회사에 대하여 연대책임을 주장할 수 없다. 실제로 1997년 말 금융위기 당시 대우그룹에 대한 기업구조개선작업의 일환으로 분할회사인 대우중공업이 신설회사인 대우조선해양과 두산인프라코어로 물적분할을 하는 과정에서 대우중공업이 분식회계로 인한 피해를 본 피해자들의 존재를 알 수 없었다고 보아 회사분할이 적법하고 신설회사의 손해배상채무의 승계를 부정한 사례가 이에 해당한다.[44)]

(5) 회사분할에서 불법행위채권자 및 장래 청구권자의 지위

회사가 제조한 제품의 하자 또는 분식결산으로 인한 피해를 입은 다수의 소비자 또는 투자자가 있음에도 회사가 그들에 대한 채권자 보호절차를 거치지 아니하였다면 그러한 채권자들은 분할회사와 승계회사에 대하여 부진정 연대채무를 주장할 수 있다.

그러나 회사분할과 관련하여 지나치게 채권자보호절차를 강조하면 회사분할을 통

---

42) 대법원 2007. 11. 29. 선고 2006두18928 판결(공 2007, 2055).

43) 대법원 2011. 9. 29. 선고 2011다38516 판결(공 2011, 2220); 김건식 외, 앞의 책(주 2), 818면.

44) 대법원 2010. 8. 19. 선고 2008다92336 판결(공 2010, 1776). 원고들은 법인격남용, 신의칙 위반 및 권리남용을 주장하였으나 배척되었다. 반대로 대우중공업에 대한 회사분할 사건에서 우발채무에 대하여는 분할 당시 회사의 연대책임을 배제하는 약정이 효력을 미치지 않는다고 해석한 하급심이 있었다(서울중앙지방법원 2004. 7. 27. 선고 2000가합78872 판결(미간행)).

한 구조조정에 부담이 된다는 이유로 채권자보호절차와 관련하여 채권자의 범위에 합리적인 제한을 두자는 견해가 있다.[45] 이 견해에 의하면, 불법행위 피해자나 보증인에 대한 채권자보호절차를 거치지 아니하였어도 회사분할이 적법하게 될 수 있다. 그리하여 분할계획서에서 특정 사업과 관련하여 발생한 채무에 대하여만 신설회사가 채무를 부담하기로 정하고 적법하게 채권자보호절차를 밟았다면(피해자나 보증인에 대한 최고 없이), 특정 사업과 무관하게 발생한 불법행위의 피해자는 신설회사에 대하여는 청구할 수 없다. 더구나 회사분할로 우량부분이 신설회사로 이전되고 분할회사는 파산하게 되었다면 피해자는 손해를 입게 된다.

상법은 합병무효의 소에 관한 규정을 준용하여 분할무효의 소를 별도로 규정하고 있다(상법 제530조의11 제1항, 제529조). 파산관재인도 분할등기가 있을 날로부터 6월 내에 오직 소송으로만 주장할 수 있다. 그러나 모든 채권자가 제소할 수는 없고 분할을 승인하지 않은 채권자만이 제소할 수 있다(상법 제530조의11 제1항, 제529조 제1항). 분할무효의 소의 판결은 대세효는 있으나 소급효가 인정되지 아니한다.[46] 따라서 판결확정 전에 생긴 회사와 주주 또는 제3자간의 권리 의무에 영향을 미치지 아니한다.

## 5. 도산절차와 회사분할

### (1) 도산절차에서의 회사분할 일반론

확립된 판례에 의하면 회생절차가 종결하면 관리인의 부인권이 소멸한다.[47] 관리인이 회생절차 종결 후에도 부인권을 계속하여 행사할 수 있도록 하기 위하여 회생절차에서 회사분할제도가 간혹 사용되고 있다. 회생계획에 의하여 회생회사를 분할하여 분할회사에 대하여 장래에 종결결정을 하기로 하고, 신설회사는 회생절차에 남아 부인권 소송을 계속 수행하여 소송결과에 따른 권리 의무를 분할회사에게 이전한 후 신설회사는 해산하거나 분할회사와 합병하는 방식이다.[48] 따라서 당분간 2개의 회사에 2명의 관리인이 존재하게 된다. 부인권과 관련한 회사분할의 실무는 물적분할을 이용한다.[49]

그러나 회사에 대한 파산선고는 회사의 해산사유이고(상법 제227조 제5호), 회사는 파산절차를 통하여 청산하여 법인격이 소멸하게 될 예정이므로 파산선고를 받은 회사

45) 金東民, 앞의 글(주 20), 199면.
46) 김건식 외, 앞의 책(주 2), 820면.
47) 대법원 2006. 10. 13. 선고 2005다73365 판결(공보불게재); 대법원 1995. 10. 13. 선고 95다30253 판결(공 1995, 3775).
48) 서울回生法院 裁判實務硏究會, 回生事件實務(上) 제6판, 博英社(2023), 810면.
49) 回生事件實務(上), 814면.

가 새로이 존속하는 회사가 되거나 새로 회사를 설립하는 경우는 있을 수 없다. 따라서 파산선고를 받은 회사는 상법 제530조의2 제4항에서 정한 분할 또는 분할합병의 요건에 해당하지 아니하여 회사분할의 여지가 없다.[50]

(2) 회생절차에서의 회사분할

주식회사인 회생채무자는 회생절차에 의하지 아니하고는 회사를 분할할 수 없다(채무자회생법 제55조 제1항 제5호). 주식회사를 분할하려면 회생계획에 분할에 관한 사항을 정하여야 한다(채무자회생법 제193조 제2항 제6호). 따라서 회생계획인가 전의 회사분할이 허용되지 아니한다(일본도 같다).[51] 분할 후 신회사를 설립하는 때와 분할 후 채무자가 존속하는 때에는 회생계획에 소정의 사항을 정하여야 한다(채무자회생법 제212조). 주식회사인 채무자가 분할되어 그 일부가 다른 회사와 합병하여 그 다른 회사가 존속하는 때와 다른 회사가 분할되어 그 일부가 주식회사인 채무자와 합병하여 그 채무자가 존속하는 때에도 회생계획에 소정의 사항을 정하여야 한다(채무자회생법 제213조). 분할되는 주식회사인 채무자가 분할 또는 분할합병으로 인하여 설립되는 회사 주식의 총수를 취득하는 경우에도 채무자회생법 제212조와 제213조가 준용된다(채무자회생법 제214조).

여기서 중요한 것은 회생채무자가 분할되어 신회사를 설립하는 경우, 분할 후의 회사의 책임에 관한 조항을 회생계획안에 기재함으로써 상법 제530조의9 제1항에 따른 연대책임에 관한 원칙을 배제할 수 있다는 점과 상법 제527조의5 등의 규정에 따른 채권자보호절차가 적용되지 아니한다는 점이다(채무자회생법 제272조 제4항).

(3) 상법에 대한 채무자회생법의 특칙

주식회사인 채무자가 분할되거나 채무자 또는 그 일부가 다른 회사 또는 다른 회사의 일부와 분할합병할 것을 정한 때에는 회생계획에 의하여 분할 또는 분할합병할 수 있다(채무자회생법 제272조 제1항). 이 경우 상법 제237조 내지 제240조, 제374조 제2항, 제439조 제3항, 제522조의3, 제527조의5 및 제529조의 규정은 준용하지 아니한다.[52]

이러한 특례규정을 둔 이유는 회생절차에서는, 채무자를 효율적으로 회생시키기 위하여 회생계획에 회생채권자와 회생담보권자('회생채권자 등')의 권리의 변경에 관하여 정할 수 있고, 회생채권자 등은 회사분할을 내용으로 하는 회생계획에 대한 관계인집회에서의 결의절차에서 그 분할의 유·불리를 판단하여 의견을 제출하거나 의결권을 행사

---

50) 이철송, 앞의 책(주 1), 1077면; 株式會社法大系 III, 507면.

51) 事業再生迅速化研究會 編, 事業再生の迅速化, 商事法務(2014), 129면은 인가 전의 회사분할을 입법화할 것을 제안하고 있다.

52) 합병반대주주의 주식매수청구권, 채권자보호절차, 합병무효의 소에 관한 규정이다.

할 수 있고, 법원도 인가요건에 대한 심리를 통하여 회생채권자 등에 대한 적절한 보호조치를 심사할 수 있으므로 상법상의 채권자보호절차가 필요하지 아니하다는 등의 사정을 고려하였기 때문이다.[53)]

상법 제436조에 의하면 회사의 분할 또는 분할합병으로 인하여 어느 종류의 주주에게 손해를 미치게 될 경우에는 제435조를 준용하므로 종류주주총회의 결의가 있어야 한다. 채무자회생법은 종류주주총회에 관한 상법 제436조의 배제 여부에 대하여는 언급하고 있지 않다. 생각건대, 주식회사에 대한 회생절차에서 회사의 합병, 분할 등의 조직변경은 주주총회가 아니라 회생계획에 의하여 이루어지는 것이므로 채무자회생법에 명문의 규정이 없더라도 상법 제436조의 적용이 배제되는 것은 당연하다.[54)]

(4) 조세채무의 승계-특칙의 적용 배제

주된 납세의무자인 법인의 납세의무 성립일을 기준으로 회생회사가 해당 법인의 과점주주에 해당하는 경우, 회생계획에서 신회사가 채무자의 조세채무를 승계할 것을 정한 때에는 신회사는 그 조세를 납부할 책임을 지며, 채무자의 조세채무는 소멸한다는 채무자회생법 제280조에 따라 제2차 납세의무 성립의 기초가 되는 주된 납세의무 성립 당시의 과점주주로서의 지위는 회생계획이 정하는 바에 따라서 신설회사에 승계될 수 있다.[55)]

그리고 회사분할로 인한 양도는 특정승계가 아니라 포괄적 승계로서 국세환급금에 관한 권리의 양도는 회사분할로 인한 포괄적 승계에 포함되지 아니하므로 국세환급금채권의 양도에는 국세기본법 제53조가 적용될 수 없다. 따라서 국세청은 신설회사에 반환하여야 하는 국세환급금을 회사분할 전의 회사가 부담하는 체납부가가치세에 충당할 수 없고 신설회사에게 반환하여야 한다.[56)]

한편, 원래 회생계획에는 공익채권에 관하여 채권자의 동의가 없는 한 변제기의 유예 또는 채권의 감면 등 공익채권자의 권리에 영향을 미치는 규정을 정할 수 없는 점에

53) 대법원 2016. 2. 18. 선고 2015다10868, 10875 판결(공보불게재). 대우자동차판매(주)는 상법상의 채권자보호절차의 부담을 피하기 위하여 일부러 회생절차 내에서 회사분할 절차를 이용하였다(回生事件實務(上), 807면).

54) 채무자회생법은 조직변경에 관한 인가 전 영업양도 또는 그에 관한 회생계획이 수립되었을 경우, 주주총회에서의 반대 등을 상정할 수 없으므로, 영업양도, 주식의 포괄적 교환·이전, 합병, 회사분할 등에 반대주주의 주식매수청구권이 배제된다는 점을 명시적으로 규정하였다(채무자회생법 제62조, 제261조, 제269조, 제270조, 제522조의3). 일본은 2005년 상법 개정에 의하여 '영업양도'를 '사업양도'로 용어를 바꾸었다.

55) 대법원 2017. 7. 18. 선고 2016두41781 판결(공 2017, 1742).

56) 대법원 2023. 11. 2. 선고 2023다238029 판결(공 2023, 2085).

비추어 보면,[57] 회사분할에 관한 채무자회생법의 특례규정들은 회생채권과 회생담보권에 대하여만 적용될 수 있고 공익채권에 대하여는 적용되지 아니한다.

따라서 회생계획에 의하여 주식회사인 회생채무자를 분할하는 경우에도 상법 제530조의9 제1항이 원칙적으로 적용되므로 승계회사와 분할 후에 존속하는 분할회사는 분할 전에 성립한 분할회사의 공익채무에 관하여 연대하여 변제할 책임을 진다. 설령 회생계획에서 이러한 연대책임을 배제하는 취지의 규정을 두었더라도 공익채권자가 동의하지 아니하는 한 효력이 없다.[58]

채무자회생법 제272조 제4항은 상법 제530조의10의 적용을 배제하고 있지 않으므로, 회생회사의 분할로 인하여 설립되는 신설회사는 회생계획이 정하는 바에 따라서 회생회사의 권리와 의무를 승계한다.[59] 그러나 분할합병으로 설립되는 신회사는 채무자인 분할회사의 회생계획의 효력을 받지 아니하므로(채무자회생법 제250조 제1항 제4호) 권리가 변경되기 이전의 원래의 회생채권에 대하여 회생회사와 연대하여 책임을 진다.

## Ⅲ. 일본의 남용적 회사분할과 부인권

### 1. 일본의 회사분할제도

조직개편에 관한 일본 상법의 개정은 1945년 이후 합병을 제외하고 거의 이루어지지 않았다가 1999년 주식교환, 주식이전제도가 창설되었고 회사분할제도는 2000년에서 창설되었다.[60] 회사분할제도는 2006. 5. 21. 회사법 시행 및 2014년 개정되어 현재의 모습이 되었다.[61] 일본의 물적분할에서는 이전한 권리의무와 같은 가치의 분할대가를 수취하고 있다는 이유로 잔존채권자를 채권자이의절차에서 배제하고 있다. 이 때문에 남용적 회사분할의 문제가 발생하기 쉽게 되었다.[62]

57) 대법원 2010. 1. 28. 선고 2009다40349 판결(미간행).

58) 대법원 2016. 2. 18. 선고 2015다10868, 10875 판결(미간행).

59) 대법원 2017. 7. 18. 선고 2016두41781 판결(공 2017, 1742).

60) 일본에서 인적분할은 分割型分割이라고도 부른다(神田秀樹, 會社法入門, 岩波新書(2015), 191－192면). 일본 회사법은 회사분할에 의하여 새로 설립된 회사를 '신설분할설립회사' 분할을 하는 회사를 '신설분할회사'라고 규정하고 있다. 이 글의 기준에 따르면, 전자는 '신설회사', 후자는 '분할회사'에 상응한다.

61) 일본 회사법이 상법에서 분리되어 2006. 5. 21.부터 시행되고 있다. 따라서 일본의 남용적 회사분할에 관한 글을 읽을 때는 2014년 개정 전후를 유의하야 한다. 하정훈, 앞의 글(주 7), 金東民, 앞의 글(주 20) 및 박용석 외, 앞의 글(주 6)은 모두 2014년 개정 전의 상황을 소개한 것이다. 2014년 개정된 현행 일본 회사법전을 번역한 것으로 권종호, 일본회사법(상), 법무부(2018).

각 회사가 부담하는 '채무의 이행가능성'이 있을 것을 회사분할의 효력 요건으로 삼았으나 학설 및 실무의 반대로 2005년 회사법 제정 시 폐지되었다.[63] 2005년 회사법 제정을 통하여 기업매수를 쉽게 하여 달라는 시장의 요구를 반영하여 회사분할(흡수분할)의 경우 존속회사에 주식을 교부하지 않고 금전 기타의 주식을 교부하는 이른바 '對價의 柔然化' 정책을 도입하였다. 이 정책을 반영하여 물적분할의 대가로 교부받은 잉여금을 분할회사의 주주들에 대한 현물배당으로 교부하거나, 주주들이 全部取得條項付種類株式(회사법 제108조 제1항 제7호)[64]에 의하여 전환권을 행사할 수 있게 되면서 회사법전에 인적분할의 용어가 없어지고 물적분할에 관하여만 규율하게 되었다.[65] 인적분할에 관하여 일본 회사법의 규정이 없다고 하여 인적분할이 금지되거나 불가능한 것은 아니다.

2014년 개정된 회사법은 사해적 사업양도와 관련하여 남용적 회사분할에 의하여 분할회사에 대하여 청구권을 갖는 채권자('잔존채권자')를 위한 直接履行請求制度를 신설하였다.[66] 즉 甲 회사(분할회사)로부터 乙 회사(신설회사)에 승계되지 아니하는 채무의 잔존채권자를 해하는 것을 알면서 신설분할을 한 경우에는 잔존채권자는 乙 회사에 대하여 승계한 재산의 가액을 한도로 그 채무의 이행을 청구할 수 있다(회사법 제759조 제4항~제7항, 제764조 제4항~제7항). 이와 별도로 사실상의 인적분할의 경우에는 동 조항이 적용되지 않는다(회사법 제764조 제5항, 제763조 제1항 제12호). 왜냐하면 별도로 잔존채권자를 보호하는 절차가 마련되어 있기 때문이다.[67] 그 외 최고절차에서 불법행위채권자

---

62) 得津 晶, "會社分割と詐害行爲取消權·再訪－最判平成24·10·12民集66券10号3311頁を題材に," 田中 亘·白井正和·久保田修平·内田修平 編, 論究會社法, 有斐閣(2020), 273면.

63) 채무의 이행가능성이 인정되지 아니하는 것은 분할무효의 사유가 되었으므로(伊藤眞, 破産法·民事再生法(第5版), 有斐閣(2021), 572면 주 201; 名古屋地判平成10·10·28判時1881号122頁), 채무초과 회사를 회사분할하는 것은 실무상 어려웠다. 일본 회사법 제782조 제1항 및 회사시행세칙 제183조 제6호는 이 요건을 폐지하고 이행의 가능성에 관한 사항을 事前開示事項으로 규정하였기 때문에 남용적 회사분할이 커다란 사회문제가 되었다.

64) 주주총회 특별결의로 회사가 그 주식 전부를 매수하는 것을 인정하는 주식이다. 종래 회사가 주주 전원으로부터 그 보유 주식을 매수하는 경우에는 전원의 동의를 얻을 필요가 있다고 생각되었다. 다만 도산 상태에 있는 회사가 기존 주식 전부를 소각할 때, 이러한 절차를 요구하는 것은 유연한 임의정리의 걸림돌이 된다고 지적되었다. 그 때문에 다수결에 의한 모든 주식의 취득을 인정하였다(河本一郎·川口恭弘, 권용수 역, 신·일본회사법 제2판, 박영사(2021), 123면).

65) 神田秀樹, 앞의 책(주 33), 396면). 일본 회사법 제758조 제8호. 2011년 개정 된 한국 상법 제462조의4도 현물배당을 허용하고 있다. 김건식 외, 앞의 책(주 2), 797면; 손영화, 앞의 글(주 11), 39면 주 11.

66) 흡수분할의 경우 일본 회사법 제759조 제4항, 제761조 제4항, 신설분할의 경우 일본 회사법 제764조 제4－7항, 제766조 제4항. 伊藤眞, 會社更生法·特別清算法, 有斐閣(2020), 718, 719면. 그러나 위 회사법 조항은 회사갱생절차에서는 적용이 배제된다(회사갱생법 제222조 제2항, 제223조 제2항).

67) 흡수분할의 경우에는 승계회사가 잔존채권자를 해하는 사실을 알지 못한 경우에는 면책되지만(일본

에 대한 보호규정이 신설되었다.

회사법 제3장 제1절 흡수분할, 제2절 신설분할이 회사분할을 규정하고 있다. 각각의 절에서는 주식회사에 관한 회사분할과 지분회사에 관한 회사분할을 구분하여 정하고 있다. 회사법 총칙은 흡수분할과 신설분할에 관한 정의 규정을 두고 있다. 흡수분할은 "주식회사 또는 合同會社[68]가 그 사업과 관련하여 가지는 권리의무의 전부 또는 일부를 분할 후 다른 회사에 승계시키는 것을 말한다"(일본 회사법 제2조 제29호). 신설분할은 "하나 또는 둘 이상의 주식회사 또는 合同會社가 그 사업과 관련하여 가지는 권리의무의 전부 또는 일부를 분할에 의하여 설립하는 회사에 승계시키는 것을 말한다"(동조 30호).[69]

분할계획에 의하여 신 회사를 설립하는 회사분할의 경우 신설분할설립회사(이하 필자가 '신설회사'라 고쳐 쓴다)는 그 성립일에 신설분할계획의 정함에 따라 신설분할회사(이하 필자가 '분할회사'라 고쳐 쓴다)의 권리의무를 승계하는 것이 원칙이다(일본 회사법 제764조 제1항). 그러나 다음 세 가지의 예외가 있다. ① 채권자보호절차의 대상이 되는 분할회사의 채권자가 최고를 받지 못한 경우에는 채권자는 분할계획에서 신설분할 후에 분할회사에 대하여 채무의 이행을 청구할 수 없는 경우에도 분할회사가 회사성립일에 소유하고 있던 재산의 가액을 한도로 분할회사에 대하여 채무의 이행을 청구할 수 있다(동조 제2항). ② 최고를 받지 못한 채권자는 분할계획에서 신설분할 후에 신설회사에 대하여 채무의 이행을 청구할 수 없는 경우에도 분할회사에 대하여 승계한 재산의 가액을 한도로 채무의 이행을 청구할 수 있다(동조 제3항). ③ 분할회사에 대한 채권을 갖는 잔존채권자를 해하는 것을 알면서 신설분할을 한 경우에는 잔존채권자가 신설회사에 대하여 승계한 재산의 가액을 한도로 채무의 이행을 청구할 수 있다(회사법 제764조 제4항).

## 2. 일본의 채권자보호절차

### (1) 채권자보호절차의 내용

일본의 채권자보호절차는 한국보다 복잡하다. 회사분할을 도입한 2005년 일본 회

---

회사법 제759조 제4항 제2문). 신설분할의 경우에는 면책조항이 없으므로 신설회사의 善意·惡意는 문제되지 아니한다(神田秀樹, 앞의 책(주 33), 403면).

68) 일본 회사법에서 창설된 새로운 유형의 회사이다(일본 회사법 제576조 제4항) 사원 전원이 정관에 정한 출자액을 한도로 유한책임을 부담하지만 업무집행과 회사대표는 합명회사·합자회사의 경우와 같다(神田秀樹, 앞의 책(주 33), 10면).

69) 법전에서 물적분할과 인적분할이라는 용어를 사용하지 않는다.

사법의 원칙은 신설분할 후 분할회사에 대하여 채무의 이행을 구할 수 없는 분할회사의 채권자에게만 이의할 기회를 부여하고 잔존채권자에게는 회사분할에 대하여 이의를 제기할 기회를 부여하지 않는 것이다(일본 회사법 제810조 제2항 제2호).[70] 이 원칙은 회사법 개정 후에도 바뀌지 아니하였다. 신설회사에 승계되는 채권자를 중심으로 채권자 보호절차를 실시할 뿐 분할회사에 대한 잔존채권자에 대하여는 채권자보호절차를 시행할 필요가 없다고 보았다. 왜냐하면 자산과 부채가 일체로 신설회사로 승계되는 경우에는 분할회사는 분할한 사업의 가치에 대응하는 신설회사의 주식 기타의 對價를 취득하기 때문에 분할회사의 자산 총액에 변동이 없고, 잔존채권자는 분할회사에 대하여 채권 전액을 청구할 수 있으므로 보호가 필요하지 않다고 보았기 때문이다.[71] 단지 관보 및 일간신문에 공고를 하면 족하고, 잔존채권자를 상대로 별도로 개별적으로 최고할 필요가 없었다(일본 회사법 제412조 제1항 단서).

예외적으로 잔존채권자에 대하여 채권자보호절차가 필요한 경우는 일본 회사법 제758조 제8호에 의한 사실상의 인적분할의 경우[72]로 한정하였다. 왜냐하면 이 경우에는 대가인 신설회사의 주식이 분할회사가 아니라 분할회사의 주주에게 배당되어 회사의 자산이 감소하므로 이 경우에는 채권자 이의절차가 필요하기 때문이다(일본 회사법 제810조 제1항 제2호, 제763조 제1항 제12호).[73] 채권자가 이의를 제기할 수 있는 경우에 분할회사는 관보에 공고하고 회사가 알고 있는 채권자에 대하여 개별적으로 최고하여야 한다(일본 회사법 제810조 제2항).

2014년 개정 회사법은 최고절차를 간이화하는 대신 불법행위채권자에 대한 특례를 규정하였다. 첫째, 관보공고 외에 회사의 정관에 따라 공고방법에 관한 규정인 회사법 제939조 제1항 제2호(일간신문지에 게재하는 방법) 또는 제3호(전자공고)의 공고방법을 정한 경우에는 알고 있는 채권자들에 대한 개별적인 최고마저 생략할 수 있게 함으로써 간이화하였다(일본 회사법 제810조 제3항). 둘째, 그러나 이러한 경우에도 불법행위에 기한 채권자에 대하여는 개별적인 최고를 하여야 한다(동조 제3항 괄호).

그리고 회사분할 무효의 소를 제기할 수 있는 채권자는 이의권한이 있는 채권자

70) 박용석 외, 앞의 글(주 6), 38면.
71) 河本一郎·川口恭弘, 권용수 역, 앞의 책(주 64), 393면.
72) 물적분할의 효력발생일에 분할회사가 주식을 취득하고 배당재산이 신설회사의 주식뿐인 경우에 분할회사의 주주에 대하여 잉여금을 배당함으로써 우회적인 방법을 통하여 인적분할과 같은 결과가 된 경우이다. 현행 일본 회사법 하에서도 인적분할= 물적분할+잉여금배당으로 구성된다(神田秀樹, 앞의 책(주 33), 400면).
73) 神田秀樹, 앞의 책(주 33), 401면; 大垣尙司, 앞의 책(주 33), 447면.

중 분할을 승인하지 아니한 채권자에 한정되므로(일본 회사법 제828조 제2항 제10호), 분할회사가 신설회사와 함께 중첩적 채무인수를 하거나 연대보증을 한 경우라면 잔존채권자와 승계채권자 모두 채권자 이의권한이 없게 되어 채권자보호절차를 거치지 아니하고 물적분할을 할 수 있다. 그렇게 되면 채권자는 분할무효의 소를 제기할 수 없다.

(2) 채권자보호절차를 거치지 아니한 경우의 회사의 책임

개별 최고를 받지 못한 채권자는 분할회사와 신설회사에 대하여 청구할 수 있으나 각 회사별 책임 한도가 있다. 분할회사에 대하여는 분할의 효력발생일의 재산액(즉 분할 후의 남은 재산액)을 한도로, 신설회사에 대하여는 승계한 재산액을 한도로 변제를 청구할 수 있다(일본 회사법 제764조 제2항 제3항). 가령 분할회사 甲이 100억 원의 재산을 갖고 그 중 80억 원의 재산을 사실상의 인적분할(물적분할+잉여금배당)로 신설회사 乙 회사에게 이전한 경우에 분할계획에서 채권자 丙에 대한 채무를 甲 회사가 부담하기로 하였어도 乙 회사는 丙에 대하여 80억 원의 한도에서 책임을 지고, 만일 丙에 대한 채무를 乙 회사가 부담하기로 하였어도 甲 회사도 20억 원의 한도에서 책임을 진다.

### 3. 일본의 남용적 회사분할

남용적 회사분할이라 함은 분할회사가, 신설회사에 채무이행을 청구할 수 있는 채권자(승계채권자)와 분할회사에 대하여만 청구할 수 있는 잔존채권자를 자의적으로 선택한 후 신설회사 등에 우량사업 또는 자산을 승계시키는 등 잔존채권자를 해하는 회사분할을 말한다.[74] 남용적 회사분할에 대처하기 위하여 하급심은 사해행위취소권을 인정하거나, 양도회사의 상호를 속용하는 양수회사의 책임을 유추적용하여 신설회사에게 연대책임을 지우거나, 법인격을 부인하거나, 부인권의 행사를 허용하는 등 다양한 수법을 사용하였다.[75]

판례가 인정하는 전형적인 사례에 의하면, 채무초과 상태인 甲 회사가 자산 전부와 채무의 일부를 신설회사인 乙 회사에 이전하여 남아 있는 책임재산이 전무하게 되었고 乙 회사에 넘긴 채무에 대하여 병존적채무인수를 하였다. 그리하여 甲 회사는 채무가 감축된 바 없다. 甲 회사가 乙 회사의 주식을 대가로 하여 취득하였다. 그 후 甲 회사가 파산선고를 받아 X가 파산관재인이 되어 乙 회사를 상대로 부인의 소를 제기한 것이다.[76]

---

74) 會社法制の見直し關する中間試案の補足說明の第2部第6の1－法務省.

75) 일본 하급심과 학설에 관한 소개로 片山直也, “濫用的會社分割·事業讓渡と詐害行爲取消權,” 金融法務事情 No. 2071(2017), 2면.

추가로 乙 회사가 발행한 주식은 시장성이 없고, 甲 회사의 잔존채권자로서는 이것을 압류하여도 환가하기 어렵고, 압류하기 전에 이미 회사분할 즉시 주식이 제3자에게 처분되는 사례도 있다.

최고재판소는 2012년 남용적 회사분할에 대하여 민법의 사해행위취소의 대상이 된다고 판시하였다.[77] 물적분할을 통한 사실상의 인적분할 사건에서 파산관재인의 부인권을 인정한 하급심판결도 있다.[78] 회사분할에 관하여 여러 차례 개정이 이루어졌지만 기본적인 틀(연대책임 미채택, 물적분할 시 잔존채권자에 대한 채권자보호절차 미실시)이 바뀌지 아니하였으므로 앞에서 본 회사법 개정에 의하여 남용적 회사분할의 문제가 해소된 것은 아니다. 앞으로 추이를 주시할 필요가 있다.

## 4. 회사분할에 관한 한국과 일본의 차이

첫째, 한국은 주식회사만 회사분할제도가 적용되지만, 일본은 주식회사 외에 合同會社도 적용된다. 둘째, 한국은 인적분할을 기본형태로 정하면서 물적분할도 가능한 방식으로 규정하고 있지만(상법 제530조의12). 일본은 물적분할만 규정한다. 일본에서는 인적분할의 결과를 얻으려고 하여도 일단 물적분할을 거쳐야 한다는 점에서 차이가 있다.[79] 셋째, 한국은 단순분할인 인적분할 및 물적분할 시 모두 원칙적으로 분할회사와 신설회사가 분할 전의 회사채무에 관하여 연대하여 채무를 부담하므로 채권자보호절차가 필요하지 않다.[80] 단 예외적으로 물적분할 시에 분할계획서에서 분할회사와 신설회사의 책임을 분할하는 경우에만 채권자보호절차가 필요하다(상법 제430조의9 제2항, 제527조의5).[81] 일본은 물적분할의 방법으로 신설분할을 한 경우 원칙적으로 채권자보호

76) 福岡地判平成 21·11·27金法1911号84頁은 채권자 보호절차는 회사분할에 관하여 부인권의 적용을 배제할 근거가 될 수 없다고 판시하였다. 福岡地判平成22·9·30判タ1341号200頁은 파산관재인은 소유권이전에 관하여 부인권을 행사할 수 있다고 판시하였다. 그 외 부인권을 긍정한 일본 하급심에 대한 소개로는 伊藤眞, 앞의 책(주 63), 574면 주석 206.

77) 最判平成24·10·12民集66卷10号3311頁. 이 판결은 2014년 일본 회사법 개정 전의 것이다. 이 판결은 부인권의 대상을 회사분할로 인한 권리의무의 승계 부분이 아니라 회사분할 그 자체로 보았다(永谷典雄·谷口安史·上拂大作·菊池浩也 編, 破産·民事再生の實務 第4版, 金融財政事情研究會(2020), 313면).

78) 東京地判平成 28·5·26金融商事1495号41頁.

79) 학설상으로는 여전히 인적분할이라는 개념을 사용하지만 회사법에 한국과 동일한 방식의 인적분할에 관한 규정은 없다. 그러나 물적분할을 통하여 신설회사가 분할회사에 주식을 교부함과 동시에, 또는 그 후에 분할회사가 자신의 주주에게 주식을 현물배당함으로써 인적분할과 같은 효과를 누릴 수 있다(大垣尙司, 앞의 책(주 33), 444면은 이를 인적분할이라고 부른다).

80) 김건식 외, 앞의 책(주 2), 808면.

81) 분할합병은 합병절차를 수반하므로 채권자 이의절차가 필요하다(상법 제530조의11 제1항).

절차를 거치지 아니한다. 그리고 설령 보호절차를 거쳐야 하는 경우라도 절차를 거치지 아니한 경우 최고를 받지 못한 채권자에 대하여 분할회사는 신설회사 설립일에 소유하고 있던 재산의 가액을 한도로, 신설회사는 승계한 재산의 가액을 한도로 물적유한책임을 부담한다(일본 회사법 제764조 제2항, 제3항). 그 한도에서 중첩적채무인수가 된다.[82]

넷째, 한국은 아직 남용적 회사분할이 문제되지 않고 있다. 그러나 일본에서는 경영 부진에 빠진 채무초과의 분할회사가 채산성이 없는 사업 부분이나 채무를 분할회사에 남기고 우량 사업 부문에 관한 자산이나 채무만을 설립회사에 승계시키는 남용적 회사분할이 발생하고 있다.[83] 결론적으로 한국은 일본에 비하여 채권자보호절차가 광범위하고 연대책임을 지움으로써 부인권이 아니더라도 채권자들을 보호할 수 있는 장치가 마련되어 회사분할행위가 부인의 대상이 될 가능성이 일본에 비하여 상대적으로 낮다.[84]

## Ⅳ. 회사분할과 부인권의 행사 가부

### 1. 회사분할무효의 소와 부인권의 차이

부인권은 파산자가 파산선고 전에 사해행위 또는 편파행위를 한 경우 파산관재인이 이를 부인하여 원상회복하는 파산법상의 형성권이다(채무자회생법 제391조, 회생절차도 같다). 부인권은 회사가 파산자인 경우 회사의 재산에 관한 행위로서 변제, 매매, 임대 등의 처분행위를 대상으로 하고, 신주발행, 합병 등 조직법상의 행위는 원칙적으로 부인권의 대상이 아니다.

그러나 조직법상의 행위라도 재산권을 목적으로 하거나 회사의 재산을 감소시키는 행위라고 판단되면 부인권의 대상이 될 수 있다. 실무도 회사의 주주에 대한 상환우선주의 상환행위를 부인권의 대상으로 취급하고 있다.[85] 결국 회사법상의 어떠한 행위가 부인권의 대상이 되는지 여부는 파산법의 목적을 고려하여 결정되어야 하고, 단순히 조직법상의 행위라는 이유만으로 부정될 것은 아니다.[86]

---

82) 神田秀樹, 앞의 책(주 33), 401면.
83) 河本一郎·川口恭弘, 권용수 역, 앞의 책(주 64), 393면.
84) 박용석 외, 앞의 글(주 6), 38면.
85) 서울중앙지방법원 2012. 12. 7. 선고 2012가합19180 판결(회생회사 임광토건, 항소심에서 조정성립). 일본에서 합자회사의 설립행위가 사해행위취소권의 대상이 되었다(大審院大正·7·10·28民錄24輯2195号).
86) 일본의 학설(伊藤眞, 앞의 책(주 63), 575면)과 실무도 이와 같다(東京地判平成22·5·27平成21年

회사분할무효의 소와 부인의 소는 청구원인 및 제소기간이 다를 뿐 아니라 부인의 소의 목적은 비록 상법상 적법하게 이루어진 회사분할이라도 파산절차에서 무효를 다투어 파산재단으로 재산을 원상으로 회복하자는 것이므로(채무자회생법 제397조 제1항), 회사분할무효의 소가 있다는 점은 부인의 소를 배척할 사유가 될 수 없다.[87] 채권자보호절차 위반은 분할무효사유가 되지 않고, 분할회사와 신설회사가 일부 채권자에 대하여 연대책임을 지게 되는 사유에 불과하다.[88]

## 2. 남용적 회사분할과 부인권에 관한 일본의 논의

일본의 학설과 일부 판례에 의하면, 회사분할행위가 부인권의 대상이지만, 부인권이 인정되면 회사분할의 조직법상의 효력을 건드리지 않기 위하여 부인권의 효과로 원물반환이 아니라 가액배상을 명하고 있다. 다만 회사분할행위를 사해행위, 상당한 대가를 얻은 재산의 처분행위(일본 파산법 제161조),[89] 편파행위 중 어느 것에 해당하는지에 관하여는 학설과 판례의 입장이 다양하다.[90] 남용적 회사분할에 대하여 사해행위취소권을 인정한 2012년 일본 최고재판소 판결의 보충의견은 재산감소행위와 잔존채권자와 승계채권자간의 불평등을 함께 지적하고 있다.[91]

먼저 사해행위에 해당한다는 학설[92]에 관하여 본다. 이 견해는 회사분할로 인하여 회사의 책임재산이 감소하는 것으로 보는 입장이다. 편파행위는 채무자의 변제 또는 담보제공 등 채무의 소멸에 관한 것으로서 책임재산을 채권자에게 분배하는 장면을 유형화한 것임에 반하여 회사분할은 책임재산의 이전의 문제라고 주장한다.[93] 甲 회사가 자산 400을 乙 회사가 甲 회사의 부채 400을 인수하는 대가로 양도하였다면 그 대가가 합리적인 것인가? 회사분할 전의 甲 회사가 부담하는 채무 400의 실제 가치는 액면가의 절반에 불과함에도 불구하고 실제의 가치를 무시하고 명목가를 기준으로 자산을 양도하는 것이 사해행위에 해당한다는 것이 논거이다.[94] 이 주장에 따르면, 위 사례에서 사

---

(ワ)36384号).

87) 위 동경지방재판소의 판결.

88) 林在淵, 會社訴訟, 博英社(2010), 341면; 株式會社法大系 III, 551면.

89) 채무자회생법에는 이에 상응하는 조항이 없다. 파산자의 재산처분행위로서 비록 상당한 대가를 받았다고 하더라도 재산의 종류를 변경함으로써 은닉·무상의 제공 등 파산채권자를 해하는 처분행위를 부인의 대상으로 삼는 것이다. 2002년 일본 파산법 개정 시에 신설되었다.

90) 학설 및 판례를 소개한 글로는 岡 伸浩, “濫用的會社分割に關する改正提案,” 倒産法實務の理論研究, 慶應義塾大學出版會(2015), 219면 이하.

91) 最判平成24 · 10 · 12民集66卷10号3311頁.

92) 이토 마코토/경선희(역), 앞의 글(주 5), 168면; 伊藤眞, 앞의 책(주 63), 577면.

93) 松下淳一, “濫用的會社分割についての覺書,” 事業再生と債權管理 138号 (2012), 148頁.

업양도가 아니라 회사분할절차를 거치는 것이므로 乙 회사가 신주를 甲 회사에게 교부하여야 하고 甲 회사의 순자산의 증가는 없지만 장래 사업가치(노하우, 고객선 등)를 고려하여 적절한 평가 방법에 따라 신주의 가치를 평가하여야 한다. 신주의 가치가 자산이전에 대가가 되어야 하는데 그 대가가 지나치게 저가라는 점을 파산관재인이 입증하면 사해행위에 해당한다.[95]

다음으로 편파행위에 해당한다는 학설에 관하여 본다.[96] 이 견해는 남용적 회사분할은 잔존채권자와 승계채권자 간의 불평등을 초래한다고 본다. 남용적 회사분할을 적법하다고 본다면 위 사례에서 회사가 우량부분을 회사분할하고 책임을 분할하게 되면 잔존채권자는 손해를 볼 수 있다.[97] 이로써 채권자들 간에 불공평이 발생한다. 회사분할이 담보의 제공 또는 채무의 소멸 그 자체는 아니지만 승계받은 재산과 잔존재산이 각각의 승계채권자와 잔존채권자의 책임재산이 되고 승계채권자에게 우선권을 인정한 것이 된다는 것을 근거로 삼고 있다.

생각건대, 첫째, 회사분할행위만으로 甲 회사의 채권자 및 乙 회사의 채권자가 아직 변제를 받은 것은 아니므로 회사분할행위 자체를 일컬어 담보의 제공 또는 변제행위라고 평가하기 어렵다. 둘째, 채권자 평등의 문제는 단일한 채무자에 대한 채권자들 사이의 평등의 문제이지 다른 법인격체를 기준으로 채권자들의 변제비율을 따지는 것은 아니다. 셋째, 편파행위를 이유로 한 부인권 행사에는 시기적 제한이 있어 채권자보호에 미흡하다. 이상의 이유로 필자는 채무회생법에서도 회사분할행위는 채무자회생법 제391조 제1호의 재산감소행위로서 회생채권자를 해하는 행위에 해당하므로 일본의 학설 중 사해행위설에 찬동한다.

---

94) 伊藤眞, 앞의 책(주 63), 575-576면.

95) 이토 마코토/경선희(역), 앞의 글(주 5), 168면. 위 福岡地判平成 21. 11. 27. 판결은 甲 회사가 乙 회사와 병존적 채무인수를 한 점을 들어 파산한 甲 회사의 채무는 줄지 않은 상태에서 자산만 유출된 점을 근거로 사해행위에 해당한다고 판단하였다.

96) 山本和彦, "會社分割と倒産手續," 事業再生と債權管理 132号(2011), 20頁. 학설의 소개에 관하여는 得津 晶, 앞의 글(주 64), 279면 주 14면.

97) 甲 회사가 a 사업부문을 회사분할로 신설회사 乙 회사에게 넘기면서 甲 회사가 갖고 있는 부채 1000, 자산 500 중에서 부채 400과 자산 400을 회사분할로 乙 회사에게 승계시켰다면 甲 회사의 잔존채권자는 회사분할 이전에는 금액 단위당 1/2의 비율로 변제를 받을 수 있지만 회사분할 후에는 甲 회사의 남은 자산 100에 부채 600이 되어 금액 단위당 1/6의 비율로 변제를 받게 되고 乙 회사에 대한 승계채권자는 부채 400, 자산 400이므로 전액 변제받게 된다.

## Ⅴ. 결론

한국의 회사분할제도하에서는 남용적 회사분할의 경우 부인권의 행사가능성이 없는가? 한일 양국의 회사분할에 관한 제도의 차이 때문인지 아직 국내에서 이 문제에 관하여 깊이 있는 연구논문을 발견할 수 없었다. 한국의 회사분할의 원칙이 분할회사와 신설회사가 연대책임을 지고, 책임을 분리하려면 반드시 채권자보호절차를 거쳐야 하는 것이므로 채권자의 보호가 충분하다는 점을 근거로 부인권의 행사를 부정하는 견해가 설득력이 있다.[98] 소액채권 또는 장래의 구상권이라는 이유로 채권자보호절차의 대상에서 제외되어 상법상의 절차를 적법하게 밟아서 회사분할절차가 이루어진 경우, 신의칙·법인격 부인론에 의한 구제도 가능하다.[99] 그리고 남용적인 회사분할에 해당한다면, 채권자취소권이나 부인권에 의존할 필요 없이, 분할회사와 신설회사에 대하여 원칙으로 돌아가 연대책임을 지우자는 견해도 있을 수 있다.

생각건대, 채권자보호절차의 대상이 되지 아니하는 채권자에 대하여는 사해행위취소권이 배제된다고 단정할 수는 없다.[100] 남용적 회사분할이라는 개념은 형식적으로는 상법의 절차를 따라 회사분할이 이루어졌지만 분할회사에 관여하는 인물들의 주관적인 의사가 채권자를 해할 의사를 갖고 있음이 인정되고, 이 때문에 회사의 책임재산이 散逸되어 회사분할 전 회사의 채권자들이 손해를 본 것이 객관적으로 분명한 경우의 회사분할을 지칭하는 것이다. 채무초과 회사도 우량재산만을 분리하는 형태로 회사분할이 가능하므로,[101] 회사(비상장, 소규모)가 채무초과의 상태에서 우량자산은 신설회사로 이전하고 분할회사는 껍데기만 남기고 채권자보호절차를 거친 후 신설회사의 주식을 교부받는 등 형식적으로 적법하게 회사분할을 마쳤지만 분할회사의 대표이사가 주식을 회사분할 즉시 제3자에게 매각하고 매각대금을 유용하여 분할회사의 책임재산이 없게 되어 파산선고를 받았다면, 굳이 부인권 행사를 배제할 이유가 없다.[102] 또한 부인권의 성립 여부는 파산회사의 자산과 부채를 기준으로 결정되는 것이므로 파산회사와 함께 채무를 부담하는 자가 있다는 점은 부인권의 성립을 배제하는 사유가 될 수 없다. 다만

98) 박용석 외, 앞의 글(주 6), 38면도 일본에 비하여 부인가능성이 상대적으로 낮을 것으로 본다.

99) 하정훈, 앞의 글(주 6), 511면. 단 민법상 채권자취소권의 행사가 배제될지 여부는 명확하지 않다.

100) 일본에서도 사해행위취소권의 여지를 인정하는 견해가 있다(栗谷 翔, "會社分割における債務の遮斷效とその限界－最判平成24·10·12民集66券10号3311頁が殘した問題," 田中 亘·白井正和·久保田修平·內田修平 編, 論究會社法, 有斐閣(2020), 289면). 법인격 부인을 인정한 판결로 東京地判平成22·7·22 金法1921号117頁. 신의칙을 인정한 결정으로 最決平成29·12·19判時2370－28.

101) 김건식 외, 앞의 책(주 2), 800면; 株式會社法大系 III, 508면.

102) 박용석 외, 앞의 글(주 6), 39면.

파산선고 전이라면 채권자취소권을, 파산선고 후라면 부인권의 행사의 문을 열어놓자는 것일뿐 위에서 본 다른 구제수단을 배제하자는 것은 아니다. 앞으로 부인권행사가 가능한 유형의 회사분할 사건이 구체적으로 어떤 사건인지, 그리고 부인권의 근거가 사해행위인지, 편파행위인지에 대하여는 더 검토가 필요하다.

신속한 구조조정의 방편이라는 점에서 회생계획인가 전의 사업양도가 허용되는 점과의 균형상 회생계획인가 전의 회사분할을 허용하는 방향으로 채무자회생법을 개정함이 타당하다.

[2025 선진상사법률연구 통권 제110호 (2025. 4.), 1－26면]

# 4. 채권양도통지청구권과 등기 부인을 원인으로 한 소유권이전등기청구권에 관하여*



## Ⅰ. 머리말

실무에서 도산채권에 해당하는지 여부가 특별히 논란이 있었던 유형은 형성권, 보증인 또는 공동불법행위자의 사후구상권, 파산선고 후에 발생한 하자의 보수청구권 등에 관한 것이었다. 이 글은 2016년 대법원이 채권양도통지 이행청구권을 회생채권으로 판시한 결정[1)]과 2022년 서울고등법원이 소유권이전등기가 부인된 경우에, 상대방이 갖는 원인행위에 기한 소유이전등기청구권이 파산채권에 해당하고, 부인등기 경료 시에 소유권이전등기의무가 이행불능이 되어 손해배상청구권으로 변환한다고 판시한 판결[2)]을 소재로 파산채권[3)]의 본질에 관하여 논구하기 위하여 작성한 것이다.

위 대법원 2016마5082 결정의 쟁점은 채권양도에 있어서 관리인의 제3자성이다. 채권양수인('양수인')이 아직 대항요건을 갖추지 못한 상태에서 채권양도인에 대하여 회생절차개시결정이 있게 되면, 양수인은 어떠한 지위에 있는지, 관리인을 상대로 채권양도통지의 이행을 청구할 권리가 회생채권이라는 의미가 무엇인지, 채권양도통지 이행청

---

* 회생법학 통권 제25호(2022)에 발표한 글의 오류를 수정하고, 채권양도의 대항요건과 관련하여 관리인의 제3자성에 관한 종전 주장을 변경하기 위하여 재작성하였다.

1) 대법원 2016. 6. 21.자 2016마5082 결정(공 2016, 981)(회생사건). 그 후의 대법원 2022. 10. 27. 선고 2017다243143 판결(공 2022, 2294)은 위 결정을 선례로 들고 있다.

2) 서울고등법원 2022. 8. 31. 선고 2021나2031994, 2032003 (병합) 판결(법률신문 2022. 11. 7. 12면)(대법원 2022다283602 상고심 계속 중)(파산사건).

3) 파산채권을 기준으로 설명한다. 그 내용은 회생채권에도 같게 적용될 수 있다.

구권 대신에 채권양도통지 불이행을 이유로 한 손해배상청구권을 회생채권으로 신고할 수 있는지, 만일 관리인이 제3채무자로부터 변제받은 경우 양수인이 부당이득반환청구권을 공익채권으로 주장할 수 있는지 등이다.

한편, 위 서울고등법원 2021나2031994 판결의 쟁점은 등기 부인의 효과에 관한 것이다. 등기 부인의 효과와 원인행위 부인의 효과가 서로 다른지, 원인행위에 대한 부인청구가 기각되면, 원인행위에 기한 소유권이전등기청구권이 부활하는지, 파산관재인의 부인권 행사로 등기가 부활한다면 소유권이전등기청구권은 이행불능을 원인으로 한 손해배상청구권으로 변환하는지 등이다.

이 글에서는 먼저 파산채권의 의의와 실무에서 문제가 된 파산채권의 사례에 대하여 一瞥하고(II), 채권양도인에 대하여 회생절차가 개시된 경우 대항요건 구비에 관련한 쟁점을 검토하고(III), 등기 부인의 성질과 효과를 살펴본 후 과연 소유권이전등기청구권이 부활한다는 하급심의 법리가 타당한지를 검토하고(IV), 필자의 소회(V)를 적고 마무리한다. 편의상 파산절차를 전제로 관하여 설명하되, 필요시 회생과 파산을 구분한다.

## Ⅱ. 파산채권의 의의

### 1. 파산채권의 정의

채무자에 대하여 파산선고 전의 원인으로 생긴 재산상의 청구권은 파산채권으로 한다(채무자회생법 제423조, 이하 조문 숫자만 기재한다). 채권이라 함은 채무자로 하여금 급부(특정의 작위 또는 부작위)를 청구할 수 있는 권리이다. 채권은 재산권의 하나인 물권과 비교되는 것이고, 재산권은 그 외 인격권, 가족권, 신분권, 사원권과 비교되는 것으로서 이는 권리의 내용상의 분류에 따른 개념이다. 한편 청구권이라 함은 지배권, 형성권, 항변권과 비교되는 것으로서 이는 권리를 행사하는 경우에 어떻게 작용되는가에 따라 구분된다.[4]

채무자에 대하여 파산절차가 개시되면 채무자의 압류금지재산을 제외한 재산은 파산재단을 구성하고, 파산관재인은 파산재단에 속하는 재산을 환가하여 이를 배당의 자원으로 삼는다. 어떠한 청구권이 파산채권으로 인정된다는 의미는, 채권자가 파산절차에 참가하여 각종 채권자집회(제1회 채권자집회, 파산관재인의 계산의 보고집회 등)에 참석하여 의견을 제시하고 의결을 할 수 있는 권한을 갖고(제365조, 제370조), 파산관재인이

4) 김대정·최창렬, 채권총론, 박영사(2020), 3면.

배당을 하는 경우 채권의 우선순위와 배당률에 따라 대한민국 화폐로 산정한 배당금청구권을 행사할 수 있다는 것이다. 파산채권자는 더 이상 금전, 비금전, 장래, 조건부 또는 외화표시의 청구권에 기하여 청구권의 내용과 같은 의무의 이행을 파산관재인을 상대로 청구할 수 없다. 따라서 비금전청구권(소유권이전등기청구권)에 대응하여 파산관재인이 파산채권자에 대하여 소유권이전등기절차를 이행할 의무를 부담하는 것을 전제로 하여 파산관재인의 매매목적물 매각 시 소유권이전등기청구권의 이행불능이라는 개념은 이론상 성립할 수 없다.

이러한 법리는 후술하는 대체적 작위청구권, 부대체적 작위청구권, 부작위청구권이 파산채권에 해당한다는 견해를 취하는 경우에도 같이 적용된다.

첫째, 파산채권이 되려면 채무자에 대한 청구권이어야 한다(인적청구권).

채무자에 대한 인적청구권이라는 개념에 대응하는 것은 물적청구권이다. 소유권, 지상권과 같은 물권 그 자체가 아니더라도 물권에서 파생하는 권리로서 물권의 내용을 완전하게 실현하는 것을 목적으로 한 물권적 청구권 그리고 채무자가 특정재산에 대하여 물적 책임을 지는 담보물권은 파산채권이 아니다. 물상보증인이 파산한 경우 담보권자는 파산채권자가 아니고 별제권자로만 취급된다. 지식재산권과 관련하여서는 지식재산권자가 구하는 청구권이 물권적 청구권인가 아니면 채권적 청구권인가 여부가 중요하다. 그리고 채무자가 아닌 자는 설령 채무자와 공동하여 채무를 부담하더라도 그 자(보증인, 연대보증인, 공동불법행위자)에 대한 청구권은 파산채권이 아니다. 일본에서는 해난구조료 청구권과 같이 채무자의 구조된 특정재산(선박, 적하 등)만을 책임재산으로 하고 일반재산에 대하여는 강제집행할 수 없는 청구권도 파산채권으로 인정된다.[5)]

둘째, 파산채권이 되려면 파산선고 전의 원인으로 생긴 것이어야 한다.

가장 전형적인 사례는 파산선고 전에 소비대차 계약이 체결되고 변제기가 파산선고 전에 도래한 금전채권이다. '개시 전의 원인으로 생긴'이라는 문구는 추상적이만 그에 관한 판례가 집적되었다. 판례에 의하면, 제118조 제1호의 회생채권은 의사표시 등 채권 발생의 원인이 회생절차개시 전의 원인에 기해 생긴 재산상의 청구권을 말한다.[6)] 청구권의 주요한 발생 원인이 회생절차개시 전에 갖추어져 있으면 그 내용이 구체적으로 확정되지 아니하였거나 변제기가 회생절차개시 후에 도래하더라도 상관없으므로, 그 청구권은 회생채권이다.[7)] 다만 청구권 발생에 대한 단순한 기대권에 불과하다면 회생

5) 竹下守夫·藤田耕三 編, 破産法大系 第Ⅱ巻 破産實體法, 青林書院(2014), 7면(八田卓也 집필). 한국 상법에는 이와 유사한 조항이 없다.

6) 대법원 2000. 3. 10. 선고 99다55632 판결(공 2000, 935).

채권이라 할 수 없다.[8)]

셋째, 채무자에 대한 재산상의 청구권이어야 한다.

파산채권은 궁극적으로 배당절차에 참가하여 금전배당을 받을 수 있어야 한다. 즉 재산상의 청구권이어야 한다. 재산상의 청구권이라 함은 반드시 금전채권에 한정되는 것은 아니고 비금전채권이라도 금전으로 평가할 수 있는 것이라면 재산상의 청구권이다. 실무상 비금전채권으로서 파산채권에 해당하는지 여부가 문제되는 경우로는 도급인의 수급인에 대한 하자이행청구권, 골프회원의 골프장 이용권, 매매계약에 기한 부동산 인도(명도)청구권 등이다.

재산상의 청구권에 해당하느냐와 관련하여 문제되는 것은 작위청구권, 부작위청구권 등이다. 민사집행법에 의하면 '하는 채무'는 직접강제를 할 수 없다. '하는 채무' 중 대체적 작위채무는 대체집행의 방법으로, 부대체적 작위채무는 간접강제의 방법으로 집행한다. 부작위채무에 있어서 의무위반의 억제는 간접강제의 방법으로, 의무위반에 의한 물적 상태의 제거는 대체집행의 방법으로 한다(민법 제389조 제3항).[9)] 대체집행이라 함은 채무자의 비용으로 채무자 이외의 사람으로 하여금 집행행위를 하도록 채권자에게 수권결정을 행하는 집행방법이다(민사집행법 제260조).

작위를 목적으로 하는 채권 중 대체적 작위를 목적으로 하는 채권(예, 수급인에 대한 공사이행청구권)은 채무자에 대한 금전채권으로 평가할 수 있고(민법 제389조 제2항, 민사집행법 제260조), 채무자의 재산가치를 이용함으로써 이행될 수 있으므로 재산상의 청구권이다. 따라서 반드시 파산선고 전에 채무자가 불이행하였다는 사실이 발생할 필요는 없다. 채권의 평가는 대체집행에 드는 비용이 기준이 된다(민사집행법 제260조).

한편 연극의 출연행위, 증권에 서명하는 행위 또는 장부 등을 열람하게 하는 행위와 같은 부대체적 작위를 구하는 청구권[10)] 또는 특허법의 통상실시권,[11)] 경업금지, 소음방출금지의무 등 부작위를 구하는 청구권은 간접강제에 의한 집행이 가능하다(민사집

7) 대법원 2015. 6. 24. 선고 2013다210824 판결(미간행); 대법원 2015. 4. 23. 선고 2011다109388 판결(공 2015, 719); 대법원 2014. 5. 16. 선고 2012다114851 판결(공 2014, 1193); 대법원 1989. 4. 11. 선고 89다카4113 판결(공 1989, 794); 대법원 1981. 12. 22. 선고 81누6 판결(공 1982, 222).

8) 대법원 2012. 11. 29. 선고 2011다84335 판결(공 2013, 21).

9) 김홍엽, 민사집행법 제2판, 博英社(2013), 343면.

10) 대법원 2023. 2. 23. 선고 2022다277874 판결(공 2023, 595); 대법원 2001. 1. 29.자 99마6107 결정(공 2001, 1439). 두 사건 모두 장부와 서류의 열람·복사 청구 사건이다.

11) 통상실시권자가 특허권자를 상대로 자신에 대하여 방해배제 또는 손해배상청구를 하지 말 것을 구하는 부작위청구권의 성질을 가진다. 윤선희, 특허법 제7판, 法文社(2023), 638면; 심활섭, "일본 도산절차에서의 라이선시 보호," 도산법연구 제11권 제1호(2021), 49면.

행법 제261조).

부대체적 작위청구권에 관하여 다수설은 간접강제의 강제금은 채무의 이행을 확보하는 것이지 그 지불에 의하여 채권에 만족을 주는 것이 아니라는 점과 부대체적 작위청구권은 금전으로 평가할 수 없으므로 재산상의 청구권이라고 보지 아니한다.[12] 반대설은 계약상의 작위청구권은 대체적 작위를 목적으로 하는 것인가 부대체적 작위를 목적으로 하는 것인가를 불문하고 회생채권이라고 주장한다.[13] 한편, 부대체적 작위 청구도 상대방이 거절의 의사표시를 함으로써 발생하는 손해배상청구권이 재산상의 청구권이 된다는 점에 대하여는 다툼이 없다.[14]

일본의 상황도 유사하다.[15] 부대체적 작위청구권도 파산채권에 해당한다는 견해,[16] 부정하는 견해,[17] 비금전채권이라도 법적 권리의 평가가능성이 있으면 파산채권으로 인정하는 견해,[18] 개인파산의 경우에는 파산채권이 되지 않지만, 법인파산의 경우에는 대체적이냐 부대체적이냐를 구분하지 않고 작위청구권이 파산채권이 된다는 견해 등이있다.

부작위채무는 두 가지 유형이 있다. 첫째로 공사소음을 발생하지 않도록 하는 의무와 같이 채무자가 적극적 행위를 하지 않을 의무이고, 다른 하나는 채권자의 행위(출입행위 등)를 채무자가 수인할 의무이다.[19] 부작위 채무는 성질상 부대체적 채무이므로 그 채무를 이행을 강제하려면 배상금의 지급을 명하도록 하는 간접강제의 방법에 의하거나 의무위반이 있으면 손해배상을 구하든가(소음 발생 등의 경우), 의무위반의 결과로 생긴 물적 상태를 제거하기 위하여 대체집행을 할 수밖에 없다.

강제집행은 채무자의 채무불이행을 구제하는 절차이므로 부작위채무에 있어서 의

12) 노영보, 제2판 도산법 강의, 박영사(2024), 228면; 주석채무자회생법(V), 韓國司法行政學會(2020), 8면(정현수 집필); 전병서, 도산법 제4판, 박영사(2019), 136면.

13) 서울回生法院 裁判實務硏究會, 回生事件實務(上) 제6판, 博英社(2023), 420면; 韓國產業銀行, 會社整理法解說, 韓國產業銀行調査部(1982), 246면; 林采洪 · 白昌勳, 會社整理法(上), 503면(李繽甲 집필).

14) 林采洪 · 白昌勳, 앞의 책(주 13), 503면(李繽甲 집필).

15) 자세한 내용은, 崔承綠, "파산채권과 재단채권," 破產法의 諸問題[上], 法院圖書館(1999), 286면.

16) 兼子一－三ケ月章 條解會社更生法(中), 弘文堂(1999), 283면. 한편 伊藤眞, 會社更生法 · 特別淸算法, 有斐閣(2020), 184면은 파산절차와 회사갱생절차를 구분하여 회사갱생법에서는 손해배상액을 기준으로 금전적으로 평가할 수 있다는 이유로 갱생채권으로 취급한다는 입장이다.

17) 伊藤眞, 破產法 · 民事再生法(第5版) 有斐閣(2021), 284면; 中野貞一郎·道下徹 編, 基本法コンメンタール破產法 第二版, 日本評論社, 1997, 50면(德田和幸); 加藤哲夫, 破產法 제5판, 弘文堂(2009), 143면; 竹下守夫 · 藤田耕三 編, 破產法大系 第Ⅱ巻 破產實體法, 青林書院(2014), 8면(八田卓也 집필).

18) 岡 伸浩 외 4인 編, 破產管財人の債權調査 · 配當, 商事法務(2017), 292면(柴田義人 집필).

19) 이시윤, 新民事執行法, 博英社(2020), 340면.

무위반의 사전예방은 강제집행이 인정되지 아니한다. 또한 간접강제로만 강제집행이 가능한 부작위채무(일정시간 동안 소음을 내지 아니할 의무)는 아직 의무위반의 상태가 발생하지 아니하는 한 강제집행을 할 수 없으므로 재산상의 청구권의 요건을 갖추지 못하여 파산채권으로 취급될 수 없다. 의무위반이 있어야 비로소 채무불이행의 문제가 발생하고 대체집행에 드는 비용이나 위자료청구권 등 금전채권으로 轉化된다. 따라서 아직 부작위채무를 위반하고 있지 아니한 상태에서는 채권자의 채권을 금전으로 평가할 수 없다.[20]

이러한 법리에 따라 파산채권의 해당성에 관하여 본다. 작위청구권 중에서도 건물철거와 같은 대체적 작위청구권은 궁극적으로 대체집행에 필요한 비용을 채무자로부터 지급받아 금전적 만족을 얻을 수 있으므로 파산채권이다.[21]

부작위청구권에 관하여 민법 제389조 제3항은 채무가 부작위를 목적으로 한 경우에 채무자가 이에 위반한 때에는 채무자의 비용으로써 그 위반한 것을 除却하고 장래에 대한 적당한 처분을 법원에 청구할 수 있다고 규정하고 있다. 부작위청구권은 채무자가 위반하여야 비로소 권리구제가 필요한 것이고 채무 자체는 파산선고 전에 발생하였다고 하더라도 아직 위반행위가 없음에도 불구하고 장래의 비용 상당액을 파산채권으로 신고하라고 하는 것은 법이론으로서 채택하기 어렵다. 부작위청구권은 그 자체로는 파산채권이 아니고 파산선고 전의 불이행으로 인하여 손해배상청구권으로 바뀌어야 비로소 파산채권이 된다.[22] 따라서 부작위채무 중 대체집행의 대상이 되는 내용은 비록 파산선고 시에 금액이 확정되지는 아니하였지만 마치 미확정의 손해배상채권이 파산채권으로 취급될 수 있는 것처럼 파산채권으로 취급된다.

여기서 유념할 것은 의사의 진술을 하는 의무는 일종의 작위의무이지만, 대체적 작위의무나 부대체적 작위의무에 따른 간접강제 등의 강제집행에 의하지 않고 민법에 의하여 별도의 강제집행 방법이 마련되어 있다는 점이다.[23] 채무자의 행위 자체나 사실적 결과를 목적으로 하는 것이 아니고 관념적인 법률효과를 목적으로 하는 것이므로 채권자는 채무자의 의사표시에 갈음할 재판을 청구할 수 있다(민법 제389조 제2항 전단). 이에

---

20) 回生事件實務(上), 420면.

21) 서울回生法院 裁判實務硏究會, 法人破産實務, 제5판, 博英社(2019), 249면. 채무자의 약정에 기한 가압류해제의무는 성실상 대체적인 작위를 목적으로 하는 채무로서 파산선고 전에 그 불이행이 있었는지 여부와 관계없이 이를 금전으로 평가하여 파산채권으로 본 하급심이 있다(서울지방법원 2002. 10. 24. 선고 2002가합5014 판결, 미항소 확정).

22) 서울고등법원 2022. 9. 30. 선고 2022나2017018(본소), 2031311(반소) 판결(법률신문 2022. 11. 24. 자)(회생사건); 法人破産實務, 249면.

23) 김홍엽, 앞의 책(주 9), 346면.

해당하는 청구권으로서는 등기청구, 채권양도통지청구, 최고 청구의 이행청구권으로서 이러한 준법률행위에도 민사집행법 제263조가 적용된다.[24] 따라서 의사의 진술을 구하는 청구권은 파산채권이다.[25]

미국의 다수의 판례는 경업금지조항에 기하여 상대방에 대하여 경업금지를 구하는 권리는 원칙적으로 파산채권이 아니라고 본다. 미국 연방파산법에서 파산채권은 첫째, 금전청구권이거나 둘째, 채무자의 채무불이행에 대한 형평법상의 구제수단으로서 금전청구권이 인정되는 경우이다. 즉 형평법상의 명령에 따르는 것이 금전의 지불을 수반하는 경우에 한하는 것인데 경업금지조항(not to compete)을 준수하는 것이 반드시 금전지불을 수반하는 것은 아니기 때문이다.[26] 그러나 일부 법원은 州法을 먼저 검토하여 州法이 법원으로 하여금 채무자에 대하여 금지명령(injunction)을 발령하는 대신에 채권자를 위한 금전판결을 강제로 명할 수 있다면 경업금지청구권을 파산채권으로 취급하고 있다.[27]

특허권자가 특허법 제126조에 기하여 특허권을 침해하고 있는 파산관재인을 상대로 침해의 금지 또는 예방을 하거나 침해행위로 조성한 물건의 폐기 등을 구하는 권리는 파산채권이 아니라 환취권이다.[28]

넷째, 집행가능성이 있어야 한다.

파산절차는 권리의 강제적 만족을 목적으로 한다는 점에서 광의의 집행절차의 성격을 갖고 있으므로 소구가능성이 있는 채권만이 파산채권이 될 수 있다. 따라서 양수인은 양도인에 대하여 채무자에게 채권양도를 통지하도록 소구할 수 있으므로,[29] 채무자를 상대로 한 채권양도통지 이행청구권도 파산채권이 될 수 있다. 이에 반하여 채무자가 부담하는 채무가 강학상 자연채무이거나, 파산절차에서 면책을 받은 채무이거나 불법원인에 기한 급여로서 반환청구를 할 수 없는 채권, 당사자간에 강제집행을 하지 않기로 약정한 채권, 출세하면 갚겠다는 자본대체적 대부채권(일본에서 이를 出世拂い라 한다)[30] 등은 모두 집행이 불가능하므로 파산채권에 해당하지 아니한다.[31]

---

24) 김홍엽, 앞의 책(주 9), 346면.
25) 취득시효완성으로 인한 소유권이전등기청구권이 파산채권임을 선언한 대법원 2008. 2. 1. 선고 2006다32187 판결(공 2008, 294).
26) Kennedy v. Medicap Pharmacies, Inc., 267 F.3d 493 (6th Cir. 2001).
27) David G. Epstein, Bankruptcy and Related Law in a Nutshell 9th Ed (West 2017), 187.
28) 전병서, 앞의 책(주 12), 318면; 山本和彦·中西正·笠井正俊·沖野眞已·水元宏典, 倒産法概說 第2版, 弘文堂(2010), 178면.
29) 김대정·최창렬, 앞의 책(주 4), 930면. 근거조항을 민법 제389조 제2항 전단("전항의 행위가 법률행위를 목적으로 한 때에는 채무자의 의사표시에 갈음할 재판을 청구할 수 있고")을 들고 있다.

제1심 가집행선고부 판결에 기하여 강제집행을 마친 청구권도 아직 최종적인 변제의 효과로 소멸한 것이 아니므로 여전히 파산채권으로 취급된다.[32]

## 2. 개별적인 검토

### (1) 하자보수에 갈음한 손해배상청구권

이행불능을 원인으로 한 손해배상청구권은 본래의 청구권의 내용이 변경된 것으로 전보배상의 성격을 갖는다. 즉 손해배상청구권은 본래의 채권과 동일성이 있다. 그러나 이행불능으로 인한 손해배상청구권은 계약성립 시가 아니라 이행불능 시에 발생한다.[33] 민법 제667조 제2항의 하자보수에 갈음한 손해배상청구권은 보수청구권과 병존하여 처음부터 도급인에게 존재하는 권리이고, 일반적으로 손해배상청구권은 사회통념상 현실적으로 손해가 발생한 때에 성립하는 것이므로, 하자보수에 갈음한 손해배상청구권은 하자가 발생하여 보수가 필요하게 된 시점에 구체적으로 성립한다.[34]

판례에 의하면, 회생절차개시 전에 이미 건물을 완공하여 인도하는 등으로 건축공사 도급계약을 해제할 수 없게 되었다면 수급인은 회생절차개시 전에 도급계약에 관하여 그 이행을 완료한 것으로 보아야 한다.[35] 이러한 경우 수급인에 대한 회생절차개시 후에 완성된 목적물의 하자로 인한 손해가 현실적으로 발생하였더라도, 특별한 사정이 없는 한 하자보수에 갈음하는 손해배상청구권의 주요한 발생원인은 회생절차개시 전에 갖추어져 있다고 봄이 타당하므로, 위와 같은 도급인의 하자보수에 갈음하는 손해배상청구권은 회생채권에 해당한다.[36] 나아가 하자담보책임을 넘어서 수급인이 도급계약에 따른 의무를 제대로 이행하지 못함으로 말미암아 수급인의 회생절차개시 이후에 도급인의 신체 또는 재산에 확대손해가 발생한 경우에 도급인의 채무불이행으로 인한 손해배상청구권도 회생절차개시 전에 주요한 발생 원인을 갖춘 것으로 회생채권에 해당한

30) 伊藤眞, 앞의 책(주 17), 287면.
31) 오수근 외, 도산법, 韓國司法行政學會, 2012, 114면(정영진 집필); 法院行政處, 會社整理實務(1985), 203면.
32) 竹下守夫·藤田耕三 編, 破産法大系 第Ⅱ巻 破産實體法, 青林書院(2014), 8면(八田卓也 집필). 반대로 가지급물의 원상회복청구권에 관하여는 주 43 참조.
33) 송덕수, 채권총론, 박영사(2015), 177면,
34) 대법원 2014. 9. 4. 선고 2013다29448 판결(공 2014, 1999).
35) 대법원 2001. 10. 9. 선고 2001다24174, 24181 판결(집49(2)민, 168).
36) 대법원 2015. 4. 23. 선고 2011다109388 판결(공 2015, 719); 대법원 2000. 3. 10. 선고 99다55632 판결(공 2000, 935). 이진웅, "이미 완공하여 인도한 건물의 하자가 수급인에 대한 회생절차개시 후 현실화된 경우의 법률관계," 사단법인 도산법연구회 도산판례백선 편집위원회, 도산판례백선, 박영사(2021), 107면.

다.[37)]

이에 대하여 일부 학설은 반대한다. 손해배상청구권은 사회통념에 비추어 객관적이고 합리적으로 판단하여 현실적으로 손해가 발생한 때에 성립하는 것이므로,[38)] 민법 제667조 제2항의 하자보수에 갈음한 손해배상청구권은 도급계약에 의하여 발생하는 것이 아니라 하자가 발생하여 보수가 필요하게 된 시점에서 성립되고,[39)] 현실적으로도 하자가 발생하지 않은 상태에서 회생채권자가 손해배상청구권을 회생채권으로 신고하는 것을 법적으로 기대할 수 없고, 회생회사가 재건하기 위한 신용을 유지하기 위하여 하자보수에 응하고 있는 현실에 비추어 볼 때 하자가 발생한 시점이 회생절차 개시 후라면 공익채권으로 취급하는 것이 타당하다고 주장한다.[40)]

(2) 공동불법행위자 간의 구상권

공동불법행위로 인한 손해배상책임은 불법행위가 있었던 때에 성립하므로 공동불법행위자 사이의 구상권도 특별한 사정이 없는 한 그 때에 주요한 발생 원인이 갖추어진 것으로 볼 수 있다. 따라서 회생절차개시결정 당시까지는 아직 변제 기타 출재로 인한 공동 면책행위가 없었더라도 공동불법행위자 사이의 구상금채권은 회생채권에 해당한다.[41)]

(3) 각종 규제 법령위반으로 인한 과징금채권

채무자에 대한 회생절차개시 전에 과징금 부과의 대상인 납부의무자의 행정상의 의무위반행위(공정거래법 위반의 공동행위, 부동산실명법위반행위 등) 자체가 성립하고 있으면, 과징금 부과처분이 회생절차개시 후에 있는 경우라도 그 과징금 청구권과 그로 인한 손해배상청구권도 회생채권이다.[42)]

(4) 조건부채권 - 가집행선고실효를 이유로 한 원상회복청구권

조건부채권이라 함은 채권의 전부 또는 일부의 성립 또는 소멸이 장래의 불확정한 사실인 조건에 의존하는 채권을 말하고, 위 조건은 채권의 발생원인인 법률행위에 붙은

37) 대법원 2015. 6. 24. 선고 2014다220484 판결(미간행).
38) 대법원 1998. 4. 24. 선고 97다28568 판결(공 1998, 1443)
39) 대법원 2000. 3. 10. 선고 99다55632 판결(공 2000, 935).
40) 林治龍, 파산법연구, 博英社(2015), 44면; 오민석, "建設會社의 回生節次에 관한 小考," 편집대표 고영한·강영호, 도산관계소송, 한국사법행정학회(2009). 87면: 河野玄逸, 河野玄逸, "ゼネコン倒産の第問題," 高木新二郎·伊藤眞 編, 講座/倒産法, 日本評論社(2006), 230면.
41) 대법원 2016. 11. 25. 선고 2014다82439 판결(공 2017, 13).
42) 대법원 2018. 6. 15. 선고 2016두65688 판결(공 2018, 1303); 대법원 2018. 6. 12. 선고 2016두59102 판결(공 2018, 1284); 대법원 2016. 1. 28. 선고 2015두54193 판결(미공간); 대법원 2013. 6. 27. 선고 2013두5159 판결(공 2013, 1373).

의사표시의 내용인 부관에 한정되지 아니한다. 회생채권에는 조건부채권도 포함된다(제138조 제1항). 따라서 가집행선고의 실효를 조건으로 하는 가지급물의 원상회복 및 손해배상 채권은 그 채권 발생의 원인인 가지급물의 지급이 회생절차개시 전에 이루어진 것이라면 조건부채권으로서 회생채권에 해당한다.[43]

(5) 연대채무자, 보증인, 보증보험회사의 구상권

채무자의 연대보증인이 주채무자의 파산선고 후에 주채권자인 파산채권자에게 변제 등으로 연대보증채무를 이행함으로써 구상권을 취득한 경우, 연대보증계약이 파산선고 전에 체결되었다면 구상권 발생의 주요한 원인인 연대보증관계는 파산선고 전에 갖추어져 있는 것이므로, 위와 같은 연대보증계약 등에 근거한 구상권은 장래의 청구권으로서 파산채권에 해당한다.[44]

그런데 과거 회사정리법 하의 판례는 이와 다른 판시를 한 바 있다.[45] 이 판결은 보증인이 주장하는 사후구상금 채권에 관하여, 비록 주채무자에 대한 회사정리절차개시 전에 아파트 공사를 도급받을 때 보증인이 이행을 연대보증함으로써 이때 이미 보증인이 주장하는 그 사후구상금 채권 발생의 기초적 법률관계가 성립되었다고 하더라도 보증인이 회사정리절차개시결정이 있은 뒤 아파트 공사의 잔여 부분을 완공하기 전까지는 아직 시공보증채무를 이행한 데 따른 사후구상금 채권이 발생하지 않았으므로 원심이 사후구상금 채권을 정리채권에 해당한다고 판단한 것은 수긍하기 어렵다면서 "보증인이 주장하는 사후구상금 채권은 정리절차 개시 후의 원인에 기하여 생긴 재산상의 청구권 중 구 회사정리법 제208조에 열거된 '6. 사무관리 또는 부당이득으로 정리절차개시 후 회사에 대하여 생긴 청구권' 등이나 그 밖에 구 회사정리법이 별도로 공익채권으로 규정하고 있는 것들에 해당된다고 볼 수도 없다. 그러므로 결국 제121조 제1항 제4호에 규정된 '전호에 게기한 것 외에 정리절차개시 후의 원인에 기하여 생긴 재산상의 청구권으로서 공익채권이 아닌 것'으로서 후순위정리채권에 해당된다.""고 판시하였다. 그러나 이 판결은 2015년 대법원 판결[46]에 의하여 사실상 폐기되었다.

보증보험회사가 아직 보증시공위탁계약(도급계약 등)을 위한 보험증권을 발부한 후 아직 건설계약의 이행이 완료되지 아니한 상태에서, 건설회사에 대하여 회생절차가 개

43) 대법원 2014. 5. 16. 선고 2012다114851 판결(공 2014, 1193)(회생채권); 대법원 2002. 12. 10. 선고 2002다57102 판결(공 2003, 374)(정리채권).

44) 대법원 2015. 4. 23. 선고 2011다109388 판결(공 2015, 719).

45) 대법원 2006. 8. 25. 선고 2005다16959 판결(공 2006, 1610). 이 판결에 반대하는 견해로 노영보, 앞의 책(주 12), 234면의 주석 19.

46) 위 대법원 2011다109388 판결.

시되고 관리인이 도급계약의 이행을 선택하면서 신규 계약보증서 발급에 관한 허가를 받아 제2차 보증보험계약을 체결하고, 보험기관과 보험가입금액, 보험료 등 보증보험계약의 주요 내용이 1차 보증보험계약과 비교할 때 변경되었고, 이로 인하여 보증보험회사와 건설회사가 부담하는 채무가 가중되고, 보험사고가 1차 보증보험계약에서 정한 보험기간 이후에 발생하였다면, 보증보험회사가 보험금을 지급함으로써 취득하는 구상권은 관리인이 업무 및 재산에 관하여 회생절차 개시 후에 한 행위로 인한 생긴 청구권으로서 제179조 제1항 제5호의 공익채권에 해당한다.[47)]

그러나 보험사고가 시공사(동양건설)에 대한 회생절차개시결정 전에 체결된 제4차 보증보험계약에서 정한 보험기간 내에 발생하였고 관리인이 회생절차 개시 후에 법원의 허가를 얻어 새로이 체결한 제5, 6차 보증보험계약으로 인하여 보험회사와 시공사가 추가로 부담하는 채무의 부담이 미미한 경우(보증금액이 5억 원 정도 증액됨, 보험금액은 제4차 계약금액 321억 원에서 제6차 계약금액인 326억 원으로 증액됨)라면 구상권은 회생채권에 해당한다.[48)] 시행사와 시공사(회생회사)간의 도급계약과 시공사와 보험회사 간의 보증보험계약은 별개의 법률관계이므로 관리인이 도급계약의 이행을 선택하였다고 하여 보증보험계약도 이행선택이 된 것은 아니다.

회생절차개시 전에 공동수급협정을 체결하여 공사에 관하여 발생한 하자에 대하여 하자담보책임을 연대하기로 약정하였다면 연대채무자의 구상권은 회생채권에 해당한다.[49)]

### (6) 파산채권과 채무불이행책임의 성부

등기청구권과 같은 비금전 청구권이 파산채권으로 인정된 경우 파산채권에 대한 채무불이행이라는 개념이 성립할 수 있는가? 아래의 문제를 검토하여 본다.

「X(매도인, 파산자)가 Y(매수인, 파산채권자)에게 부동산을 매도하는 매매계약을 체결하고 Y가 매매대금을 전액 지급한 후 X에 대한 파산선고 후 Y가 소유권이전등기청구권을 파산채권으로 신고하였다. X의 파산관재인이 목적물을 제3자에게 매각한 경우, Y는 매매계약이 이행불능이 되었음을 이유로 전보배상청구권을 취득하는가? Y의 전보배상청구권은 파산관재인의 채무불이행을 이유로 한 재단채권이 되는가? 종전의 소유권이전등기청구권은 소멸되는가?」

47) 대법원 2017. 6. 29. 선고 2017다207352 판결(미간행).

48) 대법원 2019. 8. 29. 선고 2018다286512 판결(미공간). 대법원 2017다207352 판결은 보험사고가 1차 보증보험계약에서 정한 보험기간 이후에 발생한 것이고, 대법원 2018다286512 판결은 제4차 계약의 보험기간 이내에 발생한 점에 차이가 있다.

49) 대법원 2015. 11. 12. 선고 2013다214970 판결(공 2015, 18272).

만일 매도인에 대한 파산선고가 되지 아니한 상태에서 매도인이 목적물을 제3자에게 매각하였다면 매매계약에 기한 소유권이전등기청구권은 이행불능을 원인으로 한 손해배상청구권으로 변환된다.

위 가상의 사례에서 파산관재인의 매각행위로 인하여 소유권이전등기의무가 이행불능이 되었으므로 이는 제473조 제4호의 파산관재인이 파산재단에 관하여 한 행위로 인하여 생긴 청구권으로서 재단채권이라는 견해도 있을 수 있다.[50] 그러나 이는 성립할 수 없는 이론이다. 매매계약이 파산선고 전에 체결되어 채권자가 자신의 채무이행를 완료하였으므로 쌍방미이행 쌍무계약에 해당되지 아니하므로 상대방의 채권은 파산채권이다. 따라서 위 사례에서 Y의 비금전청구권인 소유권이전등기청구권이 파산채권으로 인정되면, 파산선고시의 가액을 평가하여 배당절차에서 금전으로 배당하면 족하고(제426조 제1항) 소유권이전등기의무가 이행불능이 되었다는 이유로 손해배상청구권으로 변경되는 것이 아니다.

## Ⅲ. 채권양도인에 대한 회생절차의 개시와 채권양도통지이행청구권의 회생채권 해당성

### 1. 사안과 쟁점

[사안 1]

X(회생채무자, 도급인, 양도인)는 Y(수급인, 양수인)에게 Z(임차인)에 대한 준공된 건물의 임대차보증금을 양도하였으나 아직 채권양도통지를 하지 아니하였다. 그 후 X가 회생절차신청을 하여 법원이 포괄적 금지명령을 내렸다. Y가 X를 상대로 채권양도통지이행청구권을 피보전권리로 하여 X의 Z에 대한 채권의 추심 및 처분금지가처분을 결정을 받았다. 이에 X가 가처분결정의 피보전권리는 회생채권에 해당하므로 가처분결정은 포괄적 금지명령에 위배되어 무효라고 다투었다. 원심은 채권양도의 통지를 구하는 이행청구권은 금전으로 평가될 수 있는 청구권이라고 보기 어렵다고 보아 X의 신청을 기각하였다. 그러나 [사안 1]에 관한 위 대법원 2016마5082 결정은 "채권양도통지 이행청구권은 비금전채권이기는 하나, 피신청인과 신청인 사이에 체결된 채권양도계약에 따른

50) 대법원 2019. 7. 4. 선고 2017다229307 판결(미공간)의 사안에 의하면, 원고는 회생절차 종결 후에 공사도급계약의 대상 토지가 제3자에게 매각되어 이행불능이 되었다고 주장하면서 제179조 제1항 제7호의 공익채권에 해당한다고 주장하였으나 원심이 회생채권으로 인정한 것은 정당하다는 이유로 상고가 기각되었다.

대항요건의 구비를 구하는 청구권으로서 회생채무자의 재산감소와 직결되는 것이므로 '재산상의 청구권'에 해당하고, 그 원인이 회생절차개시 전에 있었으므로 결국 회생채권에 해당한다."라고 판시하였다.

[사안 2]

A(양도인, 회생채무자)에 대하여 회생절차가 개시된 후에 C(국세청)가 A의 관리인에게 국세환급금을 변제하였다. B는 A로부터 국세환급금청구권을 회생절차 개시 전에 양수받았으나 A에 대한 회생절차에서 채권양도와 관련하여 어떠한 채권도 신고한 바 없다. B는 위 국세환급금의 수령과 관련하여 A의 관리인에게 공익채권으로서 부당이득반환을 청구하였다.

[사안 2]에 관한 대법원 2017다243143 판결은 대법원 2016마5082 결정을 인용하면서 양수인의 채권양도통지 이행청구권이 회생채권에 해당하는 데 양수인의 채권양도통지 이행청구권이 양도인에 대한 회생절차에서 회생채권자 목록에 기재되거나 신고되지 않고 그대로 실권된 경우, 관리인은 그 채권의 채무자로부터 적법하게 변제받을 수 있으므로, 그 변제를 수령한 행위가 법률상 권원이 없음을 전제로 하는 부당이득반환의 책임을 부담하지 않는다고 판시하였다. 위 대법원 판결은 관리인의 제3자성에 관하여 명시적인 판단을 하지 않았으나 관리인이 제3자에 해당하는 것을 전제로 양수인의 공익채권 주장을 배척한 것이라고 추론할 수 있다.

## 2. 채권양도의 법리

채권양도인에 대하여 회생절차가 개시되거나 파산한 경우 양도인의 관리인/파산관재인(이하 '관리인 등')이 채권양도의 대항요건과 관련하여 관리인 등이 민법 제450조 제2항의 제3자에 속하는가의 쟁점을 먼저 검토할 필요가 있다. 채권양도는 채권을 하나의 재화로 다루어 이를 처분하는 계약으로서, 채권 자체가 그 동일성을 잃지 아니한 채 양도인으로부터 양수인에게로 바로 이전한다. 채권양도는 채권의 처분행위로서 채권을 양도할 채권채무관계를 발생시키는 것이 아니라 곧바로 권리관계의 변동을 가져오는 행위이다.[51] 처분행위로서의 채권양도는 의무부담행위로서의 채권양도계약과 구분된다. 또한 채권양도에서는 부동산의 물권변동과 달리 채권양도의 독자성과 무인성이 인정되지 않는다.[52] 채권양도에 의하여 대항요건과 무관하게 채권은 양도인으로부터 양수인

51) 대법원 1999. 4. 15. 선고 97도666 전원합의체 판결.
52) 최수정, 채권양도론, 진원사(2007), 7-9면.

에게 즉시 이전효과가 발생한다.

### 3. 채권양도의 대항력

채무자(양도된 채권의)가 대항요건을 갖추지 아니한 양수인에 대하여 채무의 이행을 거절할 수 있다고 하여 채권양도의 효력이 무효가 되어 양도목적물인 채권이 다시 양도인에게 복귀되는 것은 아니다. 이 경우에도 채권은 여전히 양수인에게 귀속하면서 양수인의 일반재산을 구성하고, 심지어 양수인은 양수한 채권을 다시 매도할 수도 있다. 다만 대항요건을 갖추지 않았기 때문에 채무자가 이행을 거절할 수 있을 뿐이다. 채권양도의 채무자에 대한 대항요건은 채무자의 이익만을 보호하기 위한 것이므로 채무자가 그 이익을 포기하여 양수인에게 변제할 수 있고, 양수인은 대항요건 없이도 채무자에게 채권을 양수받았음을 주장할 수 있다고 채무자와 약정할 수도 있다.[53] 채무자의 승낙은 보통 채권양도가 있은 후에 하게 마련이지만, 채무자는 채권양도의 통지가 없어도 스스로의 판단에 따라 사전에 채권양도를 승낙할 수 있으므로,[54] 채무자가 승낙을 한 후 또는 승낙을 하지 않더라도 스스로 양수인에 대하여 변제하는 것도 적법하다.[55] 그러나 양수인이 대항요건을 갖추지 못하고 채무자에게 소송을 제기하면 승소판결을 받을 수 없다는 것이 확립된 판례이다.[56]

채무자에 대한 양도인의 양도통지는 관념의 통지로서 의사표시, 법률행위의 대리 등에 관한 규정이 준용된다.[57] 의사표시를 목적으로 하는 채무는 작위채무의 일종이다. 채권자는 채무자의 의사표시에 갈음할 재판을 청구할 수 있으므로(민법 제389조 제2항 전단) 양수인은 대항요건을 구비하기 위해 채권자에게 채권양도통지절차의 이행을 청구할 수 있다.[58] 의사의 진술을 명한 판결이 확정될 때에는 그 판결로 의사의 진술이 있는 것으로 본다(민사집행법 제263조 제1항).

---

53) 대법원 1987. 3. 24. 선고 86다카908 판결(공 1987, 713).

54) 김대정·최창렬, 앞의 책(주 4), 935면; 송덕수, "지명채권 양도에 대한 채무자의 승낙 등 – 대상판결: 대법원 2011. 6. 30. 선고 2011다8614 판결," 법학논집 제18권 제4호, 이화여자대학교 법학연구소 (2014), 486면.

55) 송덕수, 앞의 책(주 33), 358면.

56) 대법원 1990. 11. 27. 선고 90다카27662 판결(공 1991, 225); 대법원 1968. 3. 26. 선고 68다164 판결(집16민 200).

57) 대법원 1994. 12. 27. 선고 94다19242 판결(공 1995, 663).

58) 대법원 2022. 10. 27. 선고 2017다243143 판결(공 2002, 2294).

## 4. 채권양도통지 이행청구권의 회생채권 해당성

양도인은 채무자에게 채권양도통지를 하거나 채무자로부터 채권양도 승낙을 받음으로써 양수인으로 하여금 채무자에 대한 대항요건을 갖출 수 있도록 해 줄 민법상의 의무를 부담한다.[59] 따라서 양수인은 양도인에 대해 채권양도통지의 이행을 소구할 수 있고,[60] 그 청구권은 비금전채권이고 통지의무의 이행을 구한다는 의미에서 작위청구권이다. 부대체적 작위청구권에 해당하지 아니하므로 회생절차 개시 전에 채무불이행을 논할 필요 없이 회생채권으로 취급하는 것이 타당하다. 위 대법원 2016마5082 결정과 대법원 2017다243143 판결은 이를 회생채권으로 파악하였다.

만일 채무자가 양수인에게 채권을 변제하면 양수인은 적법하게 급부를 수령할 수 있으므로 채권신고는 효력을 잃게 된다. 따라서 채권양도통지 이행청구권은 채무자가 양수인에게 변제하는 것을 해제조건으로 하는 조건부채권의 성질을 가진다. 관리인 등이 민법 제450조 제2항의 제3자에 해당하는지와 관계 없이 양수인은 양도통지 이행청구권을 회생채권으로 신고할 필요가 있다. 관리인 등이 제3자에 해당한다면 그 후 제3자가 양도인(회생채무자)에게 변제하더라도 양수인은 관리인을 상대로 부당이득의 반환을 구할 수 없다. 채권양도통지 이행청구권은 제3채무자의 변제 자력을 고려한 실제의 채권가치가 회생절차에서의 의결권 또는 파산절차에서의 배당액의 기준이 된다.

양도인에 대한 파산선고 후에는 양도대상 채권이 파산재단에 속하는 재산으로서 파산관재인의 환가문제만 발생할 뿐 이에 대하여 이중양도 또는 채권자의 압류의 문제는 발생하지 아니한다. 다만 회생절차가 개시된 후에는 공익채권자도 채무자의 재산에 압류할 수 있으므로 공익채권자와 양수인간의 우열문제가 발생할 수 있다.

## 5. 관리인 등이 민법 제450조 제2항의 제3자에 해당하는지 여부

민법 제450조 제2항의 제3자는 "당해 채권에 관하여 양수인의 지위와 양립할 수 없는 법률상 지위를 취득한 자"를 의미한다.[61] 채권의 제2양수인, 양도된 채권의 질권

59) 대법원 1999. 4. 15. 선고 97도666 전원합의체 판결(집47(1)형, 533). 이 판결은 대법원 2022. 6. 23. 선고 2017도3829 전원합의체 판결에 의하여 횡령죄의 죄책을 지지 않는 것으로 판례가 변경되었다.

60) 김대정·최창렬, 앞의 책(주 4), 930면.

61) 대법원 2005. 6. 23. 선고 2004다29279 판결(공 2005, 1221); 대법원 1983. 2. 22. 선고 81다134, 135, 136 판결. 통설의 소개에 대하여는 이동진, "대항요건을 갖추지 아니한 지명채권양도의 효력," 민사법학(70), 한국민사법학회(2020), 278면.

자 등이 그 예이다. 위 규정은 이러한 제3자와 양수인 사이의 우열을 가리는 기준이다. 하급심[62]은 관리인이 제3자에 해당한다고 판시하였다. 민법 학자들은 파산선고를 받은 양도인의 파산채권자가 제3자에 해당한다고 기술하고 있으나 파산관재인이 해당하는지 명시하지 아니하였다.[63] 한편, 일본의 학설[64]과 최고재판소 판례[65]는 명시적으로 파산관재인이 채권양도 대항요건의 제3자에 해당한다는 입장이다.

채권양도통지 이행청구권이 파산채권의 해당한다는 문제와 관리인 등이 제3자에 해당하는지 여부의 문제는 별개이다. 민법 제450조의 문제는 이중양도된 채권의 귀속에 관한 문제로서, 양수인이 대항요건을 갖추지 아니하면 채권의 제2양수인 등에게 양수인으로서의 지위를 주장할 수 없다. 관리인 등이 제3자에 포함되면, 양수인은 회생채무자와 파산관재인에게 채권의 귀속자임을 주장할 수 없다.

더구나 채권양도계약으로 인한 채권양도와 대가가 양도인과 양수인 사이에서 모두 이행되었으므로 관리인 등이 쌍방미이행 쌍무계약이라는 이유로 채권양도계약의 이행을 선택할 수도 없으므로 관리인 등은 양도인의 지위를 승계하여 양수인에 대하여 채권양도통지의무를 부담하지 아니한다. 양수인이 관리인 등을 상대로 채권양도통지의무를 승계하였음을 이유로 채권양도통지의 이행을 구하는 소송을 제기할 수도 없고, 채권양도통지의무 불이행으로 인한 손해배상청구권을 파산채권으로 신고할 수도 없다. 양수인의 채권양도통지 이행청구권이 회생채권이라면 이는 회생계획에서 권리의 내용이 변경될 것이고, 파산채권이라면 파산선고시를 기준으로 평가하여 배당을 받을 뿐이다.

채권양도통지 이행청구권이 회생채권/파산채권에 불과하다면 더 이상 관리인 등에게 양도통지의 이행을 구할 수는 없고, 대항요건을 구비하지 못한 상태에서 양도인에 대하여 회생/파산절차가 개시되고 이후에 채무자가 관리인 등에게 변제하면 관리인의 제3자성에 따라 양수인의 지위가 달라진다.

만일 관리인 등이 민법 제450조의 제3자에 해당하지 아니한다는 견해를 취하면,

---

62) 서울고등법원 2017. 6. 16. 선고 2016나2081964 판결(위 대법원 2017다243143 판결의 원심판결); 대구지방법원 2004. 4. 30. 선고 2003가단52460 판결(각공 2004, 795).

63) 김대정·최창렬, 앞의 책(주 4), 942면; 송덕수, 앞의 책(주 33), 362면; 양창수·권영준, 권리의 변동과 구제 제3판, 박영사(2017), 203면; 이동진, 앞의 글(주 61), 278면.

64) 伊藤眞, 앞의 책(주 17), 368면.

65) 일본 최고재판소 昭和 58(1983), 3. 22. 판결은 지명채권의 양수인은 양도인이 파산선고를 받은 경우 파산선고 전에 위 양도에 관하여 민법 제467조 소정의 대항요건을 구비하지 아니하는 한, 위 채권의 양도로써 파산관재인에게 대항할 수 없다고 판시하였다. 판례 평석인 坂本惠三, "破産管財人の第三者性－民法第四六七條二項第の第三者," 別冊 ジュリストNo. 106(1990), 36－37면도 判旨에 찬동한다.

관리인 등은 양도인의 권리, 의무를 승계하는 것이 되고, 양도인과 양수인 사이에는 양수인에게 그 채권이 귀속되기 때문에 채무자가 관리인 등에게 변제를 하면, 관리인 등은 회생절차개시/파산선고 후에 법률상 원인 없이 부당이득을 하였으므로 제179조 제1항 제6호, 제473조 제5호에 기하여 양수인에 대하여 변제금을 지급하여야 한다.

이와 반대로 관리인 등이 제3자에 해당한다면 양수인은 더 이상 관리인 등을 상대로 채권의 귀속을 주장할 수 없으므로 부당이득의 문제는 발생하지 아니한다. 채무자가 양수채권을 관리인 등에게 변제하였다고 하면 양수인은 최종적으로 양수채권 상당의 손해를 회생/파산채권으로 신고하여야 한다.

생각건대, 필자는 관리인 등이 민법 제450조 소정의 제3자에 해당한다는 입장에 찬동한다.[66] 이 쟁점은 파산관재인의 제3자성의 문제로 귀착한다. 이 점에 관하여 판례는 민법 제108조 제2항 통정허위표시에 관하여는 제3자성을 인정하지만, 이와 결이 다른 판례도 있다.[67] 또한 학설도 제3자성을 인정할지 여부에 대하여 견해가 나뉘어 있다.[68] 채권양도와 관련한 필자의 생각은 첫째, 관리인 등은 기존 채무자의 계약상의 지위를 승계하는 것이 원칙이다. 따라서 관리인 등이 쌍방미이행 쌍무계약의 이행을 선택하면 종전 계약의 내용대로 의무를 부담하여야 한다.[69] 둘째, 예외적으로 회생채권자 또는 파산재단의 이익을 위하여 부인권을 행사하는 경우에는 관리인 등은 총채권자의 지위에 있다. 셋째, 어떠한 권리자가 권리의 대항요건을 갖추어야 비로소 제3자에게 권리를 주장할 수 있는 경우라면, 도산절차 개시를 기준으로 아직 대항요건을 갖추지 못한 채권자는 도산절차에서도 불이익을 받아야 하는 것이 타당하다.[70] 부동산 물권변동에 관하여 의사주의를 취하고 있는 일본에서 소유권을 취득하였으나 아직 대항요건을 갖추지 못한 매수인이 파산재단에 대하여 소유권을 주장하지 못하는 점과 같은 취지이다.

요약하면, 채권양도의 경우, 양도인이 회생절차에 들어갔을 때 양수인의 채권양도

66) 종전의 글에서는 제3자에 해당하지 아니한다는 입장이었으나 이 글로써 필자의 견해를 바꾼다.

67) 대법원 2005. 5. 12. 선고 2004다68366(공 2005, 927); 대법원 2011. 5. 13. 선고 2011다9860 판결(미공간).

68) 權英俊, "通情虛僞表示로 인한 法律關係에 있어서 破産管財人의 第3者性," 법조 제56권 제5호(2007). 61－71면.

69) 매매계약의 위약금 조항도 파산관재인을 구속한다는 대법원 2013. 11. 28. 선고 2013다33423 판결(미간행)이 그 예이다.

70) 미국 연방파산법은 Strong－Arm Clause라 하여 지체된 대항요건을 파산관재인의 부인권으로 다루고 있다. 林治龍, "美國 破産法의 Strong－Arm 條項과 偏頗行爲에 관한 硏究," 파산법연구 5, 博英社(2020), 107－139면.

통지 이행청구권은 회생채권에 해당한다. 관리인이 민법 450조의 제3자에 해당하는지 여부에 관계 없이 양수인은 일단 (해제조건부채권이기는 하지만) 회생채권을 신고하여야 한다. 채무자가 양수인에게 변제하면 급부를 적법하게 수령할 수 있지만, 회생채무자(양도인)에게 변제한 경우에는 관리인이 제3자에 해당하므로 부당이득의 문제는 발생하지 아니하고, 신고한 채권양도통지 이행청구권을 기준으로 회생계획에 따라 변제받을 수밖에 없다. 파산의 경우도 같다.

# Ⅳ. 등기 부인의 효과

## 1. 문제의 소재

[사안의 개요]

「X(파산자, 증여자)는 Y 법인(수증자)에게 민법 제48조의 재산출연을 원인으로 소유권이전등기를 경료하였다. X에 대하여 파산이 선고되고 X의 파산관재인이 Y를 상대로 채무부담행위에 대하여 제391조 제1호의 고의부인과 소유권이전등기에 대하여 제394조 제1항(권리변동의 대항요건의 부인)에 의한 등기 부인의 소를 제기하였다. 법원은 채무부담행위에 대한 부인의 소는 기각하고, 등기 부인에 대하여는 채무부담행위가 있은 날로부터 15일이 경과한 후에 소유권이전등기가 경료되었음을 이유로 등기 부인의 소는 인용하였다. 위 판결이 확정된 후 Y가 출연약정을 원인으로 한 소유권이전등기청구권을 파산채권으로 신고하였다. 파산관재인이 이의를 제기하였다.」

[판결 요지]

위 서울고등법원 2021나2031994, 2032003 판결은 다음과 같은 이유로 Y의 청구를 인용하였다.

첫째, 등기에 대한 부인권 행사에 따른 원상회복은 부동산 소유권이전등기행위가 없었던 원상태로 회복되는 것을 의미할 뿐 출연행위가 없었던 상태로 회복된다는 의미가 아니며, 만일 등기이전행위에 대한 부인의 효과가 출연행위까지 미친다고 본다면 원인행위인 출연행위에 대한 부인의 소의 판결을 몰각시키는 것이다.

둘째, 대항요건의 구비행위를 부인하는 것(제394조)과 일반 부인권(제391조) 행사와는 그 요건 및 법적 효과를 달리한다. 양자는 '부인등기' 자체의 효력이 같을 뿐 등기원인행위의 부인과 등기의 부인은 법률적 효과 내지 원상회복의 내용이 동일하다고 볼 수 없다. 등기원인행위 부인의 경우에는 그 원인행위의 이행으로 변동이 생겼던 물권도 그 계약이 없었던 상태로 복귀되므로 원인행위에 기한 소유권이전등기청구권(채권) 및 물권(소유권 등)이 모두 소멸하지만, 등기 부인의 경우에는 물권(소유권 등)만이 소멸하여 채무자에게 복귀할 뿐이고 (이행이 완료되었던) 원인행위에 기한 채무(소유권이전등기의무)는 미이행 상태로 그대로 존속한다.

셋째, 이 사건 출연행위는 쌍무계약이 아니며, 부동산에 관한 소유권이전등기의무가 이행불능이 된 귀책사유가 채무자에게 있으므로 상대방은 채무자에 대하여 목적물의 시가 상당의 파산채권을 갖는다.

이 판결의 타당성을 검토하려면 먼저 일반 부인의 효과, 등기 부인의 효과, 파산채권의 채무불이행 개념의 성립 가능성 등을 이해하여야 한다.

## 2. 부인의 효과에 관한 일반론

파산채무자가 파산선고 시에 가진 모든 재산은 파산재단을 구성하고(제382조 제1항), 파산재단을 관리 및 처분할 권리는 파산관재인에게 속한다(제384조). 파산관재인은 파산채무자의 포괄승계인과 같은 지위를 가지게 되지만, 파산이 선고되면 파산채권자는 파산절차에 의하지 아니하고는 파산채권을 행사할 수 없고, 파산관재인이 파산채권자 전체의 공동의 이익을 위하여 선량한 관리자의 주의로써 그 직무를 행하므로, 파산관재인은 파산선고에 따라 파산채무자와 독립하여 그 재산에 관하여 이해관계를 가지게 된 제3자로서의 지위도 갖는다.[71)]

한편 부인권은 채권자들간의 공평한 배당을 목적으로 하는 제도로서 파산관재인이 파산채권자의 보호를 위하여 파산자의 행위를 부인함으로써 파산재단의 충실을 도모함에 그 제도의 취지가 있는 것이지 파산자와 그 상대방 간의 이해를 조절하기 위한 것이 아니다.[72)]

그리고 부인권의 효과는 물권적으로 소급하고 이는 채무자회생법이 정한 특수한 원상회복의 성질을 갖는다는 점을 고려하면,[73)] 상대방은 파산자와의 매매계약이 적법하였다는 점을 이유로 목적물 인도 전의 임료 등 법정과실의 반환을 거절할 수 없다.[74)]

---

71) 대법원 2016. 3. 24. 선고 2015다246346 판결(미간행); 대법원 2003. 6. 24. 선고 2002다48214 판결(공 2003, 1581).

72) 대법원 2009. 5. 28. 선고 2005다56865 판결(공 2009, 957).

73) 林采洪·白昌勳, 앞의 책(주 13), 486면.

74) 계약 해제의 효과에 관한 대법원 2011. 6. 30. 선고 2009다30724 판결(미간행); 대법원 1998. 12. 23. 선고 98다43175 판결(공 1999, 228); 대법원 1993. 3. 9. 선고 92다25946 판결(집41(1)민, 277) 및 곽윤직, 채권각론 제6판, 박영사(2003), 105면.

그리고 자신이 민법 제748조의 선의의 수익자라는 주장을 할 수도 없으므로 받은 이익에 이자를 붙여 반환하여야 한다.[75]

### 3. 채무자회생법 제399조의 적용 범위-등기 부인에도 적용되는가

위 서울고등법원 2021나2031994, 2032003(병합) 판결은 제399조가 등기 부인의 경우에도 적용되는 것을 전제로 판시하였다. 그러나 동조에 의하여 상대방이 채권이 부활하는 경우는 제391조 제2호 및 제3호의 소위 편파행위(본지변제, 비본지변제 포함) 중 채무소멸에 관한 행위가 부인된 경우에만 적용되는 것이고 고의부인, 편파행위 중 담보의 제공행위, 무상부인의 경우에는 적용될 여지가 없다. 판례[76]와 학설[77]도 이와 같다. 동조는 채무자가 기존 채무를 변제하면 상대방의 채권이 소멸하게 되는데 파산관재인이 변제행위를 부인하면 상대방은 그가 받은 급부(현금 등)을 반환하여야 하고 반환을 완료하면 소멸하였던 채권이 부활한다는 취지이다. 편파행위 중에서도 파산신청 후에 담보권을 설정하는 행위가 부인되면 상대방은 무담보의 일반채권자로 취급되는 것이지 담보권설정청구권이 부활하는 것이 아니다. 만일 이 경우에도 담보권설정청구권이 부활한다면 제391조가 비본지 변제행위를 부인한 취지가 몰각된다. 상대방은 무담보채권액을 파산채권으로 신고하는 것으로 만족하여야 하고 그 외에 담보권설정등기청구권을 파산채권으로 추가신고할 수 없다. 소유권이전등기가 부인된 경우에는 원인행위가 부인된 것과 같이 상대방은 소유권을 상실하고, 목적물을 파산관재인에게 명도하여야 하고, 목적물 수령 후 얻은 과실을 반환하여야 한다.[78]

중요한 점은 물권변동에 관한 형식주의를 택한 우리 민법에서도 등기 부인의 조항은 의미를 가진다는 것이다. 제394조는 위기시기 이후에 경료된 효력발생요건으로서의 등기(제1항)와 대항요건으로서의 등기(제2항)의 부인을 대상으로 삼고 있기 때문이다.[79]

---

75) 대법원 2003. 11. 14. 선고 2001다61869 판결(공 2003, 2327).

76) 대법원 2007. 7. 13. 선고 2005다71710 판결(공 2007, 1264)은 회사정리 사건에서 채무의 변제를 위하여 특정담보권자에게 회사의 채권을 양도하는 행위가 편파행위로서 구 회사정리법 제78조 제1항 제2호에 의한 부인의 대상이 된 경우 상대방의 채권은 부인의 대상이 되는 행위에 기하여 받은 이행을 원상회복하거나 그 가액을 상환한 후에야 비로소 부활한다고 판시하였다

77) 法人破産實務, 557면(주석 195); 전병서, 앞의 책(주 12), 313면; 朴性哲, "破産法上의 否認權," 破産法의 諸問題(下), 法院圖書館(1999), 315면.

78) 원인행위가 부인된 경우에 관하여 수익자의 파산재단에 대한 임대료의 반환을 인정한 판결로 서울고등법원 2018. 5. 4. 선고 2017나2031812 판결(미공간) 참조. 이 점에서 채권자취소권의 경우에는 임료상당액을 반환할 필요가 없다는 점과 다르다(대법원 2008. 12. 11. 선고 2007다69162 판결(공 2009, 21)).

79) 일본 파산법과 비교하더라도 일본의 구 파산법 74조는 조문의 명칭을 '대항요건의 부인'으로 정하고, 대항요건을 제1항에서, 효력발생요건을 제2항에서 규정하다. 이에 반하여 한국의 구 파산법 제

입법연혁에 비추어 보더라도 등기 부인 제도는 원래 의사주의를 취하였던 프랑스의 1838년 상법 제448조에서 유래하고 이를 일본이 계수한 것이다. 그런데 프랑스는 1967년 이를 삭제하였다. 독일은 형식주의를 취하고 있지만 등기의 부인제도를 두고 있지 않다. 따라서 한국 민법이 형식주의를 취하고 있다는 이유만으로 제394조를 수정하거나 독립적으로 취급할 필요가 없다고 평가하는 견해[80]에는 찬동하기 어렵다. 미국 연방파산법도 늦게 이루어진 대항요건완성에 대하여 부인권의 행사를 통하여 그 효력을 부정하고 있다.

## 4. 대항요건 부인에 관한 채무자회생법 제394조

### (1) 제394조의 성질

소유권이나 담보권을 취득한 자가 뒤늦게 등기를 경료하면 등기부를 믿고 거래한 상대방과 일반채권자들이 피해를 본다. 등기 부인을 인정하는 제도는 그러한 유해한 행위를 한 상대방에 대한 제재적인 성격을 가진다. 따라서 원인행위에 관한 부인의 成否에 관계 없이 독자적으로 대항요건부인이 인정되는 것이다.[81]

등기 부인의 성질에 대하여는 제한설과 창조설(또는 創設說)이 있다. 창조설은 대항요건구비행위에 대하여는 등기 부인에 관한 제394조만 적용되고 부인에 관한 일반조항인 제391조는 적용되지 않는다고 주장한다.[82] 한국의 판례[83]와 통설[84]은 제한설이다. 부인할 수 있는 행위에 관한 일반 규정인 제391조는 파산관재인이 파산선고 이후 파산채무자의 재산을 위하여 부인할 수 있는 행위의 유형을 네 가지로 규정하고 있는데 이는 모두 공통적으로 파산채권자를 해하는 행위일 것을 부인권 행사의 요건으로 하고 있

---

66조는 조문의 명칭을 '권리변동의 효력요건 또는 대항요건의 부인'으로 정하고, 민법의 물권변동에 체계에 맞추어 효력발생요건을 제1항에서, 대항요건을 제2항에서 규정하고 있다. 입법자가 양국 민법 체계의 차이를 고려한 것을 알 수 있다(金鎭鉉, "權利變動의 效力要件 또는 對抗要件의 否認," 강원법학(2000), 88면). 동조에 관한 기존 한국의 논문이 일본의 논의를 참조하여 주로 대항요건을 위주로 설명하고 있지만 동조가 등기가 효력발생요건인 경우에도 적용되는 것을 부정하는 것은 아니다.

80) 金性龍, "美國 破産法上 否認權 槪觀 －우리 法과의 比較를 더하여－," 법조(1998), 137－138면; 전병서, 앞의 책(주 12), 291면.

81) 法人破産實務, 535면; 伊藤眞, 앞의 책(주 17), 604면; 伊藤眞 編, 條解破産法 第3版, 弘文堂(2020), 1148면.

82) 兼子一·三ケ月章 條解會社更生法(中), 弘文堂(1998), 88면. 오래 전에 加藤正治 교수가 주장하였다고 한다.

83) 대법원 2007. 7. 13. 선고 2005다72348 판결(공 2007, 1268); 대법원 2004. 2. 12. 선고 2003다53497 판결(집52(1)민, 25).

84) 金鎭鉉, 앞의 글(주 79), 89면; 전병서, 앞의 책(주 12), 293면; 朴性哲, 앞의 논문(주 77), 281면; 노영보, 앞의 책(주 12), 545면 주석 253면.

다.[85] 제한설을 따르게 되면 대항요건 구비행위도 본래 제391조에 의한 부인의 대상이 되어야 하는 것으로서 그 자체로 유해성이 있으므로 등기가 부인된 경우의 효과에 대하여도 일반규정에 의하여 원인행위가 부인된 경우의 법률관계가 적용되어 고의부인, 편파행위, 무상부인의 효과가 적용된다.[86]

일본에서는 파산법이 2004년 개정되면서 부인의 유형을 사해부인(일본 파산법 제160조)과 편파행위(제162조)로 구분하고 편파행위의 시기기준을 지급정지에서 지급불능으로 변경하였다(제162조 제1호). 그러나 대항요건 부인에 관한 제164조는 기준시점을 지급정지로 유지하였다. 그리하여 제한설의 당부에 대하여 다시 검토하고 있다.

등기 부인 제도의 문제는 그 효과에 대하여 규정을 두지 않았기 때문에 발생한 것이다. 일본 파산법이나 채무자회생법은 사해행위의 부인에 관하여는 반대급부의 반환청구권을 인정하고(제398조, 일본 파산법 제168조), 편파행위의 부인에 관하여는 상대방의 채권의 부활을 인정하고(제399조, 일본 파산법 제169조), 무상부인의 효과에 관하여도 상대방이 선의인 경우에 관한 특칙(제397조 제2항, 일본 파산법 제167조 제2항)을 규정하고 있다. 제한설을 따르면 필연적으로 기존의 부인의 효과 중 어느 하나를 택하여야 하는데, 늦게 이루어진 부인을 사해부인으로 볼 것인지, 편파행위로 볼 것인지에 따라 뒤에 보는 바와 같이 여러 학설이 주장되고 있다. 창설설은 사행행위와 편파행위에 속하지 아니하는 등기 부인이 새로운 부인유형을 창설하였다는 입장이다. 이론적으로 보면 창설설이 타당하지만 이 역시 그 효과에 대하여는 학자들 사이에 결론이 일치하지 않고 있다.

생각건대, 대항요건주의의 제도에 관한 당부는 입법론으로 검토할 수 있다. 그러나 한국의 구 파산법이 등기 부인제도를 도입하면서 일본과 반대로 효력발생요건을 제1항에서, 대항요건을 제2항에서 규정하고 채무자회생법이 이를 존치하고 있는 점과 늦게 이루어진 등기에 대한 제재를 가하는 외국의 입법례가 과거에 존재하였거나(프랑스) 현재에도 존재하고 있는 점(일본, 미국)을 아울러 고려하면, 실무에서는 동조를 의미 있게 해석하는 것이 타당하다. 소유권이전등기가 부인되면 등기가 없었던 상태로 돌아가서 상대방이 파산관재인에게 소유권을 주장할 수 없고, 목적물을 명도할 수밖에 없다는 점(후술하는 한독산학협동단지의 파산사건 참조)을 고려하면, 파산관재인과 상대방 사이에서는 마치 원인행위가 부인된 것처럼 취급하는 것이 양자에게 가장 공평하다.

---

85) 대법원 2018. 4. 12. 선고 2016다247209 판결(공 2018, 883).
86) 양설의 차이에 대하여는 전병서, 앞의 책(주 12), 293면.

(2) 등기 부인에 기한 등기절차

등기원인행위가 부인이 이루어진 경우 등기절차를 어떻게 진행할 것인지에 관하여는 제26조가 신설되어 문제[87]를 해결하였다. 동 조항은 등기의 원인행위가 부인이 된 경우와 등기가 부인이 된 경우 마찬가지로 적용되며 부인등기의 효력도 같다.[88] 채권자취소권의 행사에는 부기등기 제도가 없으므로 만일 소유권이전등기의 말소를 명하는 판결이 확정되면 실제로 채무자로부터 수익자에게로 넘어간 소유권이전등기가 말소된다.

그러나 부동산에 관하여 부인권 행사가 인정된 경우에는 채무자회생법이 인정하는 특수등기로서 부기등기로서 부인등기의 제도가 마련되어 있다.[89] 즉 파산관재인의 등기부인이 인정되면 즉시 파산선고 전에 이루어진 채무자로부터 상대방 명의로 이루어진 소유권이전등기를 말소하지 않고 부기등기의 형식으로 부인등기(등기원인은 부인판결 확정일자)를 경료한다. 그 후 파산관재인이 부동산을 제3자에게 매각을 하면 제3자 앞으로 소유권이전등기를 하고, 그 후에 법원이 신청에 의하여 부인등기와 상대방 명의의 소유권이전등기의 말소를 촉탁하여 등기공무원이 직권으로 동시에 말소한다(동조 제4항).

(3) 등기 부인의 효과

필자가 국내 문헌을 찾아보았으나 등기 부인의 효과에 관하여 논의하고 있는 글을 발견하지 못하였다. 부동산 물권변동의 효력에 양국의 차이를 유념하면서 부득이 일본에서의 논의를 참조하였다.

1) 일본의 논의

어느 학설을 취하든지 대항요건부인이 성립하면 수익자의 대항요건구비행위는 효력을 상실하고 부인의 등기가 경료되며, 그 결과 수익자는 파산관재인에게 물권변동의 효력을 주장할 수 없다.[90] 문제는 그 후의 효과에 관한 것으로 학설이 나뉘어 있다.

일본의 학설은 대항요건구비행위의 성질을 어떻게 파악하느냐에 따라 다음의 네 가지로 分岐되어 있다. 제1설은 대항요건구비행위를 일본 파산법 제160조 제1항 제1호(채무자회생법 제391조 제1호에 상응)의 재산감소행위로, 제2설은 일본 파산법 제160조 제1항 2호(채무자회생법 제391조 제2호의 파산채권자를 해하는 행위에 상응)의 지불정지 후의 재산감소행위로, 제3설은 일본 파산법 제162조 제1항(채무자회생법 제391조 제3호, 단 지

87) 과거에는 파산관재인으로부터 부동산을 매수한 제3자가 부동산에 경료된 부인등기의 말소를 직접 청구할 수 있는 권리가 인정되지 아니하였다.

88) 부동산등기실무[III], 법원행정처(2015), 304면.

89) 부동산등기실무[III], 법원행정처(2015), 304면.

90) 水元宏田, "對抗要件否認," 竹下守夫·藤田耕三 編, 破産法大系 第Ⅱ巻 破産實體法, 青林書院(2014), 541면.

급정지 대신에 지급불능으로 개정되었다)의 지급불능 후의 담보제공행위로, 제4설은 원인행위가 매매와 같은 재산감소행위의 경우에는 제1설과 같이, 원인행위가 담보설정행위인 경우에는 제3설과 같이 파악한다.91)

제1, 2설에 의하면 일본 파산법 제168조(채무자회생법 제398조에 상응)가 규율되고, 상대방은 재단채권자로서 매매대금의 반환청구권을 행사할 수 있으나 반대급부청구권의 관념은 생각할 수 없다.92)

제3설은 일본 파산법 제169조(채무자회생법 제399조에 상응)가 적용되므로 수익자의 등기청구권이 부활하고 등기청구권은 비금전의 파산채권이 되고 평가가 필요하다고 주장한다.93) 또한 15일 경과한 등기라도 편파행위에 대하여 적용되는 동시교환적행위의 이론을 적용하여 편파행위의 해당성을 부정할 수 있다고 주장한다.94)

제4설은 매매형에 대하여는 상대방이 소유권이전등기절차를 구할 수 없고 매매대금의 반환청구권을 행사할 수 있지만, 담보형에 대하여 등기청구권이 파산채권으로 부활한다고 주장한다. 그 중 매매형에 관하여 “소유권이전등기에 대하여 부인의 등기가 이루어지고 상대방 소유권이 파산관재인에게 대항할 수 없는 것으로 된 이상, 부인의 효과로서 원인행위인 매매계약이 부인된 것과 동일시하여야 한다. 따라서 상대방은 파산자의 이전등기신청이 부인되어 이전등기에 대하여 부인의 등기가 된 것을 이유로 하여 파산자에 대한 이전등기절차청구권을 파산채권으로 행사할 수 없고, 파산관재인에 대하여 재단채권의 행사로서 대금의 반환을 구하여야 하는 것으로 해석하여야 한다.”고 기술하고 있다.95)

대항요건구비행위의 부인이 재산감소행위의 부인과 편파행위의 부인의 성질과 함께 가지고 있다는 견해는 대항요건구비행위로서 소유권이전등기가 부인된 경우 매매형과 담보형을 구분하지 않고 등기청구권의 부활을 인정하지 않고 있다.96) 그 이유로「대항요건구비요건이 부인되면 양수인은 그 소유권을 파산관재인에게 대항할 수 없으므로 파산관재인은 양수인에 대하여 당해 목적물의 소유권을 주장하여 목적물을 환취할 수

91) 학설에 대한 소개에 대하여는 水元宏田, 앞의 글(주 90), 537면.
92) 伊藤眞·松下淳一·山本和彦 編集, 新破産法の基本構造と實務, ジュリスト增刊号, 有斐閣(2007). 427면(山本和彦 발언), 이는 논문은 아니고 대담자료이다. 그러나 저명한 파산법 학자들과 전직 최고재판소 판사들 간의 수준 높은 대화에서 문제의 핵심을 간파할 수 있다.
93) 伊藤眞·松下淳一·山本和彦 編集, 앞의 책(주 92), 427면(山本克己 발언),
94) 水元宏田, 앞의 글(주 90), 542면.
95) 伊藤眞, 앞의 책(주 17), 622－623면.
96) 高井章光, “第164條 權利變動의對抗要件의否認,” 注釋破産法(下), 金融財政事情硏究會(2015), 141, 150－151면.

있다. 그런데 이 경우 대항요건구비행위만 부인된 것이고 원인행위에는 영향이 없다고 하면, 대항요건구비청구권은 부활하여 파산채권으로 취급되지만, 원인행위에 기하여 지불한 대금의 반환은 이루어지 않게 되는 불합리한 상태가 발생한다. 따라서 이 경우에는 원인행위도 부인된 것처럼 취급하여 대금반환청구권이 부활하고, 이 청구권은 일본 파산법 제168조 제1항 제2호(채무자회생법 제398조 제2항에 상당하는 조항)의 재단채권이 된다. 왜냐하면 대항요건의 구비는 원인행위의 효력에 대하여 대항관계에 있는 제3자에 대하여 주장하는 것에 목적이 있고, 그 외에는 독립한 존재 의의가 없는 이상, 대항요건 구비행위가 부인된 효과는 대항관계에 있는 자와의 관계에서는 원인행위가 그 자체가 부정된 것이고 따라서 원인행위가 부인된 효과와 동일시 할 수 있다. 따라서 대항요건 구비행위 부인의 효과로서 원인행위에 대하여도 소급적으로 무효가 되고 대금반환청구권은 재단채권으로 된다」.

담보권 설정을 원인행위로 하는 대항요건 부인의 경우에도 원인행위의 효력이 부정된 것과 동일시하고 있다. 이 견해는 등기의 부인을 마치 원인행위 그 자체가 부인된 것과 동일시하여 원인행위에 대하여도 소급적으로 무효라고 주장한다.[97)]

2) 미국의 경우

미국 연방파산법도 대항요건의 완성을 늦게 한 담보권자 및 부동산매수인은 파산관재인에 대항하지 못하는 제도를 두고 있다(§ 544(a), 이른바 Strong－Arm clause). 미국은 부동산물권변동에 관하여 일본의 의사주의와 유사한 제도를 두고 있어 당사자 간에는 등기나 등록 등의 대항요건을 갖추지 아니하더라도 소유권, 담보권을 주장할 수 있다. 그러나 제3자에게 소유권 등을 주장하려면 대항요건을 완성하여야 한다. 연방파산법은 채무자의 파산신청 시까지 대항요건을 갖추지 못한 소유권 등을 파산관재인이 부인할 수 있다고 규정하고 있다. 이와 같이 대항요건이 부인된 소유권자 등은 더 이상 원인관계에 기하여 파산재단을 상대로 자신의 소유권 등을 주장할 수 없다.[98)] 편파행위에 대하여는 당사자 간에 효력발생일로부터 30일 이후에 대항요건을 완성하면 완성 시에 양도행위(변제 등 포함)가 이루어진 것으로 취급하고,[99)] 사해적 행위에 대하여는 대항요건 완성 시에 이루어진 것으로 취급한다.[100)] 그리하여 대항요건을 갖추지 못한 양도(사해적 양도 및 편파행위 포함)는 파산신청일 직전에 이루어진 것으로 취급된다. 따라

97) 山本和彦, 倒産法演習ノート 22問 第2版, 弘文堂(2012), 272면(竺正正俊 집필).
98) 林治龍, 앞의 글(주 70), 119면.
99) 11. U.S.C. § 547(e)(2)(B).
100) 11. U.S.C. § 548(d)(1).

서 연방파산법에서는 대항요건구비행위만 따로 부인하는 제도는 없고 늦게 대항요건을 갖추게 되면 원인행위 자체가 부인된 것과 동일한 효력이 인정된다.

(4) 등기 부인의 경우 등기청구권이 부활하는지 여부

필자는 다음과 같은 이유로 등기청구권은 부활하지 않는다는 견해에 左袒한다. 첫째, 원인행위의 부인과 등기 부인은 채무자회생법에 각각 별도의 요건을 두고 있으므로 파산관재인이 원인행위를 부인할 수도 있고 등기를 부인할 수도 있다. 따라서 상대방은 파산관재인이 등기 부인을 청구하는 경우 원인행위가 부인대상에 해당하지 않는다는 사유로 등기 부인을 배척할 수 없다. 즉 소유권이전등기가 부인되면 부동산의 소유권이 물권적으로 파산재단에게 상대적으로 복귀하는 효력이 발생하고, 소유권이 복귀하는 효과는 원인행위가 부인된 경우와 같다. 결국 상대방으로서는 원인행위의 부인과 등기의 부인 소송에서 둘 다 패소하지 않아야 파산재단에게 소유권을 주장할 수 있다.

둘째, 원인행위가 부인된 경우와 균형이 맞지 아니한다. 부동산을 고가매수하였다는 이유로 매수인의 파산관재인의 고의부인 주장이 인용되면 상대방(매도인)은 원상회복을 구하는 환취권을 행사하여 파산재단을 상대로 부동산에 관한 소유권이전등기말소, 목적물인도를 구할 수 있다. 반대로 저가매도하였다는 이유로 매도인의 파산관재인의 고의부인 주장이 인용되면 상대방(매수인)은 매매대금의 반환을 재단채권으로 구할 수 있는 데에 그치고 소유권이전등기를 청구할 수는 없다.

소유권이전등기가 부인된 경우 상대방이 어떠한 권리를 갖는가에 대하여는 세 가지의 견해를 상정할 수 있다. ① 원인행위가 고의부인이 된 경우와 마찬가지로 상대방은 기지급한 반대급부가 파산재단 중에 현존하는 경우에는 그 반환을 구하거나 반대급부로 인한 이익이 현존하는 경우에는 이익반환을 재단채권자로서 구할 있다는 견해, ② 원인행위가 편파행위로서 채무소멸에 관한 행위인 경우와 마찬가지로 상대방은 제399조에 의하여 부활한 원인채권을 파산채권으로 주장할 수 있다는 견해, ③ 상대방은 아무런 권리도 갖지 아니한다는 견해이다.[101)]

위 견해 중 상대방은 원인행위에 기한 등기청구권을 파산채권으로 주장하자는 견해를 채택하면, 상대방은 부동산을 매수하기 위하여 매매대금을 지급하였음에도 원인행위가 부인된 바 없으므로 매매대금의 반환을 청구할 수 없게 된다. 또한 피담보채권을 변제받기 위하여 부동산에 관하여 소유권이전등기를 경료 받았음에도 피담보채권은 부활하지 않고 부동산의 소유권을 상실하게 된다. 다만 소유권이전등기청구권만을 파산채

101) 山本和彦, 倒産法演習ノート 22問 第2版, 弘文堂(2012), 274면.

권으로 주장할 수 있을 뿐이다. 그리고 이러한 해석은 만일 원인행위가 부인된 경우라면 상대방의 반환청구권의 권리는 제398조 제1항에 의하여 재단채권이 될 수 있음에도 원인행위가 부인되지 않고 대항요건만 부인될 경우 상대방의 권리가 파산채권이 되는 것이어서 균형을 잃게 된다. 원인행위가 부인된 경우보다도 대항요건이 부인된 경우의 상대방 지위가 더 불리하게 되기 때문이다.[102] 요컨대, 저가양도로 부인되면 상대방은 매매대금의 반환을 재단채권을 주장할 수 있지만, 소유권이전등기행위가 부인되면 매매대금의 반환을 구할 수는 없고 대신 소유권이전등기청구권을 파산채권으로 주장할 수 있다는 것이 되는데, 이는 상대방에게 불리하다.

또한 위 사안에서 재단법인은 무상으로 출연행위를 받았으므로 대가를 지급한 바 없고, 기존 채권의 변제행위로 소유권이전등기를 받은 바가 없으므로 원인행위가 부인되면 파산재단에 대하여 재단채권이나 파산채권을 주장할 수 없다. 그런데 소유권이전등기가 부인되면 오히려 소유권이전등기청구권을 파산채권으로 주장할 수 있다는 논리는 균형을 잃은 것이다.

셋째, 물권행위의 독자성과 무인성에 관한 판례와 맞지 아니한다. 기존의 물권행위의 독자성과 무인성의 논의는 채권행위와 별개의 개념인 물권행위를 인정할 것인가, 만일 물권행위의 독자성을 인정한다면 채권행위의 불성립, 하자, 해제 등이 있으면 물권행위가 그에 영향을 받는가 하는 점에 맞추어져 있다. 서울고등법원 2021나2031994 사건에서는 반대로 강학상 물권행위(물권적 합의와 등기로 이루어진다는 판례의 입장에 선다면)의 일부인 등기행위가 부인되어 효력이 상실되면 과연 채권행위인 원인행위가 어떠한 영향을 받는가 하는 점이 문제되었다.

판례에 의하면, 소유권/저당권의 양도에 있어서도 물권변동의 일반원칙에 따라 소유권/저당권을 이전할 것을 목적으로 하는 물권적 합의와 등기/동산의 인도가 있어야 소유권/저당권이 이전된다.[103] 판례가 물권행위의 독자성과 무인성을 인정하지 않고 있고,[104] 물권적 합의만을 하고 있는 상태에서의 당사자는 채권적 지위에 있는데 불과하다.[105] 물권행위의 무인성을 부정하는 견해에 따르면, 물권행위에 흠이 있는 경우 또는 채권행위에 흠이 없을 것을 조건으로 물권행위를 한 경우 채권행위와 물권행위는 그 운

102) 山本和彦, 앞의 책(주 101), 274면.

103) 대법원 2022. 1. 14.자 2019마71 결정(미간행); 대법원 2005. 6. 10. 선고 2002다15412, 15429 판결(공 2005, 1130); 대법원 1994. 9. 27. 선고 94다23975 판결(공 1994, 2816) 및 動産에 관한 대법원 1991. 3. 22. 선고 91다70 판결(집39－1(민), 287).

104) 대법원 1977. 5. 24. 선고 75다1394 판결(집25(2)민, 44).

105) 고상룡, 물권법, 법문사(2001), 73면(물권행위의 독자성을 부인한다).

명을 같이 한다.[106] 따라서 만일 파산관재인의 부인권 행사에 의하여 소유권이전등기가 부인되어 소급하여 등기가 무효가 되면, 물권적 합의와 채권적 합의도 소급하여 효력이 상실되는 것이므로 소유권이 원상으로 파산재단으로 회복되고 되어 파산재단이 목적물의 소유권을 취득하게 되는 것이다. 이렇게 해석하지 않고서는 실제 사건에서 파산관재인이 수익자로부터 인도받은 목적물을 나중에 적법하게 환가하여 배당하는 것을 설명할 수 없다.

소유권이전등기는 원인행위에 기하여 이루어지는 것이므로 원인행위가 부인되면 그에 기한 소유권이전등기도 부인되어야 하는 것처럼 반대로 소유권이전등기가 부인되면 논리상 그 원인행위도 부인된 것과 같은 효과가 발생하여야 한다. 만일 소유권이전등기만 부인되고 원인행위는 그대로 유효하다고 하면 마치 매수인이 매도인에 대하여 원인행위인 부동산 매매계약은 여전히 유효하므로 매매계약에 기하여 목적물의 인도청구권과 소유권이전등기청구권을 매도인의 파산관재인에게 주장할 수 있게 되는데 이는 등기 부인을 인정한 취지를 정면으로 부정하는 것이다. 원인행위와 물권행위가 일체로 이루어진다면 원인행위의 효력이 없으면 물권행위도 효력이 없는 것이고 물권행위가 효력이 없으면 원인행위도 효력이 없다. 등기가 부인되어 소유권이전등기가 말소될 운명이고, 상대방이 더 이상 소유권을 주장할 수 없다면, 파산재단에게 소유권이전의무를 부담하여야 하는데도 불구하고 매매계약은 유효하므로 매매계약에 기하여 파산재단을 상대로 소유권이전등기를 청구할 수 있다는 논리는 성립하기 어렵다. 파산자 한독산학협동단지의 파산사건(서울중앙지방법원 2010하합28)에서 파산관재인의 부인권 행사 이후 수익자가 목적물을 자발적으로 파산재단에게 명도하였고, 파산관재인이 이를 제3자에게 처분하여 그 환가대금으로 중간배당을 하였다.

넷째, 등기 부인의 경우에는 채권 부활에 관한 제399조가 적용되지 아니한다. 동조는 편파행위 중 채무소멸에 관하여 적용된다는 것이 통설·판례이다. 동조는 선행하는 원인에 기한 파산채권이 있었고 이를 변제하는 별도의 행위가 부인되면 소멸하였던 파산채권이 부활한다는 법리를 선언한 것이고, 채권계약과 물권행위가 일체성을 갖고 있는 경우에 적용되는 것이 아니다. 앞에서 소개한 일본의 학설 중에는 소유권이전등기의무를 매매계약에 기한 변제로 보아 변제가 부인되더라도 매매계약은 유효하므로 매매계약에 기한 소유권이전등기청구권이 부활한다는 견해도 있다. 그러나 등기가 부인되더라도 수익자가 부동산을 명도하여야 하는바, 이 견해를 따르면, 원인행위(매매계약)가 아

---

106) 양창수·권영준, 앞의 책(주 63), 62면; 홍성재, 물권법 신정판, 동방문화사(2014), 183면.

직 부인되지 아니하였다는 이유로 매매계약이 유효하므로 파산재단에게 목적물의 인도를 거부할 수 없음에도 불구하고 수익자가 목적물을 파산재단에게 반환하는 실무를 설명하기 어렵다.

(5) 등기 부인으로 인해 이행불능이 성립하는지 여부

소유권이전등기가 부인된 경우 이를 이행불능으로 인한 손해배상의 문제로 보는 것은 부인권 행사에 의한 원상회복과 파산관재인의 제3자성의 법리에 어긋난다. 파산관재인의 부인권 행사로 인하여 상대방은 제397조 제2항, 제398조, 제399조에 의하여 권리구제를 받을 수 있다. 파산관재인의 적법한 부인권 행사로 인하여 채무자와 채권자 간의 계약에 기한 소유권이전등기의무가 채무불이행이 되는 것이 아니다. 설령 채무자의 비협조로 소유권이전등기가 늦어지는 바람에 파산관재인에 의하여 소유권이전등기가 부인되었다고 하더라도 상대방은 더 이상 파산자의 귀책사유, 이행불능을 파산관재인에게 주장할 수 없다. 파산선고 전에 채무자가 수익자에 대하여 소유권이전등기의무를 이행한 후에 파산관재인이 부인권을 행사하여 목적물의 소유권이 파산재단으로 회복된 것이므로 등기원인행위의 채무불이행이 되는 것이 아니다. 따라서 상대방은 파산관재인의 부인권 행사를 이유로 파산재단에 대하여 채무불이행을 이유로 손해배상을 주장할 수 없다.

파산관재인의 행위로 상대방이 손해배상청구권을 갖는 것은 쌍방미이행 쌍무계약을 해제한 경우에 파산채권으로(제337조) 주장하는 경우, 파산관재인이 쌍방미이행 쌍무계약에 대해 이행선택을 한 후 채무불이행한 경우(제473조 제7호) 및 파산관재인이 법원의 허가를 얻어 계약을 체결한 후에 채무를 불이행하거나, 불법행위를 저지른 경우(제473조 제4호)에 재단채권으로 주장하는 경우를 상정할 수 있을 뿐이다.

파산관재인의 부인권 행사 효과에는 소급효가 있으므로 부동산에 관하여 원인행위가 부인되면 별도의 이전등기를 경료하지 않더라도 법률상 당연히 물권적으로 소급하여 파산재단으로 원상회복된다(물권적 효과설).[107] 따라서 소유권이전등기가 제394조에 의하여 부인되었다면 상대방과 파산재단 사이에는 별도의 부인등기 없이 소급하여 부동산의 소유권이 파산재단으로 원상회복된다. 부인등기 경료 시에 의하여 비로소 소유권이 파산재단으로 회복되는 것도 아니다. 서울고등법원 2021나2031994 판결은 부동산에 관한 부인등기가 마쳐진 때에 부동산이 파산재단으로 원상회복되고, 사회통념상 채무자의 소유권이전등기의무는 그때 이행이 불능되었다고 판시하였다.

107) 法人破産實務, 552면; 林采洪 · 白昌勳, 앞의 책(주 13), 403, 454면; 李亥雨 · 李在華, 파산법, 법률문화원(2001), 454면; 李彦學, “倒産法上 登記에 관한 小考,” 仁川法曹 제6집(2003), 7면.

그러나 앞에서 본 바와 같은 이유로 파산관재인의 부인권 행사는 적법하므로 그에 터 잡아 목적물 매각행위가 채무불이행을 구성할 수 있음을 전제로 부인등기의 시점을 기준으로 제399조에 의하여 상대방의 소유권이전등기청구권이 부활하였다가 즉시 이행불능이 되었다는 위 판시는 부인권 이론에 반한다.

## Ⅴ. 결론

파산절차에서 어떠한 채권을 파산채권으로 취급할 것인가는 실체법 이론과 법정책을 함께 고려하여 판단하여야 한다. 파산선고 전에 발생한 임금채권은 우선적 파산채권으로 취급하는 것이 이론적으로 타당하다. 그리하여 2000년 개정 전의 구 파산법 제38조는 피용자의 급료, 퇴직금 및 재해보상금을 재단채권으로 취급하지 아니하였다.[108] 그러나 근로자의 지위를 보호하기 위하여 개정된 파산법을 따른 채무자회생법은 파산선고 전·후를 불문하고 발생한 임금, 퇴직금 채권을 모두 재단채권으로 취급하고 있다.

그리고 파산관재인의 행위로 인한 상대방의 청구권은 원칙으로 재단채권이지만 파산관재인이 쌍방미이행 쌍무계약을 해제함으로써 발생하는 손해배상청구권은 파산채권으로 취급한다.[109] 파산관재인의 부인권 행사로 인한 상대방의 청구권도 일괄하여 재단채권으로 취급하지 아니하고 각각의 부인유형에 따라 상대방의 지위가 결정된다.

어떠한 채권이 파산채권으로 인정되면 파산자의 새로운 출발을 쉽게 한다. 반면에 채권자는 변제를 거의 받지 못하는 불이익을 입는다. 진통제, 석면 등의 대형 제조물책임 파산사건처럼 파산선고 전에 아직 피해자에게 구체적인 손해가 발생하지 아니하였거나, 파산절차 종료시까지 부작위의무의 위반사실이 발생하지 않는 등 파산채권의 평가가 곤란하여 채권신고를 기대하기 어려움에도 불구하고 이를 파산채권으로 취급하는 것은 피해자들에게 지나치게 가혹하다. 따라서 부작위청구권과 부대체적 작위청구권 자체를 파산채권으로 취급하기는 어렵고 대신에 부작위의무 위반 또는 불대체적 작위를 거절한 경우에 한하여 손해배상청구권을 파산채권으로 취급하는 것이다.

그리고 청구권이 파산채권으로 인정된다는 것은 장차 파산절차에서 일부 비율에 의하여 계산하여 원화로 돈을 배당받게 될 처지에 있다는 것이지 파산관재인을 상대로

108) 1981. 3. 5. 개정 이전의 회사정리법 제119조는 정리절차 개시 전 6개월의 급료에 대하여만 공익채권으로 취급하고 그 이전에 발생한 채권에 대하여는 우선적 정리채권으로 취급하였다.

109) 미국 연방파산법 § 365(g)도 파산관재인의 이행거절은 파산신청일 직전의 채무불이행을 구성한다고 규정하고 있다. 따라서 이행거절로 인한 상대방의 손해배상청구권은 일반파산채권이다.

그 채무의 이행을 구할 수 있는 뜻이 아니다. 파산채권인 등기청구권이 인정된다고 하여 파산관재인에게 소유권이전등기절차의 의무 이행을 구할 수 있는 것도 아니고, 채권양도통지 이행청구권이 있다고 하여 채권양도를 통지하여 달라고 청구할 수 있는 것도 아니다. 따라서 신고한 파산채권에 대한 파산관재인의 채무불이행으로 인한 채무불이행의 개념은 성립할 수 없다. 물론 파산선고 전에 파산자의 계약위반이 있어 계약의 이행청구권이 손해배상청구권으로 전환된 경우에는 손해배상청구권이 파산채권이 된다는 점은 다툼이 없다.

파산관재인은 파산재단에 속하는 목적물을 환가하기 위하여 제3자에게 처분할 수 있으므로 파산관재인이 소유권이전등기청구권의 목적부동산을 제3자에게 매각하였다고 하여 파산채권자가 파산관재인을 상대로 계약위반을 주장할 수 없고, 소유권이전등기의 채무불이행을 주장할 수도 없다.

파산관재인을 채권양도에 관한 민법 제450조 제1항의 제3자에 해당한다고 해석하면 대항요건을 갖추지 못한 양수인은 더 이상 파산관재인에게 자신이 양수인임을 주장할 수 없다. 양수인은 채권양도통지의무 위반을 이유로 한 손해배상청구권을 파산채권으로 신고하였어야 한다. 그러나 만일 파산관재인이 제3자에 해당하지 않고 채무자의 지위를 승계한 자로 해석하면 양수인은 채권양도에 의한 채권자 귀속 변경의 효과를 파산관재인에게도 주장할 수 있으므로 파산관재인이 양도된 채권의 채무자로부터 변제를 받게 되면 이는 '부당이득으로 인하여 파산선고 후 파산재단에 대하여 생긴 청구권'에 해당하므로 파산관재인이 재단채권자인 양수인에게 금원을 반환하여야 한다.

다음으로 등기 부인의 효과에 관하여 본다. 등기 부인을 인정하는 제도가 뒤늦게 등기를 경료하는 행위가 채권자들에게 유해하고, 그러한 유해한 행위를 한 상대방에 대한 제재적인 성격 갖는다는 점을 고려하면, 등기 부인의 효과로 상대방의 등기청구권을 파산채권으로 인정하는 것은 등기 부인의 취지에 어긋난다. 그리고 파산관재인의 부인행위로 인하여 파산자가 부담하는 소유권이전등기절차의무의 채무불이행이 된다는 법리도 타당하지 않다.

다음으로 물권변동이론과 관련하여 일본에서의 논의를 그대로 따를 수 없다는 점도 중요한 고려요소이다. 한국은 일본과 달리 형식주의를 취하고 있으므로 부동산에 관한 한 소유권이전등기가 대항요건의 효력을 갖는 경우는 원칙적으로 상정할 수 없다.[110] 다만 확립된 판례가 생전처분으로 부동산을 출연재산으로 삼아 재단법인을 설립

110) 전병서, 앞의 책(주 12), 292면.

하는 경우에 한하여 출연자와 법인 사이의 출연재산의 귀속에 관하여 법인의 설립 외에 등기를 필요로 하지 않지만 제3자에 대한 관계에 있어서는 법인재산으로 귀속되기 위하여는 법인설립 외에 법인 앞으로의 등기를 필요로 한다는 입장을 취하고 있다.[111] 결과적으로 대내적으로는 의사주의요 대외적으로는 형식주의가 되었다.[112] 생전처분으로 재단법인을 설립하는 때에는 증여에 관한 규정을 준용한다(민법 제47조 제1항). 따라서 부동산에 관한 대항요건의 등기 부인을 논할 수 있는 사건은 재단법인 설립에 관한 경우 외에는 없다. 증여가 부인된다면 이는 증여가 이루어진 시기에 따라 사해부인 또는 무상부인이 원인이 된다. 무상부인은 시기적 제한이 있음에 반하여 사해부인은 파산선고일로부터 소급하여 10년 전의 행위라면 부인의 대상이 된다. 파산자의 증여행위가 사해부인 또는 무상부인에 해당하면 증여행위는 소급하여 무효가 되므로, 상대방은 더 이상 증여행위가 유효함을 전제로 파산재단을 상대로 목적물의 소유권이전등기를 청구할 수 없다. 부담부 증여가 아닌 단순 증여계약이라면 파산재단이 수증자로부터 교부받은 것이 없으므로 수증자에게 반환할 물건이나 금전 또한 없다. 증여를 원인으로 한 원인행위가 부인된 경우는 편파행위가 부인되는 것이 아니므로 부활할 수 있는 파산채권도 존재하지 아니한다. 증여계약의 원인행위가 부인된 경우에는 소유권이전등기청구권을 행사할 수 없지만, 등기가 부인되면 소유권이전등기가 부활한다는 논리는 사해부인과 무상부인의 경우에는 적용될 수 없다고 생각한다.

부동산이 아닌 채권의 양도담보의 관점에서 생각하면, 담보의 목적으로 채권자(양수인)에게 채권을 양도한 후 양도인(채무자)의 채권양도의 대항요건 구비행위가 부인되면 양수인은 무담보채권자로 취급되는 것이지 별도로 대항요건 구비행위청구권을 파산채권으로 주장할 수 없다. 이 점을 고려하면 등기 부인의 경우에도 원인행위가 부인된 경우와 마찬가지로 취급하여 부인의 등기가 직권으로 경료된 후에 등기청구권의 부활을 인정하지 않고 파산재단은 상대방의 매매대금의 반환청구권을 재단채권으로 취급하고 상대방으로부터 목적물의 반환을 받는 것으로 취급하자는 견해가 타당하다. 특히 민법에서 부동산물권변동에서 등기가 효력발생요건이므로 등기의 효력이 부인되어 효력을 잃으면 원인행위도 효력을 잃는다고 봄이 민법의 물권변동 이론과도 일치하기 때문이다.

---

111) 대법원 1999. 7. 9. 선고 98다9045 판결(공 1999, 1576); 대법원 1993. 9. 14. 선고 93다8054 판결(집41(3)민, 59); 대법원 1981. 12. 22. 선고 80다2762, 2763 판결(공 1982, 213); 대법원 1979. 12. 12. 선고 78다481, 482 전원합의체 판결. 위 판결은 모두 재단법인 지덕사, 재단법인 하정선교재단, 사회복지법인 000에 관한 사건이다.

112) 위 대법원 78다481, 482 전원합의체 판결의 소수의견의 비판이다.

끝으로 관련 소송의 기판력에 관하여 본다. 부동산에 관한 소유권이전등기 부인과 등기원인(출연행위)의 부인은 그 요건이 다르고 소송물이 다르므로(제391조와 제394조), 파산관재인이 출연행위에 관한 부인의 소에 대하여 패소하여 판결이 확정되었다고 하더라도 위 판결의 효력이 후에 진행되는 등기 부인의 소송에 미치는 것이 아니다. 등기 부인의 상대방으로서는 등기 부인의 소송에서도 승소하여야 소유권을 지킬 수 있는 것이고, 등기 부인의 소송에서 패소하면 수익자 명의로 된 소유권이전등기가 말소되고, 목적물을 명도하여야 하고, 궁극적으로 목적부동산은 파산관재인이 환가할 운명에 놓이게 된다. 앞으로 이 점에 관한 同途諸賢의 고견을 기대하면서 글을 마친다.

[회생법학 통권 제25호 한국채무자회생법학회(2022), 69−107면]

# 5. 임대차보증금과 상계금지 - 평창토건 사건을 중심으로



## Ⅰ. 문제의 소재

외국 변호사들이 간혹 한국에서도 credit bidding이 가능하느냐고 묻곤한다. 미국 파산법에서 credit bidding이라 함은 파산채권자(담보권자 포함)가 파산채권을 자동채권으로 하여 파산재단에 속하는 재산을 매수하면서 매수대금지급채무와 파산채권을 상계함으로써 목적물을 매수하는 방법이다. 담보권자가 담보목적물을 매수하는 경우뿐만 아니라 무담보 파산채권자가 파산절차개시 후에도 파산재단의 재산을 구입하는 경우에도 이용된다.

이에 반하여 회생절차의 경우에는 회생담보권자에게도 상계금지의 원칙이 적용된다(채무자 회생 및 파산에 관한 법률 제144조 제1항, 이하 '채무자회생법'이라 한다. 조문 번호만 기재한다). 파산절차에 관한 제416조는 상계금지의 주체를 파산채권자로 한정하고 있으므로 일견 별제권자는 상계가 가능한 것으로 읽힌다. 그리하여 파산절차 밖에서 별제권자가 담보목적물에 관하여 경매를 신청하고 담보목적물의 가액의 범위 내에서 이를 매수가격에서 공제하는 것은 적법하다. 이른바 credit bidding이 위 금액의 범위 내에서 허용된다. 그러나 회생담보권자는 상계금지의 규정이 적용되므로 credit bidding을 이용할 수 없다.[1)]

1) 서울회생법원이 마련한 실무준칙 제241호 '회생절차에서의 M&A' 제17조 제3항 제1호에 의하면, 인수인이 회생담보권을 보유한 경우 그 회생담보권의 가액을 인수대금의 항목에서 평가할 수 있다고

대법원은 파산자 평창토건에 관한 사건에서 파산선고 후에 채무를 부담한 때에 관련하여 대항요건과 확정일자를 갖춘 임차인도 파산관재인과의 매매계약을 통하여 임대차보증금반환채권을 상계할 수 없다는 원칙을 선언하면서도 임차인을 별제권자에 준하는 지위에 있다고 지칭하면서 '별제권의 목적의 환수'를 거치면 상계가 가능하다고 판시하였다. 상계금지와 '별제권의 목적의 환수'는 무관함에도 이를 연결하여 상계를 허용한 것은 부당하다. 이하에서는 상계금지와 별제권자의 상계 허용, '별제권의 목적의 환수'에 관한 법리를 살펴보고 판례에 대한 필자의 소견을 제시한다. 이하 파산절차를 기준으로 설명하되, 필요하면 회생절차의 특칙에 대한 설명을 부가한다.

## Ⅱ. 파산선고 후에 채무를 부담한 때와 상계금지

### 1. 상계금지의 법리

파산절차에서 파산채권자의 상계를 금지하는 취지는, 만일 상계를 허용하면 그 파산채권자에게 다른 파산채권자들보다 우선하여 변제하는 것을 용인하게 되어 결과적으로 파산채권자 사이의 공평을 해치므로 이를 방지하기 위한 것이다.[2] 재단채권자는 파산절차에 의하지 아니하고 수시로 변제받을 수 있고(제475조), 파산채권보다도 우선하여 변제받을 수 있으므로(제476조), 재단채권자에 대하여는 상계금지를 정한 제422조가 적용되지 아니한다.[3] 제422조는 시기를 나누어 파산선고 후에 파산재단에 대하여 채무를 부담한 때에 상계를 금지한다(제1호). 이 경우에는 예외가 없다. 파산선고 전 위기시기에 채무자에 대하여 채무를 부담한 때에 상계를 금지하지만 이 경우에는 세 가지의 예외가 있다(제2호). 이는 위기시기 전에 이미 채무발생의 원인이 형성되어 있었던 경우에는 상계에 대한 회생채권자의 기대를 보호해 줄 필요가 있기 때문에 예외가 인정되는 것이다.[4]

파산채권자가 파산관재인과 거래를 함으로써 채무를 부담하는 경우가 제422조 제1

---

정하고 있고, 이를 반영한 서울回生法院 裁判實務硏究會, 回生事件實務(下) 제6판 博英社(2023), 186면은 "인수인이 회생담보권을 보유하거나 … 그 회생담보권의 가액을 인수대금에 포함될 수 있게 하거나(제17조 제3항 제1호)"라고 규정하고 있다. 동 조항은 우선협상대상자를 선정시 고려하는 요소 중 인수대금의 규모에 관한 것으로서 다른 인수자들보다 인수대금이 적어지는 것을 막기 위한 조항이다. 회생담보권을 자동채권으로 삼아 인수대금 채무와 상계를 허용하겠다는 취지는 아니다.

2) 대법원 2017. 11. 9. 선고 2016다223456 판결(공 2017, 2315).

3) 전병서, 도산법 제4판, 博英社(2019), 355면.

4) 대법원 2019. 1. 31. 선고 2015다240041 판결(공 2019, 589).

호의 대표적인 예이다.[5] 임대인이 파산한 경우에 임차인이 임대목적물을 매수하면서 임대보증 채권과 매매대금 채무를 상계하는 경우에도 상계가 금지된다.[6] 그 외에 쌍방 미이행 쌍무계약에 대하여 파산관재인이 이행을 선택하여 상대방이 부담하는 채무와 파산관재인이 해제를 선택한 경우 상대방이 부담하는 반환의무, 변제가 부인된 경우 상대방이 부담하는 반환의무 등도 이에 속한다. 이러한 채무는 실질적으로 보더라도 파산재단에 대하여 현실로 이행되지 아니하면 의미가 없을 뿐 아니라 채권자 측에서도 파산선고 시에 상계기대를 갖고 있다고 볼 수 없으므로 상계권이 인정되지 아니한다고 하여 파산채권자의 이익을 부당하게 침해하지 아니하기 때문이다.[7]

상계금지 규정은 강행규정으로 상계금지의 대상이 되는 채권을 상계하기로 하는 특약은 효력이 없다.[8] 파산관재인이 채권자와 상계금지에 위반된 상계를 유효한 것으로 하기로 합의하였더라도 그 합의는 무효이다.[9] 그러므로 파산채권자가 매매대금에서 일부를 자동채권으로 공제하기로 약정하는 것도 마찬가지로 무효이다.

또한 상계금지에 반하는 상계약정은 파산선고 후에 채무를 부담하여 상계가 금지됨에도 불구하고 파산관재인이 유효한 것으로 파산채권자와 합의한 경우에 관한 문제이지만, 파산관재인이 제492조 제13호 별제권의 승인허가를 받아 일방적으로 상계권을 행사하는 것을 허용하는 문제[10]는 파산선고 전에 발생한 파산재단과 파산채권자간의 채권채무 관계에 대하여 파산관재인이 파산선고 후에 일방적으로 상계권을 행사하는 것으로서 양자는 다른 문제이다.

## 2. 상계적상의 확대 개념의 오해

파산절차에서 상계적상이 확대되었다는 제목만으로 자동채권, 수동채권 모두 상계의 범위가 넓어졌다고 오해하기 쉽다. 먼저 오히려 상계의 범위가 축소되는 것에 관하여 본다.[11] 민법의 상계금지 요건 외에 추가로 채무자회생법이 정한 상계금지 사유가

5) 서울地方法院, 破産事件實務(改訂版)(2001), 174－175면(파산채권자가 파산선고 후에 파산재단 소속 물건을 구입하여 부담한 매매대금채무).

6) 서울中央地方法院 破産部 實務硏究會, 法人破産實務(제3판), 博英社(2011), 261면 주 10.

7) 破産事件實務(改訂版)(2001), 175면; 伊藤眞, 破産法·民事再生法(第5版) 有斐閣(2021), 530면.

8) 통설 및 판례의 입장이다. 학설에 대한 소개는 전병서, 앞의 책(주 3), 362면 주석 29; 김동윤, "회사정리절차 및 화의절차에 있어서의 상계의 제한," 회사정리법·화의법상의 제문제, 법원도서관(2000), 635면.

9) 最高裁判所 昭和 52. 12. 6. 民集31卷7号961頁, 판례 해설은 德田和幸, "相殺禁止規定に違反した相殺を有效とする合意," 倒産判例百選 第4版, 有斐閣(2006), 122－123면.

10) 서울回生法院 裁判實務硏究會, 法人破産實務(제5판), 469면; 破産事件實務(改訂版)(2001), 182면.

11) 노영보, 도산법 강의, 제2판, 博英社(2024), 463면.

있다. 파산절차에서는 원칙적으로 상계가 허용된다(제416조). 상계를 하기 위하여 파산채권을 신고할 필요도 없다(회생절차도 같다).[12] 그러나 파산신청 후 또는 파산선고 후에 채무를 부담하거나 채권을 취득한 경우에는 상계가 금지된다. 그에 대한 예외로서 파산신청 전에 채무를 부담한 경우라도, 그 부담이 법정의 원인에 의한 때, 파산채권자가 지급정지나 파산신청이 있었음을 알기 전에 생긴 원인에 의한 때 또는 파산선고가 있은 날부터 1년 전에 생긴 원인에 의한 때에는 상계가 허용된다. 파산신청 후 채권을 취득하였더라도 위 세 가지 예외에 해당하면 상계가 허용된다.

다음으로 민법의 상계적상을 확대하는 것에 관하여 본다. 민법의 상계적상의 요건은 첫째, 양 당사자 사이의 채권의 대립, 둘째, 양 채권의 동종성, 셋째, 양 채권의 변제기 도래가 있어야 한다. 그런데 채무자회생법은 둘째 요건을 완화하여 비금전 채권, 외국통화표시 채권과도 상계를 허용한다(제417조 제1문, 제426조). 그리고 셋째 요건을 완화하여 자동채권인 파산채권이 기한부, 해제조건부, 정기금채권에 대하여도 상계가 가능하다(제417조).

수동채권에 대하여도 상계를 확대하고 있다. 임대인이 파산한 경우 임차인이 파산채권자인 경우(예, 임대차와 별도의 대여금채권자)에는 파산선고시를 기준으로 당기 및 차기에 관한 차임채무(수동채권)에 대하여 상계할 수 있다(제421조). 또한 수동채권이 기한부, 조건부 또는 장래의 청구권에 관한 것인 때에도 상계가 가능하다(제417조 제2문).[13] 그러나 수동채권이 비금전채권 또는 액수가 미확정인 경우에는 제417조 제2문이 적용되지 아니하므로 민법이 적용되어 파산절차에서도 상계할 수 없다.

민법 제498조에 의하면, 지급을 금지하는 명령을 받은 제3채무자는 그 후에 취득한 채권에 의한 상계로 그 명령을 신청한 채권자에게 대항하지 못한다. 이 조항과 관련하여 확립된 판례에 의하면, 채권압류명령을 받은 제3채무자가 압류채무자에 대한 자동채권을 가지고 있는 경우에 상계로써 압류채권자에게 대항하기 위하여는, 압류의 효력발생 당시에 대립하는 양 채권이 상계적상에 있거나, 그 당시 자동채권의 변제기가 도래하지 아니한 경우에는 그것이 피압류채권(수동채권)의 변제기와 동시에 또는 그보다 먼저 도래하여야 한다.[14] 즉 제3채무자의 자동채권의 변제기가 수동채권의 변제기보다

---

12) 노영보, 앞의 책(주 11), 489면. 회사정리절차에서 채권신고가 필요하다는 취지로 설시한 대법원 판례가 있다(대법원 2005. 2. 17. 선고 2004다39597 판결(미공간)("정리채권자가 회사정리법이 정하는 소정 기간 내에 위 채권에 관하여 정리채권 신고를 한 바 없다면 위 채권이 있음을 내세워 상계 주장을 할 수는 없다.") 그러나 이 판례는 잘못이다(林治龍, "회사정리절차에서 상계와 채권의 신고 요부," 파산법연구 4, 博英社(2015), 9면).

13) 동 조항은 회생절차에 없으므로 회생절차에서는 이 법리가 적용되지 아니한다.

뒤에 도래한다면 상계가 불허된다.

다음으로 전원합의체의 논의가 파산절차에서도 적용될 수 있는지에 관하여 보건대, 이 문제는 두 가지의 경우로 나누어 볼 수 있다.

① 채권압류 전에 집행채무자가 파산선고를 받는 경우: 파산선고를 받은 집행채무자에 대한 파산채권자는 채권압류명령을 받을 수 없으므로 전원합의체와 같은 상황은 발생할 수 없다. 따라서 제3채무자가 파산채권을 갖고 있다면 제417조에 의하여 변제기가 도래한 것으로 취급하여 상계할 수 있다.

② 채권압류 후에 집행채무자가 파산선고를 받은 경우: 채무자에 대하여 파산이 선고되면 채권압류명령은 파산재단에 대하여 효력을 상실한다(제348조). 따라서 이 경우에도 위와 같이 제3채무자가 자동채권의 변제기가 도래한 것으로 취급하여 상계할 수 있다. 결과적으로 집행채무자에 대하여 파산이 선고되면 전원합의체가 상정하는 사안이 성립될 수 없으므로 민법의 위 논의는 파산절차에서 적용되지 아니한다.

## Ⅲ. 영세임차인 보호와 상계금지의 적용 여부 - 평창토건 사건의 소개

### 1. 과거 파산부의 실무

과거 서울중앙지방법원 파산부의 실무는 임대차보증금이 사실상 자신들의 전 재산인 다수의 영세임차인들을 보호한다는 취지에서 임대주택 회사가 파산한 경우 파산관재인과 임차인들 사이에 계약을 맺고 법원의 허가를 받은 후 매매가액에서 파산채권 전액 중 일부만을 공제하고 나머지는 임차인이 매매대금으로 납부하는 것을 허용하여 왔다. 이러한 관행은 채무자회생법이 시행된 이후에도 계속되었다.

### 2. 4건의 대법원 판결의 혼란

평창토건의 임차인들의 상계라는 동일한 쟁점을 다룬 4건의 판결은 아래와 같다.[15] 대법원 2012. 11. 29. 선고 2011다30963 판결(미공개)(① 판결), 대법원 2017. 11.

---

14) 대법원 2012. 2. 16. 선고 2011다45521 전원합의체 판결. 지배적인 학설은 판례의 입장과 같다. 학설 소개는 김대정·최창렬, 채권총론, 박영사(2020), 519면. 소수설로 이재성, "전부명령과 상계의 항변," 이재성 판례평석집 7권, 한국사법행정학회(1988), 353면. 소수설을 따르는 위 전원합의체의 반대의견이 있다. 일본의 소화 45년 최고재판소 대법정 판결은 소수설의 입장이다(內田貴, 民法Ⅲ 第4版, 東京大學出版會(2020), 317면).

15) ① 판결은 종합법률정보에서는 검색이 되지 않고 사설 데이터베이스(LBox)에서 검색할 수 있다. ② 판결은 법원공보에는 등재되어 있지 않지만 사법정보공개포털의 종합법률정보에서는 검색이 가

9. 선고 2015다44274 판결(공보불게재)(② 판결). 대법원 2017. 11. 9 선고 2016다223456 판결(공 2017, 2315)(③ 판결), 대법원 2023. 6. 15. 선고 2020다277481 판결(공 2023, 1210)(④ 판결).[16)]

① 판결이 처음으로 파산자 평창토건 사건에서 이러한 파산부의 관행이 위법하다고 판시하였다.[17)] 위 사건에서 파산관재인이 상계가 금지된다는 상고이유를 개진하였고 대법원이 이를 받아들였다. 위 판결의 요지는 아래와 같다. 첫째, 구 임대주택법 소정의 공공건설 임대주택의 임대사업자가 파산한 경우에 유주택자라 하더라도 분양전환받을 권리가 있다. 둘째, 임차인들(원고)이 임대주택법에 기하여 부여된 매도청구권 행사로 인하여 성립된 매매계약에 기한 소유권이전등기청구권은 파산채권이 아니고 파산선고 당시를 기준으로 쌍방미이행 쌍무계약에 해당하지 아니하므로 파산관재인(피고)이 제335조에 기한 매매계약을 해제할 수 없다. 셋째, 임차인이 임대인의 파산선고 후에 매도청구권을 행사하여 파산관재인에 대하여 매매대금지급의무를 부담하게 된 경우에, 임차인들의 임대차보증금 반환채권은 파산채권이므로 임차인의 파산관재인에 대한 매매대금 지급채무에서 임대차보증금반환채권을 공제할 수 없다. 이 판결은 유주택자에게도 당시 시행되던 주택임대법에서 정한 우선분양전환권이 인정되는가 하는 점에 대하여 심도있게 다루고 상계금지는 비교적 간단하게 다루어졌다. 이로써 파산부의 관행은 더 이상 유지될 수 없게 되었다.

그런데 그 후 2017. 11. 9. 같은 쟁점에 관하여 ②, ③ 판결이 선고되었다.

먼저 ② 판결의 이유는 아래와 같다. 첫째, 평창토건의 파산관재인이 정한 분양전환가격이 임대주택법 등에서 정한 산정기준을 초과하여 체결한 분양계약은 그 초과하는 범위 내에서 무효이다. 둘째, 임차인들은 파산선고 후 분양전환 합의에 따라 파산관재인(피고)에 대하여 매매대금지급채무를 부담하게 된 반면, 임차인들의 파산관재인에 대한 임차보증금반환채권은 평창토건에 대한 파산선고 전의 임대차계약에 기하여 생긴 채권에 해당한다. 따라서 임차인들의 피고에 대한 매매대금지급채무에서 임대차보증금반환채권을 공제할 수 없고, 임차인들과 파산관재인 사이에 공제하기로 합의하였더라도 이는 제422조 제1호에 반하여 효력이 없다. 셋째, 주택임대차보호법상 대항요건 및 확정일자를 갖춘 임차인들은 제415조 제1항에 의하여 인정된 우선변제권의 한도 내에서

---

능하다. ③, ④ 판결만 공간되었다. 각 판결의 주심대법관이 다르다.

16) 두 건의 피고는 모두 파산관재인이고 2015다44274 판결의 원고는 별제권자인 동일토건이고, 2016다223456 판결의 원고는 임차인들이다.

17) 대법원 2012. 11. 29. 선고 2011다30963 판결(미공개).

는 파산절차에 의하지 아니하고 임차보증금반환채권의 만족을 받을 수 있다. 넷째, 이러한 임차인들은 파산절차에서 별제권자에 준하는 지위에 있으므로, 파산관재인이 제492조 제14호에 따라 '별제권의 목적의 환수'에 관한 파산법원[18]의 허가 등을 얻어 임차인들에게 임대차보증금반환채무액 상당의 환수대금을 지급하는 것도 가능하다. 나아가 이러한 경우 임차인들의 환수대금채권은 파산선고 전의 원인으로 발생한 파산채권이 아니므로 그러한 환수대금채권으로 피고의 매매대금지급채권과 대등액에서 상계하는 것도 가능하다. 이 판결은 선례인 ① 판결을 인용하지 아니하였다. 상계를 허용하기 위하여, 처음으로 확정일자를 갖춘 임차인들을 '별제권에 준하는 자'라는 표현을 사용하였고, 별제권 목적의 환수 절차를 거쳐야 하고, 환수대금 채권은 파산채권이 아니므로 상계가 가능하다는 논리를 세웠다.

다음으로 공간된 ③ 판결에 관하여 본다.[19] 이 판결은 제422조의 제1호의 적용범위를 보다 분명히 하였다. 즉 "이와 같은 [상계금지] 법리는 특별한 사정이 없는 한 파산채권자가 파산선고 후에 파산재단에 부담한 채무에서 파산채권을 공제하는 경우에도 적용되며, 파산채권자와 파산관재인이 공제에 관하여 합의하였다 하더라도 다른 사정이 없다면 마찬가지로 봄이 타당하다. 한편 … 주택임차인은 채무자회생법 제415조 제1항에 따라 파산채권인 임대차보증금 반환채권에 관하여 파산재단에 속하는 주택(대지를 포함한다)의 환가대금에서 후순위권리자 그 밖의 채권자보다 우선하여 변제받을 권리가 있으며, 그 우선변제권의 한도 내에서는 파산절차에 의하지 아니하고 위 주택에 대한 경매절차 등에서 만족을 받을 수 있다(대법원 2017. 1. 12. 선고 2014다32014 판결 참조)." 그렇지만 앞에서 본 채무자회생법 제422조 제1호의 취지에 비추어 보면, 채무자회생법 제492조 제14호에서 정한 별제권 목적물의 환수절차 등에 따른 특별한 사정이 없는 한, 위 임대차보증금반환채권을 가지고 주택임차인이 임대인에 대한 파산선고 후에 파산재단에 부담한 채무에 대하여 상계하거나 그 채무에서 공제하는 것까지 허용되지는 아니하며, 그에 관한 합의 역시 효력이 없다.

그러나 이 판결은 같은 날 선고된 ② 판결이 임차인들이 파산절차에서 별제권에 준하는 지위에 있다는 점과, 임차인들의 환수대금채권은 파산채권이 아니라는 점은 언급하지 아니하였다. 오히려 판결 이유의 근거로 '별제권의 목적의 환수' 절차를 거치면 상계가 가능하다는 위 ① 판결의 법리를 반복하였다.

---

18) 판결 이유 중 회생법원은 파산법원의 오기이다.

19) 이 판결의 해설로 백숙종, "2017년 하반기 및 2018년 상반기 도산법 관련 대법원 판례 소개," 도산법연구 제9권 제2호(2019), 232면.

① 판결에 의하여 임차인들의 상계가 효력이 없다고 법리가 선포되었으나 2017년 ②, ③ 판결에 의하여 상계금지의 원칙은 맞지만 '별제권의 목적의 환수'절차를 거치면 상계가 가능하다는 것으로 예외가 생겼다. 최초의 판결이 폐기된 바 없으므로 위 3건의 판례를 모순 없이 이해한다면, 임대인이 파산선고를 받은 경우에 상계와 관련한 법리를 요약하면 아래와 같다. 첫째, 주택임대차보호법상 대항요건 및 확정일자를 갖춘 주택임차인이 제415조 제1항에 의하여 우선변제권을 가진다 하더라도, 임대차보증금을 파산관재인과의 합의에 따라 매매대금의 일부에서 공제할 수 없으며, 그러한 공제 합의는 제422조 제1호에 의하여 효력이 없다(원칙). 둘째, 그러한 주택임차인은 별제권에 준하는 지위에 있으므로 '별제권의 목적의 환수'절차를 거치면 임차인의 환수대금채권과 파산관재인의 매매대금채권과 대등액에서 상계하는 것이 가능하다(예외). 이러한 법리는 그 후 평창토건에 관한 2023년 4번째 판결에서 명시되었다.[20]

④ 판결의 쟁점은 대체적환취권에 관한 내용이다. 상계금지에 관하여는 선례로서 ②, ③ 판결을 인용하고, ① 판결을 인용하지 아니하였다. 또한 특이한 점은 판결이유에서 별제권 목적물의 환수절차를 밟기 위하여는 파산법원의 허가를 받아야 함을 명시하면서도 이에 관한 법원의 허가를 근거로 하지 아니하고, 분양대금 중 파산관재인이 별제권 목적의 환수대금으로 상계한 임대차보증금이 차지하는 비율과 파산재단에 속하는 나머지 각 대지를 환가한 대금이 차지하는 비율을 비교한 후 파산재단에 속하는 재산에 대하여 별제권 목적의 환수절차가 이루어졌다고 봄이 타당하다고 판시한 점이다.

그러나 별제권 목적의 환수는 제492조 제14호에 의하여 법원의 허가를 얻어야 하는 것이므로 환수절차가 이루어졌는지는 파산관재인이 허가를 얻었는지 여부에 대한 사실인정의 문제이지 당사자의 의사표시의 해석의 문제가 아니다. 그리고 파산관재인이 구하는 상계허가는 별제권의 승인에 관한 동조 제13호를 유추적용하여 이루어지고 있음은 앞에서 본 바와 같으므로, 별제권의 승인으로서의 상계허가와 별제권의 목적의 환수허가를 혼동한 점에서도 법리 구성이 잘못되었다.

결국 이 쟁점에 관한 ① 판결부터 ④ 판결까지 지난 11년간 대법원의 궤적은 종전 서울중앙지방법원 파산부의 실무로 돌아온 셈이다. ④ 판결의 이유가 판시하듯이 분양전환가액에서 보증금을 공제하는 내용의 매매허가를 별제권 목적의 환수 허가로 봄이

20) ④ 판결은 새로운 법리 설시 없이 ②, ③ 판결의 법리를 인용하였다. ④ 판결이 최초로 판시한 부분은 파산관재인이 환취권의 목적인 재산을 환취권의 목적이 아닌 다른 재산과 한꺼번에 양도하면서 각각의 반대급부를 특정하지 않은 경우 환취권자는 전체 반대급부의 이행청구권 중 환취권의 목적인 재산의 가치에 상응하는 부분에 한하여 대체적 환취권을 행사할 수 있다는 점이다(이진웅, "2023년 도산법 중요판례분석," 법률신문 2024. 7. 13.).

타당하다면, 파산법원이 파산관재인과 임차인들이 합의하여 파산재단이 분양전환가격에서 임대차보증금을 공제하되 추가로 합의금을 받고 매각하는 계약을 허가하면 적법하다는 것이다. 그렇다면 굳이 별제권 목적의 환수라는 절차를 거칠 필요가 없다.

## Ⅳ. 평창토건 사건에 관한 대법원 판례

필자는 상계를 허용한 판결의 결론에는 찬성한다. 그리고 판결 이유 중 원칙에 관한 판단 부분은 찬성하고, 예외에 관한 판단 부분 중 임차인들의 환수대금채권은 파산선고 전의 원인으로 발생한 파산채권이 아니라고 판시한 부분은 반대한다. 그리고 임차인들이 별제권자에 준한다는 부분과 별제권 목적의 환수 절차를 언급한 부분은 蛇足이라고 생각한다.

### 1. 공제합의에 관한 판단

4건 모두 임차인들의 매매대금지급채무에서 임대차보증금을 공제하기로 한 합의가 제422조 제1호에 위반되어 무효라고 보았다. 상계금지 규정은 강행규정으로 당사자의 특약에 의하더라도 상계금지의 대상이 되는 채권을 상계하는 것은 효력이 없으므로,[21] 파산채권자의 상계금지뿐 아니라 파산채권자와 파산관재인간의 상계합의도 효력이 없으므로 판례가 공제합의도 상계금지의 규정을 적용할 수 있다고 판시한 것은 타당하다.

### 2. 별제권의 의의, 승인 및 목적의 환수절차

#### (1) 별제권의 의의

별제권은 파산법이 창설한 권리는 아니고 실체법상의 담보권의 효력에 기하여 창설된 개념에 불과하다.[22] 별제권은 파산선고 시에 파산재단에 속하는 특정재산에 대하여 일정한 담보권을 갖는 자가 이러한 권리의 목적인 재산에 대하여 파산절차에 의하지

---

21) 통설 및 판례의 입장이다. 학설에 대한 소개는 전병서, 앞의 책(주 4), 362면 주석 29; 김동윤, "회사정리절차 및 화의절차에 있어서의 상계의 제한," 회사정리법·화의법상의 제문제, 법원도서관(2000), 635면. 日本의 판례도 같다(最高裁判所 昭和52. 12. 6. 民集31巻7号961頁, 파산관재인이 채권자와 상계금지에 위반된 상계를 유효하기로 합의하였다고 하더라도 그 합의는 무효이다. 판례 해설은 德田和幸, "相殺禁止規定に違反した相殺を有効とする合意," 倒産判例百選 第4版, 有斐閣(2006), 122-123면).

22) 임준호, "파산절차상 담보권의 처리," 破産法의 諸問題(하) 裁判資料 第83輯(1999), 82, 90면; 法人破産實務(제5판), 467면.

아니하고 행사할 수 있는 권리이다.[23] 별제권자가 되려면 파산재단에 속하는 재산상에 존재하는 유치권·질권·저당권·「동산·채권 등의 담보에 관한 법률」에 따른 담보권 또는 전세권을 가진 자이어야 한다.[24] 학설은 그 외 비전형담보인 양도담보(어음, 집합동산, 집합채권 등), 가등기담보권, 소유권유보, 우선특권[25]도 별제권에 포함시키고 있다. 물상보증인이 파산선고를 받은 경우처럼 담보권자가 파산채권자가 아니어도 별제권자가 될 수 있다. 재단채권자, 환취권자, 우선적 파산채권자는 모두 별제권자가 아니다. 전형담보이건 비전형담보이건 담보권이라고 평가할 수 있는 가장 중요한 요소는 특정 목적물에 대하여 우선변제권을 갖는 것이다. 경매청구권의 유무는 그 다음의 고려요소가 될 수 있다.[26] 이러한 이유로 파산채권보다 우선권이 인정되는 재단채권자는 상계금지의 제한을 받지 아니한다.

구 파산법 제85조는 부동산의 공유자의 1인이 파산선고를 받은 경우에 공유에 관한 채권을 가진 다른 공유자는 분할로 인하여 파산자에 귀속할 공유재산의 부분에 관하여 별제권을 가진다고 규정하였으나 채무자회생법은 이 제도를 폐지하였다.

(2) 별제권자의 지위

별제권의 피담보채권 역시 파산채권이므로 별제권자는 동시에 파산채권자이다(채무자가 물상보증인인 경우 제외).[27] 그러므로 별제권자도 별제권 포기와 관계 없이 파산신청할 수 있다. 담보채권자 중 담보가 부족하여 부족분에 대하여 일반파산채권자로서 파산신청을 할 수 있음은 다툼이 없고, 담보가치가 충분한 경우에도 파산신청권이 있다. 예정부족액이 있는지 여부는 파산선고 후에 확정되는 문제일뿐 아니라, 파산채권인 피담보채권에 기한 파산신청자격에 영향을 주지 않기 때문이다.[28] 또한 파산자가 면책을 받으면 별제권자는 별제권을 행사하여 담보목적물의 가액의 범위 내에서 변제를 받을 수 있을 뿐 나머지 부족분에 대하여는 더 이상 소구할 수 없다.[29] 미국 연방파산법의

23) 일본 파산법 제2조 제9항 정의규정.

24) 회생담보권에 포함되어 있는 양도담보권, 가등기담보권, 우선특권이 별제권에는 누락되어 있다(제141조와 제411조 비교).

25) 우선특권은 선박저당권이나 선박질권보다 우선하기 때문이다(상법 제788조).

26) 유치권의 경우 민법전에 경매신청권은 인정되면서도 우선변제권이 인정되지 않고 있지 않기 때문에 유치권의 담보물권성에 관한 논의가 있다(高翔龍, 物權法, 法文社(2007), 524면).

27) 노영보, 앞의 책(주 11), 415면.

28) 伊藤眞, 앞의 책(주 7), 136면.

29) 대법원 2011. 11. 10. 선고 2011다27219 판결(공 2011하, 2543)(제566조는 "면책을 받은 채무자는 파산절차에 의한 배당을 제외하고는 파산채권자에 대한 채무의 전부에 관하여 그 책임이 면제된다. 다만 다음 각 호의 청구권에 대하여는 책임이 면제되지 아니한다."고 규정하면서 제411조의 별제권자가 채무자에 대하여 가지는 파산채권을 면책에서 제외되는 청구권으로 규정하고 있지 아니하므로, 법 제564조에 의한 면책결정의 효력은 별제권자의 파산채권에도 미친다. 따라서 별제권자가 별

법리도 같다.[30)]

(3) 준별제권자와 별제권에 준하는 자

준별제권자는 파산재단에 속하지 아니하는 채무자의 재산, 예컨대 압류금지재산 위에 질권·저당권 또는 「동산·채권 등의 담보에 관한 법률」에 따른 담보권을 가진 자를 지칭한다. 준별제권자는 권리의 행사에 의하여 변제를 받을 수 없는 채권액에 한하여 파산채권자로서 그 권리를 행사할 수 있고 준별제권자에 대하여는 별제권에 관한 규정을 준용한다(제414조). 따라서 준별제권자는 파산재단에 속하지 아니하는 재산에 대하여 담보권을 가진 자이다.

그런데 판례가 지칭하는 평창토건에서 임차인들이 '별제권에 준한다'는 것은 임차인들이 준별제권자가 아니라 임차인들이 우선변제권의 한도 내에서 파산재단에 속하는 임대주택에 대하여 임대차보증금반환채권의 만족을 받을 수 있다는 취지를 강조한 표현에 불과하다.

자동채권이 담보부채권이라도 회생절차와 파산절차에서 상계금지의 요건에 해당하면 상계할 수 없다. 제144조는 명문으로 회생담보권자가 상계금지의 법리의 적용 대상임을 밝히고 있다. 별제권자는 파산절차 외에서 별제권을 행사할 수 있음에 그치는 것이지 파산절차에서 상계금지의 제한에서 자유롭다는 취지는 아니다. 목적물 매수대금 채무가 아닌 다른 거래에 기한 채무와 별제권의 피담보채권으로 상계할 수 없다. 위 대법원 2011다3063 판결(미공간)도 확정일자를 받은 우선변제권이 있는 주택임차인의 보증금반환청구권을 자동채권으로 하는 경우에도 원칙적으로 상계금지의 법리가 적용됨을 밝히고 있다(필자는 상계가 가능하다는 입장이다).

별제권의 피담보채권 역시 파산채권이라고 보아야 한다. 그럼에도 불구하고 대법원 2015다44274 판결이 임차인들의 환수대금채권이 파산선고 전의 원인으로 인하여 발생한 파산채권이 아니라고 판시한 것은 잘못된 표현이다.[31)]

판례의 입장을 선해하면 주택임대차보호법상 대항요건 및 확정일자를 갖춘 임차인들은 제415조 제1항에 의하여 파산재단에 속하는 주택(垈地를 포함한다)의 환가대금에서

---

제권을 행사하지 아니한 상태에서 파산절차가 폐지되었다고 하더라도, 제564조에 의한 면책결정이 확정된 이상, 별제권자였던 자로서는 그 담보권을 실행할 수 있을 뿐 채무자를 상대로 종전 파산채권의 이행을 소구할 수는 없다).

30) "A bankruptcy discharge simply relieves the debtor from any further personal liability for the debts covered by the discharge. A bankruptcy discharge does not wipe out liens." David G. Epstein, Bankruptcy and Related Law in a Nutshell 9th Ed 170 (West 2017).

31) 백숙종, 앞의 글(주 19), 235면도 임차인의 파산관재인에 대한 환수대금채권은 파산채권이 아니라고 기술하고 있으나 근거를 제시하지 않고 있다.

다른 담보물권자보다 우선하여 임차보증금반환채권의 만족을 받을 수 있으므로 이는 마치 별제권자가 파산재단에 속하는 재산의 환가대금에서 우선하여 변제받을 권리와 유사하다는 점을 착안하여 별제권에 준하는 자로 본 것이다. 그리고 별제권자는 민사집행절차에서 당해 목적물의 매각대금과 피담보채권을 상계할 수 있으므로 이와 유사하게 임차인들도 별제권자에 준하여 별제권의 목적의 환수절차를 밟음으로써 상계를 가능하도록 입론한 것이다.

### (4) 별제권의 승인 및 목적의 환수절차

별제권의 승인절차는 법원의 감독권의 행사이지 별제권을 확정하는 절차가 아니다.[32] 이는 파산관재인이 법원에 대하여 어떠한 담보권이 적법하다는 것을 인정하고 담보권실행을 다투지 않겠다는 것을 법원이 허가하는 것이다. 별제권자가 파산관재인의 별제권 승인허가를 받아야 비로소 별제권을 행사할 수 있는 게 아니다. 이 점은 환취권 승인제도와 같은 취지이다. 별제권자는 파산관재인이 별제권 승인 절차를 거쳤는지 여부와 무관하게 언제든지 별제권을 행사할 수 있지만 별제권 승인절차를 밟으면 파산관재인과 피담보채권의 존재 또는 액수에 관하여 다툼 없이 신속하게 담보권을 행사할 수 있다는 것에 불과하다. 파산관재인이 별제권을 다투려면 담보권존재확인소송, 목적물인도청구소송에 의하여 해결되어야 한다.

'별제권의 목적의 환수'(제492조 제15호)는 파산관재인이 담보물의 피담보채권을 시인하고 별제권자에게 채무 전액을 변제하여 담보권을 소멸시키는 것이다.[33] 별제권자가 별제권을 행사하는 것보다 파산관재인이 피담보채권을 먼저 변제하고 임의매각하기 위하여 또는 파산관재인이 임의매각한 후 매수인이 피담보채권을 변제하거나 면책적 채무인수를 하기 위하여 별제권의 매각과 병행하여 별제권 목적의 환수를 하는 것이 실무이다.[34] 실무상 파산관재인이 별제권의 목적을 환수하기 위하여는 당연히 변제자금이 필요하고 그 자금의 조달의 가부 또는 변제하는 것이 유리한 지 여부에 대하여 미리 법원에 신청하여 허가를 받고 있다.

### (5) 대항력과 확정일자를 갖춘 임차인의 지위

주택임대차보호법상 대항요건과 확정일자를 갖춘 임차인들은 주택임차인은 우선변제권의 한도 내에서는 임대인에 대한 개인회생절차[35] 또는 파산절차[36]에 의하지 아니

32) 伊藤眞, 앞의 책(주 7), 723면.
33) 法人破産實務(제5판), 博英社(2019), 469면; 노영보, 앞의 책(주 11), 417면.
34) 法人破産實務(제5판), 470면.
35) 대법원 2017. 1. 12. 선고 2014다32014 판결(공 2017, 2315). 이 판결은 우선변제권 있는 주택임차인을 개인회생절차에서 별제권자에 준하여 보호하고 있으므로 주택임차인의 임대차보증금반환채권

하고 자신의 임대차보증금반환채권을 만족을 받을 수 있다. 이러한 임차인들은 담보물권자가 아니므로 경매신청권한이 없으나 타인에 의하여 개시된 주택 등의 경매절차에서 우선하여 변제받을 수 있다. 대법원도 이 점을 고려하여 별제권자에 준한다고 판시한 것이다.[37] 그런데 별제권에 준하는 자가 갖는 임대차보증금반환청구권의 성질은 여전히 파산채권이므로 집행권원이 있다고 하여 파산재단에 속하는 재산에 대하여 강제집행을 할 수 없다.[38]

판례의 논리 뒤에는 임차인들이 별제권 목적의 임대차보증금반환채무액 상당의 환수대금채권을 가지려면 그 전제로 임차인들이 별제권에 준하는 자에 해당하여야 하고, 별제권자는 파산절차에 의하지 아니하고 별제권을 행사할 수 있는데(제412조), 그러한 행사에는 민사집행법에 의한 담보권실행으로서의 경매뿐 아니라 유질의 방법 및 파산관재인이 별제권 목적의 환수를 하는 것도 포함된다.[39] 법원의 별제권 목적의 환수허가에 의하여 파산관재인이 그 피담보채권 전액을 변제하여야 비로소 임대주택의 인도를 받을 수 있고 임차인의 환수대금채권도 법원의 허가에 의하여 발생한다고 본 것으로 추측된다.

그러나 저당권자인 별제권자가 갖는 피담보채권은 파산채권이다. 법원의 '별제권 목적의 환수 허가'에 의하여 별제권자가 별제권 목적물의 환수 절차를 거쳐 파산재단으로부터 목적물을 매수함으로써 갖는 피담보채권이 새로운 성질을 갖는 환수대금채권으로 변경되는 것이 아니다. 이러한 법리는 별제권에 준한다는 임차인의 보증금반환채권에 대하여도 동일하게 적용되어야 한다.

제415조의 내용에 의하면, 대항요건과 확정일자를 갖춘 주택임차인이 주택의 경매절차에 한하여 경매대금에서 다른 채권자에 비하여 우선하여 변제받을 수 있는 것이 아니라 경매절차 외의 방법에 의한 주택의 환가대금에서도 우선변제받을 수 있다.[40] 따라서 임차인들은 별제권자가 임대주택에 관하여 경매를 신청하거나, 임의매각(양도담보, 가등기담보 등)의 방식으로 담보권을 실행하는 경우에도 제415조의 우선변제권에 기하여

---

중 우선변제권의 한도 내에서는 면책결정의 효력이 미치지 않는다고 판시하였다.

36) 대법원 2017. 11. 9. 선고 2016다223456 판결(공 2017, 2315).

37) 위 대법원 2014다32014 판결이 처음으로 구 개인채무자회생법 제46조 제1항을 근거로 우선변제권 있는 주택임차인을 개인회생절차에서 별제권자에 준한다는 표현을 사용하였다.

38) 서울中央地方法院 破産部實務硏究會, 個人破産·回生事件實務(제5판), 博英社(2019), 554면.

39) 齊藤秀夫·麻上正信·林屋礼二 編, 注解破産法 第三版(上), 青林書院(1998), 667면.

40) 제415조의2는 임금 등 채권자에 대하여 파산재단에 속하는 재산에 대한 별제권 행사 또는 체납처분에 따른 환가대금에서 우선변제권을 부여하고 있다. 그러나 제415조는 별제권 행사, 체납처분 외에 파산관재인의 환가절차도 포함된다는 점에서 차이가 있다.

매매대금에서 보증금반환채무를 공제하고 주택을 매수할 수 있다. 그리고 파산관재인이 '별제권의 목적의 환수' 허가 없이 단지 부동산의 매각(제492조 제1호) 허가만을 받아 임의매각하는 경우에도 그 매각대금에서 우선변제를 받을 수 있다. 이처럼 우선변제권이 인정되는 채권자가 상계를 하더라도 다른 파산채권자들에게 해를 끼치지 아니하므로 이러한 임차인의 상계 또는 공제합의는 유효하다. 그렇다면 파산관재인이 별제권의 목적의 환수를 거치는 것은 파산재단의 관리 환가에 관한 법원과 파산관재인의 업무에 불과하므로 주택임차인의 상계와 결부할 필요가 없다.

## V. 미국 연방파산법에서의 credit bidding

미국 연방파산법에서는 자동금지의 효과 때문에 소송제기, 추심행위 외에 담보권 행사가 중지된다(§ 362). 연방파산법은 상계의 담보적 기능을 중시하여 상계권자가 파산절차에서 담보권자라고 규정하고 있다.[41] 따라서 상계권자의 상계권 행사는 일종의 담보권의 행사이므로 상계권의 행사도 금지된다. 만일 상계를 하려면 구제명령의 일환으로 자동중지의 해제를 신청하여 법원의 허가를 받아야 한다. 상계권의 행사가 가능하게 되면 파산채권자는 § 363(k)에 기하여 credit bidding이 가능하다.[42] 한국식으로 생각하면 상계권자는 무담보채권자인데 상계를 인정하면 다른 무담보채권자와 형평을 해하는 것이지만, 연방파산법은 상계를 파산절차에서의 담보권의 행사라는 방식으로 접근하고 있다.

부동산을 담보물로 삼는 담보채권자의 경우에는 파산절차에서 담보목적물의 가치를 평가하여 담보물의 가치의 범위 내에서만 담보권자로 취급된다. 그러나 상계권자는 자신이 파산재단에 대하여 부담하는 채무 자체가 담보물과 같은 성격을 가지므로 별도의 담보가치의 평가 없이 파산채권자가 부담하는 채무액을 기준으로 credit bidding을 행사할 수 있다. 따라서 파산절차에서 파산채권자인 임차인이 파산선고 후에 임대차목적물을 구입하더라도 파산채권을 가지고 매수대금 지급채무와 상계할 수 있다. 그와 반

---

41) § 506(a)(1); "… *§ 553*에 기하여 상계할 수 있는 시인된 청구권은 … 상계할 수 있는 범위 내에서 담보부 청구권이고,"

42) § 363(k); 시인된 청구권의 담보목적물에 관한 본조 (b)에 기한 매매에서, 법원이 이유 있다고 판단하여 달리 명하는 경우를 제외하고, 담보권자는 매매에 응찰할 수 있고 만일 담보권자가 목적물을 매수한다면, 담보권자는 청구권으로 매수대금과 상계할 수 있다. 연방대법원은 담보권조에 대한 강제인가요건을 정한 § 1129(b)(2)(A)와 관련하여 담보권자가 계획수행의 일환으로 담보물을 매수함에 있어서 credit bidding이 필요하다고 판시하였다. RadLAX Gateway Hotel v. Amalgamated Bank, 132 S.Ct. 2065 (2012).

대로 임대인인 파산채권자가 파산한 임차인의 임차권을 매수하면서 상계하는 경우도 발생한다. 인기가 있는 임차 상점의 공매절차에서는 부동산소유자, 부동산개발업자 및 다른 소매상들의 경쟁이 치열하다.

연방파산법은 미이행계약과 함께 임대차계약에 관한 특칙을 두어서 임대인의 동의 없이 파산한 임차인의 파산관재인이 미이행 계약인 임대차 계약의 이행을 인수 후에 제3자에게 양도할 수 있다.[43] 이때 연체차임, 기타 금전채권을 갖고 있는 임대인은 파산관재인이 실시하는 임대차 매각의 공매절차에 매수인으로 참가하고 매수인으로 확정되면 매수대금에서 기존의 파산채권을 공제할 수 있다. 전세계에서 장난감매장을 운영하였던 토이즈러스(Toys “R” Us) 파산 사건이 대표적인 예이다. 토이즈러스가 파산신청을 하고 그 중 위치가 좋아 영업이 잘되는 매장을 임대차계약과 함께 매각하는 경우 임대인이 공매절차에 참가하여 높은 인수가격을 제시하여 매수하려고 하였다. 임차인의 파산관재인이 전국 여러 매장을 일괄적으로 매매하려는 경우 임대인이 자기 소유 매장의 임차권을 매수하는 것이 어렵다보니 오히려 새로운 임차인이 우월한 지위에서 임대조건을 정하는 경우도 있다. 이를 unplanned tennant라고 한다.[44] 미국 연방파산법과 달리 한국, 일본, 독일의 파산법에서는 파산선고 후 채무를 부담하였다는 이유로 상계가 금지된다.

## Ⅵ. 평창토건 사건에 관한 寸評

파산자 평창토건의 임차인들이 상계 가능 여부에 대한 2012년 최초의 선례(대법원 2011다3063 판결)에 의하면, 임차인들이 더 이상 과거 파산부의 실무에 따라 보호받을 수 없게 되었다. 그런데 2017년 두 건의 대법원 판결에서 상계금지에 관한 원칙을 반복한 후 별제권 환수절차라는 예외 이론을 새로 만들어 상계를 허용함으로써 파산부의 실무가 다시 부활하게 되었다.

위 2017년의 대법원 판결은 사회적 약자인 임차인들의 분양전환을 파산절차에서도 허용하려다 보니 복잡한 법이론을 전개한 것이다. 채무자회생법이 정한 상계금지는 파산채권자의 일방적인 단독행위인 상계의사표시가 무효라는 것인데 판례와 학설은 상계

43) § 365(f)(1)에 의하면, 양도금지특약에도 불구하고 파산절차 중에 관재인이 계약(임대차 포함)을 양도할 수 있다.

44) Tannenbaum Helpern Syracuse & Hirshhtritt, Retail Tenant Bankruptcies: A Shift in Favor of Landlords' Bids to Terminate Leases https://www.thsh.com/publications. 2025년 검색 기준.

합의와 공제도 무효라고 보고 있다. 이러한 법리를 관철시키면 파산관재인이 법원의 허가를 얻어서 임차인들과 종전의 파산채권을 일부 포기하고 새로운 분양계약을 체결하고, 이를 위하여 법원으로부터 '별제권의 목적의 환수' 허가를 얻었더라도 그 실질은 파산채권을 상계 내지 공제하는 것이므로 이 역시 금지된다고 할 수밖에 없다.

필자는 상계를 허용한 판결의 결론에는 찬성한다. 다만 다음과 같이 법리를 적절하게 설시한 후 결론을 내는 것이 조금 더 이론적이라고 생각한다. 먼저 ① 별제권자도 원칙적으로 상계금지의 법리가 적용된다. 예컨대 차용금 거래에서 발생한 피담보채권과 별도로 파산선고 후에 파산재단으로부터 외상으로 물품거래를 함으로써 발생한 물품대금채무와 상계하는 것은 제422조 제1호에 의하여 상계가 금지된다. 그러나 ② 별제권자는 파산절차에 의하지 아니하고 별제권을 행사할 수 있고, 별제권자는 담보물에 대하여 우선변제권이 있으므로 별제권 행사에 의한 목적물에 대한 환가절차에서 발생한 매매대금채무와 별제권자의 피담보채권과는 예외적으로 상계할 수 있다. 이른바 credit bidding이 가능하다. ③ 대항력과 확정일자를 갖춘 임차인들은 파산재단에 속하는 주택의 환가대금에서 우선하여 보증금을 받을 수 있으므로 비록 보증금반환채권이 파산채권이라 하더라도 제415조가 임차인에게 부여한 우선변제적 효력에 기하여 임대주택의 매매대금과 파산채권을 상계하는 것이 가능하다. 이러한 처리는 회생절차에서도 우선변제권 있는 임대차보증금반환채권을 회생담보권으로 분류하고 있는 것과도 균형이 맞는다.[45]

위 임차인들의 지위를 굳이 별제권의 개념에 포섭할 필요 없이 제340조에 따라 주택/상가 임대차계약이 쌍방미이행 쌍무계약에 해당하더라도 임대인이 파산선고를 받은 경우 파산관재인의 해제권한이 배제되는 것과 같이 상계의 근거를 제415조로 삼아 동 조항에 따라 임차인들이 임대목적물의 환가대금에서 다른 담보물권자보다 우선하여 변제받을 수 있으므로 임차인이 임대목적물을 매수하는 경우에도 매매대금채무와 보증금반환채권과 상계할 수 있다고 해석하면 족하다. 이는 원래 성질상 파산채권인 임금채권, 우선적 회생채권인 조세채권을 채무자회생법이 특별한 취급을 하는 것과 마찬가지이다.

민법에서의 상계는 상계권자의 일방적인 의사표시로 행사할 수 있는데 파산절차에서 임차인들이 상계권을 행사하려면 파산관재인의 권한을 빌려 별제권 환수절차를 거쳐야 상계가 가능하다는 복잡한 법리를 세울 필요가 없다. 더구나 민사집행법에 의한

45) 回生事件實務(上) 제6판, 747면.

경매절차에서 경매목적물인 주택을 임차인들이 매수하는 경우라면 경매법원이 별제권 환수절차 허가를 요구하지 아니하고 경락대금에서 임차보증금을 공제하고 경락을 허가할 것이다. 이 점과도 균형이 맞지 아니한다.

그렇다면 준별제권자라는 개념이 별도로 제414조에 있으므로 굳이 '별제권자에 준하는 지위'에 있다는 법리를 설시하거나 상계하기 위하여 반드시 '별제권의 목적의 환수'절차를 거쳐야 한다고 판시한 것은 蛇足이다.[46]

[2025 성균관대학교 민법판례연구회 발표문]

46) 이와 반대로 양형우, "별제권 목적의 환수와 파산절차상의 상계," 홍익법학(2024), 149면은 환수대금채권은 파산채권이 아니라는 판결 이유에 대하여 찬성하는 입장이다.

# 6. 회생회사의 신규자금과 확대방안



## Ⅰ. 서론

도산한 기업이 재건하기 위해서는 회생절차 신청 후 또는 회생절차개시결정 후 새로운 자금의 유입이 긴요하다. 법원은 채무자를 위하여 채권자의 집행행위를 금지 또는 중지시키고, 채권의 액수를 감면하거나 변제기를 유예하는 권한을 갖지만 금전을 대여할 수는 없다. 그러나 도산법은 신규자금에 대하여 다른 도산채권에 비하여 우선권을 부여하거나, 재건절차가 실패하여 청산절차로 전환하더라도 여전히 우선권을 부여하는 규정을 둠으로써 신규자금이 법정도산절차를 신청한 기업에 쉽게 유입될 수 있도록 배려하고 있다. 법원 역시 신규자금의 유치를 허가함에 있어 대출의 변제기나 이자율에 대하여 채무자의 경영판단에 맡기는 등 지나치게 간섭하지 않음으로써 신규자금의 유입을 독려하고 있다. 이하에서는 신규신용공여가 가장 발달한 미국의 DIP Financing에 관한 미국 연방파산법의 규정과 실무를 살펴보고, 일본(Ⅲ), 영국(Ⅳ) 및 독일(Ⅴ)의 제도를 연구함으로써 한국에서도 신규자금 대출이 활성활될 수 있는 방안을 찾아보고자 한다. 그리고 현행 채무자회생법에서의 신규자금의 현황과 문제점(Ⅵ)을 지적한 후, 개선책(Ⅶ)을 제시함으로써 글을 마무리하고자 한다.

# Ⅱ. 미국의 DIP Financing의 실무

## 1. DIP Financing의 법적 지위

미국에서 DIP Financing이라 함은 미국 연방파산법 제11장 재건절차(Chapter 11 Reorganization, 이하 제11장 절차라 한다)를 신청한 기업에 대하여 그 기업이 파산절차 중에도 계속하여 기업을 운용할 수 있도록 법원의 허가를 얻어 이루어지는 대출을 말한다.[1] 미국에서 신규자금의 대여가 도입된 것은 1978년 파산법이 개정된 이후이다. 도입 당시에는 활용되지 아니하였으나 1980년 당시의 케미컬 은행(현 체이스 맨하탄 은행)이 신규자금대여의 법적 보호에 착안하여 대출을 실행하여 성공을 거둔 후 다른 금융기관들도 이를 따라하면서 신규자금대여가 은행의 주요 사업의 하나가 되었다.[2] 미국에서는 대형 파산사건(mega case)에서 신규자금의 대여가 자주 이용되었다. K-Mart, United Airlines, US Airways, Worldcom 등의 파산사건이 그 예이다.[3]

미국에서 파산기업의 자금조달은 파산절차 초기 및 파산절차 중에 이루어지는 자금조달로서 roll-up[4]과 cross-collateralization[5]에 의한 신규자금의 대여가 있고, 파산절차종결 시[6]의 퇴출자금조달(exit financing)로 구분된다. 전자는 신규대출(DIP loan)과 현금담보물의 사용(use of cash collateral)[7]으로 나눌 수 있다. 파산절차 초기의 DIP

1) 미국의 DIP Financing 개념은 신청 후 인가 전에 제공되는 자금을 의미하고, 일본의 신규자금대여는 신청 후 계획인가 전의 단계 및 계획인가 후 절차의 종결까지의 단계에서 제공되는 자금을 의미한다. 이 글에서 DIP Financing은 미국의 신규신용공여를 말하며 DIP loan과 혼용한다.

2) 藤原總一郎, DIPファイナンスの實務, 金融財政事情硏究會(2002), 122면. 미국에서 1999년 제11장 절차를 신청한 기업 156건 중 신규자금대여를 받은 기업은 47개사로 누적액은 59억 달러에 달한다. 2002년도 신규자금대여에 의한 자금 규모는 약 100억 달러이다(Michael Singer, Pocket MBA, Practicing Law Institute, 35, 2005).

3) 미국의 신규자금대여에 관하여는 이화여자대학교 도산법연구센터, "도산법제의 선진화를 위한 비교법제연구 - 채무자 회생 및 파산에 관한 법률 개정방안을 중심으로 -," 최종보고서(2008. 12.), 159-160면. Worldcom(2002 파산신청)은 자산이 1021억 달러, DIP 대출액 11억 달러이고, Kmart(2002 파산신청)은 자산이 148억 달러, DIP 대출액이 20억 달러이고, US Airways(2002 파산신청)은 자산이 78억 달러, DIP 대출액이 5억 달러의 규모이다(Paul M. Goldschmid, MORE PHOENIX THAN VULTURE, 2005 Colum. Bus. L. Rev. 192, 239).

4) rollups라고도 표기한다. 기존 담보부 대주(貸主)가 DIP Financing 자금으로 기존의 담보부 채권의 전액 또는 일부를 변제하는 신규자금 대출이다.

5) 파산신청 후에 채무자가 장차 취득하는 자산(재고물품, 물품대금 채권 등) 위에 새로이 담보권을 설정하면서 파산신청 전의 무담보채권을 담보채권으로 승격시키는 것이다. 이에 대한 소개는 林治龍, "DIP Financing-한국과 미국의 비교," 파산법연구 3, 博英社(2010), 203면.

6) 재건계획의 인가로 법률상 채무자의 관리·처분권이 회복된다는 점에서 인가를 사실상 사건의 종결이라고 이해되기도 한다. 그러나 법률상으로는 부인권 소송 등이 모두 종료하여 법원이 별도로 종결명령을 내려야 비로소 사건이 종결된다.

loan은 재건계획 인가 후 재건절차에서 빠져나오기 위한 exit loan으로 대체된다. 퇴출자금의 대여자는 보통은 DIP Financing 대주이지만 간혹 다른 새로운 금융기관들이 되기도 한다. 계획인가 후의 퇴출자금 대여는 대출조건을 DIP loan보다 채무자에게 유리하게 정해진다.

채무자는 영업 및 Chapter 11 사건 진행을 위한 관리비용[8])을 지급하기 위해 신청 후 DIP Financing에 대한 법원의 허가를 구할 수 있다. DIP Financing 조건은 대주에게 유리한 경우가 일반적이다. DIP 대주는 대부분 채무자 자산 전부에 대한 담보와 높은 이자율을 요구할 뿐 아니라 DIP Financing은 § 507(a)(2) 소정의 관리비용으로서 제2순위가 부여된다. DIP Financing은 § 364(c)(1)에 따라 최우선순위 채권(superpriority)이 되므로 다른 관리비용(administrative expenses)보다 우선한다. DIP Financing은 실질적으로 파산사건에서 가장 높은 우선순위가 인정되는 채권으로 취급된다. Chapter 11 절차에서 계획이 인가되려면 DIP Financing 채권은 현금으로 변제하여야 한다.

DIP Financing은 채무자의 기존 선순위 담보채권자 그룹에 의해 이루어지는 것이 대부분이다. 왜냐하면 채무자는 채권자들의 동의 없이는 기존 담보채권자들의 권리에 우선하는 담보를 제공하거나 기존 담보채권자들의 현금 담보물을 사용할 수 없기 때문이다. 채무자가 담보채권자의 동의 없이 위와 같은 담보제공 또는 현금 담보물을 사용하기 위해서는 심문을 통해 법원이 담보채권자가 충분히 보호(담보가치가 채권액을 넘어섬)되었다는 것이 확인되어야 하는데, 사실상 입증이 어렵다. 그리하여 채무자는 일반적으로 담보채권자가 반대하면 제3자로부터 담보부 신규자금을 제공받기 어렵다. 기존 담보채권자들은 신규자금이 선순위로 들어오는 것에 동의해 주는 대신, 종종 이자를 매월 변제받거나 전문가 비용을 지급받는 형태로 충분한 보호(adequate protection)를 받는다.

기존 담보채권자들은 DIP Financing이 선순위로 들어옴으로써 초래되는 담보 부족액에 대해 추가적인 담보권(lien)을 설정받는다. 담보채권자는 Chapter 11 사건에 대하

7) 11. U.S.C. Section 363(이하 조문의 번호만 적는다)는 현금담보물에 관하여 규정하고 있다. 현금담보물이라 함은 현금 또는 유가증권, 권원증서, 증권, 예금구좌 기타 현금에 상당한 물건으로서 파산재단과 파산재단 이외의 자가 갖는 담보목적물을 말한다. 담보물의 처분 등으로 인하여 환가된 현금 역시 현금담보물에 속한다. § 363는 파산재단에 속하는 일반 재산과 달리 현금담보물에 관한 채무자의 관리처분에 대하여 특별하게 취급한다. 채무자는 통상의 영업활동을 위한 차재, 매각 등은 법원의 허가를 받지 아니하고 할 수 있다 그러나 현금담보물은 채무자가 재량으로 관리하는 것이 아니라 반드시 담보채권자의 동의 또는 법원의 허가(통지와 심문을 거친 후)를 한 경우가 아니면 처분할 수 없다(§ 363(c)(2)).

8) 관리비용(또는 관리비용청구권)이라 함은 파산재단의 유지비용, 일부 조세채권, 벌과금, 채권자의 파산신청비용, 관리인, 조사위원, 채권자조를 위한 변호사 비용 등으로서 그 내용이 연방파산법에 정하여져 있다. 다음에서 설명하는 § 364(a) 및 § 364(b)에 기한 우선권이 여기에 속한다

여 일정한 통제권을 가질 수 있을 뿐만 아니라 금융조건도 유리하기 때문에 DIP Financing에 참여할 유인이 있고, 채무자의 자본 구성에 제3자가 우선순위를 가지는 것을 막기 위해서라도 DIP Financing에 참여하려고 한다.[9] DIP Financing 시장이 어려워져서 신규자금 조달이 걱정이 되면 회사의 운영자금이 아직 여유가 있을 때 사전적 구조조정의 일환으로 제11장 절차를 신청하기도 한다.

## 2. 미국 연방파산법의 규정

미국 파산절차는 별도의 개시명령 없이 채무자 또는 채권자의 파산신청으로 개시되어 계획인가로 사실상 종료된다. 사건이 법적으로 종결되려면 별도의 사건종결명령(final decree closing the case)이 있어야 한다.[10] 따라서 신규자금대여도 파산신청 후 인가 전의 동안에 이루어지는 대출을 가리킨다. 이에 비하여 한국과 일본에서 신규자금대여라 함은 그 외에도 계획인가 후 재건절차 종료 시까지의 대출도 포함한다. 한국에서의 실무는 오히려 인가 후를 염두에 두고 있다.

미국 파산법은 신규자금대여에 관하여 § 364에서 규정하고 있다. 다음과 같은 네 가지의 방법이 인정되고 있다. 그에 앞서 한국의 공익채권에 유사한 일정한 그룹에 속하는 채권의 우선순위에 관하여 살펴보는 것이 필요하다.[11]

§ 507(a)는 파산절차에서 배당순위를 규정하고 있다. 담보권이 최우선순위이고 그 다음이 우선권 있는 채권(priority claims),[12] 일반파산채권(general unsecured claims), 벌과금(claims for fines 등), 이자채권(interest) 등의 순서이다. 이 점에서는 채무자회생법의 우선순위와 유사하다. 그러나 미국 파산법은 우선권 있는 채권을 다시 10가지로 나누어 순서를 정하고 그 액수에 제한을 두고 있으며, 우선권 있는 채권에 대한 이자채권은 이에 포함하지 않고 이자채권은 후순위 채권에 포함시키고 있다.[13] § 364에 대하여는 다

9) 이상의 내용은 필자의 질문에 대한 미국 파산법 변호사 Shirley Cho 변호사(Pachulski Stang Ziehl & Jones LLP)의 설명을 정리한 것이다.

10) 파산규칙 § 3022 "After an estate is fully administered in a chapter 11 reorganization case, the court, on its own motion or on motion of a party in interest, shall enter a final decree closing the case."

11) 박형준, "법정관리기업 인수·합병(M&A)의 실무와 전망," 사법논집(제44집), 법원도서관(2007), 657－658면; 김종석, "미국 파산법 제364조에 의한 채무자 구제금융에 관한 소고," 인권과 정의(통권 313호), 대한변호사협회(2002. 9), 64－87면; 남동희, "회생기업의 자금조달방법 － 미국 연방파산법상의 DIP Financing 제도의 도입가능성을 중심으로 －," 법조 통권 637 (2009), 265－272면.

12) 그 내용은 채무자회생법의 공익채권과 재단채권에 유사하다. 차이가 있다면, 이러한 채권은 신고하여야 하고, 채권 상호간에도 우선순위가 있다는 점이다.

13) § 507(a)가 정하고 있는 10가지의 순위의 차례는 다음과 같다. i ) 가족간의 부양료청구권, ii ) 파산재단의 관리에 필요한 관리비용, iii) 채권자의 파산신청사건에서 신청 후 개시결정까지의 기간

음과 같은 두 가지 문제점이 지적된다. 첫째, 파산법은 어떠한 근거에서 州法에서 허용되지 않는 신용공여를 채무자에게 부여하는가. 둘째, 법원은 어떠한 기준에 의하여 신규자금에 대한 신청을 허가할 것인가.[14] 미국에서 신규자금대여는 주로 기존의 대출채권자가 실행하며 그 이유는 제3자가 자신의 담보권에 우선하는 것을 원하지 않기 때문이다. 이하 우선권의 순위에 따라 살펴보기로 한다.[15]

(1) § 364(a)

관리인 또는 DIP가 행하는 통상적인 사업상 거래에서 발생하는 신규자금에 대한 채권에 관한 것이다. 동 조항에 의한 신규자금에 대한 채권은 우선권이 있는 채권 중 관리비용으로 취급된다.[16] 금액 제한과 법원의 허가 없이 거래할 수 있다.[17]

(2) § 364(b)

채무자가 통상의 거래 이외에서 무담보부신용을 얻는 것이다. 우선순위는 (a)항과 같지만 사전에 통지와 심문절차를 거친 후 법원의 허가를 얻어야 한다. 실무상 채무자가 파산신청일에 법원으로 first day order를 받게 되면, first day order에 신규자금대여가 포함되므로 통지와 심문은 생략된다. 관리비용은 § 364(c)의 최우선변제권 및 § 507(b)의 충분한 보호의 청구권의 대상이 되는 청구권보다 후순위이다. 그러나 실무상 계획인가의 요건으로서 관리비용은 채권자가 동의하지 않는 한, 전액 현금으로 일괄변제하도록 되어 있으므로(§ 1129), 계획이 인가되면 전액 변제받는다.[18]

(3) § 364(c)

채무자가 § 364(a)와 (b)의 방법에 의하더라도 신용을 얻을 수 없으면, 법원은 통지와 심문절차를 거친 후 허가를 통하여 최우선권을 부여하거나 담보권을 부여할 수 있

---

동안 통상의 거래에서 발생한 일반거래채권, iv) 임금(최대 15,150달러), v) 연금, 생명보험, 건강보험 등에 대한 근로자의 기여금(시기 및 한도제한), vi) 농·어부의 창고 및 가공처리업자에 대한 채권(최대 7,475달러/1인당), vii) 소비재구입을 위하여 임치한 자연인의 반환청구권(3,350 달러), viii) 파산선고 전의 조세채권(기간 제한), ix) 연방예금보험공사의 부보금융기관에 대한 청구권, x) 채무자가 음주, 마약복용상태로 운전하여 발생한 자동차 등 교통기관에 의한 인신사고로 인한 손해배상청구권. 금액의 한도는 물가지수를 반영하여 정기적으로 변경되고 있다(이상은 2025년판 법전을 기준으로 한 금액이다). § 364(c)(1)에 의한 신규자금대여 채권에 대한 우선권은 일률적으로 단일한 우선권 있는 채권에 속하는 것이 아니다. 사용 목적과 유형에 따라 기존의 담보권보다 우선하는 것(§ 364(d))부터 우선권 있는 채권 중 최우선권이 인정되는 것(§ 364(c)) 그리고 파산재단의 관리에 필요한 통상의 관리비용(§ 364(a)(b)) 등으로 구분된다.

14) George G. Triantis, A Theory of Reguleation of Debtor－In－Possession Financing, Adler, Foundations of Bankruptcy Laws, Foundation Press, 159 (2005).

15) 林治龍, 앞의 책(주 5), 198－212면을 요약하고 보완하였다.

16) Michael J. Herbert, UNDERSTANDING BANKRUPTCY 151 (1995).

17) 김종석, 앞의 논문(주 11), 64면 이하.

18) 事業再生迅速化研究會 編, 事業再生の迅速化, 商事法務(2014), 18면.

다. § 364(c)에 의하여 설정되는 담보권의 우선순위는 기존의 담보채권자의 권리보다 후순위이다. 그러나 § 364(c)(1)에 기한 우선권은 § 503(b) 및 § 507(b)[19]의 채권보다 우선한다.[20] 이러한 최우선권을 일컬어 superpriority라고 한다.

동조의 요건을 갖추기 위하여는 채무자가 무담보의 신규자금을 구하기 위하여 합리적으로 노력하였으나 실패하였음을 입증하면 족하고, 반드시 가능한 한 모든 수단을 강구하여 대여자를 찾아야 한다는 의무를 부담하는 것은 아니다.[21] 법원은 채무자의 경영판단을 존중하지만 경영판단이 적정한지 여부를 심사함에 있어서는 담보를 제공하면서 차입하는 것이 채무자의 재건에 필요한지, 대출조건이 공정한지, 대주가 선의로 행동하였는지 등을 심사한다. 이 과정에서 채무자는 금융을 조달하기 위하여 금융시장에서 그보다 나은 조건을 제시하는 금융상품을 찾기 위한 절차－이를 marketing process라 한다－를 거쳐야 한다. 법원은 대주가 금융기관이라면 공정하고 합리적인지(fair and reasonable)를 기준으로 판단하고, 대주가 구 주주나 내부자라면 공정성의 심사기준을 강화하고 있다(entire fairness).[22]

(4) § 364(d)

채무자는 담보부 또는 관리비용으로서 우선권이 부여되는 신규자금에 관한 차재허가를 법원에 신청할 수 있다.[23] 법원은 최후의 수단으로 신규대여자에게 기존의 담보채권자와 같거나 기존 담보권보다 우선순위의 담보권을 부여할 수 있다. 후자를 일컬어 priming lien이라고 한다.[24] 위 조항을 적용할지 여부를 판단함에 있어서 법원은 기존의 담보권자를 보호할 것인가 아니면 재건을 위하여 기존의 담보권자의 권리를 희생시킬 것인가 하는 정책적인 판단을 하게 된다.[25] 다음의 세 가지 요건을 갖추어야 한다. 첫째, 채무자가 다른 방법으로 신용을 얻을 수 없을 것 즉, 대체 신용이 어렵다는 믿음이 아니라 실제로 신용획득이 실패하였음이 인정되어야 한다, 둘째, 채무자가 기존의 담보채권자의 이익을 충분하게 보호하여야 한다. 충분한 보호라 함은 파산신청 전의 담

19) 자동중지, 현금등가물의 사용 등으로 인하여 충분한 보호를 받지 못하는 채권자들을 위하여 보호받지 못하는 부분에 해당하는 채권을 가리킨다.

20) 김종석, 앞의 논문(주 11), 77면.

21) In re Ames Dep't Stores, 115 B.R. 34, 37 (Bankr. S.D.N.Y. 1990).

22) Mark Duglas, DIP Financing Agreement Initially Rejected as Sub Rosa Chapter 11 Plan, Jonesday December 22, 2020.

23) Motion to Borrow Funds as Secured and Superpriority Administrative Priority Expense Pursuant to Section 364. 2009년 하와이주의 HBI 사건에서 채무자의 사실상 전재산을 담보로 하는 벤쳐캐피탈로부터 연 10%의 이자율로 대출을 법원이 승인한 사례가 있었다.

24) Suntrust Bank v Den－Ma가 Constr., Inc., 406 B.R. 683, 688 (E.D.N.C. 2009).

25) Suntrust, 406 B.R. 691. Herbert, *supra* note 16, at 153.

보채권자의 지위가 파산신청 후에도 마치 선순위 담보와 같은 지위를 유지하여야 한다. 대표적으로 정기적인 현금변제, 대체담보 또는 추가담보 또는 인적보증의 추가 제공 등이다.[26] 셋째, 법원의 통지와 심문을 거쳐야 한다.[27]

기존 담보권자가 반대하는 경우, 채무자는 다음과 같은 사항을 주장·입증하여 법원을 설득하여야 하지만 입증책임의 정도가 무겁다.[28] 담보목적물의 가치, 담보여력(equity cushion)의 존재 및 정도, 담보목적물의 성질, 향후 시장 상황에 따른 가치의 변동의 가능성, 추가담보 또는 대체담보의 내용 및 가치, 회사의 기업계속가치, 사업재건의 전망 등이다. 실무상 기존 담보권자의 동의 없이는 prime line에 대한 법원의 허가를 받기 어렵다.[29] 그리하여 기존 담보권자가 새로운 대여자가 갖는 prime lien에 의하여 자신의 담보채권자의 지위가 약화되는 것을 우려하여 roll－up의 형태로 신규자금을 채무자에게 빌려주고 이 자금으로 기존의 담보채권을 변제하며 법원도 그 효력을 인정하는 방식이 사용되기도 한다.

(5) § 364(e)에 의한 보호

동항은 § 364에 기한 신규자금에 대한 법원의 허가 명령에 따라 대주가 선의(in good faith)로 대출을 실행하였다면 설령 그 명령이 상소심에서 취소 또는 변경되더라도 대출채권의 성립, 채권의 우선권 또는 새로이 설정된 담보권의 효력에 영향을 미치지 아니한고 규정하고 있다. 이로써 파산신청 후에 선의로 신용을 제공(대출, 신용매출, 신용장 개설 등)한 채권자는 보호를 받을 수 있다. 동조는 채권자가 파산신청 후에 신용을 공여하기로 약속하여 일부를 실행하였으나 파산절차 중에 이해관계인이 DIP 대출에 대하여 이의를 제기하여 다툼이 있는 경우에도 법원의 허가명령을 믿고, 대출을 실행하는 선의의 채권자를 보호하는 데 그 목적이 있다.[30]

그런데 파산법은 선의가 어떤 뜻인지에 관한 정의 조항을 두지 않고 있다. 판례도 적극적으로 어떠한 대주가 선의에 해당한다고 판시하기보다는 채무자와 대주 또는 매도인 사이에 사기, 모의, 부적절한 목적으로 행위가 이루어지거나 거래의 불법성에 대한 인식이 있었다면, 선의에 해당하지 아니한다고 판시하고 있다.[31] 파산신청 전에 선

---

26) § 361. In re Campbell Sod, Inc., 378 B.R. 647, 653 (Bankr. D. Kan. 2007).

27) 만일 적법한 통지와 심문절차가 결여되면 비록 선의의 대주라고 하더라도 선순위 담보권의 지위를 잃고 일반의 무담보 채권자로 취급당할 위험이 있다(Herbert, *supra* note 16, at 152).

28) In re YL West 87th. Holdings I LLC, 423 B.R. 421, 441 (Bankr. S.D.N.Y. 2010).

29) 大川友宏, "米國のDIPファイナンすと日本への示唆," 角 紀代恵 外 3인 編, 現代の擔保法, 有斐閣(2022), 461, 467면.

30) In re EDC Holding Co., 676 F.2d 945, 947 (7th Cir. 1982).

31) EDC Holding 사건에서 Chase 은행이 채무자의 파산신청 후 자동중지에 반하여 예금반환채무와 파

의로 협상을 거쳐 이루어진 대출은 선의가 인정된다.[32] 실무에서 논의되는 것은 기존 주주, 임원 등 회사와 관련이 있는 내부자(insider) 또는 계열회사(affiliate)가 대출을 하는 경우에 선의를 인정할 것인가 하는 점이다.[33] 기존 주주의 채무자 회사에 대한 대출에 관하여 우선권을 인정할 것인지에 관하여는 LATAM Airlines 판결에서 다룬다(後述). 대출 조건으로 cross-collateralization 조항을 두었다고 하여 그 자체로 대주에게 선의가 부정되는 것은 아니다.[34]

(6) 제7장 파산절차로 이행-견련파산

제11장 절차 사건이 제7장으로 이행하는 경우에 관하여 파산법에 신규자금대여의 변제순위에 관한 규정이 없다. 다만 플로리다주 남부지구연방파산법원은 2013년 제11장 절차에서 제7장 절차로 이행된 사건에서 DIP 대주가 제7장 절차로의 전환 전의 최우선변제권을 가진 채권은 전환 이후의 관리비용보다 우선한다고 판시하였다.[35] 위 사건에서 제11장 절차개시 이후의 자금대출을 승인받기 위하여 채무자는 DIP 대주에게 § 364(c)(1)이 정한 바에 따라 "다른 어떠한 관리비용에 대해서도 그의 권한이 우선할 수 있는" 최우선변제권을 부여할 권한을 법원에 요청하였다.[36] 법원은 신규자금 대출을 승인후 2일이 지나 제11장 절차를 제7장 절차로 전환하였다. 제7장 사건의 파산관재인은 DIP 대주에게 최우선변제권을 인정하는 것에 반대하였다.[37] 법원은 "다른 모든 관리비용"(any and all administrative expenses)은 제7장 절차의 관리비용도 포함하는 것이므로 제11장 절차에서 제7장 파산절차로의 절차 전환은 § 364(c)(1)이 인정한 절차전환 이전의 우선권에는 영향을 미치지 아니한다고 판시하였다. 따라서 이 판결에 따르면 DIP 대주의 채권은 절차전환 이후의 관리비용에도 우선한다.[38]

다수의 입장을 대표하는 In re Energy Co-op 사건에서 다른 법원은 제7장 신청인의 관리비용은 절차전환 이전의 제11장 절차의 관리비용에 우선한다고 판시하였

---

산채권을 상계하자 채무자의 근로자들이 소송을 제기하였다. 소송 도중 은행이 채무자에게 170만 달러를 빌려주고 채무자가 그 돈으로 임금을 변제하기로 화해가 성립하였다. 은행이 위 대여자금이 § 364에 기한 신규대출에 해당하고 § 507(a)(3)임금채권에 준하는 우선순위를 주장하였다. 항소심은 은행의 주장을 배척하고 은행이 선의로 대출한 것에 해당하지 아니한다고 판시하였다.

32) Whorl v Solidus Networks, Inc. (In re Solidus Networks, Inc.), (B.A.P. 9th Cir. Dec. 24, 2008).
33) In re LATAM Airlines Grp. S.A., 2020 WL 5506407 96 (Bankr. S.D.N.Y. Sept. 10, 2020).
34) Burchinal v. Central Washington Bank (In re Adams Apple Inc.), 829 F.2d 1484 (9th Cir. 1987).
35) In re National Litho, LLC, 2013 WL 2303786, 5 (Bkrtcy. S.D. Fla. 2013).
36) § 364(c) "··· the court, ··· may authorize the obtaining of credit or the incurring of debt-(1) with priority over any and all administrative expenses ···" (밑줄 필자 강조).
37) Id.
38) Id. at 5.

다.[39] 마찬가지로 또 다른 법원은 In re Summit Ventures, Inc. 사건에서 파산법은 제7장 사건의 파산관재인이 업무에 대한 보상을 받는 것을 효율적으로 보장하기 위한 정책적 관점에서 제7장 절차의 관리비용이 전환 이전의 제11장 절차의 관리와 관련된 청구권에 대하여 우선한다고 판시하였다.[40] 그러나 가장 최신의 National Litho, LLC 판결은 이후 DIP의 협상 내용에 영향을 미칠 것이며, 관리비용에 대한 보호 규정이 없으면 절차전환 이후의 비용을 DIP가 부담하게 된다.

### 3. 미국에서 최근 신규자금 대출의 경향

#### (1) DIP Financing 대주의 변화

2007년에는 채무자가 신규대출을 받는 것이 어렵지 아니하였으나 리만브라더스가 2008. 9. 15. 파산신청을 하고, GE Capital이 더 이상 신규자금대여를 제공하지 않겠다고 선언하자, DIP loan 시장이 경색되기 시작했다. 그로 인해 DIP loan을 얻기가 어려워지고 이를 제공하던 금융기관의 수가 줄면서 상업은행 대신 투자펀드나 헤지펀드, 지역금융기관, 기관투자가 등이 새로운 DIP 대주로 등장하였다.[41] 신용위기 이전에는 DIP Financing에서 private equity fund는 25%에서 신용위기 이후에는 53%로 증가하였고, 반대로 은행은 83%에서 67%로 감축하였다.

#### (2) 기존 담보권자에 의한 신규자금대여(roll-up)

##### 1) roll-up의 의의

'roll－up'은 기존 담보부 대주가 실시하는 수비형 신규자금대여이다.[42] 즉 파산신청을 한 채무자가 신규자금을 제공할 다른 금융기관을 찾을 수 없다면, 기존 채권자로부터 신규자금대여를 구할 수밖에 없다.[43] cross－collateralization이 채무자가 파산신

39) In re Energy Coop., Inc. 55 B.R. 957, 969 (Bankr. N.D. Ill. 1985).

40) In re Summit Ventures, Inc., 135 B.R. 478 (Bankr. D. Vt. 1991).

41) 정준영, "한국의 기업회생절차에서의 DIP Financing," 도산법연구 제2권 제2호, 사단법인도산법연구회(2011), 155－157면; 이진웅, "PEF의 회생기업에 대한 투자 및 회생절차 종결," 법조 2011 (Vol. 662), 313면.

42) roll－ups in Bankruptcy (Practice Note, Lexis Practice Advisor, 10/29/2018). 예컨대, 기존의 대주가 신규자금으로 5억 달러를 빌려주면서 그 중 2억 달러를 기존 담보부 채권 10억 달러의 일부 변제에 사용하는 것이다. 실무상 기존 채권이 무담보 채권인 경우에는 roll－up이 이루어지지 않는다고 한다. 이하 인용한 미국 판례는 위 글에서 재인용한 것이다.

43) 미국에서 신규자금대여가 주로 기존 금융기관에 의하여 이루어지는 이유는 아래와 같은 문제점을 고려하기 때문이다. 첫째, 새로운 대주가 신규자금을 대출함으로써 최우선권을 갖게 되면 기존의 은행이 갖는 구 채권의 회수에 문제가 발생하게 된다. 둘째, 신규자금의 DIP Financing 대주에게 채무자에 대한 지배권을 빼앗기게 되면 채무자와 기존 거래은행 간의 관계가 소원하게 된다. 셋째, 기존 대주의 입장에서는 만일 채무자가 나중에 회생하게 되면 우량한 기업을 거래선에서 빼앗길 우

청 후에 취득하는 담보물을 통하여 파산신청 전의 무담보 채무를 담보부 채권으로 바꾸는 것임에 반하여, roll－up은 파산신청 후의 신규자금으로 파산신청 전의 담보부 채권을 변제하는 것에 차이가 있다. 파산재단에 커다란 도움이 되지 않고 기존 담보권자의 채권을 변제하는 데에 사용되므로 학자들은 roll－up의 제공자를 기존 담보권자가 아닌 신규의 제3자로 하고, 파산재단에 도움이 되어야 하고, 변제조건도 기존보다 파산재단에 유리하며 상당한 대금이 파산재단에 유입될 것을 제안하고 있다. 그렇게 되면 채무자가 파산신청일에 first day order를 통하여 roll－up을 받는 것은 매우 어렵다. 미국에서도 담보여력이 있는 담보물은 거의 없고, 신규대여자가 기존 담보권자에 우선하는(priming lien) 조건으로 신용을 제공하고 싶어도 기존 담보권자가 반대하면 사실상 이루어지기 어려운 점에 비추어 실무상 roll－up을 제공하는 대주는 주로 기존의 담보부 대주이다. 실무상 roll－up이 파산종결 시에 남은 대출액에 대하여 출자전환하는 등 그 형태는 다양하다.

2) roll-up의 장점[44)]

기존 담보채권자에게 roll－up이 유리한 이유는 아래와 같다.

첫째, 신규자금은 파산법에 의하여 우선권 있는 채권으로 인정받게 되고, 실무상 계획이 인가되려면 인가 시를 기준으로 우선권 있는 채권에 대하여 100% 변제가 이루어져야 되므로 신규자금 전액을 변제받는 것이 보장된다.

둘째, 담보권은 담보물의 가치에 의하여 담보권과 무담보채권으로 양분되고(bifurcation), 담보권이라 하더라도 채무자가 강제인가 제도를 이용하여 담보권의 변제기가 연장되고 수 회에 걸쳐 분할변제받을 수 있고, 무담보채권은 변제율이 낮게 된다. 그러나 roll－up을 이용하면 강제인가를 피할 수 있어 피담보채권 전액에 대하여 변제받을 수 있다.

셋째, 자동중지의 효과에 의하여 담보채권자는 담보권을 행사할 수 없다. 그리고 계획인가 후 채무자가 계획에서 정한 변제기한 내에 변제를 하지 못하여도 즉시 담보권을 실행할 수 없고 별도로 자동중지의 해제신청을 하여야 한다. 그러나 roll－up으로 신규자금을 대출하는 채권자는 법원의 신규자금 허가명령에 신규자금의 변제를 지체하면 즉시 담보권을 실행할 수 있다는 조항을 둘 수 있다.[45)]

---

려가 있다. 넷째, cross－collateralization을 이용함으로써 파산신청 전의 무담보 채권을 회수할 수 있기 때문이다(藤原總一郎, 앞의 책(주 2), 125면).

44) Rollups in Bankruptcy by Lexis Practice Advisor Attorney Team reviewed 09/22/2017를 참조하였다.

45) In re Capmark Fin. Group Inc., 438 B.R. 471, 511 (Bankr. D. Del. 2010). 마치 채무자회생법의

넷째, 담보채권자는 어차피 roll－up을 통하여 기존의 피담보채권을 전액 변제받을 수 있으므로 담보부 채권과 무담보 채권의 구분을 생략하거나 형식적인 평가만 할 수 있다. 일부 법원은 당사자가 합의하면 담보물의 평가절차를 생략하기도 한다.

다섯째, roll－up은 출자전환의 방식으로도 사용될 수 있다. General Growth Properties와 ION Media Network 사건에서 신규자금 대출채권을 고정된 주식지분으로 전환함으로써 대금을 회수할 수 있는 출자전환을 포함하고 있다.

roll－up은 실무상 기존 담보채권자가 사용하며 기존의 담보물에 충분한 담보여력이 있어, 후순위의 다른 담보권자가 변제받을 가능성이 있는 경우에만 인정된다.[46] roll－up을 실시하는 채권자는 기존 채권의 전부 또는 일부를 변제받고, 신규자금에 대하여는 최우선권 있는 채권 또는 담보부 채권으로 취급받게 되는 장점이 있다. 신규대여자가 실제로 금원을 대출하지 않으면서 현금 담보물의 환가대금으로 파산신청 전의 담보부 채권을 변제하고, 그 금액만큼 신규대여로 취급하려고 시도하기도 하지만 이러한 경우에는 채권자들의 반대하여 법원이 허가하지 않을 수 있다.

### 3) roll-up의 형태 및 법원의 심사

roll－up의 형태는 기존의 담보부 채권의 전액(complete roll－up) 또는 일부(partial roll－up) 변제하는 방법(single advance)도 있고, 채무자가 거래선으로부터 받는 장래의 매출채권 또는 재산의 매각으로 기존의 채권을 순차적으로 변제하고 그에 비례하여 신규자금을 주는 점진적인 대출(gradual or creeping roll－up)의 방법도 있다.[47] rollup을 전부 super－priority가 있는 우선권 있는 청구권으로 대출할 수도 있고, 일부는 충분한 보호를 받는 기존의 담보대출, 후순위 담보 또는 priming lien으로 구성하는 등 여러 가지의 DIP Financing을 혼용한다.

cross－collateralization은 무담보 채권자를 부당하게 우대하는 결과가 되어 법원이 허용하지 않을 가능성이 있으므로 그 대신 roll－up 방법이 자주 사용된다. 그러나 여전히 roll－up을 이용하는 경우에도 신규자금의 일부로 기존의 파산채권을 변제하는 것이므로 채권자 평등에 어긋나는 문제가 발생한다. 법원은 채권자 평등의 문제 때문에 roll－up의 허가를 꺼리지만, 다른 대주를 찾을 수 없는 현실적인 필요에서 일부 재건사건에서 허용하고 있다.[48] 법원은 roll－up에 대하여 심사를 강화하고 있다. roll－up

---

회생절차에서 공익담보권에 기한 담보권의 실행과 유사한 기능을 한다.

46) 阿部信一郎, 粕谷宇史, 앞의 책, 86면.

47) Simon & Schuster, Inc. v Advanced Mktg. Seves. (In re Advanced Mktg. Servs) 360 B.R. 421, 425 (Bankr. D. Del. 2007).

48) In re Caccmise, 2009 Bankr. LEXIS 4174 at 10－11 (Bankr. E.D. Va. Dec. 22, 2009).

이 이루어지는 시기가 계획인가 전이므로, 다른 채권자에 비하여 신규자금제공을 하는 기존의 채권자를 지나치게 우대하는 것이 될 수 있기 때문이다. 법원은 roll－up을 통하여 담보부 채권 중 담보물의 가액으로 변제받지 못하는 무담보 채권까지 사실상 우선하여 변제받는지 여부를 염려하고 있다. 법원은 채무자가 현실적으로 신규자금제공자에 비하여 협상력이 떨어지고 cram down을 활용하지 못하는 등 채무자에게 비용만 들뿐 도움이 적고 채권자가 파산법의 우선순위를 회피하기 위한 것인지에 관하여 상세한 심리를 한다. 예컨대 만일 roll－up 채권자가 과도하게 회사를 지배하려는 경우에는 법원이 신규자금대여를 허가하지 않고 있다.[49] 그리하여 델라웨어주, 뉴욕주 남부지구의 파산법원은 roll－up에 관하여 법원이 심리 시에 고려하는 사항을 포함하여 상세한 지침과 절차에 관하여 법원이 정한 규칙에서 정하고 있다.[50] roll－up에 관한 판례는 많지 않고 주로 준칙과 가이드라인에 의하여 법리가 발전 중에 있다.

4) roll-up의 이용실태

2007년부터 2012년까지의 DIP Loan과 roll－up의 수와 평균 가치를 보면, DIP loan과 roll－up의 보급이 일반적인 경제적 상황의 영향을 받는다는 것을 알 수 있다. DIP loan과 roll－up은 2007년부터 정점인 2009년까지 증가하였으며 이것은 파산에서의 자금 조달에 대한 수요와 DIP 대주의 협상 능력에 있어 재정 위기가 영향을 미침을 시사한다.[51]

금융시장 붕괴 이후 2009. 11. 15.까지 성사된 신규자금대여는 56.5%가 신규자금이고 나머지는 기존 담보채권자에 의한 roll－up이라고 한다(연방정부가 담보채권자인 GM이나 Chrysler 사건은 제외함).[52] 최근의 roll－up 사례를 보면, Lyondell Chemical Co.(80억 달러의 DIP loan 중 33억 달러는 기존 담보채권의 대환), Blockbuster Inc.(2.5억 달러의 DIP loan 중 1.25억 달러는 기존 담보채권의 대환), Landsource Communities Dev. LLC(1,185,000,000달러 중 1,050,000,000달러가 기존 담보채권의 대환) 등이었다.[53]

---

49) In re Berry Good, LLC, 400 B.R. 741, 747 (Bankr. D. Ariz. 2008).

50) 뉴욕남부지구 파산법원이 발령한 가이드라인 General Order M 274－Guidelines For Financing Requests (September 2002) 및 준칙으로서 델라웨어주파산법원의 Del. Bankr. L.R. 4001－2(a)(i)(A)와 뉴욕남부지구파산법원의 S.D.N.Y. LBR 4001－2(a)(7).

51) Frederick Tung, Colleen Honigsberg, “Roll－ups, Debtor－In－Possession Financing, and Creditor Control in Bankruptcy Reorganization,” (June 14, 2014), 15. http://www.law.ntu.edu.tw/aslea2014/file/DIP%20FINANCING%20AsLEA%206－14－2014.pdf

52) Jameson Rice, Changes in Debtor－In－Possession Financing Following the Financial Collapse of 2008, 29 Rev. Banking & Fin. L. 312 (2010), 317－318. 정준영, 앞의 논문(주 41), 157면에서 재인용.

53) 정준영, 앞의 논문(주 41), 156면.

roll–up의 경우 기존의 담보채권을 대환하는 부분을 제외하고 신규자금에만 국한해서 보면 채무자는 매우 고율의 이자를 부담한다.[54] 예컨대, Lyondell Chemical Co. 사건에서 DIP Financing 80억 달러에 대한 수익은 연 20%(13% 이자와 7%의 수수료)인데, 신규자금 47억 달러에 국한해서 보면 실질이자율은 연 33%이다.

(3) 기존 주주로부터의 DIP Financing

2020년 코로나 사태로 인하여 여행 수요가 급감하여 항공기 회사의 파산이 재등장하였다. 南美의 주요 항공사인 칠레의 LATAM 및 계열회사 총 38개사가 뉴욕남부연방파산법원에 제11장 절차를 신청하였다.[55] 이 사건이 특이한 점은 회사가 기존 소수주주 또는 회사의 경영에 관여한 이해관계인로부터 신규자금을 받으면서 신가치 예외(new value exception)를 반영하는 조건의 금융계약을 체결하고, 그 허가를 법원에 요청한 것이다. '신가치 예외'라 함은 미국 연방파산법이 채택하고 있는 절대적 우선원칙의 예외로서 주주 또는 내부자 등이 신가치를 제공하면, 비록 주주보다 선순위인 채권자들이 전액 변제를 받지 못하더라도 주주들이 지분을 유지할 수 있다는 법리이다. 이 때문에 회사의 경영권을 유지하려는 구 주주들이 이 법리를 이용하려고 한다.[56]

위 사건에서 채무자는 이해관계가 없었던 채권자 Oaktree Capital Management를 Tranche A 채권자로, 기존의 소수 주주(카타르 항공과 코스타 항공, 합하여 21% 주식 보유)를 Tranche C 채권자로 하여 Tranche A 채권자에 대하여 재산을 제1순위의 담보로 제공하고, Tranche C 채권자에 대하여는 담보로 제공된 재산에 후순위의 담보권을 부여하고, 무담보 채권에 대하여는 관리비용보다 선순위의 이른바 super–priority claim의 지위를 부여하였다. 양 대출의 실행을 서로 연계하는 구조이다.

이 사건의 쟁점은 만일 채무자가 제11장 절차종결 시에 현금이 부족할 것에 대비하여 Tranche C 채권자에 대하여 현금변제 대신에 채무자가 주식을 20% 할인된 가격으로 매도하는 옵션을 갖는 것이 적법한가 하는 점이다.

이에 대하여 무담보채권자위원회, 사채권자위원회, 연방관리관 등이 Tranche C에

54) 정준영, 앞의 논문(주 41), 156면에 의하면 Circuit City 사건에서 이자율이 41%에 달한다고 한다.

55) In re LATAM Airlines Group. S.A. et al, 2020 WL 5506407 (Bankr. S.D.N.Y. Sept. 10, 2020). 세계 14위의 항공회사이고 금융부채만 76억 달러이다.

56) 1938년 구 연방파산법에서 신가치 예외를 인정한 연방대법원 판결로 Case v. Los Angeles Lumber Products Co., 308 U.S. 106 (1939)이 있다. 1978년 현행 연방파산법에서 신가치 예외가 인정되는지 여부에 대하여는 실무상 다툼이 있다(David G. Epstein, Bankruptcy and Related Law in a Nutshell 9th Ed 340 (West 2017)). Bank of America v. 203 North LaSalle Street Partnership, 526 U.S. 434, 119 S.Ct. 1411 (1999) 판결은 신가치 예외의 적부에 대하여 판단하지 아니한 채 신가치의 예외가 인정되기 위한 요건을 설시한 후, 당해 사안에서 신가치 예외의 적용을 부정하였다.

대한 부분에 대하여 내부자에 의한 신규자금 대출 조건이 채무자에 불리하고, 대출계약 과정이 불공정하며 대등한 거래조건을 결여하였으므로 '철저한 공정성'의 기준을 채용하여야 하고, 특히 종전 주주들에게 신회사의 주식을 부여하는 것은 절대적 우선원칙에 반하고 파산법이 금지하는 '숨어서 작성된 제11장 계획'(*sub rosa* chapter 11 plan)에 해당한다며 이의를 제기하였다.

법원은 쟁점을 세 가지로 요약한 후, 마지막 쟁점을 통과하지 못하였다는 이유로 신규자금금융신청을 불허하였다. 그 이후 법원의 지적을 반영한 수정신청을 법원이 허가하여 통과되었다.

첫째, 법원이 신규자금허가신청을 판단할 때에는 과연 신규자금의 내용이 공정하고 합리적인가 하는 점이고 이는 원칙적으로 기업의 경영판단에 맡기고 있다. 그러나 대주가 채무자 회사의 내부인(insider)인 이 사건의 경우에는 보다 엄격한 심사기준이 필요하다고 판시하였다.[57] 내부인의 범위에 대하여는 정의 규정인 § 101(31)에 한정되지 않고 그 외에도 대등한 지위를 넘어서 채무자 회사와 거래에 영향을 미칠 수 있는 자를 포함한다면서 비록 소수주주라도 이사회 구성원의 지명권을 갖고 있다면 이에 해당한다고 판시하였다. 이 경우 내부자는 대출거래가 공정하고 합리적이라는 수준을 넘어서 전적으로 공정하다(entire fairness)는 점이 증명되어야 하는데 법원은 이 사건에서 이 기준은 통과되었다고 판시하였다.

둘째, LATAM이 파산신청 후 신규자금을 얻는 상황에서 실시한 광범위한 실사절차, 협상, 마케팅절차 및 다수의 경쟁입찰 등을 거친 사정을 고려할 때, 대출조건이 공정하다고 판시하였다(파산신청 전에 마케팅을 시도하지 아니한 점은 다툼이 없었다). 법원은 채무자가 파산신청 전에 마케팅절차를 시도하지 아니하였더라도 파산신청 후에 건전한 마케팅절차를 거쳤으며, 파산신청 전에 마케팅절차를 시도하지 아니한 데에는 20억 달러 규모의 대출을 전부 담보하기 위한 충분한 담보가 없었다는 등 합리적인 이유가 있음을 인정하였다. 즉 신규자금 대출을 위한 마케팅 절차는 파산신청 후에도 할 수 있음을 명시하였다.[58]

셋째, 신규대출계약에서 정한 여러 내용들을 포함하여 법원이 계획의 제출 이전 단계에서 허가하면 이는 장차 진행되는 계획의 제출 및 표결절차에 있어서 다른 채권자들의 투표권 등을 침해하게 되어 이러한 대출계약은 sub rosa에 해당하여 위법하다.

---

57) LATAM, 2020 WL 5506407, at 27.
58) LATAM, 2020 WL 5506407, at 75.

### (4) DIP Loan 약정 내용의 변화

DIP Loan 시장이 축소됨에 따라 DIP Loan을 얻기 어려워지면서 DIP Loan의 조건도(이자율의 상승, 대출기간의 단기화 등) 채무자에게 불리해지고 있다.[59] 그리고 대주는 엄격한 대출 약정을 통해 재건절차에 주도적으로 관여하려고 한다. 예를 들면 대주는 약정서(covenant)에 § 363에 기한 재산의 조기매각, 각종 거래 및 재건계획에 대한 대주의 승인, 경영진 교체, 일정기한까지의 공개설명서(disclosure statement)에 대하여 법원의 승인을 얻을 것, 계획제출일, 심문기일의 지정 및 계획승인결정 등을 요구한다. 특히 roll-up의 대주는 채무자가 특정 기한까지 plan을 제출함으로써 Chapter 11 절차에서 벗어날 것 등을 요구한다. 그리고 covenant에 시장에서의 불리한 변화의 발생(Material Adverse Change, MAE) 조항을 둠으로써 채무자 회사에 대한 변제 회수를 강화하고 있다.

자동차 제조회사인 GM 및 Chrysler 재건사건에서 연방정부가 대주로서 주요 자산을 몇 주 만에 신설회사로 매각하여 사업을 계속하도록 했고, 남은 회사는 청산절차를 진행하도록 했다.[60] 최근 경향에 의하면, 신규자금을 제공하는 채권자들은 자신들이 추천하는 사람을 회사의 이사로 채우기도 하고 채무자 회사의 상당한 지분을 확보하는 등 파산절차의 주도권을 행사하고 있다.[61] 대출기한은 최대 2년이지만 점차 짧아지고 있다. 2009년 평균 대출기한은 14개월이다. 심하면 3-6개월인 경우도 있다.[62]

### (5) 퇴출금융(Exit Financing)

미국의 재건절차에서 계획인가 이후 재건절차를 법적으로 종결하기 위한 대출이 퇴출금융이다. 회사는 주식발행 또는 채권발행 또는 두 가지를 병행함으로써 퇴출금융을 얻을 수 있다. Freefall[63]의 유형이 아닌 사전계획형 또는 사전협상형의 제11장 사건에서 회사는 신청 단계부터 퇴출금융에 관한 내용을 계획에 반영할 수 있다. 이를 통하

---

59) 정준영, 앞의 논문(주 41), 157면.

60) Circuit City는 2008. 11. 10. 재건절차를 신청하였고, 법원으로부터 DIP Loan으로 12개월 만기의 11억 달러의 차용허가를 받았다. 이 대출액은 2008. 12. 29. 자동으로 9억 달러로 감축되도록 약정하였다. DIP loan 중 8.98억 달러는 기존 담보채권을 대환하는 것으로 한정되었는데 전체 대출금에 대해서는 연 7.25%의 이자와 수수료가 지급되는데 비해 신규자금에 대해서는 실제의 이자율이 41%에 달했다고 한다. 결국 Circuit City는 2009. 1. 16.까지 매각을 진행했으나, 매수자가 나타나지 않아 제7장 절차로 전환되었으며, 3만 명의 근로자가 실직하였다. Goldstein, et al, Debtor in Possession Financing and Second Lien/Subordination Issues, American Law Institute - American Bar Association Continuing Legal Education ALI-ABA Course of Study, April 28-29 (2011).

61) 이진웅, 앞의 논문(주 41), 315면.

62) Kenneth Steinberg and Christopher Robertson, Key Developments and Trends in DIP Financing, Practical Law Thomson Reuters (February 19, 2015).

63) 사전교섭형에 반대되는 개념으로서 사전에 채권자와 협상을 하지 아니한 채 재건신청을 하는 사건으로 말하며 Freefall 사건의 대부분은 재건에 실패한다.

여 회사는 신속하고도 성공적으로 제11장 절차를 마치고 원래의 상태로 복귀할 수 있다. 그러나 퇴출금융을 염두에 두고 재건신청을 하는 회사의 숫자가 적은 것인 현실이다.

먼저 대출에 의한 퇴출금융에 관하여 본다. 미국에서 가장 대표적인 퇴출금융은 채권금융기관에게 담보부 또는 무담보 사채를 발행하는 것인데 담보 여력이 필수적이다. 파산절차에서의 퇴출금융도 파산절차 외에서의 통상의 대출과 크게 다르지 아니하다. 즉 금융을 제공하는 자는 보통 대출확약의 형식(committed financing) 또는 대출노력(best efforts)의 형식을 취하게 된다. 또한 대출실행의 조건으로서 대출실행 전에 계획인가 등의 조건이 충족될 것을 요구하거나, 채무자에 대하여 중대하게 불리한 상황이 발생 시에 대출을 면제하는 조항(material adverse change clause)을 요구하게 마련이다. 대출확약은 계획의 수행가능성이 높기 때문에 법원의 허가를 받을 가능성이 크지만 대출노력에 관하여는 법원이 허가를 위한 심리기일조차 개최하지 아니한다.[64] 미국에서는 이 점을 염려하여 도산절연이 된 회사 앞으로 에스크로 구좌를 설정하고 그 회사가 사채를 발행하고, 투자자가 사채대금을 납입하는 구조를 사용한다.

또한 대여자 입장에서는 대출실행 후 계획이 인가되지 아니하게 되면 대출금을 회수할 수 없게 되는 위험이 있고, 법원의 입장에서는 인가 후에 약속대로 대출이 실행되지 아니하면 인가결정에 의한 권리변경 효력이 후에 覆滅됨으로써 법적안정성이 염려되어 대출이 실행된 후에 계획인가결정을 하려고 한다. 이 점은 한국도 같다.[65]

다음으로 신주인수에 의한 대출금융에 관하여 본다.[66] 채무자 회사가 이해관계인에 대하여 신주인수권(rights offering)의 부여를 통하여 파산절차에서 벗어나기 위한 대규모 금융을 조달하는 방법이다. 이에 의하면 채권자나 주주들에게 재건 후의 회사가 발행하는 주식을 일정한 기간 내에 고정된 가격(할인가격 포함)으로 인수할 수 있는 선택권 또는 권리를 제공한다. 이 방식은 금융시장의 경색 후 은행 이외의 고수익 펀드들이 대주로 참여하게 되면서 최근에 자주 등장하고 있다. 이 방식의 장점은 채권자는 인가된 회사의 가치를 평가하여 주식을 인수함으로써 고수익을 올려 채권을 회수할 수 있고, 채무자는 인수인 외에 별도로 예비인수인(backstop)을 세웠다가 만일 인수인이 약속

---

64) Keenan, Paul J. and Nancy A. Mitchell, Exit Financing 2 (Practice Note, Lexis Practice Advisor, 7/11/2008).

65) 홍성준, "회생과 인수합병," 제5기 도산법연수원 I, 서울지방변호사(2019), 362면; 林治龍, "회생회사의 인수합병(M&A)," 파산법연구 3, 박영사(2010), 224면에 의하면 실무는 제3회 관계인집회 3일 전에 인수대금 전액 예치하고 있다.

66) 朴珉俊, "미국의 기업 회생절차에서 신주인수권의 부여(Rights Offering)을 통한 자금조달에 관한 검토," 법조 2019(Vol. 733), 188－222면. 이 글은 2010년 이후의 제11장 절차에서 신주인수를 통한 자금조달에 관한 실무를 설명하고 있다.

대로 인수하지 아니하면, 예비인수인으로 하여금 인수하게 함으로써 회사의 재무상태를 호전시킬 수 있다는 것이다. 이 과정에서 stalking horse 방식에 사용되는 breakup fee나 약정수수료(backstop fee)를 예비인수인수인에게 지급한다.[67] 특정의 채권자나 주주에게 신주인수권을 부여하면 공정·형평의 문제가 발생하므로 보통은 특정 채권자조 또는 특정 주주조의 단위로 권리를 부여한다.[68]

### 4. 미국의 신규자금대여 운영 상황

#### (1) 대출 규모

2007년에는 18건 총 175억 달러의 대출이 있었고 그 중 Calpine Corporation이 100억 달러의 DIP 신용을 얻었다. 2008년에는 40건 총 242억 달러의 신규대출이 이루어졌다.[69] 2008년 리만브라더즈의 파산을 신용위기의 시발점으로 보고, 그 전후에 있어 DIP loan의 상황 및 채무자들의 파산절차의 성공률을 비교한 실증 연구에 의하면,[70] 신용위기 이전의 기간에는 175건, 총 125만 달러의 신규자금대여가 있었고, 신용위기 이후에는 213건, 총 173만 달러의 신규자금대여가 있었다.

2009년 초기에는 신용시장의 악화로 DIP lending이 감소할 것으로 예측되었다.[71] 초기 보고서에 의하면, 대주들이 수비형 DIP 대출을 준비하였음에도 불구하고 GE Capital[72]과 다른 주요 DIP 대주들은 DIP 대출을 하는 것을 멈추었다. 그러나 자금시장이 안정된 이후에 대주들은 기록적인 DIP 대출을 하였다. 2009년 최대 대주는 시티그룹 (24억 달러, 7 DIPs), 제너럴 일렉트릭(11억 2,000만 달러, 22 DIPs), UBS(9억 5천 3백만 달러, 7 DIPs), 골드만삭스(9억 1천 2백만 달러, 2 DIPs)이었다. 2009년에 채무자들은 총 600억 달러가 넘는 404건의 DIP 대출을 받았다. 그 중 Lyondell Chemical Company는 85억 달러의 대출을 받았다. 2009년의 규모는 2001년부터 2008년까지 중 최대금액 총

---

67) 예비인수인은 신주인수 약정의 대가로 약정수수료를 받고, 만일 채무자 회사가 예비인수인이 아닌 제3자에게 신주를 발행하는 때에는 breakup fee를 받는다. 박민준, 앞의 논문, 193-194면.

68) In re Washington Mutual, 442 B.R. 314 (Bankr. Del. Janunary 7, 2011)은 어느 채권자 조에 속하는 채권자들 중 2백만 달러 이상의 채권자에게만 신주인수권을 부여한 것은 같은 조 내의 채권자들을 차별하는 것으로 파산법 § 1123(a)(4)에 위배된다고 판시하였다. Paul J. and Mitchell, *supra* note 64, at 4.

69) Id.

70) Nikhil Abraham, Aditya Habbu, DIP Lending and the Death of Emergence: Reorganization Outcomes Post-Crisis, International Corporate Rescue (March 6, 2011).

71) Jeffrey McCracken and Paul Glader, "'DIP' Loans Are Scarce, Complicating Bankruptcies," Wall St J Online, (Oct 17, 2008).

72) Id. 2007년 17억 달러를 파산 신청한 회사에게 대출하였다.

186억 달러의 345건의 DIP 대출과 비교된다. Chrysler(49억 달러)와 GM의 DIP 대출을 배제하더라도 거의 400억 달러에 달하여 2009년 DIP 대출은 이전의 어느 해 보다도 높았다. 2009년 최소 1억 달러의 자산을 갖는 채무자 회사는 360개였다. 반면 2008년에는 그러한 신청이 211건이었다. 이러한 DIP 대출의 증가는 경제위기 이후에 기업 파산의 신청이 증가된 것으로도 설명될 수 있다. 2012년 Residential Capital이 16억 달러를, 2013년 American Airlines의 퇴출금융으로 16억 달러를, 2014년 Energy Future Holdings Corp가 99억 달러 규모의 DIP 신용공여를 받았다.[73]

(2) DIP 대주의 구성

DIP 대주의 주체는 최근에 많이 변화하였다. 기존의 대주들이 제공하는 DIP 대출이 2009년 45% 증가하였다. 그리고 채무자들은 전통적으로 은행을 대주로 선택하였다. 제3의 DIP 대주들이 시장에 진입하였을 때, 그들은 § 363 매각에 대한 假橋로서 DIP 대출을 이용하였다.[74] 은행이 DIP 대출을 더 이상 실행 의사가 없게 되면서 DIP 대출 조건을 보다 엄격히 하였다. 자산 가격이 가파르게 떨어지는 상황에서, DIP 대주들은 자산에 기반을 둔 대출을 주저하였다. DIP 대주들이 가능한 한 자산매각 방식으로 이끌면서 전통적으로 2년 정도였던 DIP 대출의 변제기간은 3~6개월로 줄어들었다.[75] 대주는 이자 이외에 대출액의 2%를 각종 명목의 비용을 부과하고 있다. 금융주선기관으로서의 주선비용, 계약변경비용, 퇴출비용(exit fee) 등으로 부과하고 이를 선금으로 받는다. 그러나 간혹 기존의 대주가 아닌 파산채권자가 자신의 기존 채권을 경락대금에서 공제하는 credit bidding 방식으로 입찰에 성공하여 회사의 재산을 매수하는 대출방식(loan－to－own)을 이용하는 경우도 간혹 있다.[76]

## Ⅲ. 일본의 재생기업의 자금지원

### 1. 신규자금대여의 의의 및 종류

(1) 의의

'신규자금대여'란 민사재생절차나 회사갱생절차 등 재건형 법적도산절차를 신청한

---

73) Steinberg and Robertson, *supra* note 62.
74) John Blakely, The New DIPs, Deal Magazine (Jan 22, 2010).
75) Interview with Judge Christopher Sontchi, Delaware Bankruptcy Judge, on April 22, 2010.; Abraham, Habbu, *supra* note 70, at 8에서 재인용.
76) Steinberg and Robertson, *supra* note 62.

채무자에 대한 신규융자를 의미한다. 아직 도산절차의 신청에는 이르지 않은 사적정리 단계에서 채무자에게 융자하는 것을 pre 신규자금대여라고 부르고 있으나 이들을 모두 포함하여 관례적으로 널리 신규자금대여라고 한다.

민사재생절차 또는 회사갱생절차가 파산절차로 이행하는 경우에는 재단채권으로 취급되고, 민사재생절차에서 공익채권으로 취급된 것도 회사갱생절차에서 공익채권으로 취급된다.[77] 그러나 파산법에서는 재단채권 중에서 신규자금대여 채권에 대한 우선권이 인정되지 않고 있다.[78]

(2) 종류

1) 시기에 따른 분류

광의의 신규자금대여는 자금의 제공 시기 및 그 용도에 따라 다음과 같이 분류된다.

첫째, 초기 신규자금대여이다. 이는 도산절차 신청 시부터 인가결정까지의 기간에 제공된 자금이다. 단기 운전자금의 지원을 목적으로 융자의 신청부터 실행 시까지의 신속함이 요구된다.

둘째, 인가 후 신규자금대여이다. 이는 인가결정 이후부터 장기의 운영자금, 설비자금, 운전자금의 수요에 대한 자금을 지원하고, 사업의 안정, 재생에 필요한 자금을 지원하는 것을 목적으로 하는 것이다.

셋째, 퇴출 신규자금대여이다. 이는 스폰서에 대한 영업양도, 갱생채권의 일괄 변제를 위한 자금대여 등을 목적으로 하는 자금의 제공을 의미한다. 스폰서의 신용력과 사업성에 기한 여신판단이 가능하다.

넷째, pre 신규자금대여이다. 이는 법정재건절차에 들어가기 전 사업재생 ADR, 워크아웃 등과 같은 사적정리절차에 있어서의 신규자금대여이다. 단기의 자금조달을 안정화하기 위한 운전자금 융자이다. 이러한 채권을 사적절차 후에 이어지는 법정도산절차에서 어떻게 보호할 것인가 하는 점이 논의된다(後述).

2) 자금 제공 주체에 의한 분류

그 외에도 자금 제공의 주체가 기존 거래 금융기관인지에 따라 수비형(defensive) 신규자금대여와 공격형(offensive) 신규자금대여로 분류하기도 한다. 미국의 DIP 금융의

77) 회사갱생법 제50조 제9항 제1호. 회사갱생법이 2003. 4. 1. 시행되기 전에 있었던 민사재생사건인 마이칼 사건에서는 민사재생절차에서의 공익채권을 회사갱생절차에서 공익채권으로 취급하는 조항이 마련되어 있지 아니하였으나 실질적으로 공익채권으로 취급하였다(아와타구찌 타로, "일본의 DIP finance," 도산법연구 제2권 제2호(2011), 168면).

78) 아와타구치 타로, 앞의 논문(주 79), 167면; 伊藤眞, 破産法·民事再生法(第5版) 有斐閣(2021), 350면 주석 182(다른 재단채권과 동순위이다).

유형에서 비롯된 용례이다.79)

첫째, 수비형 신규자금대여는 전통적인 유형으로서 주거래은행 등 기존 거래 금융기관에 의한 신규자금대여를 말한다. 금융기관이 신규자금대여라는 추가신용 위험을 부담하지만 사업의 재생에 비해 사업가치가 향상되고, 결과적으로 기존 채권 회수의 극대화를 도모하는 것을 고려한다. 이러한 자금을 융자해주는 금융기관 등의 예로는 초기에는 富士銀行과 일본정책투자은행 등 정부계 금융기관에 한정되었으나, 이후 신규자금대여 사례가 증가되면서 다양화 되었다.80) 현재 이러한 융자를 취급하는 금융기관은 일본정책투자은행, 商工中金, 일부 도시은행, 외국계 금융기관, 외국계 기업, 생명·손해보험회사 등이 있다.81) 대체로 수비형 신규자금의 대주는 은행, 비은행(non-bank)의 일부에 불과하고 사례도 적다. 아직 수익성을 갖는 정도의 시장규모가 형성되지 않았기 때문이다.82)

둘째, 공격형 신규자금대여는 새로운 유형으로서 채무자와 금융거래가 없는 새로운 금융기관에 의한 신규자금대여이다. 사업파탄사유, 자금 조달을 예측하고, 스폰서의 유무를 포함한 재생 시나리오와 담보에 기한 채권 회수 등을 기반으로 대출을 한다. 일반적인 융자에 비해 금리의 수준이 훨씬 높다. 일본에서는 2001년 3월 민사재생절차를 신청한 Footwork Express에 대하여 제공한 DIP Finance가 공격형의 효시였다고 한다. 이때 일본정책투자은행 및 당시 후지은행(현 미즈호 은행), 구 SBI 파이낸스, ㈜도쿄스타은행, ㈜신세이은행, ㈜아오조라은행 등이 대출을 실행하였다.83)

## 2. 신규자금대여의 이용 상황

신규자금대여의 건수는 57건, pre 신규자금대여에 포함되는 것은 144건, 나머지는 신규자금대여도 아니며, pre 신규자금대여도 아닌 것으로 분류된다. 이와 같이 신규자금대여와 pre 신규자금대여 건수는 201건으로 대략 7할 이상이 pre 신규자금대여에 속한다. 신규자금대여는 2008년 종합건설회사의 도산에 이어 금액이 커졌으며, 10억 엔을 초과하는 건도 여러 개가 있었다. 그러다가 2008년을 정점으로 하여 소형화되어 가고 있다. 2009년 이후에는 1건 당 5억 엔을 초과하는 신규자금대여 대출건은 지금까지 1건

---

79) 大川友宏, 앞의 글(주 29), 456면.
80) 門口正人·西岡清一郎·大竹たかし, 新 裁判實務大系 21 會社更生法 民事再生法, 青林書院(2004), 371면.
81) 門口正人외 2인, 앞의 책, 91면.
82) 「倒産と金融」実務研究会, 金融と倒産, 商事法務(2013), 91면.
83) 実務研究会, 앞의 책, 75면.

도 없었다고 한다. 2억 엔부터 3억 엔의 규모의 대출건 정도가 있었다.

사적정리에 있어서도 2008년까지는 10억 엔 이상의 자금 수요가 있는 대출이 여러 건이 있었으나, 2009년 이후는 5억 엔을 초과하는 것도 거의 없었다. 소형 대출에서도 1억 엔 미만은 리먼 쇼크 이전에는 적었으나, 2010년 이후에는 1억 엔 미만의 건수가 절반이 되거나 절반 이상을 점하게 되었다. 따라서 단순총액에서 보더라도 2008년 최대액, 2009년은 전년 대비 반감, 2010년은 조금 감소, 2011년은 한층 감소되었다.[84]

### 3. 도산절차상 신규자금의 변제순위

#### (1) 재생절차 또는 회사갱생신청 후에 제공된 신규자금대여의 취급

##### 1) 공익채권화

보전관리인이 선임되지 아니한 사건에서 민사재생절차의 신청 시부터 개시결정 사이에 이루어진 자금의 차입은 법원의 허가 또는 감독위원의 승인에 의하여 공익채권으로 취급된다.[85] 만일 보전관리인이 선임되어 자금차입을 하였다면 법원의 허가나 감독위원의 승인 없이 공익채권으로 취급된다. 회사갱생절차에서 보전관리인이 개시결정 전에 법원의 허가를 얻고 공여받은 신규자금대여 역시 공익채권이다.[86] 민사재생절차개시 후에 채무자가, 회사갱생절차개시 후에 관리인이 법원의 허가를 얻어 차재한 경우의 신규자금채권이 공익채권이 됨은 물론이다.[87]

##### 2) 파산절차로의 이행

민사재생절차나 회사갱생절차 신청 후에 제공된 신규자금대여채권(공익채권)은 이들 절차가 좌절되어 파산절차로 이행한 경우에도 재단채권으로 취급된다. 파산법이 별도로 재단채권 중에서 신규자금대여 채권에 대한 우선권을 부여하지는 아니하였다. 만일 파산재단이 모든 재단채권을 변제하는데 부족할 경우, 신규자금대여 채권은 "파산채권자의 공동의 이익을 위하여 행하는 재판상의 비용"(파산법 제148조 제1항 제1호) 또는 "파산재단의 관리, 환가 및 배당에 관한 비용"(파산법 제148조 제1항 제2호, 파산관재인의

---

84) 実務研究会, 앞의 책, 144－146면.

85) 민사재생법 제120조 제1항 내지 제3항. 법원이 대출을 허가하는 방식이 아니라 공익채권으로 하는 것을 법원이 허가하거나(민사재생법 제120조 제1항), 또는 법원의 허가를 대신하여 감독위원이 승인하는 방식이다(동조 제2항). 공익채권으로 되는 청구권을 나열한 조항(민사재생법 제119조)에 개시 전 차입금채권을 규정하지 아니하고, 별도로 제120조를 두어 법원 또는 감독위원의 승인을 통하여 공익채권화하는 방식이다.

86) 회사갱생법 제128조 제1항.

87) 민사재생법 제41조 제1항 제3호, 제119조 제5호, 회사갱생법 제72조 제2항 제3호, 제127조 제5호. 伊藤眞, 會社更生法·特別清算法, 有斐閣(2020), 250면.

보수 등)에 열후하여 조세 등의 청구권(파산법 제148조 제1항 제3호) 등과 동순위의 변제를 받는다.

3) 민사재생절차에서 회사갱생절차로의 이행

민사재생절차에서 회사갱생절차로 이행한 주식회사 마이칼 사건에서는 2001년 민사재생절차 중에 실시된 신규자금대여에 대해, 그 후 회사갱생절차에서의 명문의 정함이 없는 상태에서 실무상 실질적으로 공익채권으로 취급하도록 한 바 있다. 현재는 입법적으로 해결이 되어 재생절차의 공익채권을 회사갱생절차에서도 공익채권으로 취급하도록 규정하였다.[88]

(2) 법정절차신청 전에 제공된 신규자금대여의 취급

1) pre 신규자금대여의 보호 필요성

사적정리절차에 있어서의 소위 pre 신규자금대여의 지위가 법정절차에서 어떠한 취급을 받는가 하는 점이 중요하다. 사적정리절차는 법정절차로 이행될 위험이 尙存하고 있으므로 사적정리단계의 융자가 당해 법정절차에서 공익채권으로서 우선성이 인정될 수 있는지 여부가 문제된다.

2) 사업재생 ADR 절차·기업재생지원기구절차에서의 신규자금대여

사적정리절차의 일종인 '사업재생 ADR' 절차 또는 '기업재생지원기구 절차'의 일정 요건을 충족하는 pre 신규자금대여는 이후에 민사재생절차나 회사갱생절차에서 다른 일반채권보다 우선적인 변제 대상이 될 수 있다.

민사재생법과 회사갱생법은 계획에서 권리변경의 내용에 "차이를 두어도 공평을 해하지 않는 경우"에는, 일반채권 간에도 다른 취급을 할 수 있도록 하고 있다.[89] 그리고 이것을 구체화한 규정으로, 産業活力の再生及び産業活動の促進に関する特別措置法(이하 '산활법'이라 한다) 제53조, 제54조가 소위 '형평고려규정'이 된다.

즉, 예를 들어 사업재생 ADR 절차에서 ① pre 신규자금대여가 사업을 계속하는데 없어서는 안 되는 것으로서 經濟産業省令이 정하는 기준에 해당하고, ② 사업재생 ADR 절차의 채권자가 갖는 다른 채권보다 pre 신규자금에 대한 변제를 우선적으로 취급하는데 대상채권자 전원의 동의를 얻어, 事業再生實務家協會에 의해 확인된 때에는, 법원은 ①, ②의 적합성을 판단한 뒤에, 회사갱생법 제168조 제1항 단서 소정의 '차이를 설정해도 형평을 해하지 않는 경우'에 해당하는지 여부를 판단한다. 그리고 만일 그에 해당하면, 회사갱생계획에 신규대출채권을 우대하는 조항을 둔다. 예를 들어 다른

88) 회사갱생법 제50조 제9항 제1호.

89) 민사재생법 제155조 제1항 단서, 회사갱생법 제168조 제1항 단서.

갱생채권은 10%의 변제밖에 받을 수 없더라도, pre 신규자금대여의 대부채권은 전액 변제를 받을 수 있도록 정하는 것도 가능하다.[90]

3) 사업계속을 위한 소액채권의 변제허가에 의한 방법

소액의 재생채권 또는 갱생채권 등을 조기에 변제하지 않으면 재생채무자 또는 갱생회사의 사업계속에 현저한 지장을 일으킬 경우, 재생계획 또는 갱생계획에 의하지 않고 변제하는 것에 대한 허가를 법원으로부터 받는 방법이다.[91] pre 신규자금대여는 소액성의 요건을 충족하지 않으면 계획 밖에서 변제할 수 없다. 이 '소액'은 탄력적인 해석이 가능하며, 부채규모에 따라 다르게 해석될 수 있다. 그러나 이 요건이 평등변제 예외의 근거가 되므로 다른 일반채권과 비교하는 것이 중요하다.

4) 화해에 의한 공익채권 부여

민사재생절차의 재생채무자나 회사갱생절차의 관재인이 그 행위로서 법원의 허가를 얻고 pre 신규자금대여의 대주와의 사이에서 화해계약을 체결하는 것에 의해 공익채권성을 부여하는 방법이 많이 논의되고 있다.[92] 그러나 이에 대해서는 본래 재생채권, 갱생채권에 지나지 않는 것을 법원의 허가를 통해 공익채권으로 격상하고, 재생계획·갱생계획에 의하지 않고 우선변제되는 방식을 인정하는 법적 근거가 미약하다는 비판이 있다.

## 4. 담보부 금융으로서의 신규자금대여

신규자금대여가 법적 도산절차에서 우선적인 취급에 한계가 있어, 주로 담보부 대출의 형태로 실시되고 있다. 그러나 채무자에게는 부동산에 대한 담보여력이 없는 경우가 대부분이므로 담보목적물로는 유동자산(재고상품, 외상매출금채권, 어음 등)이 사용된다. 대주의 입장에서는 이러한 유동자산을 취득하면서 궁박한 채무자의 사업 경영을 주시, 견제하면서 신규자금대여를 제공할 수 있다.

이러한 담보설정과 관련해서는 두 가지가 문제된다. 첫째, 일본에서는 동산·채권담보부 융자와 ABL(Asset－Based Lending)이 확대되고 있어 신규자금대여가 필요한 시점에 부동산뿐 아니라 이미 유동자산에도 담보가 설정된 상태에 있다. 이러한 경우에 담보권설정 당시 이미 대항요건이 구비된 기존의 집합동산·집합채권양도담보의 효력이

90) 実務研究会, 앞의 책, 78면.

91) 민사재생법 제85조 제5항 후단, 회사갱생법 제47조 제5항.

92) 민사재생법 제41조 제1항 제6호, 제119조 제5호, 회사갱생법 제72조 제2항 제6호, 제127조 제5호. 2003년 日本海工(주)의 사적정리 가이드라인절차와 회사갱생신청 전까지 자금지원을 받은 일본항공 사건의 그 예이다. 아와다구찌 타로, 앞의 논문(주 73), 171면.

법적 도산절차의 신청 또는 개시 후에 취득되는 재산과 외상매각대금에 대해서도 미치는지의 문제와 관련된다. 만일 이를 긍정하게 되면 신규자금 시장이 위축하게 될 것이다. 이에 미국과 같이 기존 담보권에 우선하는 담보권(priming lien)을 인정하자는 의견도 있으나, 일본의 담보법 원칙의 중대한 예외를 인정하는 것이 되어 충분한 검토가 필요하다고 한다.[93)]

둘째, pre 신규자금대여를 위한 담보설정 이후에 개시되는 법정 도산절차에서 부인권의 대상이 되는지 여부가 문제될 수 있다. 그러나 신규자금의 제공에 해당하는 한 편파행위에 해당하지 않으며, 차입금이 운영자금이나 채권변제에 사용되는 등 그 용도가 '은닉 등의 처분'에 해당하지 않는 이상 사해양도의 부인 대상에도 해당되지 않을 것이다. 자금대여와 담보설정이 동시에 이루어지면 이른바 동시교환적 거래행위에 해당하여 부인권에 해당하지 아니한다.[94)]

셋째, 미국 파산절차가 일본에서 승인되는 과정에서 미국 파산법원이 허가한 prime lien을 일본에 소재한 재산에 대하여 담보권순위변경의 합의를 통하여 실현하는 점과 roll-up의 도입 가능 여부, 신규자금대여에 대한 최우선권(super priority)을 회사갱생법에 규정하는 것에 대하여 논의가 진행되고 있다.[95)]

## Ⅳ. 영국의 신규자금 대출

### 1. 신규자금 대출의 현황

어느 나라의 재건절차이건 신규자금이 재건에 중요한 역할을 한다. 그런데 미국과 비교하면 영국에서는 DIP Financing에 관한 글이 적다. 그 이유 중 첫 번째는, 대기업에 관한 재건절차의 상당수가 영업상의 비밀이 유지되는 비공개의 사적 워크아웃 절차인 런던어프로치를 통하여 이루어지므로 통계를 알 수 없다는 점이다. 두 번째는, 도산사건의 통계에서 알 수 있듯이 대기업의 재건을 위하여 도산법의 재건절차인 관리절차가 활발하게 사용되지 않고, 오히려 회사법상의 회사채무정리절차(Scheme of Arrangement, SoA)가 활용되고 있기 때문이다.

---

93) 대법원 2013. 3. 28. 선고 2010다63836 판결(공 2013, 733)을 통하여 같은 논의가 촉발되었다.

94) 대법원 2017. 9. 21. 선고 2015다240477 판결(공 2017, 1965)이 처음으로 동시교환적 담보제공행위가 편파행위의 대상이 되지 아니함을 밝혔다.

95) 大川友宏, 앞의 글(주 29), 478-482면; 事業再生迅速化研究會 編, 事業再生の迅速化, 商事法務(2014), 18-20면.

그리하여 1986년 도산법(이하 연도를 생략하고 '도산법'이라 한다)에서의 신규자금은 관리절차에서 이루어지고 있다. 도산법의 회사임의정리절차(Company Voluntary Arrangement, CVA)에서의 신규자금에 관한 글은 발견하지 못하였다. 청산절차는 일반채권자를 위한 배당절차이고, 리시버절차는 담보권자를 위한 환가절차이므로 사업을 계속하는 것을 염두에 두고 있지 않다. 관리절차에서 신규자금이 조달된다고 하더라도 예외적이고, 대부분 신규자금은 관리절차를 통하여 회사를 인수하려는 인수인이 마련한다.[96]

워크아웃 중에 있는 기업에 대한 신규자금은 관찰 및 구제기간(observation and rescue period) 동안 기존의 금융기관이 담보권자의 동의를 얻어 선순위의 담보권을 취득한 후에 이루어진다.[97] 그러나 기존 담보권자 전부가 순순히 담보권의 순위를 양보하지 않을 터이므로 이 과정에서 무임승차를 노리는 채권자들과의 조정이 쉽지 않다. 그리고 도산절차에 들어간 기업은 담보여력이 있는 담보물도 거의 없으므로 신규자금을 얻는 것이 쉽지 않다. 2002년 기업법(The Enterprise Act 2002) 제정 시에 관리절차개시 후에 제공되는 신규자금에 대하여 미국 파산법과 같이 초우선순위를 부여하자는 제안이 있었으나 정부가 거절하였다. 따라서 현재는 관리절차에 들어간 기업에 대하여 신규자금의 대여는 기업의 재건과 관계 없이 평시처럼 상환받을 수 있는지 여부를 사업상의 판단에 따라 조심스럽게 이루어질 수밖에 없다.

## 2. 신규자금 대출의 우선순위

이 쟁점은 청산절차가 아닌 재건절차에서 문제가 되므로 관리절차에 한하여 살펴본다.[98] 일반적으로 보통법상의 담보권이 형평법상의 담보권보다 우선하므로 고정담보권(fixed charges)이 부동담보권(floating charges)보다 우선한다. 그러나 만일 부동담보권의 설정계약에서 추가담보설정 금지조항이 포함되면 부동담보권이 고정담보권으로 전환될 수 있다. 이러한 이유로 실제의 상업적인 면에서 양자의 구별 기준이 분명하지 않다.[99]

도산법은 '관리인의 보수와 절차비용'에 대해 우선권을 두고 있을 뿐, 관리절차개

96) David Ereira & Paul Sidle, 'England and Wales' in Financing Company Group Restructuring ed Gregor Baer and Karen O'Flynn, (OUP 2015) at 171. 이하 영국법의 설명은 *Corporate Insolvency and Governance Act 2020*, 'CIGA 2020' 개정 전의 상황을 전제로 설명한다.

97) Gerald McCormack, 'NATIONAL REPORT FOR ENGLAND', in Commencement of Insolvency Proceedings, 257 (Oxford 2012).

98) 우선순위는 담보제도를 설명하지 않고는 제대로 설명하기 어렵지만, 이하에서는 관리절차와 관련된 내용으로 한정하므로 청산절차와 SoA에서도 동일하게 적용되는 것이 아님을 밝힌다.

99) Ereira and Sidle, *supra* note 96, at 161.

시 이후에 얻게 되는 대출금의 변제에 대해 특별한 항목을 두어 그에 대하여 다른 담보권보다 우선적으로 변제받을 지위를 부여하고 있지 않다. 즉, 도산절차개시 후 대출금을 관리절차에 필요한 지출의 하나로 보아 우선변제를 인정하고 있을 뿐이다.[100)]

청산절차에서 채권의 우선순위는 비용(청산인의 보수 포함)－보통의 우선채무－제2순위의 우선채무－부동담보권－무담보 도산채권의 순이다.[101)] 이 원칙은 관리절차에서도 통용된다. 관리절차에서의 관리비용에 관한 내용은 청산절차와 유사하다. 관리절차에서 우선순위에 관한 규정에 의하면 관리인의 보수채권이 부동담보권보다 우선한다.

관리인의 임무 종료 시, 관리인의 보수와 비용은 자신이 관리 또는 통제하는 재산으로부터 임무종료 직전에 즉시 지급되어야 하고, 부동담보권에 우선한다.[102)] 관리절차 중에 관리인이 체결한 계약에서 발생한 채무 및 책임의 지급이 최우선이고, 그 뒤를 이어 제정법상의 담보권, 관리인의 보수 및 관리절차비용, 부동담보권의 순으로 우선순위가 정하여 진다.[103)] 도산법은 관리인의 임무 종료 시에 위와 같은 우선권이 적용되는 것으로 규정되어 있지만, 실무는 관리절차 진행 도중에 우선순위에 따라 변제되고 있다.[104)] 미국과 다른 점은 법원이 우선순위를 변경할 수 있다는 점이다.

영국의 2002년 기업법은 미국의 제11장 절차와 유사한 내용을 갖고 있다. 그러나 미국 제도에는 미치지 못한다.[105)] 관리절차에서 도산실무가인 관리인이 회사의 관리 및 재산의 처분을 권한을 갖고 있지만 담보채권자가 그들이 원하지 않는 재건계획을 수용할 것이 강제되는 강제인가(cram down) 제도가 없다.[106)] 그리고 2002년 기업법은 신규자금 대출에 관한 내용을 포함하고 있지 않다. 신규자금의 제공이 없으면 결국 회사 자산은 분리되어 낱개로 팔리고 회사는 청산절차로 들어가게 된다.[107)] 도산법에 신규자금 대여에 대한 우대조항을 두고 있지 아니하므로 기존의 모든 담보권자의 동의를 얻어 신

100) 도산법 부록 B1 para. 99. 관리절차에 관한 규정을 도산법 본문이 아니라 부록 B1에서 정하고 있다.
101) 도산법 §§ 175(2), 328(1).
102) 도산법 부록 B1 para. 99A(3).
103) 도산법 부록 B1 para. 99(4).
104) McCormack, *supra* note 94, at 256.
105) Nathalie Martin, Common-Law Bankruptcy Systems: Similarities and Differences, 11 Am. Bankr.Inst. L.Rev. 367 (2003), 367.
106) John Armour, Brian R. Cheffins, David A. Skeel, Jr., Corporate Ownership Structure and the Evolutuion Bankruptcy Law: Lesson from the United Kingdom, 55 Vand. L. Rev. 1699 (2002); Jack Friedman, "What Courts do to Secured Creditors in Chapter 11 Cram－down," 14 Cardozo L.Rev. 1496 (1993). 2020 CIGA에 의한 도산법 개정을 통하여 회사법 제26A편 재건계획절차를 도입하여 미국과 유사한 교차강제인가(cross－class cramdown) 제도를 도입하였다.
107) Vatsal Gaur, "Post－petition Financing Article in Corporate Insolvency Proceedings: a Comparative Study Across Various Jurisdictions," p. 20.

규자금에 대한 우선담보권을 설정하여야 하는데 실행이 쉽지 않는 등 재건기간 동안의 시장의 관행이 신규자금대여의 발전을 방해하고 있다는 평가를 받고 있다.[108] 이미 회사의 재산에 담보권이 설정되어 있을 뿐 아니라 새로운 담보의 제공을 금지하는 약정(negative pledge)이 붙어 있기 때문에 법에 근거 없이 관리인이 이를 무시하고 업무를 수행할 수 없기 때문이다.

2002년 기업법이 도산절차개시 후 신규금융에 대하여 언급하고 있지 않지만, 묵시적으로 표시되었다고 주장하는 것은 가능하다. 관리인은 돈을 빌리기 위해 경영권을 행사하고, 회사를 대리해서 담보를 설정할 수 있다.[109] 관리절차 중 채무와 책임의 변제에 대하여 관리인에 의하여 체결된 계약상의 책임은 다음과 같은 순서에 따른 우선권이 부여된다.[110]

"… 대출금 채무는 (a) 관리인의 보수와 비용에 앞서 지급할 수 있다. (b) 그리고 이것은 부동담보권에 우선하여 변제될 수 있다. (c) 이러한 모든 채무는 관리인이 그가 직위를 잃을 때까지 관리, 통제하는 회사 재산으로부터 변제받을 수 있다."[111] 도산법은 관리인이 빌린 대출금의 변제순위가 관리인에 대한 보수, 비용과 기존의 부동담보권보다 우선한다는 조항을 둠으로써 신규자금을 보호하고 있다.[112] 그러나 미국과 같이 신규자금에 대하여 우선권 있는 채권 가운데에서도 최우선의 우선권을 부여하는 (prime lien)과 같은 제도는 두고 있지 않다.[113] 이러한 점에서 보면 영국의 구제문화는 미국에 비교하면 아직도 채권자에 우호적이다.

## Ⅴ. 독일의 DIP Financing

### 1. 신규자금 대출의 우선권

독일은 미국처럼 강력하게 신규자금 대출채권을 보호하는 제도를 갖고 있지 않다. 종업원을 위한 임금채권에 대한 변제 외에 신규자금에 대하여 도산절차 중 채무자의 기

108) Id. at 21.
109) 도산법 부록 B1 para. 3.
110) 도산법 부록 B1 para. 99.
111) McCormack, "Super Priority New Financing and Corporate Rescue," (2007) J.B.L. 701, 721; 도산법 부록 B1, para. 99 (3), (4); Milman와 Mond 교수도 그들의 공동연구에서 이와 동일한 견해를 보였다. David Milman, David Emanuel Merton Mond, *Security and Corporate Rescue* (1999), pp. 27－28.
112) § 19와 도산법 부록 B1 para. 91.
113) 영국 도산법 전문가인 Look Chan Ho 변호사의 답변이다.

존 자산을 최우선 담보(priming)로 제공하고 자금을 빌리는 것은 허용되지 않는다. 한국과 마찬가지로 도산절차 개시 후에 은행이 관리인에게 금원을 대출하면 은행은 재단채권자(Massegläubiger)가 된다.[114] 그러나 보통은 도산재단이 은행의 대출에 대하여 담보를 제공할 수 있어야 가능하다. 또한 신규자금은 파산재단에 부담이 되기 때문에 채권자위원회의 동의를 얻어야 한다.[115] DIP 대주는 재정을 위한 관리비용에 대하여 다른 재단채권에 비하여 우선적 지위를 부여받고 있다.[116]

나아가 도산절차개시 이후의 신규자금은 도산절차개시 이전의 대주의 담보에 포함되지 않는다. 담보채권자가 도산신청 전에 장래 발생하는 채무자에게 귀속되는 장래 채권과 매매대금(account receivables and proceeds)을 담보물로 삼았다고 하더라도 도산절차개시 이후 채무자가 취득한 자산, 예를 들면 도산절차개시신청 후 수취계정 또는 수익에 대해서는 권리를 갖지 않는다.[117] 따라서 도산절차 개시 이후 채무자가 취득한 자산은 신규대출의 대주에 대한 담보로만 사용할 수 있다.[118]

## 2. 임금채권에 대한 체당금 제도

독일에서는 유동성 완화 염려와 긴급자금을 위한 필요가 있을 때, 사건의 초기 3개월 동안 모든 채무자 기업의 임금채무는 국가가 부담한다.[119] 즉, 채무자의 근로자는 채무자가 도산개시 전에 발생한 3개월 동안의 임금을 지급하지 아니하면 연방노동사무소(Bundesagentur für Arbeit)에 도산체당금(insolvenzgeld)을 청구할 권리가 있다. 채무자가 도산신청하면 도산관리인은 도산재단으로부터 종업원에 대한 임금 지급을 중지하고 지방노동사무소에 도산체당금을 청구한다. 도산관리인은 동시에 근로자들의 관공서에 대한 도산체당금을 담보로 금융기관으로부터 대출을 받아 그 대출금으로 종업원에 대한 임금을 도산절차개시결정시까지 지급한다. 그 후에 법원이 개시결정을 하면 노동사무소는 도산체당금을 파산재단에 양도하고 도산관리인은 그 돈을 인출하여 은행에 대

114) InsO § 53–55.

115) InsO § 160 ¶ 2.

116) §§ 55; 53 InsO. 나아가 ESUG는 DIP가 절차개시 전에 발생하는 관리비용을 법원에 승인을 구할 수 있다는 규정을 추가하였다(§ 270 para. 3 InsO–E. 36).

117) Leo Plank, Bernd Meyer–Löwy, Carl Pickerill, The New German Insolvency Code: Decoding Improvements and Remaining Risks, ABI Journal, Vol. XXXI, No. 2, (March 2012).

118) § 91 InsO (개시 이후에 발생하는 재단 자산에 대한 권리를 금지한다).

119) § 183, et seq. Leo Plank, Bernd Meyer–Löwy, Jonathan S. Henes, Carl Pickerill, "Germany's Revised Bankruptcy Code" http://www.kirkland.com/siteFiles/Publications/ DealPipeline_Plank.pdf.

출금을 변제한다.[120] 이 제도는 과거 독일 도산법이 재단부족을 이유로 사건을 기각하는 것을 방지하기 위하여 사용되었다. 3개월 동안 도산관리인이 임금을 지급하지 않아도 되는 것이 도산관리인으로 하여금 숨쉴 틈(breathing spell)을 주는 역할을 한다. 관공서의 구상권은 무담보채권으로 취급되어 실제로는 일부만 배당받는 것이 현실이다.

그 외 도산관리인은 조세채무의 일부 면제를 과세관청에 신청할 수 있다. 과세관청이 이를 받아들이면 이미 납부한 세금을 반환받을 수 있다.[121]

## Ⅵ. 채무자회생법 시행 후 신규자금의 실무

채무자회생법 시행 이후 신규자금이 필요하다는 요청에 따라 2009. 10. 21. 채무자회생법 개정으로 자금차입으로 인한 청구권을 최우선변제권이 있는 공익채권으로 하는 규정이 신설되었다(제179조 제1항 제5호, 제12호, 제180조 제7항). 2020년 개정 전의 채무자회생법은 회생절차에서 파산절차로 이행할 경우에 다른 재단채권보다 우선변제권을 인정하는 규정도 신설되지 않았다.[122] 앞으로 회생절차에서 신규대여금 채권에 대하여 인정되는 공익채권 중 우선적인 지위를 재단채권에서도 파산관재인의 보수 다음으로 다른 재단채권(임금채권 포함)보다 우선하는 조항을 명시하도록 채무자회생법의 개정이 시급하다.[123]

회생계획인가 전에 신규자금이 제공된 사례는 흔하지 않다. 2009년 회생신청을 한 쌍용자동차가 2009. 12. 17. 회생계획이 인가되기 전에 공장을 담보로 주채권은행으로부터 2009. 8. 18. 인력구조조정비용으로 1,300억 원을 대출받았다. 2011년 회생절차가 개시된 LIG 건설은 채권자협의회의 주도로 사업계속에 필요한 신규금융(공사이행보증, 수분양자에 대한 중도금대출)이 제공되었다. 2011년 회생절차가 개시된 동양건설산업은 금전채권신탁의 수익권을 담보로 600억 원의 운전자금을 대출받았다.[124]

---

120) Johan Schneider Germany,Colliers International Business Insolvency Guide, ¶23.06], LexisNexis (2022). § 183, et seq., SGB III.

121) Id. at ¶ 23.07[1].

122) 당초 법무부 개정초안에는 있었으나 그 후 기획재정부의 반대로 삭제된 채 개정되었다.

123) 이 글이 발표된 후 2020년 채무자회생법 제477조 제3항이 신설되어 견련파산절차에서 신규차입자금에 대한 우선권 조항이 마련되었다. 그러나 신규차입자금에 관한 채권과 임금·퇴직금 및 재해보상금(금액 제한 없음)과 같은 순위로 규정하는 바람에 오히려 신규자금제공이 어렵게 되었다. 동조에 대한 비판에 대하여는 林治龍, “개정된 채무자 회생 및 파산에 관한 법률 제415조의2 및 제477조에 대한 管見,” 회생법학 통권 제21호, 한국채무자회생법학회(2020), 29−59면.

124) 이상의 내용은, 정준영, 앞의 논문(주 41), 162면.

퇴출금융의 예로는 해운물류회사인 대우로지스틱스가 2010. 10. 29. 회생계획인가결정을 받은 이후 PEF(기업재무안정사모투자전문회사)로부터 1,200억 원의 투자를 받고(600억 원은 상환전환우선주식의 인수, 600억 원은 전환사채의 인수대금으로 사용), 이 돈 중 600억 원으로 회생담보권과 회생채권의 조기변제에, 450억 원은 영업용 선박구입 및 150억 원은 운전자금으로 사용한 후 2011. 6. 8. 회생절차를 종결하였다.[125)]

그 외 진양테크는 2009. 11. 11. 회생계획인가결정 후 적정한 가격에 의한 공장매각이 어려워지자 공장을 담보로 저축은행으로부터 대출을 받아 기존 회생담보권을 변제하고 2011. 10. 13. 회생절차를 종결하였다.[126)]

아직 한국에서는 회생절차에서의 신규자금대여 시장이 발달하지 않아 신규자금 대주의 절차주도 현상은 없으며, 오히려 회생기업에 대한 신용규제로 인해 운영자금 조달이 곤란하거나 아예 불가능한 상태가 대부분이다. 담보목적물도 대부분 부동산, 골프장으로서 매출채권을 담보로 하고 있고,[127)] roll－up의 이용하는 경우도 드물다.[128)] 운영자금이 부족한 경우 회생절차진행 중에 계속하여 필수인력이 유출되고 거래선이 중단되는 등 기업가치가 훼손되어 회생절차가 폐지되거나 회생계획이 인가되어도 회생계획 수행에 어려움을 겪고 청산으로 내몰리게 되는 경우가 많다. 이와 같은 경우 회생절차는 구 경영진에게 '기업이 청산될 때까지 경영을 계속할 수 있다'는 심리적 만족을 주는 이외에는 의미가 없다.[129)]

## Ⅶ. 결론 - 개선책

### 1. 신규자금 유형의 다양화

신규자금 제공이 지금보다 확대되어야 한다. 현재 파산법에 신규자금의 우선권이 규정되어 있는 국가는 한국, 미국과 일본이다. 미국의 경우 신규자금대여 시장의 발달로 대규모 기업의 기업재건절차가 신규자금 대출자의 주도로 신속하게 진행이 됨에 따라 기업가치가 보존되고 회생가능성이 높아지는 긍정적이 효과가 있는 반면, 경제성 있는 기업이라도 신규자금대여 대출약정상의 일정을 맞추지 못하여 청산으로 전환되는

125) 이진웅, 앞의 논문(주 41), 261면.
126) 정준영, 앞의 논문(주 41), 164면.
127) 2011년 동양건설산업이 금전채권을 신탁담보로 제공하였고, 2017년 유니베이직코리아가 매출채권을 담보로 제공하였다.
128) 2008년 다우닝산업 사건에서 인가 후에 roll－up이 이용되었다.
129) 정준영, 앞의 논문(주 41), 164면.

부작용도 있다고 한다. 신규자금 대주의 입장에서는 기업이 재건에 실패하고 청산으로 가더라도 신규자금 대출의 회수가 보장되므로, 대주에 치우친 재건절차 진행은 다른 이해관계인들에게 피해를 야기할 수 있다.[130)]

일본은 신규자금대여의 필요성을 인정하여 이에 관해 법에서 민사재생절차 및 회사갱생절차에서 공익채권성을 부여하고 있다. 다만 도산절차개시 전에 사적정리 ADR에서 자금을 조달하는 경우가 많은 만큼(pre 신규자금대여) 이에 대비하여 신규자금대여채권에 대한 우선권 인정을 위한 방안들이 주된 논의의 대상이 되고 있다.

일단 신규자금 대출이 이루어지면, 차주가 이미 도산하였다는 점에서 고위험에 노출되어 있다. 대출을 실행함에 있어 유의할 사항은 변제기를 짧게 하고 담보를 원재료, 상품재고, 외상채권, 어음, 수표 등 다양화하고, 채무자에 대한 모니터링을 통하여 당초 대금실행시의 재무약정(보통 covenant라 한다)에 정한 각종 조건 – 예컨대 담보가치를 채권액보다 높도록 유지하고, 최저한도의 금액을 설정하여 현금시재를 최저금액 이상을 보유하도록 함– 을 준수하도록 하여 파산시에도 일부를 회수할 수 있도록 대비할 필요가 있다.[131)]

신규자금의 유형도 현재와 같이 M&A에 의한 회사 경영권을 전부 이전하는 방식에서 벗어나 회생절차를 구조조정의 한 방법으로 인정하고 채무자 회사가 계획인가를 통하여 재무구조를 개선하고, 법이 허용하는 한, 경영권의 유지를 전제로 인가 후의 차입 또는 신주발행을 통한 방법 등으로 다양화하는 방법을 모색할 필요가 있다.[132)]

그러나 현재 한국의 상황을 미국과 비교하면, 신규자금의 공여가 매우 드문 현상으로서 신규자금 제공자가 채무자 회사의 경영권을 부당하게 압박하는 점을 염려할 단계는 아니고 오히려 회생절차에서 신규자금이 원활하게 제공하는 것이 더 시급하다. 그러기 위해서는 무엇보다도 운전자금의 확보와 담보여력이 있는 상태에서 조기에 회생신청을 하는 것을 유도하여야 한다. 아울러 재무적 투자자를 포함하여 회생절차에 참가할 수 있는 외국투자자, PEF 등 투자자의 문호를 확대하고, 유인을 제공할 제도적 여건을 마련하는 것도 중요하다.

---

130) 정준영, 앞의 논문(주 41), 166면.

131) 호리이케 아츠시, "일본에서의 DIP 파이낸스의 실례에 관하여," 도산법연구 제2권 제2호(2011), 174면.

132) 박민준, 앞의 논문, 219면은 미국과 같이 이해관계인들에 대한 신주인수권 부여(Rights Offering)를 통한 자금조달의 방안을 제시하고 있다.

## 2. 신규자금에 대한 법적 보호의 강화

채무자 또는 근저당권설정자에 대하여 회생절차개시결정이 내려지면, 근저당권의 피담보채무가 확정되는지 여부에 대하여는 확정설과 비확정설이 대립하고 있다.[133] 판례는 회사정리절차개시결정이 내려진 이후 근저당권자가 정리회사에게 그 사업의 경영을 위하여 추가로 금원을 융통하여 줌으로써 별도의 채권을 취득하였다 하더라도, 그 채권이 근저당권에 의하여 담보될 여지는 없다고 판시하여 확정설을 취하고 있다.[134]

한편, 일본의 실무는 비확정설을 취하고 있다.[135] 2013. 1. 1.부터 시행되는 신 회사갱생법 제104조 제7항은 비확정설을 전제로 한 규정이다.[136] 현재 일본의 실무는 비확정설을 전제로 후순위담보권자의 지위, 제3자가 회생회사를 위하여 변제한 경우의 법률관계에 관하여 논의를 전개하고 있다. 비록 비확정설이 확정설보다 법률관계를 복잡하게 한다는 단점이 있을지 모르나 회생절차개시 이후에 투입된 신규자금에 대하여는 공익담보권으로 보호할 수 있다는 장점이 있다.[137] 설령 회생담보권으로 취급된다고 하더라도 청산가치보장의 원칙이 적용되는 한에 있어서는 담보권의 침해 정도는 담보권자로서도 감수할 수 있다. 확정설의 논거는 실무상 금융기관들이 기존 담보권으로 계속 담보됨을 전제로 대규모의 자금지원을 하리라 생각하기는 어려울 것이라는 데 있다.[138]

생각건대, 파산은 청산절차이므로 파산절차의 개시가 근저당권의 확정사유가 됨이 당연하지만,[139] 회생절차는 회사의 존속을 전제로 하는 것이므로 필연적으로 회생절차개시결정이 반드시 근저당권의 확정사유로 볼 수 없다. 법률의 개정 없이 해석론으로도 비확정설이 가능하다면, 신규자금지원에 도움이 되는 비확정설로 견해를 변경할 필요가 있다. 신규자금이 이루어지지 아니하므로 확정설을 취한다는 견해는 본말을 전도한 것이고, 오히려 법원이 입장을 바꾸어 비확정설을 취함으로서 금융시장에서 신규자금이

---

133) 확정설은 임채웅, "회사정리절차개시가 근저당권채무확정사유인지 여부," 대법원판례해설 통권 제36호(2001년), 372면. 비확정설은 會社整理實務 裁判資料 第28輯(法院行政處, 1985), 338면.

134) 대법원 2001. 6. 1. 선고 99다66649 판결(미간행).

135) 東京地判 昭和 57. 7. 13. 下民集33券5~8号, 930면; 兼子一－三ケ月章 條解會社更生法(下), 弘文堂(1998), 334면.

136) 회사갱생법 제107조 제7호 "신청서에 기재된 제3항 제3호의 담보권이 근저당권인 경우에, 근저당권자가 제4항의 규정에 의한 송달을 받은 때로부터 2주간을 경과한 때에는 당해 근저당권으로 담보되는 원본은 확정한다."

137) 자세한 논의는 岡 正晶, "更生手續開始と根抵當權," 新會社更生法の理論と實務, 判例 タイムズ 1132(2003), 115－116면.

138) 임채웅, 앞의 논문(주 134), 372면.

139) 일본 민법 제398조의20 제4호는 파산선고가 확정사유가 된다고 정하고 있다. 회사갱생절차의 개시는 빠져있다

이루어지도록 유도함이 재건제도의 취지에 부합하는 실무운영이다.[140] 비확정설을 취하게 되면 근저당권의 피담보채권이 회생절차개시 후에 발생하는 대여금 채권을 포함하게 되므로 이러한 채권은 공익담보권으로 취급된다. 즉 채권최고액이 회생절차개시결정까지 발생한 피담보채권보다 많다면, 개시결정 시까지 발생한 채권은 회생담보권으로 취급하고, 담보여력분에 대하여는 공익담보권으로 취급하게 된다. 공익담보권에 기한 경매실행은 가능하므로 공익담보권을 수시로 변제하고, 회생담보권에 해당하는 부분은 관리인이 공탁하되 회생담보권이 공탁금에 미치는 것으로 해석하는 것을 전제로 계획을 수립할 수 있다.[141]

### 3. 사재출연과 공익채권의 우선적 지위

필자가 확인한 바로는 회생회사의 대주주 또는 관계 회사가 신규자금을 대여하는 경우 신규자금의 우선권을 포기시키는 것이 일부 법원의 실무이다. 제3자가 대출하는 경우에도 시장이자율에 따른 대출이자율 수준으로 감액하도록 종용하는 법원도 있다고 들었다. 미국과 같이 형평법에 기한 열후화와 같은 근거 규정이 채무자회생법에 없고, 채무자회생법 제180조 제2항에 의하면 공익채권의 변제순위가 회생채권과 회생담보권보다 우선하고 있음에도 불구하고 채무자회생법의 취지에 맞지 않는 이러한 실무는 신규자금의 장애물이 될 뿐 아니라 모회사와 계열회사가 배임문제 등을 구실로 신규자금 투입을 거절하는 명분이 될 수도 있다. 앞으로 이 점에 관하여 신가치 이론에 관한 미국의 실무를 연구할 필요가 있다.

[2019년도 한국자산관리공사 주최 제1회 기업구조혁신포럼 발표문]

이 글이 발표된 후 2020년 개정된 채무자회생법 제477조 제3항의 내용을 반영하였다. 그리고 Rollup을 보완하였고, 미국의 DIP Financing 실무에 관하여 중요한 법리를 설시한 2020년 LATAM Airlines 판결에 관한 설명을 보충하였다.

140) 오수근, 도산법제의 선진화를 위한 비교법제 연구 법무부 최종보고서, 이화여자대학교 도산법연구센터(2008), 166면.

141) 會社整理實務 裁判資料 第28輯(法院行政處, 1985), 339면.

# 7. 개정된 채무자 회생 및 파산에 관한 법률 제415조의2 및 제477조에 대한 管見



## Ⅰ. 글의 목적

임금 또는 퇴직금(이하 '임금 등'이라 한다)을 파산/회생절차(이하 '도산절차'라 표기한다)에서 어떠한 범위까지 인정하여 절차에 참가시킬 것인가, 그리고 다른 채권과 어떠한 차등을 두어 우선적으로 취급을 하여야 할 것인가 하는 문제는 나라마다 다르고 같은 나라라도 도산절차가 청산절차인지, 재건절차인지에 따라 다르다. 국회는 2014년 채무자 회생 및 파산에 관한 법률("채무자회생법" 이하 법률 명칭을 생략하고 조문만 표시한다) 제415조의2를 개정하여 파산절차에서 임금채권의 특례조항을 두었으며, 2020년 제477조 제3항을 개정하여 견련파산절차에서도 임금채권의 특례 조항을 두었다. 파산관재인도 파산선고 후 근로자를 고용하여 영업을 계속하게 되면 임금채권보장법의 적용 대상이 되는 사업주에 해당하므로[1)] 파산관재인이 임금 등의 법리에 관하여 숙지하는 것이 중요하다.

도산절차에서 임금 등에 관한 개정 조항을 살펴보고 채무자회생법이 어떻게 근로자의 임금 등을 보호하고 있으며, 일본과 비교하여 그 보호정도가 과도한지 아니면 부족한지를 검토하여 앞으로 채무자회생법 개정시 올바른 방향을 제시하기 위하여 이 글을 쓴다.

먼저 파산절차에서 임금의 원금과 지연손해금에 대하여 보호를 달리하는 점을 소

1) 대법원 2001. 2. 23. 선고 2000두2723 판결(집49(1)특, 575).

개하고 이어서 한국과 일본의 도산절차에서 임금채권자의 보호에 대한 내용을 비교하였다(II).[2] 파산절차에서 별제권에 기한 경매절차 또는 체납처분 중 임금채권의 특례에 관하여 2014년 개정된 제415조의2를 소개하고 문제점을 지적하였다(III). 2020년 개정된 견련파산절차에서 신규차입자금과 임금채권의 우선성의 동순위를 규정한 제477조 제3항을 설명하고 그 문제점을 지적하였다(IV). 끝으로 개정된 2개 규정에 관한 필자의 拙見을 제시하는 것(V)으로 글을 마무리한다. 이하에서는 파산절차를 위주로 설명하지만 달리 표시하지 않는 한 그 설명은 회생절차에서도 유사하게 적용된다.

## Ⅱ. 임금 등 채권의 보호

### 1. 채무자회생법에서 임금 등 채권의 보호

파산절차에서 임금·퇴직금 및 재해보상금은 재단채권이다(제473조 제10호).[3] 재단채권으로 취급되는 임금채권은 그 액수와 기한의 제한이 없으며 근로자가 파산선고 전에 취업을 하였건 그 이후 취업을 하였건 구별하지 않는다. 해고예고수당[4] 및 대기발령으로 휴업한 근로자가 구하는 휴업수당[5]도 파산절차에서는 재단채권인 임금채권으로 취급한다. 고용노동부장관이 임금채권보장법 제7조 제1항에 의하여 사업주를 대신하여 임금 등을 지급한 경우, 임금채권자를 대위하게 되므로 대지급금 채권 역시 재단채권이다. 또한 제3자가 사용자 대신에 근로자의 임금을 대신하여 지급함으로써 취득하는 구상권도 재단채권이다.[6] 판례에 의하면 사용자가 근로자와 직접 고용계약을

2) 미국 파산절차에서 임금채권의 보호에 관하여는 林治龍, "回生節次의 開始가 勤勞關係에 미치는 影響," 파산법연구 5, 博英社(2020), 174-178면.

3) 회사정리법은 1981. 3. 5. 개정 이전에는 임금채권 중 회사정리절차 개시 전 6월간의 급료에 대하여만 공익채권으로, 그 이전에 발생한 채권에 대하여는 우선적 정리채권으로 취급하였다. 이와 달리 파산법은 2000. 1. 12. 개정 전까지는 근로기준법에 의한 임금채권의 우선적 지위를 고려하여 우선적 파산채권으로 취급하였으나, 2000년 개정을 통하여 근로자의 급료, 퇴직금 및 재해보상금은 그 발생시기가 파산선고 전후인지, 근로기준법의 최우선권이 인정되는지 구분하지 아니하고 전액을 재단채권으로 취급하도록 바꾸었다. 柳南榮, "破産節次와 賃金," 법조 제50권 제3호(2001), 46-69면.

4) 서울回生法院 裁判實務硏究會, 法人破産實務 제5판, 博英社(2019), 360면('法人破産實務'); 전병서, 최신 파산법, 법문사(2003), 94면. 일본에서는 파산선고 전의 해고예고 수당은 우선적 파산채권이고, 파산관재인이 보조인을 해고하는 경우의 해고예고수당만 재단채권이다(伊藤眞, 破産法·民事再生法(第5版) 有斐閣(2021), 340면 주석 157).

5) 대법원 2013. 10. 11. 선고 2012다12870 판결(공 2013, 2059).

6) 法人破産實務, 364면. 단 사용자 소유의 수 개의 부동산 중 일부 부동산이 먼저 경매되어 임금우선특권에 의하여 우선변제를 받게 되어 불이익을 받은 저당권자가 다른 부동산의 경매대가에서 임금채권자를 대위하여 다른 부동산의 경매절차에서 우선하여 배당받을 수 있다고 하더라도 이러한 저당권자의 대위권은 임금채권 자체를 대위하는 것이 아니므로 재단채권으로 취급되지 아니한다(대

맺는 경우 뿐 아니라 「파견근로자 보호 등에 관한 법률」에 기하여 파견근로자의 사용사업주에 대한 임금채권에 대하여도 근로기준법 제38조 제2항이 정하는 최우선변제권이 인정된다.7) 따라서 앞으로 기업이 파산선고를 받으면 파산관재인은 재단채권인 임금채권의 규모가 확대될 수 있으므로 관재업무를 수행함에 있어서 위 판례를 유념하여야 한다.

근로자의 임금, 퇴직금, 재해보상금에 대한 지연손해금은 임금채권 등 그 자체가 아니어서 우선변제권이 인정되지 아니하므로 재단채권이 아니다.8) 즉 파산선고 전까지 발생한 임금채권에 대한 지연손해금은 재단채권이 아니고 파산채권이다.9) 파산선고 후에 발생하는 임금에 대한 지연손해금은 성질상 임금이 아니므로 제473조 제10호의 임금에 해당하지 아니한다는 점은 異論이 없다. 다만 파산관재인이 재단채권인 임금지급의무를 불이행하였음을 근거로 주장하는 지연손해금을 파산관재인의 행위로 인한 채권(제473조 제4호)에 해당한다고 보아 재단채권으로 볼 것인지에 대하여 논란이 있다. 이 문제에 관하여 2014년 대법원 전원합의체 판결은 제473조 제4호 소정의 파산관재인의 행위 중에는 직무과정에서 한 법률행위 뿐 아니라 파산관재인이 직무와 관련하여 부담하는 채무불이행도 포함된다는 이유로 파산관재인이 재단채권인 임금채권을 제때에 변제하지 아니하여 발생한 지연손해금 채권을 재단채권으로 보았다.10) 이 판결에 대하여는 지연손해금의 성질에 대하여 파산선고 후의 불이행으로 인한 손해배상채권이므로 제446조 제1항 제2호의 후순위파산채권에 해당한다는 반대의견이 있다.11) 필자는 다음과 같은 이유로 반대의견에 찬동한다.

---

법원 2009. 11. 12. 선고 2009다53017, 53204 판결(공 2009, 2094)).

7) 대법원 2022. 12. 1. 선고 2018다300586 판결(공 2023, 147).

8) 대법원 2000. 2. 12.자 99마5143 결정(공 2000, 766).

9) 대법원 2015. 1. 29. 선고 2013다219623 판결(미간행). 파산선고 전에 발생한 임금의 지연손해금에 대하여도 재단채권을 주장한 의견(대법원 2014. 11. 20. 선고 2013다64908 전원합의체 판결(공 2014, 2348)의 별개의견)이 있었으나 이는 위 대법원 2013다219623 판결로 배척되었다.

10) 대법원 2013다64908 전원합의체 판결. 서울중앙지방법원 파산부는 지연손해금이 상행위로 발생한 것이고 파산관재인이 채무자의 포괄승계인과 같은 지위에서 임금채무를 승계받는다는 점을 이유로 상사법정이율인 연 6%를 적용하고 있다. 그리고 파산선고시에는 지연이자의 적용제외 사유에 관한 근로기준법시행령 제18조 제1호, 임금채권보장법 시행령 제4조 제1호가 적용되지 아니한다고 해석하고 있다(서울중앙지방법원 제12파산부, "대법원 2013다64908 판결이 파산관재실무에 미치는 영향," 2015년 법인파산관재인 간담회자료집, 1-3면).

11) 전원합의체 판결에 대한 해설로는 김희중, "파산선고 전에 생긴 근로자의 임금·퇴직금에 대하여 파산선고 후 발생한 지연손해금 채권의 법적 성질," 사법 제31호(2014), 248-281면; 鄭炫秀, "파산관재인이 재단채권의 지급을 거절한 경우 이행지체 책임이 성립하는지 여부 및 이행지체 책임이 성립하는 경우 지연손해금 채권의 법적 성질," 법조 Vol 706(2015), 188-225면.

첫째, 파산관재인이 재단채권을 지급하지 못하는 데에는 대부분 정당한 이유가 있다. 파산재단에 자금이 부족하거나 장차 부담하게 될 재단채권의 규모와 배당자원의 규모가 아직 확정되지 아니하여 파산관재인이 선불리 임금채권 등을 지연손해금까지 포함하여 전액 변제하는 것을 주저하게 된다. 만일 임금 등을 전액 변제 후 곧이어 조세채권, 기타 공과금 채권이 부과되어 파산재단이 재단채권의 총액을 변제하기에 부족한 것이 분명하게 되면 재단채권의 변제는 우선권에 불구하고 아직 변제하지 아니한 채권액의 비율에 따라 한다(제477조 제1항)는 의무에 파산관재인이 위배하여 다른 재단채권자들에게 손해를 입혔다는 이유로 법적 책임을 추궁당할 염려가 있기 때문이다.

미국의 경우에도 파산사건에서 파산관재인이 실제로 자산을 추심하여 채권자에게 배당하는 업무는 전문가를 선임하여 그의 판단에 맡겨 액수와 비율 등에 관하여 정기적인 배당을 하도록 맡기고 있다.[12] 영국도 파산관재인에게 환가, 배당에 관하여 재량권을 인정하고 있다.[13] 이러한 전문가의 도움을 구할 수 없는 한국의 파산관재업무의 현실에서 금전지출에 관하여 엄격한 법원의 감독을 받고 있는 법률전문가인 파산관재인이 재단채권의 총액을 변제하기에 부족하여 제477조에 의하여 안분비례에 의하여 재단채권을 변제하여야 한다고 판단하였음에도 불구하고 법원이 이를 무시하고 무조건 재단채권 미지급 행위는 이행지체에 해당한다고 단언하는 것은 이행지체의 요건인 위법성의 심사를 포기한 것에 다름 아니다.[14]

둘째, 다수의견은 재단채권 중 임금채권과 그 지연손해금에 대하여 판시하였지만, 다수의견의 법리전개는 임금채권 외에 다른 재단채권에 대하여도 동일하게 적용됨을 전제로 하고 있다. 이와 같이 파산관재인이 제때에 변제하지 못하는 사유를 살피지 않고 금전채무불이행에 대하여 민법 제397조 제2항을 적용하여 임금이 아닌 지연손해금까지 재단채권으로 취급하게 되면 쌍방미이행 쌍무계약의 이행선택과 같은 다른 재단

12) Carriane J.M. Basler · Michelle Campbell, Everything Your Disbursing Agent Watnts You to Know Beyond How Much and When Some Practical Advice and Key Plan Distribution Provisions, ABI Journal Oct 1, 2006 "Instead, include a provision for periodic distributions at the discretion of the debtor or disbursing agent"(www.abi.org/abi-journal).

13) 영국 도산법 제305조 관재인의 일반적 역할
(2) 관재인의 역할은 본장 아래의 조항들에 따라 파산재단을 수집, 환가, 그리고 배당하는 것이다. 그리고 그러한 역할의 수행 및 파산재단의 관리에 있어서 <u>관재인은 그러한 규정들이 정한 바에 따라 재량권을 행사할 수 있다</u>(… the trustee is entitled, subject to those provisions, to use his own discretion.).

14) 同旨, 鄭炫秀, 앞의 글, 219면. 이 글은 재단채권 조사확정절차가 없다는 점에서 문제가 발생하고 있으므로 입법론으로 모든 재단채권을 우선권 있는 파산채권으로 규정하자고 주장한다. 이는 기본적으로 공익채권에 상응하는 채권에 대하여 변제의 우선순위를 정한 미국 연방파산법 § 507의 priority의 방식과 유사한 주장이다.

채권에 대하여도 제473조 제4호가 적용되어 결과적으로 재단채권의 규모가 확대되어 지연손해금의 산정 등 재단채권의 변제업무가 복잡하게 되어 신속하게 진행되지 못하고, 원금도 받지 못하는 파산채권자와 균형에 어긋난다.[15] 그리고 다수의견에 대한 보충의견은 파산관재인이 직무를 행하는 과정에서 조세 또는 임금 등과 같은 채무를 조기에 파악할 수 있음을 전제로 현저하게 부당한 문제가 생길 수 없다고 지적하고 있으나 이는 법인파산 관재업무의 현실을 제대로 이해하지 못한 데에서 비롯된 것이다. 파산채권은 신고 및 조사확정절차를 통하여 최후배당의 제척기간 내에 확정된 파산채권에 대하여만 배당이 가능하지만 재단채권에 대하여는 조사확정절차가 없으므로 파산관재인이 예상하지 못한 조세, 임금 외에도 기타 재단채권 등이 자주 주장되고 있는 것이 현실이다. 현재 진행 중인 한진해운 사건의 경우 파산선고일(2016. 9. 1.)로부터 4년이 지났지만 파산관재인이 정확한 재단채권을 파악하지 못하고 있다. 왜냐하면 외국채권자들이 부당이득 또는 쌍방미이행 쌍무계약의 이행선택을 이유로 재단채권의 지급을 구하는 소송이 계속하여 제기되고 아직도 제1심에 계류 중인 사건도 있는 등 확정이 되기까지 몇 년이 걸리고 있기 때문이다.[16]

셋째, 다수의견에 대한 보충의견은 후순위파산채권은 파산배당으로부터 제외하여 면책의 대상으로 하는 것인데 후순위파산채권에 관한 규정이 재단채권에 적용될 수 없다는 것이다. 또한 다수의견에 대한 별개의견은 지연손해금은 주된 채권인 원본의 존재를 전제로 그에 대응하여 일정한 비율로 발생하는 종된 권리라는 점을 근거로 근로자의 임금 등에 대한 지연손해금 채권은 파산선고 전후에 발생한 것인지를 불문하고 제473조 제10호 소정의 임금 등에 해당하여 재단채권이라는 것이다.

생각건대, 파산절차에서 채권의 우선순위를 정함에 있어 실체법의 원리가 반영되어야 하지만 그와 함께 채권자들의 공평한 분배라는 파산절차의 목적을 고려하여 입법정책적으로 변제순위가 결정되어야 한다. 이러한 점을 반영하여 채무자회생법이 일정부류의 채권을 모아 후순위파산채권의 개념을 두고 있으므로(제446조), 재단채권이라 하여 후순위파산채권이 될 수 없다는 보충의견의 논리는 타당하지 않다.[17] 재단채권인 조세채권에 대하여 파산선고 후의 가산금·중가산금에 대하여는 제473조 제2호가 별도로

---

15) 이 점은 소수의견도 지적하고 있다.

16) 서울중앙지방법원 2017가합560034 사건은 부당이득을 이유로 재단채권을 구하는 소송인데 2020. 12. 11. 선고기일이 잡혀져 있다.

17) 沈瑩眞, "파산선고 전의 원인으로 인한 국세·지방세에 기하여 파산선고 후에 발생한 가산금이 재단채권인지 여부," 김신 대법관 재임기념논문집 사법발전재단(2018), 204면도 법률에 특별한 정함이 있다면 후순위파산채권에 관한 규정을 재단채권에 적용하는 것이 가능하다고 한다.

규정을 두고 있고 판례도 이를 후순위파산채권으로 취급하고 있기 때문이다.[18]

또한 파산절차에서 어떠한 채권을 비면책채권으로 삼을 것인지 하는 점 역시 입법정책의 문제이지 채권의 법적 성질(재단채권 또는 파산채권인지)에 의하여 결정되는 것이 아니다. 채무자회생법 개정 전의 구 파산법 349조 제5호는 급료 즉 임금채권이 재단채권인 것을 전제로 하면서도 6개월을 넘는 것은 면책채권으로 삼고 있었다. 이러한 점을 고려할 때 후순위파산채권은 성질상 파산채권을 대상으로 삼는 것이고 재단채권은 그 대상이 될 수 없다는 보충의견과 원본채권과 지연손해금채권의 성질이 같아야 한다는 별개의견은 둘 다 재단채권, 후순위파산채권의 법리를 오해한 것으로 찬동하기 어렵다. 그리고 전원합의체 판결은 근로자의 임금채권에 대한 지연손해금 채권에 관한 법적 성질을 밝힌 것이므로, 이 판결만을 가지고 채무자회생법 규정의 내용에 차이가 있는 조세채권 등 다른 재단채권의 경우에도 동일한 해석이 가능하다고 섣불리 판단할 것은 아니라는 점을 강조하고 싶다.[19]

## 2. 일본에서 파산 및 회사갱생절차에서 임금 등 채권의 보호

### (1) 파산법

2004년 개정된 일본 파산법에 의하면 파산절차개시 전 3월분의 임금채권은 재단채권이고,[20] 퇴직금청구권에 대하여는 퇴직금이 임금후불의 성격을 갖는 점을 반영하여 파산절차종료 전에 퇴직한 경우에 퇴직 전 3월분의 임금채권의 총액과 파산절차개시 전 3월분의 임금총액을 비교하여 다액이 재단채권이다.[21] 파산절차개시 전의 임금을 또 하나의 기준으로 삼는 이유는 파산절차가 개시되면 근로자의 임금수준이 개시 전보다 감액되므로 파산선고 후에 퇴직한 근로자의 이익을 보호하려는 데 있다.[22] 임금채권과 퇴직금채권 중 재단채권으로 취급되지 않는 부분은 모두 우선적 파산채권이 된다.[23] 회사갱생절차와 달리 신원보증금과 예치금에 대하여 파산절차에서 이를 재단채권으로 취급하는 특례는 인정되지 않는다.

18) 대법원 2017. 11. 29. 선고 2015다216444 판결(공 2018, 19). 이 판결에 대한 해설로는 *沈瑩眞*, 앞의 글, 181－212면.

19) 同旨, 김희중, 앞의 글, 281면. 벌금, 과료 등도 성질상 파산채권이지만 비면책채권이다(제446조 제1항 제4호).

20) 일본 파산법 제149조 제1항.

21) 일본 파산법 제149조 제2항.

22) 山本和彦 외, 4인, *倒産法概說*, *弘文堂*(2010), 88頁.

23) 일본 파산법 제98조 제1항, 민법 제306조 제2호, 제308조.

### (2) 회사갱생법

회사갱생절차개시 전 6월분의 미지급 급료청구권과 신원보증금 전액의 반환청구권은 공익채권이다.[24] 6월분을 넘는 임금은 선취특권이 인정되므로 우선적 갱생채권이다. 개시결정 이후에 관리인이 고용계약을 체결하고 근로한 부분은 사업의 경영에 관한 비용으로 취급되어 전액 공익채권이다.[25] 신원보증금채권 역시 전액 공익채권이다. 근로자의 퇴직의 시기가 개시결정 전, 후인지를 구분하지 아니하고, 갱생계획인가결정 전에 퇴직한 근로자는 퇴직 전 6개월의 급료의 총액에 상당하는 금액 또는 퇴직금의 1/3에 상당하는 금액을 비교하여 많은 금액을 공익채권으로 취급한다.[26] 2002년 회사갱생법 개정에 의하여 근로자의 예치금반환청구권 중 공익채권으로 인정되는 범위는 갱생절차 개시 전 6월분의 급료와 예치액의 1/3에 상당하는 액으로 축소하였다. 근로자의 예치금이라 함은 근로자가 회사에 맡겨둔 사내예금을 지칭한다.

## 3. 채무자회생법과 일본 도산법과의 비교

일본과 비교하면 회생절차에서 공익채권으로 인정되는 범위가 일본보다 더 넓다.[27] 견련파산절차에서는 공익채권이 재단채권으로 취급되므로 파산절차에서 인정되는 재단채권의 범위 역시 일본보다 더 광범위하다. 제179조는 총 16개의 채권을 공익채권으로 취급하지만 그 중 회생절차개시신청 전 20일 이내에 공급한 물건에 대한 대금청구권, 근로자의 신원보증금,[28] 채권자협의회의 활동에 필요한 비용, 채무자의 부양료[29] 등은 채무자회생법은 공익채권으로 인정하지만 일본은 이를 공익채권으로 인

---

24) 일본 회사갱생법 제130조 제1항.

25) 일본 회사갱생법 제127조 제2호.

26) 일본 회사갱생법 제130조 제2항.

27) 蓑毛良和, "勞動債權," 竹下守夫 외, 破産法大系 第Ⅱ巻, 青林書院(2014), 91－112면.

28) 일본의 회사갱생법은 신원보증금반환청구권을 공익채권으로 취급하지만(일본 회사갱생법 제130조), 파산절차에서는 재단채권이 아니라 우선적 파산채권으로 취급하고 있다(일본 파산법 제149조). 齊藤秀夫·麻上正信·林屋礼二 編, 注解破産法 第三版(上), 青林書院(1999), 183頁. 그에 비하여 채무자회생법은 공익채권과 재단채권으로 취급하고 있다.

29) 일본은 주식회사만이 갱생절차를 이용할 수 있으므로 개인에 대한 부양료는 적용될 여지가 없다. 제179조 제1항 제14호가 '채무자로부터 부양을 받는 자의 부양료'라고 규정하였다면 채무자의 가족들이 갖는 부양료청구권을 공익채권으로 취급하였나보다 하여 나름 일리가 있지만 '채무자 및 채무자로부터 부양을 받는 자의 청구권'으로 규정하여 채무자 스스로 회생채무자를 상대로 부양료를 청구할 수 있는 것으로 오해할 수 있다. 부조료 제도는 원래 파산절차에서 파산자 또는 그 가족에 대하여 인간다운 생활을 하게 한다는 취지에서 파산자와 가족이 파산재단에 대하여 부조료를 청구할 수 있도록 한 것에서 유래한 것이다. 구 파산법 제184조는 제1회 채권자집회에서 부조료를 지급할지 여부를 결정하였고 지급결정이 있을 때 비로소 부조료 청구권이 재단채권으로 취급되는 것이었다. 채무자회생법이 부조료지급결정 제도를 폐지하였음에도 이러한 연유를 무시하고 이를 공익채권

정하지 않고 있다.[30] 일본은 공익채권으로 인정되는 임금/퇴직금 및 근로자의 임치금의 금액 제한이 있으나 한국은 없다.[31] 이러한 점에 비추어 보면 한국이 일본보다 파산절차에서 근로자의 임금, 퇴직금, 신원보증금, 임치금 등을 더 두텁게 보호함을 알 수 있다.

## Ⅲ. 파산절차에서 체납처분 등의 특례

### 1. 제415조의2의 취지와 비판

제415조의2는 2014. 12. 30. 개정되어 2015. 7. 1.부터 시행되고 있다. 동조의 취지는 근로자의 최종 3개월분의 임금, 재해보상금 및 최종 3년분의 퇴직금 채권을 보장하기 위하여 파산절차 밖에서 인정되던 위 세 가지 채권에 대한 최우선변제권을 파산절차에서도 인정하려는 데에 있다.[32] 동 조항이 있기 이전의 파산실무는 파산자 소유 부동산 경매절차에서 파산관재인이 임금채권 등을 배당금으로 직접 수령하여 다른 재단채권과 안분하여 근로자들에게 변제하였다. 그러나 동조에 의하여 근로자들이 직접 배당금을 수령할 수 있게 되어 유리하게 되었다.

판례도 제415조의2의 취지가 별제권 행사에 따른 경매절차에서 임금채권자가 최우선임금채권에 대하여 배당요구를 하는 경우 다른 담보물권자보다 우선하여 배당을 받음에 있어 파산관재인의 손을 거치지 않고 직접 경매법원으로부터 배당금을 직접 수령할 수 있게 함으로써 최우선임금채권을 두텁게 보장하려는 것에 있다고 판시하였다.[33]

---

으로 취급한 것은 의문이다. 참고로 일본의 개정 파산법 제188조는 부조료 제도가 과거에 사용된바 없고, 파산자 및 가족의 부조는 공적 부조에 의할 것이라는 이유로 부조료 제도를 폐지하였다(伊藤眞 編, 條解破産法 第3版 弘文堂(2020), 1033頁).

30) 쌍방미이행 쌍무계약이 이행선택된 경우 상대방의 채권이 공익채권인 점을 같으나 한국은 제179조 7호에 규정하지만 일본은 쌍방미이행 쌍무계약에 관한 제61조 제4항에 정하고, 계속적 공급의무를 부담하는 쌍무계약의 상대방이 회생절차개시신청 후 회생절차개시 전까지 한 공급으로 생긴 청구권은 한국은 제179조 제8호에서 정하고 일본은 계속적 급부를 목적으로 하는 쌍무계약에 관한 제62조 제2항에서 정한다. 공익채권인 조세에 관하여 약간의 차이가 있고 위치도 일본은 제129조(원천징수소득세 등)에서 정한다.

31) 일본 회사갱생법 제130조. 채무자회생법상의 임금채권 등의 취급에 대한 소개 및 비판의 글로는 林治龍, "回生節次의 開始가 勤勞關係에 미치는 影響," 파산법연구5, 博英社(2010), 190면.

32) 구 선원법 제56조에 의하면, 선박소유자가 파산하는 경우에 퇴직한 선원의 임금 및 퇴직금의 지급을 보장하기 위하여 선박소유자로 하여금 보험 또는 공제에 가입하거나 기금을 조성하도록 강제하고 있다. 이에 따라 선박소유자가 가입하거나 조성하여야 하는 보험, 공제 또는 기금은 적어도 선원법 제52조에 따른 임금의 최종 3개월분과 제55조에 따른 퇴직금의 최종 3년분 모두의 지급을 보장하여야 한다(대법원 2022. 4. 28. 선고 2020다262229 판결(공 2022, 1039)). 이 경우 보험회사는 근로복지공단과 마찬가지로 파산관재인에게 변제자대위에 의하여 임금우선특권을 주장할 수 있다.

그러나 동조의 신설에 관하여 보건대, 근로자를 보호한다면서 굳이 파산절차에서만 근로자를 보호하고 회생절차에서는 특칙을 배제한 이유를 납득하기 어렵다. 왜냐하면 회생절차에서도 회생담보권자의 권리행사는 금지 또는 중지되지만 공익채권인 조세채권에 기한 체납처분이 가능하고 임금채권은 공익채권으로 취급되기 때문이다. 만일 근로자의 임금 등 청구권이 동조의 요건을 갖추면 파산절차에서는 임금우선특권이 별제권보다 우선하게 된다. 다만 「임금채권보장법」 제8조에 따라 고용노동부장관(근로복지공단)이 해당 채권을 대위하는 경우에는 제415조의2의 특칙이 적용되지 아니한다(제415조의2 단서).

## 2. 동조의 요건

파산선고 전에 이루어진 체납처분은 파산선고 후에도 속행할 수 있으나 파산선고 후에는 새로이 체납처분을 할 수 없다(제349조 제2항). 파산선고 전에 이루어진 체납처분이 속행되면 파산선고 후 환가대금에서 조세채권자가 우선하여 배당받을 수 있지만,[34] 파산선고 후에는 체납처분을 개시할 수 없으므로 조세채권자가 교부청구를 하였더라도 배당금을 파산관재인이 교부받게 되므로 조세채권자는 채무자회생법이 정하는 우선순위에 따라 재단채권자로서 변제받게 된다.[35] 결론적으로 조세채권자가 파산선고 전에 체납처분을 한 경우에는 우선변제를 받지만 파산선고 후에는 체납처분을 할 수 없고, 별제권자의 신청에 의한 임의경매절차에서 직접 배당에 참가하여 우선변제를 받을 수 없다. 이러한 불이익을 면하려면 체납자의 파산선고 전에 체납처분을 하는 수밖에 없다.[36]

따라서 제415조의2 대상이 되는 경매라 함은 파산선고 전·후를 불문하고 담보권자에 의하여 개시된 임의경매를 말하고 강제경매는 제외된다.[37] 또한 체납처분이라 함

33) 대법원 2022. 12. 1. 선고 2018다300586 판결(공 2023, 147); 대법원 2022. 8. 31. 선고 2019다200737 판결(미간행). 근로자가 직접 경매법원으로부터 배당금을 수령할 수 있다는 점에서 우선변제권을 갖는 조세채권에 관하여 교부청구가 있는 경우, 경매법원이 과세관청에게 직접 교부할 것이 아니라 파산관재인에게 배당금을 교부하는 법리(대법원 2003. 6. 24. 선고 2002다70129 판결)와 차이가 있다.

34) 대법원 2003. 8. 22. 선고 2003다3768 판결(林治龍 외 3인, 破産判例解說, 博英社(2006), 181면)("… 과세관청인 원고가 공영토건의 파산선고 전에 … 각 토지를 체납처분으로 압류한 바 있으므로 그 후 별제권자인 한빛은행의 신청에 의한 임의경매절차에서 한빛은행의 담보권에 우선하는 체납 지방세 등을 직접 배당받을 권리가 있다고 본 결론만은 수긍할 수 있으므로").

35) 대법원 2003. 3. 28. 선고 2001두9486 판결(공 2003, 1088).

36) 법원실무제요 민사집행 [II], 2014, 539면은 체납처분과 별제권자의 집행절차 중 어느 절차가 우선적으로 진행하느냐의 우연한 사정에 따라 조세채권자의 우선변제여부가 결정되어 부당하다고 비판한다. 그러나 체납처분을 해태한 조세채권자에게 귀책사유가 있으므로 부당하다고 할 수 없다.

은 파산선고 전에 개시된 체납처분을 의미하고 파산선고 후의 체납처분은 법률상 불가능하므로 제외된다. 조문상으로는 별제권의 행사라고 되어 있으므로 양도담보권자, 동산 소유권유보부매매의 매도인[38]의 환가행위에도 적용된다. 그러나 양도담보권자의 환가행위에는 임금채권자를 포함한 채권자들의 배당요구절차가 마련되어 있지 아니하므로 해석상 양도담보권자가 귀속정산형 또는 처분정산형의 양도담보권을 사적으로 실행한 경우에는 임금채권자가 사실상 배당에 참가하기 어렵다. 만일 임금채권자들이 이를 알고 환가대금에서 우선변제를 주장한다면 이를 배척할 수 없을 것이다. 그러나 일단 비전형담보권의 행사가 완료된 후에는 동조가 적용되기 어렵다.

한편 파산관재인은 별제권자의 반대에도 불구하고 별제권의 목적물을 민사집행법에 의하여 환가할 수 있다.[39] 아울러 파산관재인은 법원의 허가를 받아 영업양도 또는 매매에 의한 방법으로 환가할 수 있다(제496조 제2항). 파산선고로 인하여 파산재단에 속하는 재산에 관한 가압류, 강제경매개시결정 등의 효력이 상실되어 경매목적물의 권리관계가 간단하게 되고 민사집행법에 의한 절차에 비하여 비용과 시간을 절약할 수 있고, 파산관재인이 법원의 감독을 받고 있다는 이유로 매각절차에 법적안정성이 부여되어 매매가격도 높다는 장점이 있어 파산관재인의 임의매각이 파산재단의 환가에 유리하다.[40] 이러한 이유로 법원이 파산관재인이 민사집행법에 의한 경매절차에 의하지 아니하고 사적인 입찰 또는 임의매각을 통하여 신속하게 낮은 비용으로 매각하는 것을 허가하는 경우도 적지 않다.[41]

그렇다보니 저당권이 설정된 부동산이라고 하더라도 별제권자가 민사집행법에 의한 경매절차를 이용하는 경우와 파산관재인이 민사집행법에 의한 경매절차, 사적인 입찰 또는 임의매매를 통하여 환가하느냐에 따라 임금채권자와 다른 채권자들의 입장이 달라지게 되었다. 파산관재인이 별제권의 목적재산을 환가하기 위하여 제497조 제1항

37) 파산선고 후에는 파산채권에 기하여 파산재단에 속하는 재산에 대하여 행하여진 강제집행은 파산재단에 대하여는 그 효력을 잃으며(제348조), 새로이 강제집행을 할 수 없기 때문이다.

38) 대법원 2024. 9. 12. 선고 2022다294084 판결(공 2024, 1617).

39) 제497조 제1항의 경매는 형식적 경매 중 청산을 위한 경매에 해당한다(法人破産實務, 413면).

40) 파산관재인이 경매절차에서의 낙찰예상금액을 산정한 후 별제권자가 신청한 법원의 임의경매절차에서의 낙찰예상금액보다 상회한다고 판단하면 별제권자와 협의하여 경매절차의 진행을 늦추어 파산관재인이 임의매각을 하는 사례도 있다(임종엽, “환가가 어려운 매각 사례 및 매각 착안점,” 2017년 법인파산관재인 간담회자료집(미공간), 22면).

41) 서울중앙지법 파산부는 자산의 환가는 적법성의 문제가 아니라 효율성의 문제이므로 법원이 엄격히 감독하기보다는 채권자들의 통제 아래 파산관재인의 자율에 맡기는 것이 타당하다는 입장이다(이희준, “법인파산 사건에서의 관재업무 감독방식 개선방안”(2012년도 법인 파산관재인 간담회(미공간), 12면)). 일본의 실무는 임의매각이 원칙적인 환가행위이다(伊藤眞, 앞의 책, 485면 주석 40).

의 규정에 의한 형식적 경매를 한 경우에도 제415조의2가 적용된다는 반대의 견해가 있다.[42]

그러나 재단채권자간의 평등에 관한 예외조항인 동조의 적용 범위를 가급적 축소하자는 정책적인 고려와 문리해석상 별제권 행사라 함은 별제권자가 행사하는 것인데 파산관재인은 별제권자가 아니고, 제497조에 기한 파산관재인이 별제권의 목적물을 민사집행법에 의하여 환가하는 행위는 제384의 파산재단에 관한 관리처분권한의 행사의 일환으로서 이루어지는 것이므로 이를 별제권 행사라고 볼 수 없고,[43] 별제권자의 권리행사가 제1차적이고 관재인의 환가권이 보충적으로서 양자의 성질이 다른 점[44]을 근거로 필자는 위 견해에 찬동하지 아니한다.

임금채권자는 별제권자의 경매를 종용할 것이고 다른 채권자들은 파산관재인의 환가를 종용할 것인데 이를 법원이 사안별로 검토하여 허부를 결정하는 부담을 지게 된다. 이 점에 관한 법원의 기준이 확립되기 어려운 현실을 감안하면 제414조의2는 효율성과 예측가능성을 떨어뜨리고 동조 때문에 신속한 배당이 요구되는 파산절차에서 불필요한 분쟁을 야기하게 된다.

한편 파산선고 후 별제권의 실행으로 인한 부동산 경매절차에서 과세관청은 교부청구를 할 수는 있지만 교부청구에 따라 배당금은 과세관청에게 교부되지 아니하고 파산관재인이 각 재단채권자에게 안분변제할 수 있도록 파산관재인에게 교부된다.[45] 제415조의2에 따라 경매절차 또는 체납처분절차에서 배당에 참가할 수 있는 근로자의 임금 등의 채권은 금액의 제한이 없는 임금채권이 아니라 임금우선특권에 한정된다.

### 3. 배당에 참가하지 아니한 임금우선특권자의 지위

#### (1) 근로자의 지위

만일 근로자가 배당에 참가하지 아니한 경우 근로자 몫의 퇴직금 등을 어떻게 처리할 것인가? 2014년 개정 전에는 재단채권자는 강제집행을 할 수 없을 뿐 아니라 강제집행절차에서 직접 배당을 받을 수 없었으므로 집행법원(또는 집행관)이 파산관재인에게

---

42) 서경환, 온라인주석 채무자회생법 제415조의2(해설 부분). 청산을 위한 형식적 경매의 경우 배당절차의 필요 여부에 대한 견해의 대립에 대하여는(법원실무제요 민사집행(II), 법원행정처(2014), 726-727면 참조). 현재 실무는 형식적 경매의 경우에도 배당을 하고 있다(法人破産實務, 414면).

43) 法人破産實務, 413면.

44) 齊藤秀夫 외, 注解破産法 第三版(下), 青林書院(1998), 456면.

45) 위 대법원 2002다70129 판결. 이 판결에 대한 해설로 李愚宰, "파산자 소유의 부동산에 대한 별제권 행사절차에서 교부청구된 조세의 교부상대방," 대법원판례해설 통권 제44호(2003 상반기), 883면 이하.

배당금을 지급하고 파산관재인이 이를 다른 재단채권자들과 안분비례로 근로자들에게 변제하였다.

제415조의2 개정 후 실무상 혼선이 있었으나 현재 법원의 실무는 근로자가 배당요구한 경우에는 파산관재인에게 경매배당금을 지급하지 아니하고 임금우선특권에 해당하는 배당금을 직접 근로자에게 배당하고 있다.[46] 별제권은 파산절차에 의하지 아니하고 행사할 수 있지만(제412조), 경매절차에서의 배당의 순위 등에 임금우선특권에 관한 근로기준법 제38조 제2항 각호와 근로자퇴직급여 보장법 제12조 제2항이 파산절차에도 적용되므로 최우선임금채권에 대하여는 담보권자가 배당순위를 양보하여야 한다.

만일 임금우선특권을 갖는 근로자들이 배당요구하지 아니하면, 파산관재인에게 배당하여야 한다. 왜냐하면 근로기준법 등에 의하여 우선변제권을 갖는 임금채권자라고 하더라도 강제집행절차나 임의경매절차에서 배당요구의 종기까지 적법하게 배당요구를 하여야 우선배당을 받을 수 있기 때문이다.[47] 또한 파산관재인은 파산재단에 속하는 재산에 관한 관리처분권을 갖고 있으므로 별제권자가 신청한 임의경매절차나 파산선고 전의 체납처분이 속행된 경우 담보권자와 조세채권자에게 배당하고 남은 돈을 수령할 권한이 있기 때문이다.

파산관재인은 임의경매절차에서 배당이 끝난 후 배당절차에 참가하지 못한 근로자가 파산관재인에게 임금채권을 재단채권으로 청구한 경우에, 근로자가 배당에 참가하지 아니하였으니 재단채권인 임금채권이 소멸되었다는 이유로 변제를 거부할 수 없다.[48] 다만 배당에 참가하지 아니한 근로자가 파산관재인에게 배당금을 요구하는 경우에 재단채권자 간에 안분비례로 변제하여야 할지 아니면 근로자에게 배당금을 전액 지급하여야 할 것인지 논란이 있을 수 있다. 근로자의 권리는 원칙적으로 경매절차에서 보호받는 것이므로 그 절차에서 보호받지 못한 근로자를 다른 재단채권자의 이익을 침해하

---

46) 法人破産實務, 387면. 우선변제청구권을 갖는 임금 및 퇴직금 채권자도 원칙적으로 배당요구의 종기까지 체불임금확인서 등의 배당요구의 자격을 소명하는 서면을 첨부하여 제출하여야 한다(민사집행규칙 제48조 제2항). 그러나 배당요구의 종기를 도과하더라도 배당표가 확정되기 전까지 이를 보완하였다면 우선배당을 받을 수 있다(대법원 2022. 4. 28. 선고 2020다299955 판결(공 2022, 1047)).

47) 대법원 2015. 8. 19. 선고 2015다204762 판결(공 2015, 1350)("근로기준법 등에 의하여 우선변제청구권을 갖는 임금채권자라고 하더라도 강제집행절차나 임의경매절차에서 배당요구의 종기까지 적법하게 배당요구를 하여야만 우선배당을 받을 수 있는 것이 원칙이다.") 또한 배당요구시 판결 이유 중 우선특권이라는 판단이 포함된 확정판결 또는 지방노동관서가 발급한 체불금품확인원 등 소정의 서류를 제출하여야 배당이 가능하다(법원실무제요 민사집행[II], 법원행정처(2014), 463면).

48) 서울회생법원의 입장이다(원운재, "2007년 하반기 법인파산관재인 간담회 자료집," 서울회생법원(2007), 4면(미공간)).

면서까지 보호할 필요는 없으므로 안분비례로 변제하여야 하는 입장이 타당하다.

(2) 근로복지공단의 지위

별제권 행사에 따른 경매절차에서 배당요구를 한 임금채권에 대해서는 다른 담보물권보다 우선변제권을 가진 임금채권에 우선 배당을 하되, 그 배당금은 체당금을 지급한 근로복지공단에 직접 교부할 것이 아니라, 파산관재인이 재단채권자들에게 안분변제할 수 있도록 파산관재인에게 교부해야 한다.[49] 파산관재인은 이를 수령하여 재단채권자에 대한 변제자원 등으로 사용하여야 한다.[50] 제415조의2 단서가 신설되었다고 하여 근로복지공단이 우선 변제를 받을 권리가 달라지는 것도 아니고 담보물권자가 채무자의 파산으로 말미암아 파산선고 전보다 더 유리하게 되는 것도 아니다.[51] 근로자는 제415조의2 본문에 의하여 경매절차에서 직접 배당금을 수령할 수 있지만, 근로복지공단은 제415조의2 단서에 따라 직접 경매법원으로부터 배당금을 수령할 수는 없다. 파산관재인은 수령한 배당금을 다른 재단채권자에게 안분변제하게 되므로 파산재단이 재단채권의 총액을 변제하기에 부족한 경우라면 근로복지공단은 전액 변제받지 못하는 손해를 입을 수 있다(제477조 제1항).[52]

(3) 부칙의 적용

채무자회생법 부칙 제3조는 개정 규정은 이 법 시행 후 최초로 발생하는 임금, 재해보상금, 퇴직금 등 근로관계로 인한 채권부터 적용한다고 규정되어 있다. 부칙이 적용되는 최우선변제권이 있는 임금채권 등은 2015. 7. 1. 이후에 발생한 최종 3년간의 퇴직금만이 해당된다. 3년을 초과한 퇴직금 부분은 여전히 재단채권으로 취급되어 파산관재인이 수령하게 된다. 2015. 7. 1. 이후 발생한 퇴직금이라 함은 2015. 7. 1. 이후 퇴직한 근로자의 퇴직금만 해당하고 그 이전에 퇴사한 근로자가 있다면 그러한 근로자의 퇴직금은 개정 조항이 적용되지 아니한다. 또한 2015. 7. 1 이전에 발생한 미지급 임금이나 재해보상금에도 마찬가지이다.

---

49) 위 대법원 2019다200737 판결(대전고등법원(청주) 2018. 12. 11. 선고 2018나2768 판결의 상고심). 원운재, 앞의 글, 4면.

50) 위 대법원 2002다70129 판결.

51) 대법원 2022. 8. 31. 선고 2019다200737 판결(미간행).

52) 2024년 국회에서 근로복지공단이 대위변제한 경우에도 근로자와 마찬가지로 경매절차 등에서 직접 배당금을 수령할 수 있도록 하자는 취지에서 제415조의2의 개정 논의가 있었다.

## Ⅳ. 견련파산절차에서의 특례 - 제477조 제3항 - 무제한 액수의 임금채권 우선권

2020. 1. 9. 국회는 회생절차에서 제공된 신규차입자금과 임금, 퇴직금 및 재해보상금을 同順位로 정하여 다른 재단채권에 우선하도록 제477조 제3항을 개정하였다.[53] 이에 앞서 2009. 10. 21. 채무자회생법 제180조 제7항이 개정되어 제179조 제1항 제5호 및 제12호의 청구권 중 신규자금에 대한 청구권은 다른 공익채권보다 우선적으로 변제하게 되어 있었다. 기업의 운영자금은 몸속의 피와 같다.[54] 운영자금 없이는 기업의 재건이 불가능하다. 그리하여 실무가들은 공익채권의 우선변제권만 인정된 것으로는 불충분하고 파산절차에서도 다른 재단채권보다 우선하여야 법체계상으로도 맞고 신규자금이 활성화된다고 주장하였다.[55]

그러나 2009년 개정 당시에도 정부가 이러한 주장을 물리치고,[56] 회생절차에서만 우선권을 인정하는 반쪽짜리 입법을 하였다가,[57] 2020년 이 주장을 일부 받아들여 파산절차에서도 다른 재단채권에 우선하도록 뒤늦게 개정한 것이다.

제180조 제7항이 적용되려면 신규자금이라 하더라도 '법원의 허가를 얻어 차입한 채권'에 대하여만 인정된다. 따라서 차입채권이 아닌 물품매매 대금채권 또는 용역대금채권은 제외되었다. 당초 국회 제출된 개정안은 차입채권이라는 제한이 없었으나 국회에서 제한이 가하여진 것이다. 따라서 법원의 허가를 받지 아니하면 신규자금이라 하더라도 공익채권으로서의 우선권을 인정받지 못한다. 비록 일부 법원이지만 신규자금의 액수를 관리위원이 정하거나, 신규자금의 이자율을 낮추도록 요구하거나, 심지어 우선변제권을 포기하는 각서제출을 요구하는 사태가 발생하고 있다. 이러한 법원의 잘못된 실무는 적정한 자금의 신속한 투입을 통한 조기 회생에 걸림돌이 되고 있다.

---

53) 동 규정의 개정 경위에 관하여는 박승두, "2020년 개정 채무자회생법상 DIP 금융지원채권의 우선변제권 분석," 經營法律 第30輯 第3號(2020), 359-381면. 참고로 일본에서는 신규자금에 대한 청구권은 다른 재단채권과 동순위의 재단채권이다(伊藤眞, 앞의 책, 336면).

54) 정준영, "기업회생절차의 새로운 패러다임," 2011년 도산법 분야연구회, 28면(미공간).

55) 개정 전의 논의에 관하여는 심활섭, "통합도산법 개정 필요사항-제4주제 회생편," 도산법 분야 연구회 2008년 세미나 자료(2008), 212-213면(미공간). 신규지원자금에 대하여 선순위의 담보권을 부여하는 것은 현행법상 어렵고, 담보 여력이 있는 경우라면 일본과 같이 담보권소멸제도를 도입하여 새로이 담보를 설정하는 방법으로 신규 여신을 받자는 입장이다.

56) 당초 재단채권에도 우선권을 부여하자는 내용이 법무부의 개정초안에는 있었으나 그 후 기획재정부의 반대로 삭제된 채 개정되었다.

57) 회생법원 법관들의 보고에 의하면 개정 후에도 신규자금이 활성화되지 않았다고 한다. 정준영, 앞의 글, 29면 및 이재희, "효율적인 기업회생을 위한 회생절차 개선 방안," 2015년 회생절차 개선 간담회 자료집, 서울중앙지방법원, 11면.

2009년 제180조 제7항의 개정 당시 법무부안은 미국과 같이 대립당사자주의를 채택하여 법원이 심문을 거친 후 신규자금 차입에 대한 허부를 결정하고, 결정에 대하여 불복하는 것으로 제출되었으나 입법과정에서 법원의 허가로 갈음하자는 법원의 의견이 받아들여져 현행법과 같이 개정되었다.[58] 그리고 법원이 허가를 함에 있어 이해관계인의 의견을 듣도록 개정이 되었으나 시행과정에서 이해관계인의 범위가 불명확하고, 의견청취에 시간이 걸리는 문제점이 드러나 결국 2016. 5. 29. 개정을 통하여 '이해관계인'을 '채권자협의회'로 변경하는 개정이 이루어졌다. 법원의 불허가결정에 대하여 불복규정을 두지 아니하였으므로 특별항고 외에는 불복할 수 없다. 그리하여 사실상 회생법원의 재량에 의하여 신규자금의 허부가 결정되게 되고 말았다. 한편 일본 파산법에는 채무자회생법 제477조 제3항에 상응하는 조항이 없다.

제477조 제3항의 적용요건은 다음과 같다.

첫째, 2020. 2. 4.부터 회생절차가 폐지되어 파산절차로 넘어가는 견련파산사건에서만 적용된다. 그리고 문면상 회생절차에서 법원의 허가를 받아 차입한 신규차입자금에 대하여 적용된다. 견련파산절차는 회생절차 개시신청이 기각된 후, 회생절차 개시결정 후 회생계획인가결정 전 폐지 및 회생계획불인가결정이 있는 때와 회생계획인가결정 후 폐지가 있는 때에 이루어진다. 인가 후 폐지의 경우에는 법원이 반드시 파산선고를 하여야 하지만 그 외의 경우에는 법원이 임의적으로 파산선고를 할 수 있다. 따라서 인가전 폐지결정 등과 같은 임의적 견련파산절차의 경우 동조가 적용되는지 여부는 법원이 결련파산선고를 하는지에 따라 결정된다.

둘째, 아무리 견련파산절차라고 하더라도 신규차입자금이 투입되지 아니한 회생절차가 실패하는 경우에는 동조가 적용되지 아니한다. 따라서 임금채권자 입장에서는 만일 신규차입자금이 투입되지 아니하면 보통 순위의 재단채권으로 취급되지만 신규차입자금이 투입되면 신규차입자금과 동순위의 우선순위권 있는 재단채권으로 격상하게 된다. 따라서 근로자들 입장에서는 계획안 인가결정이 있게 되었다면 인가결정 후의 견련파산절차에서 임금채권 등의 지위를 격상하기 위하여 투자할 제3자를 유치하거나 스스로 신규차입자금을 소액이라도 투입하려는 유인이 생길 것이다. 앞으로 인가 후 회생절차에서 법원이 신규차입자금의 허가에 있어서 이러한 점을 유념하여야 할 필요가 생겼다. 개정법은 다음 네 가지 점에서 문제가 있다.

첫째, 법이론 또는 입법정책적인 근거 부족이다. 그동안 실무가들이 회생절차에서

58) 개정 경위에 대하여는 林治龍, "DIF Financing－한국과 미국의 비교," 파산법연구 3, 博英社(2010), 210－211면.

투입된 신규차입자금 청구권에 대하여 파산절차에서도 우선권 있는 재단채권으로 취급하여 달라고 요청한 이유는 회생절차의 활성화와 기업 재건의 성공률을 높이기 위한 것이었다. 어떤 채권이 다른 채권보다 우선적인 지위를 받으려면 먼저 법리적 또는 정책적인 근거가 있어야 한다. 신규차입자금에 우선권을 부여하자는 이유는 법이론보다는 정책적인 것이다. 채무자가 도산한 이후에 신규차입자금의 투입이 기업 재건에 도움이 되기 때문이고, 도산한 기업은 이미 담보여력이 없다는 것은 전세계적으로 보편적인 현상이므로 무담보채권으로 취급할 수밖에 없지만 다른 채권보다 우선시키려는 유인책 때문에 우선적 지위를 부여하는 것이다.[59]

근로자에 대한 임금, 퇴직금 및 재해보상금 등의 채권 역시 헌법상의 근로자의 권리보호를 반영하기 위한 것으로서 채무자회생법이 파산절차에서는 임금우선특권의 범위를 넘어 전액에 관하여 재단채권으로 격상하여 준 것이다. 만일 근로자가 회생절차 개시 후에 근로를 제공하였음에도 회생절차가 폐지되었다면, 개시 후 제공된 근로는 채무자의 재건에 도움을 주는 것이므로 견련파산절차에서 다른 재단채권보다 우선할 여지는 있다. 그러나 시기를 구분하지 아니한 채 회생절차 개시결정 전에 발생한 것을 포함하여 모든 임금, 퇴직금, 재해보상금을 다른 재단채권보다 우선하는 것은 법이론이나 정책적으로 과도한 입법이다.[60] 근로자의 권리를 중시하는 공산국가 중국의 실무도 신규자금을 임금채권보다 우선하여 취급하고 있다.[61]

둘째, 실무상 필요성의 결여이다. 개정법은 임금채권, 퇴직금 및 재해보상금을 제415조의2와 같은 제한 없이 무제한의 액수를 다른 재단채권보다 우선하도록 하였다. 실무의 관점에서 볼 때 과연 신규차입자금 채권자가 임금우선특권보다 범위가 넓은 무제

59) 이원삼, "회생절차에서 신규지원된 자금에 대한 법적 보호방법에 관한 연구," 경영법률 24집 제3호, (2014), 194면; Reinhard Bork, Rescuing Companies in England and Germany, 233 (OUP 2011).

60) 채무자회생법이 임금우선특권의 범위를 넘어 전액을 재단채권으로 취급한 것에 대한 비판으로는 전병서, 도산법 제4판 박영사(2019), 187면.

61) 광동성고급법원은 (2014) 粵高法民二破終字 第2号 판결에서 파산회생절차에 처해 있는 채무자에게 투입한 신규자금채권에 대해 공익채무로 인정해 우선 변제해야 한다고 판시하였다(박동매 중국 변호사님의 답변이다). 즉 중국에서는 임금채권보다 신규자금채권(아래의 공익채무)이 우선한다.
중국 기업파산법 제113조: 파산재산은 우선적으로 파산비용과 공익채무를 변제한 후에 아래 순서에 따라 변제한다.
(1) 파산자가 체불한 직원의 임금과 의료, 상해 보조금, 위자료, 체불한 직원 개인 계좌로 불입하여야 하는 기본 양로보험료, 기본 의료보험료 및 법률, 행정법규에서 규정한 직원에게 지급하여야 한다고 규정한 보상금
(2) 파산자가 체불한 전항 규정 이외의 사회보험료와 파산자가 체불한 세금
(3) 일반 파산 채권
파산재산이 동일 순위의 채무를 변제하기에 부족할 경우 비례에 따라 분배한다.
파산기업의 이사, 감사, 고급관리인원의 임금은 당해 기업 직원의 평균임금으로 계산한다.

한의 액수의 임금채권을 감수하면서라도 회생회사에게 신규자금을 제공할 지는 의문이다. 게다가 어차피 근로자들은 회생절차가 진행하는 동안에 제공한 근로의 대가로 지급되는 임금은 대부분 지급받을 것이다.

셋째, 임금채권 등에 관한 법적 지위의 혼란이다. 임금채권 등은 회생절차에서는 공익채권이다. 담보권에 우선하는 부분도 없고, 금액의 제한도 없이, 언제 임금채권이 발생하였는지 관계 없이 공익채권으로 취급한다. 그러나 파산절차에서는 보통의 재단채권, 담보권보다 우선하는 임금우선특권 범위 내에서의 임금채권, 견련파산절차에서는 다른 재단채권보다 우선하는 임금채권으로 구분되어 그 법적 지위가 다르게 되었다. 그리하여 제415조의 2와 견련파산절차에 관한 제477조 제3항의 개정으로 채무자회생법의 임금채권은 근로기준법과 채무자회생법의 차이, 다시 채무자회생법 내에서 회생절차와 파산절차에서의 차이, 또 다시 파산절차에서 별제권 실행 있는 파산절차와 실행이 없는 파산절차, 견련파산절차마다 차이가 발생하였다. 임금채권의 지연손해금의 법적 성질까지 고려하면 도산법 전문가마저 이해하기 어렵다.

넷째, 공동 순위 입법의 문제점이다. 미국 연방파산법은 우선권 있는 파산채권을 규정하면서 그 순위를 1순위 이하 차례로 정하고 있다.[62] 두 개의 상이한 성질의 권리의 우선순위를 같게 두면 실무상 그 계산이 복잡하여 법적 분쟁의 발생 소지가 된다. 특히 채무자회생법상 재단채권은 별도로 재단채권조사확정제도가 인정되어 있지 아니하므로 신규자금 대여자 입장에서 동순위의 임금채권의 액수가 얼마가 될지 미리 알기 어렵다.[63]

이러한 실무상의 문제점을 반영하여 일본의 개정 파산법은 재단채권자의 채권신고제도를 도입하였다(일본 파산규칙 제50조 제1항). 다만 임의규정이므로 재단채권을 신고하지 아니한다고 하여 실권당하는 불이익은 없다. 일본의 실무는 파산관재인이 자기가 인정하는 재단채권의 액수를 기재하고 만일 이의가 있으면 채권자가 금액을 정정하여 일정기간 내에 파산관재인에게 반송하여 달라는 내용의 서면을 재단채권자들에게 송부하고 있다. 이의가 없으면 일단 그 금액을 정당한 재단채권으로 취급하고 이의가 있는 금액은 개별교섭을 하는 방법을 취하고 있다. 사실상 재단채권의 확정절차와 같은 효과를 갖고 있다.[64] 또한 재단채권은 원칙적으로 수시로 변제하게 되어 있으므로 공동순위의

---

62) 미국 연방파산법 11. U.S.C. § 507(a)에 의하면 임금채권은 4순위로서 § 364(c)(1)에 의하여 인정되는 DIP Financing의 순위보다 늦다.

63) 미국 연방파산법에 따르면 우선권 있는 채권(관리비용, 임금, 조세, 사회보장급부 등 포함)도 채권신고를 하여야 한다.

64) 東京地裁破産再生實務硏究會, 破産·民事再生の實務(下) 新版, 金融財政事情硏究會(2008), 328면.

채권을 수시로 안분하여 변제하는 것은 실제로 쉽지 않다. 한진해운의 실무가 이를 잘 보여주고 있다.[65] 제477조 제3항의 개정이 가뜩이나 신규자금시장이 얼어붙은 상황에서 찬물을 끼얹은 입법이 될까 걱정스럽다.[66] 개정 후 회생절차에서의 신규차입자금의 추이가 주목된다.

## V. 결론

개별 근로자의 지위는 사용자의 지위에 비하여 열악하므로 근로자의 권리를 형평에 맞게 보호하자는 것이 헌법 제32조의 취지이다. 근로자의 지위는 평시보다 사용자인 회사가 도산한 경우에 더 위험에 놓이게 된다. 이러한 취지에서 근로자가 갖는 임금, 노동조합의 단체교섭권 등을 도산절차에서도 보호하여야 하는 것이 마땅하다.[67]

한편 사용자인 회사가 도산한 경우에는 근로자 이외에 불법행위의 피해자, 상거래 채권자, 금융기관, 조세 등 국가의 재정기관, 회생절차 후에 신규자금을 투입한 금융채권자 등 다양한 형태의 이해관계인들이 관여하게 된다. 그들의 권리 역시 보호할 필요가 있다. 도산한 기업이 근로자의 권리 보호라는 무게 때문에 재건하지 못하고 주저앉아서도 아니 된다. 도산법은 절차 관여자들에게 예측가능하고 투명하여야 한다. 그래야 공정하고 효율적인 도산절차를 통하여 기업이 재건하고 공평한 분배를 통하여 사회 전체에 도움이 되기 때문이다.

도산절차 개시 전에 발생한 임금채권과 퇴직금은 원칙적으로 성질상 우선적 파산채권이다. 그런데 우선적 파산채권 중 어느 범위까지 재단채권으로 격상할 것인가는 입법정책의 문제이다. 실체법의 법리를 반영한다면 일정 범위(기간 또는 금액 기준)의 임금채권만 재단채권으로 우선취급하는 것이 타당하다. 그러나 근로자의 법적 지위를 보호하기 위한 기존에 확립된 도산절차에서의 임금채권의 우선권을 유지하면서 재단채권

---

65) 2020년 11월 현재 2회에 걸쳐 재단채권 50%를 지급한 상태이고, 나머지 재단채권에 대한 변제는 아직 이루어지지 않고 있다. 실무상의 어려움을 이유로 지연손해금부 판결금 채권에 대하여도 수시 변제가 이루어지지 않고 있다. [한진해운은 이 글 작성 후 2025. 1. 23. 이시폐지(異時廢止) 되었다]

66) 당초 채이배 국회의원이 대표발의한 개정안은 우선권이 인정되는 재단채권의 범위를 임금채권에 대한 언급 없이 신규차입자금만으로 제한하는 것이었으나(국회사무처, 제367회국회(임시회) 법제사법위원회회의록(법안심사제1소위원회), 제1호, 2-6면), 파산 시 근로자의 권리를 보호하자는 고용노동부의 의견이 반영되어 채이배 의원이 절충안으로 공동순위의 우선권을 부여하자고 제안을 하여(국회사무처, 제371회국회(정기회) 법제사법위원회회의록(법안심사제1소위원회) 제1호, 4면) 본회의에서 가결되었다. 수정안과 확정안의 비교에 대하여는 박승두, 앞의 글, 372-373면.

67) 독일, 네덜란드, 벨기에, 영국의 임금채권보장 및 해고 제한에 관한 일반론에 관한 책으로 R. Blanpain, Employee Rights in Bankruptcy, Kluwer (2002).

간의 우선순위를 둔다면, 신규차입자금채권과 공동 우선순위의 방식을 둘 것이 아니라 근로기준법 등에서 인정되는 실체법상의 우선순위를 채무자회생법에 반영하여 미국과 같이 재단채권에 순위를 별도로 두어 입법을 하는 것이 체계상으로도 일관성 있는 입법이다. 즉 우선권의 순위를 신규차입자금채권, 임금우선특권, 일반공익채권인 임금채권 순으로 두는 것이다. 또한 제477조 제3항의 적용 여부가 신규자금의 투입과 견련파산선고라는 우연한 요소에 의하여 결정되는 바람에 근로자의 지위 역시 오르내리는 등 예측가능성도 떨어지게 되고, 주요 국가의 파산법제와 동떨어지게 되었다.[68] 제415조의2와 제477조 제3항 중 임금채권을 공동우선순위로 두는 부분을 삭제함이 옳다. 특히 제477조 제3항은 改正이 아니라 改惡이다.

[회생법학 통권 제21호, 한국채무자회생법학회(2020), 29－59면]

68) 同旨, 박승두, 앞의 글, 376면.

# 8. 도산절차와 지식재산권



## Ⅰ. 서론

### 1. 연구의 배경

최근 기업의 영업활동은 지식재산권을 대여하거나 이를 빌려 사용하지 않고서는 성립할 수 없다. 그리하여 지식재산권을 둘러싼 법률문제는 산업경쟁력 강화뿐 아니라 기업의 생존과 직결된 점에서 매우 중요하다. 특히 start-up 기업이 많이 등장하였다가 대부분 도산하고 있고 그 과정에서 컴퓨터에 기반을 두어 생성된 특허권, 저작권, 반도체집적회로의 배치설계권 등 지식재산권의 보호가 문제되고 있다. 또한 요양병원, 인터넷전자서비스제공 등 개인정보를 다루는 기업에 대하여 도산절차[1]가 개시된 경우, 회원들의 개인정보보호를 비롯한 프라이버시 등을 어떻게 보호할 것인가 하는 점도 중요하다. 특허에 관하여 대기업 간 크로스 라이선스 방식의 영업이 많이 활용되고 있음에도 불구하고 지식재산권의 사용계약의 당사자 일방의 도산 시 권리관계와 관련한 명문의 규정이 채무자 회생 및 파산에 관한 법률('채무자회생법')에 없을 뿐만 아니라 해석론이 정립되지 않아 도산사건 발생 시 경제적 약자인 라이선시 보호 여부가 문제되고 있다.

다음과 같은 문제에 대한 명확한 답이 필요하다. 특허권자가 특허권을 침해하는 회생회사를 상대로 환취권에 기하여 특허권의 사용금지명령을 신청할 수 있는가? 라이선

1) 양자를 구분할 필요가 있는 경우에는 파산절차와 회생절차로 나누어 표기하고, 그렇지 아니한 경우에는 양자를 포괄하여 도산절차라고 표기한다.

시는 지식재산권을 장기간 사용할 것을 전제로 투자를 하고 판매전략을 세웠는데 갑자기 라이선서(라이선스 제공자, licensor)가 도산한 경우 더 이상 지식재산권을 사용할 수 없게 되면 기업의 존립에 영향을 받는데 라이선시(라이선스 이용자, licensee)는 어떻게 보호되는가? 반대로 라이선서는 라이선시만이 사용할 수 있도록 라이선스 계약[2)]을 체결하였는데 라이선시가 도산하여 라이선시의 파산절차의 파산관재인 또는 회생절차의 관리인 ('파산관재인 등')이 제3자에게 라이선스의 사용권을 경쟁업체에게 매각하면 라이선서는 어떻게 보호되는가.

이러한 상황은 반드시 내국인 간의 거래에 한하는 것이 아니라 라이선서 또는 라이선시가 외국인인 경우에도 발생하는 문제이다. 특히 외국 라이선시가 한국 기업(라이선서)으로부터 제약과 관련한 특허권 등을 사용하려는 경우에 라이선서 도산시 자신에게 발생하는 법률문제가 명확하지 않으면 거래가 이루어지지 않을 것이고 국가경제에 미치는 영향도 크다. 지식재산권에 관한 라이선스 계약은 국내거래뿐 아니라 첨단산업의 경우에는 국제적으로 크로스 라이선스 계약을 통하여 광범위하게 이용되고 있다. 이 경우 어느 나라의 라이선서가 도산하면 다른 나라의 라이선시에게 예상하지 못한 심대한 악영향을 미치게 된다.

국제변호사회는 2014년 도산절차에서 지식재산권의 취급에 관한 연구를 국가별로 연구하여 발표하였다.[3)] 다른 분야에 비하여 지식재산권자의 도산과 관련하는 주제는 최근 10년 사이에 급속하게 논의되고 있다. 유감스럽게도 위 책에서 자칭 IT 强國인 한국에 관한 논의는 누락되어 있다.

미국과 일본은 이와 관련한 도산법 개정이 이미 완료되었으며, 영국과 독일은 기존의 법해석에 맡겨져 있다. 또한 종업원의 직무발명보상금을 사용자의 도산절차에서 어떻게 처리할 것인가 하는 점도 이미 하급심에서 판결이 선고되었지만, 학설은 아직 정립되지 아니한 상태이다. 도산법학에서 일반론으로 채권에 기한 청구권은 도산채권이고, 물권에 기한 청구권은 환취권으로 취급하고 있는데 이러한 분류가 지식재산권에도 적용되는지에 대하여 아직 상세히 논의되지 아니하였다. 특히 특허권 등 지식재산권 침해의 구제책으로 인정되는 여러 가지 내용 중에 어떠한 권리가 도산절차에 복속하고 어

---

2) 기술제휴계약, 이용허락계약 등으로 불린다. 대법원 2020. 11. 26. 선고 2018다221676 판결(공 2021, 107); 대법원 2018. 11. 15. 선고 2016다20916 판결(공 2019, 8)은 사용료 대신에 실시료, 또는 로얄티라고 한다. 사용료는 일시금으로 고정액(initial royalty)을 지급하거나 고정액에 더하여 매출에 비례하여 지급하기로 하는 경우 등 여러 가지의 유형이 있다.

3) Marcel Willems, Matthisas Nordamann and Ulrich Reber, Licences and Insolvency, International Bar Association, Globe Law and Business (2014).

떠한 채권이 복속하지 아니하는지는 아직 논의가 발전하지 못한 상황이다. 특허권 침해 또는 부정경쟁방지법 위반을 이유로 한 여러 가지 구체책 중 방해금지를 구하는 권리가 도산절차에서 어떠한 취급을 받아야 하는지에 관하여도 마찬가지이다.

## 2. 연구의 목적, 범위 및 방법

다른 쌍무계약에서도 계약 당사자는 항상 상대방의 재산상태를 점검하고 만일 도산하면 자신의 권리를 보호받기 위하여 시간과 비용을 투입하여야 한다. 그런데 다른 쌍무계약과 달리 지식재산권에 관한 라이선스 계약을 달리 차별할 근거와 필요가 있는가? 정보통신 기술이 발전하지 아니한 과거에는 이러한 문제의식이 부재하였다.

그러나 21세기에 들어와 컴퓨터를 기반으로 하는 정보통신의 급속한 발전과 인공지능, 방대한 데이터의 관리 등에 있어서 컴퓨터와 관련된 지식재산권의 보호 없이는 어느 나라도 경제발전을 이룰 수 없게 되었다. 그리하여 각국은 무역전쟁에서 승리하고 국가경쟁력을 제고하기 위하여 기술개발에 총력을 쏟고 있다. 그리고 이를 뒷받침하기 위하여는 지식재산권의 사용에 관한 법제를 창설하고 발전하는 기술개발에 맞추어 계속하여 법제를 개정하고 있다. 지식재산권이 국가 경제에서 차지하는 역할 등을 고려하면, 지식재산권의 사용과 관련하여 전형 계약과 다른 특별한 취급을 두는 것은 피할 수 없고 이는 세계적인 추세가 되었다. 지식재산권 없이는 산업의 발전이 없고, 국가 발전도 없다. 이러한 지식재산권의 근본적 입법목적을 고려하면 통상의 계약과 다른 취급을 하자는 논리가 자연스레 도출된다.[4)]

이와 관련하여 종업원의 직무발명보상금 청구권의 법적 성격, 발생 시기를 명확히 하여 사용자가 도산한 경우 직무발명보상금이 도산채권인지 여부를 명확하게 밝힘으로써 이로 인한 불필요한 법적분쟁을 방지하는 것이 중요하다. 이 연구에서는 그동안 이 주제에 관한 판례를 중심으로 기존의 도산채권의 법리를 적용하여 법적 성질을 밝히려고 한다.

그리고 지식재산권자가 자신의 지식재산권에 기하여 침해자를 상대로 하여 구하는 구제책 중 어떠한 권리(방해금지청구권, 손해배상청구권 등)가 도산채권이고 환취권인지에 관하여 법적 성격을 규명하여 도산절차에 참가하는 방법을 제시하고자 한다.

특히 외국 회사와 국내 회사 간에 전략적인 이해관계를 고려하여 각자의 특허권을 공유하는 경우가 있다. 특허의 공유권자 중 1인에 대하여 도산절차가 개시된 경우 다른

4) 권창환, "도산절차에서의 쌍방 미이행쌍무계약과 지적재산권 라이센스계약의 관계," 사법 제50호, 사법발전재단(2019), 413-414면.

공유자의 법적 지위를 살펴본다. 그리고 라이선시가 도산한 경우 라이선서에 대한 사용료의 지급행위가 부인권의 대상이 되는지를 검토한다.

지식재산권의 분야에서는 지식재산권을 타인에게 사용하도록 하는 라이선스 계약과 관련한 법률눈제에 대하여 비교적 정치한 이론이 발전하고 있음에도 불구하고 도산법 분야에서는 지식재산권의 이용계약의 당사자 일방이 도산절차에 들어간 경우의 법률관계가 명확하지 않다. 이 점에 관하여 입법으로 해결하고 있는 미국, 일본의 법률관계를 살펴보고 아직 별도의 입법을 하지 아니한 영국과 독일의 제도를 연구한다. 이상의 문제점에 관하여 앞으로 채무자회생법 개정 시에 올바른 입법을 제시하고 입법이 어려운 경우 해석론을 제시하고자 한다. 이를 위하여 먼저 기존의 대법원 판례와 국내의 학설을 검토하고자 한다.

## Ⅱ. 지식재산권에 기한 청구권의 도산절차에서의 지위

### 1. 지식재산권의 개념

'지식재산'이란 인간의 창조적 활동 또는 경험 등에 의하여 창출되거나 발견된 지식·정보·기술, 사상이나 감정의 표현, 영업이나 물건의 표시, 생물의 품종이나 遺傳資源, 그 밖에 무형적인 것으로서 재산적 가치가 실현될 수 있는 것을 말한다(지식재산기본법 제3조 제1호). '지식재산권'이란 법령 또는 조약 등에 따라 인정되거나 보호되는 지식재산에 관한 권리를 말한다(지식재산기본법 제3조 제3호).

지식재산권의 라이선서 또는 라이선시가 채무자가 되어 도산절차에 들어가면 지식재산권법과 도산법이 충돌하면서 복잡한 법률문제가 발생한다. 첫째, 도산한 채무자 회사(이하 '채무자'라 한다)에 대하여 지식재산권을 제공하거나 채무자에 의하여 지식재산권이 침해된 자의 법률문제와 둘째, 채무자가 보유하고 있는 지식재산권을 사용하거나 담보로 제공받은 자에게 미치는 영향에 관한 법률문제로 대별할 수 있다. 전자에서는 지식재산권에 기한 여러 유형의 청구권이 도산채권(이하 '도산채권'이라 한다)에 해당하느냐의 문제가 다루어지고, 후자에서는 쌍방미이행 쌍무계약에서 라이선시의 보호 또는 파산관재인의 지식재산권의 환가, 서브라이선스 등의 문제가 발생한다.

(1) 지식재산권의 성질

1) 지식재산권은 물권인가 채권인가

이 점은 도산절차에서 어떠한 권리가 도산절차에 복속하는가를 정하는 데 있어 중요하다. 예컨대, 물권 특히 소유권에 기한 권리(목적물 인도청구권, 등기말소청구권 등)는 환취권으로서 도산절차에 구속되지 아니하므로 채권을 신고할 필요도 없고, 권리변경의 위험도 따르지 않는다.

이에 반하여 도산절차 개시 전의 원인에 의하여 발생한 청구권은 도산채권으로서 법원에 신고하여야 하고 신고하지 아니하여 회생계획에 기재되지 아니하면 회생절차에서 실권하고, 파산절차에서는 배당을 받지 못하는 불이익을 입는다. 따라서 지식재산권 침해의 구제책으로 금전배상을 구하는 권리가 도산채권임에는 다툼이 없지만, 침해자를 상대로 부작위의무(예, 轉職禁止) 또는 작위의무(지식재산권을 침해하여 생산된 제품, 불법으로 상표를 부착한 상품의 폐기 등)을 구하는 권리가 도산채권인지 아니면 환취권인지 여부는 중요하다.

2) 민법상 물권과 특허권의 관계

(가) 물권과 채권의 준별

민법은 물권과 채권을 준별하고 있다. 민법학자는 물권과 채권이 아래와 같이 구분된다고 설명하고 있다. 채권은 채권자에 대하여 일정한 행위를 할 자가 특정되어 있지만, 물권은 만인에게 권리를 주장할 수 있다. 물권은 물권법정주의에 의하여 종류와 내용이 법률상 제한되어 있으나 채권은 그 종류, 내용 등이 계약에 의하여 정하여지므로 제한이 없다. 물권은 양도에 제한이 없으나 채권은 양도금지의 특약(민법 제449조 제2항) 또는 임차권의 양도시 양도인의 동의(민법 제629조)가 필요하는 등 제한이 있다.[5] 그리고 지식재산권은 물권적 성질을 갖는다고 설명한다.[6]

한편 지식재산법 학자와 실무가들은 대체로 특허권이 무체재산권으로서 물권적 성격을 갖는 물권에 준하는 권리로서[7] 특허발명을 독점적으로 실시할 수 있는 한편, 타인의 무단실시를 배타적으로 배제할 수 있다고 설명하거나,[8] 발명에 대하여 국가가 허여하는 소정 기간의 독점 배타적 직접 지배권이라고 설명하고 있다.[9]

지식재산권은 물권 그 자체는 아니지만 물권적 성격을 갖는 부분과 채권적 성질을 갖는 부분으로 구분될 수 있고, 소유자가 지상권을 설정하면 지상권자가 물권자가 되는 것처럼 특허권자가 특허권에 관하여 특허법 제85조 제1항 제2호에 의하여 특허원부에 전용실시권의 설정을 등록하면 물권적 권리가 설정되는 것이고, 통상실시권을 부여하면

5) 高翔龍, 物權法, 法文社(2007), 4면.
6) 홍성재, 물권법, 동방문화사(2014), 6면.
7) 정차호, "특허권 및 전용실시권의 개념 재정립," 성균관법학 제22권 제3호(2010), 1235－1236면.
8) 이경란/임병웅, 이지 특허법 제6판, 한빛지적소유권센터(2007), 579면.
9) 이종완, 특허법론, 대한변리사회(2004), 581면.

채권적 권리가 설정된다고 이해할 수 있다. 전용실시권이 설정된 범위 내에서는 특허권자도 전용실시권자의 허락 없이 특허발명을 실시할 수 없다. 따라서 전용실시권에 대하여는 독점적, 배타적 효력이 있어 통상 물권에 준한다고 논의되고 있다. 이에 반하여 통상실시권은 실시권자가 해당 특허발명을 실시할 수 있는 권리로, 독점적, 배타적 효력이 없으므로 채권적 권리이다.

다만 구체적으로 지식재산권을 침해한 경우에 어떠한 채권이 도산채권이 되는지는 지식재산권의 법리에 터 잡아 파산법학의 입장에서 평가하여 결정할 수밖에 없다. 지식재산권이라는 단일한 용어를 사용하지만 지식재산권에는 특허권, 저작권 등 각 권리마다 독특한 성격이 있다. 특히 부정경쟁방지법에 기한 청구 가운데에서도 이미 특허권 등을 등록한 권리자와 등록하지 아니한 권리자가 있으므로 이를 구별하여 그 권리가 회생채권/파산채권인지 환취권인지 만일 양자에 해당하지 않는 것이라면 그 성질이 무엇인지 하는 점에 관하여는 아직 논의가 부족하다.

(나) 개별 지식재산권의 성립요건

① 특허권

특허권은 권리를 받으려는 자가 출원을 하여 특허청의 심사를 거쳐 특허권의 설정등록을 받고 소정의 특허료를 납부하여야 비로소 특허권자로서 보호를 받게 된다. 특허권의 전용실시권의 설정, 이전 변경, 소멸 또는 처분의 제한은 등록하여야 효력이 발생한다(특허법 제101조). 담보권 역시 등록하지 않으면 안 된다. 특허권에 대해 담보권인 질권을 설정할 수 있고, 등록을 하여야 효력이 발생한다(특허법 제101조). 이에 반하여 특허권자는 특허법 제102조의 요건을 갖추면 타인에게 통상실시권을 허락할 수 있지만, 라이선서가 통상실시권을 등록하여야 실시권이 발생하는 것은 아니며 다만 등록을 하면 특허권 또는 전용실시권을 취득한 자에 대하여도 그 효력을 주장할 수 있을 뿐이다(특허법 제118조). 특허권, 전용실시권 또는 통상실시권의 질권자는 계약으로 특별히 정한 경우를 제외하고는 해당 특허발명을 실시할 수 없다(특허법 제121조).[10] 특허권, 전용실시권 또는 통상실시권의 담보설정자는 담보제공 후에도 계속하여 특허권을 사용하여 사업을 계속할 수 있다. 그러나 그에 대한 질권은 특허권의 대가 또는 특허발명의 실시에 대한 사용료 기타 물건에 대하여도 미친다. 단 보상금 등의 지급 또는 인도 전에 압류하여야 한다(특허법 제123조). 이러한 법리는 상표권, 저작재산권에도 적용된다(後述). 그러나 질권자가 물상대위의 방법으로 별도의 압류를 하는 것이 번거로우므로 질권자

10) 질권설정자와 질권자 중 누가 실시권자인지에 관한 과거의 학설 대립을 입법으로 해결한 것이다(정상조·박성수 공편, 특허법 주해 Ⅰ, 박영사(2010), 1321면(심준보 집필)).

로서는 라이선스 계약에서 발생하는 사용료 채권 자체에 대하여 별도의 질권 또는 양도담보권을 설정하여 두는 것을 고려하여야 한다.

② **상표권**

상표권도 출원을 하고 심사를 받은 후 상표등록료를 납부하여 설정등록이 되어야 상표권자로서 보호를 받으며 실제로 상표로 사용한 사실이 있거나 처음으로 사용하였는지 여부는 상표권 발생의 요건으로 볼 수 없다(상표법 제82조).[11] 상표권자는 타인에게 전용사용권을 설정할 수 있으며, 제3자는 상표의 전용사용권을 설정받을 수 있고, 아니면 통상사용권을 설정받을 수 있다. 전용사용권자는 설정행위로 정한 범위 안에서 지정상품에 관하여 등록상표를 사용할 권리를 독점한다(상표법 제95조). 통상사용권자는 등록상표를 비독점적으로 사용할 권리를 갖는다(상표법 제97조). 특허의 전용실시권과 달리 상표의 전용사용권은 등록이 권리의 발생요건은 아니다. 다만 전용사용권과 통상사용권자가 자신의 권리를 등록하면 제3자에게 대항할 수 있다(상표법 제100조).

상표권, 상표의 전용사용권, 통상사용권을 목적으로 질권을 설정할 수 있다. 단 전용사용권자와 통상사용권자는 상표권자의 동의를 얻지 아니하면 전용사용권과 통상사용권에 대하여 질권을 설정할 수 없다. 특히 전용사용권에 관한 통상사용권을 질권의 목적물로 삼는 경우에는 상표권자 외에 전용사용권자의 동의가 필요하다(상표법 제95조 제5항, 제97조 제4항). 상표권, 전용사용권 또는 통상사용권을 목적으로 하는 질권을 설정하였을 경우에는 질권자는 해당 등록상표를 사용할 수 없다(상표법 제104조). 질권자는 상표권의 사용에 대하여 받을 대가나 물건에 대해서도 행사할 수 있고 다만 그 지급 또는 인도 전에 그 대가나 물건을 압류하여야 한다(상표법 제105조).

③ **저작권**

저작권은 권리의 다발로서 저작인격권과 저작재산권으로 구분된다. 저작권은 저작물을 창작한 때로부터 발생하며 어떠한 절차나 형식의 이행을 필요로 하지 아니한다(저작권법 제10조 제2항). 저작인격권은 일신전속적인 권리로서 이를 양도하거나 이전할 수 없으므로,[12] 담보권(질권)의 목적물도 될 수 없다(저작권법 제14조 제1항). 이와 달리 저작재산권은 질권의 목적물이 될 수 있고 질권을 등록할 수 있으며 등록을 하면 제3자에게 대항할 수 있다(저작권법 제54조). 따라서 저작재산권의 양도등록과 질권등록은 양도 또는 질권설정의 유효요건이 아니라 제3자에 대한 대항요건에 불과하다.[13] 여기서 등

---

11) 대법원 2020. 11. 12. 선고 2017도7236 판결(미간행).
12) 대법원 1995. 10. 2.자 94마2217 결정(공 1995, 3716).
13) 일본 저작권법 제77조 제2호(저작권), 제104조(저작인접권)도 같다.

록하지 아니하면 제3자에게 대항할 수 없다고 할 때의 '제3자'란 저작재산권의 양도에 관하여 양수인의 지위와 양립할 수 없는 법률상 지위를 취득한 경우 등 저작재산권의 양도에 관한 등록의 흠결을 주장함에 정당한 이익을 가지는 제3자에 한하고, 저작재산권을 침해한 사람은 여기서 말하는 제3자에 해당하지 않는다.[14]

만일 저작권자가 파산선고를 받은 경우 저작권자의 파산관재인은 저작권법 제54조 제1호에서 말하는 제3자에 해당하므로 저작재산권을 양수받은 자로서 등록하지 아니한 자는 파산관재인에게 양수인임을 대항할 수 없다.

한편, 저작재산권에 질권을 설정하고 등록하기 위해서는 먼저 저작권에 대하여 저작권법 제53조에 의한 등록이 선행되어야 한다. 장래의 저작권 – 예컨대 미래에 작곡할 노래 등에 대한 권리에 대하여 당사자 간의 계약에 의하여 담보권을 설정할 수 있다. 다만 담보권자가 제3자에게 대항력을 구비하려면 저작권등록원부에 담보목적물을 확정하여야 하는데 장래 작곡할 노래에 관한 저작권은 확정될 수 없으므로 담보권설정등록이 어렵다.[15] 저작재산권에 대한 질권자도 저작재산권의 양도 또는 그 저작물의 이용에 따라 저작재산권자가 받은 금전 그 밖의 물건에 대하여도 행사할 수 있고, 지급 또는 인도 전에 이를 압류하여야 한다(저작권법 제47조).

### 3) 지식재산권의 속지주의 - 외국에서의 침해행위 등

지식재산권은 어떤 공간을 차지하는 물건이 아니므로 세계 도처에서도 이용이 가능하다. 그러므로 그에 대한 침해도 전세계에서 발생할 수 있다. 그러나 특허권 등 지식재산권에 대하여는 속지주의가 적용된다. 즉 특허권의 경우 물건의 발명에 관한 특허권자가 물건에 대하여 가지는 독점적인 생산·사용·양도·대여 또는 수입 등의 특허실시에 관한 권리는 특허권이 등록된 국가의 영역 내에서만 그 효력이 미치는 것이 원칙이다.[16] 그에 대한 담보권 역시 등록지의 법률에 따라 등록하여야 보호받을 수 있다. 특허의 실시행위가 국내에서 이루어지는 경우에만 특허권의 침해가 성립한다.

그러나 속지주의의 예외로서 국내에서 특허발명의 실시를 위한 부품 또는 구성 전부가 생산되거나 대부분의 생산단계를 마쳐 주요 구성을 모두 갖춘 반제품이 생산되고, 이것이 하나의 주체에게 수출되어 마지막 단계의 가공·조립이 이루어질 것이 예정되어 있으며, 그와 같은 가공·조립이 극히 사소하거나 간단하여 위와 같은 부품 전체의 생산

---

14) 대법원 2006. 7. 13. 선고 2004다10756 판결(공 2006, 1491).
15) 손승우, "UNCITRAL 지적재산권 담보 논의와 국내 입법 동향," 法學論叢 第32卷 第2號, 단국대학교 법학연구소(2008), 7면 주석 11.
16) 대법원 2019. 10. 17. 선고 2019다222782, 222799(병합) 판결(공 2019, 2090).

또는 반제품의 생산만으로도 특허발명의 각 구성요소가 유기적으로 결합한 일체로서 가지는 작용효과를 구현할 수 있는 상태에 이르렀다면, 예외적으로 국내에서 특허발명의 실시제품이 생산된 것과 같이 보는 것이 특허권의 실질적 보호에 부합한다.[17)]

따라서 원칙적으로 외국에서 특허의 실시행위가 이루어지더라도 외국에서 특허권을 등록하지 아니한 이상 특허권의 침해문제는 발생하지 아니한다. 외국 소재 은행에 예금한 채무자의 예금채권에 관하여 채무자회생법에 의한 파산관재인이 외국에서 그 나라의 국제도산법에 따라 한국의 파산절차의 승인을 받은 후 파산관재인이 예금채권을 인출할 수 있지만, 외국에서 특허권의 침해행위가 있다 하더라도 파산관재인이 한국의 특허권에 기하여 손해배상 등의 구제를 주장할 수 없다.

반대로 외국인이 부정경쟁방지법에 기한 보호를 구할 수 있는지 살펴본다. 부정경쟁방지법에서 보호되는 '법률상 보호할 가치가 있는 이익'은 내국인의 미등록 상표, 서비스 외에도 외국인의 미등록 상표, 서비스가 포함되므로 외국인의 권리도 부정경쟁방지법상의 보호법익에 포함된다. 그러나 '국내'에서 사용실적 등이 있어야 하는지에 관하여 논란이 있다.[18)] 부정경쟁방지법에 부정경쟁행위로 규정된 항목들을 보면, '국내'를 전제로 한 것들이 대부분이다. 다만, 현행의 부정경쟁방지법 제2조 제1호 (카)목이 '불법행위'를 근거로 하고 있었던 것을 입법한 것이므로 원론적으로는 외국인의 상표 등이 '국내' 사용에 한정될 것 같지는 않지만, 국내에서 사용되지 않으면 보호할 만한 가치로 인정받아야 한다는 요건을 갖추기가 어려워질 것이다.

(2) 특허권/상표권 등의 사용허락

1) 라이선스 계약과 실시권자 보호입법주의

지식재산권은 라이선스 계약을 통하여 사용이 이루어지고 있다. 이런 맥락에서 지식재산권의 라이선스는 특허권으로부터 파생된 실시권, 저작권으로부터 발생된 저작이용권, 컴퓨터프로그램을 사용하는 프로그램사용권 등 지식재산권 전반의 사용허락을 총칭한다.[19)]

지식재산권자는 자신이 직접 권리를 사용하는 경우도 있지만 자신의 권리를 타인

---

17) 위 대법원 2019다222782, 222799(병합) 판결.

18) 서울고등법원 2018. 11. 15. 선고 2018나2014760 판결. 일본 제화업자(REGAL)가 동일한 등록상표를 이용하여 구두를 생산 판매한 국내업체(금강)를 상대로 부정경쟁방지법상의 출전에 대한 혼동초래를 이유로 청구하였으나 원고가 한국에서 구두 제조판매 등의 영업을 한 바 없으므로 국내를 기준으로 원고와 피고 사이에 경쟁관계가 성립한다고 보기 어렵다는 이유로 원고의 청구를 기각하였다.

19) 추신영, "라이선스에 대한 강제집행," 법조 제573호(2004), 74면.

에게 사용을 허락하는 권리를 부여하는 경우도 많다. 대표적으로 특허에 관한 전용실시권과 통상실시권이 그 예이다.

실시권자를 제3자로부터 보호하는 법제는 다음의 세 가지이다. 당연대항제도란 실시권이 등록되어 있지 않더라도 라이선스 계약 등에 따른 실시권 등의 발생이 입증되면 제3자에게 대항할 수 있다는 입장이다. 미국, 독일, 일본(2011년 개정 후의 특허법, 의장법)이 채택하고 있다.[20] 등록대항주의란 실시권이 등록되어야 특허의 양수인 등 제3자에게 대항할 수 있다는 입장이다. 일본(2011년 개정 전 특허법과 현행 저작권법과 상표법)[21] 및 한국의 특허법(제118조)이 채택하고 있다. 악의자 대항제도는 실시권이 미등록이라도 실시권의 존재를 알고 있는 악의의 제3자에 대하여 대항할 수 있다는 입장이다. 영국, 프랑스가 이를 채택하고 있다.

### 2) 특허권, 실용신안권, 디자인권의 전용실시권과 통상실시권

실용신안권은 실용신안법 제28조, 디자인권은 디자인보호법 제97조 내지 제104조에서 특허권을 준용하거나 특허권과 유사하게 규정하고 있다. 따라서 이하에서는 특허권을 기준으로 설명한다. 실시권은 특허권에 대하여 사용되는 용어이고 상표권에 대하여는 사용권이라는 용어가 사용되는바, 특허법 제100조는 전용실시권에 관하여, 제102조는 통상실시권에 관하여 규정하고 있다. 전용실시권과 통상실시권 제도는 한국과 일본에 있고, 미국에서는 등록의 유무를 기준으로 실시권을 구분하지 않으므로 등록에 의하여 인정되는 전용실시권 제도는 없으며 계약에 의하여 독점적 라이선스(exclusive license)와 비독점적 라이선스(non-exclusive license)로 구분된다. 한국에서 독점적 라이선스란 특허법에 규정된 전용실시권을 설정하거나 또는 다른 자에게 거듭하여 실시권을 허락하지 않기로 약속하여 독점적인 통상실시권을 부여하는 것을 말한다.[22] 독점적 통상실시권의 독점성은 등록할 수 없으므로 제3자에게 대항력이 없다.[23]

전용실시권은 실시권의 귀속 주체와 권리 내용을 등록함으로써 공시하여 제3자에게 예측가능성을 부여하는 대세적·배타적 효력을 갖는 준물권화된 권리이다(특허법 제101조). 등록으로서 전용실시권의 효력이 발생하고 권리의 이전이나 담보설정이 가능하

---

20) 현재에는 특허권에 기한 통상실시권에 대하여 질권을 설정하려면 별도의 등록이 필요 없고, 채권질권에 관한 일본 민법 364조가 적용(확정일자에 의한 통지 및 승낙)되는 것으로 변경되었다. 의장권, 실용신안권에 관한 통상실시권도 이와 같다(倉持喜史, "知的財産の擔保化," 角 紀代恵 外 3인 編, 現代の擔保法, 有斐閣(2022), 314-315면). 독일 특허법 제15조 제3항, 상표법 제30조 제5항.

21) 일본에서 상표의 통상사용권에 대하여 질권을 설정하려면 종전과 같이 등록이 대항요건이다(일본 상표법 제34조 제2항).

22) 심활섭, "일본 도산절차에서의 라이선시 보호," 도산법연구 11권 제1호(2021), 54면.

23) 정상조·박성수 공편, 앞의 책(주 10), 1249면(이회기 집필).

다. 전용실시권자는 특허권자의 동의를 받아야 전용실시권을 이전할 수 있다(특허법 제100조 제3항). 등록이 전용실시권의 효력발생요건이라는 점에서 대항요건인 통상실시권의 등록과 다르다. 특허권자가 전용실시권을 부여하였음에도 불구하고 제3자에게 통상실시권을 부여하여 전용실시권을 침해하였다면 특허권자는 불법행위자로서 전용실시권자가 입은 손해를 배상하여야 한다.[24)]

통상실시권은 허락에 의한 통상실시권, 법정실시권 및 재정실시권으로 구분된다. 허락에 의한 통상실시권은 계약에 의하여 발생하는 것으로서 계약 내용에 따라 특허권을 실시할 수 있는 권리로서 독점성과 배타성이 보장되지 아니하므로 특허권자와 실시자 사이의 채권적 권리이지 물권이 아니다. 특허권자를 상대로 실시권자에 대하여 방해배제 또는 손해배상청구를 하지 말 것을 구하는 부작위청구권의 성질을 가진다.[25)] 따라서 특허권자는 실시권자의 특허발명 실시에 대하여 특허권 침해로 인한 손해배상이나 그 금지 등을 청구할 수 없다.[26)] 통상실시권을 등록하면 등록 후 특허권 또는 전용실시권을 취득한 자에 대해서도 대항할 수 있으므로 통상실시권의 효력을 주장할 수 있다. 그러나 특허권자는 통상실시권에 대한 설정등록의무를 부담하지 아니한다.[27)] 설령 등록을 하였다고 하더라도 권리의 성질이 준물권화가 되는 것은 아니므로 통상실시권자는 원칙적으로 침해자에게 침해의 중지 또는 손해배상을 구할 수 없다. 이러한 이유로 비용대비 효용이 적어 현실적으로 등록이 거의 이루어지지 않고 있다.[28)]

특허권자는 통상실시권 설정 후에도 스스로 특허권을 실시할 수 있고, 동시에 같은 내용의 통상실시권을 둘 이상의 자에게 허락할 수 있으며, 전용실시권을 설정할 수도 있다. '독점적 통상실시권'의 경우에 특허권자는 독점적 통상실시권자 외의 제3자에게 특허권에 대한 통상실시권을 부여하지 않을 부작위 의무를 부담하므로 이러한 의무를 위반하는 등 일정한 요건을 갖춘 경우에 한하여 채권침해로 인한 손해배상청구권 인정될 여지가 있다.[29)] 실무상 통상실시권의 내용은 계약의 내용에 따라 정하여지는 바, 대

24) 대법원 2011. 5. 13. 선고 2010다58728 판결(공 2011, 1156).

25) 대법원 2019. 4. 25. 선고 2018다287362 판결(공 2019, 1179). 사법연수원, 특허법연구(2015), 158면; 윤선희, 특허법 제7판, 法文社(2023), 638면; 심활섭, 앞의 글(주 22), 49면.

26) 대법원 2020. 11. 26. 선고 2018다221676 판결(공 2021, 107).

27) 권택수, "통상실시권의 효력과 관련한 몇 가지 문제(특히 금지청구권 및 손해배상청구권의 행사 등과 관련하여," 특허법원 개원 10주년 기념논문집, 특허소송연구 특별호(2008), 483면.

28) 우리나라의 특허권의 등록비율이 10%에 불과하고, 2012년 현재 통상실시권의 등록건수는 121건에 불과하다고 한다. 특허청, 지식재산 주요 통계, 2013, 73면. 김용진, "도산과 라이선스 −UNCITRAL 입법지침을 중심으로−," 인권과정의 2015년 12월호, 83면 주 26에서 재인용.

29) 위 대법원 2018다221676 판결; 대법원 2011. 6. 9. 선고 2009다52304 판결(미간행); 대법원 2003. 3. 14. 선고 2000다32437 판결(공 2003, 965).

체로 특허권자는 통상실시권자의 실시행위에 침해주장을 하지 아니할 소극적 의무와 무권리자의 실시행위에 대한 침해배제,[30] 기술지도, 노하우의 제공,[31] 소프트웨어의 개선 등 작위의무도 부담한다. 그 외에 최혜조건 대우, 설정등록의무, 비밀준수 등을 포함시킬지 여부는 협상의 결과에 따른다.

따라서 통상실시권은 채권적 권리이므로 통상실시권에 기하여 특허권자를 상대로 계약위반을 이유로 구하는 청구권은 도산채권이다. 독점적 통상실시권자는 특허발명 무단실시자인 제3자에게 손해배상을 청구할 수 있지만,[32] 이 역시 그 성질은 불법행위에 기한 청구권으로서 도산채권이다. 단, 비독점적 통상실시권자는 특허침해자에 대하여 손해배상청구권을 행사할 수 없다.[33] 비록 통상실시권이 독점적이라 하더라도 공시제도가 없는 통상실시권에 기한 금지청구권을 임차권의 법리를 적용하여 제3자에게 주장할 수는 없다.[34] 이에 반하여 전용실시권자는 준물권적인 성질을 갖게 되므로 특정행위나 부작위를 구하는 권리는 도산채권이 아니라 환취권으로 이론 구성을 할 수 있다.

3) 상표권에 대한 사용권

상표법은 제95조에서 전용사용권을 규정하고, 제97조에서 통상사용권을 규정하고 있다. 전용사용권과 통상사용권 모두 등록을 대항요건으로 하고 있다(상표법 제100조). 그러나 상표권 역시 특허권과 마찬가지로 통상사용권은 거의 등록이 이루어지지 않고 있다. 제3자가 권한 없이 상표권을 사용하더라도 통상사용권자가 제3자를 상대로 금지청구나 손해배상청구를 할 수 없다.[35] 왜냐하면 상표법은 금지청구와 손해배상청구를 "상표권자 또는 전용사용권자"만 할 수 있도록 규정하고 있고(상표법 제107조, 제110조), 상표권의 경우 통상사용권의 경우 배타적 효력이 없어 상표권 침해로 통상사용권자에게 손해가 발생한다고 볼 수 없기 때문이다.

4) 저작권에 대한 사용권

저작권은 등록이 필요 없고 창작만에 의하여 저작권이 성립한다. 다만 저작권도 제3자에게 사용을 허락할 수 있는바, 저작권법 제46조에서 이용허락을, 제57조에서 배타적발행권을, 제63조에서 출판권을 규정하고 있다. 다만 저작권법 제46조는 특허법과 달

---

30) 권택수, 앞의 글(주 27), 484면은 방해배제의무를 부정한다.

31) 이는 비공개를 전제로 하는 것으로서 일정한 경우에 한하여 부정경쟁방지 및 영업비밀보호에 관한 법률의 보호를 받을 수 있다(윤선희, 앞의 책(주 25), 139면).

32) 권택수, 앞의 글(주 27), 490면.

33) 수원지방법원 성남지원 2006. 11. 24. 선고 2005가합5573 판결.

34) 정상조·박성수 공편, 앞의 책(주 10), 1255면(이회기 집필).

35) 최정열, "상표법 및 부정경쟁방지법 관련 소송의 실무상 제문제," 제49기 특별연수 상표법 및 부정경쟁방지법, 29면.

리 이용허락에 관한 등록 규정을 두고 있지 않다.

(3) 지식재산권의 침해에 대한 구제

1) 일반론

현행법상 등록된 상표는 상표법에 의하여 보호되고, 미등록의 주지 저명상표 또는 그 밖의 상품의 식별표지, 영업비밀상품형태 등에 관해서는 부정경쟁방지 및 영업비밀의 보호에 관한 법률에 의하여 보호되고 있다. 특허권(특허법 제126조), 실용신안권(실용신안법 제30조), 디자인 등 저작권(디자인보호법 제62조) 등도 이와 유사하다. 상표권이 침해되면 민사상으로는 장래를 향한 침해금지 및 예방청구와 손해배상을 청구할 수 있으며 형사상으로 침해죄, 사해행위죄 및 허위표시죄에 해당된다.

도산절차와 관련하여 상표권 침해의 요건을 갖춘 것을 전제로 하여 상표권에 관하여 논의를 전개한다. 상표권자 또는 전용사용권자는 자기의 권리를 침해한 자 또는 침해할 우려가 있는 자를 상대로 침해금지 또는 침해예방을 청구할 수 있으며, 이와 아울러 침해행위를 조성한 물건의 폐기, 침해행위에 제공된 설비의 제거 기타 침해의 예방에 필요한 행위를 청구할 수 있다.

청구권자는 상표권자와 전용사용권자이며 통상사용권자에게는 권리가 인정되지 아니한다. 상표권의 공유자는 보존행위로서 상표권 전체에 대하여 침해금지 및 침해예방을 청구할 수 있다. 통상사용권은 채권에 불과하므로 직접 제3자에 대하여 침해금지를 구할 수 없고 독점적 통사사용권이라 하더라도 마찬가지이다. 다만 상표의 사용은 복수의 당사자가 각자 사용할 수 있는 것이므로 통상사용권자가 상표권자를 대위하여 침해금지 또는 침해예방을 구할 수 없다. 다만 독점점 사용권의 경우에 대위권을 인정할 것인지에 관하여 논란이 있으나 학설은 부정적이다.

2) 침해금지 등의 내용

금지청구권은 상대방에 대하여 부작위를 구하는 것이다. 즉 상대방에 대하여 등록상표를 일정한 상품에 사용하는 것의 금지를 구하는 것이다. 이와 함께 침해행위를 조성한 상품 또는 표지의 폐기 및 침해행위에 제공된 인쇄기구 등 설비의 제거 등 침해를 예방하는데 필요한 행위로서 담보의 제공 등 적극적인 작위를 청구할 수도 있다. 청구취지로는 "피고는 별지목록기재 표장을 ○○ 상표 또는 그 포장에 표시하거나, ○○ 상품 또는 그 포장에 별지목록기재 표장을 표시한 것을 양도 또는 인도하거나, 그 목적으로 전시, 수출 또는 수입하거나 ○○ 상품에 관한 광고, 정가표, 거래서류, 간판 또는 표찰에 별지목록기재 표장을 표시하고 전시 또는 배포하는 행위를 하여서는 아니 된다."라고 기재함이 통상의 예이다. 특허권자 등이 침해자를 상대로 하는 금지를 구하는 부작위에는 실제로 사용하고 있는 방법 또는 사용할 우려가 있는 방법을 포함하고 있다.

3) 가처분에 의한 구제방법[36]

특허권(물건발명), 실용신안권, 디자인권의 침해금지를 구하는 가처분의 주문도 위에서 설명한 바와 유사하다.

◎ 특허권(일반적인 침해금지)

1. 피신청인은 별지 기재 물건(별지 도면 표시 및 별지 설명서 기재의 제품)을 생산, 사용, 판매(양도), 대여, 양도 대여를 위한 전시 또는 수입을 하여서는 아니 된다.
2. (집행관 보관을 명하는 경우) 피신청인이 그 본 지점, 사무소, 영업소, 공장, 창고 및 기타의 장소에서 보관 중인 위 제품의 완제품, 반제품, 제조설비 제조용 금형, 그 판매를 위한 선전광고물 및 포장에 대한 피신청인의 점유를 풀고 신청인이 위임하는 집행관에게 그 보관을 명한다. 집행관은 위 보관의 취지를 적당한 방법으로 공시하여야 한다.

◎ 특허권(물건을 생산하는 방법 발명에 관한 특허) 침해금지

유형 1 피신청인은 별지 기재의 방법을 사용하여서는 아니 된다.

유형 2 피신청인은 별지 기재의 방법을 사용하여 ○○(물건명)을 제조하거나, 위 방법에 의하여 제조한 ○○을 판매·반포하거나 그 목적으로 전시하여서는 아니 된다.

◎ 상표권 침해금지

1. 피신청인은 별지 표시의 상표를 별지 기재 물품 또는 그 포장 및 선전광고물에 사용하거나 위 상표를 사용한 위 물품을 판매·양도하거나 그 목적으로 전시, 수출 또는 수입을 하여서는 아니 된다.
2. (집행관 보관을 명하는 경우) 피신청인의 사무소, 공장, 창고, 영업소, 매장에 보관 중인 위 상표를 부착한 별지 기재의 완제품 및 반제품, 포장지, 포장용기, 선전광고물에 대한 점유를 풀고, 신청인이 위임하는 집행관에게 그 보관을 명한다.

◎ 저작권 침해금지(저작권법 제123조)

1. 피신청인은 별지 기재 서적을 인쇄, 제본 및 그 판매 또는 반포를 하여서는 아

---

36) 김용대, "보전소송의 실무," 제67기 전문분야 특별연수 민사법(계약법의 제문제), 307−310면.

니 된다.

2. (집행관 보관을 명하는 경우) 피신청인의 위 서적과 인쇄용 필름에 대한 점유를 풀고, 신청인이 위임하는 집행관에게 그 보관을 명한다. 집행관은 위 보관의 취지를 적당한 방법으로 공시하여야 한다.

#### 4) 손해배상청구권

특허권/상표권 또는 그 전용실시권을 고의 또는 과실로 침해한 자는 그에 의하여 발생한 손해를 권리자에게 배상할 책임이 있다. 상표법은 상표권자의 입증의 편의를 위해 일정한 행위 유형을 상표권 침해로 규정하고, 고의 및 손해액의 추정과 인정손해에 관하여도 규정하고 있다. 자세한 요건에 관하여는 설명을 생략한다.

청구권자는 상표권자 및 전용사용권자이다. 상표권이 공유인 경우에는 공유자는 다른 공유자의 동의 없이 자기의 지분에 관한 손해배상을 청구할 수 있다. 상대방은 실제로 침해한 자이고 침해의 위험이 있지만 아직 침해하지 아니한 자는 해당되지 아니한다.

#### 5) 신용회복청구권

고의 또는 과실로 상표권 또는 전용사용권을 침해함으로써 상표권자 또는 전용사용권자의 업무상의 신용을 실추케 한 자에 대하여 법원은 상표권자의 청구에 의하여 손해배상에 갈음하거나 손해배상과 함께 상표권자 또는 전용사용권자의 업무상 신용회복을 위하여 필요한 조치를 명할 수 있다.[37)]

통상실시권은 침해자에 대한 금지청구 또는 손배청구권까지는 인정되지 않으며 다만, '독점적 통상실시권'의 경우 일정한 요건을 갖춘 경우에 한하여 손해배상청구권이 인정된다. 과거에는 사죄광고를 명하였으나 헌법재판소의 위헌결정[38)] 때문에 더 이상 명할 수 없고 대신에 침해자가 객관적으로 자신의 침해사실을 인정하는 사실광고를 게재하는 것이 보통이다.

#### 6) 부정경쟁방지법에 의한 구제 - 일반론

부정경쟁방지법과 상표법은 모두 영업상 혼동초래행위를 금지시켜 공정한 경쟁을 유도한다는 점에서는 공통된다. 그러나 상표법이 등록된 상표를 대상으로 하지만, 부정경쟁방지법은 상표의 등록 유무를 불문하고 거래계에서 주지 표지 일반의 부당이용행위를 규제한다는 점에서 보호방법 및 보호대상을 달리 한다. 특허권이 등록에 의하여

---

37) 최정열, 앞의 글(주 35), 35－36면.

38) 헌법재판소 1991. 4. 1. 선고 89헌마160 전원재판부 결정(헌판집제3권).

권리가 발생하고 그 권리의 성격이 물권에 준하지만 부정경쟁방지법이 보호하는 영업이익 등은 물권적인 성격의 단계에 이르지 아니한 것이다. 영업이익의 침해에 대한 권리구제 중 금지, 중지 등을 구할 수 있는 근거가 무엇이며 그러한 권리를 도산절차에서 환취권으로 취급한 수 있는가 하는 점이 문제된다. 이하에서는 부정경쟁방지법 특유의 구제절차에 대하여 一瞥한다.

먼저 청구권자는 표장의 권리자 외에 독점적 실시권자처럼 사용권자 등 표지의 사용에 관하여 고유하고 정당한 이익을 갖는 자도 포함되고,[39] 영업 및 표지의 양수인도 금지청구권을 승계한다.[40] 구제책으로는 침해자에 대하여 침해행위의 금지 또는 예방을 청구할 수 있고, 부정행위로 조성한 물건의 폐기 또는 이에 제공된 설비의 제거 기타 금지 또는 예방을 위하여 필요한 조치를 함께 청구할 수 있다. 침해자의 상호 사용이 부정경쟁행위에 해당한다면 부정경쟁행위의 금지를 실효성 있게 하기 위하여는 등기상호 자체를 말소시키는 것이 효과적이고 상호등기는 그대로 두고 등기상호의 사용만을 금지시킨다는 것은 상업등기의 공시기능에 비추어 권리자의 금지청구권행사를 무의미하게 한다. 따라서 침해자의 특정한 상호의 사용이 부정경쟁행위에 해당하는 경우 상업등기 중 등기상호 부분의 말소를 구하는 것도 허용된다.[41]

부정경쟁방지법 제2호 제3호 라목은 계약관계 등에 의하여 영업비밀을 비밀로서 유지하여야 할 의무가 있는 자가 영업비밀을 침해하는 행위를 금지하고 있다.[42] 영업비밀 침해행위가 성립하면, 회사는 비밀유지약정 및 전직금지약정에 기하여 근로자와 경쟁회사를 상대로 영업비밀 침해행위의 금지를 구하는 가처분을 신청할 수 있다. 영업비밀 사건은 영업비밀의 존속기간이 단기간이고 다른 유형보다 신속 정확한 심리의 진행이 요망되므로 주로 가처분 사건으로 해결된다.[43] 부정경쟁방지법 제10조 제1항에 의한 비밀유지 내지 전직금지약정을 피보전권리로 삼아 침해행위의 금지를 구한다. 설령

39) 대법원 1997. 2. 5.자 96마364 결정(공 1997, 859).

40) 대법원 1996. 5. 31. 선고 96도197 판결(공 1996, 2087). 이 사건에서 금지청구권자는 상표 및 서비스표를 등록한 권리자로부터 사용승낙을 받은 자이다.

41) 서울고등법원 2002. 5. 1. 선고 2001나14377 판결 및 최정열, 앞의 글(주 35), 46면.

42) 영업비밀의 정의에 관하여는 2015년 개정 전의 부정경쟁방지법은 '상당한 노력'에 의하여 비밀로 유지된 정보라고 정하고 있었다가 2015년 개정에 의하여 '상당한 노력'이라는 문구 대신에 '합리적인 노력'이라는 문구로 바뀌었고 2019년 개정에 의하여 '합리적인 노력에 의하여 비밀로 유지'라는 문구가 '비밀로 관리'라는 문구로 변경되었다. 따라서 영업비밀의 침해를 주장하는 원고로서는 기술정보가 비밀이라는 것만으로는 부족하고 비밀유지를 위하여 조치를 취하였음을 주장입증하여야 한다(대법원 2020. 1. 30. 선고 2015다49422 판결(공 2020, 521).

43) 박진수, "상표법 및 부정경쟁방지법 관련 가처분 소송의 실무상 제문제," 제49기 특별연수 상표법 및 부정경쟁방지법, 95면.

구체적인 전직금지 약정이 없더라도 부정경쟁방지법 제10조 제1항에 의한 침해행위의 금지 또는 예방 및 이를 위하여 필요한 조치 중의 하나로서 근로자로 하여금 전직한 회사에서 영업비밀과 관련된 업무에 종사하는 것을 금지하도록 하는 조치를 취할 수 있다.[44] 법원은 사안에 따라 피신청인 회사를 상대로 법원이 적당하다고 판단하는 기간 동안 전직을 금지하는 내용의 가처분을 발하고 있다.

실무상 부정경쟁방지법 위반행위로 인정되는 가처분의 주문은 아래와 같다.

◎ 부정경쟁방지법 제2조 제1호 가목(상품표시의 참칭 – 상품주체혼동행위)

피신청인은 상품 ○○에 대하여 별지 표시의 상호·상표 및 포장을 사용하거나 이를 사용한 상품 ○○을 판매 또는 반포하여서는 아니 된다.

◎ 부정경쟁방지법 제2조 제1호 나목(영업표시의 참칭 – 영업주체혼동행위)

피신청인은 ○○ 영업에 대하여 빌지 표시의 상호·표장을 사용하여서는 아니 된다.

◎ 부정경쟁방지법 제2조 제1호 라목(원산지 허위, 오인 – 원산지허위표시행위)

피신청인은 피신청인이 제조하는 상품 ○○의 판매를 위한 광고에 「미국 ○○사 제품」이라는 표시를 사용하거나, 위 상품의 포장 상자에 「MADE IN USA」라는 표시를 사용하여서는 아니 된다.

◎ 부정경쟁방지법 제2조 제1호 바목(품질·수량 오인야기행위)

피신청인은 피신청인이 제조하는 알코올 함유 음료의 용기, 포장 및 그 광고에 「맥주」라는 표시를 하거나 이를 표시한 상품을 판매 또는 반포하여서는 아니 된다.

## 2. 특허권에 기한 방해금지청구권과 도산채권/환취권

### (1) 도산채권(회생/파산채권)의 개념

특허권 침해자가 파산절차에 들어간 경우 특허권자가 권리침해를 이유로 한 작위, 부작위 의무를 구하는 권리와 침해가 있음을 이유로 구하는 손해배상청구권이 파산채권인지 여부는 권리자의 입장에서 중요하다. 먼저 채무자에 대하여 파산이 선고된 채무자에 대한 비금전채권의 성질에 관한 판례와 학설을 살펴본다.[45]

채권이라 함은 채무자로 하여금 급부(특정의 작위 또는 부작위)를 청구할 수 있는 권

44) 대법원 2003. 7. 16.자 2002마4380 결정(공 2003, 1809).

45) 이하의 설명은 회생채권에 대하여도 같다.

리이다. 채권은 재산권의 하나인 물권과 비교되는 것으로 재산권은 그 외 인격권, 가족권, 신분권, 사원권과 비교되는 것으로서 권리의 내용상의 분류에 따른 개념이다. 한편 청구권이라 함은 지배권, 형성권, 항변권과 비교되는 것으로서 권리를 행사하는 경우에 어떻게 작용되는가에 따라 구분된다.

파산채권은 '채무자에 대하여 파산선고 전의 원인으로 생긴 재산상의 청구권'이다(채무자회생법 제423조). 파산채권이 되려면 채무자에 대한 채권적 청구권이어야 하고, 파산선고 전의 원인으로 생긴 것이어야 하고, 재산상의 청구권이어야 한다.

(2) 환취권의 개념[46]

파산재단을 상대로 환취권을 행사한다는 것은 반드시 파산재단이 보관하고 있는 물건의 점유를 빼앗아 '환취'하는 것에 한정되지 아니하고, 소유권에 기한 방해금지의 일환으로 소유권이전등기말소를 구하는 것도 포함된다. 환취권과 대체적 환취권은 민법 등 실체법 또는 채무자회생법에 의하여 성립되는 것이지, 채무자회생법 제492조 제13호에 의하여 법원의 환취권 승인에 의하여 좌우되는 것이 아니다. 환취권의 승인을 함에 있어 법원의 허가를 필요로 한다는 취지는 파산관재인 등이 환취권에 대하여 다투지 아니하고 그에 협력하여 처리하기 위하여 법원의 허가를 구하는 것에 불과하다.

환취권의 근거는 반드시 물권에 기한 청구권에 한정되지 아니한다. 채권적청구권 중 파산채권이 되는 것은 환취권의 기초가 되지 않으나, 파산자와의 임대차, 사용대차, 임치 등의 계약관계에 있는 임대인, 임치인이 목적물의 반환을 구하는 채권적 청구권도 환취권의 기초가 된다. 그리고 사해행위취소권이나 부인권도 환취권의 기초가 된다.[47]

파산자를 상대로 금지나 예방청구는 그 자체로는 금전으로 평가할 수는 없지만, 구제책으로 금전배상 외에 유용하다는 점에서 가처분에서 인용되는 경우가 많다. 파산자가 파산선고 전에 특허권 침해금지의무를 위반한 경우로서 금전배상 이외의 구제책이 허용되어야 할 것이다. 이 구제책의 성질은 특허권이 준물권적이 성격을 갖는다는 점에 착안하면 파산절차에서는 환취권으로 이론구성을 할 수 있다. 즉 권리의 성격에 기초하여 그 권리에 대세적 효력을 부여함으로써 그에 기한 금지청구권이 인정된다면,[48] 파산

46) 환취권의 취지, 의의, 종류, 환취권의 기초가 되는 권리에 관하여는 林治龍, "위탁매매인의 파산과 환취권," 파산법연구 5, 博英社(2020), 540－545면.

47) 대법원 2019. 4. 11. 선고 2018다203715 판결(공 2019, 1051); 대법원 2014. 9. 4. 선고 2014다36771 판결(공 2014, 2026). 전자에 대한 비판적인 판례평석으로 이동진, "채권자취소권의 법적 성질과 구성," 저스티스 통권 제174호(2019), 47－78면. 일본의 논의는 本間靖規, "一般の取戻權," 山本克己·山本和彦·瀬戸英雄, *新破産法の理論と實務*, 判例タイムズ(2008), 347－349면.

48) 유영선, "부정한 경쟁행위와 관련한 불법행위 성립요건 및 그에 기한 금지청구권 허용 여부," 사법논집 제53집, 법원도서관(2011), 145면.

절차에서는 그러한 권리를 일반 파산채권자보다 우대하여야 하고, 또한 금전보상이 아니라 금지청구가 유효한 구제책이 된다면 권리의 보호수준이 재단채권보다 높아야 한다. 지식재산권의 어떠한 구제권리가 환취권의 대상이 되는지에 관하여는 다음 항에서 자세히 살펴본다.

(3) 특허권 침해와 환취권 개념의 적용

특허권을 침해한 자에 대하여 파산이 선고되면, 특허권자는 침해금지청구권으로서 침해의 금지 또는 예방을 구할 수 있는데, 결국 파산자의 '부작위'를 구할 수 있고, 손해에 대하여는 손해배상청구권을 파산채권으로 신고할 수 있다. 부작위를 구하는 근거를 어떻게 파악하는가 하는 것이 문제가 된다.

'광의의 환취권'은 파산자에 대하여 가지는 일정한 청구권을 파산선고에 의하여 영향을 받지 않고, 파산관재인에 대하여 행사할 수 있는 것(실체법상의 권리의 자기관철성)을 보장하는 제도를 의미한다. 광의의 환취권은 점유에 관한 문제에 한정되지 않고, 환취권의 대상이 유체물인가 아닌가 묻지 않는다. 가령, 파산선고 전에 파산자로부터 채권양도된 채권의 양수인이 적법한 채권자라는 확인청구를 하는 경우, 특허권에 기하여 금지청구권을 행사하는 경우, 파산자에 대한 소음의 금지청구권을 파산관재인에 대하여 행사하는 경우, 이와 같은 권리행사의 기초는 광의의 환취권이라고 할 수 있다.

현재의 다수설에 의하면, 불법행위의 피해자는 금전배상 외에도 침해된 권리의 종류나 침해행위의 태양, 가해자의 자유활동을 제한하는 정도와 피해자가 입는 불이익의 정도 등을 고려하여 위법행위의 배제, 중지 또는 예방행위를 구할 수 있다. 침해된 권리는 배타적인 지배권, 예컨대 물권, 대항력을 갖춘 임차권, 인격권, 지식재산권 등이다.[49] 부정경쟁방지법 위반의 경우처럼 배타적인 지배권이 아니더라도 보호할 가치 있는 이익을 상대방이 위법성이 강한 위법행위로 침해한 경우에도 금전배상 외의 금지행위 등의 구제책을 환취권으로 인정하는 것이 타당하다.

만일 파산선고 이후 파산관재인이 특허권을 계속 침해하는 행위를 한다면 이는 파산관재인의 불법행위에 해당하므로 특허권자가 갖는 불법행위청구권은 채무자회생법 제473조 제4호에 기하여 재단채권이다.

전용실시권은 특허발명을 독점적 배타적으로 실시하는 물권 유사의 권리이므로 전용실시권자는 침해금지청구권을 가진다(특허법 제126조 제1항). 그 내용으로는 상대방에 대하여 상품의 생산, 양도, 대여 또는 수입 등의 금지를 구하는 것이다. 지식재산권에

49) 학설의 소개는 민법주해 XVIII, 박영사(1992), 257면(이상훈 집필부분).

기하여 구하는 금지청구권(동종 상호 사용금지청구권 등)이 환취권에 해당하는지 여부에 대하여 검토한다. 지식재산권도 환취권의 기초가 될 수 있다. 따라서 특허권자, 전용실시권자는 특허법 제126조에 기하여 특허권을 침해하고 있는 파산관재인을 상대로 침해의 금지 또는 예방을 하거나 침해행위로 조성한 물건의 폐기 등을 구할 수 있고 이러한 권리는 도산절차에서 환취권이다.[50)]

다음으로 특허권자가 파산한 경우에 관하여 본다. 특허권의 통상실시권은 특허권자에 대하여 손해배상이나 방해배제를 하지 못하도록 하는 부작위를 구하는 권리 즉 부작위청구권이다. 이러한 부작위청구권은 실시계약에 기한 것이므로 채권적 청구권이지만 이행을 강제할 수 없으므로 재산상의 청구권으로 보기는 어렵다. 따라서 특허권자가 파산한 경우 통상실시권자가 파산자에 대하여 구하는 부작위청구권은 파산채권에 해당하지 아니한다.[51)]

파산자의 특허권은 파산재단에 속하는 재산이고 통상실시권은 특허발명을 사용할 수 있는 권리이므로 결국 통상실시권은 파산재단에 속하는 재산인 특허권의 가치의 이용에 의하여 이행될 청구권이므로 파산채권에 해당하는 게 아닐까라는 의문이 있을 수 있다. 그러나 통상실시권 설정계약에 기하여 발생하는 계약위반을 이유로 라이선서를 상대로 한 손해배상청구권이 파산채권이 될 수 있음은 별론으로 하고 통상실시권 자체는 부작위청구권으로서 성질상 파산채권이 되는 것은 아니다.

특허권자인 라이선서에 대하여 도산절차가 개시되면 쌍방미이행 쌍무계약의 법리에 기하여 파산관재인 등이 이행선택을 하면 상대방이 갖는 통상실시권이 재단채권에 해당한다는 견해가 있다.[52)] 그러나 통상실시권은 계약에 의하여 정하여지고 등록의무, 노하우 공여의무, 기술지도의무, 침해배제의무, 다투지 아니하는 의무 등을 포함하고 있고 구체적 내용은 계약마다 다른 것이고 획일적인 것이 아니다.[53)] 따라서 파산법의 입장에서는 통상실시권 설정계약에 기한 각종 급부의무청구권, 부작위청구권과 채무불이행으로 인한 손해배상청구권이 재단채권이 된다는 취지로 해석된다.[54)]

---

50) 전병서, 도산법, 博英社(2019), 318면; 山本和彦·中西正·笠井正俊·沖野眞已·水元宏典, 倒産法概説 第2版, 弘文堂(2010), 178면.

51) 백종현, "특허권자의 회생절차와 통상실시권자의 지위," 도산법연구 제9권 제2호(2019), 115면.

52) 권창환, 앞의 글(주 4), 380면.

53) 윤선희, 앞의 책(주 25), 637면.

54) 서울중앙지방법원 2018. 10. 26. 선고 2017가합553265 판결은 통상실시권이 부작위적 청구권적 성질과 함께 특허권자(채무자)의 재산을 이용할 수 있는 적극적인 청구권의 성격을 가진다는 이유로 삼성전자가 회생회사 팬텍과 회생절차 개시 전에 체결한 실시허여계약에 기한 회생채권으로 판시하였다. 항소심(2018나2346)은 2019년 화해권고결정으로 종결되었다.

## 3. 부정경쟁방지법상 영업이익침해로 인한 구제와 도산채권/환취권

### (1) 부정경쟁방지법상의 침해행위

상표법과 부정경쟁방지법은 둘 다 영업상 혼동초래행위를 금지시켜 공정한 경쟁을 유도한다는 경쟁법의 일부를 구성하지만 상표법은 등록된 상표를 보호하는데 반하여 부정경쟁방지법은 상표의 등록 유무를 불문하고 부당이용행위를 규제함으로써 부정한 경쟁 행위를 억제한다는 점에서 양자는 보호방법과 대상을 달리한다. 상표법과 부정경쟁방지법이 충돌하면 상표법이 우선하여 적용된다(부정경쟁방지법 제15조). 다만 상표권자가 상표권을 남용하면 오히려 그러한 상표남용행위가 부정경쟁방지법의 제재를 받을 수 있다.[55]

부정경쟁방지법 위반의 유형은, 상품주체 혼동행위, 영업주체 혼동행위, 저명상표의 희석화 행위 등으로 구분할 수 있다. 이상의 행위는 원칙적으로 국내에 널리 인식된 타인의 성명, 상호 등을 대상으로 하고 있다.

### (2) 부정경쟁방지법상의 영업이익 침해의 구제책

부정경쟁방지법을 위반한 상대방에 대하여 부정경쟁방지법은 구제책으로 손해배상 외에 영업비밀의 침해금지, 경업금지 및 전직금지를 허용한다. 청구취지의 유형에 대하여는 앞에서 기술하였다.

문제는 부정경쟁방지법의 요건에 해당하지 아니하는 행위를 불법행위에 기하여 부정경쟁방지법이 부여하는 것과 같은 수준의 구제책을 허용할 것인가에 있다. 그리고 이러한 청구권을 도산절차에서 어떠한 채권으로 취급할 것인가가 중요하다.

불법행위의 성립요건은 행위자에게 주관적 요건으로 고의 또는 과실이 있어야 하고, 객관적으로 행위의 위법성과 손해의 발생과 불법행위의 인과관계가 있어야 한다. 일본 민법은 불법행위의 요건으로 권리침해 외에 법률상 보호될 이익의 침해를 요구하고 있으나,[56] 한국 민법은 침해의 대상을 설시하지 않고 "위법행위로 타인에게 손해를 가한 자는"으로 규정하고 있다.

일반적으로 채권에 대하여는 배타적 효력이 부인되고 채권자 상호간 및 채권자와 제3자 사이에 자유경쟁이 허용되는 것이어서 제3자에 의하여 채권이 침해되었다는 사실만으로는 바로 불법행위가 성립하지 아니한다. 그러나 제3자가 채권자를 해한다는 사

55) 대법원 1995. 11. 7. 선고 94도3287 판결(공 1995, 3954).

56) 일본 민법 제709조 "고의 또는 과실에 의하여 타인의 권리 또는 법률상 보호될 이익을 침해한 자는 이에 의하여 생긴 손해를 배상할 책임이 있다."

정을 알면서도 법규에 위반하거나 선량한 풍속 또는 사회질서에 위반하는 등 위법한 행위를 함으로써 채권자의 이익을 침해하였다면 불법행위가 성립한다. 그리하여 제3자가 기아자동차에 대하여 공급하는 유리에 관한 독점판매권자의 지위에 있음을 알면서도 피고 회사들이 기아자동차와의 약정(동의 없이는 시중에 판매하지 않기로)에 위반하여 물품을 다른 곳에 유출하여 제3자의 독점판매권을 침해하였다면 제3자(원고)에 대한 관계에서 불법행위가 될 수 있다.[57]

이러한 법리에 기초하면 타인이 제3자가 보유하는 부정경쟁방지법이 보호하는 영업이익을 침해하는 경우에도 불법행위가 성립할 수 있다. 판례는 법률상 보호할 가치가 있는 이익에 해당하면 영업비밀과 같이 비록 등록된 상표나 특허가 아니더라도 이를 침해하는 부정한 경쟁행위에 대하여 불법행위 책임을 인정하고 있다.[58]

문제가 되는 것은 부정경쟁방지법의 요건에 해당하지 아니하는 행위에 대하여 어떠한 구제를 할 것인가 하는 점이다. 2013. 7. 30. 개정된 부정경쟁방지법 제2조 제1호 (차)목은 위 판례의 법리를 입법한 것이다. 그 후 (차)목에 '그 밖에 타인의 상당한 투자나 노력으로 만들어진 성과 등을 공정한 상거래 관행이나 경쟁질서에 반하는 방법으로 자신의 영업을 위하여 무단으로 사용함으로써 타인의 경제적 이익을 침해하는 행위'를 부정경쟁행위의 하나로 추가하였고, 2018. 4. 17. 개정된 부정경쟁방지 및 영업비밀보호에 관한 법률에서 위 (차)목은 (카)목으로 변경되었다.

위와 같은 법률 규정과 입법 경위 등을 종합하면, 위 (카)목은 그 보호대상인 '성과 등'의 유형에 제한을 두고 있지 않으므로, 유형물뿐만 아니라 무형물도 이에 포함되고, 종래 지식재산권법에 따라 보호받기 어려웠던 새로운 형태의 결과물도 포함될 수 있다. '성과 등'을 판단할 때에는 위와 같은 결과물이 갖게 된 명성이나 경제적 가치, 결과물에 화체된 고객흡인력, 해당 사업 분야에서 결과물이 차지하는 비중과 경쟁력 등을 종합적으로 고려해야 한다. 이러한 성과 등이 '상당한 투자나 노력으로 만들어진' 것인지는 권리자가 투입한 투자나 노력의 내용과 정도를 그 성과 등이 속한 산업분야의 관행이나 실태에 비추어 구체적·개별적으로 판단하되, 성과 등을 무단으로 사용함으로써 침해된 경제적 이익이 누구나 자유롭게 이용할 수 있는 이른바 공공영역(public domain)에 속하지 않는다고 평가할 수 있어야 한다. 또한 (카)목이 정하는 '공정한 상거래 관행

57) 대법원 2003. 3. 14. 선고 2000다32437 판결(공 2003, 965).

58) 대법원 2010. 8. 25.자 2008마1541 결정(공 2010, 1855). "경쟁자가 상당한 노력과 투자에 의하여 구축한 성과물을 상도덕이나 공정한 경쟁질서에 반하여 자신의 영업을 위하여 무단으로 이용함으로써 경쟁자의 노력과 투자에 편승하여 부당하게 이익을 얻고 경쟁자의 법률상 보호할 가치가 있는 이익을 침해하는 행위는 부정한 경쟁행위로서 민법상 불법행위에 해당한다."

이나 경쟁질서에 반하는 방법으로 자신의 영업을 위하여 무단으로 사용'한 경우에 해당하기 위해서는 권리자와 침해자가 경쟁관계에 있거나 가까운 장래에 경쟁관계에 놓일 가능성이 있는지, 권리자가 주장하는 성과 등이 포함된 산업분야의 상거래 관행이나 경쟁질서의 내용과 그 내용이 공정한지, 위와 같은 성과 등이 침해자의 상품이나 서비스에 의해 시장에서 대체될 수 있는지, 수요자나 거래자들에게 성과 등이 어느 정도 알려졌는지, 수요자나 거래자들의 혼동가능성이 있는지 등을 종합적으로 고려해야 한다.[59)]

(3) 부정경쟁방지법상의 구제책의 법적 성질

경쟁자가 상당한 노력과 투자에 의하여 구축한 성과물을 상도덕이나 공정한 경쟁질서에 반하여 자신의 영업을 위하여 무단으로 이용함으로써 경쟁자의 노력과 투자에 편승하여 부당하게 이익을 얻고 경쟁자의 법률상 보호할 가치가 있는 이익을 침해하는 행위는 부정한 경쟁행위로서 민법상 불법행위 해당한다.[60)] 따라서 부정경쟁보호법에 의하여 보호받는 타인의 경제적 이익을 침해한 자가 도산한 경우, 피해자는 불법행위를 원인으로 하는 청구권을 도산채권으로 신고하여야 한다.

부정경쟁방지법 위반을 이유로 한 금지 또는 예방청구권은 권리의 성질상 대세적 권리에 기초한 것은 아니고 일정한 요건하에 인정되는 불법행위에 기한 청구권이다. 환취권은 반드시 소유권 등 대세적 권리에 기한 경우뿐 아니라 등기된 임차권과 같은 채권적청구권, 채권자취소권과 같은 형성권에 기한 경우도 인정됨은 앞에서 본 바와 같다. 문제는 부정경쟁방지법이 제공하는 금전배상 이외의 구제에 기한 청구권(작위 또는 부작위 청구권)을 도산절차에서 어떻게 취급하느냐에 있다.

부정경쟁방지법 위반을 이유로 한 금지청구권이 허용되는 이유는 추후의 금전배상만으로는 효과적인 구제책이 될 수 없기 때문에 엄격한 요건하에서만 인정되는 것이다. 광고행위를 직접적으로 금지하지 않고 손해배상에만 의존하면 손해의 입증이 어려울 뿐 아니라 설령 승소하더라도 그때는 이미 그 업체가 사라지거나 자력이 없어 강제집행이 불가능하므로 손해를 전보받기 어렵다. 도산절차의 목적인 채무자의 재건이나 채권자들 간의 공평한 분배라는 목적과 함께 공정하고 건전한 거래질서의 확립과 이를 통하여 국가경제에 이바지하려는 부정경쟁방지법의 목적을 고려할 때 부정경쟁행위로 인한 피해자의 권리를 도산절차에서도 효과적으로 인정하려면 그 권리를 환취권으로 취급하는 것이다.

---

59) 대법원 2020. 3. 26. 선고 2016다276467 판결(공 2020, 809); 대법원 2020. 3. 26.자 2019마6525 결정(공 2020, 832).

60) 위 대법원 2008마1541 결정; 대법원 2020. 3 26. 선고 2018다221867 판결(공 2020, 815).

### 4. 직무발명 보상금과 회생채권

#### (1) 관련법령의 적용

2006. 3. 3. 발명진흥법('구 발명진흥법')이 개정되면서 직무발명에 관한 구 특허법(2006. 3. 3. 법률 제7869호로 개정되기 전의 것) 제39조, 제40조가 삭제되고 구 발명진흥법 제2장 제2절 이하에서 직무발명에 관하여 규정하게 되었다.[61] 부칙 제4조에서는 '이 법 시행 당시 종전의 규정에 의하여 이루어진 특허 등을 받을 수 있는 권리 또는 특허권 등의 승계나 전용실시권의 설정에 따른 보상은 종전의 특허법의 규정에 의한다.'고 규정하고 있다. 그러므로 특허 또는 실용신안을 받을 수 있는 권리의 승계가 2006. 9. 4. 이전에 이루어진 경우에는 구 특허법 제39조, 제40조가, 그 이후에 이루어진 경우에는 발명진흥법 제15조가 각 적용된다.

#### (2) 직무발명 보상금의 의의

발명진흥법 제2조 제2호는 "'직무발명'이란 종업원, 법인의 임원 또는 공무원이 그 직무에 관하여 발명한 것이 성질상 사용자·법인 또는 국가나 지방자치단체의 업무 범위에 속하고 그 발명을 하게 된 행위가 종업원 등의 현재 또는 과거의 직무에 속하는 발명을 말한다."고 규정하고 있다. 즉 '직무발명'이란 종업원 등이 직무에 관하여 발명한 것이 성질상 사용자 등의 업무범위에 속하고 그 발명을 하게 된 행위가 종업원 등의 현재 또는 과거의 직무에 속하는 발명을 말한다. 직무발명에 대하여 미리 사용자에게 특허 등을 받을 수 있는 권리나 특허권 등을 승계시키거나 사용자 등을 위하여 전용실시권을 설정하도록 하는 계약이나 근무규정은 유효하다(발명진흥법 제10조 제1항). 반면, 직무발명 외의 종업원 등의 발명에 대하여 미리 사용자 등에게 특허 등을 받을 수 있는 권리나 특허권 등을 승계시키거나 사용자 등을 위하여 전용실시권을 설정하도록 하는 계약이나 근무규정의 조항은 무효이다(발명진흥법 제10조 제3항). 종업원 등은 직무발명에 대하여 특허 등을 받을 수 있는 권리나 특허권 등을 계약이나 근무규정에 따라 사용자 등에게 승계하게 하거나 전용실시권을 설정한 경우에는 정당한 보상을 받을 권리를 가진다(발명진흥법 제15조 제1항).

#### (3) 직무발명 보상금의 발생시기

직무발명으로 신고된 후 회사가 직무발명신고일로부터 4개월이 경과하도록 출원하지 아니하면 구 발명진흥법 제11조 제1항에 따라 자유발명으로 되고, 그 후 회사가 자

61) 구 특허법이 적용되는 것은 직무발명에 의하여 특허를 받을 수 있는 권리의 승계가 이루어진 날짜가 2006. 9. 4. 이전인 경우이다. 특허법원 2019. 2. 14. 선고 2018나1268 판결(각공 2019, 393).

유발명이 된 발명들을 특허출원하면 원칙적으로 특허출원 시 회사가 직무발명권리를 묵시적으로 승계취득하게 되고 승계한 때에 종업원들의 직무발명보상금 청구권이 발생한다.[62] 회사는 보통 직무발명보상기준을 마련하고 있는바, 회사는 기준이 정한 바에 따라 출원보상, 등록보상, 실적보상, 처분보상, 특별보상 등의 형태로 보상금을 지급할 의무가 있다.

(4) 직무발명에 대한 종업원의 권리

1) 절차

종업원이 직무발명을 완성한 경우에는 지체 없이 그 사실을 사용자 등에게 문서로 알려야 하고(발명진흥법 제12조), 사용자는 문서를 받은 경우에는 4개월 이내에 그 발명에 대한 권리의 승계 여부를 종업원 등에게 문서로 알려야 한다(발명진흥법 제13조, 시행령 제7조). 사용자가 발명에 대한 권리의 승계 의사를 알린 때에는 그때부터 그 발명에 대한 권리는 사용자 등에게 승계된 것으로 본다(발명진흥법 제13조 제2항). 따라서 종업원과 사용자 사이에 직무발명에 관한 약정이나 근무규정이 있는 경우라면 사용자 등이 4개월 이내에 일방적인 승계의사 통지에 의하여 직무발명에 대한 특허를 받을 수 있는 권리 등이 사용자에게 승계된다. 사용자가 이를 승계하면 직무발명보상금의 지급 시기와 무관하게 즉시 無償의 통상실시권을 취득한다(발명진흥법 제13조). 사용자는 직무발명을 승계하지 않더라도 즉 종업원이 적법한 특허권자로 등록하였더라도 특허권에 대하여 무상의 통상실시권을 가진다. 사용자는 발명진흥법에 따른 통상실시권을 등록하지 아니하여도 특허권 또는 전용실시권을 취득한 자에 대하여 권리를 주장할 수 있다(특허법 제118조 제2항).

요약하면 종업원이 직무발명을 하여 특허를 받을 수 있는 권리나 특허권을 취득하고 이러한 권리나 특허권을 사용자에게 계약 등에 의하여 승계하게 한 때에 비로소 종업원은 사용자에 대하여 직무발명에 대한 정당한 보상금을 청구할 권리를 가진다.

한편 그후 직무발명에 대하여 특허가 실제로 출원, 등록되었는지 여부 또는 그 특허의 등록이 무효가 되었는지 여부 등의 후발적인 사정은 직무발명 보상금 청구권의 발생에 장애가 되지 아니하고 다만 보상금의 액수 산정에 그러한 사정이 고려될 수 있을 뿐이다.[63]

2) 종업원과 사용자간에 약정이나 근무규정이 있는 경우

약정이나 근무규정이 존재하는 이상 종업원은 사용자가 이를 승계하지 아니하기로

---

62) 위 특허법원 2018나1268 판결.

63) 서울중앙지방법원 2009. 1. 23. 선고 2007가합101887 판결.

확정되기 전까지는 임의로 약정의 구속에서 벗어날 수 없고, 사용자가 승계하지 아니하는 것으로 확정되기까지는 발명의 내용에 관한 비밀을 유지하고, 사용자 등의 특허권 취득에 협력하여야 할 신임관계에 있다. 따라서 종업원이 직무발명을 완성하고도 사실을 통지 아니한 채 특허를 받을 수 있는 권리를 제3자에게 양도하여 제3자가 특허권 등록까지 마치도록 하였다면 이는 사용자에 대한 배임행위로서 불법행위가 된다.

종업원이 통지하지 아니한 채 몰래 자신 명의로 특허권 등록을 마쳤으나 사용자가 다른 경위로 직무발명 사실을 알게 되어 약정에 따라 발명에 대한 권리를 승계한다는 취지를 종업원에게 문서로 알렸다면, 비록 종업원의 직무발명 완성사실의 통지 없이도 발명진흥법 제13조 제2항에 따른 권리승계의 효과가 발생한다. 따라서 회사는 종업원에 대하여 특허권이전등록을 구할 수 있고 제3자의 적극 가담아래 제3자에게 특허권이 이전되었다면 이는 이중양도로서 민법 제103조에 따른 무효를 주장하여 종업원에 대한 특허권이전등록청구권을 피보전채권으로 하여 종업원의 제3자에 대한 특허권이전등록청구권을 대위행사할 수 있다.

종업원의 직무발명에 대한 보상금은 자신이 발명하여 얻은 특허권 등의 승계에 대한 대가이고, 발명진흥법 제15조에 의하여 당연히 발생되는 법률상의 권리로서 그 성질은 채권적 청구권이다.

#### 3) 종업원과 사용자 간에 약정 또는 근무규정이 없거나, 있더라도 회사가 권리승계를 거절한 경우

종업원은 직무발명을 자신의 이름으로 등록하고,[64] 이를 제3자에게 적법하게 처분할 수 있다. 따라서 직무발명에 관한 보상금이 발생할 여지가 없다. 그러나 사용자가 직무발명에 대하여 무상의 통상실시권을 취득하는 것에는 영향이 없다.[65]

#### 4) 직무보상금의 내용

기업은 보통 직무발명보상기준을 만들어 이에 기초하여 종업원에 대한 직무발명보상금의 지급시기, 종류, 금액 등을 정하고 있다. 일반적으로 발명보상금, 출원·등록보상금, 실시·처분보상금으로 구분하지만 구체적인 내용은 계약 또는 규정에 따른다.

실제의 사례에서 甲 회사는 아래와 같이 정하고 있다. 보상을 출원보상, 등록보상, 실적보상, 처분보상, 특별보상, 방어보상으로 구분하여 출원보상의 경우에는 회사가 직무발명권리를 승계하여 출원하였을 때 국내와 국외로 발명의 대상이 실용신안과 의장

---

64) 위 甲 회사의 직무발명보상기준도 회사 명의로 출원하지 아니하기로 최종 결정된 직무발명에 대하여는 발명자가 자기의 명의와 비용으로 출원할 수 있음을 정하고 있다.

65) 한남대학교 산학협력단, 개정 직무발명보상제도 해설 및 편람(2013), 97면.

으로 구분하여 건별로 지급한다. 등록보상은 회사가 직무발명권리를 승계 취득하여 등록하였을 때 건별로 지급한다. 실적보상은 회사가 승계취득한 직무발명에 대한 실시효과가 회사 경영실적에 공헌을 하였다고 인정하는 경우 적정한 보상을 할 수 있다. 처분보상은 직무발명을 유상으로 제3자에게 양도하거나 실시허여하는 경우에 양도대금의 5%의 이내의 해당하는 금액을 지급할 수 있다. 특별보상은 회사 소유로 등록된 직무발명이 기술표준규격으로 채택된 경우 지급할 수 있다. 방어보상은 종업원이 타자의 출원에 대하여 이의 또는 무효심판의 사유를 발견한 경우에 지급할 수 있다.

이 중 출원보상, 등록보상은 보상금의 지급이 필수적임에 반하여 실적보상, 처분보상, 특별보상, 방어보상은 임의적이다. 비록 임의적이라 하더라도 회사에게 보상금을 지급할 의무가 있다는 점에서 실적보상, 처분보상, 특별보상금이 직무발명보상금에 해당하는 점은 다툼이 없다. 다만 방어보상은 직무발명보상금에 해당하지 아니한다.

#### 5) 직무발명보상금의 액수

보상금의 액수가 규정에 정하여지면 그에 따르지만 규정에 구체적인 금액 기준이 없고 심의위원회의 심의를 통하여 결정한다고 규정하였다면, 구체적인 액수는 법원이 결정할 수밖에 없다. 법원은 당사자의 관계, 특허를 받을 수 있는 권리를 침해하게 된 경위, 발명의 객관적인 기술적 가치, 유사한 대체기술의 존재 여부, 발명에 의하여 회사가 얻을 이익(사용자의 이익액), 발명의 완성에 종업원과 회사의 공헌 정도(발명자 보상률), 과거 회사의 직무발명보상금 지급사례, 특허의 이용형태 등을 종합하여 결정하여야 한다.[66]

#### 6) 직무발명보상금이 회생채권인지 여부

특허법원 2019. 2. 14. 선고 2018나1268 판결(심리불속행 상고기각)은 직무발명보상금이 회생채권에 해당하는지 여부에 관하여 처음 밝혔다. 하이닉스는 2001년 자회사 현대디스플레이에게 LCD 사업과 관련하여 특허발명이 포함된 자산, 부채, 종업원 및 계약상 지위 등을 양도하는 계약을 체결하였다. 하이닉스와 현대디스플레이는 2002년 중국 법인 비오이에게 현대디스플레이가 하이닉스로부터 양수한 자산을 양도하는 계약을 체결하였다. 중국법인 비오이는 한국 내 자회사인 피고(하이디스테크놀로지)에게 양도계약상의 지위를 양도하였다. 원고들은 하이닉스를 거쳐 피고의 연구원으로 근무하면서 직무상 발명을 하였고, 피고가 특허출원을 하였다. 피고는 2006년 회생절차개시결정을 받아 2008. 7. 4. 회생절차종결결정을 받았는데 원고들은 직무발명보상금을 회생채권으

66) 대법원 2008. 12. 24. 선고 2007다37303 판결(공 2009, 93).

로 신고하지 아니하였다. 원고들이 2018년 피고를 상대로 직무발명보상금의 지급을 구하는 소송을 제기하였다.

법원은 아래와 같은 이유로 원고들의 청구권이 회생채권이라고 판시하였다. 원고들과 피고 간에 근무규정이 있고, 원고들은 회사에 서면으로 직무발명사실을 알렸고, 회사도 적법한 기간 내에 서면으로 이를 승계한다는 사실을 통지하였다. 그렇다면 원고들의 직무발명보상금청구권은 회사가 승계하였다는 통지를 보냄으로써 발생하였다. 다만 피고의 규정에 의하면 피고가 승계 시에 보상금을 산정하여 이를 일시에 지급하는 것이 아니고 출원, 등록, 처분, 실적으로 구분하여 그에 따라 산정방식과 지급시기를 정하고 있다. 따라서 당사자들이 각 지급항목과 지급시기를 따로 정하는 것은 유효하다.[67] 그러므로 종업원들이 소송을 통하여 구체적인 직무발명보상금을 청구하려면 위 규정에 정한 조건이 충족되거나 산정방식에 따른 구체적인 실시료가 확정되어야 한다. 직무발명보상금제도는 발명자인 종업원의 권리를 보호하기 위한 강행규정으로서 구 특허법 제40조 제1항이나 발명진흥법 제10조 제1항에 위반하여 보상금의 지급조건을 불리하게 정한 약정은 효력이 없다. 예컨대 직무발명에 대하여 특허권이 출원단계를 거쳐 특허권이 등록되고 등록된 특허권을 처분하였을 때 보상금을 지급한다거나 직무발명심의위원회를 거쳐야 비로소 보상을 지급하도록 한 규정은 무효이다.[68]

따라서 아직 조건이 미성취된 상태에서는 종업원이 회사를 상대로 실시료의 지급의 이행을 구할 수 없지만 적어도 회생절차 개시 전에 회사가 승계의 의사표시를 통지함으로써 보상금청구권이 발생하였으므로 비록 그 내용이 구체적으로 확정되지 아니하였더라도 회생채권에 해당한다. 즉 보상금채권은 아직 미확정일 뿐 그 발생은 회생절차 개시 전의 원인에 기한 것이므로 회생채권에 해당한다. 다만 회생절차개시결정 이후에 회사가 권리를 승계한 경우에는 직무발명보상금은 회생절차개시결정일 이후에 권리가 발생한 것이므로 회생채권이 아니다.[69]

### 7) 회생채권인 직무발명보상금의 취급

직무발명보상금청구권자는 회생채권 신고 란에 법정채권인 직무발명보상금채권으로 기재하고 직무발명보상규정에서 정한 회사가 마련한 기준에 따라 구체적인 내용의 보상금 청구권을 특정하여 금액을 개략 계산하여 신고하면 족하다. 불법행위로 인한 손해배상채권을 신고하는 경우에도 언제 어디에서 발생한 불법행위채권으로서 액수는 추

67) 서울고등법원 2009. 6. 3. 선고 2008나79632 판결.
68) 서울고등법원 2004. 11. 16. 선고 2003나52410 판결.
69) 특허법원 2019. 2. 14. 선고 2018나1268 판결.

산하여 기재하면 충분한 것과 마찬가지이다. 회생회사는 직무발명보상금의 액수가 회사의 재건에 부담이 되어 회생계획에서 감액할 필요가 있다면 회생계획에 "직무발명보상금의 액수는 규정에서 정한 금액의 1/2을 각각의 보상규정에서 정한 요건이 발생하는 경우에 지급한다"는 정도로 기재하면 된다.

## 5. 도산절차와 특허권의 공유자

### (1) 특허권을 공동출원할 경우의 법률관계 – 특허권 공유관계

수인이 특허권을 공동출원할 경우 특허권을 공유하게 되며(특허법 제44조), 특허권의 공유지분을 갖는다.[70] 또한 현재 특허권자 A의 지분 일부를 B에게 양도하는 등록절차를 진행하면 A와 B의 공유가 된다. 그러므로 수인이 공동으로 특허를 출원할 경우 특허권 공유관계에 대하여는 특허권 공유자들이 반드시 공동목적이나 동업관계를 기초로 조합체를 형성하여 특허권을 보유한다고 보기 어렵고, 특허법에 특허권의 공유를 합유관계로 본다는 등의 명문의 규정도 없으므로, 특허법의 다른 규정이나 특허의 본질에 반하는 등의 특별한 사정이 없는 한 공유에 관한 민법 규정이 특허권의 공유에도 적용된다. 특허권에 관한 위와 같은 법리는 디자인권에도 적용된다.[71]

### (2) 특허권이 공유인 경우 양도·질권 설정 등의 제한

공유자는 다른 공유자의 동의없이 공유물을 처분할 수 있다(민법 제264조). 그러나 특허권이 공유인 경우 각 공유자는 다른 공유자 모두의 동의를 받아야만 그 지분을 양도하거나 그 지분을 목적으로 하는 질권을 설정할 수 있으며 또한 각 공유자는 계약으로 특별히 약정한 경우를 제외하고는 다른 공유자의 동의를 받지 아니하고 그 특허발명을 자신이 실시할 수 있으나, 공유자는 다른 공유자들의 동의를 받아야만 특허권에 대하여 전용실시권을 설정하거나 통상실시권을 허락할 수 있다(특허법 제99조 제2항, 제4항).

특허법 제99조 제2항 및 제4항의 규정의 취지는 공유자 외의 제3자가 특허권의 지분을 양도받거나 그에 관한 실시권을 설정받을 경우 제3자가 투입하는 자본의 규모, 기술 및 능력 등에 따라 경제적 효과가 현저하게 달라지게 되어 다른 공유자 지분의 경제적 가치에도 상당한 변동을 가져올 수 있는 특허권 공유관계의 특수성을 고려하여, 다

---

70) 대법원 2012. 12. 27. 선고 2011다67705 판결(공 2013, 229). 이 판결은 특허를 받을 수 있는 권리를 이전하기로 한 계약에 따라 특허등록을 공동출원한 경우에 출원인이 특허권의 공유지분을 갖는다고 판시하였다.

71) 대법원 2014. 8. 20. 선고 2013다41578 판결(공 2014, 1797). 이 판결은 특허권과 디자인보호법에 관한 것이다. 이 판결에 대한 해설은 박성호, "2014년 지적재산법 중요 판례," 인권과정의 Vol. 448 (2015), 208–210면.

른 공유자의 동의 없는 지분의 양도 및 실시권의 설정 등을 금지하는 것이다.[72)]

(3) 파산관재인 등의 특허권의 공유지분 매각 절차 – 다른 공유자의 동의

특허권의 공유자에 대하여 회생/파산절차가 개시되면 채무자가 가진 특허권의 공유지분에 대한 관리처분권도 파산관재인 등에게 귀속되어 관리인만이 공유지분을 처분할 수 있다. 파산관재인 등은 회생채무자나 파산재단에 속하는 재산에 대한 처분권을 가지므로, 공유지분 자체를 매각할 수 있지만, 특허권의 공유지분의 경우에는 다른 공유자의 동의 없이는 매각할 수 없다(특허법 제99조 제2항),

**1) 공유자 사이에 불분할약정이 있는 경우 – 채무자회생법상 특칙 적용**

비록 특허권의 공유는 일정 범위에서 합유와 같은 성질을 가지지만 여전히 공유에 관한 민법의 규정이 적용된다.[73)] 특허권에 대하여도 공유물분할청구제도가 적용되므로 경매에 의한 대금분할은 허용되지만,[74)] 성질상 현물분할은 허용되지 아니한다.[75)] 공유자들은 계약으로 5년을 넘지 않는 기간 내에서 공유대상인 특허권을 분할하지 않기로 약정할 수 있다(민법 제268조 제1항 단서). 다만, 이러한 불분할약정이 있더라도, 공유자 1인에 대하여 도산절차가 개시되면, 파산관재인 등은 채무자 회사의 효율적인 회생이나 파산재단의 원활한 환가를 위하여 불분할약정에도 불구하고 공유물인 특허권의 분할을 청구할 수 있다(채무자회생법 제69조 제1항, 제344조 제1항). 위 분할청구권은 형성권이어서 파산관재인 등이 행사하면 다른 공유자와 파산관재인 등 사이에는 구체적으로 분할을 실현할 법률관계가 생기고 분할에 관하여 협의할 의무를 부담하게 되며, 협의가 이루어지지 않을 경우 분할청구권을 행사한 파산관재인 등은 법원에 그 분할의 실현을 청구할 수 있다. 이 경우 특허권을 제3자에게 매각하여 그 대금을 분할하는 방법으로 분할이 이루어진다.

반면, 다른 공유자는 공유물분할금지의 기대권을 갖고 있으므로, 채무자회생법은 위 공유자에게 상당한 대가를 지급하고 파산관재인 등으로부터 지분을 취득할 수 있는 지분취득청구권을 부여하고 있다(채무자회생법 제69조 제2항, 제344조 제2항). 다른 공유자가 행사할 수 있는 지분취득권은 형성권이며, 다른 공유자가 권리를 행사하면 재판절차를 통하여 상당한 대가가 정해지며, 다른 공유자가 대가를 지급하고 특허권의 공유지분

72) 위 대법원 2013다41578 판결.

73) 지분약정이 없으면 민법 제262조 제2항에 의하여 그 지분의 비율은 균등한 것으로 추정된다(대법원 2014. 11. 13. 선고 2011다77313, 77320 판결(공 2014, 2310)).

74) 공유물분할청구권을 부정하는 견해로는 정상조·박성수 편, 앞의 책(주 10), 1227–1228면(박정희 집필부분).

75) 위 대법원 2013다41578 판결. 박성호, 앞의 글(주 71), 210면은 판결에 찬성하고 있다.

을 취득하는 방법으로 분할이 이루어진다.

2) 공유자 사이에 불분할약정이 없는 경우

특허권을 공유하고 있는 경우에도 공유에 관한 민법의 규정이 그대로 적용되므로, 파산관재인 등 또는 다른 공유자는 공유물인 특허권의 분할을 자유롭게 청구할 수 있다(민법 제268조 제1항 본문).

그런데 대법원은 공유관계의 발생원인과 공유지분의 비율 및 분할된 경우의 경제적 가치, 분할방법에 관한 공유자의 희망 등의 사정을 종합적으로 고려하여 공유물을 특정한 자에게 취득시키는 것이 상당하다고 인정되고, 다른 공유자에게는 그 지분의 가격을 취득시키는 것이 공유자 간의 실질적인 공평을 해치지 않는다고 인정되는 특별한 사정이 있는 때에는 공유물을 공유자 중의 1인의 단독소유로 하되 현물을 소유하게 되는 공유자로 하여금 다른 공유자에 대하여 그 지분의 적정하고도 합리적인 가격을 배상시키는 방법에 의한 분할도 허용된다고 보고 있다.[76] 따라서 경매에 의한 대금분할을 하는 것이 불합리하다는 특별한 사정, 즉 공동출원한 특허권의 공유지분은 상대방에게만 양도할 수 있고, 만일 양도가액에 관한 협의가 이루어지지 않으면 소송을 통하여 가액배상의 방법으로만 공유물을 분할하겠다는 약정을 하는 경우에는 공유자 일방의 공유지분은 다른 공유자만이 취득할 수 있다.

(4) 특허권 공유자 간 특허권 공유지분 이외의 다른 법률관계의 처리

특허권의 공유자 1인에 대하여 도산절차가 개시되었다고 하여 공유자 간의 종래의 법률관계가 곧바로 해소되지는 않는다. 특허권 공유자 사이에 서로 상대방에게 관련성이 있는 채무를 부담하고 있는 상태에서, 어느 공유자에 대하여 회생절차가 개시될 경우의 법률관계는 다음과 같다(이하 회생절차가 개시된 공유자를 '채무자'라 한다). 즉, ① 채무자는 그 채무의 이행을 완료하였으나 다른 공유자가 미이행상태인 경우에는 다른 공유자는 채무자에 대하여 부담하는 채무를 이행하면 되고, ② 다른 공유자가 채무의 이행을 완료하였으나 채무자가 미이행 상태인 경우에는 다른 공유자의 채권은 회생담보권 또는 회생채권으로서 법원에 신고되어야 하고 회생계획의 내용에 따라 권리가 감축(일부 변제 또는 출자전환으로 채무자의 신주를 받게 된다)되며, ③ 회생절차개시결정 당시 다른 공유자와 채무자 쌍방 모두 미이행 상태인 경우, 채무자의 관리인이 채무자의 회생을 위하여 유리한 계약인지 여부에 따라 계약의 이행 또는 해제를 선택할 수 있다(채무자회생법 제119조 제1항). 쌍방미이행 쌍무계약에 관한 법리는 후술함.

---

76) 대법원 2004. 10. 14. 선고 2004다30583 판결(공 2004, 1805).

그런데 특허권의 공유관계가 이미 등록된 경우 그 법률관계 자체는 쌍방미이행 쌍무계약에는 해당하지 않는다. 또한 특허권을 공유하기로 약정하였다고 하여 부인권의 대상이 된다고 보기도 어렵다.

## 6. 사용료의 지급과 부인권

채무자회생법의 부인권은 고의부인, 위기부인, 무상부인의 세 가지이다(제100조, 제391조). 그 중 라이선스 계약과 관련하여, 라이선서인 채무자가 특수관계인 등에게 무상으로 라이선스 계약을 체결하는 행위가 무상부인이 될 수 있다. 크로스라이선스 계약은 서로간의 특허권 등을 라이선스 계약을 통하여 무상으로 또는 일정한 비용을 지급하고 사용하는 것으로서 대가관계가 있는 것이므로 고의부인에 해당하기 어렵다.

다음으로 라이선시가 사용료를 연체하는 경우에 관하여 본다. 라이선시가 채무자이고, 라이선서가 채권자인데, 채무자인 라이선시가 사용료를 연체하여 적법한 최고기간을 정하여 최고하고, 최고 기간이 도과하였다면 채권자인 라이선서는 채무자에 대하여 도산절차가 개시되기 이전은 물론 개시결정 후에도 적법하게 라이선스 계약을 해지할 수 있다.

만일 지급정지 이후 또는 회생신청 등 이후에 라이선서가 채무자로부터 연체된 사용료의 변제를 받았다면 위기부인의 대상이 될 수 있다. 판례는 편파변제행위도 고의부인의 대상이라는 입장에 서 있으므로,[77] 만일 채무자의 재무상태가 악화되어 파산이 임박하였다고 판단한 상태에서 채권자가 채권자평등의 원칙에 위배됨을 알면서도 연체된 사용료를 지급받는 것은 고의부인의 대상이 될 가능성이 크고, 이 점은 채권자가 라이선스 계약 해지의 의사표시를 하였는지와 무관하다.

채무자의 요청에 따라, 채권자가 채무자에게 계속하여 상표권을 사용하도록 한다면, 이는 일응 해지의 의사표시의 철회 내지 새로운 상표권 약정에 해당하는 것으로 볼 수 있다. 채권자가 해제권을 포기하는 대신 라이선스 계약을 계속 유지하면서 사용을 허락하는 대신 연체된 사용료를 도산절차 개시 전에 받았다면 기업의 재건에 도움이 되는 상당성 있는 행위로서 부인의 대상이 되지 않을 여지가 있다. 상표권을 계속 사용하게 하고 그에 상응하는 사용료를 받는 부분은 동시교환적 행위에 해당하여 부인의 대상이 되지 않을 수 있다.

77) 대법원 2016. 1. 14. 선고 2014다18131 판결(미간행); 대법원 2006. 6. 15. 선고 2004다46519 판결(공 2006, 1314).

## Ⅲ. 쌍방미이행 쌍무계약과 라이선스 계약

### 1. 쌍방미이행 쌍무계약의 법리

#### (1) 도산절차에서 쌍방미이행 쌍무계약에 관한 입법취지

도산절차의 개시결정이 있더라도 채무자의 종래 법률관계는 단절되지 않고 동일성을 유지하는 것이 원칙이다. 그런데 재정적 어려움으로 인하여 파탄에 직면해 있는 채무자의 재건을 원활하게 함과 동시에 청산을 목적으로 하는 파산절차의 신속·명확하고 통일적인 진행과 채권자를 비롯한 모든 이해관계인들의 이익을 균형 있게 조정하고자 하는 도산절차의 목적을 달성하기 위해서는, 채무자와 특정 이해관계인 사이에 형성된 기존의 법률관계를 도산절차 내에서 그대로 관철시키기 어려울 수 있다.[78] 쌍무계약에 있어 대가관계에 있는 채무는 동시이행의 항변권 등으로 상호 담보의 기능을 하게 되는데, 일방당사자에게 파산이 선고되었다고 하여 그 상대방이 보유하던 실체법상의 권리를 무력화함으로써 일방적 불이익을 강요하는 것은 공평의 관념에 현저히 어긋나므로 계약상대방의 이익보호를 위한 배려가 필요하다. 파산관재인이 계약의 이행을 선택한 경우 상대방의 대응채권은 원래는 파산채권이 되어야 하나 이를 재단채권으로 규정하고, 해제를 선택한 경우에도 원물반환청구권을 인정하고 반환불능인 경우의 가액반환청구권을 재단채권으로 격상하여 인정한 것은 그러한 배려의 결과이다. 헌법재판소는 관리인에게 해제권한을 부여한 것이 채무자회생법의 입법목적을 달성하기 위한 적절한 수단이라고 판시하였다.[79] 아래에서는 라이선스 계약이 쌍방미이행 쌍무계약의 법리에 기하여 채무자회생법에 의하여 어떻게 규율되는지에 관한 설명을 위하여 간단하게 기술한다.

#### (2) 쌍방미이행의 요건

위 법리는 쌍무계약에 관하여 채무자와 그 상대방이 모두 회생절차개시 또는 파산선고 당시에 아직 그 이행을 완료하지 아니한 때의 처리에 관한 것이다. 따라서 쌍방이행이 완료되거나 어느 일방이 이행을 완료한 경우에는 이 법리가 적용되지 아니한다.

이 법리에 관한 판례를 요약하면, '쌍무계약'이란 쌍방당사자가 서로 대등한 대가관계에 있는 채무를 부담하는 계약으로서, 쌍방의 채무 사이에는 성립·이행·존속상 법률적·경제적으로 견련성을 갖고 있어서 서로 담보로서 기능하는 것을 일컫는다.[80] 단

---

78) 박병대, "파산절차가 계약관계에 미치는 영향," 파산법의 제문제(상) 사법연수원(1998), 439－440면; 林鍾憲, "破産節次가 未履行契約關係에 미치는 影響," 人權과 正義 241號(1996), 26－48면.

79) 헌법재판소 2016. 9. 29. 선고 2015헌바28 결정.

80) 대법원 2007. 9. 6. 선고 2005다38263 판결(공 2007, 1530); 대법원 2002. 5. 28. 선고 2001다68068

순히 부수적인 채무에 불과한 경우에는 그 미이행이 있다고 하더라도 위 규정에서 정한 '미이행'이라고 할 수 없다.[81] 또한 본래적으로 쌍방의 채무 사이에 법률적·경제적 견련관계가 없는데도 당사자 사이의 특약으로 쌍방의 채무를 상환 이행하기로 한 경우는 '쌍무계약'이라고 할 수 없다.[82]

이행을 완료하지 않은 상태라는 것은 채무의 전부 불이행뿐만 아니라 채무의 일부만을 불이행한 경우도 포함하고, 채무의 이행을 완료하지 않은 이유는 묻지 않는다.[83] 채무자가 도산절차 개시 전에 이미 기한이 도래한 채무의 이행을 지체하고 있는 상태에서 도산절차가 개시된 경우에도 이행을 완료하지 않은 경우뿐만 아니라 기한이 도래하지 않았거나 동시이행의 항변권에 기해 채무의 이행을 거절하고 있는 것과 같이 정당한 사유에 근거하여 채무를 이행하지 않고 있는 상태인 경우도 포함된다.[84]

(3) 파산관재인 등의 선택권

파산관재인 등은 쌍방미이행의 쌍무계약을 해제/해지하거나 채무자의 채무를 이행하고 상대방의 채무이행을 청구할 수 있다. 회생절차에서 상대방은 관리인에 대하여 계약의 해제 또는 그 이행의 여부를 확답할 것을 최고할 수 있다. 이 경우 관리인이 그 최고를 받은 후 30일 이내에 확답을 하지 아니하는 때에는 관리인은 제1항의 규정에 의한 해제권을 포기한 것으로 본다. 다만 관리인은 법원의 허가를 얻어 30일의 기간을 늘릴 수 있지만(채무자회생법 제119조 제2항, 제3항), 회생계획 심리를 위한 관계인집회[85]가 끝난 후 또는 채무자회생법 제240조의 규정에 의한 서면결의에 부치는 결정이 있은 후에는 계약을 해제할 수 없다(동조 제1항). 관리인의 해제권 행사를 시기적으로 제한하는 이유는 회생계획 심리를 위한 관계인집회가 끝난 후 또는 채무자회생법 제240조에 의한 서면결의에 부치는 결정이 있은 후에는 회생채권의 추후 보완신고를 할 수 없다는 채무자회생법 제153조 제3항과의 균형을 고려하였기 때문이다.

파산절차에서는 상대방은 파산관재인에 대하여 상당한 기간을 정하여 그 기간 안에 계약의 해제 또는 해지나 이행 여부를 확답할 것을 최고할 수 있고, 이 경우 파산관

---

판결(공 2002, 1511).

81) 대법원 1994. 1. 11. 선고 92다56865 판결(공 1994, 678).

82) 대법원 2007. 9. 7. 선고 2005다28884 판결(미간행); 대법원 2007. 3. 29. 선고 2005다35851 판결(공 2007, 603).

83) 대법원 2017. 4. 26. 선고 2015다6517 판결(공 2017, 1089); 대법원 2003. 5. 16. 선고 2000다54659 판결(공 2003, 1297).

84) 김영주, "도산절차상 미이행 쌍무계약에 관한 연구," 서울대학교 박사학위논문(2013), 69면.

85) 회생계획 심리를 위한 관계인 집회는 실무상 제2회 관계인집회를 의미하며(채무자회생법 제224조 본문), 제3회 관계인집회는 심리를 마친 후 회생계획의 결의를 위한 집회이다(채무자회생법 제232조).

재인이 그 기간 안에 확답을 하지 아니한 때에는 계약을 해제한 것으로 본다(채무자회생법 제335조). 파산관재인의 선택권 행사시기를 중간배당 등 특정시기로 제한하는 규정이 없다. 이는 파산절차의 경우 최후배당의 제외기간 전까지 채권신고가 가능하기 때문이다.

관리인이 계약을 해제하려면 법원의 허가를 받아야 하지만(채무자회생법 제61조), 이행을 선택하는 경우에는 법원의 허가를 받지 않고 법원에 보고만 하면 된다. 반면 파산절차에서는 이행을 선택한 경우에 법원의 허가를 받아야 한다(채무자회생법 제492조 제9호).[86]

1) 해제를 선택한 경우

상대방은 손해배상에 관하여 회생채권자 내지 파산채권자로서 그 권리를 행사할 수 있고(채무자회생법 제121조 제1항, 제337조 제1항), 파산관재인 등이 계약을 해제하면 해제로 인하여 비로소 발생하는 상대방의 손해배상청구권은 추후 보완신고를 하여야 실권되지 않는다.

원상회복과 관련하여서는 채무자가 받은 반대급부가 채무자의 재산 중에 현존하는 때에는 상대방은 그 반환을 청구할 수 있고(환취권), 현존하지 아니하는 때에는 상대방은 그 가액의 상환에 관하여 공익채권자 내지 재단채권자로서 그 권리를 행사할 수 있다(채무자회생법 제121조 제2항, 제337조 제2항).

2) 이행을 선택하는 경우

상대방의 청구권은 도산절차개시 전에 발생한 청구권이라 하더라도 공익채권 또는 재단채권이 된다(채무자회생법 제179조 제1항 제7호제473조 제7호). 이는 도산절차개시 전의 원인에 기한 것이지만 이를 도산채권으로 취급하면 채권자로 하여금 상대방의 채무에 대하여는 이행을 강제하면서 상대방의 채권에 대하여는 회생계획에서 권리변경을 수인하거나 파산채권으로 일부만을 변제받게 하는 것은 형평에 반하므로 파산관재인 등에게 이행 또는 해제에 대한 선택권을 부여함에 대응하여 파산관재인 등이 이행을 선택한 경우에는 상대방의 청구권을 공익채권 내지 재단채권으로 하여 보호한 것이다.

파산관재인 등이 이행을 선택하였다고 하여도 동시이행의 부담을 갖는 종전 당사자의 지위보다 격상될 수는 없으므로 상대방은 파산관재인 등에 대하여도 동시이행의 항변권을 주장할 수 있는지 여부에 대하여는 다툼이 있다.[87]

---

86) 미국 연방파산법은 이행의 인수와 양도, 이행의 거절 모두 법원의 허가를 받아야 한다(미국 연방파산법 11. U.S.C. § 365(a)). 이하 조문 번호만 기재한다.

87) 긍정설, 서경환, "회사정리절차가 계약관계에 미치는 영향," 회사정리법, 화의법상의 제문제, 법원도

## 2. 라이선스 계약과 도산절차

### (1) 논의의 대상

지식재산권이 강조되면서 지식재산권의 라이선서 또는 라이선시 중 일방에 대하여 도산절차가 개시된 경우의 법률관계에 관한 문의가 늘어나고 있다. 라이선서에 대한 도산절차가 개시되면 발생하는 문제는, ① 라이선스 계약이 도산법에서 인정되는 쌍방미이행 쌍무계약에 해당하는지, ② 라이선서의 관리인 등이 쌍방미이행 쌍무계약의 법리에 기하여 라이선스 계약을 해제할 수 있는지, ③ 라이선시가 전용실시권 또는 등록된 통상실시권을 갖고 있는 경우 파산관재인 등의 해제권 행사에 대항할 수 있는지 등이다. 라이선시 보호를 위한 특별 규정의 내용에 관하여 미국과 일본의 제도와 실무를 살펴보기로 한다.

다음으로 라이선시에 대하여 도산절차가 개시되면 발생하는 문제는 도산해지조항(도산해제특약, 도산해제조항, ipso facto clause)의 효력에 관한 것이다.[88] 당사자 일방에 대하여 지급불능 또는 회생절차신청이 있으며 상대방이 계약을 해제할 수 있는 권한을 부여하는 조항을 두고 있다. 첨단기술을 보유한 회사가 회생 신청을 하면 상대방이 라이선서 또는 라이선시로서 계약의 해제를 주장하는 사례가 실무상 자주 등장한다. 라이선스 계약의 준거법이 외국법인 경우 파산절차 개시국의 법원이 도산해지조항의 효력을 어떻게 해석하는 점이 중요하다.

### (2) 라이선스 계약의 개요

#### 1) 라이선스 계약의 특질[89]

라이선스 계약에 대한 법률상 정의는 없으나, 라이선스 계약이라 함은 특허발명, 고안, 의장, 반도체회로배치, 저작물, 상표나 서비스표 등의 식별상표, 노하우, 기업비밀(trade secret) 등과 같은 지식재산권에 대하여 라이선시에 대하여 그 실시 또는 사용을 승낙하고, 라이선시는 그 대가로 사용료를 지불하는 것을 기본적 내용으로 하는 계속적 계약으로서 쌍무계약이다.[90] 라이선스 계약이란 민법상 전형계약은 아니고, 이른바 비전형계약이다. 라이선스 계약에 있어서는 지식재산권의 이용권한의 대가로 라이선시

---

서관(2000), 653면.

88) 대법원 2007. 9. 6. 선고 2005다38263 판결(공 2007, 1530)의 용례에 따라 도산해지조항이라 쓴다.

89) 樋口收·佐藤三郎·佐々木英人·松本卓也/赤堀有吾, “ライセンス契約と当然對抗制度の限界に対する一考察,” 現代型契約と倒産法, 商事法務(2015), 299면.

90) 특허법연구, 사법연수원(2015), 164면. 東京地判 2005. 12. 27. 판결은 프로축구팀과 관련된 상품 관련된 독점적 판매권 등과 이에 대한 사용료 지급이 대가관계에 있는 계약으로 판시하였다.

가 라이선서에 대하여 사용료를 지급하는 경우가 많으나, 대가를 수반하지 않는 경우도 있다.

특허권에 관한 라이선스 계약에 관하여 살펴보면, 특허권자가 상대방에 대하여 전용실시권(특허법 제100조) 또는 통상실시권(특허법 제102조)을 설정한다. 그러나 실무상으로는 전용실시권의 이용빈도는 낮고, 통상실시권을 설정하는 내용의 계약을 체결하는 경우가 대부분이다.

일반적인 라이선스 계약관계에서 라이선서는 다음과 같은 의무를 부담한다. 계약상 라이선시에 대하여 특허권과 관련한 통상실시권(특허법 제102조, 실용신안법 제28조, 디자인보호법 제99조, 상표법 제97조 등)을 설정하여 주었으므로 특허권실시의 受忍(특허권 등의 불행사)이라는 부작위의무 이외에도, 그 외 약정에 따라서는 특허권유지의무, 추가특허권 라이선스의무, 제3자에 의한 특허권침해의 배제의무, 계속적인 노하우의 제공의무 등의 특정이행의무를 부담한다.

이에 대하여 라이선시는 계약기간 중 사용료를 지급할 의무를 부담한다. 과거에는 라이선시에게 특허를 무효로 공격하는 것을 금지하고 특허를 지킬 의무를 간접적으로 인정하는 추세였으나 요즘은 라이선시에게 무효청구 자격을 인정하는 추세여서 그런 의무는 없다. 또한 라이선시가 라이선스의 사용허락을 받았다고 하여 반드시 실시해야 할 의무도 없는 점을 고려하면 사용료 납부 외에 실질적으로 대가적인 의무는 없다. 다만 그 사용에 대한 대가라는 것이 설정에 대한 권리금인지, 실시에 대한 사용료인지 애매하고, 실시기간 중의 의무이행과 대가발생과의 대응관계에 대하여, 부동산임대차의 경우와 같은 유형적인 명확성은 없다.[91]

하급심 판결에 의하면, 상표에 관한 라이선스 계약,[92] AI 분석 지원 솔루션 라이선스 계약이[93] 쌍방미이행 쌍무계약에 해당한다. 라이선시가 사용료를 선납한 경우에도 쌍방미이행 쌍무계약에 해당하는가에 관하여 보건대, 아직 확립된 견해는 없으나 사용료를 이미 완납하고 부수적인 의무만을 부담한다면 쌍방미이행 쌍무계약에 해당하지 아니한다는 입장에 찬성한다.[94]

---

91) 濱田芳貴, “ライセンス契約·知的財産權の扱い,” 事業再生·倒産實務全書, 金融財政事情研究會(2020), 321면.

92) 서울고등법원 2012. 2. 10. 선고 2011나88018 판결.

93) 서울고등법원 2023. 1. 13. 선고 2021나2024972 판결.

94) 同旨; 권창환, 앞의 글(주 4), 419면; 飯田 聡, “知的財産ライセンス契約の保護の在り方と方策案,” 知的財産研究所編, 知的財産ライセン契約の保護－ライセンサーの破産の場合を中心に－, 松雄堂出版 (2004), 324면.

2) 라이선스 계약의 다양성[95)]

라이선스 계약의 대상이나 방법이 매우 다양하다. 먼저, 일반적으로 라이선스 계약의 대상은 특허발명의 통상실시권 등의 지식재산권의 이용권한에 한정되지 않고, 저작권법상의 데이터베이스에 해당하지 않는 정보 또는 퍼블리시티권과 같이 지식재산법에 의한 보호 규정이 없는 것도 대상이 될 수 있다.

또한 실무상으로는 '라이선스 계약'이나 '실시허락계약'이라는 명칭이 붙여진 계약이 체결되는 경우가 많으나, 비슷한 명칭의 계약 중에도 통상실시권 설정에만 그치는 것이 아니라, 설정에 부수하여 다양한 계약조건이 규정되는 경우도 많다. 더욱이 라이선스 계약이라는 명칭이 아닌 계약(가령 소프트웨어 개발위탁계약, 공동연구개발계약 등)에서, 이와 같은 계약에 관련되는 지식재산권의 이용권한을 설정하는 조항을 두는 경우도 있는데, 이와 같은 유형도 광의의 라이선스 계약에 포함된다. 또한 통상실시권의 설정이나 특허발명의 실시허락을 명확하게 규정하지는 않고, 단순히 특허 등의 불행사를 정하는 계약도 있다.

이와 같이 라이선스 계약은 반드시 특허발명의 통상실시권과 같이 지식재산법에서 정한 권리의 이용계약만을 의미하는 것이 아니라, 지식재산권의 이용권한을 포함하여 복합적인 계약 일반을 의미하는 것으로 이해되고 있다.

다음으로 라이선스 계약은 라이선스의 태양에 따라 다양한 유형이 존재한다. 가령, 권리를 가지는 복수의 자가, 각각의 권리를 상호 라이선스하는 '크로스 라이선스'[96)], 어떤 기술을 복수의 사업자에 라이선스하는 '멀티플 라이선스', 또는 복수의 권리자가 각자 가진 권리 또는 권리에 대한 라이선스를 할 권리를 일정한 기업체나 조직체(그 조직의 형태는 다양하고, 또한 그 조직을 새로이 설립하는 경우나 기존의 조직이 이용되는 경우가 있을 수 있다)에 집중하여 기업체나 조직체를 통하여 그 구성원 등이 필요한 라이선스를 받는 '특허 pool' 등 다종다양한 라이선스 계약이 있다. 그리고 특정 제품, 기술분야에 필요한 모든 권리에 대하여 라이선스하여 대상이 되는 특허권 등을 개별적으로 특정하지 않는 '포괄적 라이선스 계약', 상호 포괄적으로 라이선스하는 '포괄적 크로스 라이선스 계약' 등의 계약유형도 있다.

이상과 같이 '라이선스 계약'이라고 하더라도 다양한 지식재산권의 이용허락의 방

---

95) 樋口收 外 4, 앞의 글(주 89), 299－301면.

96) 이는 특허권자들이 자신의 특허권을 상업적으로 실시하여 수익을 얻는 방법 외에 더 나아가 경쟁자들이 제기할 수 있는 특허권침해소송(이러한 청구권을 'hold－up' claims라고 부른다)을 방지함으로써 소송위험을 줄이고, 경쟁업체 간에 서로의 지식재산권을 교차하여 사용하는 것을 말한다. 대기업의 경우에는 크로스 라이선스가 비교적 활발하게 이용된다.

법이나 태양이 존재하므로, 파산관재인 등이 일률적으로 다양한 유형의 라이선스 계약의 해제 여부를 결정할 수 있다고 속단하는 것은 의문의 여지가 있다.

3) 라이선스 계약과 임대차계약과의 비교

채무자회생법에는 라이선시를 보호하는 특별규정을 두고 있지 않다. 그리하여 라이선서가 회생절차에 들어간 경우에도 관리인에게 계약의 해제 또는 이행을 선택할 권한이 있으므로 라이선시는 더 이상 지식재산권을 사용할 수 없게 된다.

특허권에 관한 전용실시계약이 쌍방미이행 쌍무계약에 해당되는 것인지 여부에 관하여 아직 대법원 판례는 없다. 상표 라이선스 계약이 쌍방미이행 쌍무계약에 해당된다는 하급심 판결에 비추어 보면,[97] 특허권의 전용실시계약 역시 쌍방미이행 쌍무계약에 해당된다.

등록상표와 동일 유사한 표장을 그 지정상품과 동일 또는 유사한 상품에 사용하면 타인의 상표권을 침해하는 것이 된다. 그러나 그 상표권에 관하여 사용권을 설정받은 자는 그 설정행위로 정한 범위 내에서 지정상품에 관하여 등록상표를 사용할 권리를 가지므로 그 범위 내에서는 상표권자는 사용권자에 대하여 상표권침해를 주장할 수 없다.[98] 따라서 상표권자는 라이선스 계약기간 동안 라이선시에게 상표권침해주장을 하여서는 아니되고, 계속하여 라이선시에게 사용허락 의무를 부담한다.

만일 관리인이 전용실시계약을 해제하면 상대방은 더 이상 특허권을 사용할 수 없고 설령 계약서에 상대방에게 특허권 매수조항이 있더라고 효력을 잃게 된다. 상대방은 전용실시계약의 해제로 인하여 입게 된 손해의 배상청구권을 회생채권으로 행사할 수 있고, 만일 전용실시계약에 의하여 특허권자에게 기 지급한 금원의 반환청구권을 공익채권으로 행사할 수 있을 뿐이다. 전용실시권이 등록된 경우에도 관리인에 의한 해제가 가능한지에 대하여는 논란이 있으나 쌍방미이행 쌍무계약에 해당하는 것을 부정할 수 없으므로 긍정설이 타당하다.

라이선스 계약과 가장 유사한 전형계약은 임대차계약이다. 일정기간 동안 대가를 지급하고 타인의 재산을 사용한다는 점에서 임대차와 유사하다. 그러나 임대차계약의 목적물은 물건으로서 유체물이지만 라이선스 계약의 목적물은 타인의 지식재산권인 특허권, 디자인권 등의 권리이다. 임대차계약에서는 임차인이 지급하는 대가를 차임이라고 규정되어 있으나 라이선스 계약에서는 사용료의 대가를 사용료로 부른다.

양자 모두 사용기간 중에 당사자 일방에 대하여 도산절차가 개시될 수 있다. 민법

97) 서울고등법원 2012. 2. 10. 선고 2011나88018 판결.
98) 대법원 2013. 11. 28. 선고 2011다73793 판결(공 2014, 20).

은 임차인이 파산한 경우에 한하여 임대인에게도 계약해지의 통고를 할 수 있되 파산관재인을 상대로 계약해지로 인한 손해배상을 할 수 없다는 특칙을 두었다.[99] 그러나 라이선스 계약 당사자의 도산과 관련한 특별규정이 없다.

(3) 라이선스 계약을 둘러싼 도산법상의 기본적인 규율

1) 라이선스 계약에 대한 도산절차개시결정의 영향

라이선스 계약의 일방 당사자에 대하여 도산절차가 개시되더라도 라이선스 계약이 당연히 종료하지 않는다. 라이선스 계약은 사용료가 미리 지급되어 있다는 등의 특단의 사정이 없는 한 지식재산권을 이용하도록 하는 의무와 사용료 지급은 대가성을 가지는 채무가 아직 미이행인 상태이므로, 쌍방미이행 쌍무계약에 해당한다. 다만 라이선서와 라이선시 중 누가 도산한 것인지에 따라 다음과 같은 차이가 있다.

2) 도산절차에서의 지식재산권에 관한 실시권 등의 취급[100]

(가) 파산절차에서의 실시권의 취급

라이선서 또는 라이선시의 파산관재인은 쌍방미이행 쌍무계약인 라이선스 계약을 이행할 것인지 해제할 것인지 선택할 수 있다. 라이선서의 파산관재인이 이행을 선택할 경우 상대방인 라이선시의 실시권 등은 재단채권으로 취급되므로 지식재산권을 계속 사용할 수 있고, 파산관재인은 라이선시로부터 사용료를 계속하여 받을 수 있다. 파산관재인은 사용료를 지급받아 파산채권자들에 대한 배당재원으로 사용할 수 있지만, 해당 지식재산권 자체를 제3자에게 매각하여 그 매각대금을 배당재원으로 사용할 수도 있다. 지식재산권을 제3자에게 매각하는 경우에는 지식재산권의 대항요건의 구비에 따라 라이선시의 보호 여부가 달라진다.

파산관재인이 해제를 선택할 경우에는 법원의 허가를 받을 필요가 없고, 이 경우 상대방이 입게 되는 손해배상청구권은 파산채권으로 취급되므로 상대방은 파산절차에 참가하여 다른 파산채권자들과 함께 배당을 받게 된다. 만일 파산자가 받은 반대급부가 파산재단 중에 현존하는 때에는 상대방은 그 반환을 청구하고, 현존하지 아니하는 때에는 그 가액에 관하여 재단채권자로서 권리를 행사할 수 있다(채무자회생법 제337조 제2항).

(나) 회생절차에서의 실시권의 취급

회생절차에서 관리인이 라이선스 계약에 대하여 이행을 선택할 경우에는 법원의 허가를 받지 않아도 되지만 계약의 해제를 선택할 경우에는 실무상 법원의 허가를 받아

99) 임대인이 파산한 경우, 또는 임대인과 임차인에 대하여 회생절차가 개시된 경우에 관하여는 특칙이 없다. 일본의 개정 민법은 임차인 파산에 관한 특칙인 제621조를 삭제하였다.

100) 권창환, 앞의 글(주 4), 380면.

야 한다. 그 외 이행을 선택하거나 해제를 선택한 경우의 법률관계는 위 항에서 설명한 내용과 같다.

다만 라이선서의 관리인의 해제로 인하여 라이선시가 갖는 손해배상청구권은 비록 관리인의 해제로 인하여 회생절차개시 후에 발생한 것이지만 상계적상이 인정되면(회생절차의 경우에는 회생채권 신고기한까지) 이를 자동채권으로 삼아 밀린 사용료채무와 상계할 수 있다.[101)]

(다) 현행법하에서의 라이선시의 보호방안

채무자회생법은 아직 일본과 미국과 같이 라이선서 도산시 라이선시의 보호방법을 마련하지 않고 있다. 현행법의 테두리에서 라이선시를 보호하는 방법으로는 다음의 내용이 고려될 수 있다.

① 통상시실시권이 아닌 전용실시권을 등록한다. ② 지식재산권을 보유하는 별도의 특수목적법인을 설립한다. ③ 라이선스 계약의 존속기간을 단기로 하되, 사용료를 일시에 지급함으로써 가급적 쌍방미이행 쌍무계약에 해당하지 한도록 계약구조를 만든다. ④ 해석론을 통하여 라이선서의 관리인의 해제권 행사를 제한하기 위하여 통상실시권을 등록함으로써 제3자에게 대항력을 구비한 후 해제권 행사시 신의칙을 주장한다. ⑤ 각 국가별로 등록된 지식재산권에 관하여 개별적인 라이선스 계약을 체결하여 쌍방미이행 쌍무계약으로 구성하여 관리인으로 하여금 해제하더라도 일부에 대하여만 해제할 수 있도록 한다. ⑥ 각국에 등록된 지식재산권에 관하여 국가별로 대항요건을 갖춘 후 위 ④의 주장을 한국 법원에 제기한다. ⑦ 손해배상액의 예정액을 거액으로 약정하고 계약해제로 인하여 발생하는 손해배상청구권을 피담보채권으로 삼기 위하여 지식재산권에 대하여 질권을 설정하여 둠으로써 해제권 행사에 부담을 지운다.

## 3. 일본 파산법/회사갱생법에서 라이선스 계약의 법률관계

### (1) 2004년 개정 전의 논의[102)]

일본 파산법이 2004년 개정되기 전에는 '라이선스 계약'이라고 하더라도 그 대상이 되는 권리, 대가지급방식, 다른 계약과의 결합 상황 등에 의하여 다양한 유형이 존재할 수 있기는 하나, 일반적으로는 쌍방미이행 쌍무계약의 일종으로 보는 견해가 일반적이었다. 이에 따라 라이선스 계약의 일방 당사자가 파산하면 파산법 제59조에 의하여 파산관재인은 라이선스 계약의 이행을 청구할 것인가, 해제권을 행사하는 것에 의하여 계

101) 林治龍, "倒産節次에서 條件附債權에 관한 相計," 파산법연구 5, 博英社(2020), 358면.
102) 회사갱생절차에서도 동일하게 적용될 수 있으므로 편의상 파산절차에 한하여 기술한다.

약관계를 해소할 것인가에 대하여 선택권이 인정되었다.

이에 따라 라이선시가 도산한 경우에는 라이선스 기술 보호에 관한 고려가 필요하나, 파산관재인이 이행/해제의 선택권을 가지는 것에 관하여는 별다른 이견이 없었다. 반면, 라이선서가 도산한 경우에는 파산관재인 등의 해제권 행사를 무조건 인정할 경우 라이선시의 사업이 라이선스 기술에 의거하여 영위되고 있는 경우 등에는, 라이선스 계약이 해제됨으로 말미암아 라이선시의 사업이 근본적으로 좌절될 수 있고, 기본기술이 크로스 라이선스된 경우에는 업계전체에 손해가 생길 우려에 직면하였다.

이 점을 우려하여 라이선서 도산의 경우에는 일정한 범위에서 파산관재인 등의 해제권을 제약하려는 해석론적 노력이 이루어지기도 하였다. 대표적으로는 라이선스의 대상이 된 지식재산권에 대하여 라이선시가 통상실시권의 등록 등 제3자 대항요건(일본 특허법 제99조 등)을 갖추었는지를 기준으로, 대항요건을 구비한 경우에는 ① 통상실시권의 보호 필요성, ② 대항요건을 구비한 경우에는 물권적보호를 받는다는 점이 부동산 임차권과 같이 생각할 수 있다는 점, ③ 통상실시권의 비배타적 성질(동시실시가능성) 등에 의하여 중복한 내용의 실시허락계약을 체결하는 것이 가능하여 계약해제의 필요성이 적다는 점 등을 근거로, 그와 같은 경우에는 일본 파산법 제59조나 회사갱생법 제103조의 적용을 제외하고자 하는 견해[103]가 유력하였다.

(2) 일본 파산법의 개정[104]

1) 2004년 개정

위 유력한 견해가 제시하는 바와 같은 문제의식을 수용하여, 임대차계약 보호를 위한 규정과 같이 대항요건의 구비를 기준으로 지식재산권을 보호하는 것으로 일본 파산법, 회사갱생법을 개정하였다. 2004년 개정된 일본 파산법 제56조 제1항은 '임차권, 기타 사용 및 수익을 목적으로 하는 권리를 설정하는 계약'에 있어서 파산자의 상대방 권리가 '등기, 등록, 기타 제3자에게 대항할 수 있는 요건'을 갖추고 있는 경우에는 쌍방미이행 쌍무계약의 규정이 적용되지 않는다고 규정하고 있고, 민사재생법 제49조, 회사갱생법 제63조가 이를 준용하고 있다.[105] 그리하여 라이선서에 대하여 파산절차가 개시된

103) 金子宏直, "技術ライセンス契約の倒産手続きにおける処理(1)(2)," 民商法雑誌 106巻1号 83면 및 106巻2号 208면; 山本 研, "新破産法におけるライセンス契約の処理とライセンシーの保護," 知的財産ライセンス契約の保護－ライセンサーの破産の場合を中心に, 雄松堂出版(2004), 155면.

104) 김용진, "도산으로부터 라이센스계약 보호 입법," 법조 2015·1(Vol.700), 119－121면; 全國倒産處理辯護士ネットワーク, 論點解說 新破産法(上), 金融財政事情研究會(2005), 97면.

105) 채무자회생법이 제124조 제4항과 제340조 제4항에서 주택임대차보호법 및 상가건물 임대차보호법상 대항요건을 갖춘 임차권의 경우에만 그 적용을 배제하는 점에서 일본의 보호범위가 더 넓다.

경우에는 특허권에 대한 통상실시권(일본 특허법 제99조),[106] 상표권의 통상실시권(일본 상표법 제31조 제4항)을 등록함으로써 제3자에게 대항할 수 있는 경우에 미이행 쌍무계약에 관한 조항인 파산법 제53조 제1항, 제2항의 적용이 배제되었다. 이와 같이 제한적으로 입법을 한 이유는 첫째, 대항요건의 구비가 인정된 권리는 그만큼 보호할 만한 가치가 있는 권리라는 것이 실체법상 명확히 인정된 것이고, 반대로 대항요건이 인정되지 않은 권리를 도산의 단계에서 특별히 보호할 필요는 적고, 둘째, 대항요건을 구비하지 않은 권리는 파산관재인 등이 그것을 매각하면 매수인에게는 대항할 수 없고, 결국 소멸될 수밖에 없는 것이므로 그렇다면 파산관재인 등에게 해제를 인정하는 것이 타당하다는 것이다.[107] 그리하여 대항력 제도가 원래 없는 프로그램저작물 또는 노하우 등에 대하여는 여전히 보호에서 제외되었다.[108]

2) 2011년 일본 특허법 등의 개정-當然對抗要件主義의 도입

이처럼 특허법 등의 개정 없이 '대항요건'을 기준으로 하여 도산법을 개정하는 방식에 대하여 다음과 같은 비판이 있었다. 첫째, 노하우와 같이 그 자체 실정법상 대항요건제도가 마련되어 있지 않은 지식재산권이 존재하고, 둘째, 특허권의 통상실시권 등 대항요건이 존재하더라도 통상실시권자에게는 등록청구권이 인정되지 않기 때문에, 실제 거래에서는 대항요건이 구비되지 않는 경우가 일반적이므로, 파산법 개정방식의 규율로는 라이선시의 보호가 충분하지 않다.

그리하여 2011년 특허법을 개정하여 "통상실시권은 그 발생 후에 그 특허권 등을 취득한 자에 대하여도 그 효력을 갖는다"는 조항을 신설함으로써(특허법 제99조) 특허권의 통상실시권에 대하여 당연대항제도를 채택하였다. 그리고 실용신안권, 의장권에 대하여도 같은 내용으로 개정되었다(일본 실용신안법 제19조 제3항, 일본 의장법 제28조 제3항). 그리고 2021. 6. 2. 일본 저작권법 제63조의2가 신설되어 현재에는 저작권도 당연

106) 2012. 4. 1. 시행된 개정되기 이전의 구 특허법 제99조 제1항은 통상실시권은 등록을 한 때는 특허권 혹은 전용실시권 또는 특허권에 대한 전용실시권을 그 후에 취득한 자에 대하여도 효력이 생긴다고 규정함으로써 한국과 같은 등록대항제도를 채택하고 있었다. 그러나 개정 특허법 제99조는 통상실시권은 발생 후에 특허권, 전용실시권 또는 특허권에 대한 전용실시권을 취득한 자에게도 효력을 가진다고 규정하여 미국식의 당연대항제도를 채택하였다. 따라서 미등록 통상실시권자도 제3자에 대하여 대항력을 갖게 되었다(장원규, "특허권의 약정통상실시권에 대한 도산실체법상의 보호," 회생법학 제24호(2022), 176－180면; 伊藤眞, 會社更生法, 有斐閣(2012), 288면 주 93).

107) 특허권, 실용신안권, 의장권, 상표권에 대하여는 모두 등록이 전용실시권에 관한 효력발생요건으로, 통상실시권에 관하여 대항요건으로 정해져 있었다(일본 특허법 제98조, 제99조, 일본 실용신안법 제18조 제19조, 일본 의장법 제27조, 제28조, 일본 상표법 제30조, 제31조).

108) 山本研, 앞의 글(주 103), 154－155면: 加藤哲夫, 破産法(第五版), 弘文堂(2009), 244면. 유의할 것은 두 책은 2011년 특허법 개정 전의 상황을 설명한 것이다.

대항요건주의를 취하게 되었다. 그러나 상표법에 대하여는 개정이 이루어지지 아니하였으므로 대항요건을 갖추려면 등록이 필요하다(일본 상표법 제31조 제4항).[109] 그리고 노하우에 대하여는 명확한 권리성이 확립되어 있지 아니하므로 대항요건의 개념 자체가 성립하기 어렵다.

일본에서도 도산해지조항에 대하여는 효력은 인정되지 않는다는 것이 유력한 견해다. 그러나 판례는 회사갱생절차에서 동산소유권유보부 매매[110]와 민사재생절차에서 full payout 금융리스의 계약[111]에서 무효라고 판시하였을 뿐 라이선스 계약을 포함한 쌍방미이행 쌍무계약에 관하여 이를 일반화한 판례는 아직 없다.

### 3) 개정 후 지식재산권의 보호

라이선스 계약은 '사용 및 수익을 목적으로 하는 권리(통상실시권)'를 설정하는 계약에 해당하므로, 라이선서에 도산절차 개시결정이 있더라도 라이선스 계약에 제3자 대항요건이 구비되어 있으면, 파산관재인 등은 라이선스 계약을 해제할 수 없게 되었다. 그리하여 라이선시가 가지는 실시권 등은 침해되지 않는 것이 된다.

대항요건을 구비한 경우, 라이선서의 파산관재인은 라이선스 계약에 대하여 쌍방미이행 쌍무계약을 이유로 해제할 수 없다. 따라서 라이선시는 계속하여 라이선스를 사용할 수 있는 대신에 사용료를 지급할 의무를 부담한다.

대항요건을 구비하지 아니한 경우에는 법 개정 전과 마찬가지로 라이선서의 파산관재인은 쌍방미이행 쌍무계약을 이유로 이행 또는 해제를 선택할 있다. 해제되면 라이선스 계약은 종료되면 라이선시는 더 이상 라이선스를 사용할 수 없게 된다. 해제로 인한 손해배상청구권은 파산채권으로 취급될 것이다. 그러면 라이선시에게 커다란 피해를 입게 되고 국가 경제적으로도 손실이 될 수 있으므로 파산관재인의 해제권을 어떻게 제한할 수 있는가에 관하여 과거 골프회원의 파산 사건에서 파산관재인의 해제권 행사가 신의칙에 위반한다고 판시한 最高裁判所 판결을 활용하여 통상실시권의 '부분 해제'의 법리를 발전시키는 논의가 진행되고 있다.[112]

파산관재인이 특허권을 제3자에게 양도한 경우 대항요건을 구비한 경우에 라이선

---

109) 三枝知央, "ライセンス契約," 全國倒産處理辯護士ネットワーク編, 會社更生實務のQ&A 120問, 金融財政事情研究會(2013), 145면.

110) 最高裁判所 昭和57·3·30民集36卷3号484頁(매수인에게 회사갱생절차개시의 신청의 원인이 되는 사실이 발생하는 것을 매매계약해제의 사유로 하는 취지의 특약은 무효이다).

111) 最高裁判所 平成20·12·16民集62卷10号2561頁.

112) 最高裁判所 平成12·2·29民集54卷2号553頁. 이에 관한 상세한 논의는, 심활섭, 앞의 글(주 22), 31-57면.

시는 양수인에 대하여 통상실시권을 대항할 수 있으므로 계속하여 실시권을 행사할 수 있고 양수인은 라이선시에 대하여 사용금지 또는 손해배상을 구할 수 없다. 만일 관재인이 특허권뿐 아니라 라이선스 계약을 포함하여 양도한 경우에도 계약상의 지위가 그대로 승계되는지에 관하여는 부동산임대차와 같이 해석할 것인지에 대하여 찬부 견해가 갈리고 있다. 분쟁을 피하려면 파산관재인이 계약이전에 대하여 라이선시의 승낙을 받아야 한다.

대항요건을 구비하지 아니한 라이선시는 통상실시권을 양수인에게 주장할 수 없다. 그러나 실무상 파산관재인이 라이선스 계약을 제3자에게 양도함에 있어서는 이행을 선택하는 것이 전제로 되어 있으므로 라이선시는 파산재단을 상대로 채무불이행을 원인으로 한 손해배상청구권을 재단채권으로 주장할 수 있다. 이 경우에도 역시 3자간의 합의가 바람직하다.[113)]

4) 포괄적 크로스 라이선스 계약

제품 또는 기술분야를 특정하여 하나의 계약에서 그에 필요한 모든 권리에 대하여 라이선스를 부여하는 계약을 '포괄적 라이선스' 계약이라 한다. 또한 다수의 특허권과 선도기술을 가진 계약 당사자 간에 지식재산권을 개별적으로는 특정하지 않고 특정 제품 또는 기술분야에 필요한 각자가 갖는 지식재산권에 대하여 서로에게 라이선스를 부여하는 계약을 '크로스 라이선스' 계약이라 한다.

포괄적 라이선스 계약의 대항요건 구비 기준은 주요 부분을 구성하는 권리에 대하여 등록이 되었는가를 기준으로 판단한다. 크로스 라이선스 계약에서는 계약의 일체성으로부터 비도산회사가 대항요건을 구비하면 파산관재인이 더 이상 크로스 라이런스 계약에 대하여 해제할 수 없다는 논의가 있었다. 특허법 개정 후에는 당연히 대항요건을 구비한 것이 되므로 논의의 실익이 줄게 되었다.

그러나 포괄적 크로스 라이선스 계약에서 라이선서가 제공하는 여러 종류의 복수의 지식재산권 중 일부에 대하여만 대항요건을 구비한 경우에는 여전히 같은 문제가 남는다. 라이선시가 일부 지식재산권에 대하여 대항요건을 구비한 경우에도, 그것이 '주요한 부분'에 해당하지 않는다고 판단되는 경우에는, 파산법 제53조가 적용되어 파산관재인은 그 선택에 의하여 해제권을 행사할 수 있다. 어떤 지식재산권이 '주요한 부분'에 해당하는지는 계약의 목적, 계약을 체결함에 있어 당사자의 의사, 허락대상인 기술분야, 대상제품 등에 비추어 개별·구체적으로 판단하여야 한다. 또한 계약이 해제된 경우에

113) 三枝知央, 앞의 글(주 109), 146－147면.

는 대항요건을 구비하고 있는 일부 지식재산권에 대하여도 대항요건을 구비하는 기반이 된 계약 자체가 해소된다는 점에서, 계약해제시 실시권 확보제도 등의 입법적 방안이 없는 한, 그 실시권은 인정되지 않는다고 보아야 한다.

크로스 라이선스 계약은 계약 전체로서 대가관계가 인정되어 일체의 계약으로 체결되는 경우와 전체적인 대가관계 없이 상방의 라이선스가 개별적·독립적이어서 단순한 혼합계약으로 체결하는 경우로 구분될 수 있다. 이에 따라 해제 여부와 범위가 달라질 수 있다.

엘피다메모리 사건에서 보듯이 크로스 라이선스의 계약의 당사자는 선도 기업이고 상대방도 유수의 외국 기업이다 보니 라이선스 계약의 준거법이 외국법이고 특허도 외국에 등록하게 되고, 도산해지조항을 두게 마련이다. 그 중 일방에 대하여 회사갱생절차가 개시되면 파산관재인으로서는 크로스 라이선스 계약을 해제할지 여부와 특허권을 둘러싼 갱생채권자의 절차 참가들 둘러싸고 복잡한 법률문제를 야기한다.[114)]

5) 남겨진 문제점

파산관재인이 대항요건을 구비한 라이선스 계약을 해제하지 못한다는 것은 결국 이행을 선택한 것과 같으므로,[115)] 파산관재인이 계속하여 사용을 허락할 의무와 라이선스 계약상의 여러 의무(가령 원재료공급의무, 정보제공의무, 프로그램의 경우 버전을 업그레이드하는 의무 등)를 부담한다. 그리고 이를 이행하지 못하는 경우에는 라이선시는 파산재단에 대하여 재단채권으로 주장할 수 있다. 그러나 현실적으로 파산한 회사(갱생회사도 비슷한 처지이다)의 인력이 대부분 사직하여 업그레이드 의무를 수행하는 것이 불가능하다.[116)] 그럼에도 불구하고 의무 위반을 이유로 거액의 손해배상청구권을 재단채권으로 취급하는 것은 파산재단에 부담이 된다.

이러한 문제는 지식재산권의 내용마다 다르다. 상표권은 상표만 사용하면 되므로 버전업의 문제는 발생하지 않지만 컴퓨터를 기반으로 한 소프트웨어나 제조방법에 관한 특허의 실시의 경우에는 중요한 문제이다. 따라서 특허, 저작권 등 그 내용을 구별하지 않은 채 모든 지식재산권에 대하여 일률적으로 이행선택으로 처리하는 것의 당부에 대하여 논의가 있다. 특히 회생회사와 관련하여 관리인이 스스로 이행선택을 한 것이 아니라 법에 의하여 이행선택이 강제된 점과 회사의 사업의 계속 여부를 고려하여야 하

---

114) 小林信明·松井 衡·鐘ケ江洋祐·松永 崇, "エルピーダメモリの知的財産権をめぐる諸問題," NBL. No.1023(2014), 47－55면.

115) 伊藤眞·松下淳一·山本和彦 編集, 新破産法の基本構造と實務, ジュリスト增刊号, 有斐閣(2007), 305면(山本和己 발언).

116) 이러한 불합리성에 관하여는 심활섭, 앞의 글(주 22), 44－45면.

는 관리인의 입장을 고려할 때, 회생회사가 라이선스를 계속하여 사용하도록 하는 의무를 부담하지만 이행이 불가능한 다른 부수적인 의무로부터 해방이 필요하다는 인식을 배경으로 한 논의가 활발하다.

부분 해제에 관한 논의의 요점은 도산한 라이선스의 부담을 경감하기 위하여, 파산관재인의 해제권 행사가 신의칙에 위반할 수 있다는 최고재판소 판결을 근거로 삼아 특허권에 관한 통상실시권의 대항력은 설정행위로 정한 범위에 한정되므로 그 이외의 범위, 예컨대, 원재료공급의무, 정보 제공의무, 특허유지의무, 서브라이선스, 독점적 라이선스에 관하여는 해제권의 대상이 될 수 있다는 취지이다.[117]

## 4. 미국 연방파산법에서 라이선스 계약

### (1) 지식재산권과 연방파산법의 충돌

#### 1) 지식재산권 침해행위와 파산채권의 해당성

§ 101(5)는 파산채권에 관한 정의 규정이다. 파산법 교과서에서 환경법상의 오염물 제거의무와 경쟁법상의 경쟁하지 아니하기로 하는 의무(not to compete)를 구하는 권리가 파산채권에 해당하는지가 자주 논의된다.[118]

먼저 환경법의 쟁점에 대하여 본다. 채무자가 매도한 토지가 유독성 물질로 오염된 경우, 州의 환경법에 의하여 환경보호국은 채무자에게 오염물질의 제거를 명할 수 있다. 만일 非破産法(non bankruptcy law)에 기하여 채무자를 대신하여 오염물질을 제거한 환경보호국이 채무자에게 제거비용을 납부할 것을 요청할 권리가 있다면, 환경보호국의 채무자에 대한 권리는 파산법상의 채권으로 취급될 수 있다. 그러나 만일 규제당국이 특정행위의 수행을 명할 권리만 갖고 있다면 파산채권이 아니다.[119]

또한 프랜차이즈 업자는 가맹점주가 영업의 비밀을 습득한 뒤 프랜차이즈 계약을 취소한 후 다른 이름으로 같은 사업을 여는 것을 금지하는 조항을 두기 마련이다. 이러한 약정에 기하여 프랜차이즈 업자는 가맹점주에 대하여 경쟁의 금지를 요청할 수 있다. 대부분의 법원은 가맹점주가 파산하더라도 경업금지 약정에서 해방될 수 없다고 본다. 채무자의 금지행위를 구하는 프랜차이즈 업자의 권리는 파산채권이 아니므로 면책의 대상이 아니다.[120] 왜냐하면 형평법상의 구제수단은 영업비밀과 재산권을 보호하는

117) 부분 해제의 범위에 관하여는 심활섭, 앞의 글(주 22), 51－55면.
118) 김관기 역, Douglas Baird, 미국 파산법개론, 博英社(2016), 110－111면.
119) United States v. Apex Oil Co., 579 F.3d 734 (7th Cir. 2009).
120) Kennedy v. Pharmacies, Inc., 267 F.3d 496 (6th Cir. 2001).

것이며 채무불이행에 대한 배상을 명하는 것이 아니므로 § 101(5)(B)의 청구권에 해당하지 아니한다.[121]

2) 파산자에 의한 지식재산권의 침해 - 관리비용의 해당성

파산신청[122] 후 파산재단과 통상의 거래를 하는 과정에서 실제로 발생한 필요 비용은 § 503의 관리비용에 해당하고, 부양료청구권 다음으로 배당의 우선순위를 가진다. 관리비용은 파산재단을 관리 유지하는 필요한 비용으로서 대표적으로 파산재단이 구입한 물품, 전기료, 차임 등이다. 연방대법원은 파산신청 후 파산재단의 적법한 행위뿐 아니라 파산신청을 한 회사의 채무불이행, 불법행위로 인한 채권도 § 503 소정의 파산재단 유지에 필요한 비용으로 해석하고 있다.[123]

파산신청 후에도 채무자가 계속하여 타인의 특허권을 침해하는 행위를 하였다면 이로 인하여 상대방이 갖는 채권은 관리비용에 해당하고, 이에 관하여는 계획이 정한 바에 따라 변제를 받지만 대부분의 계획은 전액 변제를 내용으로 하고 있다. 실무상 관리비용에 대하여는 변제기한을 두기도 하지만, 기한을 두지 않는 경우에는 재건된 회사가 파산사건 종결 후에 채무를 인수하는 조항을 둔다.

관리비용도 파산채권이지만 반드시 채권자가 신고하여야 하는 것은 아니다. 따라서 계획에 회사가 관리비용을 변제한다는 문구를 둘 수 있으므로 채무자가 관리비용으로부터 면책이 되는지 여부는 궁극적으로 계획의 내용에 따라 결정된다.[124]

3) 특허권 침해를 이유로 한 청구권의 면책 여부

연방항소법원은 자연인의 면책 후 파산자에 의한 새로운 특허권 침해행위로 인한 손해배상청구권은 비면책채권임을 분명히 하였다.[125] 법원은 파산신청은 기존에 제기된 소송절차 중 파산신청 전에 발생한 소송원인에 기한 것을 중지할 수 있을 뿐, 이미 제기된 소송이 무효로 되는 것은 아니라고 전제한 후, 개별적인 특허권 침해행위마다 새로운 소송원인이 되는 것이므로 파산자가 면책 후에 새로이 원고(채권자)의 채권을 침

---

121) 이와 달리 권창환, 앞의 글(주 4), 390면은 "경업금지조항에 기한 부작위 청구권(negative injunction)은 § 101(5)(B)에 따라 청구권(claim)으로 분류되어 § 502(c)에 따라 파산채권으로 인정된 뒤 면책의 대상이 된다."고 기술하고 있다.

122) 채무자의 파산신청을 전제로 설명한다.

123) Reading Co. v. Brown, 391 U.S. 471, 485 (1968). 관리인의 불법행위로 인한 채권을 공익채권으로 보는 대법원 2005. 11. 10. 선고 2003다66066 판결(공 2005, 1939)과 같은 취지이다.

124) § 1141(d)(1)(A)가 계획에서 달리 규정한 경우를 제외하고 계획의 인가는 채무자를 인가일 이전에 발생한 모든 채무로부터 면책시킨다는 규정을 두고 있으므로 계획에 달리 규정을 둘 수 있기 때문이다. Cardon Doors & Windows, Inc. v. Eagle-Picher Industries, Inc. (In re Eagle-Picher Indus.) 447 F.3d 461 (6th Cir. 2006).

125) Hazelquist v. Guchi Moochie Tackle Co. 437 F.3d 1178 (Fed. Cir. 2006).

해하고 있다면 이는 자동중지의 대상이 되는 소송이 아니므로 면책의 효력이 인정하는 영구적인 금지명령(permanent injunction)의 효력이 미치지 아니한다. 따라서 면책결정이 파산자를 면책 후의 특허권 침해행위로부터 보호하여 주는 것은 아니라고 판시하였다.

또한 연방파산법에 의하면 고의로 불법행위를 범하여 타인에게 손해를 입힌 경우 타인의 손해배상청구권은 비면책채권으로 취급한다.126) 따라서 파산자가 파산신청 전부터 타인의 특허권을 고의로 침해하였다면 파산신청 전에 발생한 부분은 비면책파산채권으로 취급되고, 면책 후 발생한 부분은 파산절차와 무관하게 파산자가 인적책임을 부담한다.

4) 라이선시의 사용권한과 자동중지의 대상 여부

라이선서가 파산신청을 하면 연방파산법에 의한 자동중지의 효과에 따라 신청과 동시에 파산재단에 속하는 재산 또는 파산자를 상대로 한 소송, 집행행위 등은 중지된다. 라이선시가 파산신청 전의 라이선스 계약에 기하여 라이선서의 소프트웨어를 계속하여 실시하는 것은 파산재단에 속하는 재산에 대한 권리행사가 아니므로 자동중지의 대상이 되지 아니한다.127) 법원은 라이선시의 실시행위는 파산신청 시점에서 라이선시가 자신이 점유하고 있는 재산을 이용하는 것에 불과하다고 보았다.

5) 라이선스의 등록과 부인권

파산관재인은 동산 또는 부동산의 담보권자가 대항요건을 완성하지 못하고 있는 중에 담보설정자인 채무자가 파산신청을 하면 늦게 이루어진 담보권의 대항요건을 부인할 수 있다(§ 544(a) 이른바 Strong－Arm 조항).128) 라이선시가 특허권 등의 실시계약에 기한 권리를 등록하지 아니한 것이 마치 담보권자의 대항요건 미완성을 이유로 보아 파산관재인이 부인할 수 있는가에 관하여 견해가 나뉘어져 있다. 긍정설에 의하면 미이행 계약에 의한 법리를 적용할 것 없이 부인권행사로 라이선시의 권리가 소멸할 것이다. 그러나 법원은 위 조항에 기하여 파산관재인이 특허권의 양도 또는 담보권 설정에 대한 부인권 행사를 허용할 수 없다고 판시하였다. 왜냐하면 미국 연방특허법 § 261에서 등록되지 아니한 특허는 선의의 매수인 또는 담보권자에 대하여 대항할 수 없다고 되어 있으나 여기서 말하는 담보권자는 Strong－Arm 조항을 주장하는 가상의 담보권자인 파산관재인은 포함하지 아니한다고 보고 있기 때문이다.129)

---

126) § 523(a)(6).

127) U.S. v. Inslaw, Inc. 932 F.2d 1467 (D.C. Cir. 1991).

128) 林治龍, "美國 破産法의 Strong－Arm 條項과 偏頗行爲에 관한 硏究 － 채무자회생법과의 비교 －," 파산법연구 5, 博英社(2020), 107－139면.

129) 곽충목, "도산에서의 특허 라이센시 보호법제에 관한 소고 － 미국 법제를 중심으로," 비교사법 제

라이선서가 파산신청일로부터 소급하여 1년 이내에 채무초과 상태에서 기존의 채권자에게 라이선스설정계약을 통하여 라이선시의 지위를 부여하는 것이 § 547의 편파변제로서 부인권의 대상이 되는지도 문제될 수는 있다. 그러나 이것은 이론상의 문제에 불과하고 채권자가 라이선시가 되는 경우가 드물고 라이선스 계약에 따른 사용료가 지급되면 편파행위의 여러 예외사유(동시교환적 행위 등)에 해당할 것이 대부분이다.

(2) 연방파산법에서 미이행 계약의 법리

1) 이행거절의 개념

지식재산권의 라이선스계약은 전형적인 미이행 계약이다. 라이선서가 부담하는 주요한 의무는 라이선시에 대하여 특허침해를 이유로 소송을 제기하지 아니하는 것이고, 라이선시가 부담하는 의무는 사용료의 지급이다.[130] 미이행 계약에 관하여 채무자 또는 파산관재인은 이행을 인수하거나 이행, 이행 후 양도 또는 이행의 거절을 선택할 권한이 있다. 이미 계약이 파산절차 개시 전에 종료된 경우에는 미이행 계약의 법리가 적용될 수 없다.

한국과 일본은 유책당사자인 파산자의 파산관재인에게 계약의 해제권을 인정하고 있다. 이는 계약법의 일반원칙에 반한다. 이에 반하여 미국과 독일은 파산관재인에게 계약의 해제권은 인정하지 아니하고 이행거절권만을 부여하고 있다. 그러나 미국에서도 이행거절의 효과가 무엇인지 명백하지 않았다. 오죽하면 1985년 연방항소심의 Lubrizol 판결(특허에 관한 제11장 사건)[131]부터 2019년 연방대법원의 Tempnology 판결(상표에 관한 제11장 사건)[132]까지 무려 34년 동안 이 문제에 관하여 법원마다 견해가 나뉘어 있었으며 두 사건 모두 이행거절의 효과에 관하여 하급심과 상급심의 견해가 달랐다. 심지어 학자가 이 법리를 오해한 판결만 모아서 분석한 글이 연방대법원에서 인용될 정도였다.[133] Tempnology 판결이 선고되기 전까지 일부 파산법원은 파산관재인이 이행거절을

21권 2호(통권65호)(2014), 881면.

130) Lubrizol Enterprises, Inc. v. Richmond Metal Finishers, Inc., 756 F.2d 1043, 1046 (4th Cir. 1985), cert denied 106 S.Ct 1285 (1986).

131) Richmond 회사는 Lubrizol에게 금속도장기술을 사용할 수 있도록 하는 비독점적 라이선스 계약을 체결하였다. Richmond는 Lubrizol에게 준 最惠使用許與 조항을 파기하기 위하여 1983년 제11장 파산신청을 하고 더 좋은 조건으로 기술을 판매하기 위하여 계약의 이행을 거절하였다. 항소심은 위 계약이 미이행 계약이라고 판시하면서 Lubrizol은 손해배상만 청구할 수 있을 뿐 비록 계약서에 라이선서의 계약위반의 경우에 라이선시가 기술을 계속 사용할 수 있도록 약정하였다고 하더라도 Richimond에게 이익이 된다는 이유로 라이선서의 파산절차에서는 파산자에게 청구할 수 없다고 판시하였다.

132) Mission Product Holdings, Inc. v. Tempnology, LLC. 139 S. Ct. 1652 (2019). 이 판결에 대한 해설로는 Eric Goodman, Ferve Kahn, Tempnology: Trademark License Rejection in Chapter 11, ABI Journal 12－13 (August 2019).

통하여 상대방이 갖는 사용권한을 박탈할 수 있는 것으로 이해하고 있었다.[134] 위 2건의 사건에서도 채무자가 파산신청을 한 주된 이유가 특허(Lubrizol)와 상표(Tempnology)에 관한 각 라이선스 계약의 이행거절을 통하여 상대방의 사용권을 상실시키려는 것이었다. Lubrizol 사건에서 파산관재인이 그 목적을 달성하였고, Tempnology 사건에서도 파산법원과 항소법원에서는 목적을 달성하였으나, 대법원에서 패소하는 바람에 달성하지 못하였다.

만일 파산관재인이 이행을 거절하면 파산신청 직전에 계약을 위반한 것이 되므로,[135] 그로 인한 상대방의 손해배상청구권은 파산채권이 된다. 또한 § 365(e)(1)은 채무자의 도산, 재무 조건, 파산 사건의 개시 또는 파산관재인의 임명 사실을 근거로 미이행 계약을 종료, 수정할 수 있는 계약의 조항(ipso facto clause)은 무효로 한다고 규정하고 있다.

미국에서는 이행거절의 효과에 대한 논의가 있으나 한국 실무가에게는 익숙하지 않다. 판례에 의하면, 이행거절로 인하여 계약이 종료하는 것은 아니고 계약위반 사유에 불과하다. 라이선서의 이행거절로 인하여 상대방의 사용권이 종료하는가 하는 점에 대하여는 파산법원, 항소법원마다 견해가 일치하지 않았고 판결이 파기되기는 일이 잦았다. 그런데 상표권의 라이선서가 파산한 Tempnology 사건에서 연방대법원은 2019년 이행거절이 상대방 라이선시의 권리를 취소시키는 권한까지 부여하는 것이 아니라고 확정지었다.

### 2) 이행의 인수 또는 이행인수 및 계약양도

§ 365는 미이행 계약에 관하여 규정하고 있다. 이에 의하면 파산관재인은 법원의 허가를 얻어 미이행 계약 또는 만료되지 아니한 임대차계약을 인수하거나 거절할 수 있다. § 365(b)(1)에 의하면 만약 파산신청 전에 이미 계약의 위반이 있었다면 파산관재인은 계약 위반을 치유하거나 치유할 것이라는 확약을 제공하거나, 또는 이미 발생한 손해를 배상하거나 배상할 것이라는 확약을 제공하고, 장래이행에 대한 적절한 확약을 제공하여야 미이행 계약을 인수할 수 있다. 이 점에서 한국의 채무자회생법이 법원 허가 없이 그리고 기존의 이행 지체 책임에 대한 언급 없이 관리인이 이행을 선택할 수 있다는 점과 다르다.

---

133) Andrew, Executory Contracts in Bankruptcy, 59 U. Colo. L. Rev. 845, 903, n. 200 (1988).

134) In re HQ Global Holdings, Inc, 290 BR 507 (Bankr D Del 2003). Michelle M. Harner and David A. Beck, Sublicensing from a Distressed Company Are you Placing Your Future in the Debtors Hands, ABI Journal Vol XXV, No. 9, 42 (November 2006).

135) § 365(g).

계약이 인수된 경우 상대방의 채권은 § 503의 관리비용으로서 우선권이 인정된다. 연방파산법은 채무자회생법과 달리 미이행 계약을 채무자가 인수한 후에야 비로소 이를 양도할 수 있도록 규정하고 있다. 따라서 채무자가 계약을 인수만 하는 것은 가능하지만 인수 없이 계약을 양도할 수는 없다.

### (3) 미국 연방파산법에서 지식재산권에 관한 라이선스 계약의 특칙 - 연방파산법 § 365(n)(1)[136]

#### 1) 독점적 라이선스와 비독점적 라이선스

연방파산법은 조문상으로는 독점적 라이선스와 비독점적 라이선스를 구별하지 않는다. 그러나 미이행 계약을 인수할 수 있느냐의 여부는 非破産法에 기하여 인수 후 계약상의 지위를 제3자에게 양도할 수 있느냐 여부에 따라 결정된다. 그리고 비파산법상 라이선스 계약의 양도 여부는 라이선스가 독점적이냐 비독점적이냐에 따라 달라지게 된다. 결국 어떠한 지식재산권이 양도가능한가의 여부는 非破産法과 계약의 내용에 따라 달라지게 된다.

먼저 특허권에 관하여 본다. 법원은, 비록 독점적 라이선스가 비독점적 라이선스에 비하여 많은 권리를 라이선시에게 설정하지만 독점적 라이선스도 인적청구권이므로 특허의 라이선서는 라이선시를 확정할 권리가 있고, 따라서 독점적 라이선시가 파산한 경우라도 라이선시는 라이선서의 동의 없이는 라이선스 권리를 양도할 수 없다고 보았다.[137]

다음으로 저작권에 관하여 보면, 어느 파산법원은 저작권의 독점적 라이선스는 라이선스 계약의 범위 내에서 저작권자가 갖는 모든 권리와 보호가 부여된다는 저작권법을 근거로 저작권의 독점적 라이선스는 인적계약이 아니므로 채무자인 라이선시가 양도할 수 있다고 보았다.[138] 이에 반하여 연방항소법원은 라이선서의 동의 없이는 라이선시가 양도할 수 없다고 보았다.[139]

끝으로 상표권에 관하여 보면, 상표권의 독점적 라이선시가 라이선서의 동의 없이도 라이선스 권리를 양도할 수 있는가에 관하여는 지금까지 보고된 판례가 없다. 상표

---

136) § 365(n)에 관한 설명으로 김선정, "지적재산권 소유자의 파산과 실시(사용)권자의 보호 - 미국과 일본의 입법례를 중심으로 -," 비교사법 제12권 제4호, 한국비교사법학회(2005), 632-638면.

137) In re Hernandez 285 BR 435, 439-440 (Bankr D Ariz 2002). (1)항에서 인용하는 미국 판례는 모두 John W Holcomb · Lynda Zadra-Symes, "United States," Licenses and Insolvency Globe Law and Business 301, 295-313 (2014)에서 재인용한 것이다.

138) In re Patient Educ Media, Inc 2010 BR 237, 240 (Bankr SDNY 1997); In re Golden Books Family Entm't, Inc 269 BR 311, 319 (Bankr D Del 2001).

139) Gardner v. Nike, Inc 279 F.3d 774 (9th Cir. 2002).

권이 다른 지식재산권에 비하여 상표와 관련된 라이선서의 영업권이 연결되어 있는 등 개인적인 성격이 강한 점을 고려하면 비독점적 라이선스뿐 아니라 독점적 라이선스도 라이선서의 동의 없이는 파산자인 라이선시가 권리를 양도할 수 없다고 보는 것이 논리적이다.[140]

2) 라이선서의 파산

(가) § 365(n)(1)의 입법 경위[141]

§ 365(n)(1)은 라이선서가 파산한 경우 라이선시를 보호하는 미이행 계약의 일반원칙에 관한 특칙이다. 이에 반하여 라이선시가 파산한 경우에 관하여는 특칙이 없으므로 미이행 계약의 일반원칙이 적용된다. 파산절차에서는 계약 상대방의 동의가 없더라도 파산관재인은 미이행 계약을 인수하고 이를 제3자에게 양도할 수 있다.

그러나 이러한 원칙에 대한 예외가 § 365(c)(1)이다. 예외에 해당하면 파산관재인이 미이행 계약의 인수 또는 인수 후 양도를 할 수 없다(계약의 인수가 금지되면 계약의 양도는 당연히 금지된다).[142] § 365(c)(1)는 아래 두 가지의 요건을 갖춘 경우 파산관재인의 인수 또는 인수 후 양도를 금지하고 있다. 비파산법에 기하여 계약 상대방은 (i) 채무자가 아닌 제3자에 의한 이행의 수령을 거절하거나 또는 제3자에 대한 이행을 거절할 수 있고, (ii) 계약 상대방이 양도에 동의하지 않는 경우이다. 다만 이에 해당되기 위해서는 상대방의 동의가 없는 경우 양도를 금지한다는 취지의 명시적인 법령이 존재할 것을 요한다.

이를 풀이하면, 상대방이 인수 또는 인수 후 양도에 동의하면 적용가능한 비파산법(예, 계약에 관한 보통법, 제정법률 등이다)에 관계없이 파산관재인이 미이행 계약을 양도할 수 있다. 상대방이 부동의하더라도 적용가능한 비파산법이 상대방으로 하여금 제3자에 대한 이행을 하게 하거나 제3자로부터 이행을 수령하도록 명한 경우에는 파산관재인이 계약의 인수, 인수 후 양도를 할 수 있다. 지식재산권과 관련하여 연방법원은 일반적으로 특허 등 대부분의 비독점적인 라이선스 계약은 라이선서의 명시적인 동의 없이는 법률상 양도가 불가능하다고 판시하고 있다.

---

140) Holcomb and Zadra-Symes, *supra* note 137, at 303.

141) 미국의 지식재산권과 미이행 계약에 관하여는 이은재, "한국과 미국의 회생절차에서의 미이행쌍무계약에 대한 비교," 사법 35호(2016), 263-297면; 곽충목, 앞의 글(주 129), 865-904면. 후자는 상표권에 관한 Tempnology 판결 이전의 상황을 기술한 글이다.

142) 대표적인 예로서, 자동차판매 프랜차이스 계약서에 자동차 딜러는 프랜차이저의 승낙 없이 차를 제3자에게 양도할 수 없다는 조항을 두면, 딜러가 파산신청을 하더라도 차를 제3자에게 매각할 수 없다(David G. Epstein, Bankruptcy and Related Law in a Nutshell 9th Ed 227 (West 2017)).

라이선스 계약은 연방파산법의 미이행 계약에 해당한다.[143] 사용료를 선지급한 라이선스 계약에서도 계약에서 정한 비밀유지의무, 소송고지 의무, 지식재산권을 침해하는 타인에 관한 고지의무 또는 생산제품에 특허 표시를 하여야 할 의무 등은 라이선스 계약을 미이행 계약으로 취급하는 의무에 속한다.[144]

원칙적으로 § 365(n)(1)이 라이선스 계약에 적용되려면, 파산신청 당시 쌍방미이행의 상태에 있어야 하지만, 법원은 일반적으로 쌍방미이행의 요건에 대하여 엄격하게 따지지 않고 라이선스 계약에 대하여 특칙을 적용하고 있다.[145]

미국에서도 1988년 연방파산법 개정 전에는 라이선시를 위한 보호제도가 없었다. Lubrizol 판결은 많은 비판을 받았으며 연방의회는 이 판결을 폐기하려고 § 365(n)(1)을 새로이 추가함으로써 라이선시를 보호하였다.[146] 연방상원은 명시적으로 라이선서가 파산하더라도 라이선시가 계속하여 사용권을 보유하도록 함으로써 미국의 기술발전에 부담을 주지 않도록 하는 것이라고 입법목적을 밝혔다.[147] § 365(n)(1)에서 지식재산권에 관하여 자세한 규정을 두고 있다. 단, 상표는 연방파산법에 포함되어 있지 않아서 상표의 라이선서가 파산하는 경우 라이선시를 어떻게 보호하는가 하는 점은 논의가 더 복잡하다. Tempnology 판결에 의하여 일부 쟁점이 해결되었을 뿐이다. 아래에서 동조가 입법되기까지의 경위에 관하여 본다.

(나) § 365(n)(1)의 내용

미이행 계약의 원칙은 파산관재인으로 하여금 계약의 이행, 이행 및 양도 또는 거절할 수 있는 권한을 주는 것이다. 그런데 § 365(n)(1)는 원칙에 대한 예외로서 라이선서가 파산하여 파산관재인이 이행을 거절한 경우 오히려 상대방인 라이선시에게 파산관재인의 이행거절을 수락할 것인지, 아니면 계약에 기하여 계속하여 이행을 계속할 것인지의 선택권을 부여하고 있다. 동조가 라이선스 계약이 미이행 계약이라는 이유로 파산관재인에게 이행거절권을 부여하는 점을 제외하고, 라이선서의 파산이 라이선스 계약의 효력, 집행가능성, 종료에 영향을 미치지 아니한다. 동조는 영업비밀, 특허, 식물신품종(plant varieties)과 저작권에 대하여 적용되며 상호, 상표 및 라이선스와 관련된 용역제

143) Spindelfabrik Suessen－Schurr Stahlecker & Grill, Gmbh v. Schubert & Salzwer Maschinenfabrik AG 829 F2d 1075, 1081 (Fed Cir. 1987).

144) Holcomb and Zadra－Symes, *supra* note 137, at 300.

145) O'Melvery & Myers LLP, "IP lincences and bankruptcy," The Americans Restructuring and Insolvency Guide 161 (2008/2009).

146) 법의 명칭은 Intellectual Property Bankruptcy Protection Act이다.

147) S. Rep. No. 100－505 at 1. Jaffe v. Samsung Elecs Co, Ltd 737 F.3d 14, 32 (4th Cir. 2013)에서 재인용.

공(servicing arrangement) 계약에는 적용되지 아니한다.

(a) 라이선서의 파산관재인이 라이선스 계약의 이행을 거절한 경우

파산관재인이 라이선스 계약의 이행을 거절하였다고 하여 즉시 라이선시의 사용권한이 종료하는 것은 아니다. 이 경우 § 365(n)(1)은 라이선시에게 두 가지 선택권을 준다. 동조 (A)항에 의하여 라이선시는 계약상 또는 비파산법에 의하여 라이선스 계약이 종료된 것으로 보고 채무불이행으로 인한 손해배상을 청구하거나 동조 (B)항에 의하여 이행거절된 라이선스 계약상의 권리를 보유할 것을 선택할 수 있다. 파산법에는 명시적인 규정은 없으나 법원은 점차로 라이선시로 하여금 양자 택일을 선택할 기한을 채무자가 신청한 이행거절 신청에 대한 승인명령 시에 부과하고 있다.[148)]

(B)항을 선택하면, 라이선시는 원계약기간 및 법령이 연장하는 기간 동안 라이선스 계약 또는 보충계약상의 권리를 보유할 수 있다.[149)] 따라서 계약서에 라이선시에게 연장권한이 있다면 라이선시는 계약을 연장할 수 있다. 단 계약의 독점권 조항을 집행할 권리만 인정되고 비도산법에 의하여 계약상 본래의 급부에 대한 특정이행을 집행할 권리는 배제된다. 즉 특허권자를 상대로 특허권을 유지하는 데 필요한 행위, 제3자의 침해를 배제하는 행위, 서비스 제공, 연구개발행위의 이행을 구할 수는 없다.[150)] 라이선서는 권리사용권을 허락하여야 하고, 라이선시는 그 대가로 사용료를 지불하여야 한다.[151)]

그러나 라이선시는 라이선스 계약과 관련하여 이행거절로 인하여 취득한 손해배상채권으로 자신이 파산재단에 대하여 부담하는 채무와 상계하는 권한과 라이선스 계약(크로스라이선스 계약을 포함)의 이행과 관련하여 발생하는 관리비용의 우선권을 포기하여야 하는 부담을 진다(§ 365(n)(2)). 다만 § 365(n)(2)는 명시적으로 상계를 배제하고 있으나 공제(recoupment)도 배제되는지는 언급이 없다. 그리하여 라이선시가 이미 지급한 거액의 선금을 파산절차에서 반환받기 위하여 이를 상계가 아닌 공제로 주장할 수 있는지에 대하여 논의가 있다. 동조에서 라이선시의 손해배상청구권은 상계권이 배제된 무담보 파산채권으로 취급될 뿐이다.[152)] 상계권이 포기됨으로써 라이선서는 계속하여 사

---

148) O'Melvery & Myers LLP, *supra* note 145, at 161.

149) 실무상 라이선시는 비록 라이선서의 파산관재인이 이행거절을 선택하더라도 자동적으로 지식재산권을 계속하여 행사하기를 선택하고 계약에 기한 각종 문서와 지식재산권을 이용하여 완성한 물건(embodiment)의 인도를 요구한다.

150) 福岡眞之介, アメリカ連邦倒産法概說 第2版, 商事法務(2010), 453면.

151) 사용료에는 사용에 대가로서 정기적인 지불 외에 일시불을 포함한다(Prize Frize, 150 BR 456 (BAP 9th Cir 1993) at 459).

152) § 365(g)(1).

용료를 상계당하지 않고 수령할 수 있다.

(b) Lubrizol(1985)로부터 Tempnology(2019)까지 **판례의 변천**[153]

Lubrizol 판결은 § 365(n)(1)이 개정되기 이전의 특허권에 관한 것이다. 그 요지는 특허권의 라이선스 계약은 미이행 계약이고, 파산관재인은 이행거절할 수 있고, 이행거절이 되면 라이선시는 더 이상 라이선스 계약에 기하여 특허권을 사용할 수 없다는 것이다. 이 판결에 대하여는 당시의 파산법하에서는 정당한 법의 해석이었다고 평가하는 견해도 있고,[154] 잘못이라는 판결(아래 Sunbeam 판결)도 있었다. 연방의회는 이 판결을 폐기하고 라이선시를 보호하는 방안으로 § 365(n)(1)을 삽입하였다.

그러나 § 365(n)(1)에서 보호되는 지식재산권에는 상표권이 누락되어 상표권에 관한 라이선스 계약도 위 조항에 의하여 보호될 수 있는가에 관하여 계속하여 논란이 분분하였다. 이를 다룬 판결이 2012년의 제7연방항소지구의 Sunbeam 판결이다.[155] 연방항소법원은 § 365(n)과 § 101(35A)[156]는 이행거절 이후에도 라이선시가 계속하여 특허에 관한 사용권을 보유하는지에 관하여 답을 주지 않고 있다고 보았다. 계약법의 원칙으로 돌아가 라이선서의 계약불이행이 라이선시의 사용권한을 종료시키는 것은 아니라는 점을 강조한 후 파산법 밖에서 Lakewood는 자신의 채무를 불이행함으로써 CAM이 송품기를 판매하는 것을 종료시킬 수는 없다. § 365(g)가 이행거절을 계약의 불이행으로 규정한 것은 파산에서도 비파산법의 경우와 마찬가지로 상대방의 지위를 변경시키지 않고 그대로 두는 것을 말한다. 이행을 거절한다는 것은 상대방에게 금전채무가 아닌 특정채무의 이행의무에서 벗어난다는 것이고 상대방은 이로 인하여 파산채권으로서 손해배상청구권을 갖는다. 이상의 이유로 판결은 Lubrizol 판결이 잘못되었다고 명시적으로 선언하였다. 이와 같이 상표권에 관하여 파산관재인이 이행을 선택한 후에도 라이선시가 계속하여 사용권한을 보유하는지 아니면 사용권한을 상실하는지에 관하여 하급

---

153) 판례의 변천과 소개로는 권창환, 앞의 글(주 4), 391-401면.

154) Holcomb and Zadra-Symes, *supra* note 137, at 304.

155) Sunbeam Products, Inc. v. Chicago American Manufacturing, 686 F.3D 372 (7th Cir. 2012). cert denied, 133 S.Ct. 790(2012). Lakewood사는 Chicago American Manufacturing(CAM)과 사각송풍기의 특허와 상표권에 관한 라이선스 계약을 체결하였다. Lakewood사에 대하여 채권자들이 파산신청을 하여 법원이 파산선고를 하고 파산관재인을 임명한 바, 파산관재인은 특허권과 상표권을 Sunbeam에게 매각하고 라이선스 계약에 대하여 이행을 거절하였다. 그런데 상대방 CAM이 이행거절 후에도 계속하여 송풍기를 제조, 판매하자 매수인인 Sunbeam이 소송을 제기하였다.

156) 동 조항은 파산재단에 속하는 재산으로 지식재산권에 대하여 파산법이 아닌 관련 법률에 의하여 보호받는 영업비밀, 발명, 디자인, 특허신청, 신식물품종, 저작권, 반도체회로 패턴 등이라고 정의하고 있다. 그 외 상표 및 서비스표는 파산법의 정의 규정에 포함되어 있지 않지만 파산재단에 속하는 재산에 포함됨은 다툼이 없다.

심의 입장이 갈라진 상태에서 연방대법원이 이를 정리할 것이라고 예상되었다. 드디어 2019년 연방대법원은 Tempnology 사건(제11장)에서 Sunbeam 판결을 지지하였다. 그러나 Sotomayor 대법관의 보충의견이 적절히 지적하듯이 이 판결에 의하더라도 특허권과 상표권에 관한 법조문의 차이로 인하여 상계의 허용 여부와 관리비용에 관한 차이가 남게 되어 여전히 상표권과 특허권의 차이가 남게 되었다. 이 점은 결국 연방파산법 개정으로 해결할 문제이다. 위 판결의 내용에 대하여는 후술한다.

(c) 라이선서의 파산관재인이 라이선스 계약의 이행을 선택한 경우

이 점은 통상의 미이행 계약의 법리와 같다. 즉 파산관재인은 만일 라이선서측에서 이행지체 등이 이미 발생한 상태라면 미이행한 부분의 이행 등 그 부분을 치유하고, 손해배상을 하고, 장래이행의 확보를 적절하게 보증하여야 한다. 인수한다는 것은 양도를 전제로 하는 것이므로 라이선스 계약의 내용이 대인적(personal)인 성질이 아니어야 한다. 즉 다른 비파산법에 의하여 라이선시가 채무자 라이선서 이외에 자로부터 이행의 수령을 거절할 수 있는 것이 아니어야 한다(§ 365(c)(1)). 인적용역의 급부를 대상으로 하는 계약은 성질상 양도나 위임이 금지된다. 그러나 대부분의 지식재산권에 관한 법률은 라이선서가 자신의 권리를 제3자에게 양도하는 것을 금지하지 않고 있으므로 라이선서가 파산하여 라이선스 계약을 인수함에 있어서는 복잡한 법률문제가 발생하지 않는다.[157]

3) 라이선시의 파산

라이선시가 파산하더라도, 앞에서 본 미이행 계약의 법리에 따르는 외에, 라이선스 계약의 효력, 집행가능성, 종료 등에 영향을 미치지 아니함은 라이선서가 파산한 경우와 같다.[158] 라이선시가 파산한 경우에는 § 363(n)과 같은 특별한 보호조항이 없으므로 미이행 계약에 관한 법리가 그대로 적용된다.

(가) 라이선시의 파산관재인이 이행을 거절하는 경우

파산관재인이 라이선스 계약의 이행을 거절할 수 있고(예컨대 사용료의 미지급), 이행거절로 인하여 상대방 라이선서가 입는 손해는 일반 파산채권으로 취급됨은 일반적인 논의와 같다. 고액의 사용료가 부담되는 상황이라면, 이행거절로 인한 손해배상채권이 파산채권으로 취급되고 파산재단의 경제적인 부담도 크지 않으므로 파산관재인이 쉽게 이행거절할 가능성이 크다.

157) Holcomb and Zadra-Symes, *supra* note 137, at 305.
158) Id. at 306.

(나) 라이선시의 파산관재인이 계약을 인수하는 경우

지식재산권을 제외한 일반의 미이행 계약에 관하여는 당사자 간의 양도금지특약이 있더라도 § 363 매각요건을 갖추어 파산관재인이 영업 또는 재산을 양도하는 경우에는 특약의 효력을 주장할 수 없으므로 계약의 인수 후 양도가 가능하다.[159]

그러나 확립된 법리에 따르면, 특허, 저작권 및 상표에 관한 라이선스 계약이 대물적이 아니라 인신전속적(personal in nature)인 성격을 갖고 있으므로, 라이선서의 동의 없이 양도할 수 없다.[160] 이러한 점을 고려하면 라이선시가 파산한 경우 파산관재인이 라이선서의 반대에도 불구하고 미이행 계약인 라이선스 계약을 인수할 수 있는지에 관하여는 별도의 논의가 필요하다.

라이선시가 파산한 경우 라이선스 계약 조항이 권리 또는 의무의 양도를 금지하거나 제한하는 것과 관계없이 비파산법(예컨대 특허법)이 양도에 동의하지 아니하는 라이선서로 하여금 라이선시가 아닌 제3자가 이행하는 것을 거절하도록 허용하거나, 라이선서가 채무자의 인수 또는 양도에 동의하지 아니하면 파산한 라이선시는 라이선스 계약을 인수 또는 양도할 수 없다.[161] 다만 독점적 라이선스의 라이선시가 파산한 경우 라이선스 계약을 인수 후 양도할 수 있는지에 관하여는 분명하지 않지만 가능하다고 본다.[162]

미이행 계약을 양도하려면 논리적으로 먼저 인수하는 것이 가능하여야 한다. 따라서 만일 계약을 인수할 수 없으면 계약의 양도가 불가능하다.[163] 그런데 반대로, 양도는 불가능하지만 계약을 인수할 수 있는지에 관하여는 논란이 있다. 이 점에 관하여 연방항소법원은 실제기준설(actual test)과 가정적 기준설(hypothetical test)의 입장으로 나뉘어 있다(이 점은 라이선시의 파산에만 한정되는 논의가 아닌 미이행 계약에 관한 일반적인 것이다).

실제기준설(제1항소지구법원)에 따르면 § 365(c)의 'assume and assign'의 뜻에 초점을 맞추어 만일 비파산법이 미이행 계약의 양도를 금지하고 더 나아가 라이선시의 파산관재인이 라이선시의 권리를 실제로 양도할 의사가 있는 경우에 한하여 파산관재인의 비독점적 라이선스 계약의 인수를 금지하여야 한다. 그렇지 아니하고 파산관재인이 라이선스 계약을 인수한 후 양도 없이 계속하여 라이선스의 권리를 사용할 의도라면 인수

159) § 365(f).

160) 특허에 관한 CFLC, 89 F.3d at 679, 저작권에 관한 In re Valley Media, Inc 279 BR 105, 135(Bankr D Del 2002). 상표에 관한 In re XMH Corp 647 F.3d 690, 695 (7th Cir. 2011).

161) § 365(c)(1)(A).

162) Holcomb and Zadra-Symes, *supra* note 137, at 307.

163) Id.

가 허용된다.[164]

가정적 기준설(제9항소지구법원)[165]은 문리해석에 터 잡아 실제로 파산관재인이 제3자에게 라이선시로서의 권리를 양도할 의사가 있는지 여부와 관계없이 파산법원이 가정적인 질문으로 만일 비파산법에 의하면 § 365(c)(1)의 요건에 따라 파산자 이외의 자로부터 이행수령을 거절할 수 있는지 여부를 조사하여 이것이 충족되면(즉 비파산법이 미이행 계약의 양도를 금지하면) 계약인수가 불가하다는 것이다. 그런데 연방특허법(비파산법)은 특허에 관한 비독점적인 라이선스가 일신전속적이므로 양도할 수 없다는 입장에 있으므로 § 365(c)(1)(A)의 요건이 충족되었고, 더 나아가 라이선서도 양도에 반대하므로 § 365(c)(1)(B)의 요건도 갖춘 것으로 보아 인수가 허용되지 아니한다고 판시하였다.

한편 제2항소지구법원은 이에 관한 판단이 없는 등 항소지구법원 간에도 입장의 차이가 존재한다.[166] 뉴욕남부지구파산법원은 라이선스 계약에 아닌 사안에서 § 365(c)의 문언을 중시하여 동조는 파산관재인에 대하여만 적용되고 점유를 대신하는 채무자에게는 적용되지 아니한다고 판시하였다.[167] 연방대법원도 항소법원 간의 차이를 알고 있으면서도 정면으로 다루지 않고 있다.[168]

결론적으로 라이선서가 § 365(c)(1)(B)에 기하여 파산관재인(라이선시)의 인수에 대하여 반대하였다고 하여 라이선시의 인수를 저지할 수는 없고 이와 별도로 § 365(c)(1)(A)의 요건 즉 비파산법이 라이선서로 하여금 채무자 이외의 제3자로부터 이행의 제공을 받거나 이행을 하는 것이 갖추어져야 한다. 이 점에 관하여는 라이선스 계약이 독점적인 라이선스 계약이나 비독점적인 라이선스 계약인지, 파산사건이 어느 항소법원에 속하는가에 따라 결론이 달라질 수 있다.

#### 4) 미국의 상표권과 외국 지식재산권의 지위

연방파산법이 개정되었지만 여전히 상표는 § 101(35A)에 포함되어 있지 않다. 그리하여 상표권은 연방파산법의 보호범위에 속하지 아니한다는 판례에 의하여 법리가 전개되었다. 상표사용 계약이 미이행 계약이 아니라는 판례와 미이행 계약에 해당하지만 형평법상의 권한에 기하여 이행선택권의 남용을 막고 계속하여 사용하게 하는 방안, 관리인이 이행을 거절하여도 상대방(상표사용자)은 여전히 계약상의 권리를 계속하여 행

164) Institute Pasteur v. Cambridge Corp, 104 F3d 489, 493 (1st Cir. 1997).
165) Perlman v. Catapult Ent'm't, Inc (In re Catapult Ent'm't, Inc) 165 F.3d 747 (9th Cir. 1999).
166) Holcomb and Zadra−Symes, *supra* note 139, at 309.
167) In re Footstar, Inc., 323 BR 566 (Bankr SDNY 2005) 및 In re Adelphia Commn'ns Corp 359 BR 65, 72 (Bankr SDNY 2007).
168) Holcomb and Zadra−Symes, *supra* note 137, at 309.

사할 수 있다고 하는 방안이 제시되었다.[169)]

연방대법원은 2019년 상표권에 관한 라이선서가 이행을 거절한 Tempnology 사건에서, 이행거절의 효과로 상대방의 상표사용권이 취소될 수 없다고 판시함으로써 이 문제에 관한 최종 법리를 선언하였다. 채무자(Tempnology)가 라이선서, Mission이 라이선시이고, 채무자가 파산법원의 허가를 얻어 라이선스 계약의 이행을 거절하였는데 이행의 거절의 효과 때문에 파산신청 전에 체결된 라이선스 계약에 기한 상표사용권이 소멸되는지, 아니면 단지 계약불이행의 효과만 발생하는 것인지가 다투어졌다.

원심은 소멸된 것으로 보았다. 그러나 대법원은, 이행 거절은 계약불이행을 구성하는 것이고, 이행 거절로 상대방의 권리를 취소시킬 수 있다면 부인권의 제한을 잠탈하게 되고,[170)] 파산재단은 파산절차 외에서 채무자 스스로 보유하고 있던 것보다 많은 것을 보유하고 할 수 없다는 § 345와 § 365(n)의 입법 취지를 고려하면, 파산자가 이행을 거절하더라도 계약상 권리는 그대로 존속한다는 이유로, 파산자가 잔존 채무이행을 중단할 수 있으나 이미 부여된 실시권을 취소할 수 없다고 판시하였다.

한편, 미국에 등록되지 아니한 지식재산권은 § 101(35A)에 포함되지 않는다. 외국에 등록된 지식재산권의 권리자가 외국에서 도산하여 외국의 파산관재인 등이 라이선스 계약을 해제 또는 이행거절하는 경우 미국의 라이선시가 보호받을 수 있는지에 대하여는 아직 확립된 선례가 없다.[171)] 어느 판례는 미국에서 파산신청을 하였다면 비록 지식재산권 설정계약의 준거법이 외국법이고 권리를 외국에서 사용하는 경우라도 § 365(n)이 적용된다고 판시하였다.[172)] 그러나 § 101(35A)가 지식재산권을 정의하면서 미국 연방법에 기하여 보호되는 권리를 나열하고 있는 점에 비추어 외국에 등록된 지식재산권에 관하여는 적용이 배제된다고 설명하고 있다.[173)]

외국도산절차를 미국에서 승인하려는 경우 외국 회사가 미국에 등록된 지식재산권을 갖고 있다면, 미국에서 등록된 지식재산권의 라이선시는 § 365(n)에 의한 보호를 받을 수 있다.

---

169) 이은재, 앞의 글(주 141), 232면.

170) 채무자의 이행거절이 계약불이행을 구성하지만, 그로 인하여 계약이 즉시 종료되는 것은 아니며, 채무자가 계약불이행을 이유로 계약의 종료를 구하는 것은 별개이다. 또한 부인권은 채무자의 재산상태, 상대방의 주관적 의사, 행사 시기 등 여러 제한이 있다. 만일 관재인이 미이행 계약의 이행거절을 통하여 계약을 종료시킴으로써 실시권을 소멸시키는 것은 부인권을 잠탈한다는 것이 판결의 취지이다.

171) Holcomb and Zadra−Symes, *supra* note 137, at 303.

172) In re El Int'l, 123 BR 64 (Bankr D Idaho 1991).

173) O'Melvery & Myers LLP, *supra* note 145, at 161.

5) 라이선서의 파산과 국제도산법의 문제

(가) 독일의 Qimonda 사건 - 독일 도산절차의 승인과 공서

독일의 DRAM 생산업체(Qimonda)는 삼성전자 등 여러 특허권자와 크로스 라이선스 계약을 체결하였다. 2009년 독일 뮌헨법원에서 Qimonda에 대한 도산절차가 개시되어 도산관리인(Dr. Jaffe)이 미국에서 독일 도산절차의 승인을 신청하면서 라이선스 계약의 이행거절을 주장하자, 라이선시인 삼성전자 등은 연방파산법 § 365(n)(1)이 보호하는 라이선시의 사용권한을 주장하였다.[174] 도산관리인이 미국 버지니아주 동부지구파산법원에 독일 도산절차를 주절차로 승인할 것과 임의적 구제명령으로 § 1521(a)(5)에 기하여 자신이 미국 내에 소재하는 재산(미국에 등록된 다수의 특허권 등)에 관하여 관리처분권의 부여를 신청하였다.[175] 파산법원이 승인결정과 연방파산법(지적소유권에 관한 § 365가 포함되어 있다)이 부여하는 재량적 구제명령을 발하자, 도산관리인은 라이선시들에게 독일 도산법 § 103[176]에 기하여 크로스 라이선스 계약의 이행을 거절하는 편지를 발송하였다. 라이선시들은 § 365(n)에 기하여 라이선스 계약의 이행선택권을 선택하였으므로 도산관리인이 주장하는 이행거절은 위법하다고 답신하였다. 이에 도산관리인이 구제명령 중 § 365를 삭제하는 수정신청을 파산법원에 제기하였다. 파산법원은 독일 주절차의 승인결정과 함께 도산관리인이 라이선시들에게 § 365(n)에 의하여 부여되는 권리 즉 계속사용권을 허락하는 것을 조건부로 구제명령을 발하였다. 그 이유로 독일 도산관리인이 일방적으로 라이선스 계약의 이행을 거절하는 것은 공서양속에 관한 § 1506에 반한다고 보았다.[177]

제4지구연방항소법원은 2013. 12. 3. 파산법원의 결론에는 찬성하였지만 공서양속의 문제로 파악하지 않고, 파산법원이 § 1521에 기한 구제명령을 발함에 있어 § 1522이 요구하는 채권자들 기타 이해관계인 및 채무자의 이익을 고려한 재량권의 행사가 적절한지 여부를 심리하였다. 연방항소법원은 UNCITRAL 모델법의 입법가이드를 근거로 법원이 외국도산절차에 예양을 부여하는 것은 맞지만, 구제명령을 발령함에 있어 자국의

---

174) Jaffe v. Samsung Elecs Co. Ltd 737 F3d 14, 32 (4th Cir. 2013). 파산법원이 도산관리인의 구제신청을 전부 인용하였으나, 라이선시들의 항소가 받아들여 다시 파산법원으로 사건이 환송된 후, 파산법원이 § 365(n)를 고려하여 승인신청이 공서에 반한다는 명령을 하여 도산관리인이 연방항소법원에 항소하였다.

175) 관리인은 회사가 보유하는 특허권을 다시 제3자에게 매각하기 위하여 라이선스 계약의 종료를 구하기 위하여 미국에서 승인신청을 한 것이다.

176) 독일 도산법 § 103은 관리인에게 미이행 계약의 이행 거절권한을 부여하지만 미국과 같이 라이선시를 보호하는 조항을 두고 있지 않다.

177) In re Qimonda AG, 462 B.R. 165, 185 (Bankr.E.D.Va.2011).

채권자들의 이익을 고려할 수 있으며 이를 근거로 구제명령에 조건을 붙이는 것은 파산법원의 재량권의 범위 내에 속한다고 판시하였다.[178)]

(나) 라이선스 계약과 도산해지조항의 준거법

한국 기업이 라이선시, 미국 기업이 라이선서로서 라이선스 계약을 체결하면서 미국의 뉴욕주법과 연방법을 준거법으로 정하면서 저촉법 원칙을 고려하지 않는다는 단서를 두는 경우가 있다.[179)] 아울러 만일 당사자 일방에 대하여 도산절차의 신청이 있거나 개시결정이 있으면 상대방이 라이선스 계약을 해제할 수 있다는 이른바 도산해지조항을 두기도 한다.

미국 회사 SunEdison(라이선서)은 태양광기술을 보유하면서 한국 회사를 비롯한 외국 회사들에게 기술실시계약을 체결하였다. SunEdison이 뉴욕남부지구파산법원에 제11장 파산신청을 하자 한국의 라이선시(SMP)는 계속하여 실시계약을 유지하는 것이 필요하였다. 그런데 SMP가 한국에서 회생절차를 신청하였는데 개시결정 후에도 한국에서 라이선서가 제공하는 지식재산권을 사용할 수 있는가 하는 점이 뉴욕주 연방파산법원에서 문제되었다. 한국 법원이 임명한 관리인이 라이선스 계약의 이행 선택을 주장하고, SunEdison이 한국 기업이 회생신청을 하였다는 이유로 도산해지조항에 기하여 라이선스 계약의 종료를 주장한 사건이다. 양 회사 모두에 대하여 한국에서 회생절차가, 미국에서 파산절차가 개시된 사례이다.

라이선시가 한국에서 회생신청을 하였음을 근거로 라이선스 계약을 해지할 수 있다는 계약조항이 유효한지 여부에 대하여, 준거법인 뉴욕주법에 따라 라이선스 계약을 해지할 수 있는지, 아니면 한국의 채무자회생법상 도산해지조항이 무효이므로 미국 연방파산법에 의하여 해지할 수 없는가 하는 점이 문제되었다.[180)] 만일 SMP가 도산해지조항을 근거로 미국 법원에서 라이선스 계약의 해지를 주장하면 연방파산법 § 365(e)에 기하여 도산해지조항은 효력을 인정받을 수 없을 것이다. 그러나 반대로 SunEdison이 도산해지조항을 근거로 한국 법원에서 계약의 해지를 주장하면 어떻게 되는가. 한국 대법원 판례를 근거로 법정지법인 한국의 채무자회생법을 적용하여야 하고 판례 및 다수설에 의하면 도산해지조항이 무효로 해석될 여지가 있다. 이 사건은 Sunedison이 미국

---

178) Jaffe v. Samsung Elecs Co, Ltd 737 F.3d 14, 30 (4th Cir, 2013). 이 사건에 대한 해설로 John J. Chung, In re Qimonda, Boston University International Law Review Vol 32, 91－121 (2014).

179) "The validity of this Agreement, … shall be governed by the laws of the State of New York and the Federal laws of the United States applicable thereto <u>without giving any effect to the conflict of laws principles</u> thereof."

180) SMP Ltd. v. Sun Edison Case No. 16－10992 (2017).

법원에서 SMP가 한국에서 회생절차를 신청하였다는 이유로 도산해지조항의 효력을 인정하여 달라는 사안이다. 미국 법원은 아래와 같은 이유로 계약해제가 유효하다고 판시하였다.

「먼저 준거법인 뉴욕주법을 보아야 하고 뉴욕의 저촉법 원칙에 의하여 준거법은 한국의 법정지법(채무자회생법 포함)이 되어야 한다. 그러나 준거법 조항에서 미국의 저촉법원칙을 고려하지 않았기 때문에 바로 뉴욕주의 실질법이 적용되어야 한다. 국제금융중심지인 뉴욕주는 不適切한 法廷地의 法理의 광범위한 적용으로 인한 국제금융거래상의 법적 불안을 제거하기 위하여 1984년 뉴욕주법을 준거법으로 하고 금액이 미화 100만 달러 이상인 계약에서 당사자들이 뉴욕주 법원을 관할법원으로 합의한 경우 법원이 관할을 거부할 수 없도록 하고,[181] 동 조항은 뉴욕주의 공서를 증진하기 위한 것이므로 뉴욕주법을 준거법으로 정한 경우에는 법원은 계약이 뉴욕주와 합리적인 관련이 있는지 여부를 불문하고 반드시 뉴욕주법 중 실질법만을 적용하여야 한다.[182] 따라서 위 사건에서도 뉴욕주의 실질법이 준거법이 되므로 뉴욕주의 저촉법을 검토하여 lex fori concursus 원칙에 따라 한국의 채무자회생법을 검토할 필요가 없다. 그리고 파산법원은 도산해지조항이 연방파산법에서는 무효이지만 뉴욕주법에 따르면 위 조항이 사기, 공모가 없는 한 유효하고,[183] 한국의 회생절차는 미국의 연방파산절차가 아니므로 동 조항을 이유로 한 미국 기업의 계약해제는 유효하다.」[184]

그러나 국제사법의 관점에서, 도산해지조항의 효력에 관하여는 도산법정지법인 한국법이 적용되어야 한다는 입장에서 볼 때, 이 판결의 타당성에 대하여는 논란이 있다.

#### 6) 서브라이선스[185]

서브라이선시도 원래의 라이선스 계약(prime 또는 original license)의 라이선시와 동일한 수준에서 보호받을 수 있다고 생각하는 것은 잘못이다. 그 이유는 첫 번째, 서브라

---

181) Civil Practice Law and Rules § 327(b)와 General Obligations Law, Section 5－1401 및 5－1402. 石光現, 國際裁判管轄에 관한 연구, 서울대학교 출판부(2001), 123－124면에서 재인용.

182) IRB－Brasil Resseguros, S.A. v. Inepar Invs., S.A., 982 N.E.2d 609, 612 (N.Y. 2012)은 General Obligations Law §5－1401는 뉴욕주법의 저촉법 규정을 포함한다고 하더라도 뉴욕주의 실질법을 적용하여야 하고, 반드시 계약서 조항에 뉴욕주의 저촉법 규정을 배제한다는 문구를 넣을 필요가 없다고 판시하였다.

183) 파산신청이 기각되거나(W.F.M. Rest., Inc. v. Austern, 324 N.E.2d 149, 150, 153 (N.Y. 1974), 파산절차가 중도에 종료된 경우(Murray Realty Co. v. Regal Shoe Co., 193 N.E. 164, 165 (N.Y. 1934)에는 Ipso Facto Clause에 기한 계약해제는 유효하다.

184) SMP Ltd. v. Sun Edison Case No. 16－10992 (2017).

185) 국내에서는 전용실시권, 통상실시권의 재실시권에 상응하는 용어로 사용하고 있으나 이 글에서는 편의상 서브라이선스라고 기술한다. 원래의 라이선스 계약의 head licensor와 head licensee는 라이선서와 라이선시로, sublicensor와 sublicensee는 서브라이선서와 서브라이선시로 번역하였다.

이선서가 파산한 경우 서브라이선서는 서브라이선스 계약의 이행의 거절할 수 있다. 두 번째, § 365(c)가 채무자인 서브라이선서의 서브라이선스 계약 인수 또는 양도를 제한할 수 있기 때문이다. 특허권의 라이선시(서브라이선서)가 파산한 경우 동 조항에 의하면 상대방인 라이선스 계약의 라이선서가 라이선시의 파산관재인의 인수 또는 양도에 동의하지 아니하면 라이선시가 보유한 특허의 사용권이 소멸하게 되고 이어서 서브라이선시도 사용권을 잃게 된다. 설령 라이선서가 부동의하더라도 적용가능한 비파산법(특허법 등)에 기하여 미이행 계약을 인수할 수 있으면 좋겠지만 연방특허법에 의하면 일반적으로 원라이선스 계약이 종료되면 서브라이선스 계약도 종료된다고 해석되므로 이에 따라 연방법원은 라이선서의 동의 없이는 라이선스의 양도가 불가능하다고 해석하고 있다.

이상의 설명은 라이선스 계약의 라이선서가 파산하여 파산관재인이 이행을 거절한 경우에도 동일하게 적용된다.[186] 연방파산법은 서브라이선서의 파산에 관하여 직접적인 규정을 두고 있지 아니하여 법원마다 라이선스와 미이행 계약에 관한 조항인 § 365(n)이 적용되는 범위에 관하여 입장이 다르다. § 365(h)에도 부동산 임대차에 관한 조항을 유추적용하는 법원에서는 만일 채무자인 라이선서가 라이선스 계약의 이행을 거절하고, 라이선시(서브라이선서)도 § 365(n)이 부여하는 보호권의 행사를 거절하면 서브라이선시는 더 이상 파산법의 보호를 받지 못하고 비파산법에 의존할 수밖에 없다.

그러나 라이선시가 파산한 경우로서 만일 라이선시가 라이선스 계약의 이행을 선택하였으나 서브라이선스 계약에 대하여는 이행의 거절한 경우에는 서브라이선스는 별개의 라이선스라는 점에서 서브라이선시로 하여금 § 365(n)에 기한 보호권을 부여할 수 있다는 견해도 있다.[187]

## 5. 영국 도산법에서 라이선스 계약의 법률관계

### (1) 영국 도산절차의 개관

영국의 회사에 대한 도산법의 절차는 청산절차(Winding-up 또는 Liquidation),[188] 전통적인 담보권자의 채권추심제도에서 출발한 리시버제도와 관리리시버제도,[189] 재건

186) Holcomb and Zadra-Symes, *supra* note 137, at 310.

187) Id.

188) 청산절차에서 도산법과 도산규칙에 의한 순위에 따라 환가한 재원을 채권자들에게 배당하며, 청산회사는 회사법 규정에 따라 해산한다(Roy Goode, Principles of Corporate Insolvency Law, Sweet and Maxwell, 36-38 (2011)).

189) 도산법 제1부 제3편 § 28부터 § 72H에 규정되어 있다.

절차로서 회사임의정리(Company Voluntary Arrangement, CVA)와 관리절차(Administration)가 있다. 그 외 회사법이 정한 재건에 관한 법정합의절차(statutory compromise)로 채무정리계획절차(Scheme of Arrangement)가 있다.[190] 끝으로 흔히 런던어프로치로 불리는 사적합의 절차(non−statutory arrangement, workout)가 있다.[191] 이 글에서는 청산절차와 관리절차에 한하여 설명한다.[192]

(2) 상대방의 도산을 대비한 라이선서와 라이선시의 협상 전략

지식재산권을 제3자에게 사용을 허락하는 지식재산권의 소유자는 라이선시의 도산에 대비하여 자신의 권리를 보호하려고 하고, 라이선시는 라이선서의 도산에 대비하여 자신의 권리를 보호하려는 것이 당연하다. 보호의 내용은 결국 양자의 협상력에 달려있다.

라이선서는 라이선시의 도산에도 불구하고 지식재산권이 계속하여 사용허락되는 것을 싫어하고 라이선시의 도산 사실 또는 사용료의 미지급을 이유로 계약의 종료를 원하므로, 사용료의 선불 또는 가급적인 단기간의 계약을 통하여 사용료의 지급을 계약의 내용으로 삼게 마련이다. 또는 지식재산권을 사용하여 만든 제품에 대한 담보를 요구하기도 한다.

반대로 라이선시는 사용허가된 지식재산권에 터 잡아 영업을 하는 입장이므로, 단순한 형태의 계약에 대하여는 불안을 느낄 것이고 라이선서가 도산하더라도 계속하여 사용할 수 있는 내용을 계약에 포함시키려고 한다. 그 내용의 예는 다음과 같다.[193]

① 만일 지식재산권의 소유자가 계속하여 지식재산권의 사용한다면, 라이선시가 독점적인 라이선스권을 갖는 대신에 라이선스의 소유권을 매수한다.

② 지식재산권의 소유자가 새롭게 설립하는 자회사(SPC)에게 소유권을 양도하고, 자회사가 라이선서로서 라이선시에게 사용허락을 하되 다른 사업을 하지 아니하기로 약정한다.

---

190) arrangement를 '정리'라고 번역하여 회사임의정리와 채무정리절차라고 번역하였다(中島弘雅, "近時のイギリスにおける事業再生スキ―ムの概要," 事業再生と債權管理 No. 157 (2017), 75면도 같다).

191) Roy Goode, *supra* note 188, at 29, 42.

192) 아래의 내용은 Peter Armstrong and Rhys Llewellyn, England and Wales, Licenses and Insolvency Globe Law and Business 71−82 (2014)를 요약·정리한 것이다.

193) 필자의 경험에 의하면, 한국 제약사가 중요한 가치를 가지는 특허권의 라이선서로서 외국 제약사(라이선시)에게 라이선스 계약을 체결함에 있어서 특허권을 SPC 또는 신탁회사에게 양도하는 것은 세법, 상법 등의 절차를 거쳐야 하고 세금 부담의 문제가 발생한다. 따라서 실제로 한국에서 리이선시가 이러한 방안을 요청하는 것은 쉽지 아니하여, 결국 라이선서에 대한 도산 위험을 회피하기 위하여 특허권에 대하여 라이선시를 질권자로 하는 설정하는 방안으로 해결하였다.

③ 일단 조건부로 지식재산권의 소유권을 라이선시에게 양도하였다가 나중에 조건이 성취되면 다시 라이선서에게 소유권을 회복시킨다.

④ 지식재산권의 소유권을 독립적인 수탁자에게 양도하고, 만일 라이선서가 도산하면 수탁자가 지식재산권의 소유권을 라이선시에게 귀속시킨다.

⑤ 만일 어떠한 사건이 발생하면, 라이선시가 지식재산권을 매수하기로 하는 옵션을 갖고, 후일 라이선서의 도산시에 부인대상이 되지 않도록 매수시기 및 적정한 매수가격을 정한다.

⑥ 라이선시가 사용허가받은 지식재산권에 고정담보권(fixed charge)을 설정한다. 이는 라이선서가 청산/관리절차에 들어가더라도 청산인/관리인이 회사의 재산인 지식재산권의 처분에 제한을 두고, 상황에 따라 라이선시가 자신을 위한 리시버를 임명함으로써 권리를 보호하려는 것이다.

⑦ 라이선스 계약이 청산인 등에 의하여 쉽게 포기되지 않도록 부수약정을 한다. 즉 주된 라이선스 계약 외에 여러 가지 부수계약을 체결하고 만일 라이선스 계약이 포기되면, 라이선시가 라이선서를 대신하여 개입할 권리를 갖고, 지식재산권의 등록비용, 갱신료를 직접 지급하거나 라이선시로 하여금 기타 의무의 이행을 포기하거나 사용료를 일시에 지급하는 대신에 수회에 걸쳐 분할납부하도록 정한다.

⑧ 라이선시가 자신의 라이선스에 대한 사용권한을 등록가능한 사무소에 등록하여 둔다.

### (3) 도산절차에서 지식재산권의 취급

회사에 대한 청산/관리절차가 개시되었다고 하여 곧바로 회사와 체결한 지식재산권에 관한 라이선스 계약이 종료되는 것은 아니다. 그러나 계약 자체에 당사자 일방에 대한 도산절차 개시를 계약의 종료사유(도산해지조항)로 삼는 것은 적법하다. 2020년 이전의 영국 도산법은 미국 연방파산법과 같이 도산해지조항을 무효로 두는 조항을 두고 있지 않았다.[194] 그러나 청산한 회사가 보유한 지식재산권을 처분하지 아니한 채로 해산되면 지식재산권은 국고로 귀속된다.

194) 참고한 책은 2020년 개정에 의하여 일부 유형의 계약에 대한 도산해지조항의 무효가 도입되기 이전의 상황을 기술한 것이다. 개정 전의 1986년 도산법전에 관하여는 林治龍 譯, 영국 도산법, 법무부(2021). 2020년 개정 후에는 재화와 서비스 공급의 보호라는 제목(Protection of supplies of goods or services)의 § 233B를 신설함으로써 회사가 재화와 서비스의 제공에 관한 계약을 체결하고 회사가 "관련된 도산절차"에 들어간 경우에 계약의 종료뿐 아니라 공급의 종료까지로 확대하여, 그러한 조항은 효력을 잃는다고 규정하였다. 동 조항은 회사의 청산 등에 관하여도 적용되지만, 소규모 기업이나 개인파산절차 등에 대하여는 적용되지 아니한다(林治龍, "英國 倒産法의 改正 歷史," 변호사(제54집)(2021), 115–116면.

1) 라이선서의 도산

(가) 라이선스 계약의 종료 여부

라이선스 계약은 라이선서의 도산에 의하여 법률상 자동적으로 종료되지 아니하므로 당초의 계약 조건에 따라 존속한다. 그러나 현실적으로 도산한 라이선서가 당초의 계약조건에 따른 의무이행(예컨대 진보된 기술의 전수, 새 버전의 소프트웨어의 제공 등)을 할 수 없게 되어 채무불이행에 빠질 가능성이 크다. 라이선서가 도산하면 계약이 종료되는지 여부는 계약조건에 따라 결정한다. 따라서 라이선시가 라이선서의 도산을 이유로 계약을 종료할 수 있는지 여부는 당시의 상황에 따라 결정된다. 즉 사용이 허락된 기술 등이 라이선시의 사업에 도움이 되는 것이라면 라이선시는 계약종료 대신에 계약의 존속을 원하게 마련이다.

그러나 만일 지식재산권이 도움이 되지 않거나 부담이 크다고 판단하면 라이선시가 계약을 종료하고 계약의 부담에서 빠져나올 것이다. 라이선서가 자신의 도산을 이유로 계약을 해제할 수 있다면 청산인 또는 관리인은 계약의 유지 시와 종료 시의 각 법익을 교량하여 결정한다.

(나) 부담이 되는 계약의 포기

한국과 미국의 미이행 계약의 법리에 의하여 파산자에게 부담이 되는 계약을 해제(한국)하거나 이행거절(미국)을 할 수 있으나 영국 도산법은 일종의 재산으로 보아 계약 자체의 포기가 인정된다(영국 도산법 § 178(3)(a)). 청산인(관리인은 제외)은 이익이 되지 아니하는 계약 또는 재산의 포기를 법원에 신청할 수 있다. '이익이 되지 아니한다'의 뜻은 매각이 불가능하거나, 즉시 매각할 수 없거나 또는 금전을 지불할 책임 또는 기타 부담이 되는 행위의 이행책임을 생기게 하는 것이다. 지식재산권을 계속하여 사용하는데 고가의 등록비용을 지불해야 하거나, 즉시 지식재산권을 침해한 자를 상대로 적극적으로 소송을 제기하여야 하는 상태가 그 예이다. 만일 포기가 허가되면, 포기된 재산 또는 계약과 관련한 회사의 권리와 책임을 정하여야 한다.

그러나 포기 자체는 회사의 책임을 면제시키는 데 필요한 목적의 범위를 제외하고 제3자의 권리의무에 영향을 미치지 아니한다. 만일 지식재산권 또는 라이선스 계약이 포기되면 법원은 라이선시에게 미치는 영향을 최소화하는데 노력한다. 예를 들면, 지식재산권이 라이선시의 사업에 도움이 된다면 라이선시로 하여금 현재의 라이선스 계약조건에 따르되, 약간의 부담을 명하는 대신에 계속하여 사용하도록 한다. 만일 라이선시가 라이선서의 계약포기로 인하여 손해를 입었다면 라이선시는 청산절차에서 손해배상청구권을 도산채권으로 신고할 수 있다.

라이선시에게 더 염려스러운 것은 라이선서가 계약을 포기하는 것이 아니라 보유하는 지식재산권 특히 등록을 요하는 특허권, 상표권 자체를 포기하는 것이다. 만일 등록된 사용기간의 도과로 특허권 등이 소멸하면 이로 인하여 라이선시가 제3자와 경쟁하게 되는 위험에 노출된다. 만일 포기된 지식재산권이 라이선시에게 도움이 된다면 라이선시는 법원에 자신이 지식재산권의 라이선시라는 점을 입증하여 포기된 지식재산권이 자신에게 귀속되도록 신청할 수 있다(영국 도산법 § 181).

2) 라이선시의 도산

(가) 라이선시 도산의 일반론

라이선시가 도산하였다고 하여 법률에 의하여 라이선스 계약이 자동적으로 효력을 상실하는 것은 아니다. 그러나 현실에서 통용되는 계약서에는 라이선시의 도산을 계약의 종료사유로 삼고 있다. 도산한 라이선서의 청산인 등의 권한에 관한 설명은 도산한 라이선시의 청산인 등에 대하여도 동일하게 적용된다. 즉 만일 라이선스 계약이 다액의 사용료 때문에 회사에 부담이 되면 청산인 등은 계약을 포기할 수 있다. 그 외 부인권 또는 부당염가거래(영국 도산법 § 238조)에 관한 설명도 같다. 만일 라이선시가 도산하였음에도 불구하고 라이선스 계약이 존속된다면 도산한 라이선시의 청산인 등은 라이선스를 라이선시의 재산의 일부로 보아 라이선스 자체를 제3자에게 매각할 수 있다. 영국 도산법은 이를 제한하는 조항을 두고 있지 않다. 그러나 대부분의 경우에는 라이선서가 계약서에 라이선시가 갖는 권리를 제3자에게 양도하지 못하도록 하는 조항을 두고 있다.

라이선시는 관계 법령에 의하여 특허, 등록된 상표권, 등록된 디자인에 대한 라이선스 계약을 등록할 수 있다. 연합왕국의 지식재산권사무소(Intellectual Property Office)가 이를 관장한다. 그러나 잉글랜드/웨일즈에서는 저작권, 미등록 상표, 미등록 디자인 또는 영업비밀에 관한 라이선스 계약 자체를 등록하는 법적 수단이 마련되어 있지 않다.

지식재산권에 관한 라이선스의 등록이 청산인 등의 권한을 제약하는 점이 있지만, 등록이 힘을 발휘하는 경우는 지식재산권이 도산절차에서 매각되는 때이다. 지식재산권에 관한 라이선스 계약의 존재에 관한 선의의 제3취득자는 라이선스 없는 상태로 매수할 수 있지만, 일단 라이선스가 등록이 되면 제3취득자는 악의로 취급되므로 라이선시가 적법하게 보호받게 된다. 따라서 지식재산권을 취득하는 제3자로서는 라이선스의 등록 여부를 확인하여야 한다.

(나) 라이선시의 도산과 계약의 종료

실무상 대부분의 라이선스 계약서에는 만일 라이선시가 도산하면 계약이 종료하고 지식재산권은 라이선서에게 복귀된다는 조항을 두고 있다. 법원은 전통적으로 라이선서의 라이선스 계약의 종료권한을 인정하여 왔다. 라이선서는 어떤 사건이 발생한 경우 즉시 계약이 종료되는지, 아니면 종료의 통지가 있은 후에 종료되는지 구분하여야 한다. 장차 라이선서가 적절한 때에 적절한 방법을 수행할 수 있다는 이유로 종료의 통지가 있은 후에 종료하는 방식이 자동종료 방식보다 선호된다.

라이선서는 라이선스 계약의 종료 전에 라이선시가 도산절차에 들어가는 것을 원하지 아니한다. 왜냐하면 도산절차는 라이선시에게 재정적인 문제가 발생한 뒤에 개시되는 것이 대부분이다. 라이선서는 사용료의 연체를 이유로 라이선시의 도산 전에 계약이 종료되는 것을 선호한다. 조기종료는 라이선서로 하여금 현재의 계약에 기하여 부담하는 자신의 손실을 줄일 수 있고, 같은 조건 또는 더 나은 조건으로 제3자와 새로운 라이선스 계약을 체결할 수 있기 때문이다.

(4) 지식재산권의 처분과 부인권

회사에 대한 청산신청 후 청산인에 의하지 아니한 회사 재산의 매매 또는 양도는 무효이다(영국 도산법 § 127). 따라서 라이선시 입장에서는 지식재산권을 라이선서로부터 라이선스 계약을 통하여 사용하고자 하는 경우에는 혹시 라이선서가 제3자의 도산신청 후에 지식재산권을 취득하였는지 여부를 미리 검토하여야 한다.

만일 라이선서가 자신의 도산신청 전에 라이선시에게 명목상의 금액으로 사용료를 받고 독점적인 라이선스 계약을 체결하였다면 청산인과 관리인은 이를 부당염가행위에 해당한다고 하여 무효를 주장할 수 있다. 그 외에 라이선서가 채권자를 해할 의사로 라이선스 계약을 체결하였다면 이는 무효이다(영국 도산법 § 423).

청산인은 편파행위에 대하여 부인할 수 있다(영국 도산법 § 239). 만일 라이선시의 도산 전에 상업상의 필요가 없음에도 불구하고 라이선시가 다른 채권자들에 우선하여 지식재산권의 공유자인 라이선서에게 사용료를 지급한 경우가 대표적인 부인의 예이다.

(5) 도산과 서브라이선스

라이선서와 라이선시에 대한 도산은 당연히 서브라이선스에게도 영향을 미친다. 그 내용은 사건마다 다르고 여러 가지 요소에 의하여 결정되는데 그 중 라이선서와 라이선시의 관계와 라이선스 및 서브라이선스 계약의 내용에 따라 달라지게 된다. 라이선서와 라이선시간의 라이선스 계약이 종료되면 원칙적으로 서브라이선스도 종료된다.

라이선서의 도산에 대한 서브라이선시의 지위는 라이선시의 법적 지위에 의하여 영향을 받는다. 라이선서의 도산은 라이선시가 사용허가를 받은 지식재산권의 종료 사유가 된다. 예컨대, 라이선서가 도산한 후 청산인이 서브라이선스의 존재를 알지 못하는 선의의 제3자에게 대가를 받고 매도하면 라이선시의 권리가 소멸한다. 이러한 결과는 라이선서의 청산인이 지식재산권이 부담된다는 이유로 포기하는 경우에도 마찬가지이다.

라이선시의 도산에도 불구하고 서브라이선스는 존속한다고 약정을 하더라도, 라이선스가 종료하면 서브라이선시가 지식재산권을 계속 사용하는 것이 위태롭게 된다. 그러나 법원은 사실관계에 따라 판단하고 있다. 만일 라이선시가 라이선스가 종료하더라도 서브라이선스는 존속하기로 의도하였다는 것을 입증하면, 서브라이선스가 존속하도록 허용하거나 적어도 서브라이선시가 사용허가를 받은 지식재산권의 사용권이 존속하도록 허용하고 있다.

서브라이선시는 자신이 사용하고 있는 지식재산권의 소유자가 누구인지 그리고 자신이 어떻게 사용권을 취득하였는지를 입증하여야 한다. 서브라이선시는 라이선스의 종료에도 불구하고 서브라이선스는 유지하기로 한 특약이 있는지 유무를 라이선서에게 요청할 수 있다. 그러한 특약이 있다면, 라이선스 계약에서 라이선시가 라이선서에게 지급하여야 할 사용료를 서브라이선시가 직접 라이선서에게 지급하기로 새로운 계약을 맺음으로써 서브라이선스 계약을 종료하는 대신 직접 라이선서와 새로운 라이선스 계약을 체결할 수 있다.

(6) 독점적 라이선스/비독점적 라이선스와 도산

독점적 라이선스이건 비독점적 라이선스이건 도산절차가 개시되면 라이선시가 위험에 처하게 됨은 마찬가지이다. 독점적 라이선스는 라이선서가 보유하는 지식재산권의 소유권을 라이선서에게 이전하는 것은 아니라, 라이선스로 하여금 계약에 정한 조건에 따라 지식재산권을 사용하도록 하는 권리를 창조하는 것에 불과하다.

라이선서가 도산하여 라이선스의 대상인 지식재산권이 부담이 된다는 이유로 포기된 경우에, 독점적 라이선시가 포기된 지식재산권의 귀속자가 될 가능성이 크다. 그에 비하여 비독점적 라이선스의 경우라면 사용료를 얻기 위하여 별도의 비독점적 라이선스가 허용될 수 있으므로 포기될 가능성이 크다.

라이선시가 도산한 경우 라이선서는 비독점적 라이선스 계약에 비하여 독점적 라이선스 계약을 종료할 가능성이 크다. 왜냐하면 라이선시가 도산하여 더 이상 지식재산권의 사용료 수입을 얻을 수 없기 때문이다.

(7) 도산절차에서 지식재산권의 환가 – 청산인 또는 관리인의 권한

영국법은 특허권 등 지식재산권의 내용에 따라 지식재산권의 거래를 별도로 규율

하고 있지 아니하므로 모든 지식재산권의 거래는 동일한 법과 원칙이 적용된다. 영국 도산법의 양대 원칙은 안분배당의 원칙(pari passu)와 박탈금지의 원칙(anti-deprivation principle)이다. 전자는 무담보채권자들간에는 시인된 채권액수에 따라 평등하게 배당되어야 한다는 것이고, 후자는 도산절차가 개시된 경우 도산법의 원칙적용을 배제하기로 하는 계약은 무효라는 것이다.

도산절차가 개시되면 회사의 재산에 대한 관리처분권이 청산인/관리인에게 귀속되된다. 따라서 청산인 등은 지식재산권의 환가대금을 채권자들에게 배당하여야 한다. 그리고 청산인 등의 임명 전에 체결된 지식재산권에 관한 계약의 내용이 부당염가거래에 해당하다고 판단하면 계약을 부인하고 도산법이 정한 구제책(원상회복, 담보의 요청 등)을 청구할 수 있다. 청산인 등은 재산을 낱개로 매각할 수도 있고 존속가치를 유지하기 위하여 사업 양도를 통하여 전부를 매각할 수도 있다.

라이선서의 도산 시에 라이선시가 유의하여야 할 점이 있다. 영국 도산법에 의하면 지식재산권에 관하여 라이선스 계약의 존재를 알지 못하는 선의로 제3취득자는 라이선스 계약의 부담이 없는 상태로 지식재산권을 매수할 수 있다. 청산인 등은 임명과 동시에 또는 임명 전에 미리 매수인을 선택하여 두었다가 임명 후 즉시 자산을 매각하는 이른바 사전매각(pre-pack sales)를 활용하고 있으므로, 청산인 등이 라이선스 계약이 존재한다는 것을 알지 못한 채, 도산절차 개시 직후 제3자에게 지식재산권을 매각하면 라이선시 입장에서는 불측의 손해를 입을 수 있다.

따라서 라이선시는 라이선서의 도산사실을 알면 청산인 등에게 즉시 자신이 라이선시라는 사실을 알려야 한다. 더 좋은 방법은 라이선스 계약 자체를 관련 기관에게 등록하여 둠으로써 선의의 제3자의 출현을 미연에 방지하는 것이다. 라이선시는 사용 중인 지식재산권이 회사의 영업에 긴요하다면 지식재산권을 자신에게 매각하도록 청산인에게 요청할 필요가 있다.

(8) 국제도산과 라이선스 계약

라이선스 계약의 일방 당사자에 대하여 영국에서 도산절차가 개시되었다는 사실은 라이선스 계약에서 당사자들이 정한 준거법에 영향을 미치는 것은 아니다. 따라서 다른 나라의 법이 라이선스 계약의 준거법이면 도산절차의 개시와 무관하게 그 법이 적용되는 것이 원칙이다.

그러나 라이선스 계약의 준거법이 외국법이라고 하더라도, 만일 도산절차에 들어간 영국 회사와 관련하여 영국 도산법이 적용될 수 있다. 예컨대, 라이선서가 외국법에 의하여 라이선시에게 라이선스를 허락하였는데 만일 라이선스의 계약조건이 부당염가

거래에 해당하면 도산절차의 청산인 등은 도산법을 적용하여 계약이 무효라고 공격할 수 있다. 즉 라이선스 계약의 준거법이 외국법이라 하더라도 부인권에 관한 영국 도산법의 적용이 배제되는 것은 아니다.

마찬가지로 영국 도산절차의 개시가 당사자가 라이선스 계약에서 정한 법정지 조항에 영향을 미치는 것은 아니다. 따라서 라이선스 계약에서 발생한 분쟁에 대하여 외국법원에서 재판하기로 하는 약정은 라이선스 당사자 일방의 도산 후에도 유효하다. 그러나 영국의 관리절차의 개시에 의하여 인정되는 모라토리엄의 효력은 외국에 계속 중인 재판이나 또는 외국법원에 신청한 영국 도산절차의 승인 절차에 영향을 미칠 수 있다.

## 6. 독일 도산법에서 라이선스 계약의 법률관계

독일 도산법은 지식재산권에 관하여 별도의 규정을 두지 않고 있다. 2014년 기준으로 입법노력은 실패로 끝났으며 현재에는 학설과 판례에 의하여 해결을 시도하고 있다.[195] 독일의 그동안의 입법 노력, 판례, 학설을 살펴본다.

### (1) 도산절차에서 미이행 계약의 일반론

미국과 달리 독일의 미이행 계약에 관한 법리에 의하면, 도산절차가 개시되면 도산관리인이 이행선택 등을 선택하는 동안 양 당사자의 권리의무가 중지된다.[196] 그리고 도산관리인은 법원의 허가 없이도 이행의 인수 또는 이행거절을 할 수 있다.[197] 라이선시의 도산신청 후 개시결정 사이에 라이선시의 보전관리인은 사용료의 지급을 중단할 수 있으며 라이선서는 이를 이유로 계약을 해제할 수 없다. 이를 가리켜 위 기간 동안 라이선스는 동결(frozen)되었다고 한다. 이는 그 기간 동안 도산재단을 보호하기 위한 것이다.[198]

도산관리인은 제1회 채권자집회기일 전까지 이행의 인수 또는 거절에 관하여 결정을 하여야 한다. 상대방은 도산관리인에게 상당한 기간 내에 이행선택과 이행거절 중 양자 택일을 요청할 수 있고 만일 답변을 하지 아니하면 이행이 거절된 것으로 간주되

195) 김용진, 앞의 글(주 104), 121－122면; Matthisas Nordamann and Ulrich Reber, Germnay, Marcel Willems, Matthisas Nordamann and Ulrich Reber, Licences and Insolvency, International Bar Association, Globe Law and Business 107 (2014).

196) Nordamann and Reber, *supra* note 195, at 110.

197) Johan Schneider, Germany chapter, Collier Business International Insolvency Law, ¶ 23.04 [14][d] LexisNexis (2018).

198) Id. at 109.

어 더 이상 계약의 효력을 갖지 아니한다.[199] 만일 도산관리인이 이행을 선택하면 계약에 기하여 장래의 사용료뿐 아니라 기존의 미지급 채권에 대하여도 청구할 수 있다. 상대방의 청구권은 재단채권이다. 한국과 일본 파산법의 모법인 독일이 계약의 해제 대신에 이행의 거절에 그치고 있다는 점에 유의할 필요가 있다.

(2) 라이선스 계약과 미이행 계약

1) 도산법 개정 연혁

1999년 이전의 독일의 구 파산법(Konkursordung)은 파산절연에 관한 구 파산법 제21조의 규정이 유추적용되어 전용실시권 및 통상실시권의 라이선스 계약에 대하여 파산관재인의 선택권(구 파산법 제17조)이 인정되지 아니하였다.[200] 그러나 1999년부터 시행되는 독일 도산법(Insolvenzordnung) 제103조(구 파산법 제17조에 상응하는 조문이다)는 도산관리인에게 계약의 이행 또는 이행의 거절을 선택할 권리를 부여하고 있다.[201] 또한 당사자 간에 사전에 제103조의 적용을 배제하거나 제한하는 합의는 효력이 없다(독일 도산법 제119조).

독일 도산법은 임차인이 도산한 경우 임차인을 보호하는 특칙을 두고 있다. 임차인에 대한 도산절차가 개시되면, 임차인의 도산관리인은 계약의 조항에 따라 계약을 해제할 수 있지만, 임대인은 도산절차 개시 전에 차임지체 또는 임차인의 재산상태 악화를 이유로 임대차계약을 해지할 수 없다(독일 도산법 제109조－제112조).

2003년 하급심은 부동산에 관한 조항을 라이선스 계약에 유추적용할 수 없다는 것을 전제로 도산관리인이 전용실시계약의 이행을 거절한 선택이 적법하다고 판시하였다. 그러나 이 판결에 대하여 비판이 비등하여 도산법 개정 작업이 이루어졌다. 먼저 2007년 정부안은 라이선스의 도산관리인의 선택권이 라이선시에게 미치지 아니한다는 규정을 두었으나 견해 차이로 입법이 되지 못하였다. 2011년 개정안은 미국 연방파산법과 같이 라이선서의 도산관리인의 선택권을 허용하되, 라이선시는 새로운 계약체결권을 부여하는 방식이었다. 그러나 법안 역시 성안되지 못하고 법원의 해석에 맡기게 되었다.[202] 학자들은 연방대법원이 라이선스 계약의 법리를 진화시키지 못했다고

199) 이행거절만으로는 계약상 채권·채무관계에 실체법상 어떠한 변화가 발생하지 아니한다. 계약상대방은 불이행을 이유로 손해배상청구권을 행사할 수 있을 뿐이다(Reinhard Bork·최준규 역, 독일 도산법, 박영사(2021), 100－101면).

200) Christoph Paulus and Matthias Berberich, National Report for Germany, Treatment of Contracts in Insolvency, Dennis Faber et al. ed, 232 (OUP 2013).

201) 김경욱 譯, 독일 도산법, 법무부(2019), 101면. Nordamann and Reber, *supra* note 195, at 110 역시 도산관리인이 자유롭게 선택할 수 있다고 기술하고 있다.

202) Paulus and Berberich, *supra* note 200, at 233.

평가한다.[203)]

2) 학설의 논의

라이선스 계약은 유체물을 사용하는 대가로 임차료를 지급하는 구조와 유사하므로 임대차에 관한 규정을 라이선스 계약에 유추적용할 수 있다는 견해가 유력하다. 라이선서의 도산신청은 기존의 라이선스 계약에 직접적인 영향을 미치지 아니하므로 라이선시는 계속하여 특허권 등을 사용할 수 있고 사용료 지급의무를 부담한다. 라이선스 계약도 보통의 계약과 마찬가지로 미이행 계약에 관한 법리가 적용되므로 라이선서 또는 라이선시에 대하여 도산절차개시결정이 있으면 도산관리인이 이행선택 또는 이행거절을 결정할 때까지 계약은 유동적이 된다. 라이선스 계약에서 본질적인 의무는 완료되었으나 부수적 의무는 미이행인 경우에는 대체로 미이행 계약으로 취급하지 아니하고 이행된 계약으로 취급하지만 양자의 구별이 애매하다. 그러나 만일 라이선서가 도산한 경우 라이선시가 사용료 전액을 선납한 경우에는 쌍방미이행 계약에 해당하지 아니하므로 라이선시는 계약기간 동안 라이선스에 기한 권리를 사용할 수 있다.

학설의 다툼이 있으나 독점적 라이선스는 물권적인 성질을 가지고 비독점적 라이선스는 채권계약의 성질을 가진다고 기술하고 있다. 비독점적 라이선스도 물권적인 성격을 가지는지에 관하여는 다툼이 있다.[204)] 그리고 1회 계약 후 별도로 사용료를 지급할 필요 없이 소프트웨어 등을 장기간 사용할 수 있는 실시권에 관한 영구적 라이선스 계약(perpetual license)은 이미 라이선서가 자신의 의무를 다한 것으로 보아 이행이 완료된 것으로 보되, 만일 라이선시가 계약체결 후 도산절차 개시 전에 사용료를 연체하면 라이선서는 계약을 해제하고 사용권을 회복할 수 있다. 만일 라이선시가 도산하면 라이선서가 받지 못한 사용료 채권은 도산채권이다.[205)]

도산해지조항의 효력에 관하여 논의가 있으나 미국과 같이 명문의 규정을 두지 않고 해석론에 의한다. 다수설은 도산해지조항은 관리인의 이행거절권을 부여한 독일 도산법 제103조에 위배되어 무효라고 본다. 은행도산과 관련하여 관련법은 도산해지조항이 절대적으로 금지된다는 정하고 있다.[206)] 독일 연방대법원은 2012년 에너지공급계약에서 도산실효조항을 무효하고 판시하였다.[207)] 라이선서가 도산한 경우 라이선서의 도

203) 장원규, 앞의 글(주 106), 185면.

204) Paulus and Berberich, *supra* note 200, at 232.

205) Nordamann and Reber, *supra* note 195, at 112.

206) Id. at 113. 다만 이러한 원칙의 적용 범위에 관하여는 다툼이 있다. Reinhard Bork, Rescuing Companies in England and German, 186 (OUP 2014).

207) German Federal Court of Justice, decision of 15.11.2012 – IX ZR 169/11. David Chrisoph Ehmke

산관리인이 계속하여 라이선스를 유지하려고 하는 경우에는 라이선시가 보호받지만 미국과 같이 명확한 보호는 부여되지 않고 있다.

(3) 서브라이선스 계약

라이선서가 도산하면 서브라이선스 계약에 영향을 미친다. 라이선스 계약과 서브라이선스 계약은 연계되어 있으므로 라이선스 계약의 조건에 따라 라이선스 계약이 종료되면 서브라이선스 계약도 종료될 수 있다. 판례는 계약서에 그에 관한 조항이 없다면 비록 라이선서가 도산하더라도 서브라이선스 계약은 존속한다는 입장이다.[208)]

이상의 설명은 라이선시가 도산한 경우에도 적용된다. 계약의 해석에 따르지만 원칙적으로 라이선시가 도산하더라도 서브라이선스는 존속한다. 만일 라이선시의 도산관리인이 이행거절을 하면 서브라이선시는 곧바로 라이선스 계약의 라이선시가 되고 라이선서가 서브라이선스 계약의 라이선서의 지위에 개입한다. 이후 양자 간의 라이선스 계약이 지속한다. 지식재산권을 등록함으로써 발생하는 효력은 지식재산권에 관한 영역에만 미치고 도산절차에서 당사자의 권리에 영향을 미치지 아니한다.

이상을 종합하면, 독일에서는 도산관리인, 라이선서, 라이선시, 지식재산권의 담보권자, 서브라이선스 등의 법률관계에 관하여는 아직 명확한 법리가 확립되어 있지 않다.

## Ⅳ. 지식재산권을 담보로 하는 거래와 도산절차

### 1. 지식재산권의 거래

상장기업의 가치는 株價로 표시된다. 기업의 유형자산과 금융자산을 합한 가격보다 발행주식의 시장가치가 높다는 것은 회사의 무형자산의 비중이 높다는 뜻이다. 미국의 대기업 중 마이크로소프트, 아마존, 페이스북 등의 경제적 가치는 기업 소유의 건물이나 생산 제품이 아니라, 회사가 제공하는 서비스의 가치이고 그러한 서비스는 기업이 보유하고 있는 소프트웨어의 가치이다. 제약, 컴퓨터 소프트웨어, 영화의 저작권 등을 보유하고 있는 기업이 많은 미국에서는 근래에 들어서 지식재산권의 가치를 평가하고 이를 담보로 제공하여 신용을 받는 사례가 늘어나고 있다.[209)]

---

and Annika Wolf, Executory Contracts in Insolvency: The German Perspective, Jason Chuah and Eugenio ed., Executory Contracts in Insolvency Law 334 (2nd edn, Edward Elgar, 2023)에서 재인용.

208) Nordamann and Reber, *supra* note 195, at 112.

우리나라의 특허법 102조 제6항(통상실시권에 질권설정), 제121조(질권), 제122조(질권행사로 인한 특허권의 이전에 따른 통상실시권), 제123조(질권의 물상대위), 상표법 제104조(질권), 제105조(질권의 물상대위), 저작권법 제47조(저작재산권을 목적으로 하는 질권의 행사)에서 지식재산권을 담보로 하는 규정을 두고 있다. 그러나 미국에 비하여 지식재산권의 평가가 활발하게 이루어지지 않다보니 동 조항이 활용되지 않고 있다. 그 외에 동산, 채권을 담보로 하는 신용거래의 중요성을 감안하여 동산·채권 등의 담보에 관한 법률을 제정하여 제58조(지식재산권담보권 등록), 제59조(등록의 효력), 제60조(지식재산권담보권자의 권리행사), 제61조(준용규정)을 두고 있으나 이 역시 당초 예상보다 활용되지 않고 있다.

파산자에 의하여 지식재산권이 침해된 경우에 권리의 가치가 정확하게 평가되어야 손해배상청구권을 파산채권으로 신고, 조사 및 확정할 수 있다. 또한 지식재산권자가 파산한 경우, 지식재산권은 파산재단의 재산에 속하게 되고 이것이 환가되어 채권자들에게 분배되기 때문에 채권자들의 배당률을 산정함에 있어서도 중요하다. 그리고 회생회사가 보유한 지식재산권을 담보목적물로 삼아 신용을 대여한 경우에 지식재산권의 가치가 평가되어야 회생담보권의 범위가 결정될 수 있다.

## 2. 지식재산권의 평가

### (1) 지식재산권 평가의 특징

기업이 보유한 지식재산권을 사업자금의 대출의 담보물로 사용하려면 담보물의 경제적 가치를 정확하게 평가하는 것이 중요하다. 가치의 산정이 정확하여야 대출할 수 있는 금액이 결정되기 때문이다.

그런데 다음과 같은 이유로 부동산, 동산에 비하여 지식재산권의 담보가치를 평가하는 것이 어렵다. 첫째, 주식시장과 달리 지식재산권을 대상으로 하는 공개적인 유통시장이 없다. 둘째, 거래가 개별적이어서 거래내용이 정형화되어 있지 않다. 셋째, 지식재산은 기존에 없는 독창적인 것을 내용으로 삼다보니 다른 것과 비교할 수 있는 사례가 없다. 넷째, 담보권의 등록 비용이 담보물의 가치를 상회하는 경우도 있다. 다섯째, 부동산과 같은 담보물은 담보물 자체가 시장에서 독립된 가치를 갖고 있지만 지식재산

---

209) 미국 유나이티드 에어라인사가 2020년 마일리지 프로그램을 담보로 자금을 조달한 사례가 손꼽힌다. 고객 정보, 노하우를 비롯한 회사가 보유한 지식재산권을 특정목적회사에게 양도하고, 동 회사가 보유하는 전 자산을 담보로 자금조달을 하였다(회사의 개시자료 Form 8-K 및 Moody's Investors Services의 2020. 6. 24. 보고서). 倉持喜史, 앞의 글(주 20), 311면 주 11에서 재인용.

권은 보유자인 사업자로부터 떨어진 상태에서는 가치평가가 이루어질 수 없는 한계가 많다.

지식재산권의 가치평가는 기본적으로 지식재산권을 사용하는 사업 자체에서 발생하는 수익성의 평가와 밀접한 관계가 있다. 따라서 지식재산권만을 따로 떼어내서 평가할 것이 아니라 지식재산권을 사용하는 사업에 필요한 자산과 사업에서 발생하는 수입을 총체적으로 파악하여 담보의 대상으로 삼아야 한다. 그리하여 일본에서는 이러한 방향으로 입법 논의를 거듭한 끝에 2024 기업가치를 담보물로 삼는 "事業性融資の推進等に關する法律"이 통과되었다. 동법은 2026. 12. 전에 시행될 예정이다.[210)]

노하우, 영업비밀, 도면, 매뉴얼 등은 지식재산권의 등록 대상이 아니어서 독립한 담보물로 삼기 어렵다. 그렇지만 이러한 주변정보의 활용 없이는 지식재산권의 가치를 유지할 수 없는 경우, 담보권설정자로 하여금 노하우 등의 유지, 관리 의무를 부담하는 내용을 계약상의 의무로 부과할 필요가 있다. 그리고 설령 지식재산권을 사업과 독립하여 담보목적물로 삼는다고 하더라도 거래의 현실에서는 모든 지식재산권이 담보물로 사용되고 있지 않다. 미국에서도 활발하게 담보제공이 이루어지는 것은 주로 특허권과 상표권이다.[211)]

특허권의 경우에는 평가시점을 기준으로 잔존하는 특허의 존속기간이 중요한 가치평가요소이다. 특허권을 상업적으로 실시하여 매년 일정한 규모의 수익을 올리면, 현금흐름을 바탕으로 현재가치를 파악할 수 있다. 시장에 진입하기 이전인지, 아니면 이미 본격적으로 진입하여 활발하게 제조판매가 되고 있는지도 중요하다. 어떤 국가의 특허권을 부여하는 제도가 특허출원이 아닌 특허발명한 순서인 先發明主義인지, 아니면 특허발명과 무관하에 특허출원의 순서를 기준으로 하는 先出願主義인지도 중요하다. 선출원주의가 선발명주의보다 특허권자에게 유리하게 작용한다.

### (2) 지식재산권의 가치평가방법

#### 1) 가치평가에 관한 이론

가치평가방법은 평가대상의 유형과 평가자에 따라 다양하고, 이론적인 평가기법은 크게 세 가지 방법, 즉 ① 수익접근법(Income Approach),[212)] ② 시장접근법(Market

---

210) 나카무라 사토시, "도산절차상 담보권의 중요 문제 – 기업가치담보제도 도입," 2024년 동아시아 도산재건심포지움 발표문. 법 제정 전의 논의에 관하여는 佐藤正謙, "事業擔保の意義と制度設計," 角紀代恵 外 3인 編, 現代の擔保法, 有斐閣(2022), 325–356면.

211) 미국에서 지식재산권의 특징을 고려하여 개발된 특수한 가치평가방법에 관한 자세한 논의는 이광헌, "지식재산권을 목적으로 하는 담보제도에 관하여," 재판자료 제136집 외국사법연수논집(37), 법원도서관(2018), 735–744면.

Approach),[213] ③ 비용접근법(Cost Approach)[214]이 있다. 그런데 현실적으로 대부분의 기술은 비교 대상으로 삼을 수 있는 거래시장이 존재하지 않으며, 대량의 특허권을 처분하는 것과 같은 유사거래도 존재한다고 보기는 어렵기 때문에 시장접근법에 의하여 평가하는 것은 적절하지 않다. 또한 건물 등의 가치평가와는 달리 지식재산권에 있어서는 지식재산권 개발에 소요된 비용을 기준으로 지식재산권의 가치를 산정하는 것은 부당하므로 비용접근법에는 한계가 있다.[215] 그 외 특허권과 관련하여 로열티 공제법도 사용되고 있다. 로열티 공제법은 기업이 대상기술을 보유하지 못하여 제3자로부터 라이선스하는 경우를 가정하고, 대상 지식재산의 경제적 수명기간에 라이선스 비용으로 지급하여야 하는 로열티의 현재가치를 지식재산가치로 추정하는 방법이다.

지식재산권과 관련하여 미래의 수익을 추정함으로써 기술의 가치를 평가하는 방식의 수익접근법이 가장 일반적으로 사용된다.[216] 수익접근법은 지식재산권을 실시하여 장래에 얻을 수 있는 가치, 즉 기대수익을 예측하고 이를 현재가치화하는 소득접근방식으로서 지식재산권을 새로이 창출하거나 구축하는 비용과는 관계없이 그 재산권이 지닌 향후 소득 창출능력에 초점을 두는 산정방식이다. 이 평가방법을 활용함에 있어 고려해야 할 요소는 지식재산권으로 인한 경제적 이익의 범위, 지속 기능성과 기간, 수반되는 위험 등이다. 단, 사업 주체가 아직 매출 실적이 없고 기술의 개발단계가 양산단계에 이르지 못한 경우에는 사용하기 어렵다.

반면 첨단기술제조업체의 경우 크로스 라이선스 계약에 의하여 다수의 계약상대방에 대하여 자신이 보유하고 있는 특허포트폴리오를 라이선스의 형식으로 공여하고 있

---

212) 수익환원법이라고도 한다. 평가대상으로부터 발생되는 수익의 규모를 바탕으로 평가하는 방법이다. 실무상 수익을 미래현금흐름의 현재가치로 보아 그 합계를 평가하는 방법이다. 지식재산의 수익력이라고 하는 적극적인 가치에 착목하고 있다는 점에서 경제적 합리성이 있지만, 장래의 수익을 예측한다는 점에서 주관적인 판단요소가 개입되어 거래 당사자가 수긍할 수 있는 정확한 가치 산정이 어렵다는 단점이 있다.

213) 거래사례비교법이라고도 한다. 지식재산권이 시장에서 거래되는 가격을 기준으로 하여 가치를 산정하는 방식이다. 기계설비류, 컴퓨터 하드웨어 및 소프트웨어 등과 같이 비교가능한 유사한 자산에 소재하는 기술의 평가에 적용되는 기법이다. 당사자 간에서 가장 신뢰감이 높은 방법이지만 거래가 활성화된 시장이 존재하는 것을 전제로 한다는 단점이 있다.

214) 원가법이라고도 한다. 평가대상인 지식재산을 입수하여 개발하는 데 드는 비용을 바탕으로 하는 평가방법이다. 그러나 자산이 생산하는 수익을 적극적으로 반영하지 못하는 단점이 있다.

215) 이기철, "지식재산권의 효율적 매각방안," 서울중앙지방법원 파산부 2012년도 법인 파산관재인 간담회 자료집(미공간), 43면.

216) 산업자원부도 기술평가 실무가이드(2021), 기술평가기준 운영지침(산업자원부 고시 제2016−114호) 등을 공표한 바 있다. 일본에서는 중소기업이 지식재산권을 담보로 금융을 얻기 위하여 특허청 등이 지식재산권의 定性評價 및 定量評價를 포함한 가치평가를 위한 평가서를 발간하고 있다(倉持喜史, 앞의 글(주 20), 308−309면).

기 때문에 크로스 라이선스에 사용되는 특허권은 단순한 자산은 아니고 라이선시에 대하여 의무를 부담하는 성질도 있으므로, 수익접근법보다는 비용접근법도 충분히 수긍할 수 있는 방법이라는 견해[217)]도 있다.

필자가 담당한 파산사건은 일본 기업이 CDROM과 DVD의 특허권을 보유하고 있었는데, 한국의 파산회사가 자신의 특허권을 침해하였다는 이유로 손해배상청구권을 파산채권으로 신고한 것이었다. 파산채권조사확정재판에서 손해배상액의 확정이 쟁점이 되었다. DVD, CDROM의 특허보유 회사는 숫자가 적고, 산업별로 전세계 매출량과 하나의 제품에 구성된 각 특허권자의 특허권의 비율을 보여주는 공개된 자료가 있어서 쉽게 입증할 수 있었다. 이처럼 산업별로 특화된 특허가치를 산정하는 방법이 발전하고 있다.

2) 미국에서 지식재산권의 담보거래

미국에서 특허권은 연방특허법, 저작권은 연방저작권법, 상표는 상표법(州法과 연방상표법)[218)]에 의하여 보호되고 있다. 2008년 서브프라임 모기지 사태 이후 금융기관의 대출이 냉각되어 부동산 등의 자산이 없는 중소벤처기업이 자금을 융통하는 방법으로 지식재산권의 담보거래의 시도가 시작되었다.

지식재산권을 담보물로 사용하는 담보거래는 지식재산권 자체에 대하여 담보권을 설정하는 방법과 지식재산권을 기초자산으로 하여 유동화하는 방법이 사용된다. 미국의 담보거래는 통일상법전(Uniform Commercial Code, 'UCC') 제9장을 모범으로 하여 제정된 주법이 규율한다. UCC에는 지식재산권을 담보로 하는 특별한 조항을 두고 있지 않으며 지식재산권을 무체재산(intangibles)으로 취급하여 기존의 동산/채권 등을 담보로 하는 법리를 적용하고 있다.

동산의 매수인은 통상의 거래과정을 통하여 매도인이 매도 전에 채권자에게 담보권을 설정한 경우에도 담보권의 부담이 없는 상태로서 동산의 소유권을 취득할 수 있다(UCC § 9-320). 동산매수인이 설령 담보권이 이미 설정된 사실을 알고 있는 악의의 제3취득자도 보호한다는 점이 중요하다. 이러한 법리는 § 9-321에 의하여 라이선시에 대하여도 동일하게 적용된다.[219)] 따라서 라이선시는 지식재산권에 대한 담보권 설정에 대

217) 小林信明 외 3, 앞의 글(주 114), 53-54면.

218) 상표는 연방법 및 州法에 의한 보호가 가능하다. 연방상표법이라고 하면 Lanham Act를 가리킨다.

219) [번역] § 9-321. 통상의 거래 과정에서 일반 무체동산의 라이선시와 상품의 차주

(a) ["통상의 거래 과정에서의 라이선시"]

본조에서 "통상의 거래 과정에서의 라이선시"라 함은 선의로 일반 무체동산의 라이선시가 된 자로서 라이선스가 일반 무체동산에 관한 다른 사람의 권리를 침해한다는 사실을 알지 못하고, 그러한

하여 선의·악의에 관계 없이 비독점적 법정실시권을 취득한다.[220]

그러나 부동산 또는 상품에 비하여 저작권, 특허권 등은 각 권리의 특징으로부터 가치평가의 제약이 있기 때문에 담보거래가 쉽지 않다. 저작권의 경우에는 저작권은 권리의 다발이므로 저작권, 저작인격권, 제2차 저작물에 관한 권리 등 담보물인 저작권의 내용 및 범위를 특정하는 것이 중요하다.

특허권의 경우에는 저작권에 비하여 경쟁 특허권의 출현으로 인하여 권리의 경제적 가치의 효용기간이 짧고, 특허권을 담보물로 하였다고 하더라도 특허권 설정자가 기존의 기술을 활용하여 새로운 특허권을 출원하는 경우 담보물의 범위에 포함되는지 여부가 문제될 수 있다.

이러한 문제점은 다른 담보물과 달리 특허권, 저작권마다 고유의 특징에서 발현하는 것이므로 담보평가뿐 아니라 담보권의 설정시에도 담보물의 범위를 명확히 하는 데에 주의를 기울어야 한다.

지식재산권을 담보로 하는 경우 담보권자들간의 우열 및 선의의 취득자와의 우열, 지식재산권자가 파산한 경우 파산관재인과 담보권자간의 우열의 문제는 지식재산권의 문제보다는 연방파산법의 부인권에 관한 이른바 Strong－Arm 조항의 해석에 관한 문제로 귀착된다. 위 조항의 법리를 요약하면, 파산관재인은 동산에 대하여 대항요건을 갖추지 아니한 담보권자에 대하여는 판결채권자로서의 우선특권자의 지위를, 부동산에 대하여 대항요건을 갖추지 아니한 담보권자에 대하여는 선의의 유상 취득자의 지위를 갖게 됨으로써 대항요건을 갖추지 못한 담보권자에 우선한다.[221]

담보권이 설정된 후 제3자에게 실시권을 부여한 경우 담보권자와 실시권자의 우열관계가 문제된다. 특허권의 경우 특허권을 은행에 담보로 제공하고 담보권자의 동의 없이 제3자에게 담보물을 매도하고 파산한 경우 담보물에서 파생되는 사용료의 수익의 귀속주체가 문제되었으나 법원은 은행의 권리가 우선한다고 판시하였다.[222]

---

종류의 일반 무체동산을 라이선스하는 사람으로부터 통상의 거래 과정에서 취득한 자를 말한다. 그리고 만일 라이선스가 영위하는 사업에서 그리고 통상의 또는 관습적인 사용을 갖고 어떠한 자에게 통상의 또는 관습적인 사용을 부여하는 경우 그자는 통상의 과정에서 라이선시가 된다.

(b) [통상의 거래 과정에서 라이선시의 권리]

통상의 거래 과정에서 라이선시는 비록 담보권이 대항요건을 갖추고 라이선시가 그 존재를 알고 있는 경우라도 라이선서가 제조한 일반 무체동산에 대한 담보가 없는 상태의 비독점적 라이선스 계약에 기한 권리(통상실시권)를 갖는다.

220) 김용진, 앞의 글(주 28), 82면.

221) 林治龍, "美國 破産法의 Strong－Arm 條項과 偏頗行爲에 관한 硏究 －채무자회생법과의 비교－," 파산법연구 5, 博英社(2020), 107－139면.

222) Pippin Way, Inc. v Four Star Music Co. (Bankr. M.D. Tenn. 1979). 이광헌, 앞의 글(주 211), 754

저작권법에 의하면 저작권의 경우 저작권자가 담보의 목적으로 저작권을 양도하고 다시 저작물에 대한 비독점적 사용권을 설정한 경우 만일 저작권 양수인이 저작권청에 등록하지 않았고, 선의의 라이선시가 라이선스 계약에 의하여 사용권 취득사실을 증명하면 제3자가 담보권자에 우선한다.223)

다음으로 지식재산권을 유동화하는 것은 차임, 사용료 등을 기초자산으로 자산유동화하는 것과 크게 다르지 않다. 그러나 미국의 경우 특허무효 소송이 제기된 특허 중 절반이 무효로 판결되고 있으므로 특허권에 기한 사용료를 기초자산으로 하는 유동화는 권리의 존속기간이 장기간이고, 유명가수의 노래나 유명 영화사의 영화에 대한 저작물에 비하여 안정적이지 못하다.224)

3) 가치평가를 거치지 않고 경제적 가치 유무를 가늠할 수 있는 방법

지식재산권에 대한 가치평가방법은 회계학적 지식을 가진 감정평가사 또는 회계사가 수행한다. 그런데 특허의 경우 등록되는 특허발명 중 실제로 경제적 이익으로 연결되는 경우는 5%에도 미치지 못하는 현실을 감안하면 지식재산권의 가치가 얼마나 될지 알 수 없는 상태에서 적지 않은 비용이 소요되는 가치평가를 거쳐야 하는지가 문제된다. 이에 지식재산권에 대한 등록사항을 우선적으로 검토할 필요가 있다.

특허권, 실용신안권, 디자인권, 상표권은 등록원부에, 어느 지식재산권에 관하여 전용실시권, 통상실시권 설정등록, 질권 설정등록, 가압류, 가처분 경료 또는 등록무효심판, 권리범위확인심판 등의 심판, 소송 계속 사실이 등재되어 있다. 이처럼 지식재산권에 관하여 제3자가 일정한 사용료를 지급하면서라도 지식재산권을 사용하려 하였다거나(실시권 설정의 경우), 나름의 기술평가를 실시할 수 있는 능력이 있는 신용평가기관이 지식재산권을 담보로 일정 금원을 대여한 사실이 있다거나(질권 설정의 경우), 혹은 지식재산권의 존재로 인하여 권리의 대항을 받거나 혹은 받을 염려가 있는 제3자와의 사이에 심판 또는 소송이 제기된 사실이 있다는 것(무효심판, 권리범위확인심판의 계속, 가압류, 가처분집행)은 지식재산권이 시장에서 어느 정도의 경제적 가치를 갖는다는 사실, 즉 도산재단 환가와 관련하여 제3자가 일정한 금원을 지급하고 지식재산권을 매수할 의향이 있을 가능성이 높다는 점을 시사한다. 크로스 라이선스 계약의 대상인 특허권은 시장에서 어느 정도의 경제적 가치를 갖는다는 사실이 밝혀진 것으로 볼 수 있으므로 비용접근법에 의하여 평가를 하되 보수적으로 평가하는 것이 타당하다.225)

---

면에서 재인용.

223) 17 U.S.C. § 205.

224) 이광헌, 앞의 글(주 211), 762-763면.

상표의 경우에는 어떤 상표가 다양한 분야의 상품표지로 널리 사용되면 단일한 유형의 상품표지로만 사용되는 상표에 비하여 경제적 가치가 높다. 소비자에게 인지도가 높은 상표는 상표권이 침해된 경우 고액의 손해배상을 받을 수 있다는 점에서 경제적 가치가 높다.

### 3. 지식재산권의 환가절차

#### (1) 환가 대상 지식재산권

지식재산권 중 파산절차에서 환가 가능한 자산은 주로 특허권, 실용신안권, 디자인권, 상표권이 대표적이다. 이러한 권리는 설정등록이 있어야 권리가 발생하고, 설정등록 및 권리변동에 관한 사항이 등록원부에 기재되고, 또 등록원부가 특허청을 통하여 일반인에게 공개되므로 권리의 존재 등이 명확하게 인식된다. 반면 저작권의 경우 저작물 창작 행위 자체로 권리가 발생하고, 등록절차가 필요하지 않으므로 파산재단에 보조인이 없는 상황에서는 파산관재인이 파악하기 어렵다.[226)]

#### (2) 환가 대상 지식재산권의 파악방법 - 일탈된 지식재산권 탐색

지식재산권에 관한 권리의 발생, 변경은 특허등록원부, 실용신안등록원부, 디자인등록원부, 상표등록원부 등에 각 등록되므로, 등록원부를 확인함으로써 특허권 등의 발생 여부를 확인할 수 있다. 위 각 등록원부는 한국특허정보원이 운용하는 인터넷(www.kipris.or.kr)을 이용하여 그 내용을 확인할 수 있다. 위 사이트에서는 출원인 검색방법으로 파산자가 출원인으로서 특허, 실용신안, 디자인, 상표 등록출원을 진행한 사실이 있는지 확인할 수 있고, 출원인 코드를 통하여 검색하는 것이 보다 확실하다. 다만, 위 사이트를 통해서는 전용실시권, 통상실시권, 부기 등록 기재 내용은 확인할 수 없으므로 특허청에서 제공하는 등록원부를 통하여 확인할 수밖에 없다.[227)]

#### (3) 특허권의 환가 사례 –삼성도시바 사건

파산절차는 기본적으로 채무자의 재산을 환가하여, 채권자들에게 배당하는 절차이기 때문에, 특허권 등을 보유하고 있는 라이선서가 파산한 경우 파산관재인은 특별한 사정이 없는 한 파산자와 제3자 사이의 라이선스 계약을 해약하고, 보유하고 있는 특허권 등 자산을 매각한다. 파산한 라이선서가 유용한 특허 등의 기술을 보유하고 있다면 이른바 특허괴물 등이 파산자의 특허권의 구매를 요청하는 일이 발생한다.

---

225) 小林信明 외 3, 앞의 글(주 114), 54면.
226) 이기철, 앞의 글(주 215), 31면.
227) 이기철, 앞의 글(주 215), 41면.

실제로 삼성도시바 파산사건에서도 파산관재인이 특허권을 매각한 바 있다. 파산관재인은 2017년 초부터 특허의 매각주관사 선정 및 특허에 대한 공매, 임의매각절차 등을 진행하여 일부 특허는 매각이 완료되어 매각대금을 회수하였다.

라이선시가 파산자(라이선서)의 특허권을 계속하여 사용하고자 할 경우, 라이선스에 관한 법률관계의 분석을 토대로 파산관재인이 그와 같은 특허권을 어떻게 처분하고자 할 것인가 등을 파악하여 대응할 필요가 있다. 가령, (1) 파산관재인이 관련 특허권의 처분을 원하면, 라이선시는 파산관재인과 협의하여, 특허권을 직접 인수하거나, 이것을 인수하려는 제3자와의 협의를 통하여 이후에도 계속하여 라이선스를 보유할 수 있는 방안이 있을지 확인하지 않으면 안된다. 그리고 (2) 파산관재인이 특허권을 처분한 후라면 라이선시는 라이선서의 계약위반 등을 이유로 하는 손해배상채권이 존재하는지에 관하여 검토하고, 손해배상채권이 있는 경우 라이선서에 대한 권리주장 등을 고려할 수 있고, 이와 동시에 라이선서로부터 특허권을 양수받은 제3자와 라이선스 부여에 관한 협의를 고려할 필요가 있다.

결국 특허권 등 지식재산권의 매각에 있어서는 지식재산권의 정확한 평가가 이루어져야 하는데 아직까지 국내에서는 지식재산권의 시장이 협소하여 애를 먹고 있다. 외국에 특허권 등을 등록한 경우에는 파산관재인으로서는 세계적으로 유명한 특허평가기관에게 특허권의 평가를 위임하고 이를 바탕으로 경매를 통하여 신속하게 환가하여야 한다. 특허권의 존속기간은 특허출원일 후 20년으로서(특허법 제88조 제1항) 파산선고 당시 이미 상당기간 진행한 상태인 경우에는 파산관재인이 특허권을 신속하게 매각하거나 파산재단에 속하는 재산의 포기절차를 밟아야 한다(채무자회생법 제 492조 제12호).

## Ⅴ. UNCITRAL 지적소유권 담보거래에 관한 지침과 채무자회생법 개정 논의

### 1. UNCITRAL의 논의

UN 국제상거래법위원회는 2001년 담보거래 또는 담보권에 관한 입법가이드를 마련하는 작업에 착수하여 2007년 담보거래에 관한 입법가이드(Legislative Guide on Secured Transactions)를 채택하였다.[228] 그러나 이 입법가이드에는 지식재산권을 담보로

---

228) 부동산과 지식재산권을 제외한 담보물에 대한 담보거래에 관한 것이다. 지식재산권에 관한 지침이 발표되기 이전의 담보거래 일반에 관한 논의로는 윤성근, "담보거래에 관한 UNCITRAL 입법가이드와 국내 담보거래 현황," 국제거래법연구 제15집 제2호(2006), 275-313면.

하는 거래에 대하여는 언급이 없다. 2007년 세계지적재산권기구(WIPO)와 협업을 하는 등 지식재산권에 관한 담보거래에 관하여도 논의를 계속하여 2011년에 담보거래에 관한 입법가이드, 지식재산권에 관한 담보권에 관한 보충서(Legislative Guide on Secured Transactions, Supplement on Security Rights in Intellectual Property)를 발표하였다.[229] 입법가이드는 미국의 동산담보에 관한 UCC Article 9의 영향을 받았다. 즉 대륙법계 국가는 동산에 대하여 점유를 공시방법으로 하는 데에 반하여, 미국은 동산에 대한 담보권도 등록을 통하여 공시하고 제3자에게 대항하는 방식을 취하고 있다.

## 2. 지식재산권에 대한 담보권에 관한 보충서

### (1) 연혁

국제상거래법위원회의 담보거래에 관한 입법가이드는 다자간 협약이 아니다. 또한 각국이 입법을 함에 있어서 모델이 되는 모델법의 형식도 아니다. 이 점에서 국제도산에 관한 모델법과도 다르다. 담보거래에 관한 입법가이드는 각 국가가 내국법을 정비함에 있어 참고할 수 있는 권고의 수준에서 작성된 것이다. 이 점에서 각국에서 담보거래의 차이의 정도가 도산법의 차이보다 심하다는 것을 알 수 있다.

담보거래에 관한 입법가이드의 목적은 담보부신용을 촉진하고 단순하고 효율적인 담보취득, 명확하고 예측가능한 우선순위에 관한 규칙을 확립함으로써 금융주체가 필요로 하는 동일한 원칙의 담보거래의 법적 토대를 마련하는 것이다.[230]

한편 지식재산권은 특허권, 영업비밀, 상표, 저작권과 같이 각각의 독특한 성질을 갖고 있을 뿐 아니라 각국이 이를 보호하는 방식도 다르다. 따라서 담보부거래 중 지식재산권을 담보목적물로 삼는 입법을 함에 있어서는 부동산, 동산, 채권 등에 보편적으로 적용되는 담보법의 원리를 유지하면서도 지식재산권제가 갖는 독자의 보호법익을 반영하여야 한다.

### (2) 주요 내용

'지식재산권에 관한 담보권에 관한 보충서'의 목적은 지식재산권법의 근본적인 정책을 훼손하지 아니하면서 지식재산권을 담보물로 하는 거래에서 담보적 신용력을 원활하기 위한 것이다. 제1장(적용범위와 당사자 자치)에서는 원칙으로 양도가능한 지식재산권에 담보권을 설정할 수 있음을 선언하였다. 제2장(지식재산권에 관한 담보권의 설

---

229) 지식재산권에 관한 입법지침 발표 전의 논의 과정에 관한 글로는 손승우, 앞의 글(주 15), 3-25면. 지식재산권에 관한 입법지침 발표 후의 글로는 김용진, 앞의 글(주 28), 71-91면.

230) 윤성근, 앞의 글(주 228), 278면.

정)에서는 담보권 설정의 개념, 담보권설정자와 담보권소유자의 구별, 장래의 지식재산권에 대한 담보권, 담보권 공시를 위한 필요한 요건을, 제3장(제3자에 대한 담보권의 대항력)에서는 등록되거나 등록되지 아니한 지식재산권을 담보목적물로 삼은 경우 담보권자와 담보권 설정자 이외의 제3자 즉 양수인, 라이선시 등의 법률관계에 관하여, 제4장(등록시스템)에서는 담보권의 등록제도로서 일반등록제도와 재산별 등록제도와 대항력의 효력에 관하여, 제5장(담보권의 순위)에서는 담보권의 우선순위, 경쟁하는 권리자, 선행 담보권에 관한 선의 유무, 담보권이 설정된 지식재산권의 양수인, 담보권의 열후화에 관하여, 제6장(담보권설정계약 당사자의 권리와 의무)에서는 당사자 자치와 부담부 지식재산권의 보존에 관하여, 제7장에서는 지식재산권자에 대하여 사용료를 지급하는 제3자의 권리와 의무에 관하여, 제8장(지식재산권을 담보물로 삼은 담보권자의 담보권실행절차)에서는 담보거래법과 지식재산관련법의 상호작용, 다른 종류의 지식재산권의 담보권실행 등에 관하여, 제9장(지식재산권의 구입자금)에서는 구입자금담보권의 제3자에 대한 대항력과 우선권에 관하여, 제10장(지식재산권의 담보거래에 관한 준거법)에서는 지식재산권의 재산적인 면과 채권적인 면에 관한 준거법에 관하여, 제11장(경과조항)에서는 입법 당시 경과 및 시행제도에 관하여, 제12장(라이선서 또는 라이선시의 도산이 지식재산권의 담보권자에 미치는 영향)에서는 양자의 도산에 관하여 구분하여 제안하고 있다.

담보거래에 관한 입법 가이드의 내용 중 담보권의 대항력에 관한 내용은 원칙적으로 지식재산권에 관한 가이드에도 그대로 적용된다. 이에 따라 가이드는 담보권의 설정과 제3자에 대한 대항력을 별도로 구분하여 규율함으로써 등록을 설정요건 및 대항요건으로 보는 입법례나 등록 없이도 설정합의만으로 대항요건을 취득하게 하는 법제를 따르지 않고 있다.[231)]

(3) 라이선서 또는 라이선시가 도산한 경우의 법률관계

라이선서 또는 라이선시의 도산이 라이선스 계약에 기한 당사자의 지식재산권에 미치는 영향에 관하여 정한 보충서 제12항을 살펴보기로 한다. 담보권설정자가 라이선서인 경우 전형적인 담보권설정계약에 의하면 지식재산권의 담보권자는 라이선서가 라이선시에 대하여 갖는 사용료 청구권과 비금전적 청구권을 행사할 수 있다. 이와 달리 만일 라이선시가 담보권설정자인 경우에는 담보권자는 라이선스 계약 내용에 따라 지

231) 김용진, 앞의 글(주 28), 77면. 담보권을 포함한 지식재산권 전반에 관한 보호방식에 관한 설명으로는 권창환, "지적재산권법제도에 대한 법경제학적 접근," 사법논집 제534집, 법원도서관(2012), 185-193면.

식재산권을 사용수익할 수 있는 권리에 대하여 담보권을 갖는다(보충서 para 345).

한편 라이선서, 라이선시, 서브라이선시의 순으로 이어지는 연결선 중 어느 한 사람에 대하여 도산절차가 개시되면 연결선에 놓여있는 당사자들이 도산절차에 영향을 받게 마련이다. 간혹 어느 일방에 대하여 도산절차가 개시되면 모든 라이선스 계약이 종료되는 조항을 두기도 한다. 라이선서가 도산한 경우 장래의 라이선스 사용료를 담보권자가 수령할 권한이 있는지 여부도 문제가 된다(보충서 para 347).

지식재산권에 관한 라이선스 계약도 라이선서 또는 라이선시의 도산절차 개시를 기준으로 쌍방미이행 쌍무계약에 해당할 수 있다(보충서 para 348). 지식재산권과 관련한 도산실효조항에 관하여 지식재산권에 관한 보충서는 위 조항을 무효로 하는 입법례를 소개하고(보충서 para 349), 라이선스 계약의 종료가 라이선시의 사업에 미칠 영향을 제시하면서(보충서 para 350), 각국이 이와 관련하여 이 조항을 채무자 또는 도산관리인에 대하여 무효로 취급하는 방향을 제시하고 있다. 라이선서의 도산관리인이 계약의 이행을 선택하였다면 라이선시는 종전처럼 계약에 기하여 사용료를 지급하여야 한다. 크로스 라이선스 계약에서도 같은 법리가 적용된다. 라이선서의 담보권자는 지식재산권의 환가액뿐 아니라 사용료를 받을 권리에도 담보권을 보유한다. 만일 라이선서의 도산관리인이 이행을 거절하였다면, 라이선시는 이행거절 후에는 사용료를 지급할 의무를 부담하지 않지만 이행거절 전에 연체된 사용료를 지급할 의무를 부담한다. 라이선서의 담보권자는 기지급 사용료 및 거절이전까지 발생한 사용료에 대하여 담보권을 보유한다(보충서 para 351. 352, 353).

보충서는 라이선서가 도산한 경우에 관하여는 para 350－362에서, 라이선시가 도산한 경우에 관하여는 para 363－366에서 설명하고 있는바, 라이선스 계약이 이행선택되거나 이행거절된 경우에 관한 일반론을 기술하고 있다. 이행선택을 한 경우에는 담보권자에게 영향을 미치는 것이 없음이 원칙이지만 만일 이행거절된 경우에는 라이선스 계약이 더 이상 유효하지 않게 되므로 사용료청구권이 소멸될 수 있다.

## Ⅵ. 결론

### 1. 입법의 필요성

미국 연방의회가 § 365(n)을 신설하면서 강조한 것은 지식재산권의 보호를 통한 기술개발의 장려이다. 일본도 지식재산권의 중요성을 깨닫고 특히 지식재산권의 라이선시의 보호가 강화되어야 한다는 시장의 요구를 반영하여 법률을 개정하였다. 지식재산권을 둘러싼 도산의 문제는 계약당사자간의 채권채무의 권리조정을 차원을 넘어서서 국가경제발전과 연결된 것이므로 도산 시에 발생하는 문제에 대한 예측가능성과 투명성을 높여야 한다. 그리고 이 문제는 해석론이 아니라 입법으로 해결하여야 한다. 그런데 채무자회생법은 라이선서가 도산한 경우 라이선시를 어떻게 보호할 것인가에 관한 규정을 두고 있지 않다. 그동안 여러 번의 채무자회생법의 개정이 있었음에도 불구하고 이 부분을 반영하지 못한 것은 아쉽다.

지식재산권과 관련하여 채무자회생법은 아래와 같은 점이 미비하다. 첫째, 채무자회생법이 도산해지조항의 효력에 관하여 명시적인 규정이 없고, 그에 관한 대법원 판례[232]의 입장도 명확하지 아니하여 법적안전성이나 예측가능성이 떨어진다. 둘째, 라이선서의 도산 시 라이선시를 보호하는 조항이 없으므로 이러한 사태가 발생하는 경우 거액을 투자한 라이선시도 연쇄도산할 우려가 있다. 셋째, 라이선시가 도산하는 경우 파산선고 전에 체결된 라이선스 계약에 기하여 장래에 계속하여 발생하는 사용료 채권이 담보권자에게 귀속하는지 아니면 라이선시의 파산관재인 등에게 귀속하는지에 관하여 법률에 규정이 없고 판례[233]가 있을 뿐이다.

## 2. 해석론에 대한 비판

채무자회생법의 해석에 의하여 라이선시를 보호하자는 견해에 관하여 본다.

첫 번째, 해석론을 통하여 대항력 있는 부동산 임대차에 관한 조항을 준용하자는 주장은 해석론으로서의 한계를 넘는다.[234] 왜냐하면 임대차와 지식재산권의 사용은 유사한 점도 있지만 각각의 지식재산권마다 등록, 대항력, 실시권의 내용(독점적 실시권, 비독점적 실시권, 전용실시권) 등에 차이가 있음에도 불구하고 부동산 임대차에 관한 법리를 일률적으로 적용하여 해결하는 것은 오히려 법적안정성을 해할 수 있다. 그리고 동 조항으로는 라이선시의 도산과 서브라이선스 등의 문제를 해결하기에는 역부족이다.

두 번째, 신의칙의 광범위한 통용력을 근거로 삼아 해제권이 제한될 수 있다는 견해에 관하여 본다.[235] 골프회원의 파산에 관한 일본 최고재판소의 1999. 2. 29. 판결은

---

232) 대법원 2007. 9. 6. 선고 2005다38263 판결(공 2007, 1530).

233) 대법원 2013. 3. 28. 선고 2010다63836 판결(공 2013, 733).

234) 同旨, 권창환, 앞의 글(주 4), 415면; 백종현, 앞의 글(주 51), 112면; 김용진, 앞의 글(주 104), 112－116면은 해석론 및 민법의 물권적 해결방안에 반대한다..

235) 강헌, “라이센서 파산시의 라이센시의 보호에 관한 연구 －입법론적 고찰을 중심으로,” 정보법학 제

쌍방미이행 쌍무계약에 관한 파산관재인의 해제권 행사가 무제한으로 인정되는 것이 아니고 상대방에게 현저히 불공평한 상황이 발생하면 파산관재인 등이 해제권을 행사할 수 없다고 판시하였다. 라이선시가 실시권 등의 상실로 막대한 피해를 입을 경우 지식재산권제도의 이용촉진이라는 지식재산권 보호의 목적과 채무자회생법의 입법목적과의 조화의 필요성을 종합적으로 감안하여 위 판결의 법리를 적용하여 라이선서의 파산관재인의 해제권을 제한하자는 것이다. 이 견해는 해석론으로 가능한 것이다.

그러나 원래 신의칙의 적용이 갖는 내재적 한계 즉, 요건이 불명확하고 구체적인 사안에 따라 적용되어진다는 점에서 해석론으로서 약점이 있다. 즉 어떠한 경우에 관리인의 해제권이 제한되는 것인지가 불명확하여 분쟁이 빈발할 가능성이 높고, 라이선시의 입장에서 라이선서의 도산에도 불구하고 파산관재인 등의 해제권이 제한될 수 있으니 지식재산권을 계속 사용할 수 있을 것이라는 점만 믿고 거액을 투자할 수는 없다. 특히 미등록 특허권의 통상실시권자는 라이선서가 파산한 경우 파산관재인의 해제 권한을 거부할 수 없으므로 통상실시권자의 보호에 미흡하다.

세 번째로, 법원이 쌍방미이행 쌍무계약의 해제에 관한 허가권한을 적절히 통제하는 방법도 제안되고 있다.[236] 그러나 확고한 이론적 뒷받침 없이 구체적인 사안에 따른 법관의 재량권에 의존하게 되므로 일관성의 부족과 예측가능성이 떨어진다는 약점이 있다.

### 3. 입법론

결론적으로 라이선시를 보호하기 위해서는 입법을 통하여 해결하는 수밖에 없다. 미국과 일본의 입법에 관하여 본다.[237] 먼저 미국 연방파산법의 내용을 검토한다. § 365(a)에 의하면 먼저 제1단계로 라이선서의 파산관재인에게 라이선스 계약의 이행 또는 거절의 선택권이 부여되고, 파산관재인이 계약의 이행을 거절한 경우에 제2단계로 라이선시측에, ① 이행거절을 받아들이고 계약을 종료하거나, 또는 ② 계약기간 중에는 일정한 범위의 권리를 계속 보유할 것인가의 선택권이 부여되어 있다.[238] 만일 라이선시가 ②를 선택한 경우에는 실시권은 보호되고, 지식재산권을 계속 이용할 수

---

17권 제1호, 한국정보법학회(2013), 446면.

236) 회생절차의 경우 해제에 관한 허가권 행사를 통한 통제나 파산절차에서 해제를 허가사항으로 결정하는 방안이다. 권창환, 앞의 글(주 4), 417면.

237) 영국은 쌍방미이행 쌍무계약에 대한 법리가 한국과 다르고, 계약의 포기라는 제도를 통하여 해결하고 있는데 예측가능성도 부족하고 복잡하여 영국의 예는 고려대상에서 제외하기로 한다.

238) § 365(n)(1)(A), (B).

있지만,[239] 제공기술의 개량, 노하우의 계속적 제공, 제3자의 침해배제를 구하는 것과 같은 계약에 기한 특정이행(specific performance)을 청구할 수 없다.[240] 또한 이 제도는 지식재산권의 범위를 망라적으로 보호 대상으로 하고 있고,[241] 라이선스 계약의 대상인 지식재산권을 개별적으로 보호하는 것보다도, 라이선스 계약이라는 구조 자체를 포괄적으로 보호하고 있다. 라이선시에 대한 광범위한 보호라는 관점에서는 미국 연방파산법과 같이 라이선시에게 선택권을 부여하는 제도를 도입하는 것도 적절한 방법이다.

그러나 채무자회생법에 미국 연방파산법을 그대로 따르는 것은 현재 한국의 상황에서는 어렵다고 생각한다. 그 이유는 아래와 같다.

지식재산권에 관한 양국의 제도적 전제가 다르다. 미국에서는 등록 등의 대항요건을 구비하지 않더라도, 라이선스 계약 체결 후의 양수인에 대하여 라이선시가 대항할 수 있기 때문에 § 365(n)과 같은 규정을 두어 라이선스 계약에 대한 채무자의 이행거절권을 제한하면 라이선시에 대하여 충분히 보호할 수 있다.

이에 반하여 통상실시권을 등록하여야만 제3자에 대항할 수 있는 우리나라에서는(특허법 제118조 제1항), 채무자회생법에 § 365(n)과 유사한 특칙을 두더라도 관리인이 지식재산권을 제3자에게 양도한 경우 라이선시는 양수인과의 관계에서 대항요건을 구비하지 않는 한 실시권을 주장할 수 없게 된다. 따라서 대항요건 없이 제3자와의 관계에서 실시권이 보장된다는 전제가 없는 한 미국형의 제도를 그대로 도입하더라도 라이선시의 보호에는 충분하지 않다.

다음으로 일본의 입법방식에 관하여 본다. 일본은 먼저 특허법 등을 당연대항요건주의로 전환하고 다음으로 파산법에 지식재산권에 관한 라이선스에 관한 부분을 '기타 사용 및 수익을 목적으로 하는 권리를 설정하는 계약'을 임차권에 관한 기존 조항에 편입시키는 2단계 방식으로 개정하였다.

이 방식은 실시권자의 대항요건의 구비를 요건으로 한다는 점에서 현행의 법체계에 부합한다는 점에서 장점이 있다.[242] 대항요건을 갖춘 통상실시권 등에 대하여는 실체법상으로도 보호에 관하여 정당성을 부여하는 근거가 되고 있다는 점에서 대항요건을 구비한 라이선스 계약에 대하여 채무자회생법 제119조, 제335조에 따른 파산관재인 등의 해제권을 제한할 수 있도록 하는 것은 실체법상의 우선우열의 관계를 반영하는 것

239) § 365(n)(2).
240) § 365(n)(1)(B).
241) § 101(35A).
242) 김용진, 앞의 글(주 104), 133면; 곽충목, 앞의 글(주 129), 901면.

이어서 채무자회생법의 기본이념에도 부합한다.

그러나 이 방식을 채택하려면 먼저 일본과 같이 등록요건주의인 통상실시권 제도를 당연대항요건주의로 개정하는 것이 선행되어야 하는데 아직 특허법 학자들이나 실무가들의 공감대가 형성되고 있다고 보기 어렵다.[243)]

또한 이 방법을 채택하는 경우 도산한 라이선서로 하여금 도산 이전 상황과 같은 수준의 여러 의무(제품에 대한 모니터링, 새로운 버전의 신기술 제공 등) 부담시키게 되는데 이는 재단채권, 공익채권의 부담의 확대로 연결되어 채권자평등의 원칙을 해하거나 회사의 재건에 걸림돌이 될 수 있는 위험이 있다.

그리고 파산법의 확립된 이론에 의하면, 파산관재인은 하나의 쌍방미이행 쌍무계약을 이행 또는 해제를 선택할 수 있는 것이지 계약의 내용을 변경하거나 일부만 해제할 수 없다. 그럼에도 불구하고 하나의 라이선스 계약의 중 라이선서로서의 본질적인 의무만 이행하도록 하고 그 외 도산한 상태에서 수행하기 어려운 부분은 해제할 수 있도록 하는 것이 법리상 가능한지 의문이 있다. 그리고 신의칙에 기하여 해제권의 행사 자체를 제한하는 것은 가능할지라도, 계약의 일부에 대하여만 해제할 수 있는지도 의문이다.

라이선시 보호에 관한 미국과 일본의 공통요소는 라이선서가 파산한 경우, 반드시 라이선시를 보호하여야 하고, 보호는 아무리 적어도 라이선시가 당초 계약기간 동안 계속하여 지식재산권을 사용할 수 있도록 보장하여야 한다는 것이다. 그리고 한편으로 도산한 라이선서에게 채무 이행이 채무자 재건에 부담이 되지 않도록 채무자가 현실적으로 이행하기 어려운 다른 의무(신기술 제공의무 등)를 면제시키는 것이다.

우리가 쉽게 통틀어서 지식재산권이라 부르지만 특허권, 상표권, 저작권 등은 각각의 권리가 다양하고, 궁극적으로는 라이선스 계약을 통하여 실시권을 부여하고 있으므로 계약의 내용마다 당사자 간의 권리의무가 다르다. 또한 컴퓨터, 소프트웨어, 인공지능, 제약 등 최첨단 산업과 관련되어 관련 기술이 급속하게 발전하고 있으므로 법이 제대로 따라가지 못할 뿐 아니라 섭외적인 요소가 항상 개재되어 있으므로 국제사법의 쟁점도 있다. 이러한 사정에서 당사자 일방에 대하여 파산 또는 재건절차가 개시되면 국제파산 사건이 되어 복잡한 문제가 발생하고 있다.

아직까지 지적소유권법제에서 당연대항요건주의가 도입되지 아니한 상태에서는 채

243) 제19대 국회(2012－2016)에서 정부가 등록 없이 통상실시권의 대항력을 강화하는 내용의 특허법 개정안이 발의된 바 있었다. 김선정, 앞의 글(주 136), 623－648면은 일본의 2004년 파산법이 개정되고 아직 특허법 등의 개정이 있기 전의 상황을 소개한 글이다. 구체적인 개정안의 제시는 없다.

무자회생법에 특칙을 두어 라이선서에 대하여 도산절차가 개시된 경우에 한하여, 실시권자는 종전과 같은 조건으로 계속하여 라이선스계약에 기한 지식재산권을 사용할 수 있도록 보장하되, 그 외에 채무자가 현실적으로 이행하기 어려운 의무에 대하여는 라이선서가 부담하지 아니한다는 취지의 조항을 채무자회생법에 특칙을 두는 방향으로 입법을 제안한다.

앞에서 연구한 미국, 일본과 비교하면 아직도 한국에서는 이러한 문제점에 관하여 제대로 대비하지 못하고 있다. 라이선서의 도산에 대비한 입법을 함에 있어서 미국과 일본의 논의를 반영하고 지식재산권을 담보로 금융을 얻는 방안에 대하여도 지식재산법 학계와 도산법 학계 간의 심도 있는 논의가 필요하다.

[2020년 법무부 제출 용역보고서 중 일부]

# 9. 외국도산절차의 승인 제도



## Ⅰ. 들어가면서

국제파산법과 국제사법이 겹치는 부분은 실무가로 하여금 상상력을 발휘하게 만든다. 왜냐하면 국내에서 발생하는 사안은 어느 정도 예상 범위 내이지만 양자가 교차하는 곳에서는 평소 생각해보지 못한 일들이 발생하기 때문이다.[1] 현재 국제파산법 학계에서 가장 심도 있는 논의가 진행 중인 주제는 외국도산절차에서 이루어진 면책 또는

---

1) 영국법이 준거법인 계약의 당사자 일방이 한국에서 도산한 경우 상계의 준거법은 어느 나라의 법인가? 이에 관한 대법원 2015. 1. 29. 선고 2012다108764 판결(공 2015, 293) 및 평석으로 石光現, "영국법이 준거법인 채권 간의 소송상 상계에 관한 국제사법의 제문제: 성질결정, 숨은 반정, 적응, 상계의 준거법 및 압류채권자와 상계를 주장하는 제3채무자의 우열의 준거법," 國際私法과 國際訴訟 제6권, 博英社(2019), 3－43면. 영국 법원은 영국법이 준거법인 해상운송 사건에서 쌍방미이행 쌍무계약의 법리에 기한 한국 관리인의 해제권한을 인정하여 줄 것인가? 이 점에 관한 영국 판결로 *Fibria v Pan Ocean* [2014] EWHC 2124 (Ch). 회생절차의 상계의 시기적 제한이 미국 연방헌법의 due process에 위반하는가? 이에 관한 미국 법원의 판결로 *Tongyang, Inc. v. Tong Yang Am., Inc.* 2018 N.Y. Misc. LEXIS 5551(그 후 2019. 4. 12. 항소심에서 화해로 종결되었다). 한국의 도산해지조항의 효력에 관한 법리는 뉴욕州의 實質法을 준거법으로 정한 계약에 적용되는가? 이에 관한 뉴욕남부지방파산법원의 판결로 *SMP Ltd. v. Sun Edison* Case No. 16－10992 (2017). 덴마크의 파산관재인은 한국에 있는 재산에 대하여 소송을 제기하기 위하여 별도로 서울회생법원에서 덴마크 도산절차의 승인을 받아야 하는가? 이에 관한 서울고등법원 2014. 7. 25. 선고 2012나77541, 77558 판결(미상고 확정). 네덜란드 회사에 대한 네덜란드 도산절차가 채무자 회생 및 파산에 관한 법률('채무자회생법')에 의하여 승인되어 지원절차가 진행 중임에도 불구하고 외국채권자가 동일한 네덜란드 회사를 상대로 한국에서 파산신청을 할 수 있는가? 이에 관한 서울중앙지방법원 2009. 2. 20.자 2008하합8 결정. 한국 법원은 파나마에 설립된 선박소유자인 SPC에 대하여 회생사건의 재판관할권을 갖고 있는가? 이에 관한 서울회생법원 2019. 5. 24.자 2019회합100085 결정(미항고 확정). 위에서 소개한 외국 재판의 내용에 관하여는 林治龍, 파산법연구 5 博英社(2021), 229－235면(피브리아 사건), 243－245면(아르텍 사건), 387면(Tongyang Inc 사건), 491－493면(Sun Edison 사건).

부인재판을 어떠한 방법을 통하여 국내에서 승인할 것인가 하는 점이다. 면책결정에 대하여는 2010년 한국 대법원의 토드 오 사건[2]에서 다루어졌으며 부인재판의 승인에 관하여는 2012년 영국 대법원의 *Rubin* 사건[3]에서 다루어졌다. 이 글을 준비하고 있는 2022년 5월 25일이 1997년 모델법[4] 채택 25주년임에도 아직 이 문제에 대하여 각국마다 논의가 紛紛하다.[5]

2002년 무렵 채무자회생법의 제정 작업을 할 때만 해도 과연 국제도산절차의 승인사건이 한국 법원에 몇 건이나 접수될까 하는 憂慮를 하였다. 그런데 여러 건의 승인재판을 통하여 어느 정도 실무가 축적되었고,[6] 우리가 미처 생각하지 못한 문제들

2) 토드 오 사건은 미국 파산법원의 제11장 계획인가재판의 면책효력이 한국 내(채권자 ㈜ 고합)에 미치는지 여부가 쟁점인 중요한 사건이다. 사건의 진행과정은 다음과 같다. 2007. 11. 12. 서울중앙지방법원에 채무자 토드 오의 제2차 승인신청, 2008. 2. 12. 서울중앙지방법원 승인결정(2008국승2), 2008. 3. 11. 서울중앙지방법원 국제도산관리인 선임신청(2008국지1), 2009. 8. 28. 승인결정에 대한 항고기각결정, 2009. 9. 11. 승인결정의 확정, 이와 별개로 채권자 고합의 토드 오에 대한 파산신청에 대하여 2008. 7. 9. 파산선고(2008하합20)와 채무자(토드 오)의 불복에 대한 대법원 2010. 3. 25.자 2009마1600 재항고기각 결정(공 2010, 815). 대법원 결정은 하급심의 승인결정이 확정된 후에 이루어졌다. 대법원은 채권자 ㈜ 고합이 회사정리법의 속지주의를 신뢰하여 미국 파산절차에 참가하지 아니하였음을 이유로 계획인가결정을 승인하는 것이 민사소송법 제217조 제3호의 공서에 반한다고 판시하였다. 평석으로 오영준, "채무자 회생 및 파산에 관한 법률하에서 외국도산절차에서 이루어진 외국법원의 면책재판 등의 승인," 대법원판례해설 83호(2010), 604－655면; 石光現, "외국도산절차에 따른 면책 효력의 승인," 법률신문 제3763호(2009. 7. 20.); 石光現, [補論] "외국도산절차에 따른 면책 효력의 승인," 國際私法과 國際訴訟 제5권, 博英社(2012); 石光現, "승인대상인 외국판결의 개념에 관한 대법원재판의 상충," 國際私法과 國際訴訟 제5권 博英社(2012), 490－495면 및 石光現, "미국 연방파산법에 따른 회생계획안인가결정의 한국에서의 승인," 양창수 교수 고희기념논문집, 博英社(2021), 555－585면.

3) *Rubin v Eurofinance SA and New Cap Reinsurance Corp. (in liquidation) v. AE Grant, [2012] USKS 46*; [2013] 1. A.C. 236. 판결 ('*Rubin*' 판결). 이하 面이 아니라 項*(paragraph)*으로 인용한다. 영국의 정식명칭은 United Kingdom of Great Britain and Northern Ireland이고(이하 'UK' 또는 '연합왕국'이라 표시한다), 그레이트 브리튼이라는 3개의 연합왕국(잉글랜드, 스코틀랜드 및 웨일즈)과 북아일랜드로 구성되며 3개의 왕국은 다시 2개의 *法域*으로 구분된다. 즉 잉글랜드와 웨일즈는 2개의 왕국이지만 1개의 *法域*으로서 보통법인 잉글랜드법이 적용되고, 스코틀랜드는 대륙법인 스코틀랜드법이 적용된다. 이하 영국법과 관련하여 영국이라 함은 원칙적으로 잉글랜드와 웨일즈만을 지칭하고 스코틀랜드와 북아일랜드는 제외한다.

4) 정식명칭은 'UNCITRAL Model Law on Cross－Border Insolvency 1997'이다('1997년 모델법'). 2022년 현재 50개국이 채택하였다. 1997년 모델법에 대한 해설로 石光現, "國際倒産法에 관한 연구," 國際私法과 國際訴訟 제3권, 博英社(2004), 255－294면; 한충수, "UNCITRAL의 국제도산절차와 Model Law 연구," 민사소송 제7권 제2호, 한국사법행정학회(2003), 526－568면.

5) Scott Atkins and John Martin, "The Model Law on Cross－Border Insolvency: a silver lining but not a silver bullet," GRR 30 May 2022은 1997년 모델법의 성과를 높게 평가하고 영국의 *Gibbs* rule(後述함)을 비판하면서 2018년 도산 관련 재판의 승인 및 집행에 관한 UNCITRAL 모델법(UNCITRAL Model Law on Recognition and Enforcement of Insolvency Related Judgments) ('2018년 모델법')이 널리 국내입법화할 것을 촉구하고 있다.

6) 승인재판의 예에 대하여는 우상범, "한국, 중국, 일본의 국제도산법제와 실무의 동향," 국제사법연

이 언젠가 한국 법원의 문을 두드리게 될 것이므로[7] 앞으로 제도 정비가 필요한 시점이 되었다.

국제도산의 여러 문제를 해결하기 위한 출발점은 외국도산절차의 승인의 법적 성격을 규명하는 것이다. 외국도산절차를 승인한다는 것이 외국의 도산절차 자체를 승인하는 것인지 아니면 도산절차를 개시하는 재판 또는 부수적인 재판을 승인하는 것인지, 양자는 어떠한 차이가 있는지, 그리고 이 문제를 외국도산절차의 승인의 관점에서 접근하는 것이 옳은지 아니면 외국판결승인의 관점에서 접근하는 것이 옳은지 등의 難問이 연구자의 앞길을 막고 있다.

외국도산 관련 재판(부인재판, 면책재판 등)의 승인 문제를 도산절차의 승인 절차로 접근하면 채무자회생법 소정의 승인신청, 승인결정, 지원명령을 통하게 되고, 만일 외국판결의 승인절차로 접근하면 민사소송법 제217조의 요건을 갖춘 경우, 별도의 승인판결 없이 외국도산 관련 재판의 기판력이 한국 내에 미치게 된다. 상호보증, 적법한 송달 등의 요건에서 양자의 차이가 발생한다.

일단 초학자로서 생각하면, 외국도산절차를 승인한다면 채무자회생법 제5편의 국제도산에 관한 조항을 적용하면 충분하고, 만일 외국의 도산절차개시재판과 부수적인 재판을 승인할 필요가 있으면 민사소송법 제217조의 외국판결의 승인의 문제로 다루면 족하므로 외국도산재판의 승인이라는 별도의 법리를 구축할 필요가 과연 있을까 하는 의문이 든다.

그러나 도산에 관한 역사 및 법제가 나라마다 다르므로 외국도산절차를 승인하는 제도 또한 다르다. 이 문제가 얼마나 어려운가 하는 점은 도산과 관련한 재판인 否認權과 계획인가에 관한 재판의 승인을 둘러싸고 영국에서 보통법에 기한 抵觸法(국제사법)의 원칙에 의할 것인지(영국 대법원의 입장) 아니면 도산법 독자의 보편주의에 의할 것인지(영국 樞密院의 입장)[8]의 대립을 보면 알 수 있다.[9] *Rubin* 판결 후의 餘震은 아직 가

---

구 제27권 제2호, 社團法人 韓國國際私法學會(2021), 57－59면.

7) 만일 손흥민 선수가 소속된 축구클럽 토트넘홋스퍼가 영국에서 도산한 경우, 한국에 소재한 토트넘의 재산에 대하여 배당하는 경우 일반파산채권과 손흥민의 급료채권 중 어느 것이 우선할까? 영국 도산법은 football creditors rule을 적용하여 축구선수의 급료채권을 무담보채권보다 우선시킨다(*Revenue and Customs Commissioner v Football League Ltd* [2012] EWHC 1372 (Ch)).

8) 연합왕국의 樞密院(The Judicial Committee of the Privy Council) 소속 법관들의 일부는 귀족원(현재의 대법원)의 판사이므로 추밀원의 판결은 영국 법원을 구속하는 법으로서의 선례는 아니지만 설득력 있는 선례이다(제철웅, "영국의 선례 변경," 민사판례연구 36, 博英社(2015), 1208면) 및 박홍규 옮김, William Geldart, 영국법의 원리, 博英社(2020), 24면). 연합왕국의 대법원은 스코틀랜드의 형사사건을 제외하고 모든 사건의 최종심이다. 추밀원은 영연방(Commonwealth), 속령(Channel Islands, Jersey 등) 재판의 최종심이다. 추밀원은 잉글랜드와 웨일즈의 법원조직에 속하지 아니하

라않지 않고 있다.

이하에서 일본, 미국, 영국을 중심으로 먼저 외국도산절차 승인의 법적 의미와 승인절차의 차이에 대하여(II), 1997년 모델법, 일본의 外國倒産處理手續の承認援助に關する法律('承認援助法'), 영국의 'Cross－Border Insolvency Regulations'('CBIR'),[10] 미국의 연방파산법 제15장의 구제명령에 기하여 외국 도산 관련 재판을 승인할 수 있는지에 대하여(III), 이 글의 주제와 밀접한 부인권 재판의 승인문제(IV)를 살펴보고, 마지막으로 拙見(V)을 제시하고자 한다.

## Ⅱ. 외국도산절차승인의 법적 의미와 승인절차에 관한 각국의 차이

### 1. 외국도산절차의 승인에 대한 접근 방법

외국도산절차의 승인 문제는 기존의 외국판결승인 이론 또는 국제사법이론으로 설명할 수 있는데 굳이 국제도산법의 한 분야로서 외국도산절차의 승인 제도가 과연 필요한 것인가? 그러나 다음에서 보는 바와 같이 외국도산절차의 승인 또는 도산 관련 재판의 승인 문제는 기존의 이론으로 설명하기에는 역부족이다.

첫째, 외국도산절차의 승인 제도가 없더라도 국제사법 이론에 의하여 가능하지 않을까? 즉 외국도산절차의 대표자인 관리인, 파산관재인 등('외국관재인')의 권한은 마치 외국 회사의 대표자가 A에서 B로 변경된 것처럼 국제사법 제16조의 연결원칙인 회사설립의 준거법에 따라 변경된 파산관재인의 권한의 적법성을 논하면 충분하고, 따라서 외

---

므로 귀족원의 선례를 따르지 않을 수 있다(Jacqueline Martin, The English Legal System 7th ed, 25 (Honder Education, 2016)). 추밀원의 역할에 관하여 www.privy－counsil.org.uk 참조.

9) 영국의 추밀원과 대법원의 입장이 다르고 영국 대법관들도 여러 의견을 개진하였다는 점에서 문제의 어려움을 보여주고 있다. 2006년 추밀원은 *Cambridge Gas Transportation Corporation v The Official Committee of Unsecured Creditors of Navigator Holdings PLC and others* [2006] UKSC 26; [2007] 1 AC 508 ('*Cambridge Gas*') 사건에서 도산법의 보편주의를 중시하였으나, 대법원은 4년 후 *Rubin* 판결에서 다시 전통적인 국제재판관할에 관한 저촉법의 원칙(*Dicey* rule)으로 회귀하였다. *Dicey* rule은 *Dicey, Morris & Collins, The Conflict of Laws*, 14th ed (2006)의 *Dicey*'s rule 36을 지칭하는데 외국 법원의 대인판결(*in personam* judgment)은 외국절차가 개시되었을 때에 판결채무자가 외국에 현존하였거나 스스로 외국관할권에 복속하기로 한 경우에만 영국에서 집행될 수 있다는 원칙이다(Glen Flannery, Morgan Bowen, William Sugden and Helen Coverdale, 'England and Wales' in Collier International Business Insolvency Guide, ¶21.06[3] (LexisNexis, 2019). Rubin 판결이 이를 약칭하여 '*Dicey* rule'로 표현하였다. *Rubin v Eurofinance SA and New Cap Reinsurance Corp. (in liquidation) v. AE Grant,* [2012] USKS 46; [2013] 1. A.C. 236 at [7].

10) 영국이 1997년 UNCITRAL 모델법을 국내입법하면서 1996 도산법 본문에 반영하지 아니하고 부록 Schedule 1의 형태로 제정하였다. 재건절차인 관리절차(Administration)도 도산법 § 8에 근거 조항만 두고 나머지는 부록 B1에 규정되어 있다.

국관재인이 승인국에 소재하는 재산에 대하여 관리처분권을 갖는지 여부에 관한 문제도 외국도산절차의 승인을 논할 필요 없이 외국법을 준거법으로 하여 결정하면 족하다는 생각을 할 수 있다.11)

회사의 속인법이 규율하는 사항은 회사의 설립, 권리능력의 유무와 행위능력, 조직과 내부관계, 법인기관의 권리의무 등 회사의 설립부터 소멸까지 법인의 모든 사항을 규율한다.12) 그런데 회사의 대표이사의 변경은 회사의 법인격은 그대로 유지하면서 대표자가 바뀌는 것이지만 파산관재인의 선임은 관리처분권이 전속적으로 회사로부터 파산관재인에게 이전된다는 점에서 서로 다르다. 미국 연방파산법에서는 파산신청만으로 채무자와 별개의 독립한 법인인 파산재단이 창설되고(11 U.S.C. § 541(a), 이하 조문 번호만 기재한다), 파산관재인은 그 대표자가 되는 것이므로13) 파산관재인의 선임을 회사의 대표이사의 변경과 동일하게 취급할 수 없으므로 회사의 속인법으로 규율할 수는 없다.

다음으로 파산절차의 면책 또는 채무감액의 계획인가재판과 관련하여 보건대, 채무의 소멸 원인은 채권의 준거법에 따르는 것이 원칙인데,14) 도산절차에서는 여러 유형의 채권자들이 등장하게 마련이므로 그에 따라 채권의 준거법도 다르게 되어 면책을 둘러싼 법률관계가 복잡하다.

둘째, 외국도산절차의 승인재판도 재판의 일종이므로 이를 민사소송법의 외국판결의 승인절차로 해결할 수 있다는 견해도 있다.15) 그러나 도산절차는 대심적인 성격이

11) 제강호·이제한, "외국회사의 파산관련 제문제," BFL 제42호(2010), 44-45면은 대법원 2003. 4. 25. 선고 2000다64359 판결(파올로구찌 사건)에 따라 승인결정 없이도 국내재산에 대한 관리처분권이 외국관재인에게 귀속된다는 입장이다. 대법원은 파올로구찌 사건의 판결이 토드 오 사건에 원용될 수 없다고 판시하였다. 토드 오 사건이 있기 전에 발표된 石光現, "미국 파산법원의 재판의 효력과 파산법의 속지주의 -대법원 2003. 4. 25. 선고 2000다64359 판결에 대한 평석," 國際私法과 國際訴訟 제4권, 博英社(2007), 385면은 파올로구찌 판결이 채무자회생법하에서 의의가 제한적임을 지적하였다.

12) 石光現, "한국에서 주된 사업을 하는 외국회사의 법인격과 당사자능력: 유동화전업 외국법인에 관한 대법원 판결과 관련하여," 국제사법과 국제소송[정년기념], 博英社(2022), 298면; 안춘수, 국제사법, 法文社(2017), 207면.

13) 石光現, "국제도산법의 몇 가지 문제점," 國際私法과 國際訴訟 제1권, 博英社(2001), 452면은 파울로구찌 사건에 관한 서울지방법원 1996. 6. 28. 선고 96가합27402 판결에 대한 평석을 통하여 미국 연방파산법은 파산관재인을 영국에서처럼 채무자의 포괄승계인으로 보지 않는다고 설명한다. 미국 연방파산법에 관한 설명으로 Charles Jordan Tabb, The Law of Bankruptcy 2th ed. 146 (Foundation Press, 2009). "The estate is a separate and distinct legal entity, The bankruptcy trustee is the representative of the estate."

14) 채권이 계약에 의하여 성립되었다면 계약의 준거법에 의하여 채권의 소멸사유를 판단하므로(신창선, 국제사법 제6판, fides(2007), 315면), 면제의 준거법도 채권 자체의 준거법에 의한다(折茂 豊, 國際私法(各論), 有斐閣(1959), 167면). 후술하는 영국의 *Gibbs* rule도 이러한 입장이다.

15) 오영준, 앞의 글, 637면 이하.

부족한 비송사건의 특성을 갖고 있고, 다수의 이해관계인들이 관여하는 포괄적인 집행절차이다. 그리고 송달 등을 통하여 개시결정 사실을 일일이 알려야 한다면 절차 진행에 부담이 있으므로 각국은 도산절차에서 송달 대신에 공고 등을 활용한다. 그러므로 공고의 효력에 터 잡아 도산절차개시결정 기타 부수적 재판의 효력을 미치게 하려면 대심적인 재판을 대상으로 한 외국판결의 승인이론만으로는 부족하다. 그 외에 재판의 종국성·상호보증성 등을 해결하기도 어렵다.[16]

셋째, 외국면책재판의 효력을 채무자회생법 제5편에서 규율할 수 있다는 견해도 있다.[17] 그러나 1997년 모델법은 도산실체법에 관하여 규율하는 것이 아니라 채무자가 여러 국가에 재산을 갖고 있는 경우에 도산 사건을 효율적으로 처리하기 위한 절차적인 틀을 제공하는 것이다.[18] 채권이 어떠한 사유로 소멸하는가는 실체법에 관한 문제이므로 외국도산절차 승인절차를 통하여 다른 나라의 면책재판을 해결할 것을 예상하고 채무자회생법이 제정된 것이 아니다.

넷째, 도산절차에서 이루어진 부인권에 기한 재판을 승인하는 경우 국제민사소송법상의 외국판결의 승인 문제로 해결하는 것이 쉽지 않다. 다음과 같은 문제로 범위를 넓혀가면 더욱 어렵다. 외국관재인이 승인국에 소재하는 파산재단 소유 재산에 대하여 승인국에서 부인권 소송을 제기할 당사자적격이 있는가? 설령 제기할 수 있다면 부인권의 준거법은 승인국과 도산법정지국의 도산법 중 어느 법인가? 부인권을 정식 소송이 아닌 간이한 심문절차나 소송의 항변으로 주장하는 경우에도 외국판결 승인이론으로 그 효력을 인정하는 것이 가능한가?

앞의 3개의 문제는 이미 한국에서 파울로구찌 사건과 토드 오 사건을 계기로 논의가 시작되었고, 마지막 부인권에 관하여는 미국과 영국에서 심도 있게 논의되었다.[19]

16) 자세한 비판은 石光現, "미국 연방파산법에 따른 회생계획안인가결정의 한국에서의 승인," 양창수 교수 고희기념논문집, 博英社(2021), 571－581면.

17) 石光現, "외국도산절차에 따른 면책 효력의 승인," 법률신문 제3763호(2009. 7. 20.) 및 채무자회생법 제정 이전의 견해로 林采雄, "外國倒産節次가 國內에 미치는 影響에 關한 硏究," 破産法의 諸問題(上) 裁判資料 第82輯(1999), 225면 이하.

18) 뉴질랜드 판결로 *ANZ National Bank v Sheahan* [2012] NZHC 3037. Look Chan Ho, *Cross－Border Insolvency: Principles and Practice*, 3－007 (Sweet & Maxwell, 2016)에서 재인용.

19) 미국의 *Condor* Action(後述함)과 영국 추밀원의 *Cambridge Gas* 판결 및 영국 대법원의 *Rubin* 판결에서 다루어졌다.

## 2. 외국도산절차의 승인 방식

현재 각국에서 외국도산절차를 승인하는 방식은 여러 가지가 있다. 첫째, 회원국 간의 조약으로 별도의 승인결정 없이 회원국 내에 자동적으로 효력이 발생하는 방식이 있다. 1933년 노르딕협약,[20] EU도산규정[21]이다. 둘째, 1997년 모델법을 국내입법으로 승인하여 별도의 승인결정을 통하는 방식이다. 한국, 일본, 미국, 영국의 국제도산법이 이에 속한다. 셋째, 영국의 1986년 도산법과 같이 英聯防 국가들 또는 속령간의 사법공조의 일환으로 국내법에 특별조항(영국 도산법 § 426)을 두는 방식이 있다. 넷째, 이와 별도로 또는 위의 입법 등으로 해결되지 않는 부분(도산 관련 판결의 승인, 非EU국가의 도산절차의 승인)에 대하여는 자국의 국제사법 원칙에 의하는 방식(영국의 국제사법, 독일 도산법, 스위스의 국제사법)이 있다.

1997년 모델법을 국내법으로 입법한 국가라도 하더라도 한국, 일본과 같이 승인결정에 대하여 법적 효력을 주지 않고 그 후에 발령되는 지원명령을 통하는 국가도 있고, 미국, 영국과 같이 외국의 주절차가 승인되면 자동적으로 일정한 범위 내에서 승인효과를 부여하는 국가도 있다. 그러나 미국과 영국도 관리처분권의 이전, 담보권 행사의 금지 등에 관하여 규율이 다르다(後述).

## 3. 외국도산절차의 승인과 외국판결승인의 비교

### (1) 승인의 대상 - 절차 또는 도산절차 개시결정의 재판

외국도산절차의 승인이 도산절차를 승인하는 것인지 아니면 도산절차개시결정 등 관련 재판을 승인하는 것인지를 밝히는 것은 어렵다.[22] 채무자회생법과 承認援助法은 모두 '외국도산절차의 승인'이라 함은 외국도산절차에 대하여 대한민국(또는 일본국) 내

20) 노르웨이, 덴마크, 스웨덴, 아이슬란드, 핀란드 5개국 간의 국제조약이다(정식명칭은 The Nordic Bankruptcy Convention of 7 November 1933, Phillip R. Wood, Principles of International Insolvency, 293 (London Sweet & Maxwell, 1995). 이 조약은 파산절차에만 적용되며 회사재건과 자발적 청산절차에는 적용되지 아니한다. 별도의 공조요청 없이 체약국 내에 즉시 효력이 발생하며 병행파산도 인정되지 아니한다(Bob Wessels, Bruce A. Markel and Jason J. Kilborn, International Cooperation in Bankruptcy and Insolvency Matters 157-158 (Oxford, 2009). 林治龍, "국제파산절차와 사법공조," 파산법연구(2004), 508-510면.

21) 정식명칭은 'The EC Regulation 1346/2000 on Insolvency Proceedings of 29 May 2000'이다. 2002. 5. 31.부터 발효되었으며 덴마크는 적용에서 제외된다. EU도산규정에 대한 설명으로 石光現, "유럽연합의 國際倒産法制," 國際私法과 國際訴訟 제3권, 博英社(2004). 309-367면.

22) 일본에서 承認援助法 제정 무렵에 외국도산절차의 승인절차라는 개념의 모호성을 이유로 외국국제도산절차에 대한 협력절차로 개칭하자는 견해(田頭章一, "外國倒産處理手續のについての承認考察," 企業倒産處理法の理論的課題, 有斐閣(2005), 305면)가 있었으나 채택되지 아니하였다.

에 지원처분을 할 수 있는 기초로서 승인하는 것을 말한다고 규정하고 있다(채무자회생법 제628조, 承認援助法 제2조 제5호). 채무자회생법은 '외국절차를 승인'한다는 표현이 아니라 '절차에 대하여 승인'한다는 표현을 썼지만, 1997 모델법이 "외국도산대표자가 외국절차의 승인을 신청한다."라고 규정하고 있는 점에 비추어 보면(Article 15),[23] 1997년 모델법 체제하에서 문언상으로는 승인의 대상이 도산절차이다.[24]

그러나 도산절차와 관련된 재판도 1997년 모델법 체제하에서 승인의 대상인 도산절차에 포함되는지는 불분명하다.[25] 이 점을 분명히 하기 위하여 국제상거래위원회가 2018년 모델법[26]을 채택한 점에 비추어 보면, 현재로서는 절차의 승인과 관련재판의 승인집행은 별개의 시스템에 의하여 처리되어야 한다는 것이 1997년 모델법의 입장으로 보인다.

그럼에도 1997년 모델법의 체제 아래에서 외국도산절차와 부수된 개별재판의 승인을 1997년 모델법에서 해결할 수 있는 국가(미국)가 있는가 하면 해결할 수 없는 국가(영국, 한국, 일본)가 있는 등 각국의 법체계가 달라서 예측가능성이 떨어지므로 새로운 2018년 모델법이 필요하게 되었다.

### (2) 외국판결의 승인과 외국도산절차 승인의 차이

민사소송법상의 외국재판의 승인과 외국도산절차의 승인은 아래와 같은 점에서 차이가 있다.

먼저 승인요건에 관한 차이를 본다. 민사소송법 제217조의 외국재판의 승인 요건으로서는 ① 외국법원이 국제재판관할을 가질 것, ② 패소한 피고가 공시송달에 의하지

---

23) Article 15 Application for recognition of a foreign proceeding
1. A foreign representative may apply to the court for recognition of the foreign proceeding in which the foreign representative has been appointed

24) 同旨, 石光現, "미국 연방파산법에 따른 회생계획안인가결정의 한국에서의 승인," 양창수 교수 고희기념논문집, 博英社(2021), 560면. 위 대법원 2009마1600 결정도 "'외국도산절차의 승인'은 … '외국판결의 승인'과는 달리 외국법원의 '재판'을 승인하는 것이 아니라 당해 '외국도산절차'를 승인하는 것 …"이라고 밝히고 있다.

25) 승인대상은 외국도산절차이지 외국도산절차의 개시결정 등의 재판이 아니라는 점을 명백히 기술한 글로는 中西 康, "承認の理論的性格," 山本克己·山本和彦·坂井秀行 編, 國際倒産法制の新展開, 金融商事判例 增刊號 1121号(2001), 124면 주 10. 위 글은 외국도산절차가 개시되기 전의 임시절차도 승인대상이고, 외국도산절차의 개시결정은 승인의 대상인 외국도산절차가 계속 중이라는 승인요건의 하나에 불과하다는 점을 논거로 삼고 있다.

26) UNCITRAL Model Law on Recognition and Enforcement of Insolvency-Related Judgments (2018). 이에 대한 소개로는 石光現, "도산 관련 재판의 승인 및 집행에 관한 2018년 UNCITRAL 모델법의 소개와 우리의 입법방향," DONG-A JOURNAL OF IBT LAW, Vol. 33, (2021), 1-52면; 김영주, "도산 관련 재판의 승인 및 집행에 관한 2018년 UNCITRAL 모델법과 채무자회생법에의 수용 방안," 국제사법연구 제27권 제2호(2021), 239-277면.

아니하고 소장의 송달을 받았거나 송달을 받지 않고 응소하였을 것, ③ 외국재판의 승인이 공서에 반하지 아니할 것과 ④ 상호보증이 있을 것을 요한다.

이에 반하여 외국도산절차의 승인요건으로는 ① 도산절차가 신청된 외국에 채무자의 영업소, 사무소 또는 주소가 있을 것(채무자회생법 제631조 제1항),[27] ② 외국도산절차(임시절차)가 개시되었을 것,[28] ③ 외국도산절차의 대표자가 법정 서류를 첨부하고 비용을 납부하여 서울회생법원에 승인신청을 할 것, 그리고 ④ 승인하는 것이 대한민국의 선량한 풍속 그 밖에 사회질서에 반하지 아니하여야 한다(채무자회생법 제632조 제2항). 1997년 모델법이 각국이 국내법을 제정함에 있어 필요한 범위 내에서 수정할 것을 허용하고 있으므로 채무자회생법은 상호보증을 제외하였다.[29] 1997년 모델법을 채용하기 전에도 독일, 미국, 영국, 프랑스는 외국도산절차를 승인함에 있어 상호보증을 요구하지 않았으나 스위스는 상호보증을 요구하였다고 한다.[30] 적법한 송달 요건도 명시하지 않고 있으나 승인국의 헌법상의 적법절차의 요건을 갖추어야 하는 것은 공서의 문제로 다루어질 수 있다. 이 점이 면책재판과 부인권에 관한 재판을 외국도산절차의 승인과 외국판결의 승인 중 어떠한 관점에서 접근하느냐에 따라 차이를 초래한다.

다음으로 승인의 효과도 다르다. 외국판결의 승인이 있으면 외국판결이 판결국에서 갖는 효력이 승인국에도 확장된다. 즉 외국판결 승인요건을 갖추면 법원이 별도로 법원의 승인재판을 하지 않더라도 자동적으로 승인되므로 외국재판은 당해 외국에서

---

27) 承認援助法 제17조 제1항도 같다. 따라서 민사소송법의 특별재판적의 하나인 재산소재지(한국 민사소송법 제11조)에 기한 관할은 외국도산절차의 간접관할로 인정되지 아니한다. 직접관할과 간접관할의 차이에 관한 논의로 Ralf Michaels, 'Some Fundamental Jurisdiction Conceptions as Applied in Judgment Conventions' in Eckart Gottschalk *et al.* (ed.), Conflict of Laws in a Globalized World, 29−62 (Cambridge, 2007).

28) 승인대상인 외국도산절차는 회생절차, 파산절차 또는 개인회생절차 및 이와 유사한 절차(임시절차 포함)이어야 한다(채무자회생법 제628조 제1호). 그 외에 외국도산절차의 승인 신청 당시 외국도산절차가 신청되고 아직 개시되지 아니하여도 무방하다. 서울중앙지방법원 2007. 1. 22.자 2006국승1 결정(토드 오 사건)은 외국도산절차의 승인을 하기 위해서는 외국도산절차의 계속을 그 논리적 전제로 하므로 채무자회생법 제628조 제1호 소정의 '외국법원에 신청된'이라는 의미는 '외국법원에 신청되어 계속 중인' 것으로 해석함이 상당하다고 하여 미국 파산법 제11장 사건이 종료된 후에 한국 법원에 제기한 미국파산절차의 승인신청이 부적법하다는 이유로 각하하였다. 承認援助法은 외국도산처리절차가 종료한 때에는 승인취소결정을 하여야 하고, 종료에 이르지 않았더라도 갱생계획인가 결정이 있는 경우에도 취소하여야 한다고 규정하고 있다(승인원조법 제56조 제1항 제3, 4호).

29) 韓忠洙, "外國倒産節次의 承認과 執行," 辯護士 第31輯(2001), 357면; 한민, "도산 관련 외국재판의 승인과 집행," BFL 제81호(2017. 1), 104면 및 Sally Willcock and Adam Plainer, 'England and Wales' in Collier International Business Insolvency Guide, ¶21.06[3] (LexisNexis, 2012).

30) 伊藤眞, "國際倒産法 關聯條文(國內法) 改正要綱案の解說," 竹下守夫 編, 國際倒産法, 商事法務研究會(1991), 390면. 영국의 CBIR, 미국의 연방파산법 제15장은 1997년 모델법의 원칙에 따라 상호보증을 요하지 아니한다.

효력을 발생한 시점에서 한국 내에서 효력을 발생하며, 외국에서 가지는 기판력, 형성력, 참가적 효력 등을 한국 내에서 가진다.[31] 다만 외국판결 채권자가 승인국에 소재하는 피고의 재산에 대하여 강제집행을 하려면 별도로 집행판결을 받아야 한다(민사집행법 제26조).

이에 대하여 미국과 영국에서 외국도산절차를 승인한다고 하는 것은 승인국 법원이 외국의 도산법을 적용하는 것이 아니라 자국의 국제도산법을 적용하는 것이다.[32] 따라서 승인국의 구제명령의 내용이 반드시 도산법정지국의 내용과 반드시 같아야만 하는 것도 아니다.[33]

특히 채무자회생법과 承認援助法의 외국도산절차의 승인은 승인결정 자체만으로는 어떠한 법적 효과가 발생하지 않으며 채무자회생법이 정한 지원명령을 발할 수 있는 기초로서의 효력밖에 없다. 마치 식당에 들어갈 입장권에 불과하고 지원명령이라는 개별적인 메뉴를 주문하는 방식이다. 1997년 모델법 지침도 외국도산절차의 승인이라는 것이 외국법이 지시한 대로 외국도산절차의 효과를 확대한다는 것이 아니라 승인국의 법이 예상하고 있는 부속 결과를 따르는 것이라고 설명하고 있다.[34] 채무자회생법하에서 승인결정을 받은 외국관재인이 집행판결 등 다른 절차를 통하여 채무자의 재산에 대하여 강제집행을 하여 환가하는 것이 아니라 국제도산관리인 선임결정을 받아 그 권한에 기하여 법원의 허가를 받아 채무자의 국내재산을 처분 또는 국외로의 반출을 하는 것이다. 이 점에서도 외국판결의 승인절차와 다르다.

1997년 모델법과 이를 따른 미국 연방파산법 제15장과 영국의 CBIR도 주절차 승인에 따른 자동효과로서 소송의 개시 및 진행의 중지, 집행절차의 중지, 재산처분의 금지의 효력을 자동적으로 인정하고 있다(1997년 모델법 제20조 제1항, Chapter § 1520, CBIR Article 20). 그러나 담보권 행사중지, 관리처분권의 외국관재인에게 이전 등에 관하여는 내용이 일치하지 아니한다. 미국 연방파산법에서는 담보권실행도 자동중지에 속하지만(§ 1520(a)), 영국에서는 주절차 승인효과에 담보권행사 금지가 포함되어 있지 않으므로 외국도산절차의 대표자가 승인신청 외에 추가적 구제명령의 하나로서 담보권실행금지

31) 石光現, 국제민사소송법, 博英社(2012), 409면. 승인의 효력에 관한 다른 학설로는 승인국법기준설(최공웅, "외국판결의 효력," 사법논집 제18집(1987), 334면)과 누적설(김효정 외, 외국재판의 승인과 집행에 관한 연구, 사법정책연구원(2020), 143면)이 있다.

32) 따라서 미국에서는 파산채권의 우선순위에 관하여도 외국의 도산법이 아니라 승인국인 미국 연방파산법에 의하여 결정된다(Louise De Carl Adler, Managing the Chapter 15 Cross−Border Insolvency Case A Pocket Guide for Judges, 26 (Federal Judicial Center, 2011).

33) *In re Metcalfe & Mansfield Alternative Investment*, 421 B.R. 685, 697 (Bankr. S.D.N.Y. 2010).

34) The Guide to Enactment of the Model Law at paras 154 and 159.

를 별도로 신청하여야 한다(CBIR Article 20, 21(1)(g)).[35] 그리고 관리처분권이 외국관재인에게 이전되는 점은 1997년 모델법과 영국의 CBIR은 임의적 구제명령에 속하지만,[36] 미국 연방파산법은 자동승인의 효과 중의 하나이다. 차이가 나는 이유는 미국은 제11장 사건에서 채무자가 파산신청하면 별도의 법원 명령 없이 제11장 사건이 개시되고 동시에 채무자와 별개의 법인격인 Debtor In Possession('DIP'라 약칭되며, 미국 연방파산법의 개념으로서 파산관재인과 같은 제3자가 아니라 파산절차 개시 후 파산재단의 점유와 관리처분권을 계속 보유는 채무자를 칭한다)이 출현하지만, 영국은 도산절차개시결정과 별도로 도산실무가가 청산인, 관리인, 관재인이 선임되는 절차가 마련되어 있으므로 각자 자국의 파산법에 맞도록 변형하여 1997년 모델법을 입법한 것으로 추측된다.

## Ⅲ. 외국도산절차의 승인에 기한 도산 관련 재판의 승인가능성

1997년 모델법과 이를 받아들인 일본, 미국, 영국의 국제도산법에서 정한 추가적인 지원제도를 통하여 도산 관련 재판의 승인이 가능한지를 살펴본다. 만일 외국도산절차에서 이루어진 도산절차개시결정, 관재인의 선임명령, 채권조사확정재판, 계획제출 연기결정, 계획인가결정, 도산절차 종결결정 또는 부인권에 관한 재판을 외국법원이 승인한다면 외국도산절차의 승인결정만으로 가능한 것인지 아니면 별도의 구제명령을 발하여야 하는지가 문제된다.

이 점에 관한 중요한 판결로 미국 파산법원의 계획인가결정에 대한 지원명령에 관한 영국 추밀원의 *Cambridge Gas* 사건(2007년), 한국 대법원의 토드 오 결정(2010년), 호주 법원과 미국 연방파산법원의 부인명령을 영국 내에서 승인할 것인지에 관한 영국 대법원의 *Rubin* 판결(2012년)을 들 수 있다. 이후 UN은 도산 관련 판결의 승인에 관한 문제점을 해결하기 위하여 2018년 모델법을 채택하였으나 아직까지 주요 국가들 중 이를 받아들인 국가는 없다.

---

35) Sally Willcock *et al.*, *supra note* 29, ¶21.06[3]. 동조의 적용을 받으려면 외국도산절차의 대표자가 CBIR Article 21(1)(g)에서 정한 추가적인 구제명령에 해당한다고 주장·입증하여야 한다. 영국 법원은 외국주절차가 재건절차인 경우 외국도산절차의 대표자의 신청이 있으면 담보권 행사를 중지한다. 한국 회생절차와 관련한 *TPC Korea Co Limited*, Case No 19984 of 2008 (October 28 2009, unreported), *Re Pan Oceanic Maritime* [2010] EWHC 1734 (Ch).

36) 1997년 모델법 § 21(1)(d)와 CBIR Article 21(1)(e). 1997년 모델법에 관하여는 山本和彦, 國際倒産法制, 商事法務(2002), 277면.

### 1. 1997년 모델법의 추가적 구제명령

1997년 모델법 제21조 제1항 (g)[37]는 승인국의 법원은 외국도산절차의 대표자의 신청에 의하여 주절차 또는 종절차에 관계 없이 외국절차의 승인 후에 채무자의 재산 또는 채권자들의 이익을 보호하기에 필요한 경우, 승인국의 법률에 기하여 행사가능한 부가적 구제를 허용할 수 있다고 정하고 있다.

### 2. 채무자회생법과 承認援助法

채무자회생법은 승인결정만으로는 법적 효력이 없으므로 별도로 지원절차를 통하여야 한다. 채무자회생법이 정한 지원의 내용은 제636조 제1항 제1호부터 제5호에 규정되어 있다. 그러나 외국도산절차개시결정 등의 재판을 승인하는 지원절차는 명시되어 있지 않으며 제5호 소정의 '그 밖에 채무자의 업무 및 재산을 보전하거나 채권자의 이익을 보호하기 위하여 필요한 처분'에 해당한다고 해석하거나 외국판결승인 제도를 유추하는 수밖에 없다.

채무자회생법을 제정할 당시 염두에 둔 지원절차는 채무자회생법상의 회생절차, 파산절차, 개인회생절차가 개시되었을 때 채무자회생법에 의하여 발생하는 소송절차, 집행절차의 중지, 금지, 취소의 효과를 외국도산절차의 대표자를 위하여 지원하거나 또는 관리인, 파산관재인에게 부여된 채무자의 업무 및 재산에 관한 관리처분권한을 외국도산절차의 대표자에게 부여하는 것이었다. 즉 지원절차는 외국도산절차를 지원하기 위하여 채무자회생법이 부여하는 여러 가지 법적 효과를 부여하는 것이지 채무자회생법이 상정하지 아니하는 도산개시국의 판결 승인과 같은 내용의 지원처분을 할 수는 없다.[38]

따라서 채무자회생법 제636조 제1항 제5호의 "그 밖에 채무자의 업무 및 재산을 보전하거나 채권자의 이익을 보호하기 위하여 필요한 처분" 역시 제1호부터 제4호에 상응하는 내용이거나 채무자회생법에서 인정되는 이해관계인의 사건기록의 열람 등이 포함될 수 있을 것이다.[39] 채무자의 재산에 관한 은행계좌 등 정보는 국제도산관리인으

---

37) "granting any additional relief that may be available to [insert the title of a person of body administering a reorganization or liquidation under the law of the enacting State] under the laws of this State."

38) 承認援助法도 내국도산절차 개시결정과 동시에 또는 그 후 내국도산절차 내에서의 별도의 재판에 의하여 발생하는 효과와 같다고 해석한다(中西 康, 앞의 글, 123면).

39) 임의적 구제명령 제도에 관한 CBIR Article 21(1)(d), 미국 연방파산법 § 1521(a)(4) "… the

로 선임된 후에 국제도산관리인으로서 관계 기관에 요청할 수 있을 것이다.

채무자회생법이 외국관재인에게 채권자를 행하는 행위를 부인할 수 있는 당사자 적격을 인정하는 1997년 모델법 제23조를 입법하지 아니한 까닭에 국제도산관리인이 부인권을 행사하는 것이 제5호에 포함된다고 해석하는 것은 1997년 모델법의 입법연혁이나 미국, 영국의 국제도산법의 내용에 비추어 부정적이다. 이상 채무자회생법의 설명은 承認援助法과 대동소이하다.

## 3. 미국의 연방파산법 제15장

미국 법원은 연방파산법 제15장이 제정되기 이전부터 禮讓의 원칙(principles of comity)[40]에 터 잡아 외국도산절차에서 이루어진 재판의 효력을 미국 내에서 승인하고 있다.[41] 연방항소법원이 한국의 대우자동차에 대한 정리계획인가결정의 효력을 승인한 것이 그 예이다.[42]

미국 법원은 제15장의 지원절차에 관한 일반조항(§ 1507)과 재량적·추가적인 지원조항(§ 1521(a))을 활용하여 영국보다 전향적으로 외국 파산관재인을 지원하고 있다. 예양이 포함된 일반조항(§ 1507)에 의하여 미국 연방파산법과 기타 연방법률에 기하여 외국 파산관재인에게 외국도산절차의 승인 후에 부가적인 지원절차를 발할 수 있으며, 구체적인 지원조항(§ 1521(a))을 통하여 재량적인 지원절차로서 제15장의 목적을 달성하기 위하여 그리고 채무자의 재산이나 채권자들의 이익을 보호하기 위하여 필요한 조치를 할 수 있다.

브라질 도산절차의 승인 사건[43]에서 미국 법원은 ① 채권자들이 외국도산절차에서 공정하게 취급받고 있고, ② 미국 채권자가 외국법정에서 채권신고를 하는 등 절차참가에 불리함이 없고, ③ 외국절차에서 편파행위 또는 사해행위가 없으며, ④ 외국도산절차에서의 배당절차가 미국과 거의 동일한 점 등을 승인의 요건으로 삼고 있다.

반대로 예양의 기준을 맞추지 못하였다는 이유로 파산자가 아닌 제3자의 동의 없이 제3자에 대한 채무면제를 구하는 멕시코의 재건계획에 기한 구제신청이 기각된 바

---

delivery of the information concerning the debtor's assets, affairs, rights, obligations or liabilities."

40) *Hilton v Guyot*, 159 U.S. 113 (1895).

41) 1997년 모델법에는 예양의 단어가 없으나 미국 연방파산법 제15장 § 1507과 § 1509에 '예양'이 사용되고 있다.

42) *In re Daewoo Motor America, Inc. v. General Motors Corp., et al.*, 459 F.3d 1249 (11th Cir. 2006).

43) *In re Rede Energia*, 515 B.R. 69 (Bankr. S.D.N.Y. 2014).

있다.[44)]

구체적인 지원명령의 예로는 주절차의 승인효과의 범위를 벗어나는 부분에 대한 중지명령, 속행명령, 미국 내에 있는 채무자의 재산의 전부 또는 일부를 배분할 권리를 외국관재인과 조사위원 등에게 위임하는 조치를 들 수 있다. 예컨대 브라질의 재건절차에서 인가된 재건계획에 기하여 권리가 변경된 것을 전제로 외국 파산관재인이 § 1521에 기하여 계획의 내용에 반하는 내용의 채권자들의 행위를 미국 내에서 금지하는 명령을 발하는 방식이다.[45)] Condor 사건에서 미국 연방항소법원은 부가적 구제명령에 관한 § 1521(a)(7)를 적용하여 외국청산인이 제15장 절차에서 자국도산법을 적용하는 것을 허용하였다.

영국의 회사에 대한 재건절차인 Scheme of Arrangement(회사채무정리계획, 'SoA')는 도산법이 아니라 회사법의 제도라는 이유로 EU도산규정에서는 승인대상인 도산절차에서 제외되어 있지만 미국 연방파산법은 도산절차의 정의 조항에서 채무면제를 포함하는 조항을 둠으로써 승인하고 있다.[46)] 그 외 캐나다의 재건절차인 CCAA, 프랑스의 보호절차, 크로아티아의 특별관리절차 등의 채무조정안에 대한 인가재판을 승인 집행하고 있다.[47)]

요건대 미국 법원은 오래 전에 확립된 예양의 원칙과 이해관계인의 이익보호에 관한 § 1522를 적절하게 활용하여 하여 외국도산절차에서 이루어진 재판과 그에 따른 지원명령의 행사 여부를 판단하고 있다.

## 4. 영국의 CBIR과 판례법

### (1) 지원절차의 내용

영국 법원은 CBIR을 적용함에 있어 반드시 동법에 한정하지 아니하고 그 외 영국법이 외국관재인에게 부여하는 구제도 허용한다. CBIR Article 21에 명시된 재량적(임의

44) *Ad Hoc Group of Vitro Noteholder v Vitro SAB de CV* (*In re Vitro SAB de CV*), 701 F.3d 1031 (5th Cir. 2012).

45) *In re Rede Energia*, 515 B.R. 69 (Bankr. S.D.N.Y. 2014).

46) 미국은 이 절차를 제15장에서 승인하기 위하여 연방파산법의 정의 조항(§ 101(23))에서 외국도산절차의 규정에 채무조정에 관한 법을 포함시킴으로써("under a law relating to insolvency or adjustment of debt") 근거 조항을 두었다. 뉴욕 파산법원은 2020. 9. 3. Virgin Atlantic에 대한 SoA의 인가결정을 승인하였고, 케이먼 아일랜드 법원이 SoA를 인가한 것에 대하여 제15장에 기한 외국도산절차로 승인하였다(*In re Ocean Rig UDW Inc.* 570 B.R. 687 (Bankr. S.D.N.Y. 2017).

47) 자세한 내용은 김영석, "국제도산에서 도산절차와 도산관련재판의 승인 및 집행에 관한 연구," 서울대학교 법학박사학위논문(2022), 32-94면 참조.

적)인 지원절차로서 채무자회생법과 다른 것으로는, 채무자 아닌 제3자에 대한 채무자 재산의 처분, 담보설정 등의 금지행위(c), 채무자의 재산에 관한 증인신문, 증거조사(d), 영국 채권자들의 이익이 충분하게 보호되는 경우에 한하여 외국관재인 등에게 영국에 소재한 채무자 재산의 관리 및 환가권한의 위임(e),[48] 구제명령의 연기(f) 및 기타 영국법에 기하여 도산담당기관(관리절차의 관리인 포함)이 행사할 수 있는 추가적 구제명령(e) 등이 있다.

담보권의 실행중지는 주절차의 승인효과에 의하여 인정되지 아니하고 추가적 구제명령을 별도로 받아야 가능하다.[49] 그 외 추가적 구제명령의 예로는 관리절차의 관리인이 담보권이 설정된 담보물을 매각할 수 있는 권한의 부여이다.[50] CBIR Article 2(1)(g)가 연합왕국의 법에 기하여 도산담당기관에게 부여된 구제를 허용한다고 정하였는데 연합왕국의 법에는 저촉법이 포함되므로 저촉법에 따라 추가적 지원명령의 하나로 외국법을 적용할 수 있다는 견해도 있으나,[51] 판례는 외국법의 적용을 부정하는 것으로 소개하는 견해도 있으므로,[52] 아직 확립되었다고 보기 어렵다. 그 외 중요한 것으로 외국관재인은 승인결정만 받으면 별도로 영국 도산법에 기한 정식의 도산절차(청산 또는 관리절차)를 제기하지 않고도 영국 도산법 S.238, S.239, S.423에 기한 부인권을 행사할 수 있다(이 점에서 미국과 다르다).[53]

아제르바이젠 도산대표자가 CBIR Article 21에 기하여 모라토리엄의 효력을 아제르바이젠의 도산절차가 종료된 후에도 발휘할 수 있도록 하기 위하여 영국 법원에 모라토리엄 연장신청하였다. 영국 법원은 終期의 제한 없이 담보권자의 권리행사를 유예시키는 모라토리엄은 실체법적인 성질을 갖고 있고, *Gibbs* Rule[54]에 따르면, CBIR Article 21에 기한 구제는 절차적인 것이므로 법원은 잉글랜드 법에서 부여된 실체법을

---

48) 채무자회생법은 국제도산관리인 제도를 통하여 허용하고 있다. 미국은 § 1520(a)에 기하여 주절차의 승인과 동시에 외국관재인에게 § 363, § 549 및 § 552에 기하여 외국대표자가 미국 내 소재하는 재산에 관하여 채무자의 사업을 계속하는 권한이 부여된다. 이 점에서 미국과 영국의 차이가 있다.

49) Look Chan Ho, 'England' in Look Chan Ho (ed.), Cross-Border Insolvency: A Commentary on the UNCITRAL Model Law 217 3rd ed. (Globe Law and Business, 2012).

50) Id. at 218.

51) Id., Sally Willcock *et al.*, *supra note* 29, ¶21.06[3].

52) Glen Flannery *et al.*, *supra note* 9, at ¶21.06[3]은 근거로 *Re Pan Ocean Co. Ltd.* [2014] EWHC 2124 (Ch)를 인용하고 있다.

53) Id.

54) *Gibbs & Sons v Societe Industrielle et Commercial des Metaux* (1890) 25. Q.B.D. 399 (C.A.) at 405-407 (Lord Esher, MR). 이 원칙은 채무의 면책은 채무의 준거법에 의하여야 하고 만일 잉글랜드 법이 준거법이라면 설령 채무자에 대하여 프랑스에서 파산절차가 개시되어 면책이 인정되더도 잉글랜드에서는 면책의 효력이 없다는 것이다.

변경하거나 소멸시킬 수 없다는 것을 근거로 신청을 기각하였다.[55]

도산 관련 재판을 구제명령의 일환으로 승인을 허용할 수 있는가에 관하여 영국에서 중요한 논의가 있었다. 항을 바꾸어 설명한다.

(2) 보편주의를 강조한 *Cambridge Gas* 사건

뉴욕 파산법원이 인가한 계획을 수행하기 위하여 채권자위원회가 Isle of Man 법원에 지원신청을 한 것에 대한 2006년 추밀원의 판결이다.[56] 추밀원은 이 사건에서 국제도산절차의 보편주의를 강조하였다. 사안의 개요는 아래와 같다.

Isle of Man에서 설립된 5개의 선박회사가 뉴욕 파산법원에 파산신청을 하였다. 법원이 인가한 계획에 의하면, 5개사의 주주인 Navigator 회사가 보유한 주식을 채권자위원회에 양도하되 채권양도의 집행을 위하여 채권자위원회는 Isle of Man 법원에서 필요한 조치를 취하기로 정하였다. 뉴욕 파산법원은 Isle of Man 법원에 사법공조를 요청하였다. 파산신청인인 5개사의 주주는 Isle of Man에 설립된 회사 Navigator이고, Navigator의 주주는 Cambridge Gas 회사였다(케이먼 아일랜드 회사). 그리고 Cambridge Gas의 주주는 Vela Energy Holdings 회사였다(바하마 아일랜드 회사). 즉 지배구조를 모회사에서 자회사 순으로 표시하면 Vela Energy Holdings → Cambridge Gas → Navigator → 5개 선박회사이다.

5개의 선박회사는 파산신청인으로서, Vela Energy Holdings와 Navigator는 법원에 계획을 제출하는 등 뉴욕 파산절차의 관할권에 복속하였으나 Cambridge Gas는 파산절차에 참가한 바 없었다. 채권자위원회가 Isle of Man 법원에 Navigator의 주식을 채권자위원회에 이전하는 것을 구하는 소송을 제기하였다. 이에 Cambridge Gas가 자신은 케이먼 아일랜드에서 설립된 회사이지 Isle of Man에서 설립된 회사가 아니고, 뉴욕 파산절차에 참가하지 아니하였고, 파산법원의 인적관할권에 복속한 바 없으므로 뉴욕 파산법원의 명령이 Isle of Man에서 자신이 보유한 Navigator의 주식에 관하여 영향을 미치지 아니한다고 항변하였다(Cambridge Gas가 뉴욕 파산법원의 인적관할권에 복속하지 아니

---

55) *Re OJSC International Bank of Azerbaijan* [2018] EWHC 59 (Ch).

56) 이 판결에 대한 국내의 소개 글로는 김영석, 앞의 학위논문, 135−141면. 이 판결과 *Rubin* 판결에 대한 海事法의 입장에서 분석한 일본의 글로는 安藤誠二, "國際倒産法上の否認權(承認と執行に關する英國判例法の變遷)," 海事法硏究會誌 2013·5 (No. 219), 2−21면. 영국 대법원장 Lord Neuberger는 2017년 런던에서 개최된 International Insolvency Institute Annual Conference(필자 참석)의 keynote speech에서 이 판결을 포함하여 그 후에 영국대법원과 추밀원에서 선고된 *Re HIH Casualty and General Insurance Ltd* [2008] UKHL 21, *Rubin* 판결 (2012), *Singularis Holdings Ltd. v. PricewaterhouseCoopers*, [2014] UKPC 3을 평가하면서 이 판결을 국제도산법에 있어서 최고수준의 보편주의(high water mark of UK universalism)를 보여준 판결로 평가하고 있다.

한다는 점은 다툼 없어서 쟁점에서 배제되었다).

쟁점은 Isle of Man 법원이 미국 법원의 계획인가결정이라는 재판을 원조하여 줄 근거가 무엇인가 하는 점이었다. 제1심인 Isle of Man 법원은 미국 법원의 계획인가재판은 역외소재 재산권의 변경을 목적으로 하는 대물판결이라고 판시하고, 국제사법의 일반원칙에 따라 대물판결은 법원의 관할구역 내에 존재하는 재산에 대하여만 미친다는 이유로 채권자위원회의 승인 및 집행신청을 배척하였다.

Isle of Man 항소심은 제1심 판결을 취소하면서, 뉴욕 파산법원의 명령은 대물판결이 아니고 그것은 Navigator가 뉴욕 파산법원의 관할에 자발적으로 따르기로 하여 개시된 도산절차에서 내려진 對人判決이다. 판례법에 따르면 Isle of Man 법원은 대인관할권에 기하여 회사재산을 처리하는 외국 도산법원의 지원에 대하여 광범한 재량권을 갖고 있고 있으므로 계획의 실행이 가능하도록 채권자위원회에 Navigator의 주식을 이전하도록 지원하여야 한다고 판시하였다.

Cambridge Gas는 상고이유로 뉴욕 파산법원의 판결이 대물판결(in rem)이라면 Isle of Man에 소재하는 주식의 소유권에 대하여 영향을 미칠 수 없고, 만일 대인판결(in personam)이라면 Cambridge Gas에게는 구속력이 없으며, Navigator가 뉴욕법원의 관할권에 복속한 것을 마치 Cambridge Gas가 복속한 것으로 항소심이 오해하였다고 주장하였다.

그러나 추밀원(Hoffmann 판사)은 다음의 이유로 상고를 기각하였다.

「도산재판이 대인재판이거나 대물재판이라면 Cambridge Gas가 주장하는 바와 같이 뉴욕 파산법원이 대물관할 또는 대인관할권을 갖고 있지 않다는 점은 맞다. 도산재판은 대인재판도 대물재판도 아니다. 대인판결과 대물판결은 모두 권리의 존재를 법원이 확정하는 것이다. 대인판결이건 대물판결이건 외국법원이 판결하였다면 그 근거에 대하여 간섭할 필요 없이 확정된 권리가 승인된다. 판결 그 자체가 권리의 원천이기 때문이다.

한편 도산절차의 목적은 권리의 존재를 확정하는 것이 아니라 채무자의 재산에 대하여 권리확정을 마친 채권자들에 의한 집단적 집행의 틀을 제공하는 것에 있다. 그 틀의 상세한 내용은 다를 수 있고 도산절차 중 권리확정이나 채무의 증명에 대하여 다툼이 있어 판단을 요하는 경우가 있지만 이는 부수적 절차에 불과하고 도산절차의 근간을 이루는 것이 아니다. 영국 판례법은 전통적으로 채권자들의 공평을 위하여 도산절차가 전 세계적으로 적용되는 것을 이상으로 삼아 왔다. 우연히 어떤 사람이 재산이 있거나 또는 채권자들의 숫자가 적은 곳에 거주하고 있다는 이유로 유리한 입장에 처하게 되는 일이 있어서는 아니 된다. 따라서 영국 법원이 외국도산절차를 지원을 함에 있어서 외국 도산법의 규정은 국내법이 아니므로 이를 그대로 적용하는 형태의 지원을 하는 것은 허용되지 않지만 적어도 영국의 도산절차 내에서 가능한 지원이라면 어떤 것이라도 지원하지 아니하면 안된다. 외국도산절차의 승인의 목적은 외국관재인 또는 채권자로 하여금 영국 내에서 병행도산절차를 개시하는 것을 피하게 함과 동시에 그와 같은 절차가 이루어지는 경우에 영국 법원으로부터 얻을 수 있는 구제를 하는 것에 있다.」[57]

이 판결의 의미는 국제사법의 일반원칙에 불구하고 도산절차의 보편주의의 목적을 고려하여 도산절차의 집행관할에 관한 독자의 법리가 존재함을 인정한 것에 있다. 그러나 영국 대법원은 6년 후 *Rubin* 판결을 통하여 추밀원이 도산판결이 대물판결이 아니라고 판단한 부분을 번복하면서,[58] 전통적인 국제사법의 일반원칙으로 회귀하였다.

### (3) 보통법의 *Dicey* rule을 강조한 *Rubin* 사건

이 사건의 쟁점은 부인권 소송에 관한 2건의 미국(*Rubin* 사건) 판결과 호주(*New Cap* 사건) 판결의 승인·집행과 관련된 것이다.[59]

먼저 뉴욕 파산법원과 관련된 판결을 본다. Virgin Island의 법인인 Eurofinance SA가 소비자신탁을 설정하여 일종의 피라밋 사기로 영업을 하다 도산하여 뉴욕 파산법원에 제11장 파산신청을 하였다. 60,000명의 피해자들이 미국과 캐나다에 거주하고, 소비자신탁의 재산도 미국 내에 소재하였다. 관리인이 대주주(Adrian Roman과 Eurofinance)를 상대로 부당이득반환, 부정한 資金移動 등을 청구원인으로 금전의 지급을 구하는 소송을 제기하였다. Eurofinance는 응소하지 아니하여 법원은 1.6억 달러의 지급을 명하였다. 관리인은 영국 High Court에 판결의 승인을 구하였다. 영국 법원은 뉴욕 파산법원의 판결은 승인하되 집행은 기각하였다. 쌍방이 항소하였다.

호주 사건의 내용도 거의 유사하다. 호주에서 개시된 청산절차의 청산인이 뉴사우

---

57) *Cambridge Gas Transportation Corporation v The Official Committee of Unsecured Creditors of Navigator Holdings PLC and others* [2006] UKSC 26; [2007] 1 AC 508 at [12]-[14].

58) *Rubin v Eurofinance SA and New Cap Reinsurance Corp. (in liquidation) v. AE Grant, [2012] USKS 46*; [2013] 1. A.C. 236 at [103]은 대물판결로 판시하였다.

59) *Rubin* 사건의 항소심 판결이 *Rubin & Anor v Eurofinance SA & Ors [2010] EWCA Civ 895*인바, 판례법에 기하여 집행관할권을 긍정하였다. *New Cap* 사건의 항소심 판결이 *New Cap Reinsurance Corp. & Anor v Grant & Ors [2011] EWCA Civ 97*인바 제정법에 기하여 집행관할권을 긍정하였다. 2건이 상고되었는데 대법원이 이를 병합하여 1개의 판결을 선고하였으며 대법관들마다 의견을 개진하였을 뿐 아니라, 당대 국제사법의 대가인 Adrian Briggs 교수와 국제파산법의 대가인 Ian Fletcher 교수가 의견서를 제출하였으며 2019년 서거한 Gabriel Moss (QC)가 New Cap 사건의 소송대리인으로 관여하였다. *Rubin* 판결에 대한 해설로 한민, 앞의 글, 102-103면; 石光現, "도산 관련 재판의 승인 및 집행에 관한 2018년 UNCITRAL 모델법의 소개와 우리의 입법방향," DONG-A JOURNAL OF IBT LAW, Vol. 33, (2021), 5면 주석 12; 김영석, 앞의 학위논문, 141-166면.

스웨일즈법원에 변제금원의 반환을 구하는 소송을 제기하였다. 피고들은 소장의 송달을 받지 아니하였고, 소송절차에 참가하지 아니하였지만 청산절차에 채권신고는 하였다. 청산인은 승소 판결을 얻은 후 영국 법원에 영국 도산법 § 426[60]와 보통법에 기한 집행을 구하였다. *Rubin* 사건의 항소심은 추밀원의 *Cambridge Gas* 판결 중 Hoffmann 판사의 법리를 따랐다.

「뉴욕 파산법원의 판결은 금전지급을 명하는 대인판결이다. 판결채무자가 대심절차개시 시에 미국에 거주한 바 없고 응소도 하지 아니하였으므로 관할권을 다투는 판결채무자의 방어를 깨기 어렵다. *Cambridge Gas* 사건의 쟁점이 된 도산재판은 대인 또는 대물재판도 아니고 그 목적은 권리가 확정된 채권자에 의한 채무자 재산에 대한 집단적 집행의 틀을 단순히 확립하도록 한 것이다. 도산은 권리의 확립이 아니라 권리를 집행하는 집단적 절차이다. 관리인의 부인권과 관련한 절차를 권리의 확정절차가 아니라 권리를 집행하는 집단적인 도산절차의 일부라고 성질결정할 수 있느냐가 문제이다. 대심절차는 도산절차의 일부이고 그 구성요소이다. 외국의 대인판결을 집행함에 있어 사용되는 영국의 전통적인 *Dicey* rule은 도산절차에 적용되지 아니한다. 부인권의 틀은 도산의 집단적 성질과 일체화되어 그 핵심을 점하고 있는 것이고 단순한 부수적 절차는 아니다. 자산의 수집·추심의 과정에는 영국법제와 현저하게 다르고 취소가능한 자산처분을 부인하기 위한 권력의 사용이 포함된다. 미국 파산법원의 명령은 도산절차에서 집단적 강제 제도로서 그 목적을 위하여 발령되는 것으로서 도산에 관한 독특한 국제사법 규칙이 지배한다. 그것은 수정된 보편주의의 원칙에 기하여 판례법의 바람직한 전개이다. 도산에는 일원적이고 보편적인 성질을 갖는 국제사법의 원칙이 존재하며, 국제적 승인을 받아 도산채무자의 전 재산에 대하여 보편적으로 적용되는 도산채무자의 주소지 법원에서 일원적 도산절차가 존재하지 않으면 안 된다.」

요컨대 항소심 판결은 부인판결은 대인판결이지만 그것이 도산에서 집단적 집행제도의 핵심을 점하는 것으로서 특별한 규칙이 지배되기 때문에 *Dicey* rule이 적용되지 아니한다고 판시하였다. *New Cap* 사건의 항소심도 집행이 가능하다고 판시하였다. Eurofinance가 상고하였다.

영국 대법원은 항소심 판결을 파기하였다. 근거로 ① CBIR 어디에도 영국 법원으로 하여금 외국 파산법원의 판결을 제3자에 대하여 집행하는 권한을 부여하는 조항이 없으며 묵시적으로 CBIR에 그러한 권한이 있다고 해석할 수 없다. ② *Dicey* rule이 파

60) 동조는 영국 도산법에 특유한 조항으로 연합왕국(UK) 내의 4개 관할과 영연방의 일부 관련국가, 속령의 법원 간의 공조를 정하고 있다(林治龍 譯, 영국 도산법, 법무부(2021), 777−783면).

산절차의 부인소송에 배제될 근거가 없다. ③ 추밀원의 *Cambridge Gas* 판결 중 도산절차에 관한 판결이 대물판결도 아니고 대인판결이 아니라는 설시 부분이 잘못되었다.

결론적으로 영국 대법원은 *Rubin* 사건에서는 판결채무자의 인적관할권의 결여를 이유를 집행할 수 없다고 판시하고, *New Cap* 사건에서는 판결채무자가 비록 부인소송에는 어떠한 조치를 취하지 아니하였지만 도산절차에서 채권신고를 함으로써 도산절차에 복속하였으므로 그 판결이 영국에서 집행될 수 있다고 판시하였다.[61]

## 5. 검토

먼저 도산 관련재판은 민사 및 상사에 관한 재판이 아니므로 민사 및 상사에 관한 재판의 승인과 집행을 규율하는 브뤼셀협약,[62] 브뤼셀규정,[63] 루가노협약[64] 및 계약채무의 준거법에 관한 Rome I의 적용대상이 아니다.[65]

다음으로, 외국도산절차를 승인하는 방식에는, 절차개시국의 도산법에 기한 도산절차의 효력을 승인국에 승인하는 방식(EU도산규정)과 승인국의 국제도산법이 인정하는 효력의 범위 내에서 효력을 인정하는 방식(1997년 모델법[66])이 있다. EU도산규정 제17

---

61) 부인소송의 관할 법원에 피고의 주소가 없으며, 관할합의를 한 바 없으며, 실제로 응소도 하지 아니하였고, 소장도 본인이 수령하지 아니하였고 법정지법이 허용하는 대리수령인의 방법으로 소장이 송달되었으므로 전통적인 판결승인에 관한 *Dicey* rule에 의하면 영국 법원이 승인할 수 있는 외국판결에 해당하지 아니한다. 그러나 피고가 파산절차에서 채권자로서 자신의 대리인을 통하여 관재인과 교신하여 중요 사항을 지적하고 채권신고를 하는 등으로 파산절차에 참가하였다는 점 등을 이유로 대법원은 호주 법원의 부인소송에 대한 간접관할권을 인정하였다. 김영석, 앞의 학위논문, 162-165면은 영국 대법원이 영국 내에서 호주 판결의 효력을 인정한 근거는 1933년 외국재판(상호집행)법 § 4(2)(a)이지, 1986년 도산법 § 426과 관할에 관한 보통법이 아니라고 설명하고 있다. 한편 Look Chan Ho, *Cross-Border Insolvency: Principles and Practice*, 4-085 (Sweet & Maxwell, 2016)은 외국판결의 승인집행에 관한 보통법 원칙이 적용되었다고 기술하고 있다.

62) Brussels Convention on Jurisdiction and the Enforcement of Judgments in Civil and Commercial Matters 1968.

63) Brussels Regulation Council Regulation (EC) No. 44/2001 of 22 December 2000 on Jurisdiction and the Recognition and Enforcement of Judgments in Civil and Commercial Matters 및 Brussels Regulation I recast: Council Regulation (EU) No 1215/2012 of the European Parliament and of the Council of 12 December 2012 on Jurisdiction and the Recognition and Enforcement of Judgments in Civil and Commercial Matters (recast).

64) Lugano Convention on Jurisdiction and Enforcement of Judgments in Civil and Commercial matters 1988 및 Lugano Convention 2007 on Jurisdiction and the Recognition and Enforcement of Judgments in Civil and Commercial matters.

65) 石光現, "民事 및 商事事件의 裁判管轄과 裁判의 執行에 관한 유럽공동체 協約(일명 "브뤼셀협약")," 國際私法과 國際訴訟 제2권, 博英社(2001), 326면. 루가노협약에 대하여는 "개정 루가노협약에 따른 계약사건의 국제재판관할," 國際私法과 國際訴訟 제5권, 博英社(2012), 340면 및 Look Chan Ho, *Cross-Border Insolvency: Principles and Practice*, 4-096 (Sweet & Maxwell, 2016).

66) Article 20 Effects of recognition

조에 의하면, 개시국의 판결은 모든 회원국에서 개시국의 법률에 기한 것과 같은 효력을 갖는다.[67]

그런데 외국도산절차를 '승인'한다고 하는 것이 개시결정의 재판을 승인하는 것인지 도산절차를 승인하는 것인지에 대하여 논란이 있다. EU도산규정은 도산절차의 개시재판(제19조),[68] 진행, 종결 및 화의에 대한 법원의 인가재판(제32조 제1항 제1단락), 도산절차로부터 직접 파생되고 도산절차와 밀접한 관련이 있는 외국법원의 재판(제32조 제1항 제2단락), 승인신청 후 보전재판을 승인집행의 대상으로 삼고 있다.[69]

이에 반하여 1997년 모델법에는 이러한 규정이 없으며 외국의 도산절차의 승인과 지원을 하는 방식인데,[70] 구체적으로 그 의미가 불분명하다. 도산절차를 개시하는 재판이 승인의 범주에 포함될 수는 있으나 도산절차 개시 후에 파산법원이 발하는 여러 가지 재판 예컨대, 도산절차대표자의 선임재판,[71] 파산채권의 절차참가 허용 여부에 대한 재판(채권조사확정재판 등), 계획을 인가하는 재판, 개인에 대하여 면책을 허가하는 재판,

---

1. The judgment opening insolvency proceedings as referred to in Article 3(1) shall, with no further formalities, produce the same effects in any other Member State as under the law of the State of the opening of proceedings, unless this Regulation provides otherwise and as long as no proceedings referred to in Article 3(2) are opened in that other Member State. Jay Lawrence Westbrook, CHAPTER 15 AND DISCHARGE, 13 Am. Bankr. Inst L. Rev. 503, 516.

67) "승인이라 함은 도산절차가 다른 국가에서 개시국에서와 동일한 효과를 발생시키는 것이다." Manfred Balz, The European Union Convention on Insolvency Proceedings, 70 AM. BANKR. L.J. 485, 514 (1996).

68) Article 19 Principle

1. Any judgment opening insolvency proceedings handed down by a court of a Member State which has jurisdiction pursuant to Article 3 shall be recognised in all other Member States from the moment that it becomes effective in the State of the opening of proceedings.

69) Article 32 Recognition and enforceability of other judgments

1. Judgments handed down by a court whose judgment concerning the opening of proceedings is recognised in accordance with Article 19 and which concern the course and closure of insolvency proceedings, and compositions approved by that court, shall also be recognised with no further formalities. Such judgments shall be enforced in accordance with Articles 39 to 44 and 47 to 57 of Regulation (EU) No 1215/2012.

The first subparagraph shall also apply to judgments deriving directly from the insolvency proceedings and which are closely linked with them, even if they were handed down by another court.

The first subparagraph shall also apply to judgments relating to preservation measures taken after the request for the opening of insolvency proceedings or in connection with it.

70) 한민, 앞의 글, 90면.

71) 미국 연방파산법 제7장 사건(청산절차)에서의 파산관재인은 파산신청 후 개최되는 채권자집회에서 투표에 의하여 선출된다(§ 702(b)).

절차를 종료시키는 재판 등도 1997년 모델법에 의하여 승인대상이 되는지, 된다면 1997년 모델법의 어떠한 규정에 의하여 승인이 가능한지에 대하여 불분명하고, 국가마다 해석이 다르다.[72]

*Rubin* 판결과 토드 오 결정은 1997년 모델법을 수용한 영국과 한국의 국제도산법제에서 나온 부득이한 것으로서 1997년 모델법 체제하에서 외국도산절차의 승인 및 지원절차로는 해결되기 어렵다는 점을 근거로 외국판결승인에 관한 1933년 제정법과 보통법(영국) 및 민사소송법(한국)에 의하여야 한다는 점에서 그 입장이 같다. *Rubin* 사건 중 뉴욕 파산법원 사건과 토드 오 사건은 외국채권자가 미국 파산절차에 채권신고를 하지 아니하였다는 점에서 같지만 전자는 제3자인 수익자를 상대로 한 부인소송의 판결이고, 토드 오 사건은 국내채권자 고합에 대하여 면책재판에 대한 결정으로서 승인 대상인 재판의 내용은 다르다.

만일 토드 오 사건에 관한 미국의 파산절차가 채무자회생법 시행 이후에 개시되었고, 파산채권자 고합이 미국 법원에 파산채권신고를 하였다면, 채무자회생법에 의한 승인결정을 거칠 필요 없이 민사소송법의 외국 판결 승인절차를 유추하여 한국에서도 면책효력이 인정되었을 것으로 추측한다.

문제가 되는 점은 외국의 면책재판을 기판력 있는 판결절차를 통하여 승인하여야 하는지 아니면 채무자회생법에 따라 외국도산절차 승인과 지원절차를 통하는 것인지에 있다. 대심절차에서 내려진 기판력 있는 판결에 대하여는 별도로 승인재판이 필요 없고 집행력이 필요한 경우에 한하여 민사집행법에 기한 집행판결을 할 뿐이다. 도산절차개시결정뿐 아니라 계획 인가결정, 면책결정 등의 효력을 1997년 모델법을 통하여 승인하려면 먼저 승인절차를 거쳐야 한다. 그런데 현재의 1997년 모델법의 조항으로는 도산관련재판을 승인하는 구제명령이 있다고 해석하기는 어렵다고 보는 것이 영국, 일본, 한국의 실무이고,[73] 미국 연방파산법 제15장 해석으로 가능하다는 것이 미국의 입장이다. 현재로서는 마땅한 해결책을 찾기 어렵다. 이를 해결하기 위하여 2018년 모델법이 채택되었다고 하니 앞으로 면책재판과 부인재판과 관련한 문제는 2018년 모델법 체제

72) UNCITRAL 제5실무회의가 2014년부터 도산 관련 외국재판의 승인과 집행에 관한 모델법에 관한 논의를 시작하여 2018년 모델법을 채택하였다(한민, 앞의 글, 91－92면; 石光現, "도산 관련 재판의 승인 및 집행에 관한 2018년 UNCITRAL 모델법의 소개와 우리의 입법방향," DONG－A JOURNAL OF IBT LAW, Vol. 33, (2021), 1－52면).

73) 실무에 찬성하는 입장은 林治龍, "判例를 통하여 본 國際倒産法의 爭點," 파산법연구 3, 博英社(2010), 288면. 반대설은 石光現, [補論] "외국도산절차에 따른 면책 효력의 승인," 國際私法과 國際訴訟 제5권, 博英社(2012), 587－593면.

하에서 해결될 것으로 예상한다.

## Ⅳ. 도산 관련 재판의 승인문제 - 부인재판

### 1. 부인재판의 특수성

외국판결승인의 재판과 비교하여 부인권에 관한 재판은 통상의 민사재판과 비교하여 아래와 같은 특수한 점이 있다. 부인소송은 파산절차의 양대 목적 중 하나인 채권자들간의 공평을 달성하기 위한 핵심적인 절차이다(다른 목적은 면책제도이다). 미국에서 파산법원과 연방지방법원의 관할권을 구분하는 기준으로 파산절차 중 핵심절차(core proceeding)는 연방파산법원에 속한다.[74] 채무자회생법도 부인소송의 관할은 파산계속법원의 전속관할로 규정하고 있다(채무자회생법 제396조 제3항).[75] 채권자취소권이 반드시 채권자가 소로써 행사되어야 하는 것과 달리 부인의 소는 원칙적으로 파산관재인이 제기하는 것이 각국의 공통된 사항이다. 그리고 소송 외에도 부인의 청구라는 간이한 절차에 의할 수도 있고, 채권자가 파산관재인을 상대로 제기하는 소송(예컨대 보증채무이행소송)에서 파산관재인이 부인의 항변을 제기할 수도 있다(채무자회생법 제396조 제1항). 따라서 승인의 대상이 확정 판결이 아닌 결정일 수도 있고 외국 판결이 갖는 기판력의 객관적 범위와 다를 수 있다. 일반 민사소송의 관할이론과 달리 영미에서는 채권자의 파산절차 참가행위를 부인소송의 인적관할권의 중요한 근거로 삼고 있다(다음 항에서 後述함).

그러므로 외국에서 이루어진 부인권에 관한 재판을 외국판결승인의 문제로 접근할지, 또는 외국도산절차의 승인의 문제로 접근할지 아니면 제3의 방법을 강구할지에 관하여 자연스레 다양한 논의가 생길 수밖에 없다.

### 2. 부인소송에서 피고에 대한 인적관할권

미국과 영국의 확립된 판례법에 의하면 파산채권의 신고 등으로 파산절차에 참가한 채권자는 파산관재인이 제기하는 부인소송의 인적관할권에 복속한다.[76] 따라서 부

---

74) 28. U.S.C. § 157(b)(2)(F), (H)(법원 및 법무부 등의 조직에 관한 법률이다).

75) 서울회생법원의 파산사건을 담당하는 재판부가 부인소송을 담당한다는 것은 아니고 서울회생법원의 다른 재판부가 담당하고 있다(법원조직법 제40조의7 제1항 제1호).

76) 미국 연방대법원의 *Langenkamp v. Culp*, 498 U.S. 42, 44 (1990) 및 영국 대법원의 *Rubin v Eurofinance SA and New Cap Reinsurance Corp. (in liquidation) v. AE Grant, [2012] USKS 46*; [2013] 1. A.C. 236 at [161], [163] and [165]. 싱가포르 법원도 같은 입장이라고 한다. *Service*

인소송의 인적관할권의 근거 사유는 통상의 민사소송과 다르다.

그런데 한국에서 부인소송의 인적재판적[77]에 관한 민사소송법의 입장에서 본다면 자연인이 피고라면 주소, 거소, 마지막 주소에 의하여 보통재판적이 결정된다(민사소송법 제2조, 제3조), 법인 기타 단체의 보통재판적은 주된 사무소 또는 영업소가 있는 곳에 따라 결정된다(민사소송법 제5조), 영업소 등이 없으면 주된 업무담당자의 주소에 의하고, 외국법인은 한국법원에 국재재판관할이 인정되는 것을 전제로 하여 국내에 있는 사무소, 영업소 또는 업무담당자의 주소, 지점 소재지에 따라 결정된다(민사사송법 제5조). 따라서 만일 한국의 회생절차에 외국채권자가 채권신고를 하였으나 그 외국채권자가 한국 내에서 영업을 하지 아니하여 국내영업소 등이 없다면 전통적인 국제민사소송법의 입장에 따르는 경우 외국채권자를 상대로 부인소송을 제기하는 것이 어려울 것이다.[78]

그러나 외국채권자가 한국 법원에 채권신고를 하는 등으로 명시적으로 한국법원의 관할권에 따르기로 하였다면, 부인소송의 목적이 채권자평등을 달성하기 위한 채무자회생법이 허용한 특수한 절차라는 점을 고려하면 설령 주소지가 외국에 있고, 부인소송에 응소하지 아니하였더라도 그 채권자를 상대로 하는 부인소송이 허용되어야 한다는 주장도 설득력이 있다. 이러한 점을 고려하여 2018년 모델법도 도산재판을 통상의 재판으로 보지 않고 도산 관련 재판으로 특수한 취급을 하고 있다.

### 3. 승인국에서 외국관재인의 부인권 행사가능 여부

1997년 모델법에 의하면 외국관재인이 부인권 외에 파산재단에 관련한 소송을 승인국 법원에 제기할 수 있음이 원칙이다. 다만 채무자회생법[79]과 미국 연방파산법[80]은 그러한 소송을 제기하려면 먼저 외국도산절차의 승인결정을 받아야 한다는 입장이다.

그러나 부인권에 관하여는 이와 별도의 고려가 필요하다. 원래 부인권은 파산재단의 확충과 채권자들 간의 공평한 취급을 위한 도산절차의 핵심적인 것이므로 그 목적을 관철하려면 도산절차 개시국에서 선임된 파산관재인에게 외국에서 부인권을 행사하게

---

*Temps v Macleod* [2013] CSOH 162 at [20]. Look Chan Ho, *Cross−Border Insolvency: Principles and Practice*, 4−091 (Sweet & Maxwell, 2016)에서 재인용.

77) 토지관할과 재판적은 같은 의미로 쓰이고 법원의 측면에서는 토지관할이라고 하고, 당사자와 소송물의 측면에서는 재판적이라고 부른다(송상현·박익환, 민사소송법 신정제6판, 博英社(2011), 90면).

78) 앞의 주 59의 영국 *Rubin* 사건(*New Cap*)의 사실관계 참조.

79) 채무자회생법 제636조는 승인결정 외에 국제도산관리인 선임결정이 있은 후 국제도산관리인에게 소송수행권을 부여하고 있다.

80) § 1509(b)은 승인결정 후 미국 법원에 재산의 추심 등을 위한 소송을 제기할 권한을 부여하고 있다.

함으로써 파산재단에 속하는 재산을 확보하는 것이 필요하다.

각국의 대표단 간에 격렬한 논의 끝에 1997년 모델법 제23조는 외국절차의 승인에 기하여 외국관재인은 승인국의 도산절차에서 인정되는 부인권을 행사할 당사자적격을 가지며, 외국절차가 종절차인 경우에는 법원은 당해 소송이 승인국의 법률에 의하면, 당해 외국종절차에서 관리되어야 하는 자산에 관한 것이라는 점을 확인하여야 한다고 규정하였다.[81] 본조는 각국이 외국관재인에게도 자국 내에서 부인권의 행사를 인정함으로써 국제적으로 협조하여 사해행위와 편파행위에 대처하기 위한 취지에서 만들어진 것이다. 동조의 외국관재인은 법원 등에 의하여 선임되지 아니한 자도 포함한다.[82] 그러나 동조는 외국관재인에게 부인청구를 신청할 수 있는 당사자적격을 인정한 것이지 외국관재인을 위하여 실체법적 권리를 창설한 것은 아니다.[83]

원래 부인권은 국내 도산절차가 개시된 경우에 파산관재인, 관리인, DIP 등만이 행사할 수 있다. 그런데 승인국의 국제도산법이 1997년 모델법 제23조를 국내입법하면 승인국에서 별도의 정식 도산절차(미국이라면 제7장, 제11장 사건 등)가 개시되지 아니하여도 외국관재인이 승인결정을 받고 부인권을 행사할 수 있게 된다.

미국은 2005년 제15장을 입법하기 이전 존재하였던 파산법 § 304에 기한 보조절차를 통하여 외국관재인이 미국 법원에서 부인권을 행사할 수 있다고 판시하였다.[84] 그러나 § 1521(a)(7)은 보조절차의 일종인 제15장에서 외국관재인이 부인권을 행사할 수 없다고 명시하고 1997년 모델법 제23조를 수정하여 입법하였다(§ 1523). 외국관재인이 미국 파산법원에서 승인결정을 받으면 제15장을 제외한 제7장, 제11장 등 별개의 파산 사건에서 부인권을 행사할 수 있다고 규정함으로써 당사자적격을 인정하였다(§ 1523(a)).[85] 미국에서 선임된 파산관재인 또는 DIP에게만 당사자적격이 인정되는 것이 원칙이지만 제7장 및 제11장 사건에서도 당사자적격을 인정하겠다는 취지이다. 이 때문에 동일한

---

81) 미국은 동 조항의 설치에 반대하였다. Collier International Business Insolvency Guide Vol 1. ¶ 10.04 (LexisNexis, 2019).

82) R. Craig Martin and Cullen Dresher Speckhart, CHAPTER 15 FOR FOREIGN DEBTORS, 126 (American Bankruptcy Institute, 2015).

83) UNCITRAL, *Report of the Working Group on Insolvency Law on the Work of its Twenty-First Session (New York, 20–31 January 1997)*, A/CN/9/435, 19 Feb. 1998, at para. 63.

84) § 304는 2005년 폐지되었다. 보조절차에서 부인권을 허용한 판결로는 *In re Kojima*, 177 B.R. 696, 703 (Bankr. D.Colo. 1995); *In re Axona International Credit and Commerce, Ltd.* 229 B.R. 280 (Bankr. S.D.N.Y. 1999), *aff'd*, 239 B.R. 36 (S.D.N.Y. 1999); *Metzler v. Bouchard Transp. Co.* 78, B.R. 674, 678–80 (Bankr. S.D.N.Y. 1987); *In re Culmer* 25 B.R. 621, 633 (Bankr. S.D.N.Y. 1982). 부정하는 판례로는 *In re Gee* 53 B.R. 891, 896 (Bankr S.D.N.Y. 1985).

85) 1997년 모델법의 문언에 추가로 "in a case concerning the debtor pending under another chapter of this title"을 삽입하였다.

채무자에 대한 미국 연방파산법 제7장 또는 제11장 사건의 파산관재인과 외국관재인이 행사하는 부인권을 어떻게 조정할지 논란이 있을 수 있다.[86)]

그런데 채무자회생법과 같이 부인권을 청구할 적격이 관리인, 파산관재인 등 제3자 또는 채무자(개인회생절차)에게 한정하는 입법이 있는가 하면, 채권자위원회[87)] 또는 파산관재인 등이 부인권에 기한 소권을 제3자에게 양도하는 것을 허용하는 국가(영국)도 있다.[88)] 따라서 승인국이 허용하는 범위를 초과하여 부인권의 당사자적격을 확대하는 것이 가능한지 논란이 있다. 그리고 만일 외국의 도산법이 부인의 소송만 허용하고 있음에도 불구하고 채무자회생법 제105조 및 제396조와 같이 외국관재인에게 부인의 청구 또는 부인의 항변도 허용할 것인지도 검토 대상이다.

그러나 채무자회생법과 承認援助法은 1997년 모델법 제23조를 도입하지 아니하였으므로 해석론으로 외국관재인에게 부인권의 행사를 허용하는 것은 어렵다고 생각한다.[89)]

### 4. 부인권의 준거법

만일 외국관재인이 승인국에서 부인권을 행사한다면 승인국 법원은 부인권의 준거법을 도산절차개시국법, 승인국법 또는 목적물 소재지법, 부인권의 대상인 법률행위의 준거법 등 어떠한 국가의 법으로 정할 것인가에 관하여는 여전히 논의가 진행 중이다.[90)] 그리하여 1997년 모델법은 부인권의 준거법에 관하여는 각국의 국제사법 원칙에 맡기기로 하고 당사자적격에 대하여만 규정을 두는 선에서 절충하여 1997년 모델법을 성안하였다.

---

86) 정식절차의 부인권과 외국관재인 등의 부인권의 조정에 관한 필자의 질문에 대하여 미국 파산법 변호사인 Shirley Cho의 설명에 의하면 확립된 원칙이 있는 것은 아니고, 사안에 따라 법원이 부인권 행사를 조정할 것이라고 한다.

87) 미국은 채권자위원회 또는 제11장 사건에서 인가된 청산형계획에 기하여 임명된 청산관재인에게도 부인권을 허용하고 있다(R. Craig Martin *et al.*, *supra note* 82, at 118). 이처럼 준거법이 파산관재인 외에 제3자에게도 부인권의 행사를 허용하는 경우라면 승인국이 당사자적격은 인정하되 본안을 기각하여야 하는지 등의 문제가 있을 수 있다(山本和彦, 앞의 책, 298면).

88) 영국 도산법 § 246ZD(양도권한).

89) 同旨, 石光現, "도산국제사법의 제문제: 우리 법의 해석론의 방향," 國際私法과 國際訴訟 제5권, 博英社(2012), 634면.

90) 石光現, "도산국제사법의 제문제: 우리 법의 해석론의 방향," 國際私法과 國際訴訟 제5권, 博英社(2012), 634−635면은 기본적으로 도산법정지법설에 찬성하면서 유여한 처리 가능성을 열어두고 있다. 도산법정지법설로 伊藤眞, 破産法·民事再生法(第4版) 有斐閣(2018), 266면 및 田頭章一, "外國倒産手續の對內的效力と外國管財人による否認權の行使," 企業倒産處理法の理論的課題, 有斐閣(2005), 352면.

미국은 2005년 이전에 보조절차가 이용되던 초기에는 미국 연방파산법을 준거법으로 하는 부인소송을 허용하기도 하였으나,[91] 실무의 대세는 보조절차의 목적이 외국 주절차의 수행을 돕기 위한 제한적인 절차라는 점 등을 근거로 파산법(§ 547, § 548)이 아니라 외국법을 적용하여야 한다는 것이었다.[92]

미국 파산법 제15장에 중요한 영향을 미친 § 304에 관한 2개의 사건을 소개한다. 먼저 *Axona* 사건[93] 에서 홍콩청산인이 미국에서 비자발적 파산신청을 하고 파산법원의 파산절차개시명령 후에 미국 연방파산법에 기하여 여러 부인소송을 제기한 사건에서, 부인권에 관하여 적용되어야 할 법이 홍콩법이냐 미국법이냐가 다투어졌다. 연방제2지구항소법원은 비록 편파행위는 홍콩에서 이루어졌지만 미국 파산절차에 적용되어야 할 법은 미국 연방파산법이라고 판시하였다.

반대로 *Maxwell* 사건[94]에서는 미국에서 제11장 사건이 개시되고, 翌日 영국에서 관리절차[95]가 개시되어 병행파산절차가 성립되었다. 영국의 관리인이 채무자가 미국 자회사의 매각대금을 런던지점에 송금하여 편파변제한 행위를 부인하기 위한 소송을 뉴욕 파산법원에 제기하였으나 미국 법원은 가장 중요한 거래의 중심지인 영국의 도산법이 적용되어야 한다고 판시하였다.

제15장 입법 이전의 법리를 요약하면 다음과 같다. 첫째, 외국대표자는 § 304의 보조절차에서 외국 도산법에 기하여 미국 연방파산법원에서 부인소송을 할 수 있다.[96] 둘째, 외국대표자는 § 303에 기하여 비자발적 파산신청을 할 수 있고 미국 연방파산법에 기하여 부인소송을 제기할 수 있으며 환가대금을 외국으로 송금할 수 있다. 셋째, 정식절차로서의 파산절차가 미국과 외국에서 병행하는 경우 미국 법원은 반드시 미국 연방

91) *In re Comstat Consulting Servs. Ltd.*, 10 B.R. 134 (Bankr. S.D. Fla. 1981)(캐나다 관재인이 미국 연방파산법 § 547에 기한 부인소송을 제기하는 것을 허용하였다).

92) *Metzler v. Bouchard Transportation Co.*, 78 B.R. 674, 677 (Bankr. S.D.N.Y. 1987); *In re Wachsmuth*, 272 B.R. 766 (Bankr. M.D.Fla. 2001); *In re Gross*, 287. B.R. 557 (Bankr. M.D. Fla. 2002). 제15장 성립 이전의 부인권의 준거법에 관한 설명으로는 高木新二郎, 倒産法の改正と運用, 商事法務研究會(2002), 8－12면.

93) *In re Axona Int'l Credit & Commerce Ltd*, 88 B.R. 597 (Bankr. S.D.N.Y. 1988).

94) *Maxwell Communication Corp. v. Societe Generale (In re Maxwell Communication Corp.)*, 93 F.3d 1036 (2d Cir. 1996).

95) 영국의 관리절차는 회사의 재건절차로서 현재에는 1986년 도산법의 본문이 아니라 부록(schedule) B1에 규정되어 있으며 회사의 청산절차와 달리 담보권의 권리행사가 제한된다. 林治龍, "영국의 관리절차(Administration)에 관한 연구," 辯護士 제56집(2024), 243－280면.

96) 제15장 이후에도 보조절차의 선례가 여전히 구속력이 있다고 보는 판례(*Condor* 사건의 제5연방항소법원)와 제15장의 입법에 의하여 더 이상 적용되지 아니한다는 판례로 견해(*Condor* 사건의 파산법원과 연방지방법원)가 나뉘어 있었다.

파산법을 적용하여야 하는 것은 아니고 저촉법의 원칙에 따라 부인권의 준거법을 결정할 수 있다.

제15장 입법 이후에 외국관재인이 제15장 사건의 승인결정을 받은 이후 외국 도산법에 기하여 제기하는 부인소송을 속칭 '*Condor Action*'이라 한다(後述함). 입법연혁에 의하면 § 1523를 둔다고 하여 미국 연방파산법이 외국관재인에게 부인권한을 부여하거나 새로이 창조하는 것은 아니며 외국관재인이 제기하는 부인소송의 성질, 행사 범위 또는 준거법은 법원의 판단에 맡긴다고 설명하고 있다.[97] 미국 파산법원이 제15장 사건에서 외국관재인이 외국 파산법을 적용하여 부인권을 행사할 수 있는지 여부에 대하여는 견해가 나뉘는 등 논란이 있다.

Condor 사건의 경위는 다음과 같다. 네비스(Nevis)의 보험회사 청산인이 미국 파산법원에 네비스 보험회사에 대한 청산절차를 주절차로 승인받은 후, 청산회사의 재산이 미국 내 계열회사에게 이전된 것에 대하여 Nevis법에 기한 부인권을 행사하여 재산의 반환을 구하는 대심절차를 미국 법원에 신청하였다. 미시시피州의 연방파산법원은 미국 연방파산법의 다른 章(Chapter)의 사건이 개시된 경우를 제외하고, 외국청산인이 미국 법원에 미국 연방파산법 또는 외국 파산법을 준거법으로 하는 부인재판에 대하여 사물관할권을 가지지 않는다는 이유로 신청을 각하하였다.[98]

그러나 연방제5지구항소법원은 연방의회가 외국주절차의 청산인이 미국에서 외국법에 기한 부인권의 행사를 배제할 의도로 입법한 것은 아니고, 외국관할에 대한 예양을 달성하기 위하여 넓게 해석하여야 한다면서 외국청산인이 § 1521에 기하여 네비스의 사해행위 부인에 관한 법률을 적용할 수 있다고 판시하였다.[99] 그렇다고 하더라도 과연 파산법원이 수익자를 상대로 하는 부인권에 기한 소송에 관하여 적법한 관할권을 갖는가 하는 점은 파산법원과 연방지방법원 간의 관할배분, 배심재판의 유무에 관련하여 복잡한 헌법상의 문제이다. 이 문제가 해결되어야 당사자가 비로소 파산법원의 판결을 받을 수 있다.[100]

---

97) H.R. No. 109−31 (Part 1) (2005) at 116.

98) *Fogerty v. Condor Guaranty, Inc. (In re Condor Ins. Ltd.)* 411 B.R. 314, 319 (Bankr. S.D.Miss. July 17, 2008). 항소심인 연방지방법원도 같은 입장이었다.

99) *Tacon v. Petroquest Res. Inc. (In re Condor Ins. Ltd.)*, 601 F. 3d 319, 327 (5th Cir. 2010). *Condor* 판결의 법리에 반대하는 견해도 존재한다(자세한 논의는 R. Craig Martin *et al.*, *supra note* 82, at 132면 참조). 한편, 이 점에 관하여 영국 법원은 승인국(영국)이 도산절차 개시국의 법률을 근거로 적절한 구제명령을 발할 수 있다는 점에 반대한다.

100) 연방파산법원은 연방지방법원의 구성(unit) 부분이고, 언제든지 연방법원판사가 사건을 파산법원에 위탁(refer)하는 것을 철회할 권한을 갖고 있으며, 파산법원의 재판은 형평법의 전통에 따라 헌법상

*Atlas* 사건(海事사건)에서 뉴욕 파산법원은 부인권의 문제로 접근하는 대신 주절차 승인 후 외국관재인에게 미국 내 재산에 관한 관리처분권을 부여한 § 1521(a)(5)와 미국 내에 소재한 채무자의 재산에 대한 배당권한을 부여한 § 1521(b)에 의하여 이미 설정된 海事擔保權의 무효주장을 허용하였다.[101)]

영국 법원도 영국과 충분한 관련이 없으면 예양의 원칙에 따라 영국 도산법 § 283(저가양도행위의 부인)에 관한 조항을 적용할 수 없다고 판시하였다.[102)]

남아프리카 공화국에서 가상화폐거래소에 대한 청산절차가 개시되어 선임된 청산인이 청산절차 개시 전에 변제받은 한국인들을 상대로 편파변제를 이유로 한국에서 부인소송을 제기하는 것이 가능할 것인가에 관하여 2023년 필자에게 문의한 바 있다. 머지않아 한국에도 이 점에 관한 논의가 본격적으로 다루질 수도 있을 것이다.

## V. 결론

외국도산절차의 승인에 관한 모델법이 1997년 채택되었고, EC도산규정이 2002. 5. 31.부터, 미국 연방파산법 제15장이 2005. 10. 17.부터, 채무자회생법이 2006. 4. 1.부터 효력을 발하였다. 도산 관련 재판으로 2007년 영국 추밀원이 *Cambridge Gas* 판결을, 2010년 한국 대법원이 토드 오 결정을, 2012년 영국 대법원이 *Rubin* 판결을 각 선고한 후, 2015년 Recast EU도산규정이, 2018년 도산 관련 재판의 승인과 집행에 관한 모델법이 채택되었다.

돌이켜 보면 한국의 토드 오 사건은 국제도산 사건에서 외국면책재판의 승인을 최초로 다루었다는 점에서 그 의의가 크다. 한국의 구 회사정리절차가 미국의 1978년 이전의 구 파산법(Bankruptcy Act)의 Chapter X(Corporate Reorganizations)에서 유래하였으

---

의 배심재판을 받을 권리가 보장되지 않고 있다. 그리하여 파산법원의 관할권에 반대하는 당사자는 절차법적인 여러 항변(헌법상의 관할권 위반, 불편한 법정지 이론, 관할권 행사의 회피(abstention) 등을 들어서 다투기 마련이다). 외국 도산법의 이해와 외국에서 벌어진 사건의 사실인정의 복잡성 등 때문에 *Condor* 소송은 판결선고시까지 보통 2−4년이 걸리며 비용도 많이 든다고 한다. 그리하여 실무상 외국관재인이 제7장 또는 제11장 사건을 신청하는 것과 비교형량하는 것이 필요하다(R. Craig Martin *et al.*, *supra note 82*, at 133). 파산법원과 연방지방법원 간의 관할권에 관하여 2005년 제15장 입법 이전의 대법원 판결로 연방파산법 개정의 계기가 된 *N. Pipeline Constr. Co. v. Marathon Pipe Line Co.*, 458 U.S. 50 (1982)이 있고, 파산법원의 부인사건의 관할에 관하여 *Stern v. Marshall*, 564 U.S. 2 (2011) 판결이 있다.

101) *In re Atlas Shipping A/S*, 404 B.R. 726 (Bankr. S.D.N.Y. 2009).

102) *re Paramount Airways Limited (No. 2)* [1993] Ch 223. 김민경, "영국 국제사법의 예양의 원칙," 石光現교수정년기념헌정논문집 國際去來法과 國際私法의 現狀과 課題, 博英社(2022), 399면에서 재인용.

므로 만일 채무자회생법 시행 후에 미국 파산절차가 개시되었더라면 한국 법원이 원칙으로 미국의 현행 파산법(Bankruptcy Code) 제11장의 계획인가결정의 효력을 부정할 수 없었을 것이다. 당시 대법원은 속지주의를 택한 회사정리법의 미비 때문에 부득이 민사소송법의 외국판결의 승인이론과 그 중 공서 조항에 의존하여 면책의 효력을 부정하였다. 그 후 *Rubin* 판결의 문제점이 국제적인 반향을 일으켜 2018년 모델법의 채택에 이르게 되었다.

1997년 모델법은 도산절차의 승인과 지원에 대하여 절차적인 점에 초점을 맞추었을 뿐, 준거법이나 도산절차와 관련한 재판의 승인에 관하여는 규정을 두지 아니하였다. 영국 CBIR이 주절차와 종절차 승인 이후 제공하는 구제명령도 영국의 도산법이 베풀 수 있는 범위 내에서 가능한 것이므로 CBIR을 통하여 외국 도산 관련 재판 자체를 승인할 수는 없었다. 영국은 국제재판관할과 외국판결의 승인에 관하여는 보통법에 기한 *Dicey* rule이, 외국면책재판의 승인에 관하여는 *Gibbs* rule이, 국제도산절차의 승인에 관하여는 제정법인 CBIR이 있으므로 사안에 따라 보통법과 제정법을 적절하게 선택할 수 있다는 점에서 한국보다 유연하게 문제를 해결할 수 있다. 그리하여 영국의 추밀원은 CBIR의 관점에서, 영국 대법원은 *Dicey* rule에 의하여 외국 도산 관련 재판의 승인 문제를 접근한 것이다.

그에 비하여 한국은 외국판결승인에 관하여는 민사소송법에, 외국도산절차의 승인에 관하여는 채무자회생법 제5편에 규정이 있으나, 토드 오 사건에 어느 하나를 적용하기에는 어려움이 있다. 외국판결의 승인절차로 접근하면, 토드 오에 관한 미국 파산절차가 한국에서 채무자회생법에 의하여 승인되었는지 여부를 따질 필요는 없지만, 미국의 회생계획인가결정이 대립당사자 간의 종국재판인지와 적법한 송달 여부, 상호보증의 요건을 갖추지 못하였음에도 승인하였다는 비판을 초래한다. 이러한 점을 지적하여 대법원 판례가 "너무 나간 것"이라는 비판은 정당하다.[103] 그리하여 외국면책재판의 승인을 하는 것이 채무자회생법 제636조 제1항 제5호의 그 밖의 필요한 처분에 해당한다고 해석하는 卓見[104]도 있다. 이상론으로 본다면 채무자의 채무를 면책시켜주는 것은 재건절차나 소비자파산의 핵심적인 문제이므로 민사판결의 승인제도보다는 도산절차의 승인의 장에서 해결하는 것이 자연스럽다. 그러한 점에서 영국의 2007년 추밀원과 미국

---

103) 石光現, "도산 관련 재판의 승인 및 집행에 관한 2018년 UNCITRAL 모델법의 소개와 우리의 입법방향," DONG-A JOURNAL OF IBT LAW, Vol. 33, (2021), 44면 주 137.

104) 石光現, "미국 연방파산법에 따른 회생계획안인가결정의 한국에서의 승인," 양창수 교수 고희기념논문집, 博英社(2021), 583면은 채무자회생법 제636조 제1항 제5호의 포괄적인 성격을 강조한다.

파산법원의 입장이 설득력이 있다.

그렇다고 외국도산절차의 승인절차로 접근하면, 1997년 모델법과 이를 수용한 채무자회생법의 지원이 절차적 지원이라는 점을 고려할 때 과연 그러한 해석이 실무가들이 채용할 수 있는 해석론으로 가능할지는 의문이다.[105] 미국 연방파산법은 § 105와 같은 형평법상의 근거 조항과 제15장의 예양의 법리가 반영된 지원절차에 관한 일반조항(§ 1507)과 재량적 추가적인 지원조항(§ 1521(a))이 있지만, 채무자회생법 제5편의 해석론으로 도산절차의 승인을 허용하기에는 다음과 같은 이유로 부정적이다.

첫째, 채무자회생법은 1997년 모델법에 비하여 주절차에 관한 승인재판 자체에 아무런 효력을 부여하지 않고 개별적인 지원신청에 따라 법이 마련한 구제책을 부여한다는 소극적인 방식을 취하고 있는 점에 비추어, 미국과 같이 전향적으로 예양에 기하여 승인재판을 지원처분의 일종으로 해석하는 것은 쉽지 않다.

둘째, 외국도산절차의 승인으로 가게 되면 승인결정이 취소되거나 국제도산지원절차가 종결된 후,[106] 즉 외국의 도산절차가 종료된 이후에 한국 법원에 면책결정의 승인신청이 들어온 경우에 외국도산절차의 승인결정 없이도 지원절차로서 면책결정을 승인하는 것은 채무자회생법의 체계에 맞지 않는다.

셋째, 외국도산절차의 승인이 외국판결의 승인과 달리 외국도산절차의 효력을 국내로 확장하는 것이 아니라 승인국의 도산법이 허용하는 테두리에서 절차적인 지원을 도모하는 것이므로 승인절차를 통하여 채무감면, 변제기의 연장이라는 실체법의 내용을 변경하기는 어렵다.[107]

넷째, 채무자회생법 제636조 제1항 제1호부터 제4호가 주로 채무자 또는 채무자 소유 재산과 관련된 소송절차 또는 집행절차의 중지, 금지, 채무자의 변제와 처분금지

---

105) 同旨. 오영준, 앞의 논문, 637면. 承認援助法하에서도 승인결정으로 실체법상의 권리관계를 변경하는 효력이 없으므로 외국도산절차에서의 면책결정 또는 인가결정에 의한 채무감면의 효과가 일본 국내에 미치지 않으며 민사소송법의 외국판결 승인절차에 의하여야 한다는 견해가 유력하다(深山卓也, 新しい國際倒産法制, 金融財政事情研究會(2001), 288－289면.

106) 서울회생법원은 2020. 6. 23.자 2016국지100001 결정에서 영국의 관리절차에 대한 국제도산지원절차를 종결하는 결정을 하였다. 일본도 외국도산절차가 종료한 경우에 승인취소의 제도를 마련하고 있다(승인원조법 제56조 제1항). 미국도 한국 대우로지스틱스에 대한 회생절차의 종료를 이유로 중지명령을 취소하였다. *In re Daewoo Logistics Corporation Case* No. 09－15558 at 3 (S.D.N.Y. 2011). "In light of the ancillary nature of Chapter 15, this Court finds that absent exigent circumstances, a stay imposed pursuant to chapter 15 is normally coterminous with the stay in the corresponding foreign proceeding and, accordingly, the Stays terminated at the close of the ROK Rehabilitation."

107) 영국은 외국면책재판에 대하여 *Gibbs* 원칙을 적용하고 있다. 이에 관하여, 박민준, "영국의 Gibbs 원칙에 관한 미연방파산법상 제15장 절차에서의 판단," 도산법연구 제9권 제3호(2019), 153－174면.

에 관한 것이고, 외국관재인에게 관리처분권 이전의 효력을 곧바로 인정하는 대신 별도로 국제도산관리인 제도를 두고 있는 점에 비추어 볼 때, 동항 제5호의 '그 밖에 채무자의 업무 및 재산을 보전하거나 채권자의 이익을 보호하기 위하여 필요한 처분'을 외국 도산 관련 재판의 승인도 포함하는 것이라고 해석하는 것은 해석론의 범위를 넘는 것이다.

영국의 *Rubin* 판결의 논의는 이러한 문제점을 보여주고 있다. 차제에 채무자회생법을 1997년 모델법에 충실하게 받아들여 개정하여 미국과 유럽의 도산법의 규범과 일치시킴으로써 증가하고 있는 국제도산법의 여러 문제를 영미와 같은 방법과 수준에서 해결하는 것이 필요하다.[108] 그리고 외국도산절차의 승인의 대상이 절차인지 아니면 재판인지에 관한 논란이 있으므로 도산 관련 재판에 관하여는 2018년 모델법을 수용하는 것이 긴요하다.

[追記] 石光現 교수님께서 필자에게 1997년 모델법의 승인 대상이 무엇인지에 대하여 下問하셨다. 이 글은 그에 대한 奉答이다. 이 주제에 관하여 교수님께서 논구하신 글을 참고하면서 拙見을 제시하였다. 그러나 필자의 능력 부족으로 명확한 이론을 세우지 못하였다. 다만 필자가 기념논문집의 말석을 차지할 수 있었다는 점을 영광으로 여기면서 글을 마친다.

[國際私法研究 제28권 제1호 석광현 교수 정년 기념호(2022) 발표]

108) 石光現, "도산 관련 재판의 승인 및 집행에 관한 2018년 UNCITRAL 모델법의 소개와 우리의 입법 방향," DONG-A JOURNAL OF IBT LAW, Vol. 33, (2021), 45면. 일본에서도 1997년 모델법에 충실하도록 승인원조법을 개정하자는 목소리가 커지고 있다. 高橋壯介, "外國倒産處理手續の承認援助に關する法律の再檢討," 事業再生と債權管理 No. 134 (2011), 93-100면. "上田裕康·日高 鑑, 第1回 リーマン·ブラザーすグループの倒産手續の概要と將來への志向," NBL No. 1120 (2018. 4. 15.), 15면. 도산법 전문가인 上田裕康 변호사도 일본의 도산제도가 영미와 같은 수준의 국제적 신뢰성을 얻으려면 도산절차의 운영과 입법이 적절하게 대응하여야 한다고 강조하고 있다.

# 10. 국제도산사건의 관할과 준거법



## Ⅰ. 머리말

국제도산이라 함은 도산재단 또는 채권자·채무자의 관계에서 섭외적 요소를 포함하는 도산사건을 의미한다.[1] 국제도산법에서 논의되는 문제는 다음의 네 가지이다. 국제도산관할, 도산절차에서 외국인의 지위, 도산국제사법(주로 준거법의 결정문제), 국내도산절차의 대외적 효력 및 외국도산절차의 대내적 효력이다.[2] 1997년 UNCITRAL모델법(이하 '모델법'이라 한다)과 日本의 '外國倒産處理手續の承認援助に關する法律'(이하 '승인원조법'이라 한다)[3]은 도산국제사법에 관한 부분을 제외한 나머지에 관하여 입법적인 해결을 도모한 것이고, 유럽연합(European Union)의 도산규정(이하 'EU도산규정'이라 한다)[4]은 네

1) 이 글에서 '도산'이라 함은 청산절차인 파산, 재건절차인 회생, 개인회생절차 등을 포괄하는 용어로 사용한다. 이하 특별히 구분할 경우를 제외하고 도산과 파산이라는 용어를 구별하지 아니하고 사용한다.

2) 채무자회생법 이전에 외국도산절차의 대내적 효력과 관련하여 미국 파산절차의 파산관재인의 당사자적격에 관하여 대법원 2003. 4. 25. 선고 2000다64359 판결(공 2003상, 1242)(파올로구찌 사건)이 선고되었고, 일본의 민사재생절차의 국내효력에 관하여 인천지방법원 2003. 7. 24. 선고 2003가합1768 판결(각공 2003. 9. 10(1), 80. 확정)이 선고되었다.

3) 일본은 1999년 민사재생법의 제정, 2000년 승인원조법의 제정 및 같은 해의 파산법, 민사재생법, 회사갱생 법 중 국제파산에 관한 규정의 개정(民事再生法等の一部を改正する法律)을 통하여 국제파산법제를 속지주의에서 보편주의로 전환하였다. 1999년 일본의 승인원조법이 시행되기 이전의 국제도산의 전반적인 문제를 다룬 글로 山本克己＝山本和彦＝坂井秀行 編, 國際倒産法制の新展開, 金融商事判例 增刊號 제1121호, 經濟法令硏究會(2001) 참조.

4) 정식명칭은 COUNCIL REGULATION (EC) NO 1346/2000 of 29 May 2000 on Insolvency Proceedings. 이에 관한 국내의 글로는 石光現, "유럽연합의 國際倒産法制," 國際私法과 國際訴訟 제3권, 박영사(2004), 309면 이하 및 Ian F. Fletcher ed, The EC Regulation on insolvency proceedings: A Commentary and Annotated Guide, (LexisNexis, 2018) 참조. 동 규정은 2008. 7. 24. 개정되었다(COUNCIL REGULATION (EC) NO 788/2008 of 24 July 2008 amending the lists

가지 전체에 관한 입법적 해결을 꾀한 것이다. 채무자회생 및 파산에 관한 법률(이하 '채무자회생법'이라 한다)은 승인원조법과 모델법의 영향을 받아 도산국제사법을 제외한 나머지 부분에 관하여 규정하고 있다. 그 중 총칙은 직접적 국제도산관할을, 국제도산에 관한 제5편은 승인관할에 관하여 나누어 규정하고 있다. 이 글에서는 국제도산관할과 도산국제사법에 관하여 기술한다.

이해의 편의를 위하여 국제도산의 입법주의와 주절차와 종절차에 대하여 간단히 설명한 후(II), 국제도산관할(III), 외국도산절차의 승인관할(IV), 도산국제사법(V)의 순으로 설명한다.

## Ⅱ. 국제도산의 입법주의

### 1. 보편주의와 속지주의

국제도산의 입법주의를 정함에 있어 도산절차의 효력이 미치는 장소적 범위를 기준으로 보편주의와 속지주의의 대립이 있다. 보편주의는 어느 국가에서 개시된 도산절차는 채무자가 소유하는 국내외 모든 재산과 권리에 대하여 미친다는 원칙이고, 속지주의라 함은 도산절차의 효력을 절차개시국의 영토에만 미친다는 원칙이다.[5] 이와 달리 동일 채무자에 대하여 전세계적으로 단일의 도산절차만 인정하는 입장을 단일주의라 하고 수개의 도산절차를 인정하는 입장을 복수주의라 한다. 영국은 18세기 이후 중상주의의 기치하에 자국의 이익을 보호하기 위하여 일찍부터 보편주의에 터잡고 있었고,[6] 미국의 연방파산법도 이를 따르고 있다. 한국과 개정 전의 일본의 파산법은 속지주의에 터 잡고 있었다. 이상론으로서는 보편주의와 단일주의를 결합하는 것이지만 현실적으로

---

of Insolvency Proceedings and winding−up proceedings in Annexes A and B to Regulation (EC) No 1346/2000 on insolvency proceedings and codifying Annexes A, B and C to that Regulation). 2005년 다시 개정되었다. EU Regulation 2015/848 of the European Parliament and of the Council of May 20, 2015 on Insolvency Proceedings (recast). 개정 규정은 조문을 옮기고 기업집단에 관한 내용을 포함하는 등 소폭 개정에 불과하다. 2008년 개정 규정 중 , 사법공조와 기업집단에 관한 글로는 이연주, "개정 EU 도산규정," 국제사법연구 제24권 제1호, 국제사법학회(2018), 349−372면. 20015년 개정 규정에 대하여 김용진, "유럽도산법의 정비와 현행 채무자회생법상 국제도산재판관할규정의 운영 및 개정 방안," 저스티스 통권 제175호, 한국법학원(2019), 257− 278면. 이 글에서는 편의상 개정 전의 2000년 도산규정을 기초로 설명한다.

5) forum shopping과 관련하여 보편주의의 문제점을 지적한 글로 박훤일, "국제도산절차의 포럼 쇼핑 문제," 국제거래법연구 16집 1호, 국제거래법학회(2007), 267−292면.

6) *Cambridge Gas Transportation Corporation v The Official Committee of Unsecured Creditors of Navigator Holdings PLC and others* [2006] UKSC 26; [2007] 1 AC 508.

그러한 입법을 택한 나라는 없으며 복수주의를 취함으로써 주절차와 종절차를 허용하고 주절차에 대하여는 보편주의를, 종절차에 대하여는 속지주의를 취하는 것이 현재의 입법례의 추세이다.

채무자회생법은 속지주의를 폐지하는 대신 병행도산절차와 재산소재지 국제도산관할을 인정하고, 국내 도산절차를 위주로 병행도산절차를 조정하는 조항을 두는 등 외국의 입법례를 따라 수정된 보편주의를 채택하였다.

## 2. 속지주의의 내용

속지주의 입법의 배경이 된 20세기 초반에는 지금보다 교통·통신수단의 수준이 낙후되어 기업이 범세계적인 활동을 하기 어려웠던 때이므로 그러한 경제적 환경이나 교통수단의 발전 단계를 반영한다면 굳이 보편주의를 채택할 필요가 없었다. 속지주의의 근거로는 파산절차의 성질이 기본적으로 파산자의 총재산에 대한 일반적 강제집행의 의미를 갖는 것으로 이는 국가의 국가권력의 발동이므로 그 국가의 영토 내에서만 효력이 미친다는 것을 전제로 하고 있다. 이는 국제사법상 자국법의 역외적 적용에 관한 기득권 이론과 맥을 같이 하는 것이다. 관리인이 해외소재 재산에 대하여 관리처분권을 행사하게 되면 그 의무가 과중하게 된다는 것을 실천적인 이유로 삼기도 한다.

속지주의에 의하면, ① 파산재단의 범위는 국내소재 재산에 한하므로 파산자는 해외재산을 자유로이 관리처분할 수 있다. ② 파산관재인은 파산자의 국내재산에 대하여만 관리처분권을 갖고 해외재산에 대하여는 관리처분권을 갖지 않는다. ③ 채권자는 파산자의 해외재산에 대하여 파산자를 상대로 소를 제기하거나 강제집행을 할 수 있다. ④ 파산자를 당사자로 하는 소송이라도 해외재산에 관한 것은 중단되지 아니한다. ⑤ 외국에서 파산선고가 있더라도 국내에 계속 중인 소송은 중단되지 아니하고 국내재산에 대하여 부인권도 행사할 수 없다. ⑥ 외국에서 파산선고가 있더라도 채권자는 국내에 있는 재산에 관하여 파산자를 상대로 소를 제기하거나 재산에 대하여 강제집행을 할 수 있다.

종래 속지주의의 장점으로는 내국소재재산이 외국파산절차의 파산재단에 편입되는 것을 방지함으로써 내국채권자가 충분한 변제를 받게 함으로써 내국채권자를 보호하는 점을 들고 있다.[7] 단점으로는 채무자가 재산을 국외로 은닉하거나, 자력 있는 채권자가 외국에 소재하는 채무자의 재산을 탐지하여 개별적으로 만족을 얻는 것을 방임하는 등

7) 田炳西, 최신 파산법, 법문사(2003), 153면.

의 채권자 평등의 이념에 반하는 점을 들고 있다.[8)]

외국인은 국제법과 조약이 정하는 바에 의하여 그 지위가 보장되며(헌법 제6조 제2항) 속지주의 파산법이라고 하여 외국채권자가 내국채권자보다 불리한 차별을 받는 것은 아니다.[9)]

### 3. 주절차와 종절차

모델법에서 주절차와 종절차의 구별의 실익은 크다. 주절차가 승인하면 자동적으로 소송절차, 집행절차의 중지, 채무자의 재산처분행위 중지 등의 세 가지 효과가 발생하기 때문이다(모델법 제20조). 종절차는 승인된 후 외국도산대표자가 별도로 구제신청을 하여야 한다(모델법 제21조). 미국과 영국은 모델법을 충실히 반영하였다고 하지만 주절차 승인의 효과는 일치하지 않고 미국이 더 넓다.

미국 연방파산법 제15장은 세 가지 효과외에 외국대표자가 미국의 파산관재인처럼 § 363, § 549 및 § 552에 기하여 미국 내 소재하는 재산에 관하여 채무자의 사업을 계속하는 권한, 개시 후 처분행위에 대한 부인권, 개시 후 담보권 설정의 무효권한이 부여되는 효과를 부여하고 있다. 이에 반하여 영국의 Cross－Border Insolvency Regulations 2006.(S.I. 2006/1030)(이하 'CBIR'이라 한다)에 의하면 설령 외국도산절차가 법원에 의하여 승인되었더라도 담보권자의 권리는 자동적으로 중지되지 아니하며 별도로 Article 21(1)(g)에 의하여 법원의 추가적인 지원명령을 받아야 한다. 그리고 그레이트 브리튼 내에 소재하는 채무자의 재산의 관리 및 처분 권한을 외국관재인 또는 법원이 지정하는 자에게 맡기는 행위 역시 주절차 승인의 효력에 의하여 자동적으로 발생하는 것이 아니라 임의적 구제명령인 Article 21에 기하여 허용된다.[10)]

모델법 제2조의 정의조항에는 외국주절차를 "채무자가 그의 주된 이익의 중심지를 두고 있는 국가에서 진행되고 있는 도산절차"로, 외국종절차를 "채무자가 영업소를 두고 있는 국가에서 진행되고 있는 외국주절차 이외의 외국절차"를 말한다고 규정하고 있다. 따라서 모델법상으로는 종절차가 되기 위하여는 적어도 그 파산절차가 개시되는 국가에 채무자의 영업소가 있어야 한다. 모델법은 종절차에 대하여도 대외적 효력을 인정하고 있으며 종절차는 청산절차이든, 재건절차이든 묻지 않는다.

---

8) 김영석, "우리나라 국제도산 사건의 현황," 石光現교수정년기념헌정논문집 國際去來法과 國際私法의 現狀과 課題, 박영사(2022), 561면.

9) 대법원 1992. 6. 15.자 92그10 결정(공 926, 2219).

10) Glen Flannery, Morgan Bowen, William Sugden and Helen Coverdale, England and Wales, *Collier International Business Insolvency Guide*, ¶21.06[3] LexisNexis (2019).

한편 EU 도산규정은 종절차는 반드시 청산절차여야 하고 그 효력은 회원국에 소재하는 재산에 대하여만 미치는 속지적 효력을 갖는 것에 특징이 있다.[11] 국제파산절차에 관한 제15장[12]이 입법되기 이전에는 미국 연방파산법 § 304에서 본절차(full proceeding)에 대비되는 보조절차(ancillary proceeding)의 개념이 있었으나 제15장 입법 이후 조항이 삭제되었다.[13]

### 4. 채무자회생법의 규정

채무자회생법에 관한 공청회안이 발표된 후 일부 학자들과 법원은 정의조항을 두고 그 안에 주절차와 종절차의 구별하는 조항에 넣자고 주장하였으나,[14] 모델법과 달리 기본적으로 양 절차를 구별하지 아니한다는 정부안이 채택되었다. 다만 제639조에서 복수의 외국도산절차를 승인한 후에는 주된 외국도산절차를 결정하고 이 절차를 중심으로 지원을 결정하거나 변경할 수 있다고 규정하는 선에서 절충적인 입법이 되었다.

## Ⅲ. 국제도산관할

### 1. 국제도산관할규칙 - 직접관할

국제도산관할이라 함은 채무자에 대하여 어느 국가의 법원이 파산법원[15]으로서 파산절차를 개시할 수 있는가를 규율하는 것이다. 국제사법이 제정되기 이전에는 국내 민사소송법상 국제관할권에 관한 이른바 逆推知說의 입장과 섭외사법의 규정을 기초로 하여 도산관할을 정할 수밖에 없었다.[16] 국제도산절차에서는 흔히 도산신청과 동시에

11) Ian F. Fletcher, European Union, Collier International Business Insolvency, § 43-26 (2021).

12) Implemented in the United States by means of chapter 15 of title 11 of the United States Code, added in 2005 by the Bankruptcy Abuse Prevention and Consumer Protection Act of 2005, Pub. L. No. 109-8 (2005).

13) 미국 연방파산법의 보조절차라 함은 미국내에서 개시되는 외국채무자에 관한 특별한 파산절차로서 미국내의 본절차(full domestic insolvency)에 대응하는 개념이다. 목적은 국내재산의 환가, 배당 등을 통하여 외국에서 개시된 주절차를 원조하기 위한 것이다. 특징은 본절차가 아니므로 당연히 본절차에서 인정하는 관리인 선임, 파산재단의 구성, 계획안의 작성 등을 하지 아니하는 점이다. 그러나 외국도산절차를 보조절차로 인식하는 구조는 제15장에도 유지되고 있다. 2005년 미국 연방파산법 제15장이 도입하기 이전의 미국의 사례와 현황에 대한 글로는 Samuel L. Bufford ET AL, INTERNATIONAL INSOLVENCY (Federal Judicial Center 2001).

14) 韓忠洙, "UNCITRAL의 국제도산절차와 Model Law 연구," 민사소송 제7권 제2호, 한국사법행정학회(2003), 545면 참조.

15) 이 글에서 파산법원이라 함은 미국의 파산법원과 같은 전문법원을 가리키는 것이 아니라 파산절차에 관하여 관할권을 갖고 파산절차를 개시한 법원을 지칭한다.

제기하는 보전처분의 허부에 의하여 사건의 성패가 결정되므로 신청단계에서 관할에 관한 다툼을 피하고, 역추지설에 의하는 경우 과잉관할의 문제가[17] 발생할 염려가 있으므로 이해관계인들에게 분명한 관할의 원칙을 정하여야 하는 필요성에서 국제도산법에 있어서는 구체적으로 직접관할에 관하여 채무자회생법 제3조에 관할규정을 두었다.

국제도산관할을 판단함에 있어서도 먼저 국제사법 제2조 제1항의 해석론에 의하여 대한민국 법원이 당해 도산신청사건과 실질적 관련성을 갖고 있는지를 결정한 후 국내관할에 관한 채무자회생법 제3조에서 정한 요건을 갖추고 있어야 비로소 채무자회생법에 의한 회생 또는 파산 사건의 직접관할권이 인정될 것이다.

## 2. 채무자회생법의 규정

### (1) 규정 내용

채무자회생법 제3조는 회생사건, 간이회생사건 및 파산사건 또는 개인회생사건에 관하여 재판관할을 규정하고 있다. 채무자의 보통재판적이 있는 곳(1호), 채무자의 주된 사무소나 영업소가 있는 곳 또는 채무자가 계속하여 근무하는 사무소나 영업소가 있는 곳(2호), 만일 제3조 제1호 또는 제2호에 해당하는 곳이 없는 경우에는 채무자의 재산이 있는 곳(채권의 경우에는 재판상의 청구를 할 수 있는 곳을 말한다)(제3호), 제1항에도 불구하고 회생사건 및 파산사건은 채무자의 주된 사무소 또는 영업소의 소재지를 관할하는 고등법원 소재지의 회생법원에도 신청할 수 있다. 그 외 「독점규제 및 공정거래에 관한 법률」 제2조 제12호에 따른 계열회사, 법인과 대표자, 주채무자와 보증인 등 주관적 공동관계에 있는 경우에 관한 재판관할을 인정하고 있다. 구 파산법 제96조 및 제98조가 국제파산관할의 규율로서 과잉관할이라는 지적이 있어 자연인의 최후주소지, 업무담당자의 주소를 제외하고 아울러 간접관할(승인관할)의 근거와 균형을 맞추기 위한 것이다.

따라서 대한민국에 주된 영업소를 가지는 대한민국 법인에 대하여 대한민국에 국제도산관할이 있음은 당연하지만 외국회사[18]가 국내에 영업소, 사무소 또는 재단소재지에 국제도산관할을 인정할 것인지에 관하여는 채무자회생법의 위 규정을 참작하면서 개정된 국제사법 제2조에 따라 "법원은 실질적 관련의 유무를 판단할 때에 당사자 간의 공평, 재판의 적정, 신속 및 경제를 꾀한다는 국제재판관할 배분의 이념에 부합하는 합

---

16) 전병서, 도산법 제2판, 법문사(2007), 378면.

17) 자연인의 최후주소지, 법인의 주된 업무담당자의 주소지 등이 그 예이다.

18) 회사가 외국법을 준거법으로 하여 설립되어 그 본점소재지 또는 주된 영업소는 외국에 있고 국내에는 영업소만 있는 회사를 말한다.

리적인 원칙에 따라야 한다."

상법상 영업소라 함은 시간적으로 계속성을 가지는 기업활동의 중심지로서 인적·물적 조직에 의한 하나의 단위이어야 한다.[19] 그러나 모델법상의 영업소라 함은 채무자가 인적 수단과 재화 또는 서비스를 갖고 일시적이 아닌 경제활동 등을 영위하는 영업장소라고 정의하고 있다.[20] 따라서 계속적·고정적으로 유지되지 아니하더라도 일시적이 아닌 경제활동을 하는 장소면 충분하므로 국제관할의 근거로서의 영업소가 상법이나 민사소송법의 영업소의 개념보다 넓다고 할 수 있다.[21] 이미 외국(그리스) 회사에 대하여 영국에서 청산절차가 개시되어 청산인과 청산업무를 보조하기 위한 소수의 종업원만 남아 있은 상태의 사무소는 관할을 인정하기 위한 영업소라고 보기 어렵다.[22] 어느 국가가 외국회사에 대하여 도산절차를 개시한다고 하더라도 회사의 설립지, 그 외 제3의 국가가 도산절차를 어떻게 취급할 것인지에 대하여 만족할 만한 답변을 하는 것은 어려운 문제이다.[23]

(2) 외국회사가 대한민국에 종된 영업소를 가지고 있는 경우

채무자회생법은 종된 영업소 소재지를 이유로 외국회사에 대하여도 파산 및 회생절차를 개시하는 관할권을 인정하고 있다. 다만 이 경우 외국에서 개시되는 도산절차가 주된 절차이고 대한민국에서 개시된 도산절차는 종절차가 된다. 양 절차가 진행되면 병행도산절차가 되고 채무자회생법 제638조에 따라 법원은 국내도산절차를 중심으로 제635조(승인 전 명령 등) 및 제636조(외국도산절차에 대한 지원)의 규정에 의한 지원을 결정하거나 이를 변경 또는 취소함으로써 절차를 조정할 수 있다.

(3) 외국회사가 대한민국에 재산만을 가지고 있는 경우

민사소송법 제11조는 대한민국에 주소가 없는 사람 또는 주소를 알 수 없는 사람에 대하여 재산권에 관한 소를 제기하는 경우 청구의 목적 또는 담보의 목적이나 압류할 수 있는 피고의 재산이 있는 곳의 법원에 제기할 수 있다고 규정하였다. 동 규정 중

---

19) 정찬형, 상법강의(상), 제25판, 박영사(2022), 150면. 판례도 같은 입장이다. 송달에 관한 민사소송법 제183조 제1항의 영업소에 관한 대법원 2014. 10. 30. 선고 2014다43076 판결(공 2014, 2263) 및 송달에 관한 국세기본법 제8조 제1항의 영업소에 관한 대법원 1986. 7. 22. 선고 85누225 판결(집34(2)특, 256)).

20) 모델법 제2조 (f)항.

21) 이제정, "UNCITRAL 국제도산에 관한 모델법상의 주된 이익의 중심(COMI) 개념," 법조 Vol.689 (2014), 37면.

22) *Olympic Airlines SA Pension & Life Insurance Scheme v Olympic Airlines SA* [2013] EWCA Civ 643.

23) *Banco National de Cuba v Cosmos Trading Corp* [2000] B.C.C. 910 AT 915 (CA).

'압류할 수 있는 피고의 재산'이 있는 곳에 특별재판적을 인정하는 것이 과잉관할이라는 비판이 있었다.

개정된 국제사법 제5조는 민사소송법을 구체화하고 국제사법적의 관할원칙을 반영하여 재산권에 관한 소는 청구의 목적 또는 담보의 목적인 재산이 대한민국에 있는 경우(제1호) 또는 다음 압류할 수 있는 피고의 재산이 대한민국에 있는 경우. 다만, 분쟁이 된 사안이 대한민국과 아무런 관련이 없거나 근소한 관련만 있는 경우 또는 그 재산의 가액이 현저하게 적은 경우는 제외한다(제2호)고 규정하였다. 국제사법 제5조 제1호는 민사소송법 제11조와 같지만 제2호는 구체화하여 국제재판관할권의 범위를 제한하였다.

재산소재지 특별관할을 두는 것은 강제집행의 확실성과 신속성을 도모할 수 있고, 자국 내에 소재한 재산에 대한 재판관할권의 행사는 주권행사의 일환이고, 많은 미국, 독일, 일본도 일정한 제한하에서 특별관할을 인정하고 있다는 이유로 그 타당성이 인정된다.[24)]

한편, 구 파산법 제98조는 재산소재지를 관할하는 법원에 파산사건의 관할을 인정하였으나 회사정리법은 재산소재지 관할을 인정하지 아니하였다. 그러나 채무자회생법은 파산절차와 회생절차를 구별하지 않고 제3조 제3항에서 재산소재지에 대하여도 보충적인 관할을 인정하는 규정을 두었다. 일본은 종전의 재산소재지 관할에 관한 규정을 개정하지 아니하였다. 즉 일본 파산법 제4조 제2항은 재산소재지 관할을 인정하고 있으나, 회사갱생법 제5조는 재산소재지 관할을 인정하지 않고 있다.

협의의 파산절차가 총채권자를 위한 광의의 집행절차의 성격을 갖는다는 점을 고려하면 적어도 파산절차에 대하여 재산소재를 이유로 국제도산관할을 인정하는 것은 미국 등에서도 널리 인정된 법리이다. 미국 연방파산법에 의하면 외국에 본점을 둔 외국회사가 미국 내에 주소, 상거소, 영업소 또는 재산을 갖고 있는 경우에는 파산법상의 채무자의 자격으로 제7장 또는 제11장의 절차를 신청할 수 있다. 채무자가 미국에 갖는 재산의 多寡[25)]와 미국에서의 영업소가 주된 영업소인지 종된 영업소인지는 구별하지 않는다.

---

24) 한애라, "재산소재지 특별관할에 관한 법리와 판례의 검토 및 입법론," 저스티스 통권 제182-1호(2021), 243-245면 및 김용진, "유럽도산법의 정비와 현행 채무자회생법상 국제도산재판관할규정의 운영 및 개정 방안," 저스티스 통권 제175호, 한국법학원(2019), 273면. 미국 연방파산법 § 109, 일본 파산법 제4조, 민사재생법, 제4조, 독일 도산법 제4조, 제354조~제358조(Reinhard Bork, 최준규 역, 독일도산법, 박영사(2021), 276면). 이에 반하여 EU도산규정은 재산소재지에 기한 국제도산관할을 인정하지 않고 있다.

25) *In re McTague*, 198 B.R. 428, 431-32 (Bankr. W.D.N.Y. 1996)에 의하면, 194 달러의 예금계좌를 갖고 있는 것은 관할권의 근거가 된다.

채무자회생법 시행 후에 재산관할에 기하여 대한민국에서 파산절차가 개시된 사례가 있다. 네덜란드 회사(LG Phillips Display Holding BV)가 대한민국에 소재한 외국은행에 거액의 채권증서를 보유하고 있음을 이유로 이탈리아 채권자(비키 카를로)가 채권가압류를 받은 후 채권 소재를 이유로 회사를 상대로 파산신청을 하여 서울중앙지방법원이 파산선고를 한 사례(2008하합8)이다.

또한 재산관할에 기하여 회생절차를 개시할 필요가 있을 수 있다.[26] 예컨대 외국에서 재건형의 도산절차가 개시되고, 국내의 채무자 재산도 그 재건에 필요한 재산이 되어 회생계획을 통하여 회생채권 등의 변경 또는 국내 영업의 구조조정을 정하고, 내국채권자에게도 청산절차보다 다액의 변제를 기대할 수 있는 경우에 회생채권 등에 기한 강제집행의 중지, 취소, 담보권의 실행의 중지 등의 조치를 강구하기 위하여 병행파산으로서 재건절차를 이용하는 경우이다. 따라서 외국에 주된 영업소와 협력하여 채무자 회사의 재건이 가능하게 될 것이다. 이때 외국관리인[27]이 국내재건절차를 신청할 것인지, 아니면 외국도산절차의 승인절차를 취할 것인지는 외국관리인이 양 제도의 이·불리를 형량한 후에 결정할 것이다. 국내재산의 가액이 어느 정도 규모 이상일 필요는 없다.[28] 이러한 직접관할의 인정은 병행파산절차의 승인을 초래하여 외국에서 주절차가 개시되더라도, 국내에서 재산소재에 기한 종절차의 개시를 인정하게 된다.

재산소재만을 이유로 한 도산절차는 종절차이지만 주절차가 개시된 외국에서 대한민국의 도산절차를 승인할 것인지의 여부는 그 나라의 판단에 맡기면 될 것이다. 유럽연합의 제2차 절차와 모델법상의 종절차 모두 최소한 영업소를 근거로 한 절차를 승인대상으로 삼고 있으므로 재산소재지를 이유로 한 채무자회생법에 기한 도산절차는 유럽연합의 회원국과 모델법을 따른 주요 국가들에서 승인되지 않을 것이다.

(4) 채권신고와 관할권

이 쟁점은 계약의 분쟁해결조항에서 준거법과 관할합의를 외국법과 외국법원으로 정한 후에 계약당사자 일방에 대하여 도산절차가 개시된 경우 상대방이 일단 도산절차가 개시된 법원에 채권신고를 하였으나 파산관재인이 이의를 제기한 경우에 발생한다.

---

26) 서울回生法院 裁判實務硏究會, 回生事件實務(下), 제5판, 博英社(2022), 367면.

27) 이 글에서 관리인이라 함은 파산법상의 파산관재인, 회사정리법상의 관리인 등을 포함하여 파산선고 후 채무자를 대신하여 채무자의 재산에 대한 처분 또는 재산에 대한 관리권이 부여된 자를 의미한다.

28) 미국의 실무도 이와 같다(주 25 참조). 외국에 주된 사무소를 갖고 있는 외국회사는 연방파산법 § 109의 기준에 따라 미국에서 제11장 재건신청을 할 수 있고, § 109는 미국에 주소, 상거소지, 영업지 또는 재산을 소유하고 있는 자는 미국에서 제11장 재건절차를 신청할 수 있도록 규정하고 있으며 여기서 재산의 가액 제한이 있는 것은 아니다.

상대방은 채권확정에 관한 소송도 관할합의에 따라 외국법원에 관할권이 있다고 주장하고, 관재인은 채권신고를 매개로 도산절차개시법원에 상대방에 대한 인적관할권이 있다고 주장하면서 다투게 된다. 관할합의를 중재합의로 바꾸더라도 같은 문제에 봉착하며 국제소송에서 이러한 쟁점은 실제로 자주 발생한다.

민사소송법과 국제도산관할의 문제는 어떠한 근거에 의하여 피고에 대한 재판관할권(영미에서는 personal jurisdiction)을 인정할 것인지에 관한 논의이다. 따라서 대한민국에 주소, 사무소 또는 영업소를 두지 아니한 개인 또는 법인이 대한민국 법원에 소송을 제기하면 소송을 제기하는 원고에게 대한민국 법원의 관할권이 인정됨은 당연하다. 다만 피고의 소송비용을 확보하기 위하여 소송비용 담보 제공의 문제가 발생할 뿐이다(민사소송법 제117조).

도산절차가 개시되어 채권자가 도산채권을 신고하면 채권신고행위는 대한민국 법원의 관할에 복속하겠다는 표시를 한 것이다. 따라서 파산관재인이 채권신고를 한 외국채권자에 대하여 대한민국의 법원에 부인권 소송을 제기하는 경우 외국채권자에 대하여 도산법원의 국제관할권이 인정된다.

이 점은 미국의 법리와 같다. 외국채권자의 채권신고는 미국 법원에 대한 인적관할권에 복속하는 것으로서 관할권 행사의 근거가 된다.[29] 채권신고라 함은 채권의 존재, 채권의 성질, 채권의 액수에 관하여 채무자 또는 법원에 통지하는 것을 말하며 단지 채권자의 변호사가 채무자의 변호사에게 근무 중 입은 상해에 대하여 채권을 갖는다는 내용의 편지를 보낸 것만으로는 채권신고에 해당하지 아니한다.[30] 파산채권의 신고는 적법한 인적관할권의 근거가 되지만 파산채권의 신고철회는 원칙적으로 인적관할권의 근거를 제거하므로 인적관할권이 부정된다.[31] 이러한 미국 법원의 법리는 국제사법의 해석에도 적용될 수 있다.

EU도산규정 제6조 제1항도 부인권에 관한 소송은 도산절차와 밀접한 관련이 있는 소송의 대표적인 예로 들면서 도산절차개시국의 법원에 국제관할권을 인정하고 있다. 단 부인권이 양도된 경우에는 그러하지 아니하다.[32]

(5) 관련재판적에 의한 관할

채무자회생법은 회생사건 및 파산사건이 「독점규제 및 공정거래에 관한 법률」 제2

29) Langenkamp v. Culp, 498 U.S. 42, 44 (1990).

30) In re American Classic Voyages Co., (3rd Cir. 2005).

31) In re Cruisephone, Inc.,278 B.R. 325 (Bankr. E.D.N.Y. 2002).

32) EuGH, 19.04.2012－C－213/10). Reinhard Bork, 최준규 역, 독일도산법, 박영사(2021), 275면에서 재인용.

조 제12호에 따른 계열회사, 법인과 대표자, 주채무자와 보증인 등 주관적 공동관계에 있는 경우에 관한 재판관할을 인정하고 있다(제3조 제3항). 민사소송법 제25조 제2항은 민사소송법 제65조 전문의 권리의무가 공통되거나, 사실상 또는 법률상 같은 원인으로 말미암아 생긴 경우에 해당하는 공동소송에만 관련재판적을 인정하고 있다.[33]

2022년 개정 전의 국제사법은 관련사건의 관할에 관한 규정을 두지 아니하였다. 그리하여 민사소송법 제25조 제2항의 원칙을 국제재판관할에도 적용 내지 유추적용하여 공동소송인 간의 관련 관할 또는 관련성에 근거한 관할을 인정할 수 있는지에 관하여 논의가 있었다.[34] 개정된 국제사법은 관련사건의 관할에 관하여 청구의 객관적 병합과 관련관할(제6조 제1항) 및 공동소송과 관련관할(제6조 제2항)에 관한 규정을 신설하였다. 제2항은 "공동피고 가운데 1인의 피고에 대하여 법원이 제3조에 따른 일반관할을 가지는 때에는 그 피고에 대한 청구와 다른 공동피고에 대한 청구 사이에 밀접한 관련이 있어서 모순된 재판의 위험을 피할 필요가 있는 경우에만 공동피고에 대한 소를 하나의 소로 법원에 제기할 수 있다."고 규정하였다. 동조는 학설을 반영한 것으로서 공동피고 가운데 1인의 피고에 대하여 법원이 일반관할을 가지는 때에는 그 피고에 대한 청구와 다른 공동피고에 대한 청구 사이에 밀접한 관련이 있어서 모순된 재판의 위험을 피할 필요가 있는 경우에만 다른 공동피고에 대하여도 그 청구가 계속된 법원에 소를 제기할 수 있다는 취지이다.[35]

이와 관련한 동아탱커 사건을 소개한다. 모회사인 동아탱커가 파나마법에 의하여 설립된 특수목적회사(1대의 선박을 소유하고 있는 자본금 10 달러의 자회사이다)의 대출채무에 대하여 연대보증을 한 후 서울회생법원에 회생신청을 한 상태에서 모회사가 자회사를 상대로 서울회생법원에 회생신청을 하였다. 법원은 채무자회생법 제3조 제3항은 서로 관련이 있는 채무자들의 경우에 동일한 법원에 회생절차개시신청을 할 수 있게 함으로써 관련 사건의 병행 처리를 가능하게 하여 회생절차의 효율성을 높이기 위한 것인바, 이 사건의 경우 신청인은 특수목적회사의 대출채무에 대하여 연대보증하였고, 특수목적회사는 신청인과 동일한 채무를 부담하고 있으므로 서울회생법원에 개시신청을 할 수 있다고 판시하였다.[36]

---

33) 이시윤, 민사소송법 제9판, 박영사(2015), 107면.

34) 석광현, 국제사법해설, 박영사(2013), 90면.

35) 석광현, 국제재판관할법, 박영사(2022), 93면.

36) 서울회생법원 2019. 5. 24.자 2019회합100085 결정. 그러나 법원은 신청인과 특수목적법인에 대한 회생사건의 병합적 처리는 당초 도산절연을 염두에 둔 신청인과 채권자들의 의사에 반하는 것으로서 현상태에서 회생절차를 신청하는 것은 채무자회생법 제42조 제3호의 "그 밖에 회생절차에 의함

그러나 위 사건이 2022년 국제사법 개정 전의 사건이지만 관련사건의 관할에 관한 기존의 학설에 비추어 볼 때, 모회사가 회생신청을 하였고 자회사에 대하여 채무를 보증하였다는 사정만으로 곧바로 자회사에 대하여 국제도산관할을 인정할 수 있는지는 의문이다. 모회사와 자회사가 경제적으로 밀접한 관련이 있기는 하지만 각각의 회생신청에 대하여 법원이 반드시 동일한 결론을 내지 않으면 모순된 재판의 위험이 발생한다고 단정할 수 없기 때문이다. 오히려 외국선박회사에 대한 회생절차의 필요성을 부정할 수 없다면 대한민국에서 사무소 또는 영업소가 있는지를 심리하여 대한민국과 실질적인 관련이 있고 사무소 등의 존재를 근거로 국제사법 제2조 제1항과 채무자회생법 제3조 제1항에 따라 재판관할권을 인정하는 것이 국제사법이론에 부합하는 접근방법일 것이다.[37]

## Ⅳ. 외국도산절차의 승인관할 - 간접관할

### 1. 외국도산절차의 승인의 의의

채무자회생법상의 외국도산절차의 승인은 민사소송법 제217조가 규정하는 외국판결의 승인과는 달리 외국법원의 재판을 승인하는 것이 아니라 당해 외국도산절차를 승인하는 것으로서 그 법적 효과는 외국도산절차가 지원결정을 하기 위한 적격을 갖추고 있음을 확인하는 것에 그치는 것이고, 그 승인에 의하여 외국도산절차의 효력이 직접 대한민국 내에서 확장되거나 국내에서 개시된 도산절차와 동일한 효력을 갖게 되는 것은 아니다.[38]

민사소송법 제217조의 외국재판의 승인은 외국법원에서 선고된 종국재판을 그 대상으로 삼고 있는데 반하여 채무자회생법 제5편의 외국도산절차의 승인은 보전처분과 도산절차개시결정, 계획안 인가결정 등 도산절차 내에서 이루어지는 여러 재판의 근원이 되는 외국도산산절차의 효력을 국내에 승인하는 것이다. 그리하여 민사소송법상의 외국재판의 승인과 외국도산절차의 승인은 아래와 같은 점에서 차이가 있다.

먼저 승인요건에 관한 차이를 본다. 외국재판의 승인 요건으로서는 ① 외국법원이

---

이 채권자 일반의 이익에 적합하지 아니한 경우"에 해당한다고 판단하여 개시신청을 기각하였다.

37) 김인현, "동아탱커 법정관리사태의 법적 쟁점," 해양한국(2019. 5), 117면은 회생법원의 기각결정이 있기 전의 글로서 거래당사자가 모두 한국 기업이고 실제적인 거래가 한국에서 이루어졌다는 점을 근거로 국제도산관할을 인정하여야 한다고 기술하고 있다.

38) 대법원 2010. 3. 25.자 2009마1600 결정(공 2010, 815)(토드 오 사건).

국제재판관할을 가질 것, ② 패소한 피고가 공시송달에 의하지 아니하고 소장의 송달을 받았거나 송달을 받지 않고 응소하였을 것, ③ 외국재판의 승인이 공서에 반하지 아니할 것과 ④ 상호보증이 있을 것을 요한다(민사소송법 제217조).

이에 반하여 외국도산절차의 승인요건으로는 ① 도산절차가 신청된 외국에 채무자의 영업소, 사무소 또는 주소가 있을 것(채무자회생법 제631조 제1항),[39] ② 외국도산절차(임시절차)가 개시되었을 것,[40] ③ 외국도산절차의 대표자가 법정 서류를 첨부하고 비용을 납부하여 서울회생법원에 승인신청을 할 것 그리고 ④ 승인하는 것이 대한민국의 선량한 풍속 그 밖에 사회질서에 반하지 아니하여야 한다(채무자회생법 제632조 제2항). 모델법이 각국이 국내법을 제정함에 있어 필요한 범위 내에서 수정할 것을 허용하고 있으며 상호보증을 요건으로 하지 않는다.[41] 모델법을 채용하기 전에도 독일, 미국, 영국, 프랑스는 외국도산절차를 승인함에 있어 상호보증을 요구하지 않으나 스위스는 상호보증을 요구하였다고 한다.[42] 적법한 송달 요건도 명시하지 않으나 승인국의 헌법상의 적법절차의 요건을 갖추어야 하는 것은 공서의 문제로 다루어질 수 있다. 이 점이 면책재판과 부인권에 관한 재판을 외국도산절차의 승인과 외국판결의 승인 중 어떠한 관점에서 접근하느냐에 따라 차이를 초래한다.[43]

39) 일본의 승인원조법 제17조 제1항도 같다. 따라서 민사소송법 제11조의 재산소재지에 기한 관할은 외국도산절차의 간접관할로 인정되지 아니한다. 직접관할과 간접관할의 차이에 관한 논의로 Ralf Michaels, 'Some Fundamental Jurisdiction Conceptions as Applied in Judgment Conventions'in Eckart Gottschalk *et al.* (ed.), Conflict of Laws in a Globalized World, 29－62 (Cambridge, 2007).

40) 승인대상인 외국도산절차는 회생절차, 파산절차 또는 개인회생절차 및 이와 유사한 절차(임시절차 포함)이어야 한다(채무자회생법 제628조 제1호). 그 외에 외국도산절차의 승인 신청 당시 외국도산절차가 신청되고 아직 개시되지 아니하여도 무방하다. 서울중앙지방법원 2007. 1. 22.자 2006국승1 결정(토드 오 사건)은 외국도산절차의 승인을 하기 위해서는 외국도산절차의 계속을 그 논리적 전제로 하므로 채무자회생법 제628조 제1호 소정의 '외국법원에 신청된'이라는 의미는 '외국법원에 신청되어 계속 중인' 것으로 해석함이 상당하다고 하여 미국 연방파산법 제11장 사건이 종료된 후에 대한민국 법원에 미국파산절차의 승인신청이 부적법하다는 이유로 각하하였다. 일본의 승인원조법에 의하면 외국도산처리절차가 종료하거나 갱생계획인가결정에 상당하는 판단이 있는 때에도 승인취소결정을 하여야 한다(승인원조법 제56조 제1항 제3, 4호).

41) 韓忠洙, "外國倒産節次의 承認과 執行," 辯護士 第31輯, 서울지방변호사회(2001), 357면; 한민, "도산 관련 외국재판의 승인과 집행," BFL 제81호(2017. 1), 104면.

42) 伊藤眞, "國際倒産法 關聯條文(國內法) 改正要綱案の解說," 竹下守夫 編, 國際倒産法, 商事法務研究會(1991), 390면. 영국의 CBIR, 미국의 파산법 제15장은 모델법의 원칙에 따라 상호보증을 요하지 아니한다. Morgan Bowen, 'England and Wales' in Collier International Business Insolvency Guide, ¶21.07[1] (LexisNexis, 2022).

43) 영국의 Rubin v Eurofinance SA, [2013] 1 AC 236 판결은 외국판결의 승인 문제로 접근하고 있음에 반하여, 미국은 예양의 원칙과 이해관계인의 이익보호에 관한 § 1522를 적절하게 활용하여 외국도산절차의 승인문제로 접근한다.

다음으로 승인의 효과도 다르다. 외국재판이 승인되면 외국재판이 갖는 효력이 승인국에도 확장된다. 즉 외국재판 승인요건을 갖추면 대한민국 법원이 별도로 승인재판을 하지 않더라도 자동적으로 승인되므로 외국재판은 당해 외국에서 효력을 발생한 시점에서 대한민국 내에서도 효력을 발생하며, 외국에서 가지는 기판력, 형성력, 참가적 효력 등을 대한민국내에서도 가진다.[44] 다만 외국재판에 기하여 대한민국에 소재하는 피고의 재산에 대하여 강제집행을 하려면 별도로 집행판결을 받아야 한다(민사집행법 제26조).

이에 대하여 미국과 영국의 국제도산법에 의하면, 외국도산절차를 승인한다고 하는 것은 승인국 법원이 외국의 도산법을 적용하는 것이 아니라 자국의 국제도산법을 적용하는 것이다.[45] 따라서 승인국의 구제명령의 내용이 도산법정지국의 내용과 반드시 같아야만 하는 것도 아니다.[46]

특히 채무자회생법의 외국도산절차의 승인은 승인결정 자체만으로는 어떠한 법적 효과가 발생하지 않으며 채무자회생법이 정한 지원명령을 발할 수 있는 기초로서의 효력밖에 없다. 채무자회생법하에서 승인결정을 받은 외국도산절차의 대표자인 관리인, 파산관재인 등(이하 '외국관재인'이라 한다)이 집행판결 등 다른 절차를 통하여 채무자의 재산에 대하여 강제집행을 하여 환가하는 것이 아니라 국제도산관리인 선임결정을 받아 그 권한에 기하여 법원의 허가를 받아 채무자의 국내재산을 처분 또는 국외로의 반출을 할 수 있다. 이 점에서도 외국재판의 승인절차와 다르다.

## 2. 승인의 요건

외국도산절차를 대한민국내에 승인하기 위하여는 당해 절차가 신청된 외국에 채무자의 영업소, 사무소 또는 주소가 있을 것이 필요하다(채무자회생법 제631조).[47] 직접관할에 관한 제3조와 비교하면 채무자의 재산이 있는 곳에 관한 관할조항이 누락되어 있다.

외국 채무자의 주소 등의 존재는 승인신청의 적법요건이므로 승인을 구하는 외국관재인이 입증하여야 한다. 영업소로 함은 주된 영업소가 아니라도 무방하다. 모델법이

---

44) 石光現, 국제민사소송법, 博英社(2012), 409면. 승인의 효력에 관한 다른 학설로는 승인국법기준설(최공웅, "외국판결의 효력," 사법논집 제18집(1987), 334면)과 누적설(김효정 외, 외국재판의 승인과 집행에 관한 연구, 사법정책연구원(2020), 143면)이 있다.

45) 따라서 미국에서는 파산채권의 우선순위에 관하여도 외국의 도산법이 아니라 승인국인 미국 연방파산법에 의하여 결정된다(Louise De Carl Adler, Managing the Chapter 15 Cross-Border Insolvency Case A Pocket Guide for Judges, 26 (Federal Judicial Center, 2011).

46) *In re Metcalfe & Mansfield Alternative Investment*, 421 B.R. 685, 697 (Bankr. S.D.N.Y. 2010).

47) 승인원조법 제17조 제1항도 같은 내용이다.

나 승인원조법도 이와 같다. 외국도산절차가 종된 영업소나 사무소의 경우라도 그 절차를 승인하여 그에 이은 후속절차를 마련하여 주겠다는 취지이다. 주된 영업소가 있는 국가에서는 워크아웃과 같은 절차가 진행되어 법정도산절차가 개시되지 않고 있는 경우에 종된 영업소 소재지국에서 도산절차가 개시된 경우라도 대한민국이 도산절차를 승인함으로써 대한민국 내에 소재한 재산의 散逸을 방지하고 계속기업가치를 유지할 필요가 있을 수 있기 때문이다. 채무자회생법 제631조에 의하여 승인대상이 되는 외국도산절차는 주절차 외에 종절차도 포함된다.

### 3. 승인관할의 배제 - 재산소재지 관할

승인결정을 구하는 외국도산절차가 채무자의 재산소재지만을 근거로 관할권이 인정된 경우에는 그 도산절차는 승인의 대상에서 제외된다. 이는 같은 종절차라 하더라도 단지 채무자가 재산만을 갖고 있는 경우라면 채무자와 당해 외국과 밀접한 관련성이 없기 때문에 대한민국 법원이 이를 승인하여 그에 이은 절차를 계속할 의의가 희박하기 때문이다. 이 점은 재산소재만으로 직접관할을 인정하고 또한 그에 대하여 대외적 효력을 인정하는 점과 차이가 있다. 이는 자국민만을 보호하겠다는 편협된 입장은 아니고 모델법과 승인원조법 제17조 제1항도 재산소재지만을 근거로 개시된 파산절차는 승인의 대상으로 삼지 않고 있다.

### 4. 승인의 효과

모델법 제20조와 이를 따른 미국과 영국의 국제도산법은 외국주절차를 승인하면 승인결정과 동시에 자동적으로 국내에서의 집행절차의 중지, 소송의 중지 등의 효과를 부여하고 있다.[48] 그 외 재량적 구제를 허용하고 있다.

이와 달리 EU도산규정은 별도의 승인결정 없이 즉시 주절차 개시결정의 효력을 다른 회원국에 미치는 자동승인방식을 취하고 있다(EU도산규정 제16조 제1항).

채무자회생법은 주절차, 종절차의 구분 없이 일단 승인대상으로 삼되, 승인결정 자체에 별도로 대내적 효력을 인정하지 않고 별도로 이해관계인의 지원신청에 대하여 지원결정을 하는 방식을 취하였다. 일본의 승인원조법과 같은 입장이다.[49]

---

48) 미국 연방파산법 §1520(a), 영국 CBIR Article 20. 그러나 담보권 실행의 자동중지에 대하여는 차이가 있다.

49) 이 점에 대한 비판과 모델법에 맞게 개정하여야 한다는 의견으로, 이제정, "UNCITRAL 국제도산에 관한 모델법상의 주된 이익의 중심(COMI) 개념," 법조 Vol.689(2014), 43면. 채무자회생법 제5편 국제도산 전반에 관한 검토 및 개정의견으로, 석광현, 채무자회생 및 파산에 관한 법률 제5편(국제

# Ⅴ. 도산국제사법

## 1. 총론

도산절차에는 실체법과 절차법이 적용된다. 예컨대, 파산관재인이 민법의 여러 조항에서 등장하는 거래의 안전을 보호하기 위한 선의의 제3자에 해당하는지는 도산실체법에 관한 문제이고, 파산채권을 언제 어떠한 방법에 의하여 신고하고, 이의가 있는 경우 어떠한 불복절차에 의하여 다툴 수 있는지 등은 도산절차법에 관한 문제이다. 큰 틀에서 학자들간에 합의를 본 것은 도산절차에 관한 사항은 도산법정지법에 의하고(lex concursus) 도산실체법에 관한 사항은 법정지의 국제사법의 원칙에 의하여 준거법을 결정하여 그 준거법에 의하여야 한다는 점이다.[50] 영국과 미국은 판례법에 의한 저촉법의 원칙에 의하여 도산실체법을 정하고, 대한민국, 일본, 독일 등은 제정법인 국제사법의 원칙을 국제도산절차에 적용 또는 유추적용하고 있다.

그러나 절차와 실체의 구별은 국제도산절차에서도 그 구별이 쉽지 않다. 쌍방미이행 쌍무계약에 관하여는 대한민국, 일본, 미국 모두 파산법에 특별한 규정이 있으며, 상계의 경우에는 영국에서는 도산절차에서의 상계와 보통법상의 상계의 법리가 다르고 대한민국과 일본은 민법과 별개로 채무자회생법 또는 파산법 등에 상계금지사유를 정하고 있고, 부인권은 원래 민법에 없는 제도이므로 각국마다 부인권의 행사주체, 대상, 행사방법 등이 다르다. 그리하여 국제도산사건에서 준거법을 정하는 문제는 국제사법의 다른 분야에 비하여 아직까지 확립되지 아니한 부분이 많다.

모델법은 이러한 사정을 반영하여 도산준거법에 관한 조항을 두지 아니하였다. 이에 반하여 EU도산규정은 회원국의 동질성과 회원국의 숫자 등을 감안하여 도산국제사법에 관하여도 제4조에서 어떠한 사항에 관하여 도산절차개시국법이 적용되는지를 규정하고 있다. 따라서 EU도산규정은 채무자회생법과 국제사법을 해석함에 있어 참고가 될 수 있다.[51] EU도산규정 제4조 제2항은 도산법정지법이 적용되는 사항으로서 예시적으로 다음의 13가지를 열거하고 있다.[52] (a) 도산절차가 허용되는 채무자의 자격, (b) 도산재단을 구성하는 자산 및 도산절차 개시 후 채무자가 취득하였거나 채무자에게 귀

도산법)의 개선에 관한 연구(법무부 보고서), 법무부(2019).

50) 石光現, "도산국제사법의 제문제: 우리 법의 해석론의 방향," 國際私法과 國際訴訟 제5권, 博英社(2012), 603면; 전병서, 도산법 제4판, 박영사(2019), 670면.

51) EU도산규정의 준거법에 관한 해설로 石光現, "유럽연합의 國際倒産法制," 國際私法과 國際訴訟 제3권, 博英社(2004), 309－367면.

52) 石光現, "유럽연합의 國際倒産法制," 國際私法과 國際訴訟 제3권, 博英社(2004), 321－322면.

속되는 자산의 취급, (c) 채무자 및 청산인의 권한, (d) 상계 요건, (e) 채무자가 당사자인 계약에 대하여 도산절차가 미치는 효력, (f) 개별 채권자들이 제기한 절차에 대한 도산절차의 효력, (g) 채무자가 신고하여야 할 채권 및 도산절차 개시 후 발생하는 채권의 취급, (h) 채권의 신고, 조사 및 확정을 규율하는 규칙, (i) 환가금의 배당, 채권의 순위 및 도산절차 개시 후 물권 또는 상계에 의하여 일부 만족을 얻은 채권자들의 권리, (j) 도산절차의 종료의 요건과 효과, (k) 도산절차 종료 후의 채권자들의 권리, (l) 도산절차에서 발생하는 비용을 부담할 자, (m) 사해행위의 무효, 부인 또는 상대적 무효와 관련되는 규칙 등이다. 단 다른 특별조항(상계에 관한 제6조, 부동산에 관한 계약 제8조 등)에 의하여 법정지법의 적용이 제한된다.

채무자회생법은 국제도산에 관하여 준거법에 관하여 규정을 두지 아니하였으며 국제사법에도 규정이 없으므로 판례와 학설에 맡겨져 있다.

## 2. 도산절차의 개시 시기에 관한 준거법

선박건조계약, 건설도급계약 등에서 당사자 일방에 대하여 도산절차가 개시되면 이를 채무불이행 사유(Event of Default)로 보고, 상대방이 계약을 해제할 권한을 갖는 조항(trigger clause라 한다)을 두는 경우가 보통이다. 그리하여 조선사의 어느 채권자가 조선사를 상대로 파산신청을 한 것이 위 계약조항에 해당하는지 여부가 다투어진 사례가 있었다.

미국 연방파산법에서는 파산관재인이 선임되는 경우는 제7장의 경우이고, 제11장의 경우는 관리인이 선임되는 경우는 매우 드물고 점유를 계속하는 채무자(Debtor In Possession, 이하 'DIP'라 한다)[53]가 사업을 경영하게 된다. 제7장의 경우 채무자가 신청하는 자발적 파산신청(§ 301)의 경우에는 별도의 파산선고 없이 신청 자체가 파산선고 개시(order for relief)의 효과를 가져온다.[54] 채권자가 신청하는 경우 즉 비자발적 파산신청(§ 303)에는 별도로 법원이 파산개시의 요건을 충족하였는지를 심리하여 충족하였다고 인정되는 경우에 비로소 파산선고를 한다.[55] 자발적 파산신청이건 비자발적 파산신청이건 파산신청시에 바로 자동중지의 효과[56]와 채무자의 국내외 재산에 대하여 갖는 보

53) 미국 연방파산법의 개념으로서 파산관재인과 같은 제3자가 아니라 파산절차 개시후 파산재단의 점유와 관리처분권을 계속 보유하는 채무자를 칭한다. 법원이 별도로 DIP를 선임하지 아니한다.

54) § 301 후문, The commencement of a voluntary case under a chapter of this title constitutes an order for relief under such chapter.

55) § 303(h).

56) § 362(a).

통법상 또는 형평법상의 권리가 파산재단을 구성한다.[57] 따라서 미국 연방파산법에서는 파산신청에 의하여 파산절차가 개시된다.

영국 도산법은 각 도산절차마다 언제 도산절차가 개시되는지에 관하여 개별적인 조항을 두고 있다. 재건절차인 회사에 대한 관리절차는 관리인의 선임 효력이 발생됨으로써 개시된다.[58] 회사의 청산절차 중 임의청산절차는 임의청산결의안이 가결된 때에,[59] 강제청산절차는 청산신청서가 제출된 때에 개시된 것으로 간주된다.[60]

EU도산규정 제2조(f)항은 도산절차 개시 시점이라 함은 절차를 개시하는 재판이 최종적인지 여부와 관계없이 효력을 발생하는 시점을 의미한다.

이에 반하여 채무자회생법은 이 점에 관하여 명시적인 규정을 두고 있지 않다. 소송계속의 효과가 소장이 송달된 때에 발생하고, 소멸시효의 중단 사유가 파산신청시에 발생하는 점, 파산신청이 있어야 비로소 법원이 보전처분을 발할 수 있게 되는 점, 선박건조계약서 등의 해제권 발동 조항의 목적과 취지를 고려하면, 파산신청시라는 견해도 가능하다.

그에 반하여 채무자회생법이 회생절차개시결정, 회생절차개시의 등기(채무자회생법 제24조)라는 표현을 사용하고 있고, 회생절차개시결정에 의하여 파산신청, 강제집행 등이 금지되고, 관리처분권이전의 효력이 발생하는 등 중요한 법적 효과가 발생하므로 회생절차개시결정 또는 파산선고시에 도산절차가 개시된다는 견해도 가능하다.

여하튼 도산절차가 언제 개시되고, 종료되는가 하는 쟁점도 도산법정지법에 의하여 결정된다는 점에 대하여는 영국에서도 마찬가지이다.[61]

## 3. 도산재단의 범위에 관한 준거법

파산관재인이 관리처분권을 갖는 것은 도산재단에 속하는 재산에 한하고 도산재단에 속하는 재산을 환가하여 파산채권자들에게 배당을 할 수 있으므로 도산재단을 확정하는 것이 도산법 이론이 가장 먼저 밝혀야 하는 작업이다. 도산재단의 범위의 준거법에 대하여는 재산소재지법과 절차개시지법을 생각할 수 있으나 총채권자의 이익에 커

---

57) § 541(a).

58) Insolvency Act Schedule B1 Para 1(2)(b). a company "enters administration" when the appointment of administrator takes effect.

59) Insolvency Act § 86.

60) Insolvency Act § 129(2).

61) Bank Handlowy w Warszawie v Christianapol (Case C–116/11) [2013] Bus. L.R. 956. Look Chan Ho, *Cross–Border Insolvency: Principles and Practice 240* (Sweet & Maxwell 2016)에서 재인용.

다란 영향을 미치는 것이므로 후자가 통설이다.[62]

국내에 소재한 채무자의 재산에 관하여도 나라마다 도산재단의 범위가 다르다. 도산재단의 범위에 관하여 고정주의를 채택하면 원칙으로 신득재산은 도산재단에 속하지 않게 된다. 팽창주의를 채택한다고 하여 당연히 파산선고 후 상속받은 재산이 파산재단에서 제외되는 것은 아니다. 그리고 별제권의 목적인 재산도 파산재단에 포함되는지에 관하여도 한국과 일본의 파산법에 의하면 별제권의 목적인 재산도 파산재단에 속하지만,[63] 영국은 회사에 대한 청산절차에서 회사 소유의 담보물 중 담보권의 범위에 속하는 부분은 도산재단에 속하지 아니하며 대신 피담보채무를 변제한 후에 청구할 수 있는 형평법상의 목적물 반환청구권(equity of redemption)을 도산재단에 속하는 재산으로 취급하고 있다.[64]

만일 외국의 파산법이 속지주의를 채택하여 자국 내의 재산만으로 도산재단을 구성한다면 대한민국 내의 재산에 대한 관리처분권의 귀속문제는 발생하지 않게 된다. 반대로 보편주의를 채택하면 대한민국 내의 재산에 대하여도 도산재단을 구성하고 외국관재인이 관리처분권을 취득하게 된다.

속지주의에 터 잡은 구 파산법은 외국파산선고의 대내적 효력을 인정하고 있지 않는 것과 마찬가지로 국내파산 선고의 대외적 효력을 부정하였다.[65] 그리하여 구 파산법 하에서는 해외소재 외국 재산은 자유재산에 속하여 파산재단에 속하지 아니하였다.

그러나 채무자회생법에 의하면 채무자의 국외재산 역시 파산재단에 속하게 된다. 파산재단 또는 회생채무자의 재산에 속한다고 하여 별도의 승인절차 없이 곧바로 채무자회생법에 정한 강제집행금지의 효력, 담보권실행금지의 효력이 국외재산에 대하여 미치는 것은 아니며 이러한 효력을 얻기 위해서는 목적물이 소재한 국가의 도산법에 따라 회생절차의 효력을 당해 외국법원으로부터 승인을 받고, 별도로 권리행사의 금지를 명하는 지원결정을 받아야 한다.

그러나 외국에 소재한 재산에 대하여 파산관재인이 대한민국에 소재한 재산에 대

---

62) 河野俊行, "倒産國際私法," 山本克己＝山本和彦＝坂井秀行編, 國際倒産法制の新展開, 金融商事判例 增刊號 1121호, 經濟法令研究會(2001), 150면 참조. 해외재산도 파산재단을 구성하는지 여부와 절차개시 시의 재산으로 확정되는지 개시 이후의 취득한 재산도 포함되는지 여부 등을 결정하게 된다.

63) 일본 파산법 제2조 제9항.

64) Insolvency Act 1986 § 234(3). *Re Pyle Works Ltd* [1890] 44 Ch 534.

65) 따라서 日本의 민사재생절차에 기한 개별집행금지의 효력은 대한민국 내에 미치지 아니하므로 민사재생채권을 양수하여 대한민국 내에서 동일한 재생채무자(일본에서 설립된 대우자회사)를 상대로 금원지급 청구가 가능하였다(인천지방법원 2003. 7. 24. 선고 2003가합1768 판결).

하여 동일한 수준의 관리처분권을 갖는 것은 아니며, 외국의 도산법이 보편주의를 취하였는지, 보편주의를 취한다고 하더라도 어떠한 범위 내에서 구제명령을 발하는지에 따라 관리처분권의 행사 수준이 달라진다.[66] 그리고 파산절차의 포괄집행적 효력이 외국재산에 미치는 것을 전제로 배당조정에 관한 hotchpot의 원칙이 적용된다(채무자회생법 제642조. 後述함).

### 4. 환취권의 준거법

환취권은 파산재단의 범위를 정하는 문제와 관련이 있다. 즉 어느 목적물이 파산재단에 속하지 아니한다고 주장하는 권리이다. 어떠한 권리가 환취권으로 인정되는가는 물건에 대한 실체법상의 권리 내용과 파산절차와의 관계에서 그러한 권리가 인정되는가에 의하여 결정된다. 소유권이 대표적이지만 지상권 등 용익물권, 점유회복의 소를 제기할 수 있는 점유권도 가능하다.[67] 환취권은 물건의 반환을 청구하는 데에 한정되지 않고 특허권을 침해하고 있는 파산관재인을 상대로 침해의 금지 또는 예방을 하거나 침해행위로 조성한 물건의 폐기 등을 구하는 권리도 환취권의 대상이 된다.[68] 환취권은 실체법에 기하여 권리를 주장하는 일반의 환취권과 채무자회생법에 기하여 권리를 구하는 대체적 환취권이 있다. 파산관재인이 목적물을 처분하여 목적물이 존재하지 아니하지만 반대급부인 대금청구권이 존재하는 경우 만일 권리자에게 환취권을 인정하지 않고 파산채권 또는 재단채권으로 취급하는 것은 환취권자에게 희생을 강요하고 파산재단에게 부당한 이득을 주는 것이므로 환취권자를 보호하기 위하여 파산재단 중에 반대급부가 현존하는 경우 그 대가를 환취권자로 하여금 환취할 수 있도록 할 필요가 있다. 이를 대체적환취권이라 한다.

대한민국에서 도산절차가 개시된 경우 어떠한 권리(소유권, 점유권, 재산분할청구권 등)를 환취권으로 인정할 것인지와 파산관재인이 법원으로부터부터 환취권 승인 허가를 받아 임의로 목적물을 상대방에게 교부할 수 있는지는 도산법정지법인 채무자회생법에 따라야 한다.[69] 그러므로 일반적 환취권 중 물건에 대한 소유권, 용익물권의 성립과 효

66) 영국은 외국의 주절차가 청산절차와 유사한 경우라면 담보권의 실행에 관하여는 중지를 허용하지 않고, 재건절차인 관리절차와 유사한 경우에만 신청에 의하여 담보권의 실행을 중지한다(CBIR Article 21(g)). 이에 반하여 미국은 일단 외국의 주절차를 승인하면 자동중지의 효력을 인정하므로 담보권의 실행도 일단 중지되고, 그 후 중지해제명령을 통하여 담보권실행을 허용하는 방식을 취하고 있다.

67) 高田賢治, "取戻權," 竹下守夫 外, 破産法大系 第Ⅱ巻 破産實體法, 青林書院(2014), 207면.

68) 전병서, 도산법, 박영사(2019), 318면; 윤남근, 앞의 글, 93면; 山本和彦 외, 앞의 책, 178면.

69) 石光現, "도산국제사법의 제문제: 우리 법의 해석론의 방향," 國際私法과 國際訴訟 제5권, 博英社

력에 대하여는 물건 소재지법에 의하여야 하고(국제사법 제33조), 피담보채권을 변제하고 소유권에 기하여 담보물에 대하여 반환청구를 구하는 경우 목적물의 소재지법에 의하여 소유권이 인정되면 채무자회생법에 의한 일반적환취권이 인정될 것이다.

## 5. 파산관재인 등의 지위에 관한 준거법

### (1) 파산관재인의 지위

대한민국과 일본에서는 피상속인이 사망하면 상속이 개시되어 피상속인의 모든 재산이 상속인에게 포괄적으로 승계되지만, 영미에서는 피상속인이 사망하면 별도의 재단(estate)를 구성하고 상속재산관리인(유언집행자 executor 또는 무유언상속시 상속재산관리인 administrator)이 재단의 대표자로서 이를 관리 청산한 후 나머지 재산을 상속인에게 양도하는 방식을 취하고 있다. 전자의 입법주의를 승계주의라고 하고, 후자를 청산주의라고 한다.[70] 이와 유사하게 대한민국에서는 파산이 선고되면 파산재단을 구성하지만 독립한 법인격을 부여하지 않으며 파산관재인은 파산재단에 대한 관리처분권을 갖게 된다. 파산관재인의 법적 지위에 대하여는 사법상의 직무설, 파산재단대표자설, 관리기구인격설 등 견해가 일치되어 있지 않다.[71]

이에 반하여 미국에서는 파산재단은 독립한 법인격을 갖게 되며 파산관재인은 파산재단의 대표자가 된다.[72] 따라서 미국에서는 파산관재인이 파산자의 권리의무를 직접 승계하는 것은 아니지만 파산선고와 동시에 파산자의 재산은 원칙적으로 파산재단을 구성하게 되고 파산관재인은 파산재단의 대표자로서 파산재단에 대하여 관리처분권을 갖는다. 파산재단의 법적 성격과 관리처분권의 귀속과정이 대한민국과 다소 다르지만 양자 모두 파산선고에 따르는 법적효과라는 점에서는 동일하다.

외국관재인의 권한은 마치 외국 회사의 대표자가 A에서 B로 변경된 것처럼 국제사법 제16조의 연결원칙인 회사설립의 준거법에 따라 변경된 파산관재인의 권한의 적법성을 논하면 충분하다는 견해가 있다.[73] 이 견해에 의하면, 외국관재인이 승인국에

(2012), 615면.

70) 石光現, 국제사법해설, 박영사(2013), 554면 주 5; 神前 禎, "倒産財團の範圍," NBL No. 650(1998), 8면.

71) 윤남근, "일반환취권과 관리인·파산관재인의 제3자적 지위, 회생과 파산 1," 사법발전재단(2012), 1-40면.

72) Collier International Business Insolvency Guide Vol 1, Chapter 4, 13 (2003); Charles Jordan Tabb, The Law of Bankruptcy 2th ed. 146 (Foundation Press, 2009). "The estate is a separate and distinct legal entity, The bankruptcy trustee is the representative of the estate."

73) 제강호·이제한, "외국회사의 파산관련 제문제," BFL 제42호(2010), 44-45면은 대법원 2003. 4.

소재하는 재산에 대하여 관리처분권을 갖는지 여부에 관한 문제도 외국도산절차의 승인을 논할 필요 없이 외국법을 준거법으로 하여 결정하면 족하다는 입장이다.

회사의 속인법이 규율하는 사항은 회사의 설립, 권리능력의 유무와 행위능력, 조직과 내부관계, 법인기관의 권리의무 등 회사의 설립부터 소멸까지 법인의 모든 사항을 규율한다.[74] 그런데 회사의 대표이사의 변경은 회사의 법인격은 그대로 유지하면서 대표자가 바뀌는 것이지만 파산관재인의 선임은 관리처분권이 전속적으로 회사로부터 파산관재인에게 이전된다는 점에서 서로 다르다.

미국 연방파산법에서는 파산신청만으로 채무자와 별개의 독립한 법인인 파산재단이 창설되고(§ 541(a)), 파산관재인은 그 대표자가 되는 것이므로[75] 파산관재인의 선임을 회사의 대표이사의 변경과 동일하게 취급할 수 없으므로 회사의 속인법으로 규율할 수는 없다.

(2) 외국관재인의 지위

채무자회생법이 제정되기 전에 국내에 소재한 재산의 소유자에 대하여 미국에서 파산절차가 개시된 파올로구찌 사건에서 대법원[76]은 미국 파산절차의 파산관재인이 한국 내 재산(등록된 상표권)에 대한 관리처분권이 있음을 인정하고 미국 파산관재인이 원고가 되어 한국 기업을 피고로 삼아 상표권에 기하여 손해배상청구소송을 제기할 권한을 인정하였다.[77]

그러나 채무자회생법은 국제도산관리인 제도를 두어 외국채무자의 국내에 소재하는 재산에 관하여 외국관재인이 이를 처분하려면 승인결정과 그에 이은 지원결정으로

---

25. 선고 2000다64359 판결(집51(1)민, 176)(파올로구찌 사건)에 따라 승인결정 없이도 국내재산에 대한 관리처분권이 외국관재인에게 귀속된다는 입장이다. 대법원은 파올로구찌 사건의 판결이 토드오 사건에 원용될 수 없다고 판시하였다. 토드 오 사건이 있기 전에 발표된 石光現, "미국 파산법원의 재판의 효력과 파산법의 속지주의 －대법원 2003. 4. 25. 선고 2000다64359 판결에 대한 평석," 國際私法과 國際訴訟 제4권, 博英社(2007), 385면은 파올로구찌 판결이 채무자회생법하에서 의의가 제한적임을 지적하였다.

74) 石光現, "한국에서 주된 사업을 하는 외국회사의 법인격과 당사자능력: 유동화전업 외국법인에 관한 대법원 판결과 관련하여," 국제사법과 국제소송[정년기념], 博英社(2022), 298면 및 안춘수, 국제사법, 法文社(2017), 207면.

75) 石光現, "국제도산법의 몇 가지 문제점," 國際私法과 國際訴訟 제1권, 博英社(2001), 452면은 파올로구찌 사건에 관한 서울지방법원 1996. 6. 28. 선고 96가합27402 판결에 대한 평석을 통하여 미국 연방파산법은 파산관재인을 영국에서 처럼 채무자의 포괄승계인으로 보지 않는다고 설명한다.

76) 대법원 2003. 4. 25. 선고 2000다64359 판결(공 2003, 1242).

77) 이 판결에 대한 해설 및 평석으로는 石光現, "미국 파산법원의 재판의 효력과 破産法의 屬地主義," 國際私法과 國際訴訟 제4권, 博英社(2007), 363－396면; 권택수 "파산법 제3조 제2항 소정의 "외국에서 선고한 파산은 한국 내에 있는 재산에 대하여는 그 효력이 없다"는 규정의 의미," 대법원판례해설 45호(2003 상반기)(2004), 480－485면.

서 국제도산관리인으로 선임되도록 변경하였다. 따라서 파올로구찌 판결은 더 이상 유지될 수 없다.[78]

서울고등법원은 덴마크 도산절차에서 선임된 파산관재인이 채권(채무자가 한국 법인)에 대하여 처분권한을 갖는다 하더라도 채무자회생법의 해석상 덴마크 파산관재인이 대한민국 내 재산을 처분하기 위하여는 한국 법원으로부터 승인결정 및 지원결정을 받아야 하는데 이러한 결정을 받지 아니하였으므로 파산관재인이 이 사건 채권을 원고들에게 양도한 것은 대한민국에서 효력을 인정할 수 없으며, 외국파산절차의 승인이 있다 하더라도 외국파산절차의 파산관재인이 당연히 대한민국 내 재산의 관리처분권을 취득하는 것은 아니고 대한민국 법원으로부터 국제도산관리인으로 선임되어야만 대한민국 내 재산의 관리처분권을 얻게 된다고 판시하였다.[79]

## 6. 도산채권의 신고 및 확정절차 - 중재절차와 채권조사확정절차

신고 대상인 도산채권의 범위(재단채권도 포함되는지),[80] 도산채권의 신고방식(교차신고를 허용하는 지,[81] 전자적 신고방식 여부),[82] 채권신고기한, 채권조사절차의 방식(서면조사방식 등), 채권조사확정재판 방식(중재절차의 병용 가능 여부) 등은 모두 도산법정지법에 따른다.

대한상사중재원은 중재신청 이후 상대방에 대한 회생절차개시결정이 있자 신청인이 상대방으로 관리인으로 수계한 후 신청취지를 회생채권확정을 구하는 것으로 변경한 사안에서 회생채권의 확정은 채권조사확정재판에 의하여 또는 그 조사확정재판에 대한 이의의 소에 의하여 확정될 수 있을 뿐이라는 이유로 중재신청의 이익이 없다는 이유로 각하하였다.[83]

국제도산절차와 국제중재절차의 관계에 관하여 살펴본다. 각국은 독립한 주권국가

---

78) 石光現, 국제민사소송법, 박영사(2012), 466면. 그러나 제강호·이제한, "외국회사의 파산관련 제문제," BFL 제42호, 서울대학교 금융법센터(2010), 44－45면은 파올로구찌 사건의 판례 법리가 유효하다는 입장이다.

79) 서울고등법원 2014. 7. 25. 선고 2012나77541, 77558 판결(미상고 확정, 아르텍 사건).

80) 미국의 연방파산법은 재단채권의 개념이 없고 그에 상응하는 파산채권을 우선권 있는 채권(priorities)에 포함시켜 이를 신고하여야 하는 파산채권으로 취급하고 있다(미국 연방파산법 § 507(a)).

81) 관리인이 국내파산절차에 참가한 채권자를 대리하여 외국파산절차에 참가하는 권한을 갖는 것이다. EU도산규칙, 민사재생법 제210조, 회사갱생법 제245조가 채택하였다. 채무자회생법은 채택하지 아니하였다.

82) 리만브러더스 파산사건에서 일부 파생금융상품거래에서 발생한 채권자는 우편접수가 아니라 전자적인 방법으로만 채권신고를 제한하였다.

83) 중재 제12111－0097호, 건설중재판례집(2015).

이므로 대한민국에서 도산절차가 개시되었다고 하여 외국에서 진행 중인 중재절차가 자동으로 중지되는 것이 아니다. 이를 중지시키기 위하여는 외국의 국제도산법에 따라 승인결정 또는 별도로 중재절차의 중지를 구하는 구제명령을 신청하여 외국 법원으로부터 중지결정을 받아야 한다.

해운회사에 대하여 대한민국에서 회생절차가 개시되면 보통은 아래와 같은 순서로 절차가 진행되기 마련이다. 외국채권자들은 미지급용선료 채권 등을 회생채권으로 대한민국 법원에 신고를 한다. 관리인이 회생채권의 존부 및 범위에 관하여 이의하면, 회생채권의 존부와 범위에 관하여 외국채권자들은 종전의 중재합의에 따라 영국의 중재절차에 의하여 확정하여야 한다고 주장하고, 관리인은 채무자회생법에 따라 조사확정절차를 거쳐야 한다고 다툰다. 관리인이 영국 법원에 대한민국의 회생절차의 승인과 영국에서 진행 중인 중재절차의 중지를 신청하면 영국 법원은 대한민국의 회생절차가 모델법상의 주된 외국도산절차에 해당한다는 이유로 승인결정을 하고, CBIR Article 20(1)에 따라 자동중지의 효력이 인정된다는 이유로[84] 영국에서 진행 중인 중재절차의 중지를 명한다. 대한민국 법원은 영국 중재절차의 결과를 기다리기 위하여 회생채권조사확정재판의 기일을 추정하거나 또는 영국의 중재절차와 무관하게 조사확정재판을 진행한다. 전자의 경우에는 영국의 중재판정 결과를 반영하여 회생채권조사확정의 결정을 내린다. 그런데 한진해운의 파산사건에서 서울회생법원은 중재약정이 유효하다는 이유로 일본기업이 파산관재인을 상대로 한 파산채권조사확정신청을 심문 없이 부적법 각하하였다.[85] 이러한 실무는 과거의 확립된 실무에도 반할 뿐 아니라,[86] 회생채권에 대한 신

84) 영국의 국제도산법에 의하면 자동중지의 효력은 국내에만 미치고 해외에는 미치지 아니한다. 담보권자는 자동중지의 효력에 복속하지 아니하므로 대한민국의 도산절차가 승인되더라도 별도로 담보권실행의 금지명령이 발하여지지 않는 한 여전히 영국에서 담보권을 실행할 수 있다.

85) 서울회생법원 2020. 11. 12.자 2017하확100088 결정; 서울회생법원 2020. 5. 12.자 2017하확100187 결정; 서울회생법원 2021. 5. 3.자 2017하확100091 결정. 위 2017하확100187 결정은 "채무자 회생 및 파산에 관한 법률이 중재법 제9조 제1항 본문에 우선한다는 규정이 없다. 따라서 당사자 사이의 중재합의는 한쪽 당사자에 대한 회생절차 개시 여부와 관계없이 유효하고, 중재합의가 있다는 항변이 있는 경우 중재합의의 대상인 분쟁에 관한 채권조사확정재판은 부적법하다." 위 결정에 대한 소개로는 石光現, "국제도산," 제6기 도산법연수원Ⅱ, 서울지방변호사회(2021), 298면. 각하된 3건에 대하여 서울회생법원에 이의의 소가 제기되었으며 소송 도중 파산관재인이 중재항변을 철회하였으며, 파산채권 일부를 인용하는 내용의 화해권고결정으로 사건이 종결되었다(서울회생법원 2020가합102834, 2020가합102841, 2021가합100750). 중재와 조사확정재판의 관계에 관하여 위와 같은 다툼이 있음에도 법원이 심문 없이 각하하는 재판 진행이 바람직한지 의문이다. 서울회생법원의 각하 결정에 대한 비판적 견해로는 이수열, "회생채권 조사확정에서 중재합의의 취급," 2021. 11. 29. 도산법연구회 발표문(미공간); 김명수, "국제중재절차와 국제도산절차의 경합," 국제사법연구 25(2), 국제사법학회(2019), 590면.

86) 양민호, "도산절차가 중재절차에 미치는 영향, – 중재합의 있는 회생채권의 확정절차를 중심으로,"

고, 조사 및 확정절차는 도산법정지법에 의하고 조사결과를 회생채권자표에 기재하여야 한다는 규정(채무자회생법 제167조)에 어긋나며, 구 회사정리법과 달리 채권자목록제도를 도입한 채무자회생법하에서 회생채권자표에 기재되지 아니한 회생채권을 회생계획에 반영하는 것이 법적으로 불가하다는 점을 고려하면 찬동하기 어렵다.

대리점계약 또는 선복용선계약에서 분쟁해결조항으로 영국 중재절차에 의하기로 약정한 경우 재단채권자가 대한민국 법원에 재단채권의 이행청구소송을 제기한 경우 서울중앙지방법원은 중재항변을 인정한 사례도 있고,[87] 배척한 사례도 있다.[88] 일본에서는 당해 중재조항이 재단채권에 대한 분쟁해결까지 예상하여 런던중재절차에 의하기로 합의하였다고 볼 수 없다고 하여 중재항변을 배척한 하급심 판결이 있다.[89]

## 7. 회생담보권의 준거법

물권관계는 대부분의 경우 물건(부동산 및 동산)이 소재하고 있는 곳에 있는 사람들 사이에 설립하므로 물건에 관한 거래이익은 물권관계에 있는 소재지법이 적용된다.[90] 따라서 어떠한 방법과 형식으로 담보권을 취득, 상실, 변경되느냐 하는 점에 관하여도 물건의 소재지법이 적용되므로 담보권의 준거법은 목적물 소재지법으로 함이 원칙이다(국제사법 제33조).[91] 이러한 원칙을 관철하여 EU도산규정 제5조는 도산법정지법을 배제하여 담보권 포함을 포함하는 물권에 대하여 그 권리가 다른 회원국에 소재하는 경우 절차개시국의 도산법이 적용되지 아니한다고 규정하고 있다.[92] 이 경우 목적물 소재지

---

민사재판의 제문제 제23권, 사법발전재단(2015), 242면은 파산절차가 중재절차보다 우월하므로 중재합의가 있더라도 채권의 조사확정은 채무자회생법에 의하여야 한다는 입장이다.

87) 서울중앙지방법원 2017. 12. 15. 선고 2017가합6882 판결. 원고가 항소하였으나 서울고등법원 2018. 4. 27. 선고 2018나24 판결로 항소기각됨.

88) 서울중앙지방법원 2022. 11. 28.자 2021가합563504 화해권고결정(확정). 일본 해운회사가 한진해운의 파산관재인을 상대로 재단채권을 구하는 소송을 제기하고, 피고가 중재항변을 하였으나 재판부가 중재항변에 대한 판단 없이 화해권고결정을 하여 확정되었다.

89) 東京地方裁判所 2015. 1. 28. 선고 平成 24년(ワ) 제35587호 판결("본건소송의 본안의 중심적인 쟁점은 용선료채권이 공익채권에 해당하는지 여부, 본건 선행상계가 회사갱생법 제49조 제1항 제1호에 의하여 금지되는지 여부에 관한 일본의 회사갱생법의 해석고유의 문제이고, 런던의 중재인이 적절하게 판단하기에는 곤란하다고 생각된다. 영국법상 법원의 허가 등이 있는 특별한 경우를 제외하고 도산을 신청한 회사를 상대로 하여 중재절차를 진행하는 것은 허용되지 아니하는 점에 비추어보면, 당사자로서 본건 소송의 본안에 계류중인 분쟁에 대해서까지 런던의 중재에 맡기기로 합의를 하였다고 해석할 수는 없다").

90) 이를 *lex rei sitae*라고 한다. 李好珽, 涉外私法, 韓國放送通信大學(1990), 234면.

91) 石光現, "도산국제사법의 제문제: 우리 법의 해석론의 방향," 國際私法과 國際訴訟 제5권, 博英社(2012), 609면; 박훤일, "국제도산절차의 포럼 쇼핑 문제," 국제거래법연구 16집 1호(2007), 272면.

92) 목적물 소재지의 담보권에 영국법의 부동담보권, bailment, 신탁이 포함된다(Look Chan Ho, *Cross−Border Insolvency: Principles and Practice*, 244 (Sweet & Maxwell 2016).

의 도산법도 적용되지 아니한다.[93]

아래와 같은 사안을 해결하려면 회생담보권, 별제권을 어떠한 법에 의하여 결정하는지가 먼저 해결되어야 한다. 한국 가전제품 회사(자회사 설립 없이)가 영국의 백화점에서 영업을 하면서 현지 은행으로부터 대출을 받으면서 백화점에서 판매되는 가전제품에 대한 매출채권을 담보물로 삼아 은행에게 부동담보권(floating lien)을 설정하여 주었다. 그후 한국 회사가 채무자회생법에 기한 회생절차가 개시된 경우 영국 은행의 부동담보권은 채무자회생법의 회생담보권에 해당하는가? 영국 은행이 담보권을 행사하여 변제받은 액수가 한국의 회생담보권자들이 받은 비율보다 더 많은 경우 부당이득으로 반환할 의무가 있는가?

(1) 회생담보권의 개념 – 외국소재 재산을 담보목적물로 삼은 경우

회생담보권이란 담보권설정자 겸 회생채무자에 대한 회생채권이거나 또는 회생채무자가 물상보증인으로서 회생절차개시 전의 원인에 기하여 생긴 회생채무자 이외의 주채무자에 대한 재산상의 청구권으로서 회생절차개시 당시 회생채무자의 재산상에 존재하는 유치권·질권·저당권·양도담보권·가등기담보권·「동산·채권 등의 담보에 관한 법률」에 따른 담보권·전세권 또는 우선특권으로 담보된 범위 내의 피담보채권이다.

담보권의 성립 및 효력 등에 관하여는 목적물 소재지법에 의한다고 하더라도 어떠한 담보권이 회생담보권인가 하는 문제는 채무자회생법에 의하여 결정된다. 따라서 우선특권이라 하더라도 모든 우선특권이 회생담보권으로 취급되는 것은 아니며 우선특권 중 채무자의 특정재산에 대한 우선특권만 포함되고 채무자의 일반재산에 대하여 우선특권이 있는 청구권은 회생담보권이 아니다. 이러한 우선특권은 우선적 회생채권(채무자회생법 제217조) 또는 우선적 파산채권(채무자회생법 제441조)이 된다.[94] 판례가 법정담보물권으로 취급하는 임금우선특권은 공익채권과 재단채권으로 취급될 뿐 회생담보권이 아니다(채무자회생법 제179조 제1항 제10호 및 제473조 제10호). 따라서 선박소유자의 우선특권(상법 제777조), 해난구조자의 우선특권(상법 제893조),[95] 주택임대차보호법 제8조와 상가건물 임대차보호법 제14조의 소액보증금반환청구권은 회생담보권에 해당한

93) Reinhard Bork, 최준규 역, 독일도산법, 박영사(2021), 279면.

94) 노영보, 파산법 강의, 박영사(2018), 291면.

95) 구조된 선박의 소유자 및 재산의 권리자는 구조된 선박 또는 재산의 가액에 비례하여 구조료를 지급할 의무가 있고(상법 제886조 제1항), 구조에 종사한 구조료채권은 구조된 적하에 대하여 우선특권이 있으며 위 우선특권에는 상법 제777조의 선박우선특권에 관한 규정이 준용된다(상법 제893조). 이와 별도로 구조된 선박에 대한 구조료에 대하여는 상법 제777조 제1항 제3호에 의하여 선박우선특권이 인정된다.

다.[96] 다만 파산절차에서 소액보증금에 대하여는 채무자회생법 제415조에 의하여 특별한 보호를 받는다.

외국에서 성립한 담보권이라도 위에서 본 회생담보권의 범위에 속하지 아니하는 담보권은 회생담보권으로 취급될 수 없다. 영국법의 부동담보권이나 화물운임에 대한 lien 등은 비록 담보권의 성립에 관한 준거법에 의하여 적법하게 성립되어 담보권으로 취급되더라도 회생담보권으로 취급되기 어렵다.[97] 동산소유권유보부 매매에 관한 준거법이 매도인을 소유권자로 취급하더라도 매수인에 대하여 회생절차가 개시되면 쌍방미이행 쌍무계약의 법리가 적용되지 아니하며 매도인은 환취권자가 아니라 회생담보권자로 취급된다.[98]

외국소재 재산에 대한 담보권을 회생담보권으로 인정할 것인가에 관하여 견해의 대립이 있다. 긍정설은 채무자회생법 제141조에 정한 유치권, 질권 등에 상응하는 외국법상의 담보권도 회생절차가 외국에서 승인된다면 회생담보권에 포함하는 것으로 보는 견해이다.[99] 이 견해에 의하면 채무자의 회생절차가 대한민국에서 개시된 경우 그의 효력이 외국에서 승인된 때에는 담보권자는 회생절차에 의하지 아니하고 외국에 있는 담보물을 실행할 수 없게 된다.[100]

부정설은 국외재산 담보부 채권은 대한민국의 도산절차가 담보목적물 소재지 국가 등 해당 외국에서 효력을 인정받기 전에는 이를 회생채권 또는 파산채권으로 인정하자는 견해이다.[101]

---

96) 서울回生法院 裁判實務硏究會, 回生事件實務(上) 제5판, 博英社(2019), 459면, 주석채무자회생법(II), 한국사법행정학회(2020), 555면(도훈태 집필부분). 김영석, "우리나라 국제도산 사건의 현황," 石光現교수정년기념헌정논문집 國際去來法과 國際私法의 現狀과 課題, 박영사(2022), 581면.

97) 서울중앙지방법원(파산부) 2011. 12. 27.자 2011회확392(대한해운 사건)의 화해권고결정은 버뮤다국 회사가 재용선료 채권에 대하여 lien을 행사한 금액을 회생채권 인정 금액에서 공제하고, 별도로 회생담보권으로 취급하지 아니하였다.

98) 대법원 2014. 4. 10. 선고 2013다61190 판결(공 2014, 1033). 위 판결은 동산 소유권유보부 매매의 매도인이 매매목적물인 동산에 대하여 환취권을 행사할 수 없다고 판시하였다. 同旨, 石光現, "도산국제사법의 제문제: 우리 법의 해석론의 방향," 國際私法과 國際訴訟 제5권, 博英社(2012), 618면.

99) 石光現, "채무자회생 및 파산에 관한 법률에 따른 국제도산법," 國際私法과 國際訴訟 제5권, 博英社(2012), 610－611면 주 71 참조.

100) 石光現, "채무자회생 및 파산에 관한 법률에 따른 국제도산법," 國際私法과 國際訴訟 제5권, 博英社(2012), 612면. 만일 외국이 대한민국의 도산절차의 효력을 승인하지 않는다면 회생담보권이 될 수 없고 속지주의에 따라 처리될 것이라고 한다.

101) 한민, "국제금융과 국제도산법에 관한 소고"; 석광현·정순섭 편저, 국제금융법의 현상과 과제, 小花(2009), 441면. 그러나 이 견해는 담보권부정설을 취하려면 국외재산 담보부채권은 우선 국외담보로부터 채권을 회수하고 그 미회수 잔액에 관하여만 국내도산절차에서 채권을 행사할 수 있어야 한다는 전제를 달고 있다.

필자는 다음과 같은 이유로 회생담보권 부정설에 찬동한다.

첫째, 회생담보권인지 여부는 도산법정지법에 의하여 결정되는 것이지 외국에서 국내도산절차가 승인되는지 여부에 의하여 결정되는 것이 아니다.

둘째, 이론적인 관점에서 볼 때, 담보권자라고 하더라도 신고를 해태하여 그 권리가 회생절차의 계획안에 반영되지 아니하면 실권되는 바, 이는 물권의 성립과 효력은 목적물 소재지법에 의하고 물권의 소멸사유만 도산법정지법에 의하게 되는 불합리가 생긴다.[102]

셋째, 실무적인 관점에서 볼 때, 만일 물건 소재지 국가의 법에 따라 어느 권리가 담보권으로 인정된다고 하더라도 이를 국내의 도산절차에서 어떠한 우선순위를 두어야 하는지, 담보물의 평가 등이 어려워 도산절차의 신속한 진행에 방해가 된다.[103]

따라서 채무자회생법에 기한 회생절차가 개시되었다고 하여 채무자의 외국 소재 재산에 대하여 즉시 채무자회생법에 따른 효력(담보권행사 금지 또는 중지)을 주장할 수 없으므로 채권자는 이러한 외국소재 재산에 대하여 갖는 담보권을 채무자회생법에 의한 회생담보권이라고 보아 신고할 의무는 없으며 이를 신고하지 아니하였다고 하여 회생담보권으로서 실권된다고 해석할 수는 없다. 즉 회생담보권이라 함은 채무자회생법에 정한 저당권, 유치권, 질권 등 민법이 인정하는 담보물권으로서 국내 소재하는 재산을 목적물로 하는 것만 포함되고 외국 소재 채무자의 재산을 포함하지 아니한다. 단 외국 채권자가 담보물을 처분하고도 변제받지 못한 부족분에 대하여 회생절차에 참가하려면 회생채권으로 신고할 필요는 있다.

그리고 파산절차의 경우에도 외국소재 채무자의 재산에 대하여 외국법에 의하여 담보권을 취득한 채권자는 채무자회생법 제447조 제2항에 따라 담보권자로서 별제권의 목적 및 예정부족액 등을 법원에 신고할 의무를 부담하지 아니한다고 봄이 타당하다.

---

102) 국제사법 제19조는 동산 및 부동산에 관한 물권적 법률관계의 준거법을 목적물의 소재지법으로 하는 同則主義를 채택하고 있다. 즉 소유권, 담보물권의 종류, 내용 및 효력 등은 물건의 소재지법에 의하게 된다(신창선, 국제사법(fides, 2007), 239면). 소멸 사유도 마찬가지이다. Ulrich Drobnig, Secured Credit in International Insolvency Proceedings, 33 Tex. Int'l L.J. 53, 63. 石光現, "외국소재 동산 소유권이전 준거법과 대법원판결들의 오류," 법률신문 제3960호(2011. 8. 18.) 11면은 일본 민법을 준거법으로 정하였다고 하더라도 당사자간의 물권변동에 관하여는 일본의 의사주의가 적용되지 아니하고 한국 민법에 의하여 등기 또는 인도가 필요하다고 기술하고 있다. 따라서 담보물권의 종류, 성립 및 소멸에 대하여는 물건 소재지법에 따르고 도산법정지법에 따를 것이 아니다.

103) 일본의 先取特權 중 不動産先取特權과 動産先取特權은 별제권이지만 一般先取特權은 優先的 破産債權으로 취급된다. 田原睦夫, "各種倒産手續と擔保權の取扱い－概論," 金融法務事情 No.1747 (2005), 14－15면. 일본은 상사유치권만 갱생담보권으로 취급하고 민사유치권은 갱생담보권으로 취급하고 있지 않다(會社更生法 제2조 제10호). 그리고 영국의 floating lien과 미국 연방파산법의 prime lien 등을 채무자회생법에서 어떠한 취급할 것인지는 어려운 문제이다.

아직 서울회생법원에서 외국에 소재한 부동산에 대한 담보권을 어떻게 취급하는지에 대한 선례는 없다고 한다. 다만 항공기, 항공기엔진, 선박과 같은 교통수단을 담보목적물로 삼는 경우에는 별도의 고려가 있어야 할 것이다.[104)]

(2) 배당조정의 원칙의 적용 범위 – 해외에서의 담보권행사에도 적용되는지 여부

국외재산에 대하여 외국법에 의하여 성립한 담보권을 갖는 채권자가 담보권을 실행하거나 외국도산절차에서 배당을 받는 경우에 배당의 준칙에 관한 채무자회생법 제642가 적용되는가에 대하여는 견해의 대립이 있다.[105)] 다만 담보권실행에 대하여는 일률적으로 배당조정의 대상으로 삼을 것이 아니라 국내도산절차가 파산절차인지 회생절차인지에 따라 구별하여야 한다.

(3) 대한민국에서 파산선고가 된 경우

대한민국에서 파산선고가 된 경우 파산선고 후 별제권자가 외국에서 담보권을 행사하여 변제를 받은 경우에는 배당조정의 대상에서 제외하여야 한다. 단 채무자회생법은 속지주의를 폐지하였으므로 담보권자가 목적물을 환가하고 남은 재산은 파산재단에 속한다. 따라서 파산관재인이 외국에서 파산절차를 승인받아 관리처분권을 취득하게 되면 남은 매각대금은 외국도산법의 절차에 따라 대한민국으로 송금된 후 파산관재인에게 교부되어야 할 것이다.

(4) 대한민국에서 회생절차가 개시된 경우

대한민국에서 회생절차개시결정 후 채권자가 외국에서 담보권을 행사하여 변제를 받은 경우에 배당조정의 대상으로 삼아야 하는지에 대하여 검토한다. 원칙적으로 EU도산규정과 같이 담보권 실행의 경우를 배당조정의 대상에서 제외하되 다만 채권자는 마치 파산절차의 별제권처럼 우선 국외담보로부터 채권을 회수해야 하고 잔액에 대해서만 회생절차에서 채권을 행사할 수 있다는 견해가 있다.[106)]

생각건대, 필자는 다음과 같은 이유로 위 경우에도 배당조정의 대상이 된다고 해석함이 타당하다고 생각한다. 첫째, 채무자회생법이 배당조정의 원칙을 채택하였다고 하여 모델법(제32조), EU도산규정(§ 20) 및 미국 연방파산법(§ 1532)처럼 반드시 담보권자

---

104) 항공기에 대한 담보권에 대하여는 석광현, "국제항공기금융에 관한 법적 문제점," BFL 제18호(2006), 67면 참조. 항공기를 처분한 경우 그 행위의 유효성은 등록국의 법에 의한다. 石光現, "도산국제사법의 제문제: 우리 법의 해석론의 방향," 國際私法과 國際訴訟 제5권, 博英社(2012), 615면.

105) 石光現, "도산국제사법의 제문제: 우리 법의 해석론의 방향," 國際私法과 國際訴訟 제5권, 博英社(2012), 611면 주 73은 긍정하는 입장이고, 한민, "국제금융과 국제도산법에 관한 소고"; 석광현·정순섭 편저, 국제금융법의 현상과 과제, 小花(2009), 447면은 부정하는 입장이다.

106) 한민, "국제금융과 국제도산법에 관한 소고"; 석광현·정순섭 편저, 국제금융법의 현상과 과제, 小花(2009), 441면.

의 권리는 배당조정에서 제외하여야 한다는 결론이 도출되는 것은 아니다.[107] 일본의 회사갱생법 역시 담보권자에 대한 배당조정을 허용하고 있다.[108] 둘째, 채무자회생법시행규칙 제107조 제1항, 제2항[109]에서 말하는 채권자라 함은 담보권자를 포함하는 것으로 해석된다. 셋째, 동조는 채권자가 외국도산절차에서 먼저 담보권을 행사하여 변제(도산절차 내에서 또는 도산절차 밖에서를 불문하고)를 받은 경우 국내도산절차에서의 배당조정에 관한 규정일 뿐 외국 소재 재산에 관하여 담보권을 갖고 있는 채권자가 국내도산절차에 참가하기에 앞서 반드시 그 담보권을 먼저 실행할 것을 요구하도록 규정하는 내용은 아니다. 따라서 채권자가 국내도산절차에서 먼저 배당을 받은 후 외국에서 담보권을 실행하는 것이 금지되지 아니한다. 이 점은 일반회생채권자의 경우에도 반드시 국내도산절차에서 먼저 배당받을 것을 요구하지 않는 점과 같다.

배당의 준칙은 대한민국의 도산절차에서 채권자 간의 평등을 도모하기 위한 것이므로 설령 회생절차가 외국에서 승인되었는지와 관계 없이 담보권자라도 외국 소재 재산에 대하여 담보권을 실행하여 변제받았다면 대한민국의 회생절차에서 배당조정의 대상으로 삼아야 할 것이다.[110] 회생계획안을 작성하기 전에 채권자가 국외재산으로부터 이미 변제를 받았다면 이를 반영한 계획안을 작성하여야 한다. 계획안이 인가된 후에 채권자가 변제를 받았다면 수정된 기준에 따라 계획상의 변제를 받게 된다.[111] 외국에서 변제를 받더라도 일단 채권전액을 기준으로 회생절차의 배당에 참가하지만 변제받은 액수에 관하여는 의결권을 행사하지 못한다(채무자회생법시행규칙 제107조 제1항 단서).

107) 영국의 hotchpot rule도 채권자가 담보권을 행사하여 외국도산절차에서 변제를 받는 경우에는 적용되지 아니한다. *Cleaver v Delta American Reinsurance Co* [2001] UKPC 6. Look Chan Ho, *Cross-Border Insolvency: Principles and Practice*, 307 (Sweet & Maxwell 2016)에서 재인용

108) 永石一郎 編, 倒産處理 實務ハンドブック(中央經濟社, 2007), 811면; Shin Abe, Japan, Look Chan Ho, Cross-Border Insolvency 286 (Globe Law and Business, 2009).

109) 채무자회생법시행규칙 제107조(채권자가 외국에서 변제를 받은 경우의 처리) ① 채권자가 국내도산절차의 개시결정(파산선고를 포함한다)이 있은 후 외국도산절차 또는 채무자의 국외재산으로부터 변제받은 때에도 그 변제를 받기 전의 채권 전부로써 국내도산절차에 참가할 수 있다. 다만, 외국도산절차 또는 채무자의 국외재산으로부터 변제받은 채권액에 관하여는 의결권을 행사하지 못한다. ② 제1항의 채권자는 법 제642조에 따라 국내도산절차에서 그와 같은 조 및 순위에 속하는 다른 채권자가 동일한 비율의 변제를 받을때까지 국내도산절차에서 배당 또는 변제를 받지 못한다.

110) 石光現, "도산국제사법의 제문제: 우리 법의 해석론의 방향," 國際私法과 國際訴訟 제5권, 博英社(2012), 611면 주석 73은 hotchpot rule은 채권자들 간의 공평한 배당을 달성하기 위한 제도이므로 도산절차의 승인에 관계없이 적용되어야 한다고 기술하고 있다.

111) 園尾隆司·小林秀之 編, 條解民事再生法 第2版(弘文堂, 2007), 392면(木川裕一郎 집필부분).

## 8. 부인권의 준거법

부인권의 준거법에 관한 문제는 첫째, 외국관재인이 대한민국에서 부인권을 행사할 수 있는지와 만일 행사할 수 있다면 준거법은 도산절차 개시국인 외국법에 의할 것인가, 둘째, 대한민국의 파산관재인이 외국에서 이루어진 부인대상 행위에 대하여 대한민국 법원에서 부인권을 행사함에 있어 부인권의 준거법은 채무자회생법 또는 외국법 중 어느 것인지의 문제이다.

### (1) 외국관재인이 승인국에서 부인권을 행사할 수 있는 당사자적격이 있는지 여부

모델법에 의하면 외국관재인은 부인권을 제외한 파산재단에 관련한 소송을 승인국 법원에 제기할 수 있다. 다만 그러한 소송을 제기하려면 먼저 외국도산절차의 승인결정을 받아야 한다(모델법 제24조), 채무자회생법(제636조, 제647조)과 미국 연방파산법(§1509(b))도 같다.

그러나 부인권에 관하여는 이와 별도의 고려가 필요하다. 원래 부인권은 파산재단으로부터 일탈한 재산을 회복시킴으로써 파산재단의 확충과 채권자들 간의 공평한 배당을 위한 도산절차의 핵심적인 제도이므로[112] 그 목적을 관철하려면 도산절차 개시국에서 선임된 파산관재인에게 외국에서도 부인권을 행사하게 함으로써 파산재단에 속하는 재산을 확보하는 것이 필요하다.

각국의 대표단은 논의 끝에 외국절차의 승인에 기하여 외국관재인은 승인국의 도산절차에서 인정되는 부인권을 행사할 당사자적격을 가지며, 외국절차가 종절차인 경우에는 법원은 당해 소송이 승인국의 법률에 의하면 당해 외국종절차에서 관리되어야 하는 자산에 관한 것이라는 점을 확인하여야 한다는 내용의 모델법 제23조를 만들었다.[113] 본조는 각국이 외국관재인에게도 자국내에서 부인권의 행사를 인정하는 것에 의하여 국제적으로 협조하여 사해행위와 편파행위에 대처하기 위한 취지에서 만들어진 것이다. 동조의 외국관재인은 법원 등에 의하여 선임되지 아니한 자도 포함한다.[114] 그러나 동조는 외국관재인에게 부인청구를 신청할 수 있는 당사자적격을 인정한 것에 불과하고 외국관재인을 위하여 실체법적 권리를 창설한 것은 아니다.[115]

112) 대법원 2004. 1. 29. 선고 2003다40743 판결. 林治龍 외 3인, 破産判例解說, 博英社(2007), 207면.

113) 미국은 동 조항의 설치에 반대하였다. Collier International Business Insolvency Guide Vol 1. ¶ 10.04 (LexisNexis, 2019).

114) R. Craig Martin and Cullen Dresher Speckhart, CHAPTER 15 FOR FOREIGN DEBTORS, 126 (American Bankruptcy Institute, 2015).

115) UNCITRAL, *Report of the Working Group on Insolvency Law on the Work of its Twenty-First*

원래 부인권은 국내도산절차가 개시된 경우에 파산관재인, 관리인, DIP 등만이 행사할 수 있다. 만일 승인국이 모델법 제23조를 입법하면, 승인국에서 별도의 정식 도산절차(미국이라면 제7장, 제11장 사건 등)가 개시되지 아니하여도 외국관재인이 승인결정을 받고 부인권을 행사할 수 있다.

미국은 2005년 연방파산법 제15장을 입법하기 이전 존재하였던 연방파산법 § 304에 기한 보조절차를 통하여 외국관재인이 미국 법원에서 부인권 행사를 허용하였다.[116] 그러나 2005년 보조절차의 일종인 제15장에서 법원은 외국도산절차를 승인한 후 외국관재인을 위한 구제명령을 발할 수 있다고 하면서 부인권에 관하여는 이를 제외하였다.[117] 모델법 제23조를 수정하여 외국관재인이 승인결정을 받으면 제15장을 제외한 제7장, 제11장 등 별개의 파산 사건에서 부인권을 행사할 수 있는 당사자적격을 갖는다고 규정하였다(§ 1523(a)).[118] 그리하여 동일한 채무자에 대한 미국 연방파산법 제7장 사건의 파산관재인과 외국관재인이 행사하는 부인권을 어떻게 조정할지 논란이 있을 수 있다.[119]

그런데 채무자회생법과 같이 부인권을 청구할 적격이 관리인, 파산관재인 등 제3자 또는 채무자(개인회생절차)에게 한정하는 국가(일본)이 있는가 하면. 채권자위원회(미국),[120] 파산관재인 등으로부터 부인권에 기한 소권을 제3자에게 양도하는 것을 허용하는 국가(영국)도 있다.[121] 따라서 승인국이 허용하는 범위를 초과하여 부인권의 당사자

---

*Session (New York, 20–31 January 1997)*, A/CN/9/435, 19 Feb. 1998, at para. 63.

116) § 304는 2005년 폐지되었다. 보조절차에서 부인권을 허용한 판결로는 *In re Kojima*, 177 B.R. 696, 703 (Bankr. D.Colo. 1995); *In re Axona International Credit and Commerce, Ltd.* 229 B.R. 280 (Bankr. S.D.N.Y. 1999), *aff'd*, 239 B.R. 36 (S.D.N.Y. 1999); *Metzler v. Bouchard Transp. Co.* 78, B.R. 674, 678–80 (Bankr. S.D.N.Y. 1987); *In re Culmer* 25 B.R. 621, 633 (Bankr. S.D.N.Y. 1982). 부정하는 판례로는 *In re Gee* 53 B.R. 891, 896 (Bankr S.D.N.Y. 1985).

117) CHAPTER 15 -ANCILLARY AND OTHER CROSS–BORDER CASES §1521(a)(7).

118) 모델법의 문언에 "in a case concerning the debtor pending under another chapter of this title"을 삽입하였다.

119) 정식절차의 부인권과 외국관재인 등의 부인권의 조정에 관한 필자의 질문에 대하여 미국 파산법 변호사인 Shirley Cho의 설명에 의하면 확립된 원칙이 있는 것은 아니고, 사안에 따라 법원이 부인권 행사를 조정할 것이라고 한다.

120) 미국은 채권자위원회 또는 제11장 사건에서 인가된 청산형계획안에 기하여 임명된 청산관재인에게도 부인권을 허용하고 있다(R. Craig Martin R. Craig Martin and Cullen Dresher Speckhart, CHAPTER 15 FOR FOREIGN DEBTORS, 118 (American Bankruptcy Institute, 2015). 이처럼 준거법이 파산관재인 외에 제3자에게도 부인권의 행사를 허용하는 경우라면 승인국이 당사자적격은 인정하되 본안을 기각하여야 하는지 등의 문제가 있을 수 있다(山本和彦, 國際倒産法制, 商事法務(2002), 298면).

121) 영국 도산법 § 246ZD(2)(양도권한). The office–holder may assign a right of action (including the proceeds of an action) arising under any of the following. (a) section 213 or 246ZA

적격을 확대하는 것이 가능한지 논란이 있다. 그리고 만일 외국의 도산법이 부인의 소송만 허용하고 있음에도 불구하고 채무자회생법 제105조 및 제396조와 같이 외국관재인에게 부인의 청구 또는 부인의 항변도 허용할 것인지도 검토 대상이다.

이상의 논의를 고려하더라도 채무자회생법이 모델법 제23조를 채택하지 아니한 이상, 해석론으로 채무자회생법하에서 외국관재인에게 부인권의 당사자적격을 허용할 수 없다.[122] EU도산규정 제13조에 의하여 도산법정지법이 아닌 행위지법이 적용될 수 있는 사례로는 행위지법(도산법 포함)에 의하면 부인권의 행사기간이 도과하는 경우이다.[123]

(2) 부인권의 준거법에 관한 외국의 입법례

만일 외국관재인이 승인국에서 부인권을 행사한다면 승인국 법원은 부인권의 준거법을 도산절차개시국법, 승인국법, 목적물 소재지법 또는 부인권의 대상인 법률행위의 준거법 등 어떠한 국가의 법으로 정할 것인가에 관하여는 여전히 논의가 진행 중이다.

EU도산규정(No 1346/2000)에 의하면, 부인행위에 관한 준거법은 원칙적으로 도산법정지법에 의한다(Art. 4(2)(m)). 제3자의 물권에 대하여는 도산절차의 개시는 외국에 소재하는 채무자 소유의 부동산 등에 대한 채권자들 또는 제3자의 물권에 영향을 미치지 아니한다(Art. 5(1)).

그러나 Art 13는 Art. 4의 도산법정지법을 원칙으로 하되, 거래의 안전을 보호하기 위하여 그 행위로 인하여 이득을 얻은 자가 당해 행위의 준거법이 도산법정지법 이외의 법이고 또한 그 준거법이 관련 사안에서 그러한 행위에 대해 어떠한 이의수단도 허용하지 않음을 증명한 경우에는 도산법정지법을 배제하는 타협적인 규정을 두었다.[124] 그 취지는 외국도산절차의 개시를 염두에 두지 않고 이루어진 국내거래를 신뢰한 채권자 및 제3자의 기대를 어느 정도 보호하려는 데에 있다.[125] 즉 부인대상 행위의 준거법이 법정지법이 아니고, 그 법이 그러한 행위를 다투지 못하게 하는 두 가지 요건을 입증하여야 한다.

---

(fraudulent trading). 이하 생략.

122) 石光現, “도산국제사법의 제문제: 우리 법의 해석론의 방향,” 國際私法과 國際訴訟 제5권, 博英社(2012), 634면.

123) Lutz v Bäuerle (Case C−557/13) [2013] B.C.C. 413.

124) Article 13 Detrimental acts: Article 4(2)(m) shall not apply where the person who benefited from an act detrimental to all the creditors provides proof that: − the said act is subject to the law of a Member State other than that of the State of the opening of proceedings, and - that law does not allow any means of challenging that act in the relevant case.

125) Look Chan Ho, *Cross−Border Insolvency: Principles and Practice* (Sweet & Maxwell 2016) 242.

이상을 종합하면 국제도산과 관련하여 부인권의 준거법은 Art 13가 적용되는 예외를 제외하고 원칙적으로 채무자의 주된 이익의 중심지 국가인 도산법정지법이다.[126)]

Lutz 판결에서 유럽법원(유럽사법재판소, European Court of Justice, ECJ)는 2015. 4. 16. EU도산규정 Art 13가 적용되는 경우, 요건은 엄격하게 해석되어야 하고 범위가 확대되어서는 안된다는 제한하에, 대상 행위의 시기적 제한과 절차적인 요건에 관하여도 도산법정지법이 아니라 당해 행위의 준거법(*lex causae*, 예컨대 물권의 성립행위)이 적용되어야 하고, 도산절차 개시 후라도 Art. 5(1)에 의하여 도산절차 개시 전에 권리를 취득하였음을 주장할 수 있다고 판시하였다.[127)]

미국은 § 304의 보조절차가 이용되던 초기에는 미국 연방파산법을 준거법으로 하는 부인소송을 허용하기도 하였으나,[128)] 실무의 대세는 보조절차의 목적이 외국 주절차의 수행을 돕기 위한 제한적인 절차라는 점 등을 근거로 파산법(§ 547, § 548)이 아니라 외국법을 적용하여야 한다는 것이 실무였다.[129)] 보조절차에 관한 2개의 사건을 소개한다.

먼저 *Axona* 사건[130)] 에서 홍콩청산인이 미국에서 채권자의 자격에서 비자발적 파산신청을 하고 파산법원의 파산절차개시명령 후에 미국 연방파산법에 기하여 부인소송을 제기한 사건에서 부인권에 관하여 적용되어야 할 법이 홍콩법이냐 미국법이냐가 다투어졌다. 연방제2지구항소법원은 비록 편파행위는 홍콩에서 이루어졌지만 미국 파산절차에 적용되어야 할 법은 미국 연방파산법이라고 판시하였다.

반대로 *Maxwell* 사건[131)]에서는 미국에서 제11장 사건이 개시되고, 익일 영국에서 관리절차[132)]가 개시되어 병행파산절차가 성립되었다. 영국의 관리인이 채무자가 미국 자회사의 매각대금을 런던지점에 송금하여 편파변제한 행위를 부인하기 위한 소송을 뉴욕 파산법원에 제기하였고, 미국 법원은 가장 중요한 거래의 중심지인 영국의 도산법

126) *Hosking v Hellas Telecommunications (Luxembourg) II SCA (In re Telecommunications (Luxembourg) II SCA)*, 524 B.R. 488 at 520 (Bankr. S.D.N.Y. 2015).

127) *Lutz v Bäuerle (Case C−557/13)* [2015] BCC 413 at 34.

128) *In re Comstat Consulting Servs. Ltd.*, 10 B.R. 134 (Bankr. S.D. Fla. 1981)(캐나다 관재인이 미국 연방파산법 §547에 기한 부인소송을 제기하는 것을 허용하였다).

129) *Metzler v. Bouchard Transportation Co.*, 78 B.R. 674, 677 (Bankr. S.D.N.Y. 1987); *In re Wachsmuth*, 272 B.R. 766 (Bankr. M.D.Fla. 2001); *In re Gross*, 287. B.R. 557 (Bankr. M.D. Fla. 2002). 제15장 성립 이전의 부인권의 준거법에 관한 설명으로는 高木新二郎, 倒産法の改正と運用, 商事法務硏究會(2002), 8−12면.

130) *In re Axona Int'l Credit & Commerce Ltd*, 88 B.R. 597 (Bankr. S.D.N.Y. 1988).

131) *Maxwell Communication Corp. v. Societe Generale (In re Maxwell Communication Corp.)*, 93 F.3d 1036 (2d Cir. 1996).

132) 영국의 관리절차는 회사의 재건절차로서 현재에는 1986년 도산법의 본문이 아니라 부록(schedule) B1에 규정되어 있으며 회사의 청산절차와 달리 담보권의 권리행사가 제한된다.

이 적용되어야 한다고 판시하였다.

제15장 입법 이전의 법리를 요약하면 다음과 같다. 첫째, 외국대표자는 보조절차에서 외국 도산법에 기하여 미국 파산법원에서 부인소송을 할 수 있다.[133] 둘째, 외국대표자는 § 303에 기하여 비자발적 파산신청을 할 수 있고 그 파산절차에 기하여 부인소송을 제기할 수 있으며 환가대금을 외국으로 송금할 수 있다. 셋째, 정식절차로서의 파산절차가 미국과 외국에서 병행하는 경우 미국 법원은 반드시 미국 연방파산법을 적용하여야 하는 것은 아니고 저촉법의 원칙에 따라 부인권의 준거법을 결정할 수 있다.

제15장 입법 이후에 외국관재인이 제15장 사건의 승인결정을 받은 이후 외국 도산법에 기하여 제기하는 부인소송을 속칭 '*Condor Action*'이라 한다(後述함). 입법연혁에 의하면 § 1523를 둔다고 하여 미국 연방파산법이 외국관재인에게 부인권한을 부여하거나 새로이 창조하는 것은 아니며 외국관재인이 제기하는 부인소송의 성질, 행사 범위 또는 준거법은 법원의 판단에 맡긴다고 설명하고 있다.[134] 미국 파산법원이 제15장 사건에서 외국관재인이 외국 파산법을 적용하여 부인권을 행사할 수 있는지 여부에 대하여는 여전히 논란이 있다.

Condor 사건의 경위는 다음과 같다. 네비스國(Nevis)의 보험회사 청산인이 미국 연방파산법원에 네비스 보험회사에 대한 청산절차를 주절차로 승인받은 후, 청산회사의 재산이 미국 내 계열회사에게 이전된 것에 대하여 Nevis법에 기한 부인권을 행사하여 재산의 반환을 구하는 대심절차를 신청하였다. 미시시피州의 연방파산법원은 미국 연방파산법의 다른 장의 사건이 개시된 경우를 제외하고 외국청산인이 미국 법원에 미국 연방파산법 또는 외국 파산법을 준거법으로 하는 부인재판에 대한 사물관할권이 없다는 이유로 신청을 각하하였다.[135]

그러나 연방제5지구항소법원은 연방의회가 외국주절차의 청산인이 미국에서 외국법에 기한 부인권의 행사를 배제할 의도로 입법한 것은 아니고, 외국관할에 대한 예양을 달성하기 위하여 넓게 해석하여야 한다면서 외국청산인이 § 1521에 기하여 네비스의 사해행위 부인에 관한 법률을 적용할 수 있다고 판시하였다.[136] 그렇다고 하더라도

---

133) 제15장 이후에도 이러한 보조절차의 선례가 여전히 구속력이 있다고 보는 판례(*Condor* 사건의 제5지구연방항소법원)와 제15장의 입법에 의하여 더 이상 적용되지 아니한다는 판례로 견해(*Condor* 사건의 파산법원과 연방지방법원)가 나뉘어 있었다.

134) H.R. No. 109−31 (Part 1) (2005) at 116.

135) *Fogerty v. Condor Guaranty, Inc. (In re Condor Ins. Ltd.)* 411 B.R. 314, 319 (Bankr. S.D.Miss. July 17, 2008). 연방지방법원에서도 유지되었다.

136) *Tacon v. Petroquest Res. Inc. (In re Condor Ins. Ltd.)*, 601 F. 3d 319, 327 (5th Cir. 2010). 미국 내에서도 *Condor* 판결의 법리에 반대하는 견해도 존재한다(자세한 논의는 R. Craig Martin *et al.*,

과연 파산법원이 수익자를 상대로 하는 부인권에 기한 소송에 관하여 적법한 관할권을 갖는가 하는 점은 파산법원과 연방지방법원 간의 관할배분, 배심재판의 유무에 관련하여 복잡한 헌법상의 문제이다. 이 문제가 해결되어야 당사자가 비로소 파산법원의 판결을 받을 수 있다.[137]

*Atlas* 사건(海事사건)에서 뉴욕 파산법원은 부인권의 문제로 접근하는 대신 주절차 승인 후 외국관재인에게 미국 내 재산에 관한 관리처분권을 부여한 § 1521(a)(5)와 미국 내에 소재한 채무자의 재산에 대한 배당권한을 부여한 § 1521(b)에 의하여 이미 설정된 해상담보권의 무효주장을 허용하였다.[138]

영국 법원도 영국과 충분한 관련이 없으면 예양의 원칙에 따라 영국 도산법 § 283(저가양도행위의 부인)에 관한 조항을 적용할 수 없다고 판시하였다.[139] 한국과 마찬가지로 일본의 승인원조법은 모델법 제23조를 도입하지 아니하였으므로 부인권의 준거법에 관한 논의는 한국과 대동소이하다.

독일에서는 도산법정지법설 외에 도산법정지법과 사해행위라고 주장된 문제의 행위의 준거법을 중첩적으로 적용하는 견해도 있다.[140]

(3) 채무자회생법 하에서 부인권의 준거법에 관한 검토

서울중앙지방법원은 회생회사 삼선로직스와 덴마크 회사 간의 용선계약에서 영국법을 준거법으로 한 용선계약과 관련하여 영국법에 의하면 선박소유자가 용선계약에서 발생하는 채권을 피담보채권으로 하여 삼선로직스가 재용선자에게 갖는 화물, 재용선료에 대하여 우선특권(Lien)을 갖고 있다고 규정된 사안에서 관리인의 부인권 청구에 대하여 영국법을 준거법으로 하지 않고 채무자회생법을 근거로 판단하였다.[141]

---

*supra note 114*, at 132. 영국 법원은 승인국(영국)이 도산절차 개시국의 법률을 근거로 적절한 구제명령을 발할 수 있다는 점에 반대한다.

137) 연방파산법원의 관할권에 반대하는 당사자는 절차법적인 여러 항변(헌법상의 관할권 위반, 불편한 법정지 이론, 관할권 행사의 회피(abstention) 등)을 들어서 다투기 마련이다. 외국 도산법의 이해와 외국에서 벌어진 사건의 사실인정의 복잡성 등 때문에 *Condor* 소송은 판결선고시까지 보통 2－4년이 걸리며 비용도 많이 든다고 한다. 그리하여 실무상 외국관재인이 제7장 또는 제11장 사건을 신청하는 것과 비교형량하는 것이 필요하다(R. Craig Martin *et al.*, *supra* note 114, at 133). 파산법원과 연방지방법원 간의 관할권에 관하여 2005년 제15장 입법 이전의 대법원 사건으로 *N. Pipeline Constr. Co. v. Marathon Pipe Line Co.*, 458 U.S. 50 (1982, 및 파산법원의 부인사건의 관할에 관하여 *Stern v. Marshall*, 564 U.S. 2 (2011) 참조.

138) *In re Atlas Shipping A/S*, 404 B.R. 726 (Bankr. S.D.N.Y. 2009).

139) *re Paramount Airways Limited (No. 2)* [1993] Ch 223. 김민경, "영국 국제사법의 예양의 원칙," 石光現교수정년기념헌정논문집 國際去來法과 國際私法의 現狀과 課題, 博英社(2022), 399면에서 재인용.

140) 석광현, 국제민사소송법, 박영사(2012), 480면 주석 77 독일 자료.

141) 서울중앙지방법원 2009. 10. 28.자 2009회기5 결정 참조. 다만 결정 이유에 어떠한 근거로 도산절차

한편 채권자취소권에 관한 준거법에 관하여 피담보채권의 준거법과 취소 대상인 법률행위의 준거법이 누적적으로 적용되어야 한다는 견해가 있다.[142] 그러나 판례[143]는 외국적 요소가 있는 채권자취소권의 행사에서 가장 밀접한 관련이 있는 국가의 법은 취소대상인 사해행위에 적용되는 국가의 법이라고 판시하였다.

채무자회생법에서는 외국관재인이 부인권을 행사할 당사자적격이 인정되지 아니하므로 채무자회생법에서 문제가 되는 것은 대한민국의 파산관재인이 외국에서 이루어진 사해행위에 대하여 채무자회생법을 적용할 것인지, 계약의 준거법, 행위지의 도산법 등 어떠한 법을 준거법을 할 것인지의 문제만 남는다.

생각건대, 부인권은 도산절차의 핵심적인 절차이고, 채권자취소권이 특정채권자와 수익자 간의 법률관계에 관한 것임에 비하여 부인절차는 모든 채권자들의 배당에 직접적인 이해관계를 초래하는 점, 부인권의 행사 주체가 파산법원이 선임한 파산관재인이라는 요소 등을 감안하면 설령 편파행위 또는 사해행위가 외국에서 이루어졌다고 하더라도 부인권의 행사주체, 부인권의 대상이 되는 행위, 부인권 행사가능 기간, 효과 등에 관한 법률관계에 대하여는 원칙적으로 도산절차 개시국의 도산법을 적용하는 것이 타당하다.[144] 복수의 도산절차가 있는 경우 부인권의 준거법에 대하여는 주절차가 개시된 국가의 법에 의하는 것이 타당할 것이다.[145]

---

개시국법을 적용하는지에 관한 설시 없이 당연한 것을 전제로 한 점에서 이 점을 심도 있게 고민하는 외국의 재판과 대조적이다.

142) 안춘수, 국제사법, 法文社(2017), 269면.

143) 대법원 2016. 12. 29. 선고 2013므4133 판결(공 2017, 227). "외국의 법률에 의하여 권리를 취득한 채권자가 우리나라에서 채권자취소권을 행사할 경우의 준거법에 관해서도 국제사법은 달리 정한 바가 없다. 그러므로 이때에도 법률관계와 가장 밀접한 관련이 있는 국가의 법이 준거법이 되어야 하는데, 채권자취소권의 행사에서 피보전권리는 단지 권리행사의 근거가 될 뿐이고 취소 및 원상회복의 대상이 되는 것은 사해행위이며, 사해행위 취소가 인정되면 채무자와 법률행위를 한 수익자 및 이를 기초로 다시 법률관계를 맺은 전득자 등이 가장 직접적으로 이해관계를 가지게 되므로 거래의 안전과 제3자의 신뢰를 보호할 필요도 있다. 이러한 요소 등을 감안하면, 외국적 요소가 있는 채권자취소권의 행사에서 가장 밀접한 관련이 있는 국가의 법은 취소대상인 사해행위에 적용되는 국가의 법이다." 이 판결에 대한 평석으로 한애라, "채권자취소권의 준거법에 관한 연구," 한국국제사법학회 제24권 제1호(2018), 165−200면.

144) 石光現, "도산국제사법의 제문제: 우리 법의 해석론의 방향," 國際私法과 國際訴訟 제5권, 博英社(2012), 634−635면은 기본적으로 도산법정지법설에 찬성하면서 유연한 처리 가능성을 열어두고 있다. 일본의 도산법정지법설로 伊藤眞, 破産法·民事再生法(第4版), 有斐閣(2018), 266면 및 田頭章一, "外國倒産手續の對內的效力と外國管財人による否認權の行使," 企業倒産處理法の理論的課題, 有斐閣(2005), 352면.

145) 山本和彦, 倒産法制の現代的課題, 有斐閣(2014), 356면.

## 9. 쌍방미이행 쌍무계약의 준거법

### (1) 문제의 소재

계약의 성립, 유효성, 해제, 손해배상의 범위 등은 채권계약의 준거법에 의한다(국제사법 제49조). 따라서 지연손해금은 채무의 이행지체에 대한 손해배상으로서 본래의 채무에 부수하여 지급되는 것이므로, 본래의 채권채무관계를 규율하는 준거법에 의하여 결정되어야 하므로 본래의 채권채무관계의 준거법이 외국법인 경우에는 소송촉진 등에 관한 특례법을 적용할 수 없다.[146]

영국법을 준거법으로 하는 선박건조계약, 정기용선계약, 해상운송계약 등을 체결한 후 당사자 일방에 대하여 회생절차가 개시된 경우 회생회사의 관리인이 채무자회생법 제119조 제1항에 의하여 해제를 주장할 수 있는지, 아니면 영국법에 따라 계약불이행을 이유로 계약을 해제하고, 손해배상의 범위를 산정하여야 하는지 등이 다투어진다.

채무자회생법에 의하면 채무자와 그 상대방이 모두 회생절차개시 당시에 아직 그 이행을 완료하지 아니한 때에는 관리인은 계약을 해제 또는 해지하거나 채무자의 채무를 이행하고 상대방의 채무이행을 청구할 수 있다(채무자회생법 제119조 제1항). 상대방은 손해배상에 관하여 회생채권자로서 그 권리를 행사할 수 있고 채무자가 받은 반대급부가 채무자의 재산 중에 현존하는 때에는 상대방은 그 반환을 청구할 수 있으며, 현존하지 아니하는 때에는 상대방은 그 가액의 상환에 관하여 공익채권자로서 그 권리를 행사할 수 있다(채무자회생법 제121조 제2항).

관리인이 이행 또는 해제를 선택하기 전까지 상대방은 관리인에게 이행을 청구할 수 없으므로 계약상대방은 채무불이행을 이유로 계약을 해제할 수 없고,[147] 자신의 채

---

146) 대법원 2015. 2. 26. 선고 2012다79866 판결(공 2015, 519); 대법원 2012. 10. 25. 선고 2009다77754 판결(공 2012, 1886).

147) 대법원 1992. 2. 28. 선고 91다30149 판결(공 1992, 1158). 위 판결은 "그 상대방은 관리인이 계약의 이행을 선택하거나 계약의 해제권이 포기된 것으로 간주되기까지는 임의로 변제를 하는 등 계약을 이행하거나 관리인에게 계약의 이행을 청구할 수 없는 이치라 할 것이다."라고 판시하였다. 그러나 관리인은 쌍방미이행 쌍무계약의 일부만을 이행 선택할 수도 없고, 계약의 내용을 변경하여 이행 선택할 수 없고 원래의 계약 내용에 따라 이행을 선택할 수 있다(서울회생법원, 법인파산실무 제3판, 박영사(2011), 128면). 따라서 상대방으로서는 관리인이 이행선택을 하게 되는 경우에 대비하여 자신의 의무를 계속 이행하여야 한다. 만일 상대방이 자신의 의무를 이행하지 않다가 관리인이 이행선택을 하고 이행기에 채무를 이행하지 못하였다는 이유로 손해배상책임을 지기 때문이다. 미국의 확립된 판례이다. 福岡眞之介, アメリカ連邦倒産法概說 第2版, 商事法務(2010), 105－106면, Josiah M. Daniel, Lawyering on behalf of the non－debtor party in anticipation, and during the course, of an executory contract counterparty's chapter 11 bankruptcy case, 14 Hous. Bus. & Tax L.J. 230, 238면. 대법원 2022다242229 사건에서 상고인이 관리인이 이행을 선택하기 이전

무를 이행하여야 하는지 등 불안한 지위에 놓이게 된다. 법은 상대방의 이러한 법적 불안을 해소하기 위하여 상대방에게 관리인에 대하여 계약의 해제 또는 그 이행의 여부를 확답할 것을 최고할 수 있는 권리를 부여하고, 관리인이 그 최고를 받은 후 30일 이내에 확답을 하지 아니하는 때에는 관리인은 제1항의 규정에 의한 해제권을 포기한 것으로 본다고 정하고 있다.

(2) 판례의 입장

대출채권의 준거법이 외국법이고 차주가 파산하여 대한민국에서 파산절차가 개시된 사건에서 처음으로 미이행 쌍무계약의 준거법이 대한민국 파산법임을 간접적으로 처음 밝힌 것은 2001년 대법원 판결이다.[148]

판례에 의하면, 외국적 요소가 있는 계약을 체결한 당사자에 대한 회생절차가 개시된 경우, 그 계약이 쌍방미이행 쌍무계약에 해당하여 관리인이 이행 또는 해제를 선택할 수 있는지 여부, 그리고 계약의 해제로 인하여 발생한 손해배상채권이 회생채권인지 여부는 도산법정지법(도산법정지법)인 채무자회생법에 따라 판단되어야 하지만, 그 계약의 해제로 인한 손해배상의 범위에 관한 문제는 계약 자체의 효력과 관련된 실체법적 사항으로서 도산전형적인 법률효과에 해당하지 아니하므로 국제사법에 따라 정해지는 계약의 준거법이 적용된다.[149]

따라서 영국법을 준거법으로 하는 계약이라도 동 계약이 쌍방미이행 쌍무계약에 해당하는지, 관리인이 계약을 해제할 수 있는지, 상대방이 가지는 채권의 성질(회생채권, 공익채권인지 여부 및 개시 후의 손해배상도 포함하는지 등) 및 채권의 우선순위 등은 채무자회생법에 의하여 결정된다. 다만 손해배상액의 범위에 관한 문제는 계약의 준거법에 따르게 된다.[150]

채무자회생법에서도 회생절차개시결정 전에 이미 회생채무자의 이행지체가 있었고

---

에 상대방이 채무자회생법 제119조 제2항에 따른 최고 없이 이행을 완료한 경우에는 공익채권으로 주장할 수 없다고 상고이유로 다투었으나 2022. 9. 16. 심리불속행으로 상고기각되었다.

148) 대법원 2001. 12. 24. 선고 2001다30469 판결(공 2002, 341). 법원은 파산관재인이 파산법 제50조 제2항에 따라 신디케이트론 방식에 의한 차관계약의 이행선택한 것이 적법함을 전제로 쟁점에 관하여 판시하였다.

149) 대법원 2015. 5. 28. 선고 2012다104526, 104533 판결(공 2015, 843). 위 판결에 대한 해설로 金眞旿, "외국적 요소가 있는 쌍방미이행 쌍무계약에서 도산법정지법 원칙의 적용 범위 및 영국법상 중간이자공제의 법리," 대법원판례해설 제103호, 법원도서관(2015), 403-429면.

150) 위 대법원 2012다104526, 104533 판결은 손해배상액 산정과 관련하여 영국법상 향후 발생할 손해를 일정시점을 기준으로 일시금으로 지급하기 위한 장래손해)의 현가 산정은, 정당한 배상액을 정하기 위한 배상액의 조정으로 과잉배상 내지 과소배상을 방지하기 위한 것이므로, 이러한 배상액 산정에 있어 중간이자를 공제하지 않더라도 과잉배상이 되지 않는 경우에는 반드시 중간이자를 공제하여 손해액을 할인하여야 하는 것은 아니라고 판시하였다.

상당한 최고를 거쳐 해제권이 발생하였다면 회생절차개시결정 후에도 해제권을 행사할 수 있으므로,[151] 만일 영국법에 의하여 이행거절에 해당하는 행위를 하여 해제권이 발생하였다면 상대방은 회생절차개시결정 후에 해제권을 행사할 수 있다.[152]

부동산에 관한 매매계약, 임대차계약 등에 대하여 부동산 소재지법에 의한다는 입법례(EU도산규정 제8조, 독일도산법 제336조)가 있고, 임차인보호의 필요성 등을 고려하여 부동산 소재지법에 의할 수 있다는 견해[153]가 있다. 그러나 채무자회생법이 그에 관한 준거법 조항을 두지 않고 있고, 임차인 보호를 위한 쌍방미이행 쌍무계약의 제한 조항이 존재하고, 보증금반환청구권에 대한 배당의 우선순위는 절차법적인 성격이라는 점을 고려하면 법정지법인 채무자회생법에 의하는 것이 타당하다.

복수의 외국도산절차에서 동일한 쌍방미이행 쌍무계약을 주절차에서는 계약의 이행을, 종절차에서는 해제를 선택한 경우 이를 어떻게 조화할 것인가 하는 점도 문제이다.[154] 이 점은 준거법의 문제뿐 아니라 채무자를 달리하는 도산절차가 동일한 국가에서 개시된 경우에도 발생하는 문제이다. 법원이 관리인의 행위에 대한 허가를 통제하여 조정할 수밖에 없을 것이다.

(3) 도산해지조항(ipso facto clause)의 준거법

계약당사자 일방에 대하여 도산신청이 있으면 상대방이 계약을 해제할 수 있다는 이른바 도산해지조항이 대한민국 내에서 유효한지 여부에 대하여 다툼이 있다. 2007년 대법원은 도산해지조항으로 인하여 정리절차개시 후 정리회사에 영향을 미칠 수 있다는 사정만으로는 그 조항이 무효라고 할 수는 없다고 판시하면서도 판결의 사안이 조합계약이 아니라 보통의 쌍방미이행의 쌍무계약의 경우에는 계약의 이행 또는 해제에 관한 관리인의 선택권을 부여한 회사정리법 제103조의 취지에 비추어 도산해지조항의 효력을 무효로 보아야 한다거나 아니면 적어도 정리절차개시 이후 종료시까지의 기간 동안에는 도산해지조항의 적용 내지는 그에 따른 해지권의 행사가 제한된다는 등으로 해석할 여지가 없지는 않을 것이라고 판시하였다.[155] 동 판결이 도산해지조항을 유효라고 판시한 것인지, 그 사정거리에 관하여 학자들 간에 논란이 있다.[156]

---

151) 서울回生法院 裁判實務研究會, 回生事件實務(上)제5판, 博英社(2019), 169면; 林采洪·白昌勳, 會社整理法(上), 司法行政學會(2002), 360면.

152) 석광현, 국제소송법, 박영사(2012), 481면.

153) 石光現, "도산국제사법의 제문제: 우리 법의 해석론의 방향," 國際私法과 國際訴訟 제5권, 博英社(2012), 624면.

154) 山本和彦, 倒産法制の現代的課題, 有斐閣(2014), 358면은 주절차국법에 의한다는 견해이다.

155) 대법원 2007. 9. 6. 선고 2005다38263 판결(공 2007, 1530).

156) 오수근, "도산실효조항의 유효성," 민사실무연구IX, 박영사(2010), 439－455면은 원칙적으로 무효이

이에 반하여 2023년 서울고등법원 판결은 적어도 회생절차에서 도산해지조항은 "채권자들이 경쟁적으로강제집행에 나서는 것을 중지시키고 영업을 계속하면서 공정하게 회생을 도모하고자 하는 회생절차에서 특정 채권자가 부당하게 우선권을 관철시키는 것이고, 회생채무자가 계약을 이행함으로써 영업을 계속하여 그 수익으로 채권자들에게 변제할 의도로 회생신청을 하였다고 해도 회생신청 그 자체를 해제·해지의 사유로 삼은 것이어서 채무자회생법 제1조, 제119조 제1항, 민법 제2조, 제103조를 위반하여 무효라고 보아야 한다."라고 판시하였다.[157]

당사자 일방에 대하여 대한민국에서 회생절차가 개시되어 도산해지조항이 미국과 영국 법정에서 그 유효성이 다투어진 사례가 있다.

먼저 미국의 SunEdison 파산사건에 관하여 본다.

대한민국 기업이 기술사용자(라이선시), 미국 기업이 기술공여자(라이선서)로서 라이선스계약을 체결하면서 미국의 뉴욕주법과 연방법을 준거법으로 정하면서 뉴욕주법의 저촉법 원칙을 고려하지 않는다는 단서를 두고,[158] 아울러 만일 당사자 일방에 대하여 도산절차의 신청이 있거나 도산절차의 개시결정이 있으면 상대방이 라이선스 계약을 해제할 수 있다는 이른바 도산해지조항(Ipso Facto Clause)을 두었다. 대한민국 기업에 대하여 회생절차가 개시되어 관리인이 라이선스 계약의 이행 선택을 주장하고, 미국 기업이 미국에서 파산신청을 한 후 미국 회사가 대한민국 기업이 회생신청을 하였다는 이유로 라이선스 계약의 해제를 주장하였다.[159]

미국 연방파산법 § 365(e)는 연방도산절차에서 도산해지조항에 기하여 계약을 종료, 변경할 수 없다는 조항을 두고 있다.[160] 그런데 미국의 기업에 대하여 미국에서 제11장 절차가 개시되고 대한민국 기업이 도산해지조항을 근거로 라이선스 계약의 해지를 주장한다면 위 조항 때문에 도산해지조항은 미국에서 효력을 인정받을 수 없다. 반

---

되, 예외적으로 사안에 따라 효력을 인정할 수 있다는 입장이다.

157) 서울고등법원 2023. 1. 13. 선고 2021나2024972 판결(확정).

158) "The validity of this Agreement, … shall be governed by the laws of the State of New York and the Federal laws of the United States applicable thereto <u>without giving any effect to the conflict of laws principles</u> thereof."

159) SMP Ltd. v. Sun Edison Case No. 16-10992 (2017).

160) § 365(e)(1) Notwithstanding a provision in an executory contract or unexpired lease, or in applicable law, an executory contract or unexpired lease of the debtor may not be terminated or modified, and any right or obligation under such contract or lease may not be terminated or modified, at any time after the commencement of the case solely because of a provision in such contract or lease that is conditioned on—

(B) the commencement of a case under this title; or

대로 대한민국에서 회생절차가 개시된 회생기업에 대하여 미국 기업이 도산해지조항을 근거로 계약의 해지를 주장하면 어떻게 되는가? 앞에서 본 대법원 판례를 근거로 법정지법인 대한민국의 채무자회생법을 적용하여야 하고 판례 및 다수설에 의하면 도산해지조항이 무효로 해석될 여지가 있다.

그러나 미국 법원은 아래와 같은 이유로 계약의 해지가 적법하다고 판시하였다.

이 쟁점을 해결하려면 먼저 준거법인 뉴욕주법을 보아야 하고 뉴욕주의 저촉법 원칙에 의하여 준거법이 대한민국의 법정지법이 되어야 한다. 그러나 준거법 조항에서 미국의 저촉법원칙을 고려하지 않기로 약정하였으므로 뉴욕주의 실질법이 적용되어야 한다. 국제금융중심지인 뉴욕주는 不適切한 法廷地의 법리(forum non conveniens)의 광범위한 적용으로 인한 국제금융거래상의 법적 불안을 제거하기 위하여 1984년 뉴욕주법을 준거법으로 하고 금액이 미화 100만 달러 이상인 계약에서 당사자들이 뉴욕주법원을 관할법원으로 합의한 경우 법원이 관할을 거부할 수 없도록 하고,[161] 동 조항은 뉴욕주의 공서를 증진하기 위한 것이므로 뉴욕주법을 준거법으로 정한 경우에는 법원은 계약이 뉴욕주와 합리적인 관련이 있는지 여부를 불문하고 반드시 뉴욕주법 중 실질법만을 적용하여야 한다.[162] 따라서 위 사건에서도 뉴욕주의 실질법이 준거법이 되므로 뉴욕주의 저촉법을 검토하여 lex fori concursus 원칙에 따라 대한민국의 채무자회생법을 검토할 필요가 없다. 그리고 도산해지조항이 연방파산법에서는 무효이지만 뉴욕주법은 조항이 사기, 공모가 없는 한 유효하므로,[163] 대한민국 기업에 대한 회생절차개시는 미국의 파산절차가 아니므로 동 조항을 이유로 한 미국 기업의 계약해제는 유효하다.[164]

그러나 위 뉴욕연방파산법원의 판결은 누가 계약 해제를 주장하느냐에 따라 결론이 달라지게 되어 형평에 맞지 않고, 도산해지조항과 대한민국의 회생절차와의 관련성, 한국 기업의 국제사법적 이익을 고려하지 않고 오로지 미국법의 관점에서 뉴욕주법을

---

161) Civil Practice Law and Rules § 327(b)와 General Obligations Law, Section 5－1401 및 5－1402. 石光現, 國際裁判管轄에 관한 연구, 서울대학교 출판부(2001), 123－124면에서 재인용.

162) IRB－Brasil Resseguros, S.A. V. Inepar Invs., S.A., 982 N.E.2d 609, 612 (N.Y. 2012)은 General Obligations Law § 5－1401가 뉴욕주법의 저촉법 규정을 포함한다고 하더라도 뉴욕주의 실질법을 적용하여야 하고 반드시 계약서 조항에 뉴욕주의 저촉법 규정을 배제한다는 문구를 넣을 필요가 없다고 판시하였다.

163) 파산신청이 기각되거나(W.F.M. Rest., Inc. v. Austern, 324 N.E.2d 149, 150, 153 (N.Y. 1974), 파산절차가 중도에 종료된 경우(Murray Realty Co. v. Regal Shoe Co., 193 N.E.164, 165 (N.Y. 1934)에는 Ipso Facto Clause에 기한 계약해제는 유효하다.

164) SMP Ltd. v. Sun Edison Case No. 16－10992 (2017).

적용하였다는 점에서 찬동하기 어렵다.

영국의 피브리아 사건[165]에 관하여 본다.

팬오션과 브라질 피브리아 회사가 영국법을 준거법으로 정한 용선계약을 체결한 후 팬오션에 대하여 회생절차개시결정이 내려졌다. 관리인이 이행선택을 하자 피브리아는 용선계약의 도산해제조항에 기하여 계약해제서면을 담보은행에게 발송할 수 있다는 선언적 구제명령을, 팬오션은 영국도산법에 기하여 도산해제조항이 무효인지 여부에 대한 의견요청과 피브리아의 중재신청의 중지를 영국법원에 신청하였다. 영국법원은 원칙적으로 도산해지조항은 영국법에 의하면 유효하고, 승인국인 영국은 CBIR Article 21에 기하여 피브리아가 해제통지를 발송하는 것을 금지하는 권한을 갖고 있지 않다고 판시하였다.

## 10. 상계의 준거법

### (1) 상계와 공제의 구별

한국에서는 상계과 공제를 명확하게 구별하지 아니한다.[166] 그러나 미국법에서는 상계(set-off)와 공제(recoupment)를 구별한다. 상계는 동일 당사자 간에 별개의 계약에 기한 채권채무관계를 소멸시키는 것을 말하고, 공제라 함은 동일한 계약에 기하여 상대방에 대하여 갖는 채권을 소멸시키는 것이라 한다.[167] 공제의 경우에는 채무자의 청구에 대한 채권자의 공제항변의 형태로 행사되며 상계가 아니므로 상계에 관한 도산법상의 제한이 적용되지 아니한다.[168] 이처럼 자동채권과 수동채권이 별개의 법률관계에서 발생한 경우에는 자동채권과 수동채권의 준거법이 달라지게 되지만, 영미법상의 공제가 문제되는 경우는 자동채권과 수동채권이 모두 동일한 법률관계(예컨대, 매매계약)에서 비롯되므로 자동채권과 수동채권에 관한 상계의 준거법의 문제는 계약의 준거법 결정 문

---

165) Fibria v Pan Ocean [2014] EWHC 2124 (Ch); [2014] 1 Bus LR 1041. 자세한 설명에 대하여는 林治龍, "海運會社의 回生節次 開始와 國際私法의 主要 爭點," 파산법연구 5, 博英社(2020), 229-236면; Look Chan Ho, *Cross-Border Insolvency: Principles and Practice*, 253-254, 257-258 (Sweet & Maxwell 2016).

166) 대법원 판례도 해약환급금에서 보험약관대출금을 공제하는 것은 민법상의 상계와 성격을 달리하므로 구 회사정리법의 상계제한 규정이 적용되지 아니한다고 판시하였다(대법원 2007. 9. 28. 선고 2005다15598 전원합의체 판결). 임대차계약에 기한 임대보증금반환의무와 차임지급의무의 관계도 공제의 법리와 유사하다.

167) *In re B & L OIL CO.* 782 F.2D 155.

168) David G. Epstein, Bankruptcy and Related Law in a Nutshell 7th Ed 221 (West 2005). 대표적인 예로 들고 있는 것이 건설계약에서 채무불이행으로 인한 손해배상채권을 미지급 공사대금에서 공제하는 것이다.

제로 환원되어 상계의 준거법은 1개가 된다.169) 이하에서는 자동채권과 수동채권의 준거법이 다른 사안을 염두에 두고 기술한다.170)

### (2) 도산절차와 상계의 준거법

도산절차의 집단적·일률적 처리의 관점에서 도산절차에서 상계의 요건, 범위, 상계의 행사방법에 대하여는 도산절차개시지법을 준거법으로 하되, 상계의 효력에 대하여는 국제사법상의 준거법 이론(수동채권준거법설, 누적적 적용설)에 의하여 결정된다는 것이 학설이다.171)

대한민국의 민법에서도 상계의 요건을 규정하고 있듯이 각국의 민법은 상계의 요건에 관하여 다른 입법을 하고 있다. 상계의 준거법에 대하여 영미법계에서는 소송법상의 제도로서 법정지법에 의하고,172) 한국, 일본, 독일 및 프랑스는 실체법상 채무의 소멸사유의 하나로서 실체법적인 관점에서 채권의 준거법에 의한다.173) 영국은 강행규정으로서의 도산상계(insolvency set-off)를 인정하여 공시적인 도산절차가 개시되면 별도로 상계의사표시를 기다리지 않고 1986년 도산법(Section 323 상호대차 및 상계)에 의하여 정산한 후 그 차액만을 청구할 수 있다고 한다.174)

---

169) 서울고등법원 2008. 7. 23. 선고 2008나14857 판결은 중국법을 상계의 준거법으로 삼았다. 이 판결에 대한 평석으로는 石光現, "국제물품매매협약 다룬 최초 우리법원의 항소심 판결," 법률신문(2009. 9. 28), 15면.

170) 이해의 편의를 위하여 다음과 같은 사례를 염두에 두고 설명하기로 한다.
원고 甲이 피고 乙에 대하여 갖는 대여금 채권 (a)의 이행을 구하기 위하여 乙을 상대로 소송을 제기하였다. 乙은 甲으로부터 돈을 빌리기 이전에 甲에게 물품을 판매한 적이 있었으므로 물품대금채권(b)을 보유하고 있었다. 乙은 원고가 제기한 소송에서 원고의 채권에 대한 소멸을 주장하는 항변으로 (b) 채권을 자동채권(또는 반대채권)으로 상계의 의사표시를 하였다. 상계의 준거법을 수동채권의 준거법으로 한다는 주장은 원고가 피고에 대하여 갖는 (a) 채권의 준거법에 기하여 상계의 요건과 효과를 결정한다는 것이고 자동채권을 준거법으로 한다는 주장은 피고가 원고에 대하여 갖는 (b) 채권의 준거법에 의한다는 것이다.

171) 永石一郎 編, 倒産處理 實務ハンドブック, 中央經濟社(2007), 819면. 서울고등법원 2012. 10. 19. 선고 2012나23490 판결(대법원 2015. 1. 29. 선고 2012다108764 판결의 원심판결이다)은 자동채권 및 수동채권의 준거법이 모두 영국법인 사건에서 상계의 효과에 대하여 영국법을 적용하지 아니하고 민법 제498조를 적용하여 상계의 소급효를 인정하였는바 영국의 상계제도에서 소급효가 인정되지 않는다는 점을 간과하였다(石光現, "영국법이 준거법인 채권 간의 소송상 상계에 관한 국제사법의 제문제: 성질결정, 숨은 반정, 적음, 상계의 준거법 및 압류채권자와 상계를 주장하는 제3채무자의 우열의 준거법," 國際私法과 國際訴訟 제6권, 博英社(2019), 43면).

172) 대법원 2015. 1. 29. 선고 2012다108764 판결(공 2015, 293)은 영국법상의 상계 제도는 보통법상 상계(legal set-off, 법률상 상계라고도 한다)와 형평법상 상계(equitable set-off)가 있는데, 그 중 보통법상 상계는 소송상 항변권으로만 행사할 수 있어 절차법적인 성격과 상계권의 행사에 의하여 양 채권이 대등액에서 소멸한다는 점에서는 실체법적인 성격도 아울러 가진다고 판시하였다. 申昌善, 국제사법, 제6판, fides(2007), 316면도 실체법상의 제도로서 채권의 준거법에 따라야 한다고 주장한다.

173) 多喜寬, 國際私法の基本的課題, 中央大學校出版部(1999), 241-246면.

(3) 상계의 준거법에 관한 학설

1) 수동채권준거법설

자동채권의 소멸, 수동채권의 양수인, 압류채권자 및 질권자에 대하여 상계를 주장할 수 있는가 여부를 포함하여 수동채권의 준거법에 의하여 판단하여야 한다는 견해이다.[175] 그 이유로는 상계가 수동채권을 이용함으로써 이행에 대신하여 채무자가 부담하는 채무(자동채권)를 소멸시키는 채무소멸의 한 방법이라는 점과 거래현실에서 나타나듯이 자동채권은 그 채무자의 경제상황의 악화에 의하여 가치가 저하되어 있으므로 경제적 가치가 있는 수동채권이 법률관계의 중심이 되어야 한다는 점을 근거로 삼고 있다. 독일의 다수설 및 판례의 입장이고 일본의 소수설이다.[176]

2) 누적적 적용설

자동채권 및 수동채권이 누적적으로 적용된다는 견해이다.[177] 상계는 서로 대립하는 수동채권과 자동채권을 상호간에 소멸시키는 제도이고 두 개의 채권이 한꺼번에 관여하는 것이라는 점과 채권채무를 다루는 두 개의 법질서 가운데 어느 하나가 다른 법질서보다 우선하는 이유를 발견할 수 없다는 점을 근거로 들고 있다.[178]

3) 판례

판례에 의하면, 자동채권과 수동채권이 모두 영국법을 준거법으로 정하여졌더라도 채권자가 대한민국의 민사집행법에 의하여 가압류명령 또는 채권압류명령 및 추심명령을 받아 채권집행을 한 경우에, 채권가압류명령 또는 채권압류명령을 받은 제3채무자가 채무자에 대한 반대채권을 가지고 상계로써 가압류채권자 또는 압류채권자에게 대항할

174) 영국의 도산상계에 대하여는 Look Chan Ho, "Set－off" in Peter Totty, Gabriel Moss and Nick Segal (eds), Insolvency (Sweet & Maxwell), ch H－10.

175) 李好珽, 涉外私法, 韓國放送通信大學(1990), 283면; 이헌묵, "국제적 상계에 대한 준거법," 법률신문(2009. 3. 19.자 15면)은 원칙적으로 수동채권의 준거법이 상계의 준거법이 되고 예외적으로 채무자가 채무의 존속에 대하여 이익을 갖고 있는 경우에는 중첩적으로 적용된다는 입장이다.

176) 일본의 경우는 澤木敬郎·道垣內正人, 國際私法入門, 有斐閣(1998), 188면.

177) 申昌善, 국제사법(fides, 2007), 316면; 김인/박정기/김인유, 국제사법, 법문사(2002), 307면. 일본의 학설로는 木棚照一·松岡博·渡辺惺之, 國際私法概論 第3版, 有斐閣(1998), 156면; 櫻田嘉章, 國際私法 第3版, 有斐閣(2000), 236면.

178) 일본의 다수설이다. 일본의 法の適用に關する通則法의 개정과정에서 수동채권의 준거법설이 다수를 차지하였으나 법에 규정을 두지 않는 것으로 귀착되었다고 한다. 그 이유로는 실무상 상계의 준거법에 대한 규정을 둘 만한 요청이 없으며, 각국의 상계제도가 상이하여 어떠한 제도를 상계라고 하는 단위법률관계에 포함시킬 것인가, 어떠한 채권이 수동채권으로 되는가에 관하여 해석상의 문제가 남으며, 당사자간에 준거법이 다른 복수의 채권에 대하여 일괄정산(close－out netting) 또는 상계계약을 인정하는 법제에서 수동채권의 준거법을 어떻게 결정하는가, 상계계약도 단위법률관계에 포함하는가라는 난문제에 봉착하였기 때문이라고 한다(法の適用に關する通則法關係資料と解說, 別册 NBL No. 110(2006), 107면).

수 있는지 여부는 집행절차인 채권가압류나 채권압류의 효력과 관련된 문제이므로, 특별한 사정이 없는 한 대한민국의 민사집행법 등에 의하여 판단함이 원칙이고 상계의 준거법에 의할 것은 아니다.179)

따라서 판례는 민사집행법이 관여하지 아니한 상태에서 외국적 요소가 있는 채권들 사이에서의 상계의 요건과 효과에 대하여는 상계의 준거법에 따라 해석 적용되지만, 민사집행법에 의하여 채권집행을 한 경우에 제3채무자가 상계를 할 수 있는지 여부는 상계의 준거법이 아니라 민사집행법에 의하여야 한다는 입장이다. 대법원 판례는 전자의 경우 수동채권적용설인지 누적적 적용설인지를 밝히지 아니하였다. 하급심 판결은 수동채권 적용설을 채택하였다.180)

4) 검토

생각건대, 상계가 발휘하는 기능 중 간이변제의 측면을 강조하면 채무자가 자동채권을 이용하여 자신이 부담하는 채무(수동채권)을 변제하는 것이므로 소멸되는 채무의 준거법에 따른다는 결론에 도달하게 된다. 그러나 상계제도가 양 채무를 대등액에서 소멸시킨다는 점, 채권자와 채무자 중 누가 먼저 상계를 하느냐에 따라 수동채권과 상계의 준거법이 달라지게 되어 법률관계가 불안정하게 되는 점을 고려하면 누적적 적용설이 타당하다. 이때 준거법에는 실체법뿐 아니라 도산법정지의 도산산법을 포함한다고 해석된다. 따라서 대한민국에서 도산절차가 개시된 경우에 상계가 가능하기 위하여는 채무자회생법상 상계요건을 갖추어야 할 뿐 아니라 상계의 준거법(누적적 적용설)에 의하여 상계가 허용되어야 한다.181)

반대로 채권의 계약법에 의하면 상계적상에 있지 않지만(변제기 미도래 또는 다른 종류의 채권), 채무자회생법이 상계적상을 확대하여 상계를 허용한다면182) 그 취지가 신속한 파산절차의 종결과 채권자들의 공평한 취급에 있다면 그러한 점은 강행규정이므로

---

179) 대법원 2015. 1. 29. 선고 2012다108764 판결(공 2015, 293).

180) 서울고등법원 2019. 5. 14. 선고 2018나2031789 판결은 중첩적으로 적용할 경우 상계가 사실상 곤란해질 수 있고 이는 당사자들의 기대에 반하거나 형평에 반하는 결과를 낳을 수 있는 점 등을 이유로 삼고 있다. 동 판결에 대한 해설로 윤병철, "2019년 분야별 중요판례분석 18. 국제거래법," 법률신문 2020. 5. 28. 지금까지의 사안은 자동채권과 수동채권의 준거법이 모두 영국법이거나, 자동채권의 준거법은 일본법, 수동채권의 준거법은 대한민국법이었으므로 어느 학설을 적용하던 간에 결론에 영향이 없는 사안이었다.

181) 石光現, "도산국제사법의 제 문제: 우리법의 해석론 방향," 國際私法과 國際訴訟 제5권, 博英社(2012), 632면; 한민, "국제금융과 국제도산법에 관한 소고1－실무상 문제점 분석을 중심으로," BFL 제27호(2008), 109면.

182) 채무자회생법 제417조는 상계적상을 확장하여 파산채권이 기한부 또는 해제조건부인 경우 및 비금전채권의 경우에도 상계를 허용한다.

도산법정지법을 적용하여 상계를 허용하는 것이 타당하다.[183)]

해상기업의 도산과 관련하여 운송계약의 준거법이 영국법인 경우에, 영국은 해상기업을 보호하기 위하여 송하인 또는 수하인이 운송인에 대하여 갖는 채권(운송물의 멸실, 훼손, 연착 등으로 인한 손해배상)과 운임채권간에 상계를 허용하지 않고 있는 점도 고려하여야 한다.[184)]

[온주 국제사법 국제민사절차법 국제도산]

---

183) EU도산규정 제6조에 관한 해설도 이와 같다. 貝瀬幸雄, ヨーロッパ連合倒産條約の研究, 商事法研究會(2000), 29면.

184) 崔鍾賢, 海商法詳論 第2版, 博英社(2014), 344면.

# 11. 변호사가 본 도산 제도의 개선 방향

## 1. 강연 수락의 취지

제가 법원을 나온 지 이제 14년이 되었고 그동안 법원실무도 장족의 발족을 하여 판사님들의 재판업무에 대하여 제가 容喙할 처지도 아니고 말씀 드릴 능력이나 정보도 부족합니다. 그래서 처음 이 강의 제안을 받았을 때 속으로 많이 망설였습니다. 하지만 강의라기보다는 지난 14년 동안 거의 파산 사건만 전담하면서 느낀 소회를 판사님들과 함께 나누면 좋겠다고 생각하고 승낙하게 되었습니다.

오늘은 제가 그동안 금융위원회 소속의 기업구조조정촉진법 개정위원회, 공적자금관리위원, 서민금융진흥원 및 캠코 소속의 여러 위원회 등에서 일하면서 선제적 구조조정 특히 기촉법 관련한 금융규제당국의 입장을 소개하고, 이어서 법무부의 채무자회생법 개정위원으로 입법과정에 참여한 점 그리고 International Insolvency Institute 회원으로서 여러 국제회의에 참석하면서 배운 점, 동아시아 도산법 회의에서 중국과 일본의 파산제도의 신경향, 영국 법정에서 3회 전문가 증언을 하면서 외국실무가들이 보는 한국의 회생제도 등에 관하여 저의 의견을 여러분과 공유하려고 합니다. 마지막으로 제가 일본, 미국, 영국 도산법을 공부하는 동안 느꼈던 점 등을 편하게 말씀드리겠습니다. 따라서 여러분들도 점심시간 이후이니까 가벼운 마음으로 들어주시면 고맙겠습니다.

## 2. 올바른 파산제도의 요소

제가 서울중앙지방법원 파산부에서 근무하면서부터 시작하여 지금까지 한국의 파산법과 남의 나라 파산제도의 역사 등을 공부하고, 또한 실무가들과 교류하면서 과연 좋은 파산제도가 되기 위한 요소가 무엇일까 생각하였는데 제가 배운 교훈이 두 가지입니다. 그것은 Debtor In Possession(DIP)와 신속한 사건처리입니다.

첫째, 먼저 DIP 제도에 관하여 말씀드리면서 시작하겠습니다. DIP 제도의 도입 여부에 관하여는 채무자회생법 제정시부터 위원들 간에 견해가 일치하지 아니하였습니다. 관리인 선임에 관하여 법원 내부에서도 원칙적으로 기존 경영진을 관리인으로 선임할 수 있다는 견해와 반드시 관리인으로 선임하여야 한다는 견해로 나뉘어 결국 두 개의 안을 법무부가 국회에 제출하여 국회가 그 중 반드시 임명하여야 한다는 의견을 채택하여 입법이 되었습니다. 즉 DIP 문제는 이론상의 당부라기보다는 입법 당시의 그 나라의 현실에 맞는 제도의 선택 문제입니다. 저는 결론적으로 잘된 입법이라고 생각합니다. 왜냐하면 그 후 일본도 실무를 통하여 DIP형 회사갱생 제도를 도입하였고, 독일도 보호막제도에 기한 자기관리제도를 도입하였으며, 영국도 1986년 도산법의 재건절차인 관리절차(Administration)를 운영하면서 형식상으로는 도산실무가를 관리인(Administrator)으로 임명하지만, 실제의 회사의 일상 업무는 기존 경영진이 하도록 하고 있으며, 영국 회사법상의 Scheme of Arrangement는 도산절차가 아니므로 당연히 기존 이사회가 구조조정을 수행하고 있습니다. 이러한 점들이 채무자회생법의 입법방향이 제대로 된 점을 증명하고 있습니다.

그리고 기업에 대한 재건절차에서 DIP 제도가 없으면 파산법원이 파산한다는 것도 배웠습니다. 채권자에게도 파산신청권을 부여하기는 하지만 문명국가의 파산사건은 거의 대부분이 채무자가 신청하는 것입니다. 제가 2005년 처음 파산부에 차한성 수석부장님과 근무할 때 회사정리사건이 3건이었습니다. 상장회사는 한 건도 없었습니다. 당시 회사정리실무는 제3자 관리인 제도였습니다.

파산사건을 많이 다루어 보아야 법리가 발전하며 법원의 노하우가 쌓여서 국가적으로 중요한 유산이 됩니다. 영국과 미국을 보면 왜 그 나라들이 파산법의 선진국이 되었는지를 알 수 있습니다. 법원이 도산 사건을 많이 다루었기 때문입니다.

일본은 미국의 강요하에 만들기 싫은 입법을 하면서 회사갱생법을 주식회사에 대하여만 적용하도록 하였고, 그나마 DIP형을 도입한 것이 최근이고 아직도 제3자인 변호사를 관리인으로 선임하는 제도에서 완전히 벗어나지 못하고 있습니다. 그렇다보니 자기들 스스로 회사갱생 사건은 별로 없고 마치 물 없는 수영장에서 泳法을 배우는 신세가 되어가고 있다고 합니다. 이 점을 일본의 70대 변호사들이 걱정하고 있고 반대로 채무자회생법 개정 후 회생사건이 급속하게 증가하고 있는 한국을 부러워하고 있습니다. 일본이 DIP형 회사갱생을 시도한 이유도 경영권이 보장되는 민사재생사건은 늘고 있지만, 제3자 관리인이 선임되는 회사갱생사건은 급속하게 줄고 있었기 때문입니다.

몇 년 전의 자동차부품업체인 다카다 회사도 회사갱생이 아니라 민사재생을 신청하였는 바 일본 지인에게 문의하니 역시 경영권을 고려한 선택이었다고 합니다.

간혹 지방 소재 법원에서 회생절차 도중에 재판부가 기존 경영자에서 제3자로 관리인을 바꾸는 경우가 있는데 나름대로 이유가 있어서 그와 같이 결정한 것으로 추측합니다. 그럼에도 불구하고 시장에서는 去頭截尾하고 어느 법원 어느 재판장님이 기존 경영자를 제3자 관리인으로 교체하였다는 뉴스만이 돌아다니게 됩니다. 이러한 뉴스는 금방 회생사건 시장에 chilling effect로 작용하게 마련입니다.

금융기관은 여전히 기존 경영자 관리인 제도를 비판하고 있습니다. 모랄해저드를 많이 지적하고 있고, 회생절차에서 신규자금유입이 없으므로 중규모 이상의 기업의 구조조정은 금융당국의 도움 없이는 불가능할 것이라고 예측하고 있습니다. 국내외 투자자들도 회생절차를 통한 회생기업에 관심을 갖고 있지만 회생신청을 하는 단계가 너무 늦다보니 매수할 만한 기업을 찾기가 어렵다고 합니다. 기존 경영자가 조기에 회생신청을 유인하려면 무엇보다도 DIP 선임 제도에 대하여 신청인과 신청 대리인에게 확신이 있어야 하는 것이 가장 중요한 선결문제라고 생각합니다.

둘째, 도산사건의 처리가 빨라야 합니다. 보전처분부터 회생절차종결결정까지 모든 법원의 재판이 빠른 게 좋습니다. 서울회생법원의 정준영 수석부장님이 널리 알려주셔서 이제 일반인들도 아는 단어인 Melting Ice 때문입니다. 제너럴모터스 사건과 크라이슬러 사건에서 이루어진 미국 파산법 363 매매절차에 대하여 미국 학자들이 비판하고 있고, 일본의 민사재생절차에서의 사업양도에 대하여도 일본 학자들은 채무자의 모랄해저드와 정보를 채무자만 갖고 있고 채권자들은 모르는 사이에 법원이 채무자의 편을 들어 사업양도를 한다고 나무라고 있습니다. 그러나 미국의 파산법관들, 일본 동경지방재판소의 법관들 모두 법리에 정통하고 사건을 많이 다루어본 베테랑입니다. 크라이슬러 사건에서 그렇게 빠르게 신 회사로 재산이 이전되었고 연방대법원까지 불복하였으나 결국 기각된 것을 보더라도 시간과의 싸움에서 이기는 것이 가장 중요하고 이렇게 처리한 사건은 시간이 지나면 나중에 상급심에서 법리로 뒤집을 수 없습니다. 363 매매라는 제도가 활용되는 것은 Melting Ice의 녹는 시간을 줄이기 위한 법관들의 노력의 소산입니다.

이 점과 관련하여 미국 연방파산법은 제105조라는 일반조항을 두어 본법의 조항을 수행하는 데 필요하고 적절한 명령, 재판을 할 수 있는 광범위한 형평법상의 권한을 파산법원에게 부여하고 있습니다. 이를 이용하여 파산법원은 First Day 명령을 통하여 사건을 초반부터 장악하여 신속하게 진행하고 있습니다. 대체로 미국에서의 363 매매는 약간의 규제가 필요한 점은 있으나 신속하게 기업가치가 급락하지 아니한 상태에서 구조조정을 할 수 있는 제도라는 인식이 있으므로 여전히 활용되고 있습니다.

이렇게 본다면 우리나라의 회생법원이 신규자금투입이 없더라도 구조조정 역할을 할 수 있는 분야는 신속한 처리를 할 수 있는 인가전 영업양도, 사전계획안(Prepackaged Plan) 등이라고 생각합니다. 법원이 일단 보전처분, 포괄적 금지명령에 의하여 채무자에게 잠시 숨 쉴 틈(breathing room)을 주고 그 사이에 채무자, 채권자, 매수인 등이 미리 준비한 계획에 따라 중요 재산을 매각하거나, 경영권을 매각함으로써 조기에 기업의 구조조정을 마칠 수 있습니다.

위 두 가지 외에 만일 한 가지를 추가한다면 채무자 회사에 대한 적절한 견제방법입니다. 과거에는 법원, 법원이 임명한 제3자 관리인, 감사를 통한 수직적인 순으로 회생회사를 통제하였습니다. 지금은 기존 경영자가 관리인이 되고, 감사도 인가 후에 임명하고 있어서 감사에 의한 통제는 사실상 어렵고, CRO가 담당하지만 아직 효과적인 견제업무를 수행한다고 평가하기엔 이릅니다.

제가 몇 해 전에 돌아가신 미국의 아놀드 퀴트너 파산법 전문변호사님께 미국에서 DIP를 누가 견제하느냐고 여쭈어보니, 첫째는 상설기관인 무담보채권자위원회이고, 둘째가 US Trustee라고 알려 주셨습니다. 채무자회생법은 채권자협의회가 있는데 여기에는 무담보, 담보채권자가 구성원이 되어 섞여 있다 보니 서로간의 이익이 충돌하므로 제대로 활약하기에는 한계가 있습니다. 언제가 한국에서도 관리인, 파산관재인에 대한 행정적인 감독업무를 담당재판부가 아닌 제3의 기관이 담당하게 될 것입니다. 미국 노스캐롤라이나/알라바마처럼 법원행정처가 담당할지, 나머지 48개주처럼 법무부가 담당할지 장래에 결정될 것입니다. 만일 법원이 이 권한을 가지려면 DIP에 대한 적절한 견제방안을 미리부터 연구하고 강구하여야 합니다. 이 점은 제가 과거에 법무부 용역으로 이 부분을 수행하여 보고서를 법무부에 제출한 바 있어 드리는 말씀입니다.

앞으로 법 개정 없이도 가능한지 모르겠습니다만 법원이 사실상 무담보채권자만으로 또는 무담보채권자를 위주로 채권자협의회를 설치하고 협의회를 위한 변호사와 회계사의 비용을 적절하게 회생채무자가 부담하도록 하여 실질적인 武器對等의 원칙이 지켜져야 할 필요가 있습니다. 그리고 관리인이 법원에 제출하여 접수하는 서류는 전면적으로 열람등사가 가능하도록 하여 채권자들의 정보접근권을 보장할 필요가 있습니다. 비공개하고 싶은 문건은 관리인의 보고시에 별도로 법원에 제출하는 방법을 마련할 수 있습니다.

회생채권자들 가운데 중요한 채권자는 역시 금융기관입니다. 금융기관이 회생절차에 불만이 있으면 기촉법으로 가려는 유인이 있고 기촉법에서의 절차는 금융기관이 주도하므로 정보접근이 가능하기 때문입니다. 회생절차를 악용하는 사례가 계속되면 회생절차의 신뢰성이 떨어지고 결국 사용되지 않고 자칫하면, 회생법원은 개인파산, 개인회생 또는 중소기업에 대한 구조조정만 담당하게 될 위험이 있기 때문에 드리는 말씀입니다.

## 3. 외국 파산제도의 교훈

다음에는 제가 그동안 책을 읽으면서 또는 파산법 전문가를 만나면서 배운 일본, 중국, 영국, 미국의 파산법에 관하여 말씀을 드리겠습니다.

일본의 파산법의 특징은 연구자층이 두껍습니다. 그 이유는 과거에 이토 마코토(伊藤眞) 전 동경대 교수님이 사법시험에 합격하였을 때에는 파산법(회사갱생법 제외)이 논술형 2차 선택과목이었습니다. 그래서 파산법을 공부하면 자연히 민법과 민사소송법을 공부할 수 있어서 一石三鳥라는 말씀을 들었습니다. 일본은 20세기 초엽부터 동경대학의 가또 마사하루(加藤正治) 교수를 필두로 파산법을 주로 연구하는 학자들이 계속하여 배출되고 있습니다. 그래서 이론적인 면에서는 일본 파산법의 수준이 우리보다 높습니다. 그런데 최근에는 정부의 행정지도를 통하여 ADR에 관심을 갖고 있으면서 도산사건 전체가 많이 줄어서 젊은 세대가 파산사건을 경험하지 못하고 있는 상황이라고 합니다. 한국이 채무자회생법으로 도산절차를 단일화하고, 회생사건의 문호를 모든 법인격체로 확대한 것에 대하여 긍정적으로 평가하고, 특히 한진해운을 필두로 계속하여 국제파산사건에서 한국법원이 미국 파산법원을 상대로 법원 대 법원 간의 공조를 실제로 해본 점과 전자소송을 도입하여 신속하게 업무를 처리하는 회생법원의 실무에 대하여는 굉장히 부러워하고 있습니다. 니혼게이자이신문 江藤俊也 記者가 한국에 와서 취재하여 갔습니다.[1]

저명한 실무가로는 소노 다카시 전 東京高等裁判所部總括裁判官,[2] 우에다 야스히로(上田裕康) 변호사,[3] 故 마츠시마 히데키(松嶋英機) 변호사(2021년 서거),[4] 이론가로는 이토오 마꼬토(伊藤眞),[5] 마츠시다 준니치(松下淳一) 교수(전 동경대),[6] 야마모토 가즈히

1) 2019년 4월 8일 日本經濟新聞朝刊 11면, "企業再建 司法が國際連携."
2) 園尾隆司, 民事訴訟·執行·破産の近現代史, 弘文堂(2009).
3) 事業再生の專門家に聞く, 上田裕康/伊藤眞, 商事法務 ぽータル (2020/03/01).
4) 松嶋英機·伊藤眞·園尾隆司 編, 倒産·再生訴訟 民事法研究會(2014).
5) 伊藤眞, 破産法·民事再生法(第4版) 有斐閣(2018), 會社更生法, 有斐閣(2020).
6) 松下淳一, 民事再生法入門, 有斐閣(2009).

코(山本和彦) 교수(히도츠바시 대학)[7] 등이 이론과 실무 경험이 풍부하시며, 그 분들의 글이 정확하고 깊이가 있습니다.

중국은 2006년 기업도산법이 제정된 이후 급속도로 파산사건이 많아지면서 전자소송을 이용하여 파산법의 수준도 많이 높아졌습니다. 오바마 대통령때 양국 정상간에 라오스 선언을 통하여 양국 도산제도의 협력이 공동선언문에 채택될 정도로 미국 파산법에 관한 관심이 많고, 미국의 Charles Tabb 교수를 필두로 저명한 교수들이 방문학자로 중국에 가서 강의하기도 하고, 중국 학자들이 미국 파산법책을 번역하고 있습니다. 몇 년 전부터는 동아시아 3개국 회의에서 영어로 소통할 수 있는 파산법 전문변호사들이 속속 대형로펌에 합류하는 등 전문인력층이 빠르게 두꺼워지고 있습니다. 아직 면책을 통한 개인파산제도가 도입되지 아니하였지만 언젠가 채택될 것으로 예상하고 있습니다.

영국은 정치적으로 복잡한 국가이다 보니 잉글랜드/웨일즈, 스코틀랜드 및 북아일랜드의 법체계가 다르고 전통에 터 잡은 제도를 갖고 있어 한국 실무가가 영국 도산법을 이해하기 어렵습니다. 그리고 영국에서 배울 수 있는 점은 거의 2－3년마다 도산법이 개정되고 있다는 점입니다. 그리고 잉글랜드에 소재한 High Court 내의 한 부서로서 Chancery division(형평부)에 17명의 법관이 주요 도산사건을 집중적으로 다루고 있고 High Court 판결부터 판례법이 되고 영연방과 유럽 등에 곧바로 효력이 미치고 있으므로 판사들의 도산법에 대한 수준이 높으며 판사들 스스로 범지구적인 수준에서 판결을 하려고 노력하는 점을 알 수 있습니다. 특히 도산사건은 외국 당사자들이 관여하는 경우가 많으므로 자국 사법제도에 대한 廉潔性과 도산사건에 대한 전문성을 의식하여 재판진행하는 것이 인상적이었습니다. 체임버(chamber)에 속한 QC 배리스터들은 특정 분야의 전문가로 높이 평가받는 전문서적의 저자들입니다. 배리스터 Look Chan Ho가 쓴 Cross－border Insolvency,[8] 故 Gabriel Moss의 EU도산규정에 관한 책,[9] Roy Goode의 Insolvency Law,[10] 여성 QC Felicity Toube의 International Asset Tracing in Insolvency[11] 등의 책이 유명합니다. 단 개인이 사기에는 책값이 매우 비쌉니다.

미국 파산법 공부는 한국에서 이제 선택이 아니라 필수가 되었습니다. 심지어 2020년 영국의 개정도산법 Corporate Insolvency Governance Act가 미국의 cram－

7) 山本和彦, 倒産法制の現代的課題 有斐閣(2014); 國際倒産法制, 商事法務(2002).
8) Look Chan Ho, *Cross－Border Insolvency: Principles and Practice*, (Sweet & Maxwell 2016).
9) Gabriel Moss, Gabriel Moss, Ian F. Fletcher, Stuart Issac, The EC Regulation on Insolvency Proceedings: A Commentary and Annotated Guide, 3rd ed, Oxford (2002).
10) Roy Goode, Principles of Corporate Insolvency Law, (Sweet & Maxwell, 2011).
11) Felicity Toube ed, International Asset Tracing in Insolvency (OUP 2009).

down과 유사한 제도를 도입하고, 자동중지와 유사하게 채무자의 신청에 의하여 일정기간 지급유예를 인정하는 모라토리엄 제도, ipso facto clause 조항을 재건절차에 도입하는 등 파산법의 母國인 영국이 아들 나라의 법을 거꾸로 받아들이는 지경에 이르렀습니다.

그리고 수년 전부터 한국 기업이 투자한 미국 기업이 파산하거나(최근 HAAH), 파산한 미국 기업의 자산(石油 油井)을 363 매매로 한국 기업이 매수하려 하거나, 우리나라 은행이 보증인인데 주채무자가 미국에서 파산신청하거나, 한국 조선소가 배를 짓고 있는데 선박발주자가 미국에서 파산신청할 때 계속 배를 지어야 하는지를 문의하는 등 미국 파산법과 관련된 일이 많이 생기고 있습니다. 과거에는 한국 로펌이 연락 가능한 미국 로펌을 소개하는 정도로 관여하였으나 지금은 국내 고객들이 한국 로펌에게 미국 파산법에 관한 문의에 대하여 자문하는 일도 빈번하게 일어나고 있습니다. 그리고 채무자회생법 입법을 하면서도 미국 파산법의 내용을 검토하는 것도 중요한 일이 되었습니다. 저도 최근 미국 연수 다녀오신 판사님들께서 미국 파산법에 관하여 수준 높은 글을 쓰신 것을 읽어보았습니다.

### 4. 앞으로의 과제

제가 파산부 법관직을 사직하고 변호사로 개업한 2007년과 비교하면 파산법을 공부하는 학자, 파산 사건을 전문으로 하는 변호사, 파산법원 출신 법관 및 변호사들의 숫자 등이 급격하게 늘었으며 말 그대로 도산실무의 수준이 刮目相對할 발전을 이루었습니다. 그와 같은 발전을 하게 된 원인은 오늘 이 자리에 계신 분들 특히 정준영 부장판사님 이하 여러분들의 노력에 의한 것입니다. 사정상 제가 한분 한분 거명하지는 못하고 여러분 모두께 존경과 감사를 드립니다.

그러나 미국과 영국 등의 구조조정과 비교하여 볼 때, 우리의 실무는 더 발전하여야 합니다. 특히 신속한 구조조정을 통하여 국가경제에 도움이 되어야 하겠습니다. 도산실무 중 보완하여야 할 부분이 어떤 부분인지도 우리가 알고 있습니다. 영국의 제도에 힌트를 얻어서 사채권자 집회 제도를 개선하거나 사채권자결의절차에서 결의 결정에 대하여 상법이 부여한 인가결정의 심사권한을 실효 있게 발휘하거나, 영국처럼 이해관계를 갖는 채권자, 주주들만 모여서 금융기관채권에 대하여만 구조조정할 수 있고 법원이 중요한 단계에서만 검토하는 제도의 도입도 제안하고 싶습니다.

판사님들께서 격무로 바쁘신 것을 잘 알지만 국민과 미래 세대를 위하여 좋은 파산법을 만들 수 있도록 입법과정에도 적극 참여하여 주시고, 좋은 글도 외부에 발표하

시기를 부탁드립니다. 국회에서 산발적이고 일회적인 채무자회생법 개정이 빈번하게 이루어지고 있는데 이 점에 대한 실무상의 의견도 개진하여 주셨으면 합니다. 그렇게 함으로써 구조조정 제도에 관한 법원의 역량을 키우고, 글로벌 스탠다드에 맞는 재판을 함으로써 언젠가 동아시아 3개국 간에서도 유럽과 같은 국제도산조약이 체결된다면 우리나라가 주도적인 역할을 할 수 있게 되기를 기원합니다. 경청하여 주시어 감사합니다.

[2021년 서울회생법원 발표문]

# 12. EXECUTORY CONTRACTS IN INSOLVENCY: THE SOUTH KOREAN PERSPECTIVE



## A. INTRODUCTION AND AVAILABLE INSOLVENCY PROCEDURE IN SOUTH KOREA

The main pieces of legislation that govern rehabilitation and liquidation (i.e., straight bankruptcy) matters are the Debtor Rehabilitation and Bankruptcy Act ('DRBA') and the Corporate Restructuring Promotion Act ('CRPA'). In addition, South Korean debtors have access to out-of court workouts, which are governed by private agreement among financial institutions.

### 1. The DRBA

Court-supervised insolvency proceedings are governed by the DRBA, which repealed the three previous insolvency-related laws that were based on the doctrine of territoriality and consolidated the proceedings thereunder into the following three insolvency regimes. The DRBA is divided into six chapters:

- Chapter 1 – General Provision (jurisdiction, notice, service, management committee, creditors' council, registration)
- Chapter 2 – Rehabilitation Proceeding
- Chapter 3 – Bankruptcy Proceeding

- Chapter 4 – Rehabilitation Proceeding for Individuals with Regular Income
- Chapter 5 – Cross–Border Insolvency
- Chapter 6 – Penalties

## 2. The CRPA

South Korea offers another insolvency–related law called the Corporate Restructuring Promotion Act.[1] The CRPA regulates out–of–court workout arrangements by codifying the corporate workout procedures that had previously been used by financial institutions for restructuring debtor companies on the verge of insolvency and preventing the hold–out behaviour of dissenting creditors after the Asian Financial Crisis in 1997. A sunset law, the CPRA is in the seventh version and will expire in 2026.

Generally, the CRPA applies only to financial debt owed by an insolvent company which is rescheduled pursuant to out–of–court workout arrangements governed by the CRPA. While the previous versions of the CRPA (first to fourth versions) had applied to financial institutions such as banks, the recent versions of the CRPA(fifth to seventh versions) may apply to anyone, including individuals who are corporate bondholders and foreign financial institutions who extend credit to the debtor company.

## 3. Out-of-Court Workouts based on Private Agreement

The out–of–court workout programme dates back to June 25, 1998 when about 210 local banks entered into an agreement called the Corporation Restructuring Agreement to accomplish restructuring of distressed local corporations. The program was not governed by the CRPA but rather by an umbrella agreement that sets out a framework for workouts for distressed companies. Pursuant to this agreement, financial institutions established a framework for financial institutions to

---

1) See Min Han and Hoin Lee, 'Out–of Court Workout in the Republic of Korea: Focusing on Workout under the Corporate Restructuring Promotion Law' (2010) *International Corporate Rescue*, Volume 7, Issue 4 Chase Cambria Publishing 220–227. The term bankruptcy is used interchangeably as liquidation in this paper.

effectuate out−of−court workouts solely based on private agreement. Under this framework, the main creditor bank of a debtor company may convene meetings of financial institutions associated with the debtor company in order to agree to restructure the debtor by cutting interest rates as well as deferments of maturity dates. The agreement among the financial institutions would be passed by a resolution requiring the affirmative votes of financial institutions holding three−fourths of the total amount of outstanding claims against the debtor. The resolution will then bind all financial institutions, including those that have voted against it. The dissenting financial institutions instead obtain the right to require other financial institutions to buy out their claims against the debtor.

## 4. The Chapter 3 procedure (Liquidation) in the DRBA[2)]

To qualify for filing a petition under Chapter 3 of the DRBA, the debtor may be an individual, a partnership, a corporation or other business entity. A debtor is deemed insolvent (i) if the debtor is unable to pay its debts generally and continuously as they come due (Subsection 1 of Section 305[3)]), or (ii) if the debtor is a legal person, such as a company, its liabilities outweigh its assets on the balance sheet (Section 306).

The two bases for declaring a debtor bankrupt are separate and independent of each other. Even if a company's liabilities exceed its assets, this is not relevant to the analysis of whether a company is unable to repay its debts generally as they come due.[4)] To determine whether a company's liabilities exceed its assets, South Korean law considers the actual value of the assets and the debts of the company, not the book value in the company's balance sheet.[5)] Unlike certain jurisdictions,

2) See Chiyong Rim, *South Korea, Corporate Restructuring and Insolvency in Asia 2020* (Asian Business Law Institute 2020) 667−735.

3) The Sections of the law referred to below are the sections of Debtor Rehabilitation and Bankruptcy Act ('DRBA') unless otherwise specified.

4) See for application of proceedings. Soogeun Oh, National Report for the Republic of Korea (South Korea in Dennis Faber, Niels Vermunt, Jason Kilborn, and Tomáš Richter ed., *Commencement of Insolvency Proceedings* (OUP 2012) 573−613 at 586−587.

5) Supreme Court judgment issued on November 15, 2009 in Case No. 2007MA887(Kong 2008, 353).

such as Germany or England, South Korean law does not require a director of a company to file for insolvency proceedings if the director learns that the company's liabilities exceed its assets and the director is not be sanctioned under the DRBA unless they violate fiduciary duties imposed by the Commercial Code.

The filing for a bankruptcy proceeding does not itself trigger the effect of automatic stay as it would in U.S. bankruptcy. There is no mandatory date of commencement in bankruptcy proceedings in the DRBA, while a decision of commencement in rehabilitation proceedings by the court must be rendered within one month from the petition (Subsection 1 of Section 49).

The Chapter 3 liquidation case does not involve the filing of a plan of repayment as in chapter 2 or Chapter 4. At the same time the court declares a debtor bankrupt, the court must appoint a lawyer as a trustee. South Korea does not have an insolvency practitioner system like the UK and, therefore, any lawyer can legally be appointed as a trustee. However, in practice the court appoints a lawyer who is an expert of insolvency law as a trustee. If a debtor is a financial institution, the Korean Deposit Insurance Company or one of its employees must be appointed as a trustee based on the Section 35−8 of the Depositor Protection Act. The trustee's role is to liquidate assets and distribute the proceeds to creditors according to the priority rule. One of the primary purposes of Chapter 3 liquidation case is to discharge certain debts to give an honest but unfortunate individual a fresh start.

## 5. The Chapter 2 procedure under the DRBA

The Chapter 2 procedure is primarily for rehabilitation of the debtor and is analogous to Chapter 11 of US Bankruptcy Code. The DRBA allows for all legal entities, including individuals, companies, and partnerships, to file for Chapter 2 rehabilitation proceedings. A pure debtor in possession concept used in the U.S. Bankruptcy Code is not recognized under the DRBA, but, in practice, the incumbent chief executive director would be appointed as an administrator by the court. However, if the court has cause to believe that there has been fraud, embezzlement or gross mismanagement of the affairs of the debtor by current management, the court will appoint a third party as an administrator.

Individuals with debts exceeding the prescribed amount and any legal person such as company may file a petition with the court for the commencement of the rehabilitation proceedings if (i) the debtor cannot pay its debts as they come due without causing a significant disruption to its going–concern nature, or (ii) there is a concern that the cause for bankruptcy may arise (Subsection 1 of Section 34). Courts tend to recognize the satisfaction of the requirement for the commencement of rehabilitation in a fairly easy manner when a debtor voluntarily files for a Chapter 2 rehabilitation proceedings. On the contrary, if creditors file for rehabilitation proceedings and the debtor opposes the commencement of such proceedings, it generally requires at least several months for the court to render a decision on commencement. An involuntary petition by creditors for rehabilitation is rare.

The debtor is not obligated to commence rehabilitation or bankruptcy proceedings. However, once rehabilitation proceedings have commenced, and the proceedings fail after the confirmation of the plan and the grounds for bankruptcy are met, the court is obligated to convert the rehabilitation proceeding into liquidation proceedings (Subsection 1 of Section 6).

Various legal effects take place when the court issues a commencement order in response to the filing (1) by the debtor, (2) by creditors holding 10 % or more of the debtor company's total issued capitals or (3) by shareholders holding 10% or more of the debtor company's total issued capital (Subsection 2 of Section 34). It is noteworthy that shareholders under South Korean law have the power to file rehabilitation proceedings while shareholders do not have the same power under the U.S. Bankruptcy Code.

Statistical data for filings by Chapter of the DRBA for the last 10 years is as follows:

| year | chapter 2 | chapter 3 | chapter 3 (individual) | chapter 4 | total |
|---|---|---|---|---|---|
| 2011 | 1,390 | 312 | 69,754 | 65,171 | 136,627 |
| 2012 | 1,530 | 396 | 61,546 | 90,368 | 153,840 |
| 2013 | 1,665 | 461 | 56,983 | 105,885 | 164,994 |
| 2014 | 1,713 | 539 | 55,467 | 110,707 | 168,426 |
| 2015 | 1,780 | 587 | 53,865 | 100,096 | 156,328 |
| 2016 | 1,677 | 740 | 50,288 | 90,400 | 143,105 |
| 2017 | 1,451 | 699 | 44,246 | 81,592 | 127,988 |
| 2018 | 1,663 | 806 | 43,402 | 91,205 | 137,076 |
| 2019 | 1,722 | 931 | 45,642 | 92,587 | 140,882 |
| 2020 | 1,552 | 1,069 | 50,379 | 86,553 | 139,553 |
| 2021 | 1,191 | 955 | 49,063 | 81,030 | 132,239 |
| 2022 | 1,047 | 1,004 | 41,463 | 89,966 | 133,480 |
| 2023 | 1,602 | 1,657 | 41,239 | 121,017 | 165,515 |

Saurce: www.scourt.go.kr.

## B. TREATMENT OF EXECUTORY CONTRACTS IN THE SOUTH KOREAN LAW

### 1. Definition of Executory Contract[6)]

The opening of formal rehabilitation proceedings does not itself affect validity of ongoing contracts. To the contrary, the opening of liquidation proceedings extinguishes delegation agreements without notification of termination (Section 690 of the Civil Code). The DRBA does not define 'executory contract' and leave it to the courts and academics to decide what contract constitutes an executory contract. The case law has held that an executory contract in the Subsection 1 of Section 119

6) See generally, Soogeun Oh, National Report for the Republic of Korea (South Korea) in Dennis Faber, Niels Vermunt, Janson, and Kathleen van der Linde ed., *Treatments of Contracts in Insolvency*(OUP 2013) 405—429, Chiyong Rim, Korea *Collier International Business Insolvency Guide* (LexisNexis 2019) Ch 30.04[12][a].

is a synallagmatic contract (bilateral contract) under which the obligations of both parties have not been fully performed at the time the rehabilitation/bankruptcy proceeding is commenced. Section 119 expressly provides that the contract must be a synallagmatic contract such as sale, lease, or loan agreement, while other agreements such as gifts or deposits free of charge where either contract party is not obligated to perform in exchange for the counterparty's obligations are excluded.

A contract that is substantially performed is not an executory contract. Put differently, if the non–debtor party has no substantive duties to perform, and the debtor does not owe any duties to the non–debtor party, the contract is not an executory contract. Therefore, if the remaining obligations of the non–debtor party are minor, such as an obligation merely to cooperate, the contract is not executory contract.[7]

## 2. Assumption and Termination of Executory Contract

Unless the non–debtor has already had a right to terminate the executory contract due to breach of contract, the commencement order of liquidation or rehabilitation proceedings by the court prevents the non–debtor party from unilaterally terminating an executory contract or exercising any other contract remedy or right against the debtor (Sections 119 and 335). The administrator/trustee has the right to elect to assume or terminate executory contracts. Therefore the non–debtor party may not ask to perform duties or to pay debts arising from the executory contracts and must wait until the administrator/trustee decides to assume or terminate the contract.[8] After decision by the administrator/trustee, the legal status of the non–debtor party becomes determined. While other jurisdictions such as the US and Germany allow the administrator/trustee to reject the performance of the contract, the DRBA, like Japan, grants the administrator/trustee the power to terminate the contract.

---

7) Supreme Court Judgement issued on January 11, 1994 in Case No. 92DA56865 (Kong 1994, 678).

8) Supreme Court judgment issued on July 12, 2007 in Case No. 2006MA1277 (Kong 2007, 1248).

The DRBA only grants the administrator/trustee the power to choose whether to assume or terminate an executory contract and does not grant the power to change the terms of an executory contract. The administrator/trustee has the right to review the terms and conditions of the executory contract and choose to terminate the contract in order to relieve the debtor of the burden of performing contracts that may be overly burdensome to, or unnecessary for the rehabilitation or liquidation of, the debtor. It is noteworthy that the administrator/trustee is authorized under the DRBA to elect in their discretion and based on their managerial judgment to perform, terminate or seek to renegotiate an executory contract, but is not obligated by the DRBA to take any particular course of action. Although the court receives a petition from the administrator/trustee and approves the termination or assumption of an executory contract, it is entirely the administrator/trustee's decision to determine which contracts to perform, terminate or renegotiate in the rehabilitation/liquidation. In order to avoid of the uncertainty of whether the executory contract will be assumed or terminated by the administrator/trustee, the counterparty has the right to ask the administrator/trustee if he will assume or terminate the executory contract. In rehabilitation proceedings, if the administrator fails to answer the request within 30 days, he is deemed to waive his right to terminate the contract (Subsection 2 of Section 119). The court, *sua sponte* or upon receiving a petition of counterparty or administrator, may extend the period by another 30 days (Subsection 3 of Section 119). In liquidation proceedings, on the contrary, if the trustee fails to answer within a reasonable time after the request is made by the counterparty, he is deemed to have terminated the contract (Subsection 2 of Section 335).

## 3. Assumption

The administrator can elect to assume the executory contract without the court's permission, while the trustee must obtain the court's permission to continue to perform (Subsection 9 of Section 492). This mechanism is different from the U.S. Bankruptcy Code. If the administrator/trustee elects to assume an executory contract with a creditor, the administrator/trustee is legally obligated to perform the contract in accordance with the terms of the contract. Such claims are treated as common benefit claims in rehabilitation proceedings and as estate claims in liquidation proceedings with priority over unsecured claims. If the administrator/trustee fails to fulfill its obligation after the assumption of performance, the damages claims resulting from the breach of executory contract are also treated as common benefit claims/estate claims and the creditor would be entitled to enforce its claim against the assets of the debtor without limitation of the rehabilitation proceedings. However, the creditor may not enforce its estate claims against the assets of bankruptcy estate during the bankruptcy proceedings,[9] even though the creditor will be receive payment from estate prior to general bankruptcy claims.

## 4. Termination

If an administrator in rehabilitation proceeding elects to terminate the executory contract, they must obtain the permission of the court (Subsection 1 (iv) of Section 61), while they can elect to assume the contract without obtaining permission from the court. On the other hand, a trustee in bankruptcy proceeding may terminate the executory contract without court approval. This rule derives from the characteristics and purposes of rehabilitation and bankruptcy proceedings. The administrator/ trustee can terminate the executory contract wholly, but not in part.[10]

If the administrator/trustee terminates the executory contract, the creditor would be able to claim its damages from the termination, but such damages would be paid in accordance with the terms of the rehabilitation plan (which typically includes a haircut, payment in installments or debt-to-equity swap) or in a bankruptcy as a dividend. Those claims are treated as general unsecured rehabilitation/bankruptcy claims. While contract law rules with regard to the termination of contracts that involve multiple parties treat such contracts as being indivisible and require that termination by either party be done in its entirety, this rule does not apply to the termination of executory contract in rehabilitation proceedings. Therefore, even where there are other parties apart from the debtor,

9) Supreme Court judgment issued on July 12, 2007 in Case No. 2006MA1277 (Kong 2007, 1248).
10) Supreme Court judgment issued on April 26, 2017 in Case No. 2015DA6517 (Kong 2017, 1089).

the administrator is not prevented from bringing the contract to an end in relation to the debtor.[11] This holding can be applied into bankruptcy proceedings.

## 5. Special Clause Related Bankruptcy in the Civil Code

There are special clauses in the Civil Code in respect to the bankruptcy of either party of certain contracts. If an agent becomes bankrupt, the power of agency is extinguished (Section 127 of the Civil Code). In a lease contract without fee payment, if a lessee becomes bankrupt, a lessor may terminate the contract (Section 614 of the Civil Code). In a lease agreement with fee payment if a lessee becomes bankrupt, either a lessor or the trustee of lessee may terminate the lease contract before the expiration of the lease term (Section 637 of the Civil Code). If a contractor becomes bankrupt, either the party ordering work or the trustee of contractor may terminate the contract (Subsection 1 of Section 674 of the Civil Code). If either party of delegation agreement becomes bankrupt, the delegation agreement becomes extinguished without notification of termination (Section 690 of the Civil Code). Lastly, if a member of a partnership becomes bankrupt, he must be withdrawn from the partnership (Section 717 of the Civil Code). However there are no similar provisions to the above in the DRBA.

## 6. Special Precepts Applicable Specific Contracts

### (1) Financial lease agreement and Bare Boat Charter Hire Agreement

In rehabilitation proceedings, claims relating to financial leases are treated as secured rehabilitation claims. The Supreme Court held that a financial lease is substantially equivalent to providing credit relying on the leased property as collateral.[12] In such case, the lessor's rights under the financial lease are limited to receiving payment pursuant to the rehabilitation plan as a secured rehabilitation creditor; the lessor has no right to recover possession of the leased property as an owner. However, in a bankruptcy proceeding, the creditor/lessor may freely

11) Supreme Court judgment issued on May 16, 2003 in Case No. 2000DA54659 (Kong 2003, 1297).

12) Supreme Court Judgment issued on October 24, 1997 in Case No. 97DA27107 (Kong 1997, 3600).

exercise its security right as a secured creditor because in bankruptcy proceedings secured creditors may enforce their rights without limitation of bankruptcy proceedings(Section 412 of the DRBA).

Unlike the typical treatment of financial lease agreements, bareboat charter hire purchase agreements(BBCHPs), which are finance lease agreements relating to vessels) have recently been treated by precedents as executory contracts on the ground that the ship owner(typically a special purpose company) has the obligation to transfer the ownership of the vessel to the charterer upon satisfaction of the charterer's obligation to make all of the payments under the BBCHP and change the registration of title of the vessel to the charterer. There have been arguments that BBCHP should not be deemed as an executory contract, since it is a ship finance lease and lessor must be treated as a secured creditors. However, the settled practice of the rehabilitation court as evidenced in recent rehabilitation proceedings in respect of Korean Line (2011), STX Pan Ocean (2013) and Hanjin Shipping (2016) is to treat BBCHP agreements as executory contracts.

### (2) Safe Harbors under the DRBA

Where rehabilitation proceedings have commenced regarding a participant of a clearing and settlement system that is operated by the person authorized to conduct the system (clearing and settlement of securities and derivatives transactions) pursuant to the Financial Investment Services and Capital Markets Act('FSCMA') or any other laws, the assumption of debts, the settlement netting, provision, disposal or application of margin or collaterals shall be enforceable as prescribed by the operator of such clearing and settlement system.

Those transactions are not subject to termination of contracts, or avoidance by administrator under the DRBA (Subsection 2 of Section 120 of the DRBA). Section 120 of the DRBA is made applicable mutatis mutandis to Bankruptcy Proceedings pursuant to Article 336 of the DRBA.

The 'operator of such clearing and settlement system' shall mean the Korea Exchange in connection with the clearing of transactions, while the "participant of a clearing and settlement system" shall mean refers to members of the clearing and settlement system. The Subsection 2 of Section 120 of the DRBA is a provision which would apply only to the insolvency proceedings in respect of the member and not of Korea Exchange.

Subsection 3 of Section 120 provides that in the event that the rehabilitation proceeding has commenced with respect to a party to any of the 'Qualified Financial Transaction' pursuant to a single agreement which provides for the basic terms of specified financial transactions ('Master Agreement'), the termination and the calculation of any amount payable and receivable between the parties of such Qualified Financial Transactions shall, notwithstanding any provision in the DRBA, take effect in accordance with the parties' agreement in the Master Agreement. The termination and the calculation is not subject to rescission, termination, cancellation or avoidance. Nor is it subject to a preliminary stay order or comprehensive stay order (moratorium). However, the foregoing rule would not apply to any Qualified Financial Transaction entered into by the debtor in collusion with the counterparty for the purpose of harming the other unsecured rehabilitation or secured rehabilitation creditors.

The Qualified Financial Transactions are any derivative transaction, such as a forward, option, swap, spot currency transaction, securities repurchase transaction, securities lending/borrowing transaction and secured call loan transaction and any transaction that is a combination of any of above transactions.

## 7. *Ipso Facto* Clause

The definition of an *ipso facto* clause is generally consistent with United States law and is understood in the bankruptcy context to mean a provision in an agreement granting one party the right to terminate the agreement as a result of the other party's insolvency or filing bankruptcy / rehabilitation petition. There is no provision in South Korean law, including the DRBA, that per se negates the effects of *ipso facto* clauses.[13)]

The South Korean Supreme Court defines an *ipso facto* clause as a special clause included in a contract in anticipation of the future deterioration of the

13) *Ipso facto* clause under the DRBA is dealt with the London High Court. See, *Fibria v Pan Ocean* [2014] EWHC 2124 (Ch); [2014] 1 Bus LR 1041.

financial condition of a party to the contract, which provides for automatic termination of the contract, or renders the contract terminable, upon the occurrence of a certain event leading to the insolvency of a party to the contract, such as suspension of payments, filing of a petition for commencement of a corporate reorganization proceeding, or commencement of a corporate reorganization proceeding.[14)]

However it is noteworthy that as the Supreme Court held that either party can assert the acceleration clause in the event of default, such as filing of provisional attachment.[15)] In practice, the creditor can offset against its debt by asserting that its claims became due relying on the acceleration clause even during the rehabilitation/bankruptcy proceedings.

## 8. Legal Standards for Determining the Validity or Enforceability of an *Ipso Facto* Clause.

Unlike the U.S. Bankruptcy Code, the DRBA does not have an express provision on the enforceability of an *ipso facto* clause. However, there have been several decisions by South Korean courts that provide a framework for determining the validity or enforceability of an *ipso facto* clause included in an executory contract.

The South Korean Supreme Court set out a framework for determining the validity or enforceability of an *ipso facto* clause in 2007. In sum, the South Korean Supreme Court reasoned as follows:

( i ) A 'synallagmatic contract' is a contract under which each party bears obligations that are conditioned on the performance of the other party's obligations, and an 'executory contract' subject to Article 103 of the Corporate Reorganization Act (now Article 119 of the DRBA) is a synallagmatic contract under which, as of the date on which a party's

---

14) Supreme Court Judgment issued on September 6, 2007 in Case No. 2005 Da 38263 (Kong 2007, 1530).

15) Supreme Court Judgment issued on January 31, 1989 in Case No. 87DAKA594 (Kong 1989, 366).

reorganization proceeding commences, both parties thereto have not yet performed all of their respective obligations to the other.

(ii) The parties to the joint venture agreement had already completed performance of their obligations relating to the formation of a partnership by making capital contributions and incorporating a joint venture company, and the only remaining obligations of the parties under the joint venture agreement were those of mutual cooperation relating to, inter alia, (a) the exercise of their respective voting rights with respect to the joint venture company, and (b) the formation of the board of directors of the joint venture company in accordance with the terms of the joint venture agreement. Under South Korean law, such obligations of a party are not for those of the other party because they do not function as legal or economic assurances for each other in creation, performance and continuation.

(iii) Therefore, as of the commencement of the reorganization proceeding, the joint venture agreement was not even a synallagmatic contract, let alone an executory contract, and thus there was no need to consider the implications of Article 103 of the CRA in relation to the *ipso facto* clause contained in the joint venture agreement because the administrator's right to elect performance or termination of an executory contract, which would be frustrated by permitting termination based on an *ipso facto* clause, simply does not apply to such joint venture agreement.

(iv) Moreover unlike general property–related contracts, a joint venture agreement is premised upon a high degree of mutual trust between the parties. As such, if it is expected that a reorganization proceeding will commence in respect of a party to a joint venture agreement, and that a third–party administrator will consequently become the counterparty to the joint venture agreement in lieu of the debtor–party, the other party has a legitimate interest in protecting itself against adverse consequences that may arise therefrom. Notwithstanding the presence of such legitimate interest, the lower court erroneously failed to examine all facts and circumstances relevant to determining how the debtor in reorganization would be actually affected by the enforcement of the *ipso facto* clause.

Following the decision in the 2007 Supreme Court Case, there have been only three lower-court decisions ruling on the validity of an *ipso facto* clause.

(a) Seoul High Court Judgment Issued on September 7, 2012 in Case No. 2012 Na 10678 (unpublished)

This case is involved a product supply agreement under which a company manufacturing vehicle dashboard cameras (the 'Manufacturer') agreed to supply them to an exclusive distributor (the 'Distributor') and the Distributor agreed to market and sell those products and pay to the Manufacturer 50% of the profits earned from the sale. When the administrator for the Manufacturer exercised his statutory power to avoid the second amendment OF THE Product Supply Agreement after the rehabilitation proceeding in respect of the Manufacturer was commenced, the Distributor gave the Manufacturer notice of termination of the Product Supply Agreement pursuant to the *ipso facto* clause contained therein.

The Seoul High Court held that the Distributor's attempted termination of the Product Supply Agreement pursuant to the *ipso facto* clause was invalid. Holding that an *ipso facto* clause may be rendered void if the enforcement of the *ipso facto* clause would defeat the legislative intent of conferring the avoidance power on the administrator or would be contrary to public policy.

(b) Seoul Central District Court Order Issued on July 17, 2013 in Case No. 2012 HoeHwak1735 (unpublished)

This case involved a construction agreement between Korea Real Estate Investment & Trust Co., Ltd. ('KOREIT') and Poong Lim Industrial Company ('PL'), pursuant to which KOREIT engaged PL for construction of an apartment building and agreed to pay PL for the construction work. Following the commencement of a rehabilitation proceeding in respect of PL, KOREIT subsequently terminated the construction agreement pursuant to an *ipso facto* clause contained therein. The Bankruptcy Division of the Seoul Central District Court held the *ipso facto* clause invalid. It was the position of the Bankruptcy Division of the Seoul Central District Court that, on the basis of the Supreme Court's holding in the 2007 Supreme Court Case, an *ipso facto* clause must be deemed void because enforcing such clauses is contrary to the legislative intent of (1) Section 119 which confers upon the administrator in rehabilitation a right to elect whether to perform or terminate an executory contract, and (2) Section 32−2 which prohibits unfavorable treatment of a debtor in rehabilitation without just cause solely on the basis that the debtor has filed for a rehabilitation proceeding.

(c) Seoul Central District Court Order Issued on January 24, 2014 in Case No. 2013 KaHap 80074 (unpublished)

In this case, Standard Chartered Bank Korea Limited ('SCB') and Tongyang Networks Company ('TN') a data processing service provider, entered into an 'agreement for provision of information system services,' pursuant to which TN provided to SCB services relating to the operation and maintenance of the bank's IT system and development and maintenance of related software programs (the "Services Agreement"). When a rehabilitation proceeding commenced in respect of TN, SCB terminated the Services Agreement, relying on an *ipso facto* clause contained therein.

In the above case, the Civil Division of the Seoul Central District Court handling preliminary injunction cases (rather than its Bankruptcy Division) held that an *ipso facto* clause should not always be considered void and, rather, the validity of an *ipso facto* clause should be determined on a case−by−case basis by considering the totality of all relevant circumstances, including the nature of the contract being terminated thereby and the need for protecting the debtor in rehabilitation and the other party to the contract.

The Court ruled that *ipso facto* clause in question cannot be held void solely on the ground that it precludes the administrator of TN from exercising his right to elect performance or termination of the Services Agreement, citing the following case−specific reasons:

( i ) The Services Agreement was a long−term contract for which a relationship of trust between the parties was important;

( ii ) The Services Agreement was, in nature, a delegation contract or a turnkey contract, either of which is terminable at will under the South Korean Civil Code;

( iii ) Precautionary protection measures are necessary for a bank's IT system, considering that a bank's IT system significantly affects not only the bank itself but also all individual customers transacting with the bank, and that even a minor error in the bank's IT system may result in damages to the parties transacting with the bank and could even have a material adverse effect on the national economy and other public interests, which would be irreparable, even if such error is fixed or such damages are remedied subsequently;

( iv ) The Services Agreement provided that TN may subcontract the services to be performed thereunder to third parties and, in fact, TN engaged two subcontractors to perform those services;

( v ) As the risk that the services required under the Services Agreement may not be properly provided as a result of the deterioration of the financial condition of TN could not be entirely ruled out, it was necessary to protect SCB's interest in or reliance on the *ipso facto* clause, which SCB included in the Services Agreement to avoid such risk; and

( vi ) The fees that would be paid to TN under the Services Agreement but for the termination thereof accounted for only 1.9 per cent of its total revenue and, therefore, it was difficult to conclude that the termination of the Services Agreement would make it impossible or extremely difficult for TN to achieve the rehabilitation being sought in the pending rehabilitation proceeding.

However, the guide book published by the Seoul Bankruptcy Court provides that:

> if an *ipso facto* clause in an executory contract were to be held enforceable, it would always give rise to the other party's right of termination before the commencement of the rehabilitation proceeding and, as a result, would defeat the intent of the DRBA conferring on the administrator a right to elect performance or termination of an executory contract. Therefore, in such case, an *ipso facto* clause should be denied legal effect as a matter of principle. An ipso facto clause contained in an executory contract is denied legal effect in Japan, Germany and the U.S.[16]

In South Korea, a majority of academic commentaries have asserted and the Seoul Bankruptcy Court has held that issuance by a South Korean court of an order commencing a rehabilitation proceeding renders an *ipso facto* clause in an executory contract unenforceable against the debtor without any further action by such debtor or such court. But opposite opinions, such as the judgment of the Civil Division of the Seoul Central District, argues that there is a need to engage in facts－and－circumstances or fact－specific analysis. Due to this vague rule on *ipso facto* clause, as discussed in the next chapter, the revision committee of DRBA proposed a revision regarding *ipso facto* clauses to the Department of Justice in 2021.

## C. REFORMS

### 1. Prior to Asian Crisis in 1997[17]

The first statutes on insolvency were promulgated on January 20, 1962, when the Bankruptcy Act (the 'BA') and the Composition Act (the 'CA') were enacted. The Corporate Reorganization Act (the 'CRA') was promulgated on December 12,

---

16) The Seoul Bankruptcy Court, *Rehabilitation Case Practice* (5th edn,Pakyongsa 2019) at 408－409. Because this book was authored by judges in the Seoul Bankruptcy Court, it has been widely used as an authoritative guidebook among insolvency practitioners.

17) See Soogeun Oh, 'An Overview of the New Korean Insolvency Law' (2007) Norton Journal of Bankruptcy Law and Practice Vol 16, No. 5 751－785. Chiyong Rim, 'Korean Insolvency System' (2003) Annual Survey of Bankruptcy Law Thomson West 613, 609－649.

1962. The CRA, which was analogous to Chapter X of the Chandler Act 1938 in U.S. was not, in practice, an effective mechanism for restructuring distressed companies. Few debtors actually sought reorganization under the CRA because the debtor's management was afraid of being deprived of management right of a debtor company and it required a substantial amount of time for a petitioner to obtain a commencement order and a closing order from the court. In addition, judges and lawyers who dealt with insolvency cases did not have any specialized expertise in the CRA. The BA was too harsh with respect to individuals filing voluntary bankruptcy petitions for a fresh start. The BA treated bankrupt individuals as semi-criminals by registering the bankruptcy order into official family registry that is required to be submitted by individuals to the government or companies when applying for employment. Moreover, due to various legal restrictions imposed bankrupt individuals, such individuals were prohibited from holding on certain types of professions, such as civil servants, professionals, teachers, doctors or accountants. A court order of bankruptcy would result in the bankrupt individual being discharged from his employment by statute.

In the corporate reorganization proceedings under the CRA, the court would appoint a disinterested person as an administrator for the debtor company and divest incumbent directors of their rights of management of business. The plan usually canceled most of the shares of the majority shareholder if the court found that shareholders that served as board directors committed fraud, embezzlement or gross mismanagement of the affairs of the debtor. Corporation reorganization proceedings were only available to stock companies. Individual proprietary owners, other types of corporations and partnerships were not able to file petitions for reorganization proceedings. Moreover, reorganization proceedings could last up to 20 years until closing of the case. Therefore, there were fewer than 30 reorganization cases per year and fewer than 10 individual bankruptcy cases per year.

After Asian Financial Crisis befell Korea in 1997, these three Acts were amended several times, most significantly and extensively on February 24, 1998. Since 1998, the reforms, especially reforms to rehabilitation proceedings, which were recommended by the International Monetary Fund, have been influenced by the U.S. Bankruptcy Code.[18] In the beginning of the year 2002 the government promised to the World Bank that it would amend and unify the three bankruptcy laws. The Department of Justice that had prepared the amendment since 1998 created a working group that included judges, lawyers, scholars and bankers. The unified insolvency law (i.e. the DRBA) was passed by the National Assembly in 2005 and came into effect on 1 April, 2006.

## 2. Major Reform of the DRBA and the CRPA

The DRBA has been amended regularly since 2006. Some of the main revisions include (1) the establishment of a streamlined summary rehabilitation proceeding for micro, small–and medium–sized enterprises ('MSME') and sole proprietorships in 2014, (2) the enhancement of the power of the creditors' committee in 2016 by mandating the court to consider the opinion of the creditors' committee on appointment of the administrator and payment for vendors of MSME prior to confirmation of a plan, and (3) the expansion of the jurisdiction of the Bankruptcy Division of Seoul District Court in 2016 providing that the Seoul District Court has jurisdiction over liquidation and rehabilitation cases if the number of creditors is over 300 and the amount of debt is more than KRW 500,000,000 which is equivalent USD 4,500,000. Later the Seoul Bankruptcy Court was established as separate and specialized court as of March 1, 2017. The Seoul Bankruptcy Court comprised of 37 judges as of 2022. The presidential decree of the DRBA and the detailed rules by the Supreme Court on the DRBA have been issued to complete the legislative objectives of the DRBA.

The Financial Services Commission(FSC) and the Ministry of Justice have regularly established task forces to revise the DRBA and the CPRA to harmonize the two laws and expedite workout and rehabilitation proceedings with a closer link between the two proceedings. The FSC has emphasized the efficiency and advantage of the CRPA, which was evident during Asian crisis 1997. The FSC has tried to expand the reach of the CRPA by introducing the concept of 'financial

18) See Suguhn Oh, 'The Amendment Process and the Task of Corporate Reorganization Act' (1998) Human Rights and Justice (in Korean), Vol. 261. 20–34

claims' and to make it ordinary law instead of a sunset law. However, the FSC's efforts have not been successful, and the current seventh version of CPRA will in 2026.[19]

## 3. Revision Committee of the DRBA in 2021

Regarding the issue of executory contracts, some academics have criticized the incompatibility of the rule of executory contract with South Korean non-bankruptcy law, i.e. the Civil Code. They assert that it is a fixed rule under the contract law that a defaulting party cannot terminate the contract, but the DRBA grants an administrator/trustee the power to terminate the contract over the objection of non-debtor party instead of giving him a right to reject. Moreover, this rule is not adopted in civil law jurisdictions such as Germany, and it is in conflict with the insolvency system of common law jurisdictions such as UK and US.

However, the courts and the Constitutional Court do not agree with critics of executory contracts. The Constitutional Court in 2016 held that Section 119 of the DRBA is not unconstitutional.[20] The petitioner in that case did not directly challenge the constitutionality of the administrator's power to terminate an executory contract and focused only on the extended effect of termination by asserting that it is unconstitutional if the court interprets the validity of termination by the administrator during the rehabilitation proceeding is extended to non-default contract party after the close of rehabilitation case.

Citing the precedent of the Supreme Court regarding the purpose of Subsection 1 of Section 119, the Constitutional Court held that the DRBA grants the administrator a statutory right to terminate an executory contract which can be exercised by the administrator without considering fault for breach of contract. The administrator can be freed from a disadvantageous contract to the debtor and can

19) See Chiyong Rim, Workouts in Korea—comparing with rehabilitation proceedings (2014), *Korean Journal of Insolvency Law* (in Korean) Vol 4, No 2, 1—31.

20) The Constitutional Court Judgment issued on September 29, in Case No. (2015hunba28 Vol. 240, 1506).

maintain the advantageous contract for the benefit of the rehabilitation. If they elect to assume the executory contract, performance of the remaining obligations would strike a fair balance between debtor and counter party. And analyzing the issue of rejection the Constitutional Court held that if the DRBA grants the administrator a right to reject the performance of the contract instead of a right to termination of the contract it may be difficult to settle the legal status of both parties for a long time from the commencement of rehabilitation proceeding until the termination of the contract by the counterparty because there is a possibility that the counterparty may not exercise the right to terminate the contract promptly even though the administrator rejected performance of the contract. The Constitutional Court showed concerns that if the administrator elects to reject and the counter party terminates the contract, treating the claim of restitution of the counterparty as a common benefit claim would be unfair against other rehabilitation creditors, and treating it as a rehabilitation claim would be disadvantageous to the counterparty. Considering the object of rehabilitation proceedings and finding other procedural safeguards for protecting counterparties' interests, the Constitutional Court reached a conclusion that the Section 119 is not unconstitutional.

Some scholars still have critical views on the judgment of the Constitutional Court on the interpretation of Section 119 and the Supreme Court judgment on *ipso facto* clause. In 2021 the Department of Justice set up a revision committee of the DRBA of which the author is a member. Reviewing other jurisdiction's recent revisions the committee prepared a draft revision to the DRBA that would introduce a clause that provides that *ipso facto* clauses are void during the rehabilitation/ bankruptcy proceedings and replacing right of termination with right of rejection under Section 119 by adopting the rule of executory contract in the US Bankruptcy Code. But members of the committee did not agree on how to treat the counterparty's claim after rejection by the administrator/trustee. The committee submitted the draft of revision to the Department of Justice in January 2022.

It would be worthwhile to attempt to submit the report on new revisions which change fixed doctrine since establishment since 1960 whether the revision would accepted by the government or not because it would encourage judges, lawyers and academics including as non-bankruptcy law professors to discuss about issues in depth in the future. It is expected that the Department of Justice and the National Assembly to have process to get public opinions if the Department of Justice accept it.

In response to the COVID-19 crisis, the South Korean government has held a series of Economics Ministerial Meetings to put in place measures to provide (i) sufficient liquidity for corporations to withstand the shock and (ii) market stability tools for the financial markets. However there are currently no legislative reforms that have been proposed for companies in distress regarding creditors liability. Because there is no specific laws in South Korea such as the Company Director Disqualification Act 1986 in England which imposes directors a legal duty to file an insolvency proceedings if they found the imminent failing to repayment of debt due to the grounds of liquidation.

## D. CONCLUDING REMARKS

Due to the governmental aid programme, the number of rehabilitation petition has not dramatically increased during COVID-19 crisis. Raising rate of interest and decreasing the flow of money into markets based on changed economic policy, it is expected that consumer bankruptcy cases as well as business rehabilitation cases would increase again. The Supreme Court decision on *ipso facto* clauses was not clear regarding whether the clause is valid only in rehabilitation proceedings or which types of contract it applies to. Practitioners and academics have urged the Supreme Court to adopt a clearer rule on this issue. The report of the revision committee which made the draft of revisions to the DRBA provides that *ipso facto* clause is, in principle, void in the context of rehabilitation as well as liquidation.

However, regarding executory contracts, it may not be easy to change the rule because the Constitutional Court judgment provides a strong basis for maintaining the *status quo* regarding executory contracts. The current rule, which gives an administrator/trustee the right to terminate the executory contract, is clear enough for judges and lawyers to apply and can resolve legal issues regarding executory contract quickly. However, this doctrine is not consistent with the rule of termination under contract law.

As of 2019 Korea ranked 11th in ease of doing business ranking published by World Bank Group.[21] Ministry of Justice has been trying to promote bankruptcy system to cope with more complicated and globalized insolvency matters.

[The South Korean Perspective in Executory Contracts in Insolvency Law—A Global Guide, 2nd ed., Edward Elgar Pub, 2023]

21) Ease of doing business rankings (The World Bank Doing Business Archive) https://archive.doingbusiness.org/en/rankings accessed 1 June 2022).

# 판례색인

[대법원 판례]

[고등법원 판례]



[지방법원 판례]

[특허법원 판례]



[헌법재판소 결정]

## 저자소개

성균관대학교 법과대학 졸업(1983)
사법연수원 수료(제14기)
Duke Law School(LL.M. 96)
서울중앙지방법원 파산부 부장판사
**현** 金·張法律事務所 辯護士

### 저서
파산법연구 박영사 (2004)
파산법연구 2 박영사 (2006)
파산법연구 3 박영사 (2010)[학술원 우수학술도서 선정]
파산법연구 4 박영사 (2015)[학술원 우수학술도서 선정]
파산법연구 5 박영사 (2020)

### 번역
영국 도산법 박영사 (2021)

### 공저
The Asset Tracing and Recovery Review (Law Business Research, 2017)
파산판례해설 박영사 (2007)
回生事件實務(上,下), 法人破産實務(박영사) (2006)

### 외국발표 논문
South Korea, Executory Contracts in Insolvency Law- a Global Guide 2ed (Edward Elgar, 2023)
Korean Insolvency System, Collier International Business Insolvency Guide (Vol 3) (LexisNexis, 2021)
South Korea Chapter, Corporate Restructuring and Insolvency In Asia 2020 (Asian Business Law Institute, 2020)
South Korea, The International Insolvency Review (Law Business Research, 2013)
South Korea, Cross-Border Insolvency (Globe Law and Business, 2009)
Korean Insolvency System, Norton Annual Survey of Bankruptcy Law (Thomson West, 2003)

파산법연구 6

초판발행 2025년 6월 20일

지은이 林治龍
펴낸이 안종만 · 안상준

편 집 우석진
기획/마케팅 조성호
표지디자인 이수빈
제 작 고철민 · 김원표

펴낸곳 (주) 박영사
서울특별시 금천구 가산디지털2로 53, 210호(가산동, 한라시그마밸리)
등록 1959. 3. 11. 제300-1959-1호(倫)
전 화 02)733-6771
f a x 02)736-4818
e-mail pys@pybook.co.kr
homepage www.pybook.co.kr
ISBN 979-11-303-4978-7 94360
978-89-6454-581-2(세트)



정 가 36,000원